AF748536

Statistiques des recettes publiques en Afrique 2024

LA FACILITATION ET LA CONFIANCE COMME MOTEURS DE LA CONFORMITÉ FISCALE VOLONTAIRE DANS CERTAINES ADMINISTRATIONS FISCALES AFRICAINES

1990-2022

Cet ouvrage est publié sous la responsabilité du Secrétaire général de l'OCDE, du Secrétaire Exécutif de l'ATAF et du Président de la CUA. Les opinions et les arguments exprimés ici ne reflètent pas nécessairement les vues officielles des Membres de l'OCDE ou de son Centre de développement, ou des pays membres de l'Union africaine ou de l'ATAF.

Ce document a été produit avec le soutien financier de l'Union européenne. Les opinions exprimées ici ne peuvent en aucun cas être considérées comme reflétant les opinions officielles de l'Union européenne.

Ce document, ainsi que les données et cartes qu'il peut comprendre, sont sans préjudice du statut de tout territoire, de la souveraineté s'exerçant sur ce dernier, du tracé des frontières et limites internationales, et du nom de tout territoire, ville ou région.

Les noms de pays et territoires, cartes et les avertissements territoriaux employés dans ce document sont ceux qu'utilise l'OCDE.

Merci de citer cet ouvrage comme suit :
OCDE/CUA/ATAF (2024), *Statistiques des recettes publiques en Afrique 2024 : La facilitation et la confiance comme moteurs de la conformité fiscale volontaire dans certaines administrations fiscales africaines*, Éditions OCDE, Paris, https://doi.org/10.1787/cd87af6f-fr.

ISBN 978-92-64-69593-1 (imprimé)
ISBN 978-92-64-51168-2 (PDF)
ISBN 978-92-64-38955-7 (HTML)

Statistiques des recettes publiques en Afrique
ISSN 3078-5049 (en ligne)

Crédits photo : Couverture © certains des éléments graphiques de l'illustration de la couverture principale ont été adaptés de Freepik.com.

Les corrigenda des publications de l'OCDE sont disponibles sur : https://www.oecd.org/fr/publications/support/corrigenda.html.
© OCDE/ATAF/CUA 2024

Attribution 4.0 International (CC BY 4.0)

Cette œuvre est mise à disposition sous la licence Creative Commons Attribution 4.0 International. En utilisant cette œuvre, vous acceptez d'être lié par les termes de cette licence (https://creativecommons.org/licenses/by/4.0/).

Attribution – Vous devez citer l'œuvre.

Traductions – Vous devez citer l'œuvre originale, identifier les modifications apportées à l'original et ajouter le texte suivant : *En cas de divergence entre l'œuvre originale et la traduction, seul le texte de l'œuvre originale sera considéré comme valide.*

Adaptations – Vous devez citer l'œuvre originale et ajouter le texte suivant : *Il s'agit d'une adaptation d'une œuvre originale de l'OCDE, de l'ATAF et de la CUA. Les opinions exprimées et les arguments utilisés dans cette adaptation ne doivent pas être rapportés comme représentant les vues officielles de l'OCDE ou de ses pays Membres, ou de l'ATAF ou de la CUA, ou des pays membres de l'Union africaine ou de l'ATAF.*

Contenu provenant de tiers – La licence ne s'applique pas au contenu provenant de tiers qui pourrait être incorporé dans l'œuvre. Si vous utilisez un tel contenu, il relève de votre responsabilité d'obtenir l'autorisation auprès du tiers et vous serez tenu responsable en cas d'allégation de violation.

Vous ne devez pas utiliser le logo de l'OCDE, ou de l'ATAF ou de la CUA, l'identité visuelle ou l'image de couverture sans autorisation expresse ni suggérer que l'OCDE, ou l'ATAF ou la CUA approuve votre utilisation de l'œuvre.

Tout litige découlant de cette licence sera réglé par arbitrage conformément au Règlement d'arbitrage de la Cour permanente d'arbitrage (CPA) de 2012. Le siège de l'arbitrage sera Paris (France). Le nombre d'arbitres sera d'un.

Avant-propos

Les Statistiques des recettes publiques en Afrique 2024 est une publication conjointe du Centre de politique et d'administration fiscales de l'OCDE, du Centre de développement de l'OCDE, de la Commission de l'Union africaine, du Forum sur l'administration fiscale africaine et, avec l'assistance technique de la Banque africaine de développement et du Cercle de réflexion et d'échange des dirigeants des administrations fiscales et le soutien financier des gouvernements de l'Irlande, du Japon, du Luxembourg, des Pays-Bas, de la Norvège, de l'Espagne, de la Suède, de la Suisse, du Royaume-Uni et de l'Union européenne.

Le rapport fournit des données détaillées et comparables à l'échelle internationale, sur les recettes fiscales et non fiscales de 36 pays africains. Son approche repose sur la méthodologie bien établie du guide d'interprétation de l'OCDE, devenue une source de référence essentielle pour les pays membres de l'Organisation et de nombreux pays non-membres. La méthodologie figure en Annexe A de ce présent rapport. Des comparaisons sont également effectuées avec la moyenne des économies de l'OCDE et avec celle des économies couvertes par les Statistiques des recettes publiques en Amérique latine et dans les Caraïbes et les Statistiques des recettes publiques en Asie et Pacifique.

Dans cette publication, le terme « impôts » fait référence uniquement aux « versements obligatoires sans contrepartie aux administrations publiques ». Les impôts sont « sans contrepartie » en ce sens que les prestations fournies par les administrations aux contribuables ne sont pas normalement proportionnelles à leurs paiements. La méthodologie de l'OCDE consiste à classer les impôts en fonction de l'assiette : le revenu, les bénéfices et les gains en capital (rubrique 1000), les salaires et la main-d'œuvre (rubrique 3000), le patrimoine (rubrique 4000), les biens et les services (rubrique 5000) et autres impôts (rubrique 6000). Les cotisations obligatoires de sécurité sociale versées aux administrations publiques sont aussi traitées comme des impôts et classées dans la rubrique 2000. Des informations plus détaillées sur la notion et la classification des impôts sont présentées à l'annexe A.

Le terme « recettes non fiscales » recouvre toutes les recettes des administrations publiques qui ne sont pas considérées comme des « impôts » selon la définition de l'OCDE. Les recettes non fiscales incluent les dons (comme l'aide extérieure), les rendements d'investissements publics, les rentes tirées de l'extraction de ressources du domaine public, la vente de biens et de services produits par le secteur public et les amendes et confiscations. On trouvera, à l'annexe B, des informations plus détaillées sur ces catégories de recettes.

Le chapitre 1 et le chapitre 2 du rapport offrent une vue d'ensemble des grandes tendances de 2013 à 2023, dans les 36 pays participants, des recettes fiscales et non fiscales respectivement. Le chapitre 3 est une étude spéciale sur la facilitation et la confiance en tant que moteurs de la conformité fiscale volontaire, basée sur une étude qui a été publiée par l'ATAF. Le chapitre 4 examine le niveau des recettes fiscales par principaux types d'impôts et l'évolution des structures fiscales des 36 pays depuis 1990. Les chapitres 5 et 6 fournissent respectivement des données détaillées sur les recettes fiscales et non fiscales par pays ainsi qu'une comparaison des structures des recettes non fiscales dans le temps dans les 36 pays.

Remerciements

La publication des *Statistiques des recettes publiques en Afrique* 2024 a été produite conjointement par le Centre de politique et d'administration fiscales (CPAF) de l'Organisation de coopération et de développement économiques (OCDE), le Centre de développement de l'OCDE (DEV), la Commission de l'Union africaine (CUA) et le Forum sur l'administration fiscale africaine (ATAF), avec l'assistance technique de la Banque africaine de développement (BAfD), du Cercle de réflexion et d'échange des dirigeants des administrations fiscales (CREDAF). Elle a également reçu le soutien financier des gouvernements de l'Espagne, de l'Irlande, du Japon, du Luxembourg, de la Norvège, des Pays-Bas, de la Suède, de la Suisse et du Royaume-Uni, ainsi que de l'Union européenne.

Les agents de ces organisations auxquels la responsabilité de la publication a été confiée sont : Emmanuelle Modica, Leonie Cedano, Talita Yamashiro Fordelone, Jingjing Xia, Michael Sharratt et Alexander Pick du CPAF sous la supervision de la Directrice du CPAF Manal Corwin, des directeurs adjoints Ben Dickinson et Achim Pross et du Chef de la Division des politiques fiscales et statistiques Kurt Van Dender ; Sébastien Markley et Arthur Minsat de DEV sous la supervision de la Directrice du Centre de développement Ragnheiður Elín Árnadóttir, du Directeur adjoint Federico Bonaglia et de Henri-Bernard Solignac-Lecomte, Chef de la communication ; Patrick Ndzana Olomo, Chef de la politique économique et du développement durable, CUA-Développement Économique, Tourisme, Commerce, Industrie, Mines (ETCIM), Rumbidzai Treddah Manhando, Coordinatrice de programme (ETCIM), Luckystar Miyandazi, Conseillère en fiscalité et en mobilisation des recettes intérieures (ETCIM), Ronnel Sisamu, conseiller juridique (ETCIM), Paul Sikazwe, conseiller en matière de dette (ETCIM), Adoum Gagoloum, Chef de la division des statistiques économiques (STATAFRIC) et Jose Awong Alene, Chef de la coordination du système statistique et de l'innovation (STATAFRIC) sous la supervision de Djamel Ghrib, directeur du développement économique, de l'intégration et du commerce de l'ETCIM et Botho Kebabonye Bayendi, Directrice exécutif a.i de l'Union africaine (STATAFRIC), de la CUA ; Frankie Mbuyamba, Responsable: Coordination régionale et spécialiste principal : Recherche appliquée et statistiques à l'ATAF, Ezera Madzivanyika, Responsable de recherche appliquée et statistiques à l'ATAF, Ronald Waiswa, spécialiste de la recherche appliquée et des statistiques à l'ATAF et Nthabiseng Debeila, spécialiste de la recherche appliquée et des statistiques à l'ATAF; Elizabeth Nash et Delphine Grandrieux (DEV) ainsi que Rebekka Hviid Kanstrup, Hazel Healy et Antonia Vanzini (CTP) ont contribué à la production et à la publication de ce rapport. Stephanie Coic a réalisé la couverture.

L'étude spéciale (chapitre 3) est basée sur une étude intitulée « An analysis of facilitation and trust as the key drivers of voluntary tax compliance in selected African tax administrations », réalisée par Ezera Madzivanyika, Ronald Waiswa, Nthabiseng Debeila (ATAF) et le Dr Ismail Kintu (Makerere University) sous la direction générale d'Anthony Munanda, chef de la division « Mobilisation des ressources nationales » de l'ATAF.

Les auteurs souhaitent remercier les responsables des ministères des finances, des administrations fiscales nationales et des instituts nationaux de statistiques des pays participant à cette initiative, qui ont collecté et rassemblé les données nationales et ont partagé leur connaissance et expertise inestimable sur les systèmes de collecte de recettes et les données de leur pays. Les auteurs souhaitent en particulier remercier les points focaux désignés pour chaque pays et leurs collègues qui ont facilité le travail technique : Paul Dreyer, Lawrence Gqesha, Mamiky Leolo, Tshepo Makgoro, Denis Marais, Nontokozo Mnqayi, Dr. Sisa Shiba, Vivienne Smithdorf, Mmaphuti Thlaku et Darlington Zhou pour l'Afrique du Sud ; Joseph Edward Williams et Seitebaleng Fologang pour le Botswana ; Mariame Dabo et Michel Yaméogo pour le Burkina Faso ; Carlos José Oliveira Bentub et Gilson Gomes Pina pour le Cabo Verde ; Edouard Kalawa et Erith Nghogue pour le Cameroun ; Frédéric Ngolele pour la République du Congo ; Jean Gaston Manya Onakudu Aletshu, Freddy Milambo Mbombo, Rémy Mbondo, Bembe Bodiko, Elisabeth Dikisha Dietu, Floribert Masuku Mambambu, Jean-Fidèle Yakala Mboma, Liliane Bilonda Mukuta, et Patricia Mbombo Bikila-Webe pour la République démocratique du Congo ; Yacouba Fofana et Alex Koula Pouhe pour la Côte d'Ivoire ; Alaa Abdel-Rahman et Nariman Zahran pour l'Égypte ; Dlamini Eric Thembinkosi, Phiri Vincent, Dlamini Nomalungelo et Mamba Lwemvelo pour l'Eswatini ; Wilfried Igor Pouba, Egère Mamadou Guibinga, Doris Nseng Nseng et Ghislain Nzoumbangoye pour le Gabon ; Edward Asuo Afram et Francis Bright Mensah pour le Ghana ; Mamadouba Babara Camara et Damou Moussa Conde pour la Guinée ; Teodoro Mbá, Benita Ebang Nzang et Juan Pedro Akieme pour la Guinée équatoriale ; George Kebaya, Alex Muhanji et Alex Mwangi pour le Kenya ; Bokang Thetsanet et T'sele Mokhathali pour le Lesotho ; Donah pour Madagascar ; Mussa Bonomali, Natasha Kandoje, Chimvano Thawani et Alick Wella pour le Malawi ; Siaka Samaké et Boubacar Diakité pour le Mali ; Naima Akboul, El Mostafa Bennani, Rabah Chemlal, Abderrahim Mezroui, Anass Nahil et pour le Maroc ; Jimmy Stephen Badjonat, Meeshrani Balgobin, Dharmarajen Changeya, Roshan Oree et Meethoo Jawahir pour Maurice ; Mohamed Falilou Gueye pour la Mauritanie ; Filipe Uamba pour le Mozambique; Mahnaem Haidula et Nelago Ekandjo pour la Namibie ; Mahamadou Djibrilla pour le Niger ; Cephas B. Tiye et Benjamin Pever pour le Nigéria ; Ronald Nyenje Makumbi, Jova Mayega et Allen Nassanga pour l'Ouganda Roy Valence Gasangwa et Denis Mukama pour le Rwanda ; Papa Malick Diallo pour le Sénégal ; Franca Sicobo et Rudy Sinon pour les Seychelles ; Mohamed Alie Bah et Philip Michael Kargbo pour la Sierra Leone ; Mohamed Somane pour la Somalia ; Mampho Baholo, Rogangoum Kodindouma Hervé pour le Tchad ; Ouro-Adoï Abdelganiou et Imrane Moussa pour le Togo ; Saoussen Boumaiza pour la Tunisie ; Ezekiel Phiri, Eliya Lungu and Jonathan Msoni pour la Zambie.

Ce rapport a été produit avec le soutien financier des gouvernements de l'Espagne, de l'Irlande, du Japon, du Luxembourg, de la Norvège, des Pays-Bas, du Royaume-Uni, de la Suède et de la Suisse, ainsi que de l'Union européenne. Les opinions exprimées ici ne peuvent en aucun cas être considérées comme reflétant les opinions officielles des gouvernements des pays donateurs ou de l'Union européenne.

Table des matières

Tableaux

Graphiques

Encadrés

Abréviations et acronymes

AIGE	Aéroport International Gnassingbé Eyadéma (Togo)
AIT	Advance Income Tax (Impôt sur le revenu anticipé - Malawi)
ANICT	Agence Nationale d'Investissement des Collectivités Territoriales (Mali)
APU	Administrations publiques (Cameroun)
AR	Autorités Régionales (Mali)
ARC	African Risk Capacity (Capacité africaine de gestion des risques - Niger)
ATAF	African Tax Administration Forum (Forum sur l'administration fiscale africaine)
BCEAO	Banque centrale des États de l'Afrique de l'Ouest (Niger, Togo)
BELN	Botswana, Eswatini, Lesotho et Namibie
BIC	Bénéfices industriels et commerciaux (Congo, Guinée, Mali, Mauritanie, Togo)
BN	Budget national (Mali)
BNC	Bénéfices non commerciaux (Congo, Guinée, Mauritanie, Niger)
CANAM	Caisse Nationale d'Assurance Maladie (Mali)
CBE	Banque centrale d'Egypte (Égypte)
CEDEAO	Communauté économique des États de l'Afrique de l'Ouest (Cabo Verde, Niger)
CEDEAO	Communauté économique des États de l'Afrique de l'Ouest
CFA	Communauté Financière Africaine
CGRAE	Caisse générale de retraite des agents de l'État (Côte d'Ivoire)
CGT	Capital Gains Tax (Impôt sur les plus-values - Afrique du Sud)
CMSS	Caisse Malienne de Sécurité Sociale (Mali)
CNAM	Caisse Nationale d'Assurance Maladie (Mauritanie)
CNPS	Caisse nationale de prévoyance sociale (Côte d'Ivoire)
CNSS	Caisse Nationale de Sécurité Sociale (Congo, Mauritanie)
CODEC	Contribution au développement économique ((Sénégal)
COHO	Commissariat à l'Organisation du Hadj et de la Oumra (Niger)
CPS	Contribution pour prestation de service (Mali)
CRF	Caisse de Retraite des Fonctionnaires (Congo)
CRN	Contribution à la reconstruction nationale (Côte d'Ivoire)
CSG	Contribution Sociale Généralisée (Maurice)
CSS	Caisse de Sécurité Sociale (Sénégal)
CUA	Commision de l'Union africaine
DCPF	Droits de conservation de la propriété foncière (Togo)
DDF	Domestic Development Fund (Fonds de développement national - Botswana)
DFS	Droit fiscal de sortie (Mauritanie)
DGA	Direção Geral das Alfândegas (Direction générale des douanes - Cabo Verde)
DGCI	Direcção Geral de Contribução e Impostos (Direction Générale des Contributions et Impôts - Cabo Verde)
DGD	Direction générale des Douanes
DGDA	Direction générale des douanes et accises (Congo, Rép. dém.)
DGI	Direction générale des Impôts
DGRAD	Direction générale des Recettes Administratives, Judiciaires, Domaniales et de Participation (Congo, Rép. dém.)
DGTCP	Direction générale du Trésor et de la Comptabilité Publique (Niger)
DND	Direction Nationale des Douanes (Guinée, Mali)
DNDC	Direction Nationale du Domaine et des Cadastres (Mali)
DNI	Direction Nationale des Impôts (Guinée)
DST	Digital Services Tax (Taxe sur les services numériques - Kenya)
DT	Dividends Tax (Impôt sur les dividendes - Afrique du Sud)
EDRL	Energy Debt Recovery Levy (Prélèvement pour le recouvrement de la dette énergétique - Ghana)
EFL	Energy Fund Levy (Prélèvement sur le Fonds de l'énergie - Ghana)
EGPC	Egyptian General Petroleum Corporation (Société générale égyptienne du pétrole - Égypte)
EMTL	Electronic Money Transfer Levy (Taxe sur les transferts d'argent électronique - Nigéria)
ETI	Employment Tax Incentive (Incitatif fiscal à l'emploi - Afrique du Sud)
FA	Finance Act (Loi de Finances - Nigéria)
FDD	Fonds pour le développement durable (Mali)

FER	Fonds d'Entretien Routier (Guinée)
FGS	Federal Government of Somalia (Gouvernement fédéral de Somalie - Somalie)
FMI	Fonds monétaire international
FMS	Federal Member States (États membres fédéraux - Somalie)
FMV	Foreign Motor Vehicles Levy (Prélèvement sur les véhicules automobiles étrangers - Kenya)
FSA	Financial Services Authority (Autorité des services financiers - Seychelles)
FSH	Fonds de soutien à l'habitat (Côte d'Ivoire)
GEOGAM	Guinea Equatorial Oil and Gas Marketing, Ltd. (Guinée Equatorial Oil and Gas Marketing, Ltd. - Guinée équatoriale)
GSM	Global System for Mobile Communications (Système mondial de communications mobiles - Guinée)
IATA	International Air Transport Association (Association du transport aérien international - Somalie)
IGL	Impôt Général Libératoire (Tchad)
IGR	Impôt Général sur le Revenu (Niger)
IMF	Impôt Minimum Forfaitaire (Mauritanie)
IMF	Impôt Minimum Fiscal (Tchad)
IMP	Impôt sur marché public (Madagascar)
INPS	L'Institut National de Prévoyance Sociale (Mali)
INSESO	Instituto Nacional de Seguridad Social de Guinea Ecuatorial (Institut national de sécurité sociale de Guinée équatoriale - Guinée équatoriale)
IPRES	l'Institution de prévoyance retraite du Sénégal (Sénégal)
IPVCI	Impôt spécial sur la plus-value de cessions immobilières (Niger)
IPVI	Impôts sur les plus-values immobilières (Madagascar)
IR	Impôt sur le revenu (Madagascar, Togo)
IRCM	Impôt sur les Revenus des Capitaux Mobiliers (Madagascar)
IRNS	Impôt sur les revenus non salariaux (Madagascar)
IRPC	Imposto sobre o Rendimento das Pessoas Colectivas (Mozambique)
IRPP	Impôt sur le revenu des personnes physiques
IRPS	Imposto Rendimento de Pessoas Singulares (Mozambique)
IRSA	Impôt sur les Revenus Salariaux et Assimilés (Madagascar)
IRVM	Impôt sur le revenu des valeurs mobilières (Niger)
IRVN	Revenu des valeurs mobilières (Congo)
IS	Impôt sur les sociétés
IS	Impôt synthétique (Madagascar)
IS	Impôt sur les societés (Mali)
ISB	Impôt sur les bénéfices (Niger)
ITS	Impôt sur les traitement et salaires
KAA	Kenya Airports Authority (Autorité aéroportuaire du Kenya - Kenya)
KEBS	Kenya Bureau of Standards (Bureau des normes du Kenya - Kenya)
KRA	Kenya Revenue Authority (Autorité fiscale du Kenya - Kenya)
LGA	Local Government Areas (Zones de gouvernement local - Nigéria)
MDAs	Municipalities, Departments and Agencies (Municipalités, ministères et organismes - Ghana)
MID	Maurice Île Durable (Maurice)
MMDA	Metropolitan, Municipal and District Assemblies (Assemblées métropolitaines, municipales et de district - Ghana)
NASENI	National Agency for Science and Engineering Infrastructure (Agence nationale des infrastructures scientifiques et techniques - Nigéria)
NESL	National Electrification Scheme Levy (Prélèvement du Programme National d'Électrification - Ghana)
NFSL	National Fiscal Stabilisation Levy (Prélèvement national de stabilisation fiscale - Ghana)
NHIL	National Health Insurance Levy (Prélèvement national d'assurance maladie - Ghana)
NHIS	National Health Insurance Scheme (Régime National d'Assurance Maladie - Ghana)
NPF	National Pension Fund (Caisse nationale de retraite - Maurice)
NPRA	National Pensions Regulatory Authority (Autorité nationale de régulation des retraites - Ghana)
NRL	National Reconstruction Levy (Prélèvement national pour la reconstruction - Ghana)
NSF	National Savings Fund (Fonds national d'épargne - Maurice)
NTIC	Nouvelles technologies de l'information et de la communication (Côte d'Ivoire)
OCC	Office du Classement du Coton (Mali)
OCDE	Organisation de coopération et de développement économiques
OCIPEF	Oficina de control, Información y Promoción de las Especies Forestales (Office de contrôle, d'information et de promotion des essences forestières - Guinée équatoriale)
OML	Oil Mining Leases (Baux miniers pétroliers - Nigéria)
ONEM	Office National de l'Emploi (Congo, Rép. dém.)
OPL	Oil Prospecting Licenses (Permis de recherche pétrolière - Nigéria)
PADSP	Prélèvement pour l'apurement de la dette du secteur pétrolier (Togo)
PAYE	Pay-as-you-earn tax (Impôt à payer selon vos revenus)
PC	Prélèvement communautaire Cedeao (Mauritanie)
PGT	Paierie Générale du Trésor (Madagascar, Mali)
PLL	Public Lighting Levy (Taxe sur l'éclairage public - Ghana)
PMU	Société du pari mutuel urbain (Mali)
PNT	Ingresos petroleros no tributarios (Recettes pétrolières non fiscales - Guinée équatoriale)
PPTE	Pays pauvres très endettés (Madagascar)

PPTE	Pays pauvres très endettés (Mali)
PTF	Police Trust Fund (Fonds en fiducie pour la police - Nigéria)
RAF	Road Accident Fund (Fonds des accidents de la route - Afrique du Sud)
RDP	Reconstruction and Development Fund Programme (Programme du Fonds pour la reconstruction et le développement - Afrique du Sud)
RER	Redevance entretien routier (Guinée)
RER	Redevance d'Exploitation (Mauritanie)
RFL	Road Fund Levy (Prélèvement sur le Fonds Routier - Ghana)
RM	Redevance minière (Niger)
RSE	Taxe de responsabilité sociale des entreprises (Seychelles)
RTI	Radiodiffusion télévision ivoirienne (Côte d'Ivoire)
RUC	Road User Charge (Redevance d'usage de la route - Sierra Leone)
RUTEL	Redevance sur l'accès ou l'utilisation du réseau des télécommunications publiques (Sénégal)
SACU	Southern African Customs Union (Union douanière d'Afrique australe)
SARL	Société à responsabilité limitée (Congo, Rép. dém.)
SARS	South African Revenue Service (Service des recettes sud-africain - Afrique du Sud)
SCA	Suez Canal Authority (Autorité du canal de Suez - Égypte)
SNIM	Société Nationale Industrielle et Minière de Mauritanie (Mauritanie)
SPF	Seychelles Pensions Fund (Fonds de retraite des Seychelles - Seychelles)
SPP	Soutien à la politique pétrolière (Togo)
SSF	Social Security Fund (Caisse de Sécurité Sociale - Seychelles)
SSNIT	Social Security and National Insurance Trust (Fiducie de sécurité sociale et d'assurance nationale - Ghana)
STC	Secondary Tax on Companies (Impôt secondaire sur les sociétés - Afrique du Sud)
TAF	Taxe sur les armes à feu (Niger)
TAF	Taxe sur les activités financières (Sénégal)
TAFI	Taxe sur les activités financières (Niger)
TAP	Taxe d'apprentissage (Niger)
TART	Taxe d'acces au reseau de télécommunications (Guinée)
TARTOP	Taxe sur l'accès au réseau des télécommunications ouvert au public (Mali)
TATTIE	Taxe sur la terminaison du Trafic International Entrant (Niger)
TBA	Taxe sur les boissons alcoolisés (Niger)
TBVC	Transkei, Bophuthatswana, Venda and Ciskei (Transkei, Bophuthatswana, Venda et Ciskei - Afrique du Sud)
TCA	Taxe sur la chiffre d'affaires (Cameroun)
TCFGE	Taxe sur certains frais généraux des entreprises (Niger)
TCG	Taxe de Consommation sur la carte à Gratter (Mauritanie)
TCI	Taxe conjoncturelle à l'importation (Niger)
TCT	Taxe sur la Consommation Téléphonique (Guinée)
TDP	Taxe degréssive de protection (Mali)
TEA	Taxe d'exploitation artisanale (Niger)
TEBA	Taxe à l'émission des billets d'avion (Togo)
TEE	Taxe d'État de l'Entreprenant (Côte d'Ivoire)
TF	Titre foncière (Mali)
TFEAR	Taxe forfaitaire sur la réexportation (Niger)
TFPNB	Taxes foncières sur les propriétés non bâties (Togo)
TIC	Technologies de l'information et de la communication
TIPP	Taxe intérieure sur les produits pétroliers (Mali, Niger)
TJH	Taxe sur les jeux de hasard (Niger)
TME	Taxe Minière à l'Extraction (Guinée)
TMT	Tourism Marketing Tax (Taxe de marketing touristique - Seychelles)
TOFE	Tableau des opérations financières de l'Etat (Congo)
TPCE	Taxe sur la publicité commerciale extérieure (Niger)
TPV	Taxe sur les plus-values de cession (Togo)
TSB	Taxe spécifique sur les boissons (Congo)
TSPDF	Taxe spéciale pour la préseration et développement forestier (Côte d'Ivoire)
TSS	Taxe spéciale sur les societés (Congo)
TST	Taxe spécifique sur le tabac (Congo)
TUA	Taxe Unique sur les assurances (Niger)
TURTEL	Taxe sur l'utilisation du réseau de télécommunication (Niger)
TVA	Taxe sur la valeur ajoutée
TVM	Taxe sur les véhicules à moteur (Togo)
UA	Union africaine
UEMOA	Union économique et monétaire ouest-africaine (Niger)
UEMOA	Union économique et monétaire ouest-africaine
UIF	Unemployment Insurance Fund (Caisse d'assurance-chômage - Afrique du Sud)
ZEE	Zone économique exclusive (Seychelles)

Résumé

L'édition 2024 des *Statistiques des recettes publiques en Afrique* présente des indicateurs internationalement comparables sur les recettes fiscales et non fiscales jusqu'en 2022 pour 36 pays d'Afrique, dont le Mozambique, la Somalie et la Zambie pour la première fois. Cette publication constitue un instrument unique en son genre pour mesurer les progrès en matière de mobilisation des ressources intérieures et éclairer la conception et l'analyse des politiques fiscales sur l'ensemble du continent africain. À ce titre, la publication des *Statistiques des recettes publiques en Afrique* contribue aux Objectifs de développement durable (ODD) des Nations Unies, au Programme d'action d'Addis-Abeba et à l'Agenda 2063 de l'Union africaine. Elle contribue aussi à la mise en œuvre de la seconde phase du Programme statistique panafricain, une initiative conjointe de l'Union africaine et de l'Union européenne qui vise à améliorer la mesure des progrès dans l'intégration africaine, en encourageant l'utilisation de données statistiques de qualité dans le processus d'élaboration des politiques et leur suivi. Cette édition des *Statistiques des recettes publiques en Afrique* comprend une étude spéciale sur la facilitation et la confiance en tant que principaux moteurs de la conformité fiscale volontaire dans certaines administrations fiscales africaines.

Recettes fiscales

En 2022, le ratio moyen impôts/PIB (recettes fiscales totales, cotisations de sécurité sociale comprises, en pourcentage du PIB) des 36 pays couverts par cette publication s'élevait à 16.0 %, soit une hausse de 0.5 point de pourcentage (point) par rapport à 2021. Il s'agit de la deuxième augmentation annuelle consécutive, après une hausse de 0.3 point en 2021 ; en conséquence, le ratio moyen impôts/PIB de l'Afrique était supérieur de 0.5 point à son niveau d'avant la pandémie de COVID-19 (15.5 % en 2019). Cependant, le niveau moyen des recettes fiscales en Afrique reste inférieur aux niveaux de l'Asie et du Pacifique (19.3 %), de l'Amérique latine et des Caraïbes (21.5 %) et des pays de l'OCDE (34.0 %) en 2022. Les ratios impôts/PIB affichaient en 2022 de grandes différences d'un pays africain à l'autre, allant de 2.6 % en Somalie à 33.5 % en Tunisie ; 19 des 36 pays présentaient un ratio inférieur à 15 %.

Les recettes fiscales en pourcentage du PIB ont augmenté dans 23 pays, ont diminué dans 11 pays et sont restées inchangées dans 2 pays entre 2021 et 2022. Le Tchad et la République démocratique du Congo ont enregistré les plus fortes hausses de leur ratio impôts/PIB, de respectivement 3.3 points et 3.6 points, sous l'effet d'une augmentation sensible des recettes de l'impôt sur les bénéfices des sociétés (IS) due à la progression des bénéfices tirés du secteur extractif. À l'inverse, les baisses les plus marquées ont été observées au Mali et en Sierra Leone (1.9 point dans les deux cas), en raison du recul des recettes provenant des impôts sur les biens et services causé par la perturbation des échanges dans les deux pays.

Malgré un contexte macroéconomique difficile caractérisé par une forte inflation et un ralentissement de la croissance, les 36 pays à l'exception du Mali ont tous enregistré une hausse de leur PIB nominal et de leurs recettes fiscales nominales en 2022. L'augmentation des recettes de l'IS a été à l'origine de l'accroissement des recettes fiscales, qui ont progressé de 0.4 point en moyenne dans les 36 pays, principalement à la faveur de la croissance des bénéfices du secteur pétrolier et gazier attribuable à la hausse des prix des matières premières. Les recettes provenant des impôts sur les biens et services ont connu une augmentation de 0.1 % du PIB en 2022. Dans la catégorie des impôts sur les biens et services, les recettes tirées de la TVA et des droits à l'importation ont toutes deux augmenté de 0.1 % du PIB en moyenne, tandis que celles provenant des accises ont diminué de 0.1 % entre 2021 et 2022. Les recettes générées par l'impôt sur le revenu des personnes physiques (IRPP) et les cotisations de sécurité sociale sont restées inchangées.

L'amélioration des ratios impôts/PIB dans de nombreux pays africains au cours des dix dernières années s'explique par les efforts déployés pour renforcer les systèmes budgétaires. Entre 2013 et 2022, le ratio moyen impôts/PIB de l'Afrique a progressé de 1.1 point, tandis que les moyennes de la région ALC et des pays de l'OCDE ont augmenté de respectivement 0.8 point et 1.4 point. Les ratios ont augmenté dans 25 des 36 pays d'Afrique étudiés entre 2013 et 2022 et ont diminué dans 11 pays.

Toutes les principales catégories de recettes ont progressé à peu près au même rythme entre 2013 et 2022, en proportion du PIB. Les recettes de l'impôt sur le revenu et les bénéfices ont progressé de 0.4 point, tandis que celles provenant des impôts sur les biens et services ont augmenté de 0.5 point. En 2022, les impôts sur les biens et services sont restés la principale source de recettes fiscales en Afrique, puisqu'ils ont généré 51.3 % du total des recettes fiscales en moyenne, la TVA à elle seule contribuant à 27.0 % du total. Au sein de cette catégorie, les taxes sur le commerce extérieur ont diminué en pourcentage des recettes fiscales totales, mais ont augmenté de 0.1 % du PIB. Dans le même temps, les impôts sur le revenu et les bénéfices ont représenté en moyenne 39.3 % du total des recettes fiscales en 2022, dont 16.2 % provenant de l'IRPP, 21.2 % de l'IS et 1.9 % non ventilables entre ces deux catégories.

Recettes non fiscales

En 2022, les recettes non fiscales en Afrique représentaient en moyenne 6.2 % du PIB dans les 35 pays ayant communiqué des données pour cette année-là. Elles s'échelonnaient entre 0.7 % du PIB en Afrique du Sud et 23.7 % en République du Congo. Elles dépassaient 10 % du PIB dans cinq pays, dont trois (Botswana, Lesotho et Namibie) recevaient la majeure partie de leurs recettes non fiscales du fonds commun des recettes de l'Union douanière de l'Afrique australe (SACU). Elles étaient supérieures aux recettes fiscales au Botswana, en République du Congo, en Guinée équatoriale et au Lesotho.

En 2022, les recettes non fiscales moyennes en Afrique ont progressé de 0.4 point de PIB par rapport à l'année précédente. Cette amélioration s'explique par une hausse de 0.4 point à la fois des recettes tirées des loyers et redevances et des autres revenus de la propriété (intérêts et dividendes, par exemple) sur fond de renchérissement des prix des produits de base, même si elle a été partiellement compensée par une baisse des recettes de la SACU. En revanche, les dons sont restés inchangés entre 2021 et 2022.

C'est en République du Congo et en Guinée équatoriale que l'augmentation des redevances, intérêts et dividendes pétroliers et gaziers a été la plus forte, en pourcentage du PIB (respectivement 8.7 et 13.3 points). Pour la première fois, cette édition des *Statistiques des recettes publiques en Afrique* analyse les informations très détaillées sur les recettes provenant des industries extractives fournies par les pays participants.

L'origine des recettes non fiscales diffère selon les pays. La plupart des recettes non fiscales étaient issues de dons pour neuf pays, tandis qu'elles provenaient de loyers et de redevances pour huit pays. Les 14 pays restants, à l'exception des quatre pays bénéficiaires nets de la SACU, ont tiré l'essentiel de leurs recettes non fiscales d'autres sources telles que les intérêts et dividendes et les frais au titre de la vente de biens et services.

Entre 2013 et 2022, les recettes non fiscales moyennes ont diminué de 1.1 point de PIB, principalement en raison d'un repli de 0.5 point des recettes sous forme de dons et de 0.8 point des autres recettes non fiscales (essentiellement des recettes de la SACU). Cette baisse a compensé l'augmentation des recettes fiscales au cours de la même période, soulignant les difficultés de financement auxquelles sont confrontés les pays africains dans leur effort pour atteindre les ODD, dans un contexte d'accroissement des niveaux d'endettement et des besoins de dépenses dans le sillage de la pandémie de COVID-19.

La facilitation et la confiance en tant que moteurs de la conformité fiscale volontaire dans certaines administrations fiscales africaines

L'étude spéciale rédigée par l'ATAF examine le rôle de la facilitation et de la confiance du public pour encourager la conformité fiscale volontaire en tant que moyen d'accroître les niveaux de recettes dans les pays africains. Ce chapitre recense les bonnes pratiques des administrations fiscales de certains pays africains, notamment les innovations dans la transformation numérique des systèmes fiscaux et les programmes d'éducation des contribuables. Toutefois, de nouveaux financements sont nécessaires pour permettre une automatisation plus poussée des systèmes fiscaux et un échange fluide de renseignements entre les organismes publics. Pour renforcer la confiance dans les systèmes fiscaux africains et favoriser ainsi la conformité fiscale volontaire, les administrations fiscales et autres entités publiques africaines doivent également travailler ensemble pour démontrer que les recettes fiscales sont utilisées à bon escient.

1. Tendances des recettes fiscales, 2013-22

Le chapitre 1 examine les dernières tendances en matière de recettes fiscales ainsi que l'évolution des recettes fiscales au cours de la dernière décennie dans 36 pays africains. L'analyse se concentre principalement sur le niveau et la structure des recettes fiscales pour les pays africains ainsi que sur leur moyenne. Les moyennes des indicateurs relatifs aux recettes fiscales des pays africains sont comparées aux moyennes des autres régions.

Introduction

Pour réaliser l'Agenda 2063 de l'Union africaine, atteindre les Objectifs de développement durable (ODD) des Nations Unies et mettre en œuvre le Programme d'action d'Addis-Abeba, il est nécessaire de mobiliser des moyens financiers supplémentaires, et notamment des ressources intérieures, afin de financer l'offre de biens et de services publics. L'impôt représente une source de recettes publiques prévisible et stable, qui contraste avec la volatilité d'autres sources importantes de recettes publiques, comme les dons et les redevances. Pour les pays africains, dans lesquels la dette externe et la dépendance à l'égard des recettes volatiles tirées des ressources naturelles posent de sérieux problèmes économiques, renforcer la mobilisation des ressources intérieures n'est pas seulement une stratégie budgétaire, c'est aussi un moyen essentiel de parvenir à l'autosuffisance, à la résilience économique et au développement durable, conformément aux objectifs énoncés dans l'Agenda 2063 de l'Union africaine pour une Afrique autonome, intégrée et prospère.

Le rapport des *Statistiques des recettes publiques en Afrique* contient un ensemble d'indicateurs internationalement comparables sur les recettes fiscales et non fiscales qui peuvent servir à mesurer les progrès en matière de mobilisation des ressources intérieures et à éclairer les politiques et les réformes fiscales. Ce rapport et les données qu'il contient contribuent aussi au *Programme statistique panafricain*, une initiative conjointe de l'Union africaine et de l'Union européenne visant à renforcer les capacités statistiques en Afrique, en fournissant des données statistiques de qualité sur les recettes publiques. Ces données faciliteront le processus d'élaboration des politiques et leur suivi, de manière à soutenir l'intégration africaine. Les progrès du *Programme statistique panafricain* témoignent de l'engagement à l'égard d'une action publique fondée sur des données et adaptée aux réalités locales en Afrique. Des données exactes et pertinentes constituent le socle de l'élaboration de politiques en phase avec le contexte économique et politique spécifique de l'Afrique et avec les nuances de sa société, alimentant ainsi des initiatives plus efficaces et plus efficientes sur le terrain.

Cette édition des *Statistiques des recettes publiques en Afrique* contient des données sur les recettes fiscales jusqu'en 2022 compris. Ce premier chapitre analyse l'évolution du ratio impôts/PIB, de la structure fiscale et de la part des recettes fiscales par niveau d'administration dans 36 pays d'Afrique : Afrique du Sud, Botswana, Burkina Faso, Cabo Verde, Cameroun, Côte d'Ivoire, Gabon, Guinée, Guinée équatoriale, Égypte, Eswatini, Ghana, Kenya, Lesotho, Madagascar, Malawi, Mali, Maroc, Maurice, Mauritanie, Mozambique, Namibie, Niger, Nigeria, Ouganda, République démocratique du Congo, République du Congo, Rwanda, Sénégal, Seychelles, Sierra Leone, Somalie, Tchad, Togo, Tunisie et Zambie. Le Mozambique, la Somalie et la Zambie sont inclus pour la première fois dans cette édition.

Ce chapitre compare également les moyennes de ces 36 pays d'Afrique avec celles de 36 pays d'Asie et du Pacifique (OCDE, 2024[1]), 26 pays d'Amérique latine et des Caraïbes (ALC) (OCDE et al., 2024[2]), et 38 pays de l'OCDE (OCDE, 2024[3]). L'analyse proposée vient compléter les informations détaillées par pays consacrées aux recettes fiscales figurant au chapitre 5.

Ratios impôts/PIB en Afrique

Tendances des recettes fiscales dans les pays africains en 2022

L'analyse des ratios impôts/PIB dans les 36 pays d'Afrique étudiés met en évidence une grande variété de réalités économiques. Le large éventail des ratios souligne la diversité économique du continent, chaque ratio reflétant les possibilités et les difficultés budgétaires propres à chaque pays. Il est essentiel de comprendre et d'analyser ces différences pour élaborer des politiques fiscales efficaces qui renforcent la stabilité économique et stimulent le développement en Afrique.

Le ratio impôts/PIB moyen non pondéré dans les 36 pays d'Afrique étudiés dans le rapport était de 16.0 % en 2022 (Graphique 1.1) et a augmenté de 0.5 point de pourcentage (point) par rapport à 2021. Le ratio impôts/PIB correspond aux recettes fiscales (y compris les cotisations de sécurité sociale obligatoires versées à l'administration générale) exprimées en pourcentage du produit intérieur brut (PIB)[1]. À titre de comparaison, les ratios impôts/PIB moyens pour les régions Asie-Pacifique, Amérique latine et Caraïbes, et pour la zone OCDE étaient respectivement de 19.3 %, 21.5 % et 34.0 % en 2022.

Le faible niveau du ratio impôts/PIB moyen en Afrique par rapport à ceux d'autres régions reflète la marge de manœuvre budgétaire limitée dont les pays africains disposent. Cette situation réduit leur capacité à orienter des investissements importants vers des secteurs, tels que la santé, l'éducation et les infrastructures, qui sont indispensables au développement durable et au bien-être sociétal en Afrique. Combler ces lacunes est impératif pour libérer le potentiel de développement de l'Afrique et ainsi garantir une croissance inclusive et durable à l'échelle du continent.

Graphique 1.1. Total des recettes fiscales, avec et sans cotisations de sécurité sociale, en pourcentage du PIB, 2022

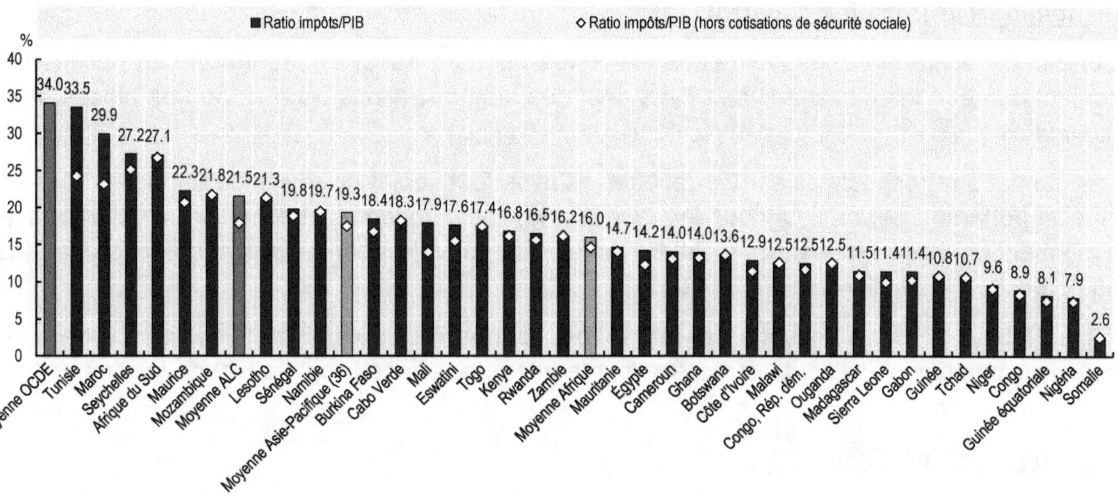

Notes : Les chiffres prennent en compte les recettes fiscales des administrations infranationales pour l'Afrique du Sud, l'Eswatini, le Maroc, Maurice, le Nigeria et la Somalie (recettes des États uniquement) pour l'année 2022. La moyenne Afrique et les moyennes Asie-Pacifique (36 pays), ALC (26 pays) et OCDE (38 pays) sont des moyennes non pondérées.

Il convient d'interpréter la moyenne Afrique avec précaution car des données relatives aux cotisations de sécurité sociale sont indisponibles pour la Guinée, l'Ouganda, le Tchad, le Togo et la Zambie, et elles sont incomplètes pour le Cameroun et le Sénégal. Les cotisations de sécurité sociale pour le Botswana, le Lesotho et le Malawi sont égales à zéro dans la mesure où elles ne remplissent pas les critères retenus pour être considérées comme des cotisations de sécurité sociale, selon la classification des impôts de l'OCDE figurant dans le guide d'interprétation.

Le ratio impôts/PIB de l'Afrique du Sud prend en compte les sommes recouvrées par l'Afrique du Sud au profit de l'Union douanière de l'Afrique australe.

Source : Tableaux 4.1 et 4.2 figurant au chapitre 4 et (OCDE/ATAF/CUA, 2024[4]), « Tableaux comparatifs des Statistiques des recettes publiques en Afrique », http://data-explorer.oecd.org/s/dy.

StatLink https://stat.link/l18ybf

En 2022, les ratios impôts/PIB ont affiché de grands écarts entre les pays couverts par la publication, allant de 2.6 % en Somalie à 33.5 % en Tunisie. L'Afrique du Sud, le Maroc, les Seychelles et la Tunisie affichaient des ratios supérieurs à 25 %. Dans 13 pays, les ratios étaient compris entre 15 % et 25 %, tandis que dans 19 pays, ils étaient inférieurs à 15 %

Évolution des recettes fiscales et du PIB en valeur nominale

Cette section analyse les variations des recettes fiscales nominales et du PIB nominal en 2022 et les variations consécutives des ratios impôts/PIB, qu'elle compare aux changements intervenus en 2021. La valeur du ratio impôts/PIB dépend de deux composantes : son numérateur (recettes fiscales) et son dénominateur (PIB) (voir Encadré 1.1). Cela signifie que les variations des ratios impôts/PIB reflètent les variations des recettes fiscales nominales et du PIB nominal.

Encadré 1.1. Méthodologie : le ratio impôts/PIB

Les ratios impôts/PIB utilisés dans cette publication expriment les recettes fiscales totales en pourcentage du PIB. Le numérateur et le dénominateur sont susceptibles de faire l'objet de révisions rétrospectives. Le ratio impôts/PIB doit être interprété avec prudence : les recettes fiscales nominales et le PIB nominal peuvent varier dans la même direction (augmenter ou diminuer tous les deux), mais le ratio impôts/PIB évoluera dans la direction opposée si le changement relatif des recettes fiscales nominales est inférieur au changement relatif du PIB nominal.

Le numérateur (recettes fiscales)

Cette publication utilise les chiffres des recettes qui sont transmis chaque année par les points de contact au sein des ministères des Finances, des administrations fiscales ou des offices statistiques nationaux.

Les données rétrospectives sur les recettes fiscales font l'objet de révisions annuelles, des révisions plus importantes ayant lieu pour les années les plus récentes. Les chiffres antérieurs peuvent également changer d'une édition à l'autre lorsque de nouvelles données sont obtenues par des points de contact pour améliorer la publication.

Dans 28 pays africains couverts par ce rapport, l'année fiscale coïncide avec l'année civile. Les huit pays restants comptabilisent les recettes sur la base de l'année fiscale allant de juillet à juin ou d'avril à mars[1].

Le dénominateur (PIB)

Les chiffres du PIB utilisés dans cette publication proviennent des *Perspectives de l'économie mondiale* publiées par le FMI. L'utilisation de ces chiffres du PIB garantit une cohérence maximale entre les pays, ainsi qu'une comparabilité internationale des ratios impôts/PIB. Les chiffres du PIB sont également révisés et actualisés pour tenir compte de l'amélioration des sources de données et des procédures d'estimation, ou pour appliquer de nouvelles lignes directrices convenues à l'échelle internationale pour mesurer la valeur du PIB.

Néanmoins, il est important de reconnaître et de prendre en compte les facteurs économiques, sociopolitiques et historiques propres aux pays africains qui influent profondément sur les indicateurs du PIB.

Les chiffres les plus récents provenant des *Perspectives de l'économie mondiale* ont été publiés en avril 2024 (FMI, 2024[5]), et incluent les révisions du PIB effectuées par certains pays pour s'aligner sur l'édition la plus récente du Système de comptabilité nationale (SCN 2008). Les chiffres du PIB cités dans ce rapport ont été sensiblement révisés par rapport à l'édition de l'année dernière concernant le Cabo Verde, le Congo, le Lesotho, la Mauritanie et le Tchad (les chiffres du PIB pour 2021 de ces pays ont été révisés de +/- 3 % ou plus).

La différence entre les éditions 2023 et 2024 des ratios impôts/PIB de l'année 2021 imputable aux révisions des recettes fiscales et du PIB était comprise entre -2.6 points au Tchad et 1.6 point au Malawi et en Sierra Leone.

1. Au Botswana, en Eswatini, au Lesotho et en Namibie, l'année fiscale court du mois d'avril au mois de mars. Cela signifie que l'année fiscale 2022 correspond à la période T2/2022-T1/2023. En Égypte, au Kenya, au Malawi et à Maurice (années antérieures à 2010 et à partir de 2016), l'année fiscale se termine le 30 juin. L'année fiscale 2022 correspond à la période T2/2021-T2/2022. Certains pays communiquent certains éléments des recettes fiscales sur une base différente en fonction de la nature des recettes. Par exemple, les recettes au Rwanda sont déclarées sur la base de l'année civile, sauf pour les cotisations de sécurité sociale, qui sont déclarées sur la base de l'année fiscale se terminant le 30 juin depuis 2008. Un autre exemple est l'Afrique du Sud, où les données se basent sur une année civile, sauf pour les cotisations de sécurité sociale et les impôts à l'échelon provincial et local (communiquées sur la base d'une année fiscale se terminant le 30 mars).

En 2022, les pays étudiés dans ce rapport ont affiché une croissance médiane de leurs recettes fiscales nominales de 13.9 % par rapport à l'année précédente, tandis que le PIB nominal a progressé de 11.7 % au cours de la même période. Le Graphique 1.2 illustre les variations en glissement annuel des recettes nominales et du PIB nominal entre 2021 et 2022 par pays. Tous les pays sauf le Mali ont enregistré une hausse de leurs recettes fiscales nominales en 2022. La République démocratique du Congo et le Tchad ont enregistré les plus fortes hausses, supérieures à 60 %. Tous les pays ont vu leur PIB nominal augmenter en 2022 ; dans 24 pays, cette hausse a été plus faible que celle des recettes fiscales, conduisant à des ratios impôts/PIB plus élevés qu'en 2021. Dans onze pays, le PIB nominal s'est accru davantage que les recettes fiscales nominales, faisant baisser le ratio impôts/PIB.

Graphique 1.2. Variation en glissement annuel des recettes fiscales nominales et du PIB nominal, 2022

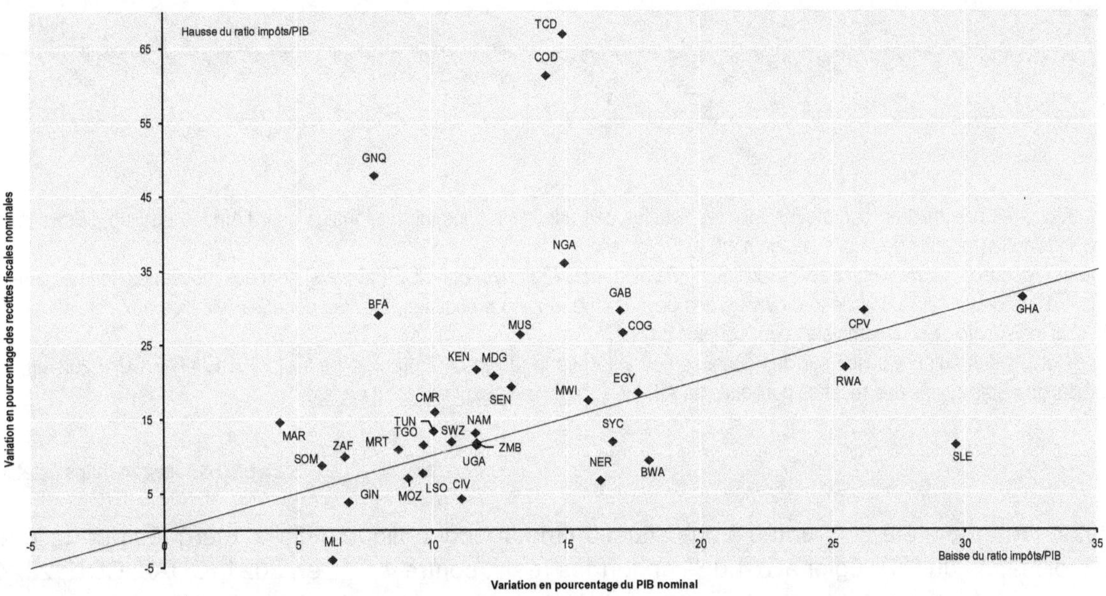

Notes : Les chiffres prennent en compte les recettes fiscales des administrations infranationales pour l'Afrique du Sud, l'Eswatini, le Maroc, Maurice, le Nigeria (recettes des États uniquement) et la Somalie pour l'année 2022. Les recettes fiscales totales pour l'Ouganda, le Tchad, le Togo et la Zambie n'incluent pas les cotisations de sécurité sociale car ces données ne sont pas disponibles.
Source : Calculs des auteurs basés sur des données figurant dans (OCDE/ATAF/CUA, 2024[4])« Tableaux comparatifs des Statistiques des recettes publiques en Afrique », http://data-explorer.oecd.org/s/dy et dans (FMI, 2024[5]) pour les chiffres du PIB nominal.

StatLink https://stat.link/6huvm9

Le ratio impôts/PIB moyen dans les pays d'Afrique couverts par ce rapport a progressé de 0.5 point entre 2021 et 2022, après avoir augmenté de 0.3 point entre 2020 et 2021. En pourcentage du PIB, les recettes fiscales ont augmenté dans 23 pays, ont diminué dans 11 pays et sont restées inchangées dans deux pays (Graphique 1.3). Bien que les recettes fiscales aient également progressé dans 23 pays et reculé dans 12 pays en 2021, les hausses ont été plus marquées en 2022 qu'en 2021 (1.2 points en moyenne en 2022 contre 1.0 point en 2021), tandis que les baisses étaient plus modérées (-0.9 point en moyenne en 2022 contre -1.1 point en 2021).

En 2022, c'est au Tchad et en République démocratique du Congo que le ratio impôts/PIB a le plus fortement augmenté, de respectivement 3.3 points et 3.6 points. À l'inverse, les ratios de la Sierra Leone et du Mali ont fléchi de 1.9 point entre 2021 et 2002, soit la plus forte baisse parmi tous les pays étudiés.

Graphique 1.3. Variation en glissement annuel des ratios impôts/PIB dans les pays d'Afrique en 2021 et 2022

Points de pourcentage de PIB

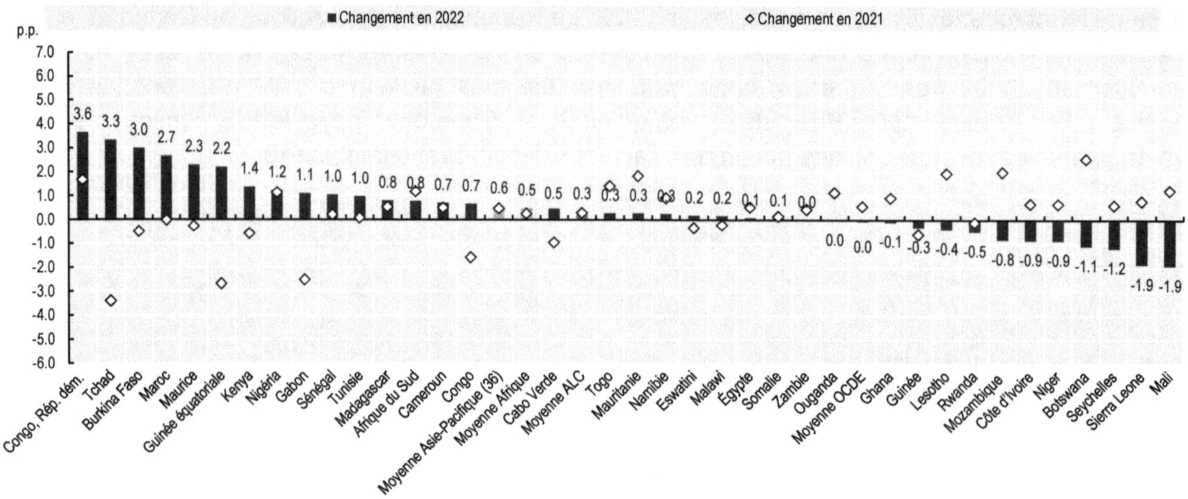

Note : Les chiffres prennent en compte les recettes fiscales des administrations infranationales pour l'Afrique du Sud, l'Eswatini, le Maroc, Maurice, le Nigeria (recettes des États uniquement) et la Somalie.

La moyenne Afrique et les moyennes Asie-Pacifique (36 pays), ALC (26 pays) et OCDE (38 pays) sont des moyennes non pondérées.

Il convient d'interpréter l'évolution de la moyenne des pays d'Afrique avec précaution, car des données relatives aux cotisations de sécurité sociale sont indisponibles ou incomplètes pour certains pays.[2]

Source : Calculs des auteurs basés sur des données figurant dans le tableau 4.1 du chapitre 4 et (OCDE/ATAF/CUA, 2024[4]), « Tableaux comparatifs des Statistiques des recettes publiques en Afrique », http://data-explorer.oecd.org/s/dy.

StatLink https://stat.link/egi6n2

En 2022, l'Afrique a été confrontée à une situation macroéconomique difficile, marquée par un léger recul de la croissance du PIB régional à 4.0 % en termes réels, contre 4.9 % en 2021 (CUA/OCDE, 2024[6]). Ce ralentissement est imputable au durcissement des conditions financières mondiales, aux perturbations commerciales et aux goulets d'étranglement dans les chaînes d'approvisionnement provoqués par la pandémie. La croissance a également été freinée par l'impact croissant du changement climatique et des événements météorologiques extrêmes (BAfD, 2023[7]).

Comme ailleurs dans le monde, l'inflation est montée en flèche en Afrique en 2022, entraînant un renchérissement des produits alimentaires et de l'énergie. En réponse, certains gouvernements de la région ont adopté des mesures visant à atténuer l'impact de la hausse des prix internationaux sur les consommateurs, comprenant des réductions ou des exemptions de taxes sur les biens et services, comme la TVA et les droits d'accise[3], qui ont érodé les recettes fiscales. Dans le même temps, la hausse des prix dans le secteur pétrolier et minier a entraîné une augmentation des bénéfices et donc des recettes tirées des impôts sur les sociétés en 2022 dans les pays qui produisent ces ressources (ATAF, 2023[8]).

Bien que les ratios impôts/PIB se soient redressés après le choc du COVID-19 dans de nombreux pays africains, la reprise a été inégale à l'échelle du continent. En 2022, le ratio impôts/PIB était supérieur à son niveau de 2019 (avant la pandémie) dans 21 des 36 pays, alors qu'il était inférieur à ce niveau dans 15 pays.

En 2022, le ratio impôts/PIB moyen en Afrique était supérieur de 0.5 point à son niveau de 2019 (15.5 %) Le même phénomène s'est produit dans la région Asie-Pacifique, dont le ratio moyen impôts/PIB a augmenté de 0.5 point en 2021 et de 0.6 point en 2023, après s'être contracté de 1.0 point en 2020 (voir Graphique 1.4). À l'inverse, le ratio moyen impôts/PIB dans la région ALC n'avait pas renoué avec son niveau d'avant la pandémie en 2022, malgré une hausse de 0.3 point en 2021 et 2022. La moyenne OCDE a rattrapé son niveau de 2019 en 2020.

Graphique 1.4. Variation en glissement annuel des ratios impôts/PIB moyens par région, 2020-22

Points de pourcentage de PIB

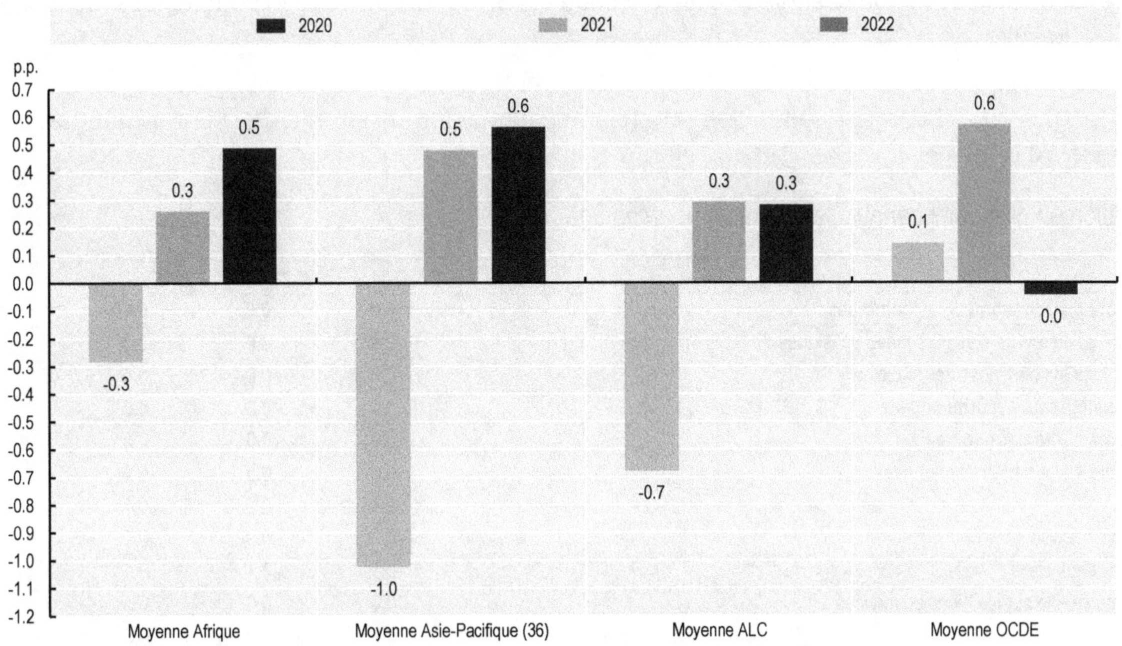

Note : Les variations des recettes fiscales en pourcentage du PIB entre les périodes sont arrondies à une décimale dans ce chapitre.
La moyenne Afrique et les moyennes Asie-Pacifique (36 pays), ALC (26 pays) et OCDE (38 pays) sont des moyennes non pondérées.
Il convient d'interpréter l'évolution de la moyenne des pays d'Afrique avec précaution, car les données relatives aux cotisations de sécurité sociale sont indisponibles ou incomplètes pour certains pays[2].
Source : Calculs des auteurs basés sur des données figurant dans le tableau 4.1 du chapitre 4 et (OCDE/ATAF/CUA, 2024[4]), « Tableaux comparatifs des Statistiques des recettes publiques en Afrique », http://data-explorer.oecd.org/s/dy.

StatLink https://stat.link/4m27cv

Répartition des variations des recettes par type d'impôt

Entre 2021 et 2022, les recettes tirées de l'impôt sur les bénéfices des sociétés (IS) ont augmenté de 0.4 % de PIB en moyenne dans les 36 pays couverts par cette publication, entraînant une hausse globale des recettes fiscales dans la région. Les recettes provenant des impôts sur les biens et services ont progressé de 0.1 % du PIB sur la même période. Dans la catégorie des impôts sur les biens et services, les recettes tirées des taxes sur la valeur ajoutée (TVA) et des droits à l'importation ont toutes deux augmenté de 0.1 % de PIB en moyenne, tandis que celles provenant des accises ont diminué de 0.1 % de PIB au cours de la période.

Le Tableau 1.1 présente les variations en glissement annuel des recettes fiscales en pourcentage du PIB depuis 2020 par principale catégorie d'impôt en moyenne pour les pays africains couverts par ce rapport.

- Les recettes générées par les impôts sur les biens et services sont celles qui ont été le plus durement affectées par la pandémie de COVID-19 en 2020, accusant une baisse de 0.4 % de PIB. Elles ont rebondi fortement en 2021, dopées par le redressement des recettes de TVA, qui avaient le plus chuté en 2020.
- Les recettes des impôts sur le revenu, en pourcentage du PIB, sont restées inchangées en 2020 et 2021, et ont fortement progressé en 2022, portées par la croissance des recettes de l'IS. Les recettes provenant de l'IRPP sont restées inchangées, en pourcentage du PIB, depuis 2020.
- Les cotisations de sécurité sociale ont cédé 0.1 % de PIB en 2020 et sont restées inchangées par la suite.

Tableau 1.1. Variations annuelles des recettes fiscales en pourcentage du PIB par catégorie d'impôt, 2020-22

Variation en glissement annuel, en point de pourcentage

	2020	2021	2022
Impôts sur le revenu et les bénéfices	**0.0**	**0.0**	**0.4**
Impôt sur le revenu des personnes physiques	0.0	0.0	0.0
Impôt sur les bénéfices des sociétés	0.0	0.0	0.4
Cotisations de sécurité sociale	**0.1**	**0.0**	**0.0**
Impôts sur le patrimoine	**0.0**	**0.0**	**0.0**
Impôts sur les biens et services	**-0.4**	**0.3**	**0.1**
TVA	-0.4	0.2	0.1
Droits d'accise	0.0	0.0	-0.1
Droits de douane	-0.1	0.1	0.1
Autres impôts sur les biens et services	0.0	0.0	0.0
Résiduel	0.0	0.0	0.0
Total des recettes fiscales	**-0.3**	**0.3**	**0.5**

Note : les « autres impôts sur les biens et services » englobent tous les impôts sur les biens et services (rubrique 5000) hors TVA (rubrique 5111), droits d'accise (rubrique 5121) et droits de douane (rubrique 5123). « Résiduel » désigne l'ensemble des impôts qui ne sont pas déclarés ailleurs dans le tableau, à savoir les impôts sur les salaires (rubrique 3000) et autres impôts (rubrique 6000).
Source : Calculs des auteurs basés sur des données figurant dans (OCDE/ATAF/CUA, 2024[4]), « Tableaux comparatifs des Statistiques des recettes publiques en Afrique », http://data-explorer.oecd.org/s/dy.

Principales variations des ratios impôts/PIB dans les pays d'Afrique en 2022

Le Graphique 1.5 présente les variations des ratios impôts/PIB entre 2021 et 2022 par principale rubrique d'impôt pour les 36 pays d'Afrique étudiés et en moyenne pour l'Afrique. Les plus fortes hausses (au Tchad et en République démocratique du Congo) s'expliquaient principalement par l'augmentation des recettes des impôts sur le revenu et bénéfices, tandis que les plus fortes baisses (au Mali et en Sierra Leone) étaient surtout imputables à la diminution des recettes des impôts sur les biens et services.

Le ratio impôts/PIB de la République démocratique du Congo s'est accru de 3.6 points entre 2021 et 2022. Des conditions économiques favorables ont permis aux recettes des impôts sur le revenu et bénéfices de progresser de 3.0 points en 2022. Les augmentations les plus notables se sont produites dans le secteur minier, où les bénéfices des sociétés ont été gonflés par la hausse des prix. La numérisation des déclarations de revenu et des paiements a également contribué à améliorer la mobilisation des recettes fiscales en 2022 (Ministère des Finances de la République démocratique du Congo, 2023[9]).

La hausse de 3.3 points du ratio impôts/PIB du Tchad était principalement portée par la progression de 3.8 points des recettes de l'IS au cours de la période. Le secteur pétrolier était le principal responsable de cette évolution : les recettes de l'IS acquitté par les compagnies pétrolières ont augmenté de 3.6 points en 2022 grâce à la hausse des cours du pétrole (Banque africaine de développement, 2023[10]).

Graphique 1.5. Variation des ratios impôts/PIB par principales catégories d'impôts et pays, 2021 et 2022

Points de pourcentage

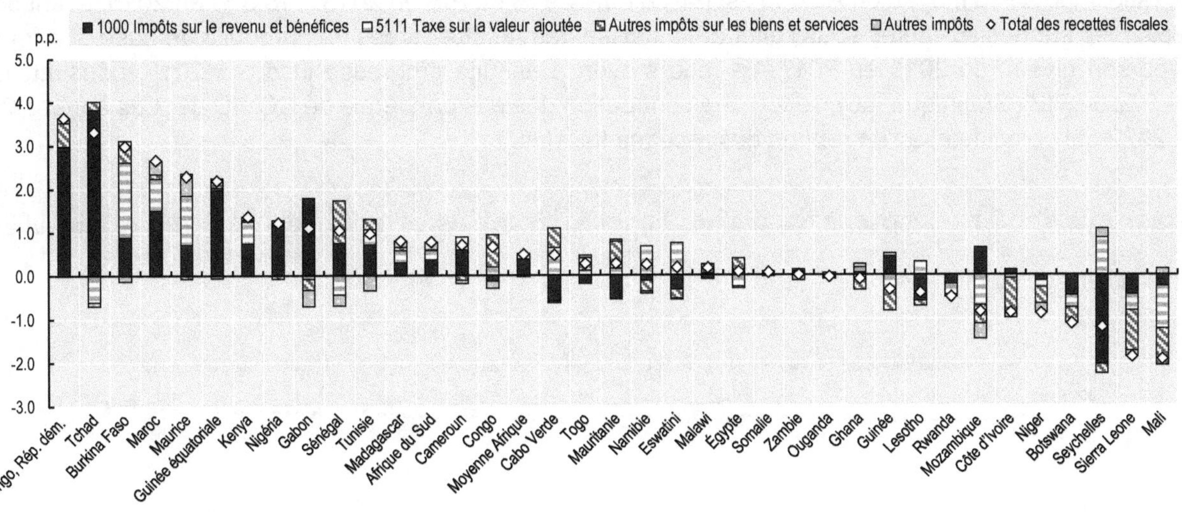

Note : La moyenne Afrique doit être interprétée avec précaution, car les données relatives aux cotisations de sécurité sociale sont indisponibles ou incomplètes pour certains pays[2]. Voir les tableaux des pays au chapitre 4 pour plus d'informations.
Source : Calculs des auteurs basés sur des données figurant dans (OCDE/ATAF/CUA, 2024[4]), « Tableaux comparatifs des Statistiques des recettes publiques en Afrique », http://data-explorer.oecd.org/s/dy.

StatLink https://stat.link/aqelsb

En Sierra Leone, le ratio impôts/PIB a reculé de 1.9 point en 2022, principalement sous l'effet d'une baisse de 1.3 point des recettes des impôts sur les biens et services. La Sierra Leone est très dépendante des importations, notamment des produits de base tels que le riz et les carburants, ce qui rend ce pays très vulnérable aux chocs économiques externes et aux fluctuations des prix des matières premières au niveau mondial (Danladi, 2020[11]) Elle a été durement touchée par la multiplication par deux de l'inflation en 2022 par rapport à 2021. Aussi, la Sierra Leone a déprécié son taux de change, ses échanges ont été perturbés et la consommation des ménages a chuté en 2022. Ces événements ont contribué au recul des recettes fiscales entre 2021 et 2022 (Banque africaine de développement, 2023[12]).

Les recettes fiscales ont décliné en valeur nominale au Mali, alors que l'économie a progressé en 2022. En pourcentage du PIB, les recettes fiscales au Mali ont cédé 1.9 point entre 2021 et 2022, pénalisées par la baisse des recettes de la TVA (de 1.0 point) et des recettes hors TVA provenant des impôts sur les biens et services (de 0.8 point). Cette dégradation s'est inscrite dans un contexte de sanctions économiques et financières de la CEDEAO contre le Mali, qui ont pesé sur les importations du Mali. Par conséquent, les recettes de la TVA sur les importations et des droits de douane ont beaucoup baissé en 2022 par rapport à 2021 (de 23 % et 10 % en valeur nominale) (FMI, 2023[13]) (Direction générale du Trésor, 2024[14]).

Aux Seychelles, le ratio impôts/PIB a décliné de 1.2 point sous l'effet du recul de 1.7 point des recettes de l'IS. La réduction du taux normal de l'IS de 25 % à 15 % intervenue en janvier 2022 a contribué au déclin du ratio impôts/PIB au cours de la période (ATAF, 2023[8]).

Évolution des ratios impôts/PIB depuis 2013

En 2022, le ratio impôts/PIB moyen en Afrique était supérieur de 1.1 point à son niveau de 2013. Par comparaison, les moyennes de la région ALC et des pays de l'OCDE ont augmenté de respectivement 0.8 et 1.4 point entre 2013 et 2022. La croissance globale des recettes fiscales en Afrique depuis 2013 a été interrompue par la chute des cours du pétrole et du gaz survenue en 2015 et par le choc du COVID-19 en 2020.

Le ratio impôts/PIB moyen en Afrique est passé de 14.9 % du PIB en 2013 à 15.3 % en 2015, avant de se replier les années suivantes sous l'effet de la baisse des recettes tirées des produits de base. Il a renoué avec son niveau de 2013 en 2017. Le ratio moyen a ensuite progressé jusqu'en 2019, pour atteindre 15.5 % du PIB (Graphique 1.6), suivi d'une contraction due à la pandémie de COVID-19. Les années 2021 et 2022 ont coïncidé avec un rebond des recettes fiscales.

Graphique 1.6. Ratios moyens impôts/PIB pour l'Afrique, l'Asie-Pacifique, l'ALC et l'OCDE, 2000-22

En pourcentage du PIB

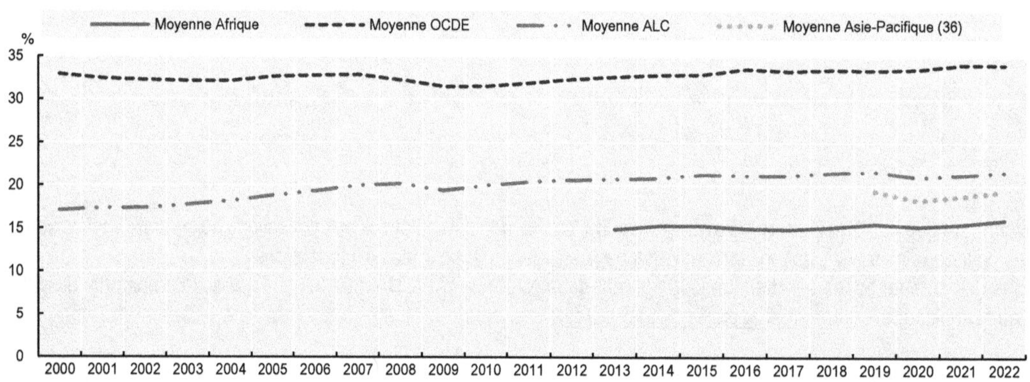

Note : La moyenne Afrique doit être interprétée avec précaution, car les données relatives aux cotisations de sécurité sociale sont indisponibles ou incomplètes pour certains pays[2]. Les chiffres prennent en compte les recettes fiscales des administrations infranationales pour l'Afrique du Sud (à partir de 2003), le Cabo Verde (2008-20), l'Eswatini, le Maroc, Maurice, la Mauritanie (2009-18), le Nigeria (recettes des États uniquement) et la Somalie (à partir de 2019).
La moyenne Afrique et les moyennes Asie-Pacifique (36 pays), ALC (26 pays) et OCDE (38 pays) sont des moyennes non pondérées.
Source : Tableau 4.1 figurant au chapitre 4 et (OCDE/ATAF/CUA, 2024[4]), « Tableaux comparatifs des Statistiques des recettes publiques en Afrique », http://data-explorer.oecd.org/s/dy..

StatLink https://stat.link/9xt1ed

Toutes les principales catégories de recettes ont progressé à peu près au même rythme entre 2013 et 2022. Les recettes provenant des impôts sur les biens et services ont progressé de 0.5 point entre 2013 et 2022 : la TVA était à l'origine de 0.2 point de cette hausse pour atteindre 4.5 % du PIB en 2022.

Les recettes de l'IRPP ont aussi contribué à la progression du ratio impôts/PIB moyen de l'Afrique, passant de 2.6 % du PIB en 2013 à 2.8 % en 2022. Les recettes de l'IS ont augmenté de 0.2 point sur la période, principalement grâce à la hausse de 0.4 point enregistrée entre 2021 et 2022. Les recettes de l'IS ont baissé en pourcentage du PIB entre 2014 et 2016, en partie en raison de la chute des cours du pétrole et des minéraux et de la réduction des taux de l'IS sur le continent.

Graphique 1.7. Recettes tirées des impôts sur le revenu et les bénéfices, de la TVA et d'autres catégories d'impôts, 2013-22

En pourcentage du PIB

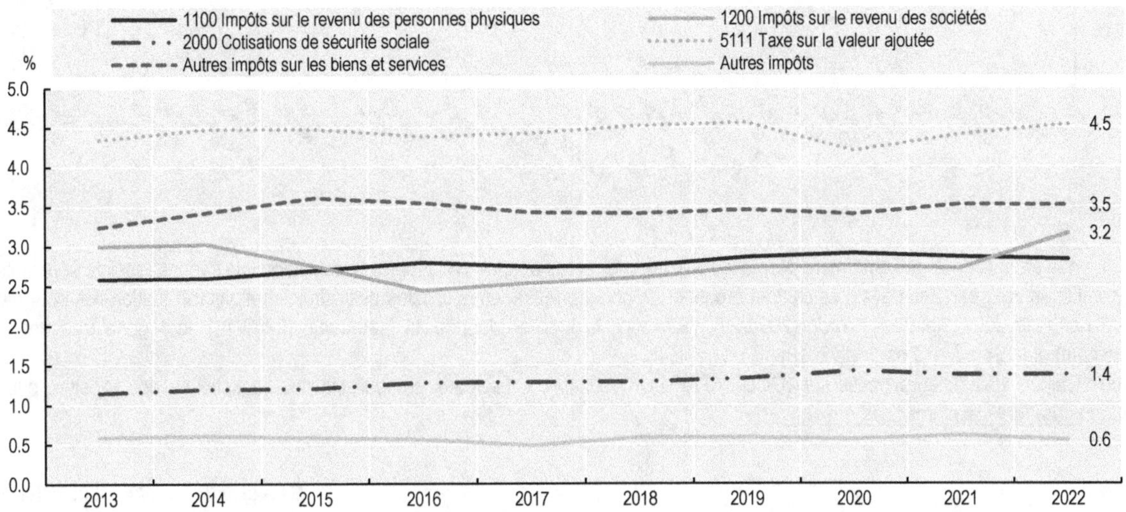

Note : La moyenne Afrique doit être interprétée avec précaution, car les données relatives aux cotisations de sécurité sociale sont indisponibles ou incomplètes pour certains pays. Les chiffres prennent en compte les recettes fiscales des administrations infranationales pour l'Afrique du Sud (à partir de 2003), le Cabo Verde (2008-20), l'Eswatini, le Maroc, Maurice, la Mauritanie (2009-18), le Nigeria (recettes des États uniquement) et la Somalie (à partir de 2019).
Source : Calculs des auteurs basés sur (OCDE/ATAF/CUA, 2024[4]), « Tableaux comparatifs des Statistiques des recettes publiques en Afrique », http://data-explorer.oecd.org/s/dy.

StatLink https://stat.link/lq1idj

Le Graphique 1.8 présente l'évolution des recettes fiscales en pourcentage du PIB dans les 36 pays d'Afrique étudiés ainsi que les moyennes Afrique, ALC et OCDE entre 2013 et 2022, par type d'impôt et globalement. Les ratios ont augmenté dans 25 pays d'Afrique entre 2013 et 2022 et ils ont diminué dans 11. C'est la Tunisie qui a enregistré la plus forte hausse au cours de la période (de 5.4 points), principalement sous l'effet de l'augmentation des recettes provenant de l'IRPP (2.6 points), de la TVA (1.4 point) et des cotisations de sécurité sociale (1 point). Au cours de cette période, la Tunisie a réformé en profondeur ses politiques et son administration fiscales afin de mobiliser des recettes fiscales. En outre, les recettes de l'IRPP et les cotisations de sécurité sociale supplémentaires provenaient en partie de la hausse de 147 % de la masse salariale et à des hausses de salaires successives opérées sous la pression des syndicats après la révolution (OCDE/CUA/ATAF, 2020[15]).

Graphique 1.8. Variation des ratios impôts/PIB par pays et principale rubrique d'impôt, 2013-2022

Points de pourcentage

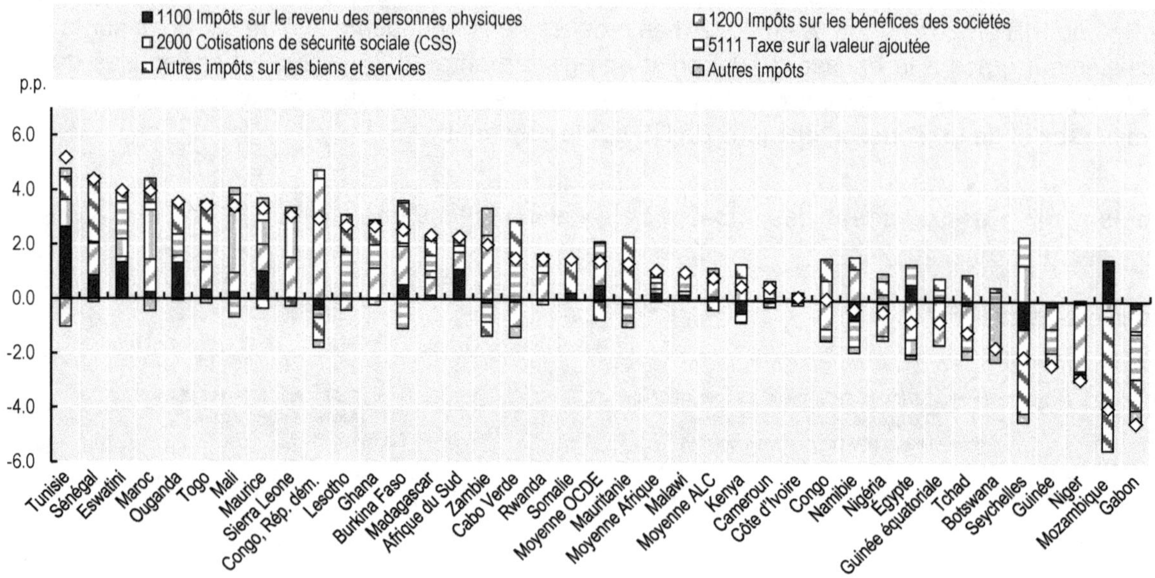

Note : La moyenne Afrique doit être interprétée avec précaution, car les données relatives aux cotisations de sécurité sociale sont indisponibles ou incomplètes pour certains pays. Les chiffres prennent en compte les recettes fiscales des administrations infranationales pour l'Afrique du Sud (à partir de 2003), le Cabo Verde (2008-20), l'Eswatini, le Maroc, Maurice, la Mauritanie (2009-18), le Nigeria (recettes des États uniquement) et la Somalie (à partir de 2019).

Source : Calculs des auteurs basés sur (OCDE/ATAF/CUA, 2024[4]), « Tableaux comparatifs des Statistiques des recettes publiques en Afrique », http://data-explorer.oecd.org/s/dy.

StatLink https://stat.link/qpdlwj

Comme le montre le Graphique 1.8, les progrès dans la mobilisation des ressources intérieures sont très inégaux d'un pays africain à l'autre. C'est ce que confirme le Graphique 1.9, qui montre que les recettes fiscales au Togo et au Tchad ont suivi des trajectoires très différentes depuis 2010.

Le ratio impôts/PIB du Togo a connu une croissance forte et constante sur cette période, augmentant de 6.8 points entre 2010 et 2022 et dépassant la moyenne de l'Afrique à partir de 2014 (sauf en 2018). Au cours de cette période, le Togo a consenti d'importants efforts en vue d'améliorer ses procédures de collecte de l'impôt de ses trois administrations des finances publiques et a entrepris plusieurs réformes pour mobiliser davantage de recettes fiscales. Les mesures déployées par le Togo entre 2010 et 2012 comprenaient le suivi et la modernisation des systèmes d'information et de recouvrement de l'impôt, ainsi que des mesures de lutte contre la fraude fiscale. En 2014, le pays a par ailleurs regroupé ses services douaniers et fiscaux au sein d'une même administration, avec la création de l'Office togolais des recettes (OTR). Plus récemment, le Togo a mis en place des numéros d'identification fiscale, réduit les exonérations fiscales et établi des contrôles pour combattre la corruption (FMI, 2019[16]).

Graphique 1.9. Ratios impôts/PIB au Tchad, au Togo et moyenne Afrique, 2000-22

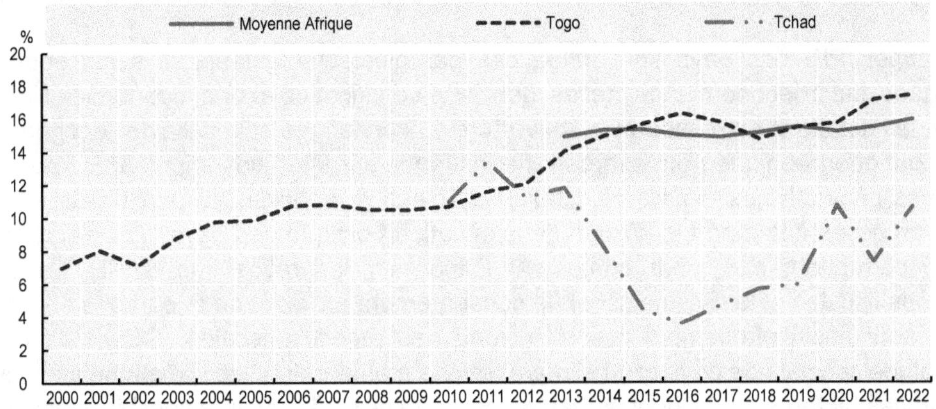

Note : La moyenne Afrique doit être interprétée avec précaution, car les données relatives aux cotisations de sécurité sociale sont indisponibles ou incomplètes pour certains pays. Voir les tableaux par pays au chapitre 4 pour plus d'informations.
Source : Calculs des auteurs basés sur (OCDE/ATAF/CUA, 2024[4]), « Tableaux comparatifs des Statistiques des recettes publiques en Afrique », http://data-explorer.oecd.org/s/dy.

StatLink https://stat.link/20hnm5

À l'inverse, le ratio impôts/PIB au Tchad affichait une grande volatilité entre 2010 et 2022. Les dotations en ressources influent beaucoup sur les ratios impôts/PIB (voir l'Encadré 1.2), et c'est particulièrement vrai pour le Tchad, économie dépendante du pétrole dont les recettes fiscales sont très affectées par les cours du pétrole. Le Tchad a enregistré une baisse significative de ses recettes fiscales en pourcentage du PIB entre 2011 et 2016, passant de 13.4 % (leur niveau le plus élevé) à 3.6 % (leur niveau le plus bas). Cette érosion s'explique principalement par une baisse des recettes de l'IS, acquitté essentiellement par les compagnies pétrolières. Les cours du pétrole ont chuté entre la mi-2014 et début 2016 avant de connaître une grande volatilité (surtout pendant et après la pandémie de COVID-19) ; les recettes fiscales en pourcentage du PIB ont suivi les mêmes fluctuations.

Encadré 1.2. Facteurs exerçant une influence sur les ratios impôts/PIB

Les ratios impôts/PIB des pays sont influencés par plusieurs facteurs. Il s'agit entre autres des caractéristiques macroéconomiques, telles que la diversification d'une économie, l'importance de l'agriculture, les dotations en ressources, l'ouverture aux échanges et la taille de l'économie informelle. L'emplacement géographique peut exercer une influence sur les ratios impôts/PIB : par exemple, les pays enclavés peuvent plus difficilement taxer les biens et services au port d'entrée que les pays disposant d'un accès à la mer. L'évolution de la situation politique des pays, qu'il s'agisse de troubles sociaux, de corruption, etc., peut également influer sur les ratios impôts/PIB. La capacité des administrations fiscales et le civisme fiscal (le consentement à l'impôt de la part des entreprises et des particuliers) sont aussi étroitement liés au niveau des recettes fiscales (OCDE, 2015[17]) (OCDE, 2023[18]). L'étude spéciale de ce rapport s'intéresse à la manière dont les États africains peuvent mieux maîtriser l'un des facteurs qui influent sur les ratios impôts/PIB, à savoir la conformité fiscale volontaire (voir le chapitre 3).

Le Graphique 1.10 illustre les ratios impôts/PIB et le PIB par habitant dans les pays de différentes régions. Les ratios impôts/PIB sont habituellement supérieurs dans les pays à haut revenu : en général, les pays de l'OCDE collectent des recettes fiscales plus importantes que les pays hors OCDE, en pourcentage du PIB. La plupart des pays étudiés dans cette publication affichent des niveaux de revenu par habitant et des ratios impôts/PIB plus bas que les pays de l'OCDE et de la région ALC. Les niveaux de PIB par habitant varient davantage entre les pays africains qu'entre les pays ALC et les pays de l'OCDE.

Graphique 1.10. Ratios impôts/PIB et PIB par habitant (en PPA) dans les pays d'Afrique, d'Amérique latine et des Caraïbes, de l'OCDE et dans certaines économies d'Asie et du Pacifique, 2022

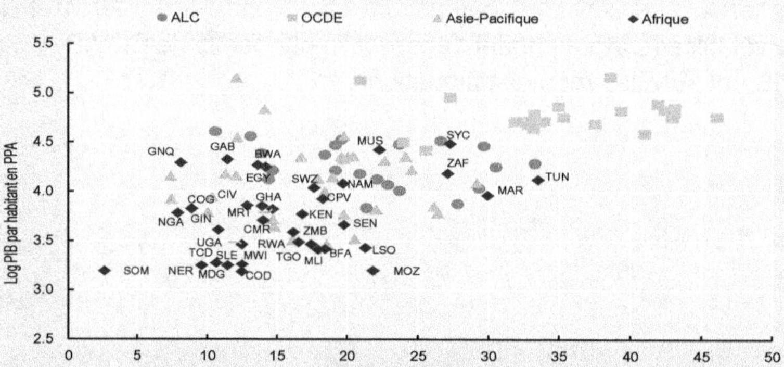

Note : L'axe y est sur une échelle logarithmique. La parité de pouvoir d'achat (PPA) entre deux pays est le taux auquel la monnaie d'un pays doit être convertie dans celle d'un second pays pour qu'un volume donné de monnaie du premier pays permette d'acheter la même quantité de biens et de services dans chaque pays. Le taux de conversion PPA est le taux utilisé pour convertir une monnaie nationale en dollar international courant. Un dollar international a le même pouvoir d'achat que le dollar US aux États-Unis. Un dollar international est une monnaie hypothétique utilisée comme moyen pour convertir et comparer les coûts d'un pays à l'autre grâce à un point de référence commun, le dollar US (définitions issues de (FMI, 2019[19])). (Banque mondiale, 2024[20])

Source : (FMI, 2024[5]) pour les chiffres du PIB par habitant. Les ratios impôts/PIB proviennent de (OCDE/ATAF/CUA, 2024[4]), « Tableaux comparatifs des *Statistiques des recettes publiques en Afrique* », http://data-explorer.oecd.org/s/dy.

StatLink https://stat.link/9sb2ou

Les besoins de financement des pays sont fonction en partie de leur niveau de revenu, qui constitue un élément important à prendre en compte pour comprendre les ratios impôts/PIB dans les différents pays. L'écart entre les recettes publiques et les besoins de financement pour le développement est généralement plus important dans les pays où le revenu par habitant est faible, ce qui fait que la mobilisation de recettes publiques supplémentaires y est particulièrement cruciale (Gaspar et al., 2019[21]). La crise liée au COVID-19 s'est traduite par une baisse des recettes fiscales dans la plupart des pays, et par une hausse sensible des besoins de financement et de la dette. Les efforts renouvelés visant à réformer la politique et les administrations fiscales en vue d'augmenter les recettes fiscales ont pris une importance encore plus grande au lendemain de la crise sanitaire.

Structures fiscales dans les pays africains

La structure fiscale d'un pays mesure la composition de ses recettes fiscales en fonction des différents types d'impôts. Il s'agit là d'un indicateur important, car différents impôts ont différents effets économiques et sociaux. La composition des impôts dans les 36 pays étudiés reflète des différences concernant leurs choix politiques, leurs structures et situations économiques, les capacités de leur administration fiscale, et d'autres facteurs historiques.

Structures fiscales en Afrique en 2022

Les 36 pays étudiés dans ce rapport peuvent être divisés en trois grands groupes en fonction de la source principale de leurs recettes : (i) TVA ; (ii) autres impôts sur les biens et services ; et (iii) impôts sur le revenu et les bénéfices. Le Graphique 1.11 illustre, pour tous les pays de cette publication, la ventilation des recettes fiscales entre impôts sur le revenu et les bénéfices (personnes physiques et sociétés), cotisations de sécurité sociale et impôts sur les biens et services (y compris la TVA ainsi que d'autres impôts sur les biens et services). Les impôts sur les biens et services constituaient la principale source de recettes fiscales pour 22 pays (les deux premiers groupes de pays représentés dans le Graphique 1.11).

Dans ces pays, ils ont généré de 37.4 % des recettes fiscales en Tunisie à 87.1 % en Somalie. La TVA y représentait le principal poste de recettes tirées des impôts sur les biens et services dans la plupart des pays appartenant à ce groupe, tandis que ce sont les autres impôts sur les biens et services qui occupent la première place en tant que source de recettes fiscales dans huit pays. Dans 14 pays, la plus grande partie des recettes fiscales provenait des impôts sur le revenu et les bénéfices. Parmi ces pays, les recettes générées par l'impôt sur le revenu et les bénéfices étaient comprises entre 43.1 % du total des recettes fiscales en Égypte et 74.9 % en Guinée équatoriale.

Dans 21 des 36 pays étudiés, la part des recettes fiscales tirées de l'IS était supérieure à celle provenant de l'IRPP en 2022. La part des recettes de l'IS était particulièrement importante au Tchad et en Guinée équatoriale, où elles représentaient plus de 60 % du total des recettes fiscales.

Graphique 1.11. Structure fiscale, par pays, 2022

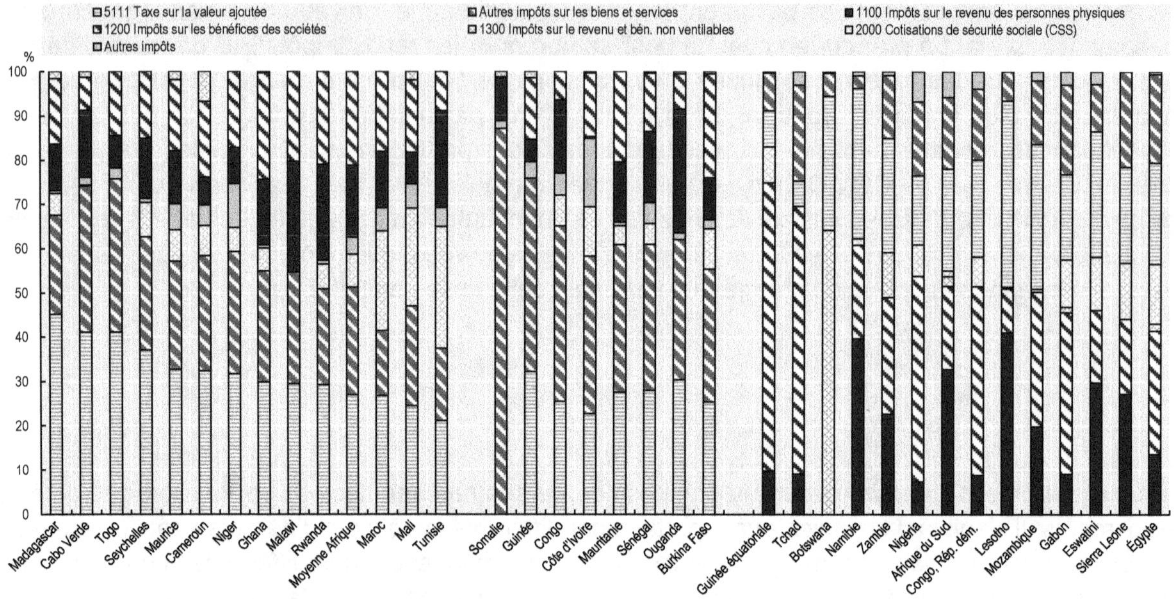

Note : Les chiffres prennent en compte les recettes fiscales des administrations infranationales pour l'Afrique du Sud, l'Eswatini, le Maroc, Maurice, le Nigeria (recettes des États uniquement) et la Somalie.

La ventilation des recettes tirées des impôts sur le revenu des personnes physiques et sur les bénéfices n'est pas disponible pour le Botswana.

Source : Calculs des auteurs basés sur des données figurant dans (OCDE/ATAF/CUA, 2024[4]), « Tableaux comparatifs des Statistiques des recettes publiques en Afrique », http://data-explorer.oecd.org/s/dy.

StatLink https://stat.link/qtr5in

L'importance des cotisations de sécurité sociale dans le total des recettes fiscales varie considérablement entre les 31 pays pour lesquels des données sont disponibles dans cette publication[2]. En 2022, la part des cotisations de sécurité sociale dans le total des recettes fiscales était la plus élevée au Mali, au Maroc et en Tunisie (plus de 20 %) ; dans les autres pays, elle s'échelonne entre moins de 0.2 % au Cabo Verde et environ 13.5 % en Égypte (Graphique 1.11).

Cette hétérogénéité reflète la diversité des régimes de sécurité sociale et des taux de cotisation, car de nombreux pays utilisent des systèmes différents pour financer les prestations de sécurité sociale. Par exemple, les cotisations de sécurité sociale en Afrique du Sud financent le Fonds d'assurance chômage, tandis que d'autres prestations, comme les programmes d'aide sociale couvrant la vieillesse, la maladie et la maternité, sont financées par les recettes générales. À l'inverse, les régimes de sécurité sociale marocain et tunisien sont calqués sur le système français, et couvrent un large éventail de prestations financées par des cotisations, y compris la vieillesse, l'incapacité, la maladie, la maternité, les accidents du travail (Tunisie), le chômage (Maroc) et les allocations familiales (SSA, 2015[22]).

En 2022, les recettes de TVA ont généré la majeure partie des recettes fiscales dans les pays couverts par cette publication (Graphique 1.12). Les recettes provenant de la TVA ont représenté en moyenne 27.0 % des recettes fiscales totales, soit plus que la moyenne de la région Asie-Pacifique (36), qui s'établit à 24.9 %, mais moins que la région ALC, ressortant à 28.3 %.

Graphique 1.12. Structure fiscale pour la moyenne Afrique, ALC, Asie-Pacifique et OCDE, 2022

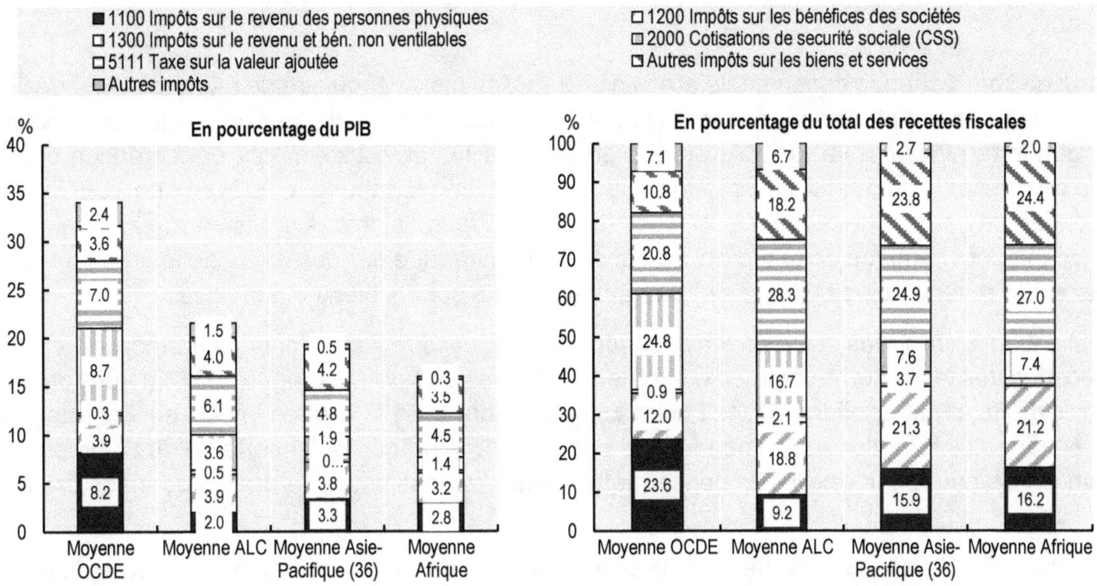

Note : La moyenne Afrique et les moyennes Asie-Pacifique (36 économies), ALC (26 pays) et OCDE (38 pays) sont des moyennes non pondérées.

La moyenne Afrique doit être interprétée avec précaution, car les données relatives aux cotisations de sécurité sociale sont indisponibles ou incomplètes pour certains pays[2].

Source : Calculs des auteurs basés sur des données figurant dans (OCDE/ATAF/CUA, 2024[4]), « Tableaux comparatifs des Statistiques des recettes publiques en Afrique », http://data-explorer.oecd.org/s/dy.

StatLink https://stat.link/45btap

Dans les trois régions, la part des recettes fiscales tirées de la TVA est notablement supérieure à la moyenne des pays de l'OCDE, dans lesquels les recettes issues de la TVA représentent 20.8 % du total des recettes fiscales. En ce qui concerne les recettes de TVA, la moyenne Afrique était inférieure à celle de toutes les autres régions, mesurée en pourcentage du PIB (4.5 % du PIB en Afrique contre 4.8 % dans la région Asie-Pacifique, 6.1 % dans la région ALC et 7.0 % dans la zone OCDE).

Par rapport aux autres régions, l'Afrique est la région dans laquelle la part des impôts sur les biens et services autres que la TVA (autres impôts sur les biens et services dans les graphiques) était la plus élevée, à 24.4 % du total des recettes fiscales. Les taxes sur le commerce extérieur représentent une source importante de recettes en Afrique et constituaient environ la moitié des recettes tirées des impôts sur les biens et services autres que la TVA en 2022. Cette part devrait évoluer avec la mise en application de la Zone de libre-échange continentale africaine (ZLECAf) (voir Encadré 1.3).

Les recettes de l'IS en pourcentage des recettes fiscales totales en Afrique s'établissaient en moyenne à 21.2 % en 2022, soit un niveau comparable à la moyenne de l'Asie-Pacifique (36) mais supérieur à celle de la région ALC et des pays de l'OCDE (respectivement 18.8 % et 12.0 %). Exprimée en pourcentage du PIB, la part moyenne des recettes de l'IS pour l'Afrique (3.2 %) était inférieure à celle des autres moyennes régionales en 2022 (environ 3.8 % en Asie-Pacifique et 3.9 % pour l'OCDE et la région ALC) (Graphique 1.12). En revanche, la part moyenne, dans les pays d'Afrique, des recettes de l'IRPP (16.2 % du total des recettes) était inférieure à la moyenne de l'OCDE (23.6 %), mais supérieure aux moyennes ALC (9.2 %) et Asie-Pacifique (15.9 %). En pourcentage du PIB, le niveau moyen des recettes issues de l'IRPP dans la zone OCDE était près de trois fois supérieur à la moyenne des pays d'Afrique.

Encadré 1.3. Recettes fiscales générées par le commerce extérieur dans le contexte de la ZLECAf

La Zone de libre-échange continentale africaine (ZLECAf), pierre angulaire de l'Agenda 2063 de l'Union africaine, supprimera progressivement les impôts sur le commerce extérieur en Afrique et stimulera les échanges intra-africains. La ZLECAf entend encourager les investissements et la création d'emplois afin de rehausser la compétitivité de l'Afrique à moyen et long termes (UA, 2024[23]). La ZLECAf devrait compenser les baisses de recettes publiques dues à la suppression des droits de douane en stimulant la croissance économique de la région, ce qui devrait se traduire par des gains de recettes au titre des impôts sur le revenu et les bénéfices et des autres impôts sur les biens et services.

La publication *Statistiques des recettes publiques en Afrique* fournit des données harmonisées relatives aux recettes des taxes sur le commerce extérieur, ventilées en trois catégories : 5123 (Droits de douane et autres droits à l'importation), 5124 (Taxes à l'exportation) et 5127 (Autres impôts sur les transactions et les échanges internationaux). Il ne faut pas oublier qu'une proportion importante du commerce intra-africain est de nature informelle. En conséquence, elle n'est pas couverte par les données présentées ici.

Le Graphique 1.13 et le Graphique 1.14 illustrent les recettes des taxes sur le commerce extérieur en pourcentage du PIB et des recettes fiscales totales en 2013 et en 2022 pour 31 pays couverts par cette publication (à l'exclusion des pays de la SACU)[1] ainsi que les moyennes régionales.

Graphique 1.13. Taxes sur le commerce extérieur par pays, en 2013 et 2022, en pourcentage du PIB

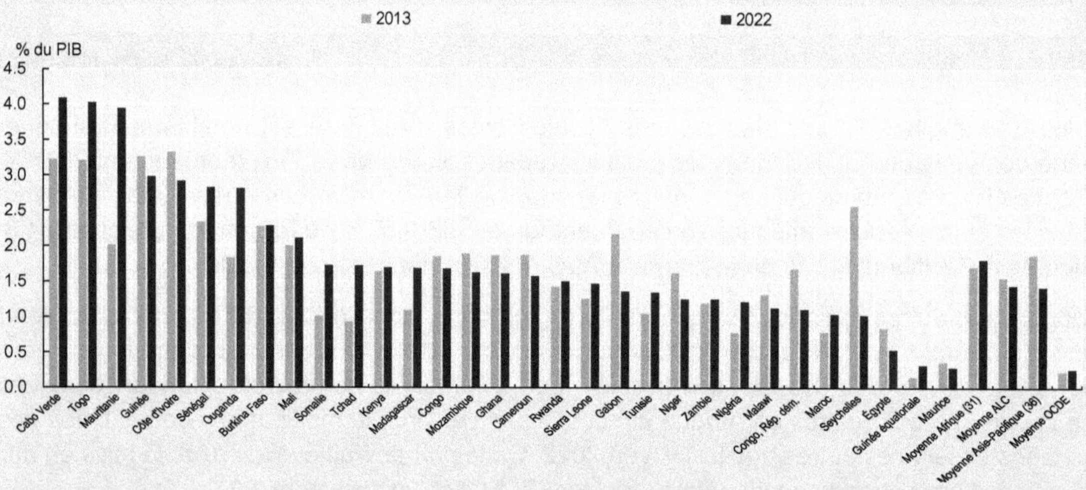

Note : Le graphique exclut les cinq pays membres de l'Union douanière d'Afrique australe (SACU) : Afrique du Sud, Botswana, Eswatini, Lesotho et Namibie.
Source : Calculs basés sur les « Tableaux des Statistiques des recettes publiques en Afrique », http://data-explorer.oecd.org/s/dy.

StatLink https://stat.link/sdr8fq

En moyenne, dans les pays d'Afrique, les recettes provenant des taxes sur le commerce extérieur représentaient une plus forte proportion du PIB (1.8 %) que dans la région ALC (1.4 %) et en Asie-Pacifique (1.4 %) en 2022, tandis que la moyenne dans la zone OCDE s'établissait à 0.3 % du PIB la même année. Ces recettes atteignaient plus de 3 % du PIB dans quatre pays africains et moins de 1 % du PIB dans trois en 2022.

Le produit des taxes sur le commerce extérieur a décliné en proportion du PIB entre 2013 et 2022 dans 18 des pays non-membres de la SACU, tandis qu'il a augmenté dans 13 autres. En moyenne, les recettes des taxes sur le commerce extérieur en pourcentage du PIB ont augmenté de 0.1 point en Afrique entre 2013 et 2022, tandis qu'elles sont restées inchangées ou ont baissé dans les autres régions au cours de la même période.

En proportion du total des recettes fiscales, elles s'établissaient à 14.5 % en moyenne pour les pays africains non-membres de la SACU en 2022. Dans les autres régions, cette part était inférieure à 8 % du total des recettes fiscales. Les recettes des taxes sur le commerce extérieur représentaient plus de 20 % du total des recettes fiscales dans 7 des 31 pays et moins de 5 % dans 6 pays. C'est en Somalie que cette part était la plus élevée (66.9 % des recettes fiscales totales), bien qu'elle se situe au 10e rang en pourcentage du PIB.

Graphique 1.14. Taxes sur le commerce extérieur par pays, en 2013 et 2022, en pourcentage du total des recettes fiscales

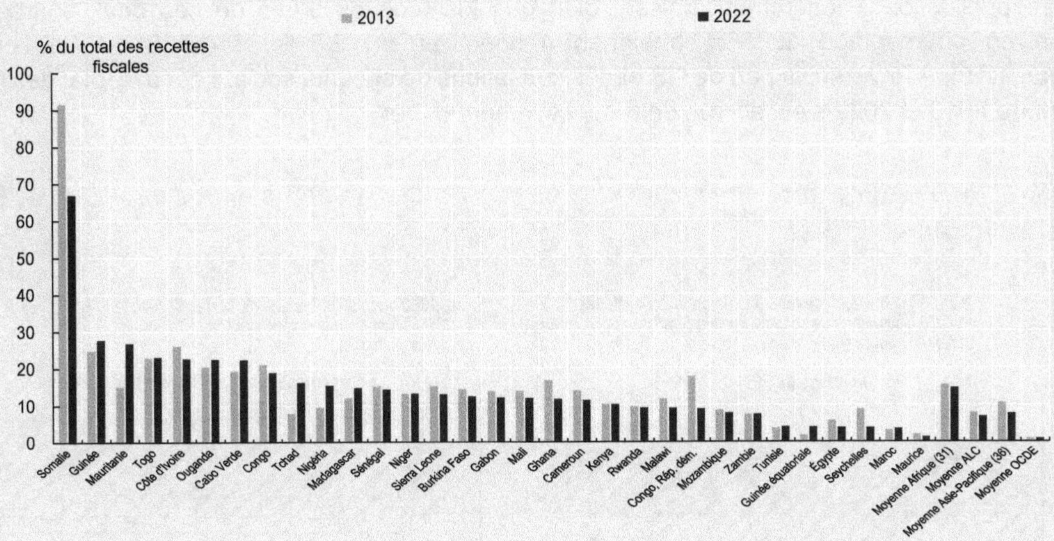

Note : Le graphique exclut les cinq pays membres de l'Union douanière d'Afrique australe (SACU) : Afrique du Sud, Botswana, Eswatini, Lesotho et Namibie.

Source : Calculs des auteurs basés sur des données figurant dans « Tableaux comparatifs des Statistiques des recettes publiques en Afrique », http://data-explorer.oecd.org/s/dy.

StatLink https://stat.link/02nw9u

Les recettes des taxes sur le commerce extérieur demeurent une source essentielle de recettes pour les pays à faible revenu. En moyenne, les taxes sur le commerce extérieur ont généré 17.6 % du total des recettes fiscales dans les pays africains à faible revenu couverts par le rapport, et 13.7 % dans ceux à revenu intermédiaire de la tranche inférieure, ce qui signifie que ces pays peuvent être particulièrement vulnérables à la suppression des droits de douane dans le cadre de la ZLECAf (OCDE/ATAF/CUA, 2019[24]). À l'inverse, les taxes sur le commerce extérieur représentaient 5.7 % des recettes fiscales totales dans les pays à revenu intermédiaire de la tranche supérieure.

Entre 2013 et 2022, les recettes de ces taxes ont diminué en proportion des recettes fiscales totales, en moyenne et dans 17 pays non-membres de la SACU, tandis qu'elles ont augmenté dans 14 pays. On a également constaté un déclin de la part des taxes sur le commerce extérieur dans le total des recettes fiscales, en moyenne, dans les autres régions.

1. Ces statistiques relatives aux taxes sur le commerce extérieur ne couvrent pas les recettes provenant des cinq États membres de l'Union douanière d'Afrique australe (SACU) (Afrique du Sud, Botswana, Eswatini, Lesotho et Namibie), car ces pays ont conclu un accord de partage de recettes, en vertu duquel leurs droits de douane et d'accise sont mis en commun avant d'être redistribués entre leurs membres. Les recettes que ces pays perçoivent grâce à cette formule de partage des recettes sont comptabilisés en tant que recettes non fiscales (voir le chapitre 2).

Évolution des structures fiscales, 2013-22

Entre 2013 et 2022, la structure fiscale moyenne des pays d'Afrique n'a guère évolué. Un très léger transfert s'est opéré en faveur des cotisations de sécurité sociale, avec un tassement de la part des impôts sur la consommation.

La part des recettes de l'IRPP et de la TVA dans la structure fiscale moyenne des pays africains étudiés dans cette publication a légèrement baissé, bien que les recettes tirées de ces deux sources aient progressé en pourcentage du PIB, atteignant respectivement 2.8 % et 4.5 % du PIB en 2022 (Graphique 1.15). À l'inverse, la part de l'IS et des cotisations de sécurité sociale dans le total des recettes fiscales entre 2013 et 2022 s'est accrue de respectivement 0.3 et 0.8 point.

Graphique 1.15. Structure fiscale moyenne des pays d'Afrique en pourcentage du PIB et du total des recettes fiscales, 2013-22

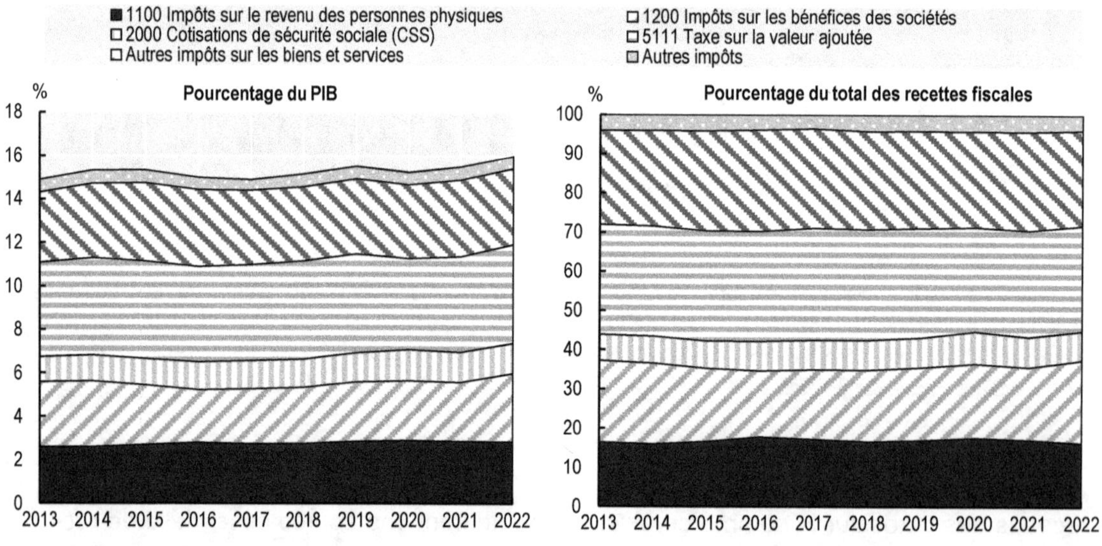

Note : La moyenne Afrique n'est pas pondérée. La moyenne Afrique doit être interprétée avec précaution, car les données relatives aux cotisations de sécurité sociale sont indisponibles ou incomplètes pour certains pays[2].
Source : Calculs des auteurs basés sur des données figurant dans (OCDE/ATAF/CUA, 2024[4]), « Tableaux comparatifs des Statistiques des recettes publiques en Afrique », http://data-explorer.oecd.org/s/dy.

StatLink https://stat.link/29317p

Ratio des recettes de TVA

Cette section examine le ratio des recettes de TVA (RRT) dans pratiquement tous les pays de cette publication. Le RRT « mesure l'écart entre les recettes de TVA effectivement collectées et celles qui auraient théoriquement pu être obtenues dans l'hypothèse où l'on aurait appliqué le taux normal à la totalité de la base d'imposition potentielle dans le cadre d'un régime de TVA « pur » et où la totalité de ces recettes aurait été perçue » (OCDE, 2024[25]). Il correspond au rapport entre les recettes de TVA effectives et le produit de la consommation finale (net des recettes de TVA) et du taux normal de TVA. La formule de calcul est la suivante :

$$\frac{\text{Recettes de TVA}}{(\text{Dépenses de consommation finale} - \text{recettes de TVA})\ x\ \text{taux normal de TVA}}$$

Cet indicateur donne un aperçu de la part des recettes de TVA non recouvrées sous l'effet des exemptions, des taux réduits, des pratiques de fraude et d'optimisation fiscales, ainsi que des défaillances de l'administration fiscale. Néanmoins, cet indicateur doit être interprété avec prudence en se référant aux caractéristiques fondamentales du système de TVA propre à chaque pays, car un RRT élevé peut résulter d'effets de cascade[4] ou du non-remboursement de la TVA acquittée sur les intrants. D'autres facteurs peuvent gonfler le ratio, par exemple lorsque les règles relatives au lieu d'imposition des ventes internationales dérogent au principe de destination (OCDE, 2024[25]).

Le poids du secteur informel peut aussi avoir des effets sur le RRT. Dans de nombreux pays d'Afrique, une forte proportion de la population active travaille dans le secteur informel. N'étant pas déclarés à des fins fiscales, ils ne bénéficient pas de remboursements de TVA sur leurs intrants (BAD/OCDE/PNUD, 2016[26]). L'interprétation du RRT est aussi plus délicate pour les pays fortement tributaires du tourisme : ceux-ci peuvent en effet enregistrer un RRT élevé du fait que les achats effectués par des non-résidents ne sont pas pris en compte dans les dépenses de consommation finale (dénominateur) mais dans les exportations, alors que la TVA sur les achats est prise en compte dans les recettes totales de TVA (numérateur) (Keen, 2013[27]).

Graphique 1.16. Ratio des recettes de TVA par pays, 2022

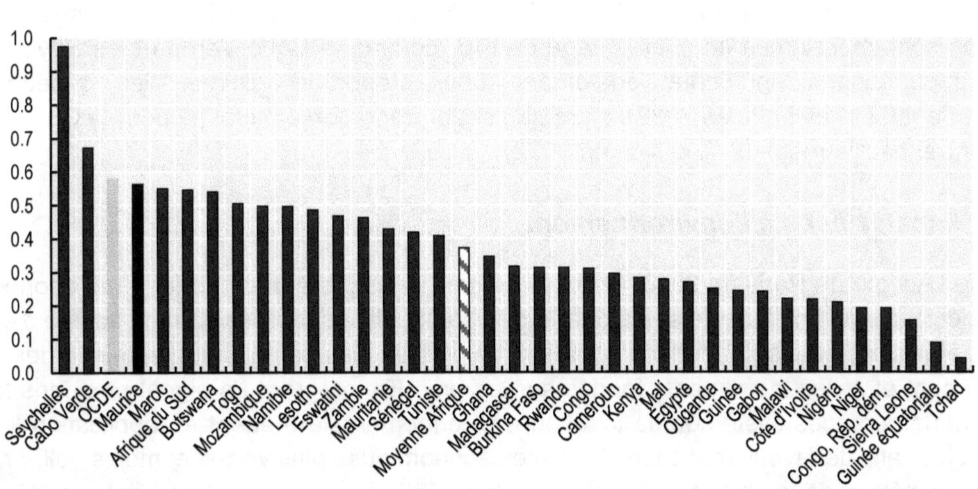

Source : Le graphique exclut la Somalie dépourvue de système de TVA. Les données relatives aux taux de TVA et aux RRT dans la zone OCDE proviennent des Tendances des impôts sur la consommation (OCDE, 2024[25]), les chiffres relatifs aux dépenses de consommation finale des Perspectives de l'économie mondiale (FMI, 2024[5]) et les recettes de TVA des tableaux par pays figurant au chapitre 5.

StatLink https://stat.link/qrht79

Un autre facteur qui peut être lié au point précédent concerne le niveau du commerce extérieur : les pays à ratio commerce extérieur /PIB relativement élevé affichent généralement un RRT élevé, probablement parce qu'il est plus facile de collecter la TVA au point d'entrée d'un pays que sur le marché intérieur (Ebrill, L. P., M. Keen et V. J. Perry, 2001[28]).Le Graphique 1.16 rend compte des RRT des 35 pays africains couverts par cette publication qui sont dotés d'un système de TVA (à l'exclusion de la Somalie). En 2022, le RRT moyen de ces pays s'établissait à 0.37, soit moins que la moyenne OCDE de 0.58. Le RRT variait beaucoup en Afrique : les Seychelles, le Cabo Verde et Maurice enregistraient les RRT les plus élevés (respectivement 0.97, 0.67 et 0.56) tandis que la Guinée équatoriale et le Tchad affichaient les RRT les plus bas (respectivement 0.09 et 0.04).

Le système de TVA des Seychelles repose sur une assiette relativement large et le pays n'applique pas de taux réduits de TVA bien qu'il existe quelques exonérations de TVA applicables à des produits de première nécessité, comme les produits agricoles et pharmaceutiques, et aux carburants (OCDE, 2020[29]). En outre, le RRT élevé peut s'expliquer en partie par l'importance du tourisme : aux Seychelles, les recettes de TVA proviennent principalement du secteur du tourisme, qui est imposé au taux normal et qui procure environ la moitié des recettes totales de TVA (OCDE, 2020[29]).

Le secteur du tourisme joue aussi un rôle important dans les économies du Cabo Verde et de Maurice (Banque mondiale, 2024[30]) (Ministère du Tourisme, 2023[31]) et pourrait expliquer en partie leur RRT plus élevé. Bien que le RRT de Maurice soit relativement élevé, (FMI, 2024[32]) fait valoir qu'il serait possible d'améliorer le recouvrement de la TVA dans le pays en supprimant les exemptions, en remédiant aux problèmes de conformité fiscale et en abaissant les seuils de TVA afin d'élargir la base d'imposition.

Le faible RRT du Tchad s'explique par le bas niveau des recettes de TVA perçues (qui représentaient 0.6 % du PIB en 2022 et environ 1 % du PIB non pétrolier), qui résulte d'une mauvaise administration de la TVA, des exonérations de TVA, des défaillances dans le mécanisme de remboursement de la TVA et de l'importance du secteur informel (FMI, 2019[33]).

Le commerce extérieur (principalement des importations) représente plus de 40 % du PIB aux Seychelles, au Cabo Verde et à Maurice, contre moins de 15 % en Guinée équatoriale et au Tchad. Ce constat corrobore les conclusions précédentes selon lesquelles un niveau élevé du commerce extérieur se traduit généralement par un RRT plus élevé (Ebrill, L. P., M. Keen et V. J. Perry, 2001[28]). Dans les pays où les importations sont importantes en pourcentage du PIB, comme le Cabo Verde et les Seychelles, la TVA sur les importations représente également une proportion élevée des recettes de TVA (respectivement 62 % et 37 % en 2022), alors que cette proportion était faible pour la Guinée équatoriale et le Tchad (respectivement 12 % et 4 % en 2022).

Recettes fiscales liées à l'environnement

En vertu de l'Accord de Paris de 2016, les pays se sont engagés à décarboner leurs économies d'ici au milieu du siècle, ce qui implique de se détourner des combustibles fossiles comme source d'énergie. Pour réduire les émissions et assurer la décarbonation, de plus en plus de pays ont recours à des taxes liées à l'environnement et à des instruments fondés sur les prix. En intégrant un signal-prix dans les décisions des consommateurs, ces systèmes de taxation environnementale mettent en application le principe du pollueur-payeur afin de favoriser le choix d'activités économiques plus vertes et moins polluantes. La mise en place de systèmes de taxation liée à l'environnement bien conçus peut donc avoir une influence sur les résultats environnementaux au sens où ils peuvent encourager les entreprises et les ménages à prendre en compte le coût environnemental de leurs choix.

La Déclaration de Nairobi, conclue à l'issue du Sommet africain sur le climat 2023, constate qu'en matière de taxes environnementales, il est crucial de mettre l'accent sur les fragilités que connaissent de nombreux pays africains, résultant des conséquences imprévisibles et dévastatrices du changement climatique

(Union africaine, 2023[34]). Les sécheresses prolongées, les inondations dévastatrices et les incendies de forêt dus au changement climatique ont un coût humanitaire et économique considérable, qui impactent les moyens de subsistance, la santé et l'éducation, et menacent la paix et la sécurité sur l'ensemble du continent. Alors que l'Afrique n'est pas historiquement responsable du réchauffement climatique, elle en supporte le plus gros des effets, soulignant l'urgente nécessité d'efforts de collaboration au niveau mondial.

Une taxe liée à l'environnement est une taxe dont l'assiette est une unité physique (ou une approximation d'une unité physique) de quelque chose qui a un impact négatif spécifique et avéré sur l'environnement, que la taxe vise à changer les comportements ou soit perçue dans un autre but (OCDE, 2005[35]). Les recettes tirées des taxes sur l'énergie peuvent augmenter à moyen terme si les pays relèvent les taux effectifs de la taxe sur la teneur en carbone des carburants (Marten et van Dender, 2019[36]). Une étude (OCDE/FIT, 2019[37]) conjointe du FIT et de l'OCDE montre comment les recettes tirées du transport routier peuvent être stabilisées à long terme en associant des taxes sur les distances parcourues, les véhicules et les carburants.

Bien que les recettes fiscales liées à l'environnement ne constituent pas une catégorie dans la classification type des recettes fiscales établie par l'OCDE, on peut les identifier en examinant la liste détaillée des taxes spécifiques fournies pour la plupart des pays, qui s'inscrivent dans la classification globale. C'est sur cette base qu'elles ont été intégrées dans la base de données de l'OCDE sur les instruments de la politique de l'environnement (PINE) (OCDE, 2024[38])[5]. En 2020, l'OCDE a commencé à recueillir des données en vue d'établir des comptes sur les recettes fiscales liées à l'environnement conformes au Système de comptabilité économique et environnementale (SCEE) ; ceux-ci sont désagrégés entre les branches d'activité et les ménages.

Un examen détaillé des recettes fiscales prélevées par 34 des 36 pays africains couverts[6] pour lesquels des données relatives aux recettes fiscales liées à l'environnement sont disponibles montre qu'en moyenne, les recettes tirées de ces taxes s'élevaient à 1.0 % du PIB en 2022, un niveau supérieur aux moyennes non pondérées des régions ALC et Asie-Pacifique (respectivement 0.8 % et 0.7 % du PIB), mais inférieur à celle de l'OCDE (1.8 % du PIB).

En Afrique, les recettes générées par les taxes liées à l'environnement s'échelonnaient entre moins de 0.1 % du PIB en République du Congo, au Nigeria et en Somalie et 3.5 % aux Seychelles (Graphique 1.17). Il convient d'interpréter ces chiffres avec prudence, car il n'est pas possible de déterminer précisément le niveau des recettes fiscales liées à l'environnement pour chaque pays ; aussi, le niveau des recettes indiqué dans le Graphique 1.17 varie en partie en fonction de la granularité des données disponibles.

Graphique 1.17. Recettes des taxes liées à l'environnement par pays et par principales catégories de taxe, 2022

En pourcentage du PIB

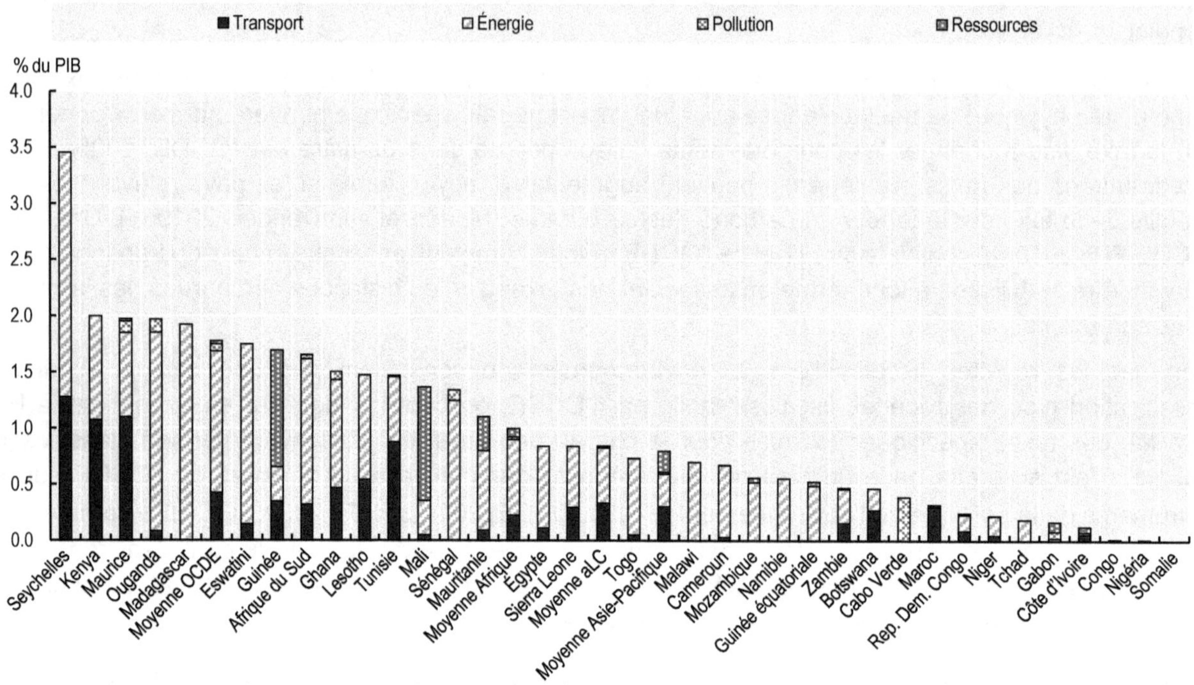

Note : Les chiffres concernant les recettes fiscales issues des taxes liées à l'environnement dépendent de la granularité des données sur les recettes fiscales fournies par les pays participants. Le Burkina Faso et le Rwanda sont exclus compte tenu de l'impossibilité d'isoler des données relatives aux recettes tirées de taxes environnementales en 2022.
Source : Calculs des auteurs basés sur des données figurant dans (OCDE/ATAF/CUA, 2024[4]) et la base de données PINE pour les moyennes OCDE, ALC et Asie-Pacifique. (OCDE, 2024[38])

StatLink https://stat.link/f5xgrh

Les recettes tirées des taxes liées à l'environnement peuvent être ventilées entre différentes catégories de base d'imposition, notamment l'énergie (combustibles fossiles et électricité, entre autres), les transports, la pollution et l'exploitation des ressources (extraction de ressources minières et de combustibles fossiles par exemple).

- En 2022, la majorité des recettes fiscales liées à l'environnement dans les pays couverts par cette publication provenaient des taxes sur les produits énergétiques (0.7 % du PIB en moyenne). Les taxes sur les produits énergétiques représentaient la majeure partie des recettes fiscales liées à l'environnement dans 20 pays sur 34.
- Le solde (soit approximativement un tiers des recettes fiscales liées à l'environnement et 0.2 % du PIB en moyenne) était constitué pour l'essentiel de recettes prélevées sur les véhicules à moteur et les services de transport. Elles constituaient la principale source des recettes fiscales liées à l'environnement dans quatre pays.
- Les recettes prélevées sur d'autres bases d'imposition liées à l'environnement sont plus faibles, représentant 0.1 % du PIB en moyenne globalement pour l'exploitation des ressources naturelles et la pollution. C'est au Gabon, en Guinée et au Mali que les taxes sur l'extraction de ressources naturelles ont représenté les apports les plus massifs. Au Cabo Verde, c'est une taxe sur la

pollution sous la forme d'un prélèvement sur les emballages non biodégradables qui a été la principale source de recettes tirées de taxes liées à l'environnement.

- La structure des recettes fiscales liées à l'environnement en Afrique est très similaire à celle observée dans la zone OCDE et la région ALC. Les économies de la région Asie-Pacifique en revanche recourent en moyenne à parts égales aux taxes sur l'énergie, sur les ressources et sur les transports.

L'analyse des recettes fiscales liées à l'environnement en Afrique doit être envisagée dans le contexte de l'utilisation généralisée des subventions aux énergies fossiles. D'après les derniers chiffres de l'AIE, les subventions à la consommation de combustibles fossiles ont atteint un montant sans précédent de 1 000 milliards USD en 2022. La hausse des prix des combustibles a poussé de nombreux pays à augmenter les subventions aux combustibles fossiles afin de maintenir les prix à un niveau abordable pour les ménages et les entreprises (AIE, 2023[39]). Parmi les pays couverts par cette publication, l'Égypte, le Gabon, le Ghana et le Nigeria ont accordé des subventions à la consommation de combustibles fossiles pour un montant d'environ 66.5 milliards USD, 385.4 millions USD, 2.6 milliards USD et 18.7 milliards USD en 2022 (AIE, 2023[40]). Ces montants représentent une hausse significative par rapport à 2021 pour les quatre pays, allant de 136 % en Égypte à 350 % au Gabon. Ces subventions pourraient accroître sensiblement les besoins d'emprunt des pays africains, contraignant plusieurs d'entre eux (comme le Ghana, le Kenya et le Nigeria) à en supprimer certaines en 2022 ou 2023 (Africa Business Insider, 2023[41]).

Recettes fiscales dans les communautés économiques régionales et par catégorie de revenu

Communautés économiques régionales

Les 36 pays couverts par cette publication appartiennent à une ou plusieurs communautés économiques régionales (CER) du continent, qui facilitent l'intégration économique entre leurs membres (Union africaine, 2024[42]). Cette section décrit l'évolution des recettes fiscales et les structures fiscales dans cinq de ces communautés, à savoir la Communauté d'Afrique de l'Est (CAE), la Communauté économique des États de l'Afrique centrale (CEEAC), la Communauté économique des États de l'Afrique de l'Ouest (CEDEAO), l'Union du Maghreb arabe (UMA) et la Communauté de développement de l'Afrique australe (SADC)[7].

Les Statistiques des recettes publiques en Afrique incluent de nombreux membres de ces CER, mais pas tous ; la couverture varie de 57 % pour la CAE à 80 % pour la SADC. Les indicateurs relatifs aux recettes fiscales et à la structure fiscale des moyennes des communautés économiques régionales ne comprennent que les États membres qui participent aux *Statistiques des recettes publiques en Afrique*.

En 2022, les ratios moyens impôts/PIB de la SADC et de l'UMA ont dépassé la moyenne de l'Afrique, qui s'établissait à 16.0 % (18.6 % et 26.0 %, respectivement), tandis que ceux de la CEEAC, de la CEDEAO et de la CAE étaient inférieurs à la moyenne (11.7 %, 14.4 % et 14.6 %, respectivement). Entre 2013 et 2022, les ratios impôts/PIB moyens ont augmenté dans les cinq CER, allant de 0.8 point dans la CEEAC à 2.3 points dans la CAE et 3.2 points dans l'UMA. Les ratios ont progressé de 1.2 point dans la SADC et de 1.4 point dans la CEDEAO, en moyenne (Graphique 1.18).

Graphique 1.18. Tendances des recettes fiscales dans les communautés régionales et moyenne Afrique, 2000-22

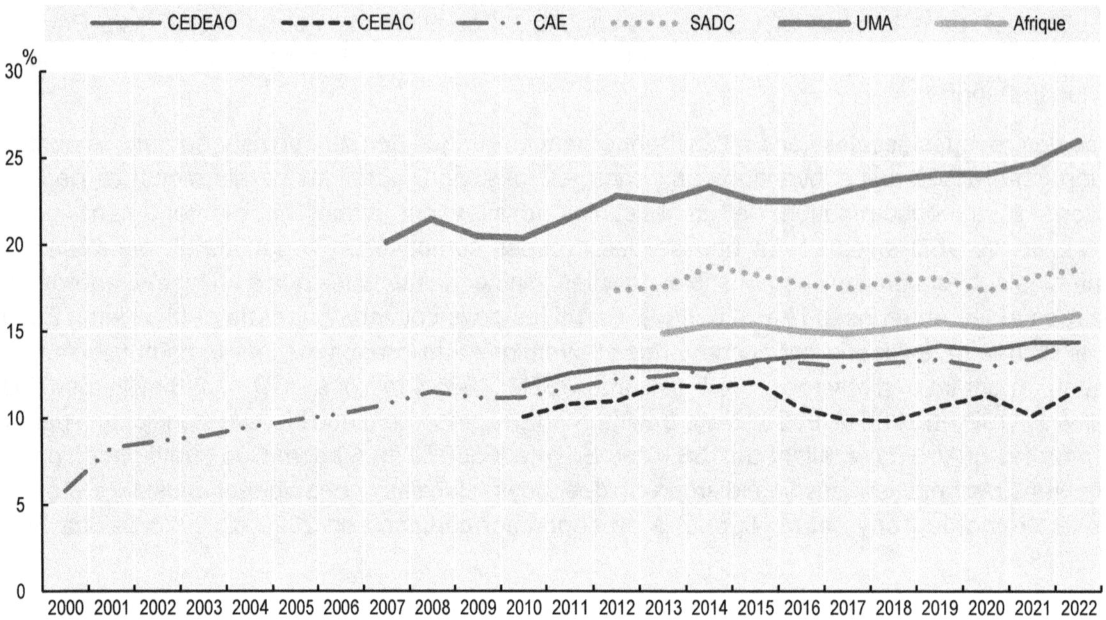

Note : La moyenne Afrique et la moyenne des communautés économiques régionales doivent être interprétées avec précaution, car les données relatives aux cotisations de sécurité sociale sont indisponibles ou incomplètes pour certains pays[2]. La moyenne des communautés économiques régionales prend en compte les pays membres qui participent aux *Statistiques des recettes publiques en Afrique*. Veuillez consulter la note de bas de page 10 pour plus de détails.
Source : Calculs des auteurs basés sur des données figurant dans (OCDE/ATAF/CUA, 2024[4]). « Tableaux comparatifs des Statistiques des recettes publiques en Afrique », http://data-explorer.oecd.org/s/dy.

StatLink https://stat.link/mub1f3

En 2022, la structure fiscale présentait des variations d'une communauté économique régionale à l'autre, mais aussi des points communs.

- Les impôts sur le revenu et les bénéfices étaient la principale source de recettes pour les pays de la CEEAC en moyenne, l'IS représentant la part la plus élevée du total des recettes fiscales (35.6 %). Les recettes de l'IS représentaient une proportion plus importante des recettes fiscales dans la CEEAC que dans n'importe quelle autre communauté régionale.
- Les impôts sur les biens et services constituaient la principale source de recettes de la CAE, de la CEDEAO et de l'UMA. Dans la catégorie des impôts sur les biens et services, la CAE et l'UMA ont tiré une part légèrement plus élevée de leurs recettes fiscales de la TVA que des impôts sur les biens et services autres que la TVA (« autres impôts sur les biens et services » dans le Graphique 1.19). Bien que, des trois CER, la CEDEAO soit celle où la part des recettes provenant de la TVA était la plus élevée, les impôts sur les biens et services autres que la TVA constituaient la principale source de recettes fiscales, à 29.4 %. Les recettes de TVA dans ces trois CER s'échelonnaient entre 25.2 % dans l'UMA et 28.5 % dans la CEDEAO.
- En moyenne, les impôts sur le revenu et les bénéfices et les impôts sur les biens et services généraient un pourcentage équivalent des recettes fiscales totales dans les pays de la SADC. La TVA était la principale source de recettes fiscales de la SADC, avec 31.9 %, et représentait le pourcentage le plus élevé de toutes les CER. Dans les pays de la SADC, les recettes de TVA étaient en moyenne deux fois plus élevées que celles provenant d'autres impôts sur les biens et

services (15.3 %). L'IRPP représentait la deuxième source de recettes fiscales dans les pays de la SADC ; avec 21.3 % des recettes fiscales, sa part était également la plus élevée parmi toutes les CER analysées.

- Les recettes tirées des cotisations de sécurité sociale pesaient moins de 10 % du total des recettes fiscales dans toutes les CER sauf l'UMA, où elles ont généré 18.1 % du total des recettes fiscales.

Graphique 1.19. Structure fiscale dans les communautés économiques régionales, 2022

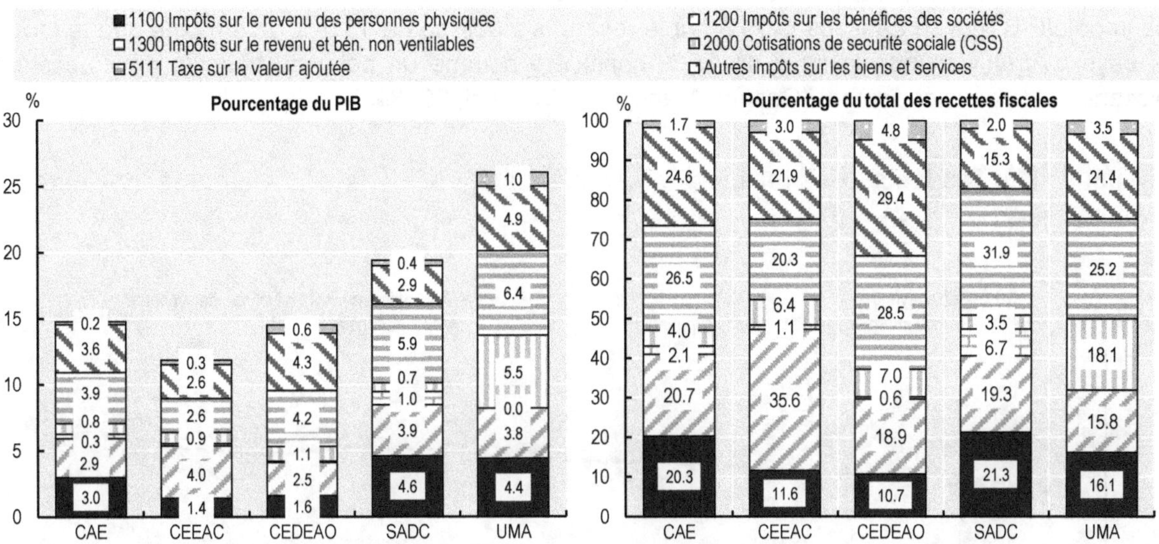

Note : Les moyennes des communautés économiques régionales prennent en compte les pays membres qui participent aux *Statistiques des recettes publiques en Afrique*. Veuillez consulter la note de bas de page 10 pour plus de détails.

Source : Calculs des auteurs basés sur des données figurant dans (OCDE/ATAF/CUA, 2024[4]). « Tableaux comparatifs des Statistiques des recettes publiques en Afrique », http://data-explorer.oecd.org/s/dy.

StatLink https://stat.link/0gj25k

En pourcentage du PIB, les recettes provenant des principales catégories d'impôts variaient considérablement d'une communauté régionale à l'autre :

- Les recettes moyennes de l'IRPP s'échelonnaient entre 1.4 % du PIB dans la CEEAC à 4.6 % dans la SADC, tandis que les recettes de l'IS étaient comprises entre 2.5 % du PIB dans la CEDEAO et 4 % dans la CEEAC. Les recettes de l'IRPP et de l'IS étaient d'une importance comparable, en moyenne, dans la SADC et dans l'UMA.
- Les recettes de la TVA et celles des impôts autres que la TVA sur les biens et services étaient les plus faibles dans la CEEAC (2.6 % du PIB dans les deux cas) et les plus élevées dans l'UMA, en moyenne (respectivement 6.4 % et 4.9 % du PIB).
- Les cotisations de sécurité sociale s'échelonnaient en moyenne entre 0.7 % du PIB dans la SADC et 5.5 % dans l'UMA.

Recettes fiscales et structures fiscales par catégorie de revenu

Les pays qui participent aux *Statistiques des recettes publiques en Afrique* sont classés en fonction de l'une des quatre catégories de revenu définies par la Banque mondiale (Banque mondiale, 2024[43]) : pays à faible revenu (13 pays), à revenu intermédiaire de la tranche inférieure (16 pays), à revenu intermédiaire de la tranche supérieure (6 pays) et à revenu élevé (1 pays, les Seychelles). Cette section présente l'évolution des ratios impôts/PIB et de la structure fiscale en 2022 pour ces catégories de revenu en excluant le groupe à haut revenu en raison de la couverture limitée (les Seychelles ne sont donc pas incluses dans l'analyse).

Les moyennes des ratios impôts/PIB pour chaque catégorie de revenu présentés dans le Graphique 1.20 confirment la tendance décrite dans l'Encadré 1.2, à savoir que les ratios impôts/PIB sont généralement plus élevés dans les pays plus développés. En 2022, les ratios impôts/PIB moyens des pays à revenu intermédiaire de la tranche inférieure et des pays à revenu intermédiaire de la tranche supérieure étaient supérieurs à la moyenne des pays d'Afrique, s'élevant respectivement à 16.9 % et 17.8 %. À l'inverse, le ratio impôts/PIB moyen dans les pays à faible revenu s'établissait à 13.5 %, soit moins que la moyenne des pays d'Afrique et que le seuil de 15 % considéré comme un point de bascule pour accélérer la croissance et le développement (Gaspar, Mansour et Vellutini, 2023[44]).

Graphique 1.20. Tendances des recettes fiscales par catégorie de revenu et pour la moyenne Afrique, 2000-22

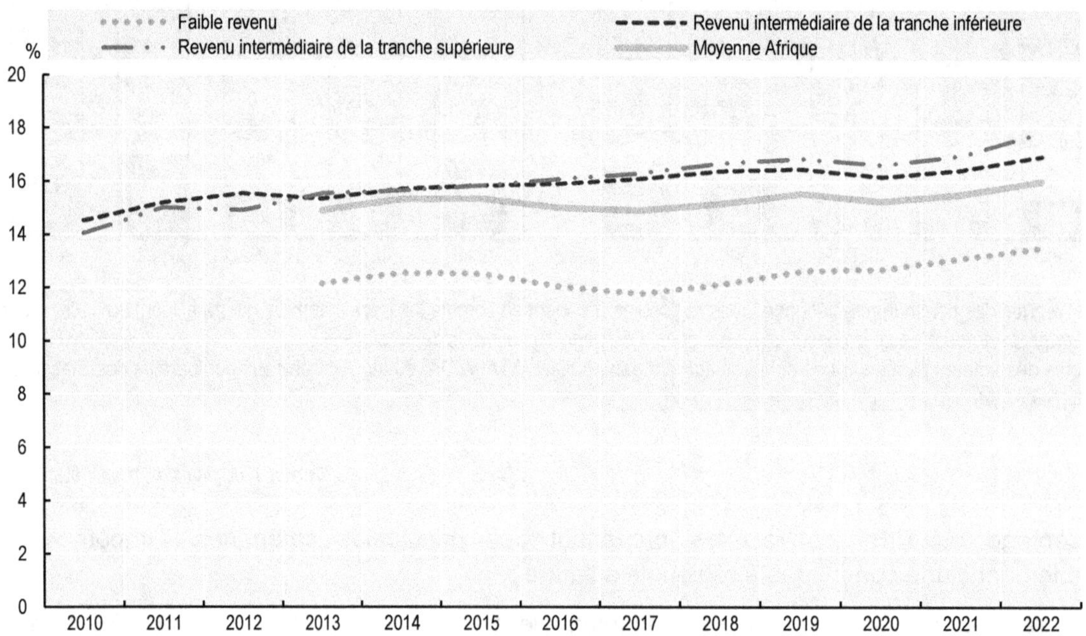

Note : La moyenne Afrique doit être interprétée avec précaution, car les données relatives aux cotisations de sécurité sociale sont indisponibles ou incomplètes pour certains pays[2]. Les catégories de revenu sont établies selon la classification de la Banque mondiale (Banque mondiale, 2024[43]).
Source : Calculs des auteurs basés sur les données figurant dans (OCDE/ATAF/CUA, 2024[4]). « Tableaux comparatifs des Statistiques des recettes publiques en Afrique », http://data-explorer.oecd.org/s/dy.

StatLink https://stat.link/gwnhr2

En raison de l'importance de leur secteur informel, conjuguée à leur forte dépendance à l'égard de l'aide extérieure, les pays à faible revenu affichent souvent un niveau inférieur de recouvrement de l'impôt et une base d'imposition plus étroite (Besley et Persson, 2014[45]) (Bachas, Jensen et Gadenne, 2024[46]). Il est particulièrement crucial pour les pays à faible revenu d'augmenter leurs recettes fiscales, car ils sont souvent dépourvus d'une source stable de financement et confrontés aux besoins de dépenses les plus importants.

En moyenne, les recettes fiscales en pourcentage du PIB ont progressé dans les pays des trois catégories de revenu entre 2013 et 2022. Dans les pays à faible revenu, elles ont augmenté de 1.3 point au cours de la période, contre 1.6 point dans les pays à revenu intermédiaire de la tranche inférieure et 2.3 points dans les pays à revenu intermédiaire de la tranche supérieure.

Les catégories d'impôt qui ont le plus contribué à la hausse globale des recettes fiscales entre 2013 et 2022 varient selon les catégories de revenu de pays. La hausse des recettes fiscales dans les pays à faible revenu s'explique principalement par l'augmentation des recettes de l'impôt sur le revenu et les bénéfices, essentiellement de celles tirées de l'IS. Les recettes sur les biens et services autres que la TVA ont le plus contribué à la croissance des recettes fiscales dans le pays à revenu intermédiaire de la tranche inférieure et supérieure,

Le Graphique 1.21 présente la structure fiscale en pourcentage du PIB et en proportion du total des recettes fiscales pour la moyenne des pays d'Afrique et les trois catégories de revenu. La structure fiscale des pays à faible revenu et des pays à revenu intermédiaire de la tranche inférieure se caractérise par une forte dépendance à l'égard des impôts sur les biens et services (respectivement 55.0 % et 52.8 % des recettes fiscales en 2022). À l'inverse, les impôts sur le revenu et les bénéfices pèsent plus lourd dans la structure fiscale moyenne des pays à revenu intermédiaire de la tranche supérieure (55.1%).

Au sein de la rubrique des impôts sur les biens et services, les recettes de la TVA étaient comprises entre 24.6 % et 27.9 % du total des recettes fiscales dans les trois catégories de revenu en moyenne. En ce qui concerne les impôts sur les biens et services autres que la TVA, les pays à revenu intermédiaire de la tranche supérieure sont ceux dans lesquels cette catégorie représente la plus faible proportion des recettes totales en moyenne, tandis que la part de ces impôts est la plus élevée dans les pays à faible revenu (respectivement 12.9 % et 28.9 % des recettes totales). À l'inverse, la part de l'IRPP est la plus élevée dans les pays à revenu intermédiaire de la tranche supérieure (16.7 % du total des recettes fiscales) et la plus basse dans les pays à faible revenu (14.8 %).

(Bachas, Jensen et Gadenne, 2024[46]) expliquent que les impôts sur les biens et services, en pourcentage du total des recettes fiscales, ont tendance à diminuer à mesure qu'un pays se développe, tandis que la part de l'IRPP a tendance à s'accroître. Ils font valoir que l'assiette de l'IRPP s'élargit à mesure que les pays se développent et que la main-d'œuvre passe d'une activité indépendante à un emploi salarié (contribuant à la transition du secteur informel vers le secteur formel). Cette transition repose également sur l'accroissement de la part de marché des grandes entreprises, qui se traduit par une proportion plus élevée de salariés au sein de la population active. Ces tendances aboutissent généralement à une hausse des recettes de l'IRPP et à une réduction du secteur informel dans les pays à revenu élevé. Les pays à faible revenu peinent à imposer les travailleurs indépendants et les travailleurs faiblement rémunérés et ont tendance à leur accorder des exonérations, alors qu'ils représentent souvent la plus grande partie de la main-d'œuvre.

Graphique 1.21. Structures fiscales des pays africains par catégorie de revenu, 2022

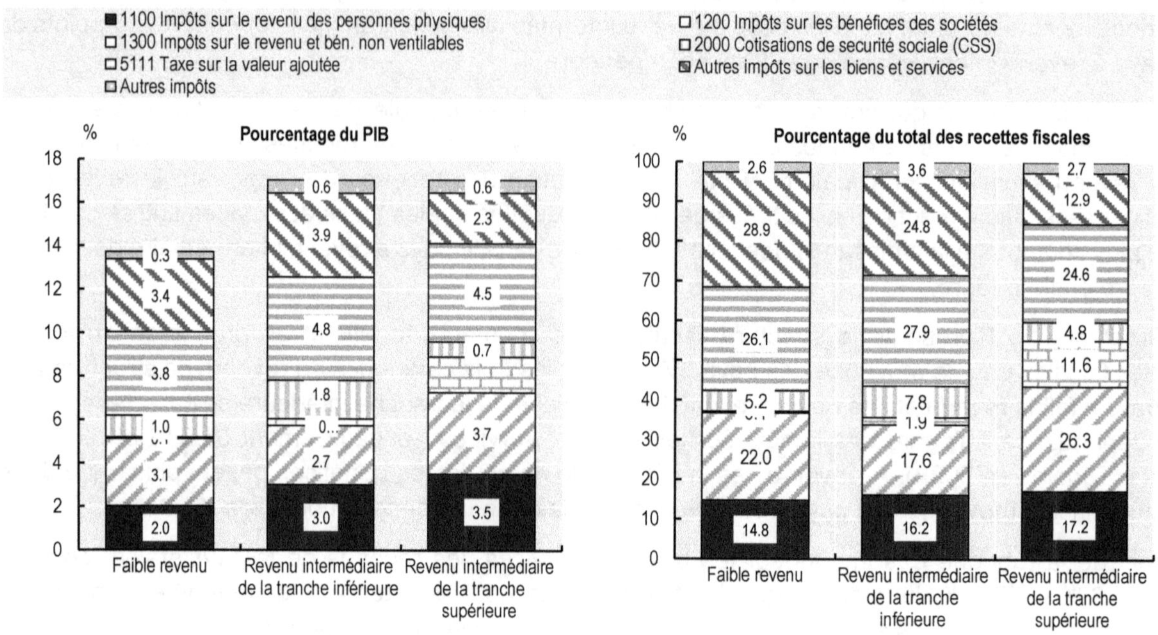

Note : Les catégories de revenu sont établies selon la classification de la Banque mondiale (Banque mondiale, 2024[43]).
Source : Calculs des auteurs basés sur les données figurant dans (OCDE/ATAF/CUA, 2024[4]). « Tableaux comparatifs des Statistiques des recettes publiques en Afrique », http://data-explorer.oecd.org/s/dy.

StatLink https://stat.link/0ybmw3

Répartition des impôts par niveau d'administration

L'analyse de la répartition des impôts par niveau d'administration dans les pays couverts par cette publication est limitée par le fait que les données sur les recettes fiscales perçues par les administrations infranationales étaient disponibles pour six pays seulement : l'Afrique du Sud, l'Eswatini, le Maroc, Maurice, le Nigeria[8] et la Somalie. En 2022, les recettes des administrations infranationales représentaient 0.3 % du total des recettes fiscales à Maurice, 2.1 % en Eswatini, 2.8 % au Maroc, 4.2 % en Afrique du Sud, 12.0 % au Nigeria et 35.1 % en Somalie.

Les impôts sur le patrimoine constituent la plus importante source de recettes fiscales pour les administrations infranationales en Afrique du Sud, en Eswatini, au Maroc et à Maurice. Ils représentent la totalité des recettes fiscales locales recouvrées en Afrique du Sud, en Eswatini et à Maurice, et plus de 80 % au Maroc. À l'inverse, les recettes des administrations infranationales au Nigeria proviennent principalement des impôts sur le revenu et, en Somalie, des impôts sur les biens et services.

Références

Africa Business Insider (2023), *African countries that removed fuel subsidies between 2022 and 2023*, https://africa.businessinsider.com/local/markets/african-countries-that-removed-fuel-subsidies-between-2022-and-2023/ms3t33v. [41]

AIE (2023), *Fossil Fuel Database*, https://www.iea.org/data-and-statistics/data-product/fossil-fuel-subsidies-database (consulté le 18 octobre 2024). [40]

AIE (2023), *Tracking the impact of government support*, https://www.iea.org/topics/fossil-fuel-subsidies. [39]

ATAF (2023), *Perspectives fiscales en Afrique*. [8]

Bachas, P., A. Jensen et L. Gadenne (2024), *Tax Equity in Low- and Middle-Income Countries*, https://pubs.aeaweb.org/doi/pdfplus/10.1257/jep.38.1.55. [46]

BAD/OCDE/PNUD (2016), *Perspectives économiques en Afrique 2016 : Villes durables et transformation structurelle*, Éditions OCDE, Paris, https://doi.org/10.1787/aeo-2016-fr. [26]

BAfD (2023), *Perspectives économiques en Afrique 2023 - Points saillants - Mobiliser les financements du secteur privé en faveur du climat et de la croissance verte en Afrique*, https://www.afdb.org/fr/documents/perspectives-economiques-en-afrique-2023-points-saillants. [7]

Banque africaine de développement (2023), *Country Focus Report 2023 - Sierra Leone - Mobilizing Private Sector Financing for Climate and Green Growth*, https://www.afdb.org/fr/documents/country-focus-report-2023-sierra-leone-mobilizing-private-sector-financing-climate-and-green-growth. [12]

Banque africaine de développement (2023), *Rapport Pays 2023 - Tchad - Mobiliser les financements du secteur privé en faveur du climat et de la croissance verte*, https://www.afdb.org/en/documents/rapport-pays-2023-tchad-mobiliser-les-financements-du-secteur-prive-en-faveur-du-climat-et-de-la-croissance-verte. [10]

Banque mondiale (2024), *Cabo Verde Economic Update - Blue Economy : The Latent Potential of Fisheries and Aquaculture in Cabo Verde*, https://documents.worldbank.org/en/publication/documents-reports/documentdetail/099060624085036575/p5004821bf54600a41b38315f0d172005a1 (consulté le 9 octobre 2024). [30]

Banque mondiale (2024), *International Comparison Program*, https://www.worldbank.org/en/programs/icp. [20]

Banque mondiale (2024), *World Bank Country and Lending Groups*, https://datahelpdesk.worldbank.org/knowledgebase/articles/906519. [43]

Besley, T. et T. Persson (2014), *Why Do Developing Countries Tax So Little?*, https://pubs.aeaweb.org/doi/pdfplus/10.1257/jep.28.4.99. [45]

CUA/OCDE (2024), *Dynamiques du développement en Afrique 2024 : Compétences, emplois et productivité*, Éditions OCDE, Paris/Commission de l'Union africaine, Addis-Abeba, https://doi.org/10.1787/b25ee3a9-fr. [6]

Danladi, J. (2020), « International Commodity prices and inflation dynamics in Sierra Leone », *African Economic Research Consortium, Research paper 382*, https://aercafrica.org/wp-content/uploads/2020/07/Research-Paper-382.pdf. [11]

Direction générale du Trésor (2024), *Mali, situation économique et financière*, https://www.tresor.economie.gouv.fr/Pays/ML/mali-situation-economique-et-financiere (consulté le 10 octobre 2024). [14]

Ebrill, L. P., M. Keen et V. J. Perry (2001), *4 Understanding the Revenue Performance of VATs« . In The Modern VAT*, https://doi.org/10.5089/9781589060265.071.ch004. [28]

FMI (2024), *Base de données des Perspectives de l'économie mondiale, avril 2024*, https://www.imf.org/en/Publications/WEO/weo-database/2024/April (consulté le 20 avril 2023). [5]

FMI (2024), *Mauritius: Selected Issues. IMF Staff Country Reports, vol. 2024, n° 140, A001*, https://doi.org/10.5089/9798400276965.002.A001. [32]

FMI (2023), « Mali : Consultations de 2023 au titre de l'Article IV — Communiqué de presse ; Rapport des services du FMI et Déclaration de l'Administreur pour le Mali », *Rapport du FMI n° 2023/209*, https://www.imf.org/-/media/Files/Publications/CR/2023/French/1MLIFA2023001.ashx. [13]

FMI (2019), « L'équipe du FMI achève une mission de revue au Togo », *Communiqué de presse n° 19/473*, https://www.imf.org/fr/News/Articles/2019/12/18/pr19473-togo-imf-staff-completes-review-mission. [16]

FMI (2019), *Selected Issues. IMF Staff Country Reports, 2019(259)*, https://www.elibrary.imf.org/view/journals/002/2019/259/002.2019.issue-259-fr.xml. [33]

FMI (2019), *World Economic Outlook - Frequently Asked Questions*, https://www.imf.org/external/pubs/ft/weo/faq.htm#q4d (consulté le 6 septembre 2019). [19]

Gaspar, V. et al. (2019), *Fiscal Policy and Development: Human, Social, and Physical Investments for the SDGs*, https://www.imf.org/en/Publications/Staff-Discussion-Notes/Issues/2019/01/18/Fiscal-Policy-and-Development-Human-Social-and-Physical-Investments-for-the-SDGs-46444 (consulté le 20 septembre 2021). [21]

Gaspar, V., M. Mansour et C. Vellutini (2023), *Countries Can Tap Tax Potential to Finance Development Goals*, https://meetings.imf.org/en/IMF/Home/Blogs/Articles/2023/09/19/countries-can-tap-tax-potential-to-finance-development-goals. [44]

Keen, M. (2013), *The anatomy of VAT, WP/13/111*, FMI, https://www.imf.org/en/Publications/WP/Issues/2016/12/31/The-Anatomy-of-the-VAT-40543. [27]

Marten, M. et K. van Dender (2019), *The use of revenues from carbon pricing*, Éditions OCDE, Paris, https://doi.org/10.1787/3cb265e4-en. [36]

Ministère des Finances de la République démocratique du Congo (2023), *Blog : La Direction Générale des Impôts (DGI) a réalisé des exploits en 2022*, https://dgi.gouv.cd/la-direction-generale-des-impots-dgi-a-realise-des-exploits-en-2022/ (consulté le 2024 octobre 10). [9]

Ministère du Tourisme (2023), *Annual report on performance for financial year 2022/23*. [31]

OCDE (2024), *Base de données PINE*, https://www.oecd.org/fr/environnement/outils-evaluation/environmentaltaxation.htm. [38]

OCDE (2024), *Revenue Statistics 2024 : Health Taxes in OECD Countries*, Éditions OCDE, Paris, https://doi.org/10.1787/c87a3da5-en. [3]

OCDE (2024), *Revenue Statistics in Asia and the Pacific 2024 : Tax Revenue Buoyancy in Asia*, Éditions OCDE, Paris, https://doi.org/10.1787/e4681bfa-en. [1]

OCDE (2024), *Tendances des impôts sur la consommation 2024 : TVA/TPS et droits d'accises, principales caractéristiques et tendances*, Éditions OCDE, Paris, https://doi.org/10.1787/dcd4dd36-en. [25]

OCDE (2023), *Civisme fiscal : Qu'est-ce qui motive les particuliers et les entreprises à payer des impôts ?*, Éditions OCDE, Paris, https://doi.org/10.1787/4ce7612d-fr. [18]

OCDE (2020), *OECD Tax Policy Reviews: Seychelles 2020*, OECD Tax Policy Reviews, Éditions OCDE, Paris, https://doi.org/10.1787/cba38d19-en. [29]

OCDE (2015), *Coopération pour le développement 2014 : Mobiliser les ressources au service du développement durable*, Éditions OCDE, Paris, https://doi.org/10.1787/dcr-2014-fr. [17]

OCDE (2005), *Glossary of statistical terms*, https://stats.oecd.org/glossary/detail.asp?ID=6437. [35]

OCDE/ATAF/CUA (2024), *Recettes fiscales en Afrique : Tableaux comparatifs*, Éditions OCDE, Paris. [4]

OCDE/ATAF/CUA (2019), *Statistiques des recettes publiques en Afrique 2019 : 1990-2017*, Éditions OCDE, Paris, https://doi.org/10.1787/5daa24c1-en-fr. [24]

OCDE et al. (2024), *Revenue Statistics in Latin America and the Caribbean 2024*, Éditions OCDE, Paris, https://doi.org/10.1787/33e226ae-en. [2]

OCDE/CUA/ATAF (2020), *Statistiques des recettes publiques en Afrique 2020 : 1990-2018*, Éditions OCDE, Paris, https://doi.org/10.1787/14e1edb1-en-fr. [15]

OCDE/FIT (2019), *Tax Revenue Implications of Decarbonising Road Transport: Scenarios for Slovenia*, Éditions OCDE, Paris, https://doi.org/10.1787/87b39a2f-en. [37]

SSA (2015), *Social Security Throughout the World: Africa*, SSA Publication Social Security Administration, Washington, D.C, http://www.ssa.gov/policy/docs/progdesc/ssptw/2014-2015/africa/ssptw15africa.pdf. [22]

UA (2024), *À propos de la ZLECAf*, https://au-afcfta.org/about/. [23]

Union africaine (2024), *Communautés économiques régionales | Union africaine*, https://au.int/fr/cers (consulté le 9 octobre 2024). [42]

Union africaine (2023), *The African Leaders Nairobi Declaration on Climate Change And Call To Action*, https://www.afdb.org/sites/default/files/2023/09/08/the_african_leaders_nairobi_declaration_on_climate_change-rev-eng.pdf. [34]

Notes

[1] Il convient d'interpréter la moyenne Afrique avec précaution, car des données relatives aux cotisations de sécurité sociale sont indisponibles pour la Guinée équatoriale (avant 2013), la Guinée, Madagascar (avant 2011), la Namibie (avant 2009), l'Ouganda, la République du Congo (avant 2018), la République démocratique du Congo (avant 2012), la Sierra Leone (avant 2018), le Tchad, le Togo et la Zambie, et sont incomplètes pour le Cameroun et le Sénégal. Les cotisations de sécurité sociale pour le Botswana, le Lesotho et le Malawi sont égales à zéro dans la mesure où elles ne remplissent pas les critères retenus pour être considérées comme des cotisations de sécurité sociale, selon la classification des impôts de l'OCDE figurant dans le guide d'interprétation.

[2] Les données relatives aux cotisations de sécurité sociale sont indisponibles pour la Guinée, la Guinée équatoriale (avant 2013), Madagascar (avant 2011), la Namibie (avant 2009), l'Ouganda, la République du Congo (avant 2018), la République démocratique du Congo (avant 2012), la Sierra Leone (avant 2018), le Tchad, le Togo et la Zambie, et sont incomplètes pour le Cameroun et le Sénégal. Les cotisations de sécurité sociale pour le Botswana, le Lesotho et le Malawi sont égales à zéro dans la mesure où elles ne remplissent pas les critères retenus pour être considérées comme des cotisations de sécurité sociale, selon la classification des impôts de l'OCDE figurant dans le guide d'interprétation.

[3] Sur la base des réponses des pays participants (ex. Botswana, République démocratique du Congo).

[4] Les « effets de cascade » désignent une situation dans laquelle une taxe est prélevée sur un produit à tous les stades de sa production et de sa distribution, sans possibilité de déduire la taxe acquittée en amont. Par exemple, un grossiste ne peut pas demander un remboursement de la TVA payée sur les matières premières achetées pour sa propre production parce qu'aucune TVA n'a été acquittée au départ.

[5] La base de données PINE ventile les taxes liées à l'environnement entre les quatre catégories suivantes :

- Énergie : cette catégorie couvre l'imposition des produits énergétiques tels que les combustibles fossiles et l'électricité, y compris les carburants utilisés pour les transports comme l'essence et le gazole. Toutes les taxes sur les émissions de CO2 font partie de cette catégorie.
- Véhicules à moteur et services de transport : cette catégorie englobe les taxes sur les importations ou les ventes de matériel de transport, les taxes périodiques sur la propriété, l'immatriculation ou l'usage routier de véhicules à moteur et d'autres taxes liées aux transports.
- Ressources : cette catégorie inclut les taxes sur les industries extractives, l'exploitation forestière, la protection de la vie sauvage et les produits de la pêche.
- Pollution : cette catégorie comprend les taxes sur les substances appauvrissant la couche d'ozone, l'eau et les eaux usées, et la gestion des déchets.

[6] Le Burkina Faso et le Rwanda sont exclus compte tenu de l'impossibilité d'isoler des données relatives aux recettes tirées de taxes liées à l'environnement en 2022.

[7] La composition de ces communautés économiques régionales est la suivante :

- Communauté d'Afrique de l'Est (CAE) : Burundi, Kenya, Ouganda, RDC, Rwanda, Somalie, Soudan du Sud et Tanzanie. Tous les pays de la CAE, à l'exception du Burundi, du Soudan du Sud et de la Tanzanie, sont couverts par cette publication.
- Communauté économique des États de l'Afrique centrale (CEEAC) : Angola, Burundi, Cameroun, Congo, Gabon, Guinée équatoriale, République centrafricaine, RDC, Rwanda, Sao Tomé-et-Principe et Tchad. Tous les pays de la CEEAC, à l'exception de l'Angola, du Burundi, de la République centrafricaine et de Sao Tomé-et-Principe, sont couverts par cette publication.
- Communauté économique des États de l'Afrique de l'Ouest (CEDEAO) : Bénin, Burkina Faso, Cabo Verde, Côte d'Ivoire, Gambie, Ghana, Guinée, Guinée-Bissau, Liberia, Mali, Niger, Nigeria, Sénégal, Sierra Leone et Togo. Tous les pays de la CEDEAO, à l'exception du Bénin, de la Gambie, de la Guinée-Bissau et du Liberia, sont couverts par cette publication.
- Communauté de développement de l'Afrique australe (SADC) : Afrique du Sud, Angola, Botswana, Eswatini, Lesotho, Madagascar, Malawi, Maurice, Mozambique, Namibie, Seychelles, Tanzanie, Zambie et Zimbabwe. Tous les pays de la SADC, à l'exception de l'Angola, de la Tanzanie et du Zimbabwe, sont couverts par cette publication.
- Union du Maghreb arabe (UMA) : Algérie, Libye, Maroc, Mauritanie et Tunisie. L'Algérie et la Libye ne sont pas couvertes par cette publication.

[8] Au Nigeria, les recettes fiscales infranationales intègrent les recettes de l'État, mais excluent celles des collectivités locales.

2. Tendances des recettes non fiscales, 2013-22

Le chapitre 2 examine les dernières tendances des recettes non fiscales ainsi que leur évolution au cours de la dernière décennie dans 35 pays africains. Le chapitre examine le niveau et la structure des recettes non fiscales pour chaque pays et en moyenne sur le continent. Il comprend une analyse approfondie des recettes provenant des industries extractives.

Introduction

Les statistiques relatives à la fiscalité ne sauraient suffire pour dresser le panorama complet des finances publiques, en particulier en ce qui concerne de nombreux pays africains, qui perçoivent d'importantes recettes sous la forme de dons ou de redevances pétrolières et minières. Les *Statistiques des recettes publiques en Afrique* présentent des données sur les recettes fiscales et non fiscales, ces dernières étant les recettes des administrations publiques qui ne correspondent pas à la définition des recettes fiscales établie par l'OCDE[1]. Bien que le calcul des recettes fiscales et non fiscales présente d'importantes différences d'ordre méthodologique, elles doivent être prises en compte dans la comptabilisation des ressources financières totales d'un pays[2]. Ce chapitre livre des comparaisons des recettes non fiscales entre les pays couverts par la présente publication[3].

Les principales catégories de recettes non fiscales visées dans ce document sont les suivantes[4] :

- dons émanant de pays étrangers ou d'organisations internationales (aide budgétaire, aide alimentaire, transferts de capitaux, transferts courants, subventions de projets, bourses de programme, allégement de la dette internationale, etc.) ;
- loyers et redevances (par exemple, redevances pétrolières ou minières) ;
- autres revenus de la propriété (intérêts, dividendes et autres rémunérations d'investissements publics) ;
- produits de la vente de biens et de services (ce qui inclut certains frais administratifs) ;
- produits des amendes et pénalités (notamment pour infraction à la législation fiscale) ;
- recettes diverses non identifiées (recettes non fiscales qui ne peuvent être classées dans les autres catégories).

Recettes non fiscales exprimées en pourcentage du PIB

Les recettes non fiscales représentaient en moyenne 6.2 % du PIB en 2022 dans les 35 pays africains ayant communiqué leurs données pour cette édition des *Statistiques des recettes publiques en Afrique*[5]. En moyenne, le montant des recettes non fiscales perçues dans chacun de ces pays a représenté 52 % du montant des recettes fiscales. Il s'échelonnait entre 0.7 % du PIB en Afrique du Sud et 23.7 % du PIB en République du Congo. Le Botswana, la Guinée équatoriale, le Lesotho, la République du Congo et la Somalie sont les seuls pays où les recettes non fiscales étaient supérieures aux recettes fiscales en 2022 (Graphique 2.1).

Le Botswana, le Lesotho, l'Eswatini et la Namibie sont des bénéficiaires nets du fonds commun de recettes de l'Union douanière d'Afrique australe (SACU) (voir Encadré 2.1), ce qui se traduit par un niveau de recettes non fiscales plus élevé et de recettes fiscales plus faible qu'il ne le serait autrement. La Guinée équatoriale et la République du Congo, quant à elles, perçoivent des recettes liées aux industries extractives deux fois plus élevées en pourcentage du PIB que tout autre pays examiné dans le présent rapport.

En Somalie, les dons demeurent la principale source de recettes publiques pour financer ses dépenses, mais le pays renforce ses capacités budgétaires depuis la fin de la guerre civile en 2012 et reste confronté à de nombreux défis économiques (Khan et Khan, 2022[1]). En conséquence, ses recettes non fiscales ont été deux fois plus élevées que ses recettes fiscales, soit 5.2 % du PIB (essentiellement des dons) en 2022.

En 2022, les recettes non fiscales ont augmenté de 0.4 point de pourcentage en proportion du PIB par rapport à 2021 (Graphique 2.2). Cette augmentation s'explique par une hausse de 0.4 point des recettes tirées des loyers et redevances et des autres revenus de la propriété, mais elle a été en partie compensée par une baisse des « autres recettes » (principalement les recettes reversées par la SACU au Botswana, au Lesotho, en Eswatini et en Namibie). Si l'on y ajoute la hausse de 0.5 point des recettes fiscales, les recettes publiques (fiscales et non fiscales) s'accroissent de 0.8 point en moyenne dans les 35 pays examinés en 2022.

Graphique 2.1. Recettes fiscales et non fiscales totales par pays, 2022

Pourcentage du PIB

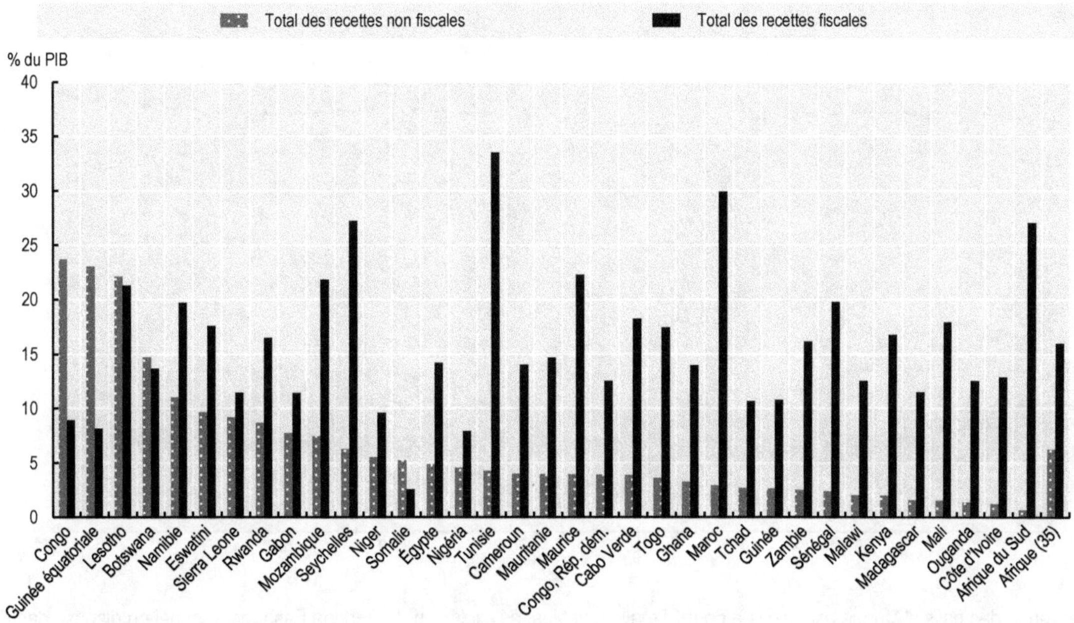

Notes : Les données relatives aux recettes non fiscales prennent en compte les recettes non fiscales perçues par les administrations infranationales pour l'Eswatini, le Kenya, le Maroc, Maurice, le Nigéria et la Somalie, les seuls pays pour lesquels les données correspondantes sont disponibles. En 2022, les recettes non fiscales perçues par les administrations infranationales représentaient, pour chacun de ces pays, respectivement 1 %, 14 %, 42 %, 4 %, 6 % et 4 % des recettes non fiscales totales. L'Afrique du Sud a déclaré percevoir quelques taxes locales et régionales, mais n'a pas fait état de recettes non fiscales locales ou régionales. Les valeurs concernant les recettes fiscales et non fiscales rapportées au PIB sont des données qui sont à interpréter avec prudence pour certains pays, car elles reposent sur des données incomplètes. Le Burkina Faso a fourni des données sur les recettes fiscales, mais aucune donnée sur les recettes non fiscales n'était disponible pour cette édition. Pour de plus amples informations, se reporter aux tableaux par pays des chapitres 5 et 6. « Afrique (35) » fait référence à la moyenne des 35 pays africains ayant fourni les données des recettes non fiscales pour cette édition.
Source : Tableaux 4.1 figurant au Chapitre 4 et 6.1 figurant au chapitre 6 et (OCDE/ATAF/CUA, 2024[2]), « Tableaux comparatifs des Statistiques des recettes publiques en Afrique », http://data-explorer.oecd.org/s/dy.

StatLink https://stat.link/kdxf31

La légère hausse des recettes non fiscales, en moyenne, dans les pays d'Afrique enregistrée entre 2021 et 2022 a fait suite à cinq années au cours desquelles les recettes non fiscales sont restées stables aux alentours de 5.8 % du PIB. Auparavant, le ratio moyen des recettes non fiscales rapportées au PIB avait culminé à 7.3 % du PIB en 2013 avant de tomber à 5.1 % en 2016.

Au cours de la période 2013-2022, les recettes fiscales ont augmenté de 1.1 point, tandis que les recettes non fiscales ont diminué de 1.1 point, principalement en raison d'une baisse de 0.5 point des recettes sous forme de dons et de 0.8 point des autres recettes non fiscales (principalement les recettes reversées par la SACU). Cette diminution des recettes non fiscales a compensé l'augmentation des recettes fiscales au cours de cette période. Le total des recettes fiscales et non fiscales sur cette période a diminué de 0.1 point, malgré les progrès accomplis par les pays africains en matière de mobilisation des recettes fiscales.

Graphique 2.2. Niveau moyen des recettes non fiscales en Afrique, 2013-22

Pourcentage du PIB

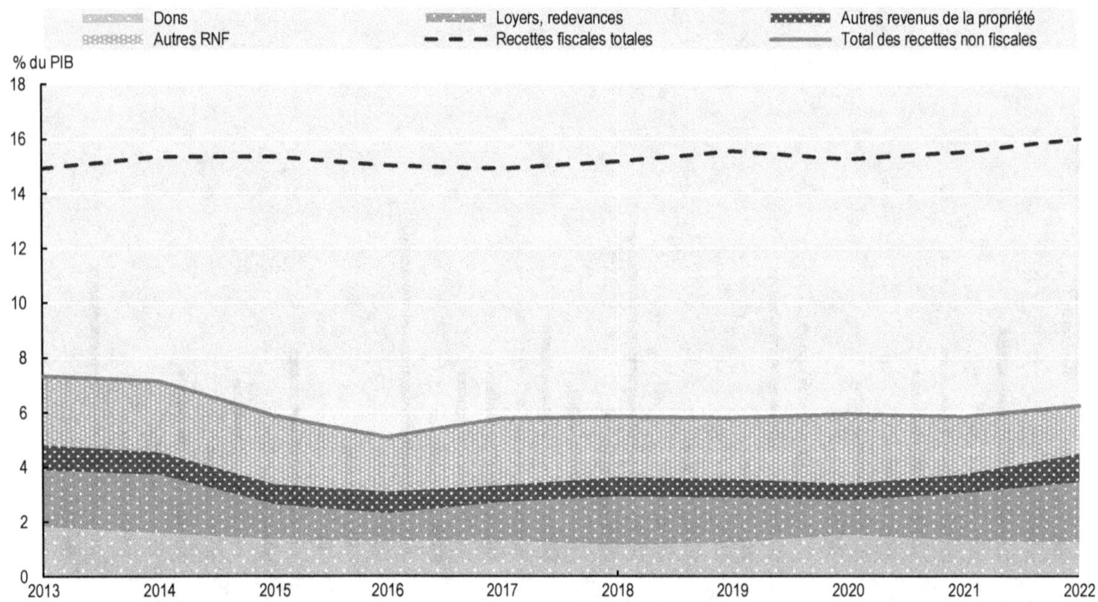

Note : La moyenne des pays d'Afrique est calculée pour 35 pays africains, à l'exclusion du Burkina Faso, pour lequel on dispose des données relatives aux recettes fiscales uniquement. Dans ce graphique, la catégorie « Autres RNF » comprend toutes les recettes non fiscales à l'exception des dons et des revenus de la propriété, à savoir les recettes provenant des ventes de biens et services, des amendes et pénalités, et les recettes diverses et non identifiées (dont les recettes reversées par la SACU).
Source : Calculs des auteurs basés sur des données figurant dans (OCDE/ATAF/CUA, 2024[2]), « Tableaux comparatifs des Statistiques des recettes publiques en Afrique », http://data-explorer.oecd.org/s/dy.

StatLink https://stat.link/92douj

Regroupement des pays selon la principale source de recettes non fiscales

Le Graphique 2.3 montre la part de chaque grande sous-catégorie de recettes non fiscales dans le total des recettes non fiscales des pays en 2022. Dans ce graphique, la catégorie « Autres RNF » peut inclure les recettes provenant des ventes de biens et de services, des amendes et pénalités, ou les recettes diverses et non identifiées, mais se compose principalement des recettes de la SACU. Dans le Panneau A, les recettes sont exprimées en pourcentage du PIB, et dans le Panneau B, en pourcentage du total des recettes non fiscales.

Graphique 2.3. Structure des recettes non fiscales par pays africain, 2022

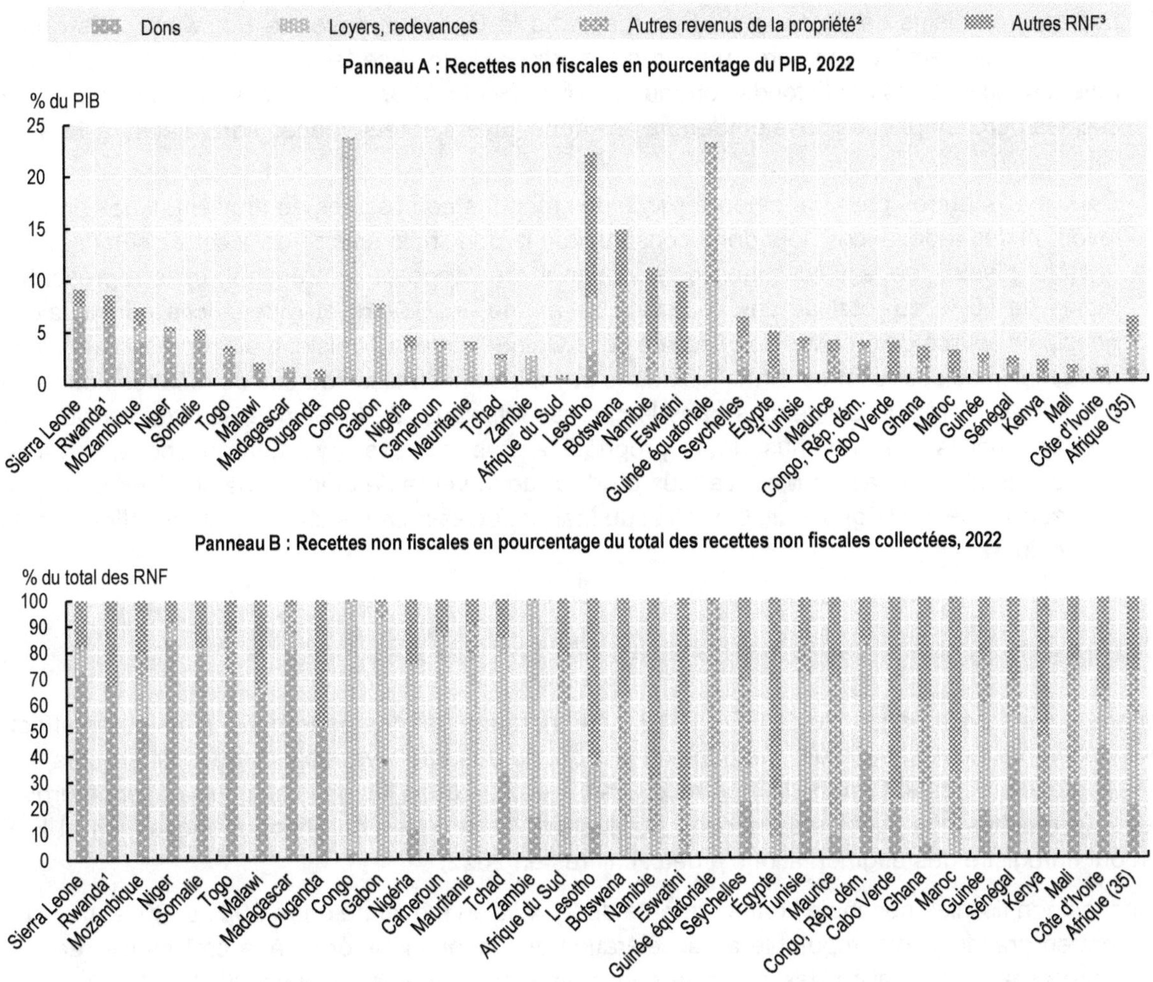

Note : Les données prennent en compte les recettes non fiscales perçues par les administrations infranationales pour l'Eswatini, le Kenya, le Maroc, Maurice et le Nigéria. « Afrique (35) » fait référence à la moyenne des 35 pays africains ayant fourni les données des recettes non fiscales pour ce rapport. RNF = « recettes non fiscales ».

1. Dans le cas du Rwanda, les recettes non fiscales autres que les dons ne sont pas ventilées par sous-catégorie et sont donc assimilées aux recettes diverses et non identifiées.

2. Intérêts, dividendes et autres revenus de la propriété hors loyers et redevances.

3. Toutes les autres recettes non fiscales non mentionnées ailleurs, y compris les recettes provenant de la vente de biens et de services, des amendes, pénalités et confiscations, les recettes reversées par la SACU et les recettes non identifiées.

Pour de plus amples informations, se reporter aux tableaux par pays des chapitres 5 et 6.

Source : Tableau 6.2 figurant au chapitre 6 et (OCDE/ATAF/CUA, 2024[2]), « Tableaux comparatifs des Statistiques des recettes publiques en Afrique », http://data-explorer.oecd.org/s/dy.

StatLink https://stat.link/39c75l

Les données font apparaître quatre groupes distincts :

- Neuf pays ont perçu la majeure partie de leurs recettes non fiscales sous la forme de dons. En moyenne, ces pays ont perçu des dons équivalant à 3.5 % du PIB en 2022.
- Huit pays ont perçu la majeure partie de leurs recettes non fiscales sous la forme de loyers et redevances. Pour tous ces pays, à l'exception de la Zambie et de l'Afrique du Sud, les deux pays dont les recettes non fiscales en pourcentage du PIB sont les plus faibles, les redevances

pétrolières et gazières ont généré l'essentiel des recettes non fiscales. Les loyers et redevances équivalaient, dans ces pays, à 5.4 % du PIB en moyenne.

- Les quatre voisins de l'Afrique du Sud membres la SACU, à savoir le Botswana, l'Eswatini, le Lesotho et la Namibie, ont perçu une grande partie de leurs recettes non fiscales sous la forme de revenus redistribués par le fonds commun des recettes de la SACU. En moyenne, les recettes non fiscales perçues par ces pays en dehors des dons, loyers et redevances équivalaient à 11.4 % du PIB.
- Dans les 14 autres pays, la majeure partie des recettes non fiscales ne provient ni des dons, des loyers ni des redevances. Les dons constituaient la principale source de recettes non fiscales de la Côte d'Ivoire, de la République démocratique du Congo et du Sénégal, mais représentaient moins de 50 % du total de ces recettes. De même, les loyers et redevances constituaient la principale source de recettes non fiscales de la Guinée et de la Tunisie, mais représentaient moins de la moitié de ces recettes. Dans les autres pays, les principales sources de recettes non fiscales étaient les intérêts et dividendes dans le cas du Botswana, de la Guinée équatoriale, du Mali et des Seychelles ; les revenus de la propriété autres que les loyers, redevances, intérêts et dividendes dans le cas de Maurice ; les produits de la vente de biens et de services dans le cas du Cabo Verde, de l'Égypte, du Ghana et du Maroc ; et les recettes diverses et non affectées dans le cas du Kenya.

Évolution des prix et des volumes entre 2019 et 2022

La période qui a suivi la pandémie de COVID-19 a été marquée par des perturbations majeures affectant les niveaux de prix en Afrique. Ces variations de prix ont eu des effets variables sur les différentes bases d'imposition et de recettes. Comme le montre le Graphique 2.4, dans les pays africains qui ont fourni des données de recettes non fiscales dans cette publication, les recettes non fiscales moyennes et le PIB moyen ont enregistré des augmentations à deux chiffres en 2022.

Les recettes non fiscales nominales ont augmenté de 27.4 % en moyenne entre 2021 et 2022, mais cette hausse est en grande partie imputable à l'accélération de l'inflation plutôt qu'à la croissance réelle des recettes non fiscales. L'inflation des prix à la consommation a augmenté entre 2021 et 2022, passant de 5.6 % à 9.2 %, tandis que le déflateur du PIB, qui indique dans quelle mesure les variations des prix entraînent une hausse du PIB nominal, a également augmenté, passant de 7.1 % en 2021 à 8.3 % en 2022.

Comme l'assiette des recettes fiscales est généralement circonscrite à l'économie nationale, les variations des recettes fiscales nominales sont généralement corrélées aux variations du PIB nominal en l'absence d'évolution de la politique ou de l'administration fiscales et lorsque le système d'imposition repose sur une assiette large. Toutefois, dans le cas de recettes non fiscales exprimées en pourcentage du PIB, le numérateur et le dénominateur peuvent être affectés par différents ensembles de prix.

Les recettes tirées des ressources naturelles, par exemple, sont affectées à la fois par les prix des matières premières déterminés au niveau international et par les taux de change, comme expliqué dans la section sur les recettes tirées de l'industrie extractive (ci-après).

Graphique 2.4. Variation moyenne en pourcentage du PIB nominal et des niveaux de prix en Afrique, 2019-2022

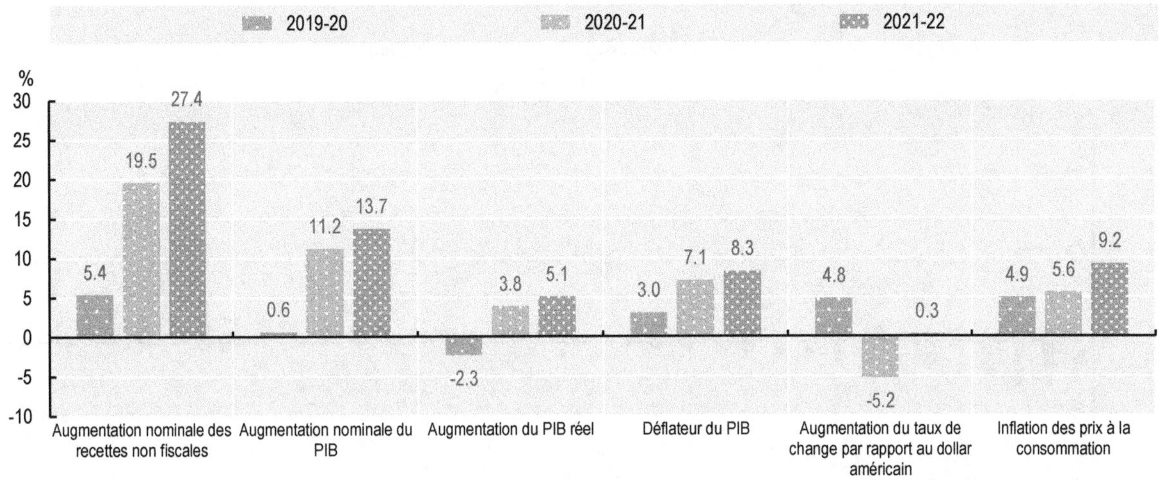

Note : La moyenne des pays d'Afrique est calculée pour 35 pays africains, à l'exclusion du Burkina Faso, pour lequel on dispose des données relatives aux recettes fiscales uniquement. Tous les chiffres correspondent aux variations en pourcentage d'une année sur l'autre de la moyenne non pondérée entre 2021 et 2022, après ajustement des statistiques annuelles pour les aligner sur l'année fiscale au titre de laquelle ont été déclarées les recettes fiscales et non fiscales.

Source : Calculs des auteurs d'après les données de (OCDE/ATAF/CUA, 2024[2]), « Tableaux comparatifs des Statistiques des recettes publiques en Afrique », http://data-explorer.oecd.org/s/dy, tirées de l'édition d'avril 2024 des *Perspectives de l'économie mondiale* (FMI, 2024[3]) et de la base de données des Statistiques financières internationales (SFI) du FMI (FMI, 2023[4]).

StatLink https://stat.link/dk5q09

Les dons sont déterminés par des économies étrangères et sont donc sensibles aux taux de change et à l'inflation dans le pays bénéficiaire. La valeur en monnaie locale d'un montant de dons libellés en USD varie d'une année sur l'autre, tandis que, dans le même temps, le pouvoir d'achat de la monnaie locale varie également. Entre 2019 et 2020, la hausse du taux de change moyen (+4.8 %) a compensé l'inflation moyenne dans les pays africains (+4.9 %). En 2020, la valeur des dons libellés en USD était à peu près la même dans les économies locales qu'en 2019. Entre 2021 et 2022, en revanche, les taux de change en USD ont baissé en moyenne dans les pays africains ; la valeur des dons libellés en USD s'est donc effritée sous l'effet à la fois de l'inflation et de la baisse des taux de change en USD. La sensibilité des dons aux taux de change met en évidence la dépendance des économies africaines à l'égard de l'aide financière extérieure, soulignant la nécessité de renforcer les mécanismes de génération des recettes domestiques.

Évolution des recettes non fiscales par catégorie, 2021-22

Cette section analyse l'évolution des recettes non fiscales par catégorie, entre 2021 et 2022. On observe dans certains pays des variations inhabituellement importantes des recettes non fiscales en 2022 (Graphique 2.5) : cinq pays ont enregistré la plus forte hausse de leurs recettes non fiscales en pourcentage du PIB au cours des dix dernières années, tandis que six ont vu ce même indicateur afficher sa plus forte baisse.

Graphique 2.5. Évolution des recettes non fiscales par pays et catégorie de recettes, 2021-22

Pourcentage du PIB

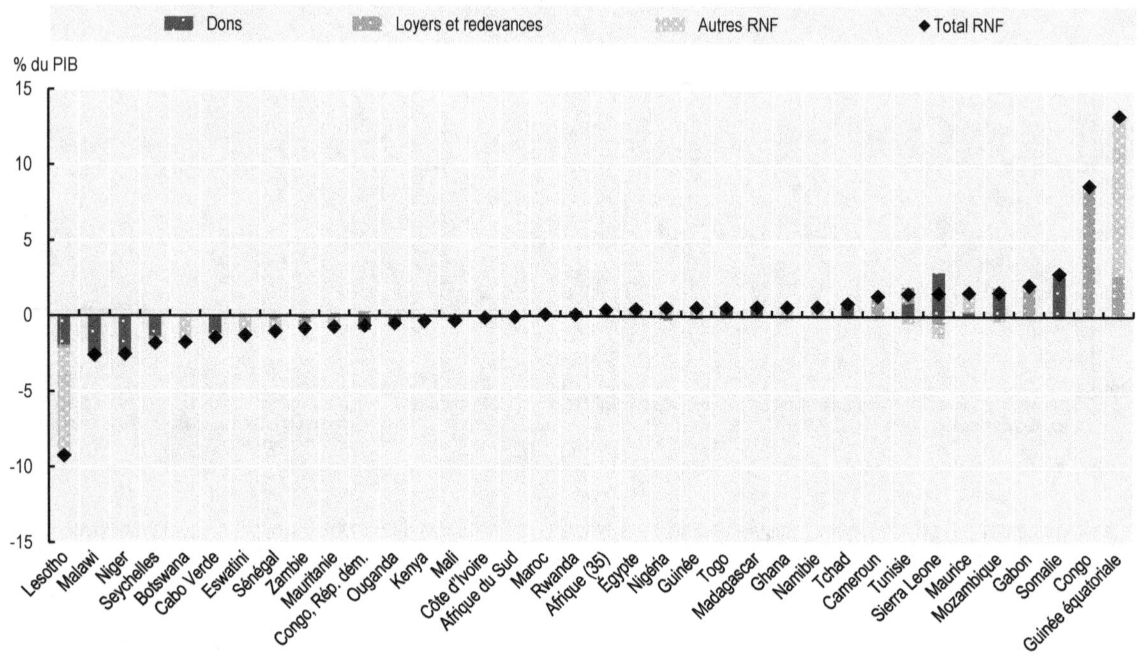

Note : Les losanges noirs correspondent à la somme des variations en points de pourcentage des dons, loyers, redevances et autres recettes non fiscales entre 2021 et 2022. « Afrique (35) » fait référence à la moyenne des 35 pays africains ayant fourni les données des recettes non fiscales pour cette édition.

Source : Calculs des auteurs basés sur les données figurant dans (OECD/ATAF/AUC, 2024[5])), « Tableaux comparatifs des Statistiques des recettes publiques en Afrique », http://data-explorer.oecd.org/s/dy.

StatLink https://stat.link/zgrept

Les recettes non fiscales ont augmenté en pourcentage du PIB de 8.7 points en République du Congo et de 13.3 points en Guinée équatoriale, en raison de la hausse des recettes pétrolières et gazières qui a tiré à la hausse les loyers et redevances, ainsi que les intérêts et dividendes. C'est au Lesotho que le recul a été le plus marqué, avec une baisse de 9.3 points due à une diminution des recettes provenant du fonds commun des recettes de la SACU.

Entre 2021 et 2022, les recettes sous forme de dons sont restées stables en pourcentage du PIB en moyenne dans les 35 pays étudiés. Toutefois, les variations des recettes sous forme de dons ont été le principal facteur de changement des recettes non fiscales dans 14 pays, même si les hausses observées dans certains pays ont compensé les baisses observées dans d'autres. Les dons ont augmenté dans sept de ces pays et diminué dans les sept autres.

Cette observation est également valable pour les recettes non fiscales autres que les dons, loyers et redevances. La variation moyenne des autres recettes non fiscales en pourcentage du PIB a été nulle, mais a tout de même représenté le principal facteur de changement des recettes non fiscales dans 15 pays ; sept pays ont enregistré une hausse de cet indicateur et huit une baisse.

Dons

Les dons constituent une source de recettes plus ou moins importante selon les pays étudiés dans les *Statistiques des recettes publiques en Afrique*. En moyenne, les recettes sous forme de dons des 35 pays d'Afrique couverts par cette publication ont représenté 1.3 % du PIB en 2022. Seize pays ont reçu des recettes sous forme de dons représentant moins de 0.5 % du PIB en 2022, un nombre inchangé par rapport à 2021 (Graphique 2.6). La plupart d'entre eux sont des pays à revenu intermédiaire, selon la classification de la Banque mondiale fondée sur le revenu national brut par habitant (Banque mondiale, 2024[6]), à l'exception de la Guinée et du Mali, qui sont des pays à faible revenu. La majorité des pays ayant reçu des dons représentant plus de 1 % du PIB en 2022 sont des pays à faible revenu, à l'exception du Lesotho, qui est un pays à revenu intermédiaire de la tranche inférieure, et des Seychelles qui sont un pays à revenu élevé.

Graphique 2.6. Dons par pays, 2021 et 2022

Pourcentage du PIB

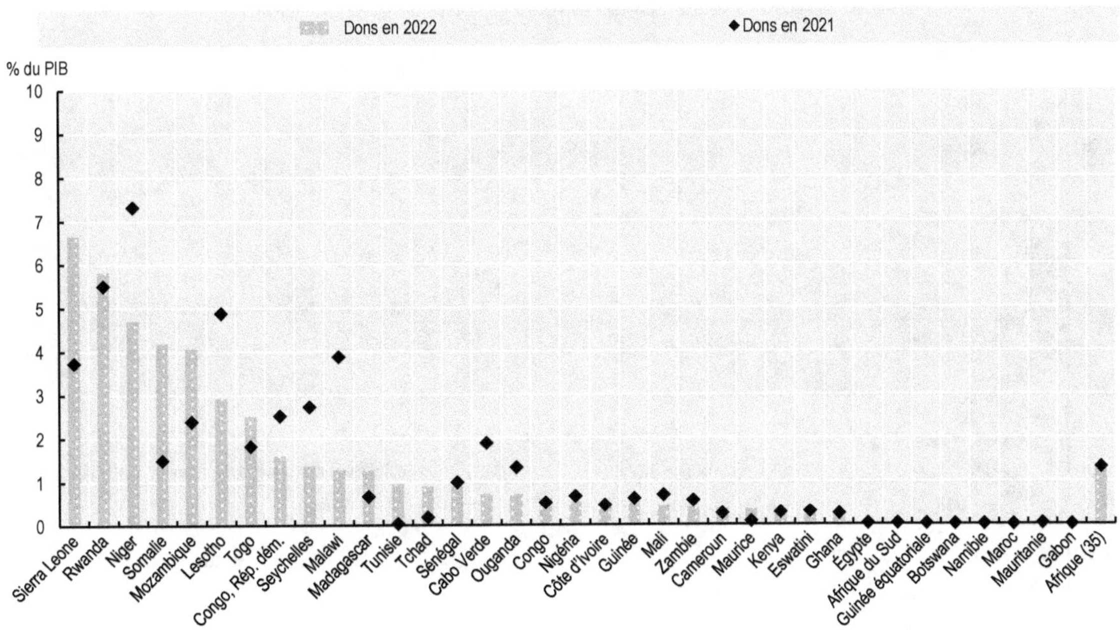

Source : Tableaux 6.2 et 6.3 figurant au chapitre 6 et (OECD/ATAF/AUC, 2024[5])), « Tableaux comparatifs des Statistiques des recettes publiques en Afrique », http://data-explorer.oecd.org/s/dy. « Afrique (35) » fait référence à la moyenne des 35 pays africains ayant fourni les données des recettes non fiscales pour cette édition.

StatLink https://stat.link/x2tzk5

Le Graphique 2.7 indique le volume des dons perçus par les pays étudiés en pourcentage du PIB ainsi que le montant de leur revenu national brut (RNB) par habitant. Si la partie supérieure droite est vide, c'est parce que les dons constituent, en proportion, une source de recettes moins importante pour les pays africains dont le revenu est plus élevé. Cependant, un grand nombre de pays figurent dans la partie inférieure gauche, ce qui indique que malgré des revenus plus faibles, ils perçoivent peu de recettes sous forme de dons. Par exemple, alors que la Guinée, le Lesotho et la Zambie affichaient un RNB par habitant d'environ 1 200 USD en 2022, les dons reçus par le Lesotho en pourcentage du PIB s'élevaient à 2.9 %, ce qui est plus de six fois supérieur à ceux de la Guinée et de la Zambie.

Les recettes sous forme de dons déclarés par les autorités nationales ne représentent pas toujours l'intégralité de l'aide étrangère reçue par les pays. Les pays peuvent en effet recevoir des aides sous la forme de prêts concessionnels ou de transferts qui ne sont pas directement destinés à l'administration centrale (soutien aux organisations non gouvernementales, bourse d'études, aide aux réfugiés dans le pays donneur, par exemple). Les prêts ne sont pas considérés comme des recettes et ne sont donc pas pris en compte dans les recettes fiscales et non fiscales déclarées ici.

Cet écart peut être illustré par l'examen des statistiques sur l'aide extérieure aux pays africains figurant dans les déclarations des pays donneurs. Le Graphique 2.8 montre que les versements dont bénéficient les pays africains au titre de l'aide publique au développement (APD) dépassent largement le montant versé directement aux administrations, en raison des prêts concessionnels et des dons qui ne sont pas perçus directement perçus par ces dernières. Si, en règle générale, les pays qui perçoivent les apports nets d'APD les plus élevés sont aussi ceux dont les recettes sous forme de dons sont les plus importantes, la corrélation n'est pas linéaire. La Sierra Leone et le Malawi perçoivent tous deux des apports nets d'APD compris entre 11 et 13 % du PIB, tandis que le niveau des dons en pourcentage du PIB en Sierra Leone était cinq fois supérieur à celui du Malawi.

Graphique 2.7. Dons en pourcentage du PIB et du RNB par habitant et par pays, 2022

Pourcentage du PIB

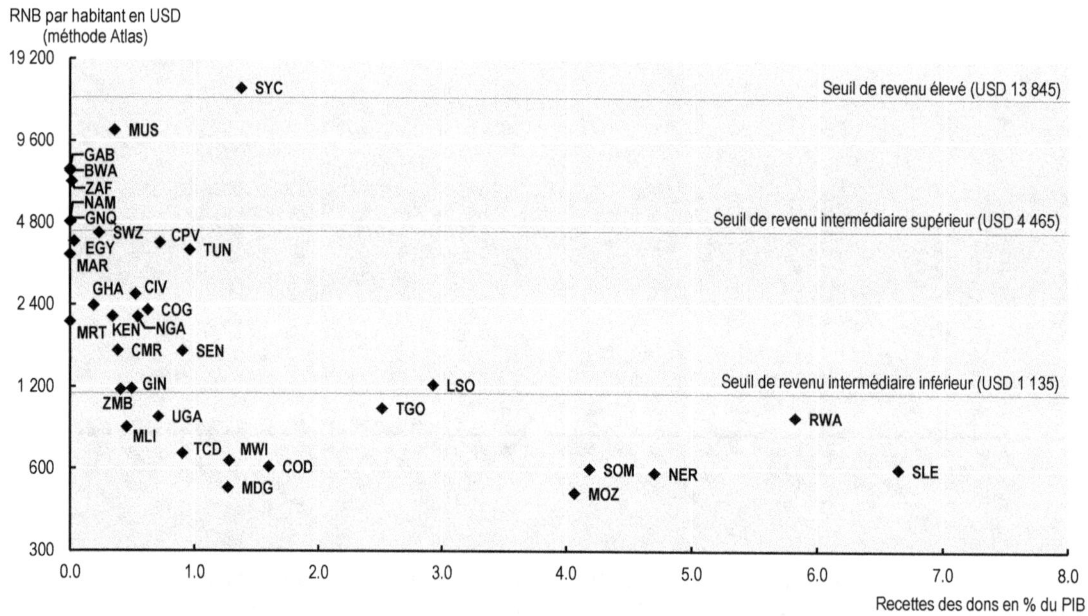

Note : Les chiffres du RNB ont été convertis en USD suivant la méthode Atlas de la Banque mondiale (Banque mondiale, 2024[7]). BWA = "Botswana"; CIV = "Côte d'Ivoire"; CMR = "Cameroun"; COD = "Congo, Rép. dém."; COG = "Congo"; CPV = "Cabo Verde"; EGY = "Égypte"; GAB = "Gabon"; GHA = "Ghana"; GIN = "Guinée"; GNQ = "Guinée équatoriale"; KEN = "Kenya"; LSO = "Lesotho"; MAR = "Maroc"; MDG = "Madagascar"; MLI = "Mali"; MOZ = "Mozambique"; MRT = "Mauritanie"; MUS = "Maurice"; MWI = "Malawi"; NAM = "Namibie"; NER = "Niger"; NGA = "Nigéria"; RWA = "Rwanda"; SEN = "Sénégal"; SLE = "Sierra Leone"; SOM = "Somalie"; SWZ = "Eswatini"; SYC = "Seychelles"; TCD = "Tchad"; TGO = "Togo"; TUN = "Tunisie"; UGA = "Ouganda"; ZAF = "Afrique du Sud"; ZMB = "Zambie".

Source : Tableau 6.2 figurant au chapitre 6, et *Indicateurs du développement dans le monde* de la Banque mondiale (base de données) (Banque mondiale, 2024[8]) et (OCDE/ATAF/CUA, 2024[2]), « Tableaux comparatifs des Statistiques des recettes publiques en Afrique », http://data-explorer.oecd.org/s/dy.

StatLink https://stat.link/35pgof

Si les recettes sous forme de dons et l'aide extérieure présentent des éléments communs, il peut, compte tenu de la diversité des données, méthodes et concepts employés, s'avérer difficile d'accorder les statistiques de l'aide tirées des déclarations des pays donneurs avec les recettes issues de dons dont les pays récipiendaires font état.

- Les recettes sous forme de dons présentent des éléments communs avec l'aide publique au développement (APD) telle que définie par le Comité d'aide au développement (CAD) de l'OCDE[6]. Les dons couverts par la présente publication correspondent principalement à des recettes perçues d'autres États et d'organisations internationales, tandis que l'APD mesure essentiellement les efforts déployés par les pays donneurs en faveur du développement dans les pays à faible revenu et à revenu intermédiaire. L'APD recouvre les apports considérés comme des « dons » dans la présente publication (aide budgétaire, aide alimentaire, transferts de capitaux, transferts courants, subventions de projets, bourses de programme, allégement de la dette internationale, etc.), mais elle englobe également les prêts concessionels, l'assistance technique en nature, les dépenses administratives supportées par les donneurs, le coût des réfugiés dans les pays donneurs, ainsi que d'autres activités ne générant pas d'entrées de recettes (nettes) dans le pays. C'est pour cette raison que le volume de l'APD accordée par un donneur à un pays donné diffère du montant des dons — souvent plus élevé — qui est indiqué dans les *Statistiques des recettes publiques*.
- Les statistiques relatives aux apports d'APD à destination de l'Afrique qui sont recueillies par le CAD englobent les apports publics provenant de l'ensemble des membres du CAD et de certains pays non membres du CAD ainsi que des organisations multilatérales comme la Banque mondiale, le FMI et l'ONU. En sont exclues les statistiques relatives à la coopération pour le développement de grandes économies non membres de l'OCDE, comme le Brésil, la Chine (République populaire de), l'Inde et l'Indonésie (OCDE, 2023[9]).
- Il n'est pas rare que les pays tributaires des dons se trouvent confrontés à de fortes diminutions annuelles de cette source de recettes. Huit pays couverts par la présente publication ont enregistré entre 2012 et 2022 une diminution annuelle de ces recettes d'au moins 2 % de PIB.

Graphique 2.8. Dons et apports nets d'aide publique au développement perçus par pays, 2022

Pourcentage du PIB

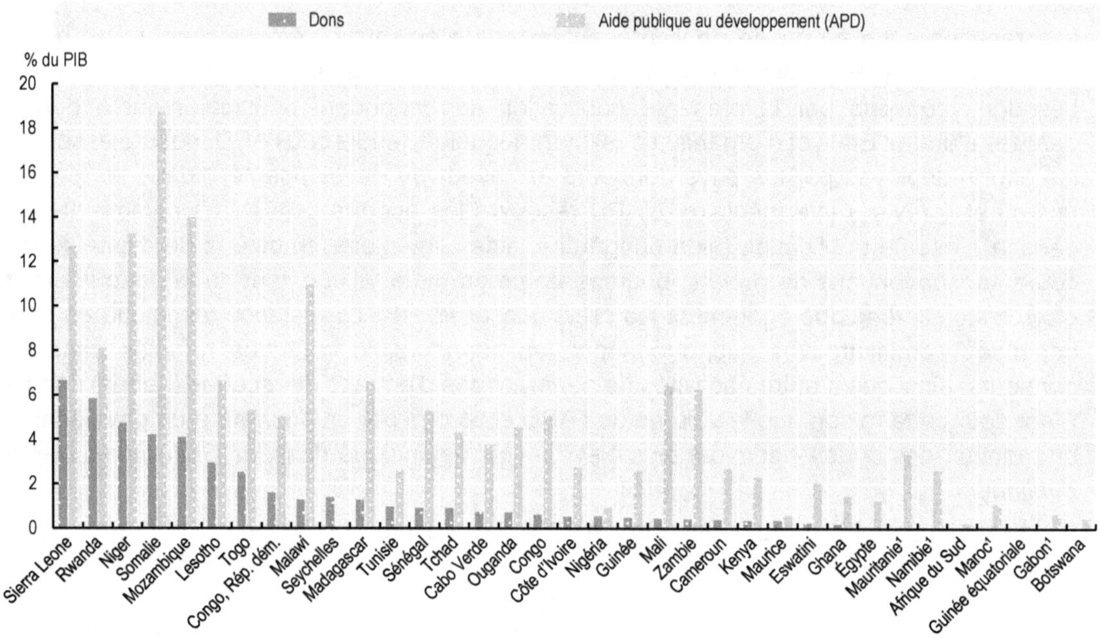

Note : Les valeurs de l'APD nette incluent les dons versés par les 32 pays membres du Comité d'aide au développement (CAD) de l'OCDE, 20 économies non membres du CAD ainsi que des organisations multilatérales et des organismes privés. De grands pays donneurs, comme le Brésil, la République populaire de Chine, l'Inde, l'Indonésie et la Russie ne sont pas encore pris en compte.

1. Le Gabon, le Maroc, la Mauritanie et la Namibie n'ont pas indiqué de recettes sous forme de dons en 2022.

Source : Tableau 6.2 figurant au chapitre 6 et Comité d'aide au développement de l'OCDE (OCDE-CAD, 2024[10]) pour les données relatives à l'APD, et (OCDE/ATAF/CUA, 2024[2]), « Tableaux comparatifs des Statistiques des recettes publiques en Afrique », http://data-explorer.oecd.org/s/dy.

StatLink https://stat.link/hzf1sy

Revenus de la propriété

Les revenus de la propriété, c'est-à-dire les recettes que les pays perçoivent du fait de leur statut de propriétaire, représentaient en moyenne 3.2 % du PIB des pays africains en 2022 (Graphique 2.9). Ce chiffre représente une hausse de 0.8 point par rapport à 2021, les trois quarts, soit 0.6 point, pouvant être attribués à deux pays : la Guinée équatoriale (13.5 points), et la République du Congo (8.6 points). En 2022, la Guinée équatoriale a commencé à percevoir des recettes provenant de la monétisation du gaz (Lupachik, 2023[11]). Ces recettes, classées dans la catégorie intérêts et dividendes, se sont élevées à 567 milliards de francs CFA (909 millions USD), soit 7.7 % du PIB en 2022, ce qui est proche du total des recettes fiscales perçues par la Guinée équatoriale cette année-là.

Graphique 2.9. Loyers, redevances et autres revenus de la propriété, par pays, 2021 et 2022

Pourcentage du PIB

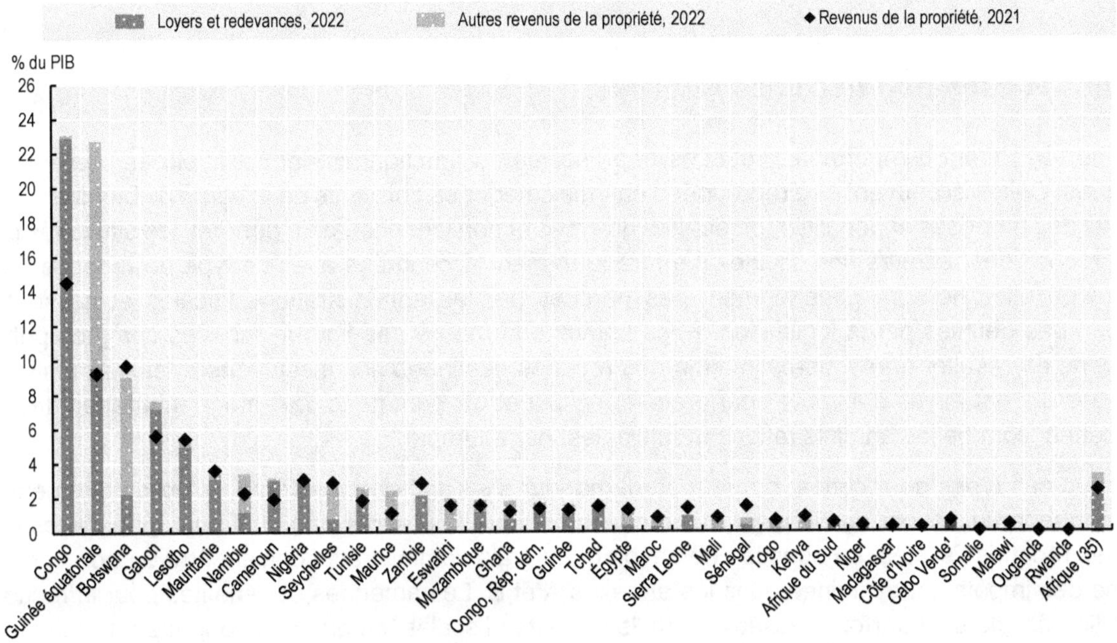

Note : Le Burkina Faso et le Rwanda n'apparaissent pas dans ce graphique faute de données disponibles. « Afrique (35) » fait référence à la moyenne des 35 pays africains ayant fourni les données des recettes non fiscales pour cette édition.

1. Les données relatives aux revenus de la propriété pour le Cabo Verde n'ont pas été ventilées.

Source : Calculs des auteurs basés sur des données figurant dans (OCDE/ATAF/CUA, 2024[2]), « Tableaux comparatifs des Statistiques des recettes publiques en Afrique », http://data-explorer.oecd.org/s/dy.

StatLink https://stat.link/5k89g2

Les loyers et redevances sont des recettes tirées de l'utilisation du domaine de l'État, habituellement dans le cadre d'activités de prospection et d'exploitation de ressources naturelles non renouvelables sur des terres appartenant au domaine de l'État, ou de l'exploitation de fermes et de forêts détenues par l'État. Les intérêts et dividendes sont la rémunération d'investissements réalisés par l'État dans des sociétés. En 2022, l'essentiel des revenus de la propriété des pays africains provenait de loyers et de redevances, qui représentaient en moyenne 59 % de l'ensemble des revenus de la propriété dans les 33 pays ayant communiqué des données. Pour les pays dont les revenus de la propriété représentent au moins 1 % du PIB, cette proportion est de 64 %.

Dans les pays africains, la majeure partie des revenus de la propriété provient de l'extraction de ressources. Quatre-vingts pour cent du total des loyers et redevances perçus par les pays africains, exprimées en dollars US, provenaient de loyers versés par les industries extractives, et plus de 50 % des intérêts et dividendes provenaient de participations de l'État dans des sociétés intervenant dans l'extraction de ressources. Ces recettes seront examinées plus en détail dans la section consacrée aux recettes provenant des industries extractives.

En 2022, les loyers et redevances provenant de sources autres que l'extraction des ressources naturelles comprenaient les redevances sur l'eau au Lesotho, qui représentaient 3.6 % du PIB, les redevances provenant du canal de Suez en Égypte (348 millions USD, soit 0.07 % du PIB) et les licences de télécommunications en Guinée, en Mauritanie et en Somalie. La plupart des intérêts et dividendes proviennent de divers types de sociétés, y compris des entreprises publiques et privées ou des monopoles publics, ou il s'agit de revenus d'investissement indéterminés perçus par d'autres institutions, comme les intérêts et dividendes perçus par les administrations de sécurité sociale aux Seychelles. Les revenus d'investissements réalisés par la banque centrale sont également déclarés ici, comme les recettes collectées par la Banque du Botswana et les bénéfices de la banque centrale en Tunisie.

Autres recettes non fiscales

Certains pays tirent d'importantes recettes non fiscales du fonctionnement habituel des administrations publiques. Celles-ci peuvent être regroupées en trois catégories : produits de la vente de biens et services, produits des amendes et pénalités, et recettes diverses et non identifiées. En général, les difficultés posées par le recueil des recettes non fiscales sont fréquemment accentuées avec ce type de recettes, dans la mesure où elles ne sont généralement pas perçues par les administrations fiscales et ne sont, bien souvent, pas définies par la législation. Elles peuvent même ne pas figurer dans les comptes publics. Il peut donc en résulter une sous-estimation des recettes destinées aux institutions et aux administrations publiques qui ont moins d'autorité pour prélever l'impôt et qui sont donc davantage tributaires de ce type de recettes, comme les administrations municipales, par exemple.

Pour tous ces types de recettes, on peut se demander s'il s'agit de prélèvements obligatoires effectués sans contrepartie, et, par conséquent, dans quelle mesure il ne serait pas plus approprié de les classer dans les recettes fiscales. La question de savoir quels frais administratifs doivent être ou non considérés comme des impôts est examinée dans les annexes A et B. Les amendes et pénalités pour infraction à la législation fiscale sont parfois classées parmi les recettes fiscales, ce qui peut conduire à une minoration du total des recettes tirées des amendes et pénalités. Enfin, les recettes diverses et non identifiées sont, par définition, des recettes pour lesquelles on dispose de peu d'informations pouvant être utilisées pour déterminer si elles constituent ou non des recettes fiscales ou non fiscales.

Produits de la vente de biens et de services et frais administratifs

Les administrations peuvent produire des biens et des services relevant aussi bien du secteur marchand que non marchand. Dans le secteur marchand, les administrations publiques fournissent parfois des biens et services pouvant être aussi fournis auprès d'entreprises privées (tels l'alimentation ou le transport). Parallèlement, elles assurent, lorsqu'elles gèrent des programmes ou garantissent le respect de la loi, différents services qui sont du seul ressort de l'État. Les frais facturés pour ces services non marchands sont le plus souvent considérés comme des frais administratifs.

Les frais administratifs sont souvent difficiles à classer, car ils se situent dans une zone grise, à mi-chemin entre les rémunérations de services (qui sont des recettes non fiscales) et les prélèvements obligatoires effectués sans contrepartie au profit d'administrations publiques (qui sont des recettes fiscales)[7]. Les frais de justice, ainsi que les frais de dossiers pour les permis de conduire, passeports, enregistrements de brevets et certificats de mariage sont très souvent classés dans les recettes non fiscales. Lorsqu'ils sont considérés comme des recettes fiscales, ils sont en principe rattachés à l'une des catégories suivantes :

- 4400 – Impôts sur les transactions mobilières et immobilières (par exemple, taxes sur les transactions foncières) ;
- 5200 – Impôts sur l'utilisation des biens et l'autorisation d'exercer des activités (par exemple, permis de chasse, enregistrement des véhicules) ;
- 6000 – Autres impôts (par exemple, vente de timbres fiscaux, dans les cas où ces timbres sont utilisés pour le paiement des taxes et frais administratifs).

Graphique 2.10. Produits de la vente de biens et de services, frais administratifs, 2022

En pourcentage du PIB

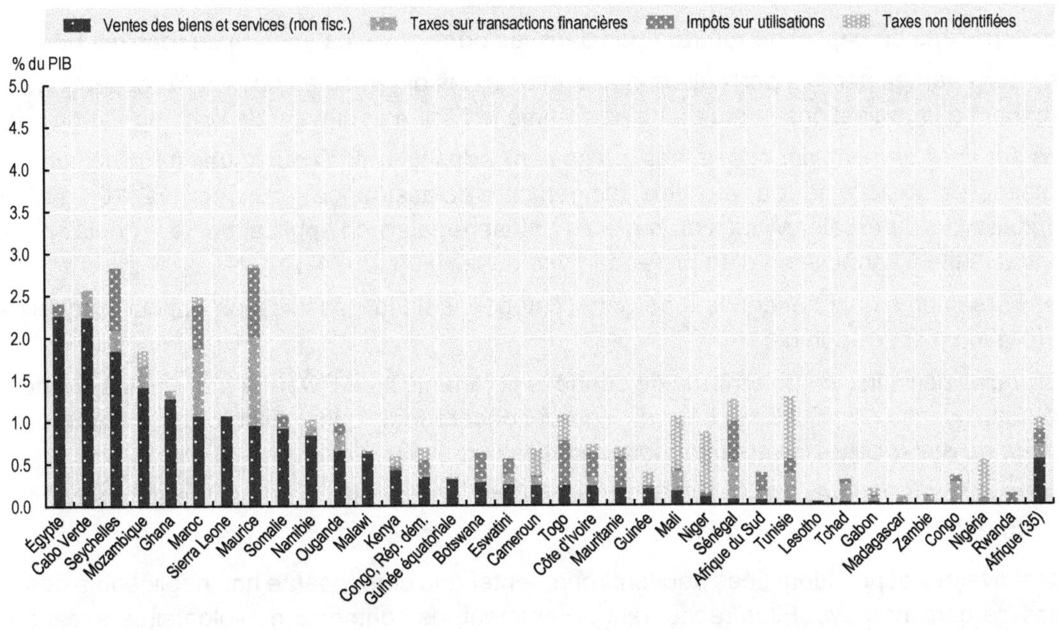

Note : Les montants indiqués ici incluent les recettes fiscales perçues par les administrations infranationales dans les cas de l'Afrique du Sud, du Maroc, de Mauricie, du Nigeria et de la Somalie, et les recettes non fiscales perçues par les administrations infranationales dans les cas d'Eswatini, du Kenya, du Maroc, de Maurice et de la Somalie, seuls pays pour lesquels les données correspondantes sont disponibles pour 2022. « Afrique (35) » fait référence à la moyenne des 35 pays africains ayant fourni les données des recettes non fiscales pour cette édition.
Source : Calculs des auteurs basés sur des données figurant dans (OCDE/ATAF/CUA, 2024[2]), « Tableaux comparatifs des Statistiques des recettes publiques en Afrique », http://data-explorer.oecd.org/s/dy.

StatLink https://stat.link/a0yu8n

Dans sept des pays étudiés, les recettes non fiscales tirées de la vente de biens et de services et de la perception de frais administratifs représentaient au moins 1 % du PIB en 2022 (Graphique 2.10) : Égypte (2.3 % du PIB), Cabo Verde (2.2 %), Seychelles (1.8 %), Mozambique (1.4 %), Ghana (1.3 %) Maroc (1.1 %) et Sierra Leone (1.1 %).

La composition des recettes tirées de la vente de biens et de services et des frais administratifs varie selon les pays. Au Cabo Verde, les frais administratifs représentaient 97 % des recettes enregistrées dans la vente de biens et de services. Au Ghana, l'essentiel de ces recettes ont été perçues soit au niveau des communes, départements et agences administratives, soit au niveau des districts, assemblées municipales et métropolitaines. Au Maroc, 48 % des recettes issues de la vente de biens et de services par des administrations publiques sont collectées au niveau local.

Recettes diverses ou non identifiées

Certaines recettes non fiscales représentent des montants significatifs, mais ne relèvent d'aucune des catégories citées ci-dessus. Il s'agit notamment :

- des transferts en capital ne rentrant pas dans les principales catégories de recettes non fiscales ;
- des dons versés par des particuliers ou sociétés à des organismes publics (à l'exception des dons émanant d'organisations internationales comme le FMI, qui relèvent de la catégorie des dons) ;
- des sommes versées par des entités privées aux administrations publiques à l'issue d'importantes procédures judiciaires ou au titre d'indemnités d'assurance (comme les 100 millions EUR d'indemnités qu'Arcelor Mittal a dû payer à l'État sénégalais en application de la décision de justice rendue suite à l'annulation d'un projet de mine de fer (RFI, 2014[12]) ;
- des versements qui relèvent de différentes catégories de la classification et pour lesquels aucune ventilation n'est disponible ;
- des versements inclassables faute de données pertinentes. Le Rwanda n'ayant pas donné le détail de ses recettes non fiscales, sauf en ce qui concerne les dons, elles ont été classées dans la catégorie des recettes diverses et non identifiées
- des revenus transférés par la SACU au Botswana, à l'Eswatini, au Lesotho et à la Namibie (voir encadré 2.1).

Les recettes diverses et non identifiées peuvent représenter une composante non négligeable des recettes non fiscales de certains pays. Elles recouvrent notamment les contributions volontaires exceptionnelles versées à l'administration en Tunisie, les transferts en capital depuis des fonds statutaires spéciaux à Maurice et, au Maroc, les versements effectués au bénéfice de l'administration en contrepartie du droit à entrer en concurrence avec des institutions publiques pour la fourniture de services.

La variabilité des recettes diverses et non identifiées peut être imputable à des transferts de capitaux importants, à des entrées de recettes éphémères ou à des reclassifications de fonds dans la catégorie des recettes non identifiées en raison de l'absence de données. La présence de montants élevés dans cette rubrique pourrait conduire à s'interroger sur la précision des montants inscrits dans les autres catégories de recettes non fiscales.

Encadré 2.1. Recettes issues de l'Union douanière d'Afrique australe

L'Union douanière d'Afrique australe (*South African Customs Union*, SACU) réunit l'Afrique du Sud, le Botswana, l'Eswatini, le Lesotho et la Namibie. Cette union douanière vise à établir « une communauté économique qui favorise un développement équitable et durable, au service du bien-être des peuples, pour construire un avenir commun ».

La SACU, qui est la plus ancienne union douanière au monde et dont le siège se trouve à Windhoek, en Namibie, a été créée en 1899 entre la colonie britannique du Cap de Bonne-Espérance et la République boer de l'État libre d'Orange. Des accords conclus par la suite, en 1910 puis en 1969, ont marqué l'adhésion du Botswana, de l'Eswatini et du Lesotho. Après l'accession à l'indépendance de la Namibie, en 1990, et la fin de l'apartheid en Afrique du Sud, en 1994, de nouvelles négociations ont été ouvertes pour aboutir, en 2002, à la conclusion de l'accord en vigueur à ce jour.

Cet accord prévoit la libre circulation entre les pays membres de la SACU de tous les produits manufacturés fabriqués dans ces pays, en franchise de droits. Il définit également des tarifs extérieurs communs et la mise en commun des droits de douane et d'accise, en vue de leur partage entre les pays membres de la SACU suivant la formule de répartition des recettes figurant en annexe à l'Accord. La SACU est la seule des cinq unions douanières africaines pour lesquelles les recettes tirées de ces accords sont indiquées dans les *Statistiques des recettes publiques en Afrique*[1].

Les règles de partage des recettes comprennent trois composantes :

- une composante douanière, qui divise le montant brut des droits de douane en fonction de la valeur des marchandises importées par chaque pays depuis les autres pays membres de la SACU au cours de l'année considérée (en pourcentage des importations totales intra-SACU) ;
- une composante portant sur les droits d'accise, qui divise le montant brut de ces droits selon le ratio correspondant au PIB de chaque pays rapporté au PIB total de la SACU ;
- une composante de développement, financée par 15 % de la composante liée aux droits d'accise et pondérée en faveur des pays moins développés de la SACU selon une formule fondée sur le PIB par habitant.

Dans la présente publication, les recettes issues des droits de douane et d'accise sont incluses dans les recettes fiscales du pays de la SACU qui les a collectées. Elles sont rapportées dans les rubriques 5121 (accises) et 5123 (droits de douane et droits à l'importation) des tableaux des recettes fiscales. Les montants redistribués par le fonds commun des recettes de la SACU sont classés dans les tableaux des recettes non fiscales, sous la rubrique des recettes diverses et non identifiées, comme indiqué dans le tableau 6.13 à propos de l'Eswatini. En ce qui concerne l'Afrique du Sud, contributeur net au mécanisme de la SACU, les contributions, nettes des reversements perçus, sont indiquées pour mémoire dans le tableau des recettes non fiscales (tableau 6.23).

1. Deux des huit communautés économiques régionales (CER) reconnues par l'Union africaine sont des unions douanières : la Communauté d'Afrique de l'Est (CAE) et la Communauté économique des États de l'Afrique de l'Ouest (CEDEAO). Les autres unions douanières sont la Communauté économique et monétaire de l'Afrique centrale (CEMAC), l'Union économique et monétaire ouest-africaine (UEMOA) et l'Union douanière d'Afrique australe (SACU).

Source : (SACU, 2017[13]), (SACU, 2014[14]).

Recettes issues de l'Union douanière d'Afrique australe

Les cinq membres de la SACU prélèvent des droits de douane et d'accise dans le cadre d'un régime fiscal uniforme, puis transfèrent les sommes collectées dans le fonds commun de recettes de la SACU. Ce fonds commun les redistribue ensuite selon une formule de partage des recettes. Comme l'Afrique du Sud détient les principaux ports d'entrée de l'Afrique australe, ce pays collecte la quasi-totalité des droits de douane et d'accise destinés au fonds commun de recettes de la SACU. En conséquence, l'Afrique du Sud en est un contributeur net, et les autres pays membres des bénéficiaires nets.

Si les revenus issus la SACU sont quantité négligeable pour l'Afrique du Sud, ils sont en revanche essentiels pour les finances des autres membres de l'Union douanière (Graphique 2.11). En 2022, ces recettes représentaient respectivement 5.4 %, 7.2 %, 13.7 % et 6.7 % du PIB au Botswana, en Eswatini, au Lesotho et en Namibie.

Indépendamment des chocs économiques exogènes, le montant des recettes redistribuées par la SACU a fluctué au gré de l'évolution des paramètres employés dans la formule de partage des recettes. Le choc économique causé par la crise financière mondiale a rendu caduques une grande partie des prévisions économiques d'alors ; les paiements de la SACU étant calculés à partir de ces prévisions, il a fallu procéder à d'importants ajustements en 2010 et 2011 pour compenser les versements excessifs effectués pendant plusieurs années au titre du système de regroupement et de redistribution des recettes de la SACU (Mongardini et al., 2011[15]).

Une situation similaire s'est produite en 2014, où le ralentissement de l'économie sud-africaine a contraint à corriger les prévisions à la baisse. Les recettes redistribuées par la SACU à l'Eswatini, au Lesotho et à la Namibie, en pourcentage du PIB, ont diminué en 2015 et 2016, mais la tendance s'est inversée en 2017.

En 2020, les recettes tirées des droits de douane et d'accise perçues dans les pays de la SACU étaient inférieures, en raison de la pandémie de COVID-19, aux prévisions de l'année précédente. Par conséquent, le fonds commun de recettes de la SACU a versé en 2020 des trop-perçus qui devaient être remboursés l'année suivante, ce qui a entraîné une hausse des recettes reversées en 2020 et une baisse en 2021 par rapport à la tendance observée à long terme.

Graphique 2.11. Total des recettes issues de la SACU et autres recettes non fiscales, par pays

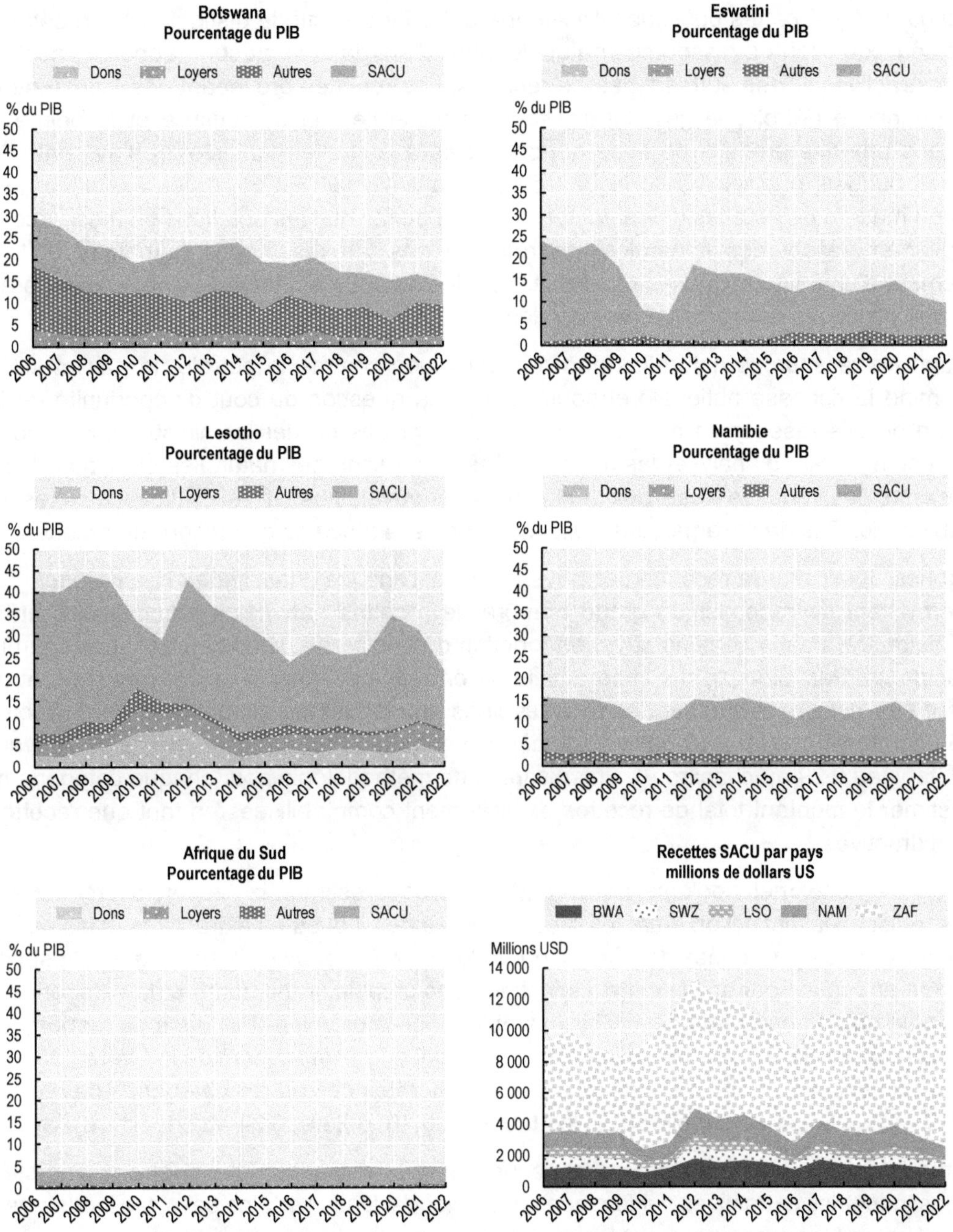

Note : Les recettes issues de la SACU qui sont indiquées ici relèvent des recettes non fiscales pour tous les pays étudiés, sauf l'Afrique du Sud, où elles sont assimilées aux droits de douane et d'accise. Elles correspondent aux versements annuels par pays provenant du fonds commun de recettes de la SACU.

Source : Calculs des auteurs basés sur des données figurant dans (OCDE/ATAF/CUA, 2024[2]), « Tableaux comparatifs des Statistiques des recettes publiques en Afrique », http://data-explorer.oecd.org/s/dy.

StatLink https://stat.link/fatl43

Recettes provenant des industries extractives

Les *Statistiques des recettes publiques en Afrique* ont pour objectif de distinguer les recettes nationales provenant de l'extraction de ressources naturelles, appelées dans le présent rapport « recettes liées aux industries extractives », des autres types de recettes. Les recettes provenant des industries extractives, qui comprennent le pétrole, le gaz, les ressources minérales, la sylviculture et la pêche, dépendent fortement des prix des produits de base qui sont fixés à l'échelle mondiale, et s'avèrent très volatiles, exposant les budgets publics à des risques difficiles à anticiper. En outre, les examens des politiques fiscales et en matière de recettes devraient tenir compte du fait que les dotations en ressources naturelles, en particulier en ressources minérales, ne reflètent pas les ressources humaines et le niveau de développement d'un pays, et que les recettes tirées des ressources naturelles ne sont généralement pas sensibles aux politiques économiques et sociales.

L'exploitation de ressources naturelles non renouvelables comme le pétrole, le gaz et les ressources minérales mine la richesse nationale et soulève donc la question du coût d'opportunité de la vente ou monétisation de ces ressources à un prix excessivement bas par les administrations nationales. C'est pourquoi il est important d'analyser les recettes liées aux ressources naturelles et, si possible, de faire la distinction entre les recettes liées aux ressources renouvelables et celles liées aux ressources non renouvelables, aux fins de l'examen des politiques des pays africains en matière de recettes.

Les catégories détaillées de recettes par pays fournies dans les *Statistiques des recettes publiques en Afrique* permettent de recenser un grand nombre de recettes nationales pouvant être attribuées aux industries extractives dans certains pays, en fonction du niveau de détail des données soumises par les pays participants. Par exemple, l'« Impôt sur le revenu/les bénéfices des compagnies pétrolières » du Ghana peut être considéré comme des recettes liées aux industries extractives (voir le tableau 5.12 au chapitre 5), de même que les « Recettes pétrolières » comptabilisées sous « Loyers et redevances » pour le Nigéria (tableau 6.29 au chapitre 6). En suivant cette méthodologie pour chaque catégorie de recettes, on peut estimer le montant total de recettes explicitement comptabilisées en tant que recettes liées aux industries extractives.

L'application de cette méthodologie peut conduire à sous-estimer les recettes tirées des industries extractives, puisque la distinction entre les recettes tirées des industries extractives et les autres n'est pas toujours établie dans les données des *Statistiques des recettes publiques en Afrique*. C'est pourquoi des efforts ont été entrepris pour établir cette distinction dans un plus grand nombre de catégories de recettes et pour un plus grand nombre de pays. Par exemple, pour la première fois dans ce rapport, les données relatives aux recettes de la République Démocratique du Congo, du Niger et de la Sierra Leone distinguent les recettes provenant du pétrole et des ressources minérales des autres catégories de recettes (voir les tableaux 5.7, 5.25 et 5.31 au chapitre 5, et les tableaux 6.10, 6.28 et 6.34 au chapitre 6).

Cette méthodologie, qui peut accentuer le risque de sous-estimation, ne tient pas compte des effets indirects des industries extractives sur les recettes publiques. Dans certains pays, les industries extractives comme le pétrole et les ressources minérales influent considérablement sur la croissance économique et pourraient avoir un effet multiplicateur important. Ce secteur pourrait donc avoir un impact sur toutes les catégories de recettes fiscales et non fiscales, notamment, par exemple, un accroissement des recettes de TVA sous l'effet des retombées macroéconomiques de l'exploitation minière, ou une augmentation de l'impôt sur les bénéfices des sociétés prélevé sur les hôtels qui connaissent une hausse d'activité attribuable aux entreprises minières.

Encadré 2.2. Financement public et richesse en ressources naturelles

Il existe différentes façons[1] pour les États de dégager des recettes ou des économies à partir des ressources naturelles. Les recettes au titre de loyers et redevances présentent le moyen le plus direct de générer des recettes à partir de la richesse en ressources naturelles d'un pays. L'État exige des entreprises et particuliers qu'ils s'acquittent de redevances en échange du droit d'accéder aux terres appartenant au domaine public. Il agit en sa qualité de propriétaire des terrains concernés et les montants à verser sont généralement fixés par voie de négociations. Ces redevances sont comptabilisées comme revenus de la propriété.

Les paiements effectués en contrepartie de services fournis par des administrations publiques constituent une autre source de recettes non fiscales émanant d'entreprises du secteur primaire. Il peut s'agir des contrôles environnementaux, de la construction d'ouvrages ou, dans le cas de Maurice, de la fourniture de données météorologiques et de cartes. Les recettes correspondantes sont comptabilisées comme produits de la vente de biens et de services.

Le fait, pour l'État, de détenir une partie ou la totalité du capital d'une société exploitant en son nom des ressources naturelles peut lui procurer des recettes sous forme de bénéfices et de dividendes. Ces redevances sont comptabilisées comme revenus de la propriété. Par exemple, les recettes que tire l'État du Botswana des dividendes que lui rapporte sa participation de 50 % au capital de la société Debswana, qui exploite les principales mines de diamant du pays, sont comptabilisées au titre des revenus de la propriété (Mining Technology, 2020[16]).

Il est possible de taxer l'exploitation des ressources naturelles, notamment sous la forme de droits d'accise sur les matières premières extraites de terres appartenant au domaine public ou de taxes minières qui ciblant, non pas la personne physique ou morale qui exploite les ressources naturelles, mais l'activité d'exploitation proprement dite. Les revenus correspondants sont alors comptabilisés dans les recettes fiscales. Le Niger et le Sénégal appliquent de telles taxes sur les activités d'extraction, qui relèvent de la catégorie « autres impôts sur des biens et services » des *Statistiques sur les recettes publiques*.

Les sociétés et les particuliers qui exploitent des ressources naturelles acquittent le plus souvent les mêmes impôts et taxes (impôts sur le revenu et taxe sur la valeur ajoutée, par exemple) que les autres entités économiques. Les recettes tirées de ces impôts et taxes de portée générale figurent bien dans les comptes publics, mais pas nécessairement dans la catégorie spécifique des recettes issues de ressources naturelles.

Par ailleurs, il arrive que des sociétés et des particuliers consacrent une partie de leur richesse issue de l'extraction de ressources naturelles à la construction d'infrastructures ou à la fourniture de services, ce qui constitue dans certains cas une condition à l'accès aux ressources naturelles dont l'État est propriétaire. Dès lors que ces infrastructures ou services répondent à une demande d'investissements ou de services publics, il peut en résulter une économie sur les dépenses publiques, qui toutefois ne sera pas comptabilisée comme une recette pour l'État. En Guinée, par exemple, la construction d'une ligne de chemin de fer reliant la mine de minerai de fer de Simandou au port de Morebaya a été entreprise par Rio Tinto, Winning Consortium Simandou et la Compagnie du TransGuinéen (une entreprise publique) (Klein, 2024[17]).

1. Il convient de noter que les recettes fiscales tirées de l'extraction pétrolière peuvent englober l'impôt sur les bénéfices des sociétés, les droits indirects sur des produits énergétiques ainsi que des taxes sur les ventes non remboursables, telles que la TVA, tandis que les recettes non fiscales peuvent inclure les redevances, les transferts de bénéfices, les dividendes versés par les entreprises publiques et d'autres revenus d'investissements perçus au titre de la participation directe de l'État dans le capital d'entreprises du secteur extractif (Mansour et Rota-Graziosi, 2013[18]).

Source : (SACU, 2017[13]), (SACU, 2014[14]).

Le Graphique 2.12 illustre les recettes liées aux industries extractives identifiées selon la méthodologie susmentionnée pour différents flux de recettes. Le panneau A montre, pour chaque catégorie de recettes, le pourcentage de recettes perçues dans chaque pays africain qui ont été comptabilisées en tant que recettes provenant des industries extractives. Le panneau B montre, pour chaque catégorie de recettes, le total de recettes liées aux industries extractives collectées en pourcentage du PIB. Ainsi qu'il est expliqué dans l'Encadré 2.2, les pays africains ont adopté des stratégies différentes pour tirer profit de leur richesse en ressources naturelles, comme en témoignent les divers types de recettes comptabilisées en tant que recettes liées aux industries extractives.

Graphique 2.12. Recettes liées aux industries extractives, par catégorie de recettes, 2022

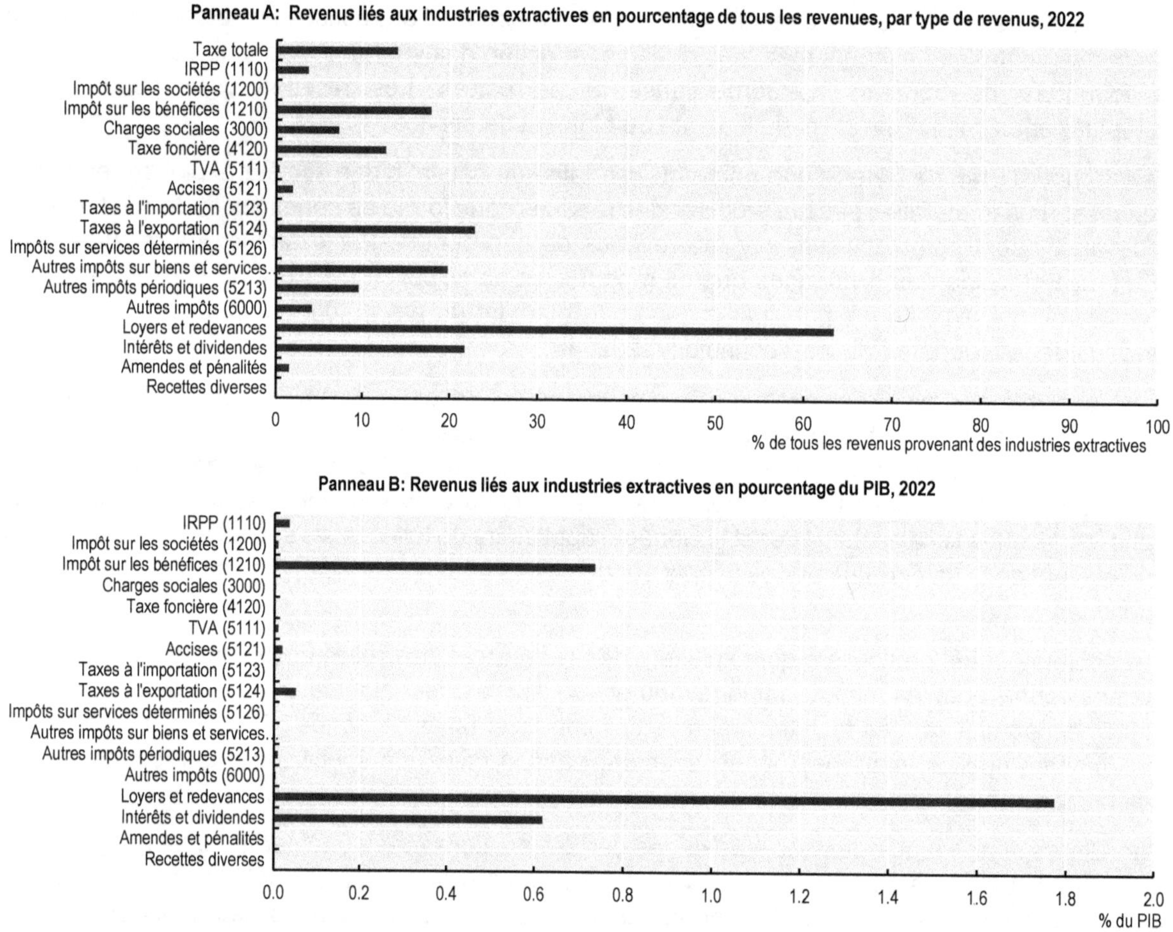

Note : Ces recettes comprennent uniquement les recettes fiscales et non fiscales qui sont clairement identifiées comme provenant des ressources minérales, de la pêche, de la sylviculture ou de l'extraction de pétrole et de gaz dans les ensembles de données des *Statistiques des recettes publiques en Afrique*. Elles ne couvrent pas toutes les recettes fiscales et non fiscales provenant de l'extraction de ressources. Le Burkina Faso, le Cabo Verde, Eswatini, Madagascar, le Malawi, le Rwanda et le Sénégal n'ont fait état d'aucune recette provenant d'entreprises exerçant dans le secteur de l'extraction de ressources.
Source : Calculs des auteurs d'après les tableaux 5.1 à 5.36, 6.5 à 6.39 et 4.17 et (OCDE/ATAF/CUA, 2024[2]), « Tableaux comparatifs des Statistiques des recettes publiques en Afrique », http://data-explorer.oecd.org/s/dy.

StatLink https://stat.link/xdjzkl

La plupart des recettes explicitement identifiées comme liées aux industries extractives dans les *Statistiques des recettes publiques en Afrique* sont concentrées dans quelques catégories de recettes. Les catégories dans lesquelles plus de 10 % des recettes proviennent des industries extractives sont les impôts sur les bénéfices des sociétés, les impôts périodiques sur le patrimoine, les taxes minières (classées dans les autres impôts sur des biens et des services déterminés), les taxes à l'exportation, les loyers et redevances, ainsi que les intérêts et dividendes.

En moyenne, 63 % des loyers et redevances étaient des recettes liées aux industries extractives ; il s'agit de la seule catégorie de recettes dans laquelle la proportion de recettes liées aux industries extractives était majoritaire. En moyenne, les recettes issues des industries extractives dans les 35 pays d'Afrique couverts représentaient 3.3 % du PIB en 2022. Les recettes liées aux industries extractives comptabilisées au titre de l'impôt sur les bénéfices des sociétés, des loyers et redevances, ainsi que des intérêts et dividendes représentaient en moyenne 3.1 % du PIB dans les pays africains en 2022, soit 96% du total des recettes liées aux industries extractives. Il existe peut-être toutefois d'autres recettes liées aux industries extractives dans d'autres catégories de recettes qui sont moins susceptibles d'être identifiées comme telles.

L'essentiel des recettes *fiscales* liées aux industries extractives provient de l'impôt sur les bénéfices des sociétés appliqué aux entreprises pétrolières. Les recettes liées aux industries extractives étaient beaucoup plus susceptibles d'être identifiées parmi les impôts sur le revenu et les bénefices que dans les impôts sur la consommation. Sur le plan administratif, il est plus simple de faire la distinction entre les entreprises extractives et les autres dans le cadre de l'impôt sur les bénéfices des sociétés, puisque ces impôts sont perçus au niveau de l'entreprise.

Pour déterminer les recettes de TVA ou autres recettes des taxes sur la consommation liées aux industries extractives, il faut relier chaque transaction à l'entité qui a effectué l'achat. Certains impôts sur la consommation pourraient toutefois être considérés comme liés aux industries extractives s'ils ciblent les produits de l'extraction des ressources. Ainsi, certains pays prélèvent des taxes sur les exportations des produits de base extraits afin de récupérer une partie de la valeur des ressources naturelles au moment où elles quittent le pays. Par exemple, l'Afrique du Sud et la Guinée taxent toutes deux les exportations de diamants.

Le Graphique 2.13 présente pour chaque pays les recettes fiscales et non fiscales qui ont été explicitement identifiées comme étant liées aux industries extractives dans les ensembles de données des *Statistiques des recettes publiques en Afrique*. Les pays riches en pétrole que sont la Guinée équatoriale et la République du Congo se distinguent par leur total de recettes liées aux industries extractives, qui représente respectivement 28.1 % et 22.9 % de leur PIB. Aucun autre pays d'Afrique n'a affiché un total de recettes liées aux industries extractives supérieur à 10 % du PIB à l'exception du Gabon, pour lequel ce chiffre était de 10.2 % du PIB.

Treize pays (Afrique du Sud, Cabo Verde, Eswatini, Kenya, Madagascar, Malawi, Maroc, Maurice, Ouganda, Rwanda, Sénégal, Somalie et Togo) n'ont enregistré qu'un total négligeable, voire aucune recette de ce type. En moyenne, les recettes liées aux industries extractives enregistrées par les 35 pays africains représentent 3.3 % du PIB, les recettes fiscales représentant 0.9 % du PIB et les recettes non fiscales 2.4 % du PIB.

Graphique 2.13. Recettes fiscales et non fiscales liées aux ressources naturelles par pays, 2022

En pourcentage du PIB

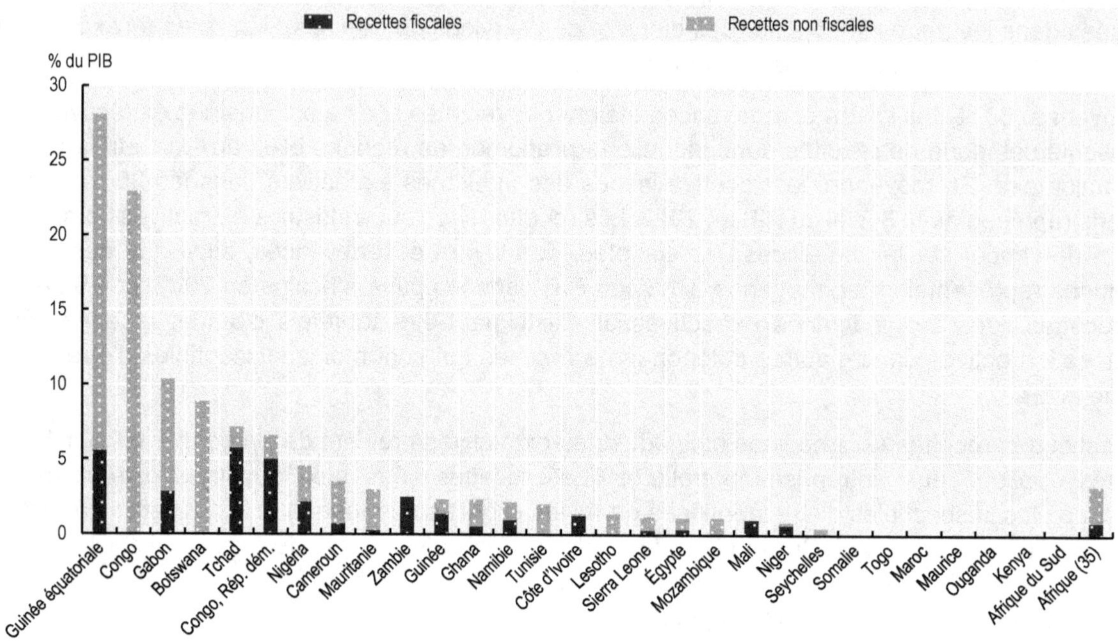

Note : La moyenne des pays d'Afrique est calculée pour 35 pays africains, à l'exclusion du Burkina Faso, pour lequel on dispose des données relatives aux recettes fiscales uniquement. Ces recettes comprennent uniquement les recettes fiscales et non fiscales qui sont clairement identifiées comme provenant de l'exploitation minière, de la pêche, de la sylviculture ou de l'extraction de pétrole et de gaz dans les ensembles de données des *Statistiques des recettes publiques en Afrique*. Elles ne couvrent pas toutes les recettes fiscales et non fiscales provenant de l'extraction de ressources. Le Burkina Faso, le Cabo Verde, Eswatini, Madagascar, le Malawi, leRwanda et le Sénégal n'ont fait état d'aucune recette provenant d'entreprises exerçant dans le secteur de l'extraction de ressources. « Afrique (35) » fait référence à la moyenne des 35 pays africains ayant fourni les données des recettes non fiscales pour cette édition.
Source : Calculs des auteurs d'après les tableaux 5.1 à 5.36, 6.5 à 6.39, et 4.17 et (OCDE/ATAF/CUA, 2024[2]), « Tableaux comparatifs des Statistiques des recettes publiques en Afrique », http://data-explorer.oecd.org/s/dy.

StatLink https://stat.link/6hgtdm

Le Graphique 2.14 présente également les recettes liées aux industries extractives, mais ventilées par ressources. On constate que les secteurs pétrolier et gazier ont l'effet le plus important sur les recettes publiques, représentant la quasi-totalité des recettes dans quatre des cinq premiers pays en termes de recettes liées aux industries extractives, l'exception étant le Botswana, qui perçoit des recettes minières représentant 8.9 % du PIB, dont un quart sous forme de redevances et trois quarts sous forme de dividendes provenant de sociétés minières. Seuls le Mozambique et la Guinée équatoriale ont explicitement enregistré des recettes tirées du gaz.

Graphique 2.14. Recettes fiscales et non fiscales liées aux industries extractives, par ressource correspondante

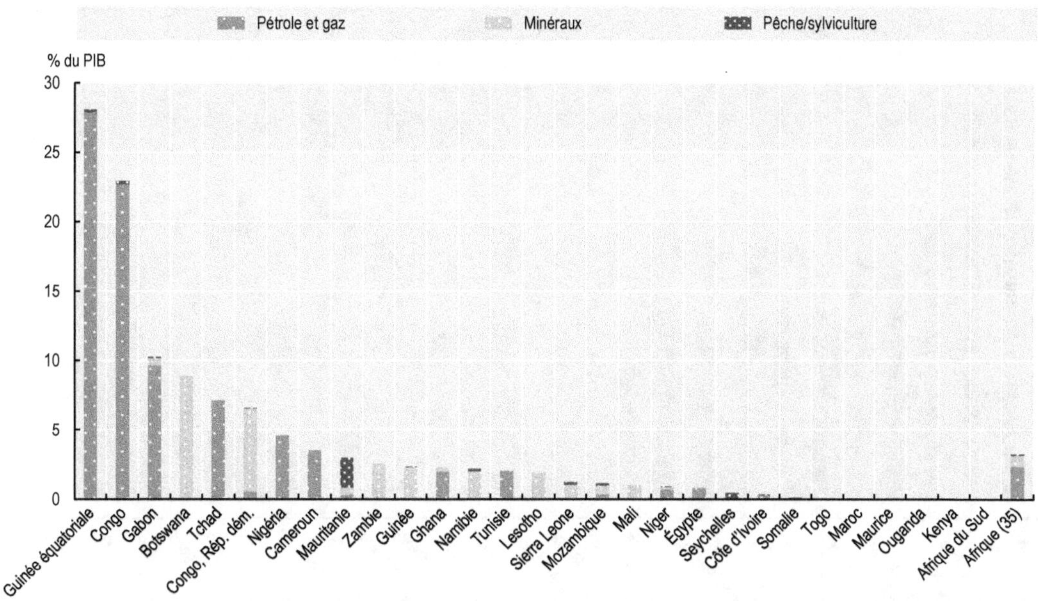

Note : Ces recettes comprennent uniquement les recettes fiscales et non fiscales qui sont clairement identifiées comme provenant de l'exploitation minière, de la pêche, de la sylviculture ou de l'extraction de pétrole et de gaz dans les ensembles de données des *Statistiques des recettes publiques en Afrique*. Elles ne couvrent pas toutes les recettes fiscales et non fiscales provenant de l'extraction de ressources. Le Burkina Faso, le Cabo Verde, l'Eswatini, Madagascar, le Malawi, le Rwanda et le Sénégal n'ont fait état d'aucune recette provenant d'entreprises exerçant dans le secteur de l'extraction de ressources.« Afrique (35) » fait référence à la moyenne des 35 pays africains ayant fourni les données des recettes non fiscales pour cette édition.

Source : Calculs des auteurs basés sur les tableaux 5.1 à 5.36, 6.5 à 6.39 et (OCDE/ATAF/CUA, 2024[19]), « Tableaux comparatifs des Statistiques des recettes publiques en Afrique », http://data-explorer.oecd.org/s/dy.

StatLink https://stat.link/5ho2n7

Les recettes pétrolières et gazières de la Guinée équatoriale en 2022 provenaient à la fois des redevances pétrolières (47 %), des impôts sur les bénéfices des sociétés (25 %), des dividendes pétroliers (16 %), des recettes tirées de la participation au capital de sociétés pétrolières (10 %) et des impôts sur le revenu des personnes physiques (3 %). Les recettes extractives de la République du Congo proviennent pour l'essentiel des recettes de la compagnie pétrolière nationale, à savoir la Société nationale des pétroles du Congo (SNPC). La SNPC est actionnaire partiel de toutes les entreprises pétrolières et gazières privées du pays et détient une participation totale dans certains projets pétroliers (EY/CNC, 2022[20]). Les recettes liées à la SNPC sont classées dans la présente publication en tant que loyers et redevances, mais elles constituent en réalité un mélange de différentes sources de recettes et sont à la frontière conceptuelle entre les rentes tirées des ressources et les revenus d'investissements.

Dans de nombreux pays africains, les recettes non fiscales proviennent essentiellement des recettes liées aux industries extractives (Graphique 2.15). Elles représentent la majorité des recettes non fiscales dans neuf pays africains et plus de 95 % dans trois pays, à savoir le Gabon, la Guinée équatoriale et la République du Congo.

Graphique 2.15. Recettes non fiscales liées aux industries extractives en pourcentage du total des recettes non fiscales, par catégorie de recettes

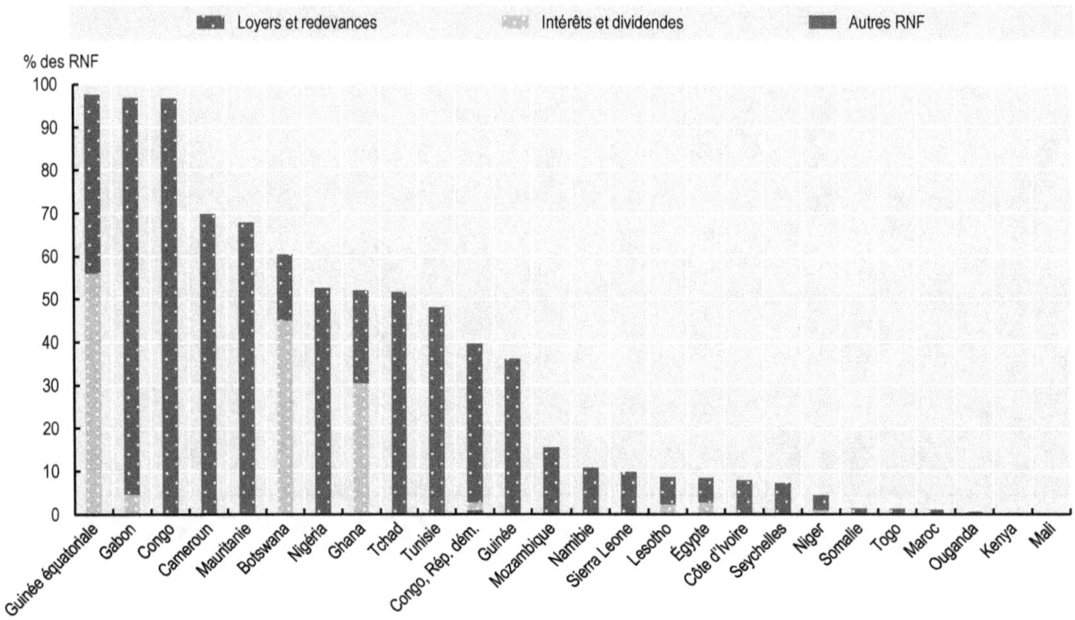

Note : Ces recettes comprennent uniquement les recettes non fiscales qui sont clairement identifiées comme provenant de l'exploitation minière, de la pêche, de la sylviculture ou de l'extraction de pétrole et de gaz dans les ensembles de données des *Statistiques des recettes publiques en Afrique*. Elles ne couvrent pas toutes les recettes fiscales provenant de l'extraction de ressources. L'Afrique du Sud, le Burkina Faso, le Cabo Verde, l'Eswatini, le Madagascar, le Malawi, la Maurice, le Rwanda, le Sénégal, et la Zambie n'ont fait état d'aucune recette provenant d'entreprises exerçant dans le secteur de l'extraction de ressources. RNF = "recettes non fiscales".
Source : Calculs des auteurs basés sur les tableaux 5.1 à 5.36, 6.5 à 6.39 et (OCDE/ATAF/CUA, 2024[19]), « Tableaux comparatifs des Statistiques des recettes publiques en Afrique », http://data-explorer.oecd.org/s/dy.

StatLink https://stat.link/n4cqo9

Les recettes non fiscales liées aux industries extractives prennent la forme de loyers et de redevances, ou d'intérêts et de dividendes ; toutes les autres catégories de recettes non fiscales sont généralement négligeables, à l'exception de certaines amendes et pénalités imposées aux sociétés minières en République démocratique du Congo et quelques amendes de pêche en Mauritanie. Pour tous les pays africains sauf trois, les recettes liées aux industries extractives ont principalement pris la forme de loyers et de redevances ; laGuinée équatoriale, le Botswana et le Ghana ont perçu une plus grande proportion de recettes sous forme d'intérêts et de dividendes.

Les loyers et redevances en 2022 constituaient la principale catégorie de recettes liées aux ressources naturelles dans 16 pays africains et représentent 49 % des 48 milliards USD de recettes liées aux industries extractives perçues par l'ensemble des pays africains ayant communiqué des données, suivis des recettes fiscales totales (41 %) et des autres recettes non fiscales, comme les intérêts et dividendes (9 %).\

Le Graphique 2.16 illustre les recettes liées aux industries extractives qui ont été identifiées parmi les recettes fiscales. Dix-neuf pays ont fait état d'un certain niveau de recettes de cette catégorie ; dans 61 d'entre eux, plus de 1 % des recettes fiscales provenaient d'entreprises exerçant dans le secteur de l'extraction.

Graphique 2.16. Recettes fiscales liées aux industries extractives, en pourcentage du total des recettes fiscales, par catégorie d'impôt

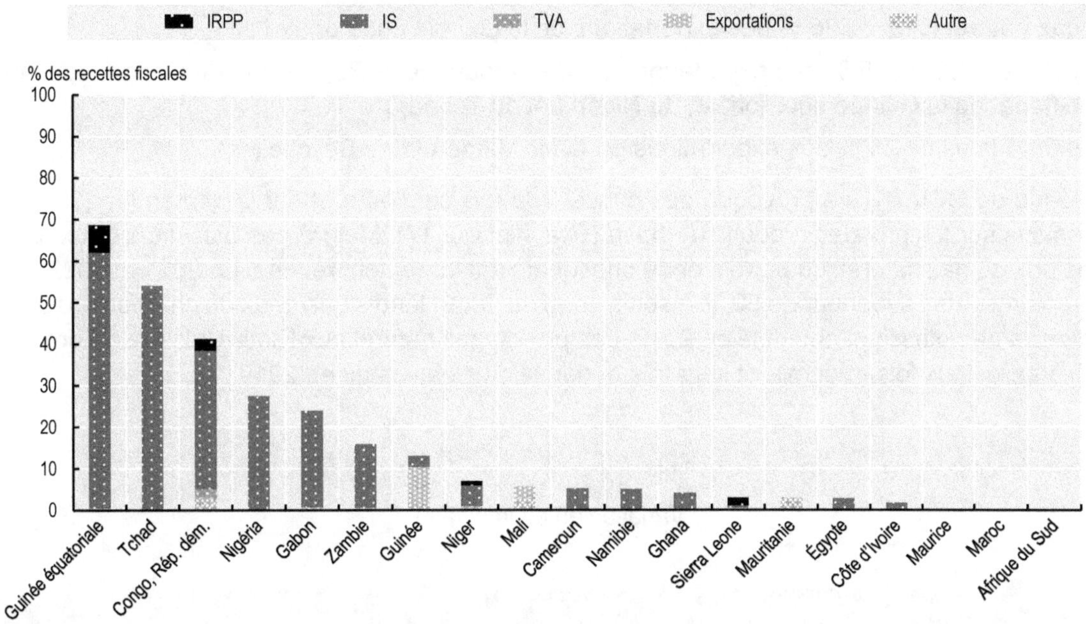

Note : Ces recettes comprennent uniquement les recettes fiscales qui sont clairement identifiées comme provenant de l'exploitation minière, de la pêche, de la sylviculture ou de l'extraction de pétrole et de gaz dans les ensembles de données des *Statistiques des recettes publiques en Afrique*. Elles ne couvrent pas toutes les recettes fiscales provenant de l'extraction de ressources. le Botswana, Le Burkina Faso, le Cabo Verde, l'Eswatini, le Kenya, le Lesotho, Madagascar, le Malawi, le Mozambique, l'Ouganda, la République du Congo, le Rwanda, le Sénégal, les Seychelles, la Somalie, le Togo et la Tunisie n'ont fait état d'aucune recette provenant d'entreprises exerçant dans le secteur de l'extraction de ressources. IRPP = « impôt sur le revenu des personnes physiques » ; IS = « impôt sur les sociétés » ; TVA = « taxe sur la valeur ajoutée » .
Source : Calculs des auteurs basés sur les tableaux 5.1 à 5.36, 6.5 à 6.39 et (OCDE/ATAF/CUA, 2024[19]), « Tableaux comparatifs des Statistiques des recettes publiques en Afrique », http://data-explorer.oecd.org/s/dy.

StatLink https://stat.link/nkoc48

Impact des prix des produits de base

Les marchés mondiaux des produits de base influent sensiblement sur les économies du continent africain. Quelle que soit la manière dont les autorités africaines collectent les recettes liées aux industries extractives, celles-ci constituent une source de financement qui se caractérise souvent par une forte volatilité. Six pays (Gabon, Guinée équatoriale, Lesotho, Mauritanie, Nigéria et République du Congo) ont perçu des loyers et redevances représentant 5 % du PIB ou plus au cours d'au moins une des dix dernières années, et tous ont enregistré, en glissement annuel, au moins une augmentation des loyers et redevances de plus de 35 % et une baisse de plus de 27 % en pourcentage du PIB.

Les produits de base représentent une part importante des exportations de la plupart des pays couverts par cette publication, notamment les suivants :

- aluminium (plus de 25 % des exportations de la Guinée) ;
- cobalt (plus de 20 % des exportations de la République démocratique du Congo) ;
- cuivre (plus de 25 % des exportations de la République démocratique du Congo, de la République du Congo et de la Zambie) ;
- diamants (plus de 25 % des exportations du Botswana et du Lesotho) ;

- or (plus de 25 % des exportations du Burkina Faso, du Ghana, de la Guinée, du Mali, de la Mauritanie, du Niger, du Rwanda, de la Somalie, du Togo et de l'Ouganda) ;
- fer (plus de 25 % des exportations de la Mauritanie et de la Sierra Leone) ;
- gaz naturel (plus de 25 % des exportations de la Guinée équatoriale) ;
- pétrole (plus de 25 % des exportations du Cameroun, de la République du Congo, du Gabon, du Ghana, de la Guinée équatoriale, du Nigéria et du Tchad) ;
- pêche (plus de 25 % des exportations du Cabo Verde et des Seychelles).

La pandémie de COVID-19 a provoqué des chocs, à la fois sur l'offre et sur la demande, qui ont eu des répercussions sur les prix des produits de base (Graphique 2.17). Malgré des baisses à deux chiffres en 2020, les prix du gaz naturel, du pétrole et du phosphate ont largement rebondi en 2021 et 2022. En 2022, le prix du pétrole était supérieur de 50 % à son niveau de 2019, tandis que ceux du charbon, du phosphate et du chlorure de potassium ont triplé en 2019. Les prix du gaz naturel aux États-Unis et en Europe étaient respectivement deux fois et demie et sept fois et demie plus élevés qu'en 2019.

Graphique 2.17. Évolution des prix des principaux produits de base, 2019-22

Variation en pourcentage

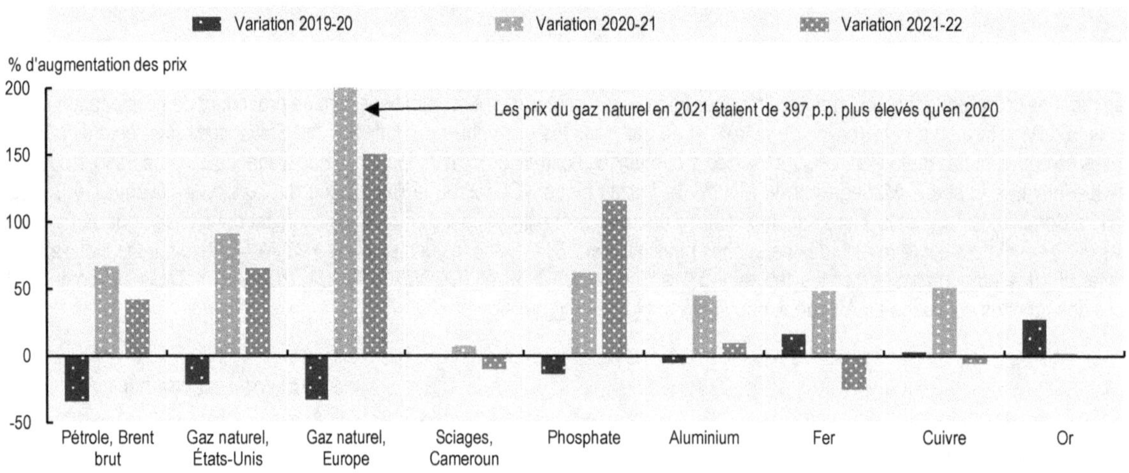

Source : Banque Mondiale, données sur les prix des matières premières (« The Pink Sheet ») (Banque mondiale, 2024[21]).

StatLink https://stat.link/k6uhfy

Les plus fortes variations de la valeur des exportations de produits de base observées dans les *Statistiques des recettes publiques en Afrique* ont tendance à coïncider avec des chocs sur les prix (Graphique 2.18). Cela montre la vulnérabilité des économies africaines aux fluctuations des prix du pétrole et du gaz à l'échelle mondiale et souligne la nécessité cruciale de la diversification économique pour atténuer les risques associés à une forte dépendance à l'égard des recettes pétrolières (Usman et Landry, 2021[22]) (Banque mondiale, 2023[23]).

Graphique 2.18. Loyers et redevances et exportations de produits de base, moyenne des pays d'Afrique, 2010-22

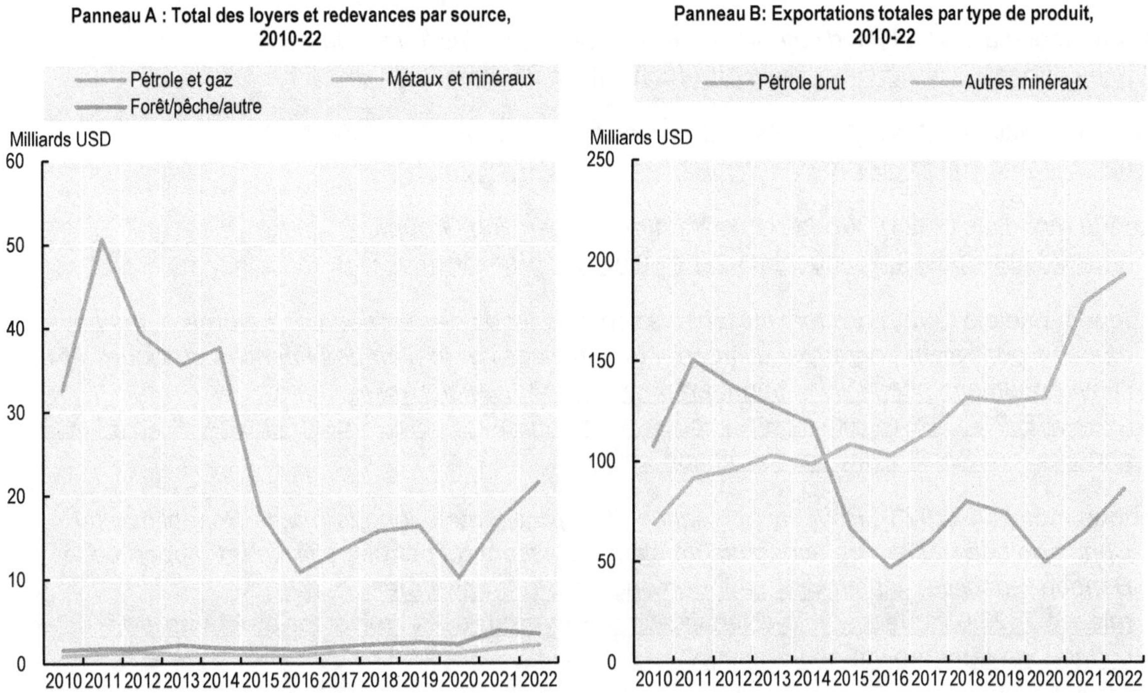

Source : Calculs des auteurs fondés sur les données détaillées figurant dans les *Statistiques des recettes publiques en Afrique* pour la partie A, et pour la partie B, sur les données contenues dans la base de données de commerce international au niveau des produits (BACI) à partir de (CEPII, 2023[24]).

StatLink https://stat.link/pn65ag

La chute des prix du pétrole en 2015 a entraîné une baisse de la valeur des exportations de pétrole en provenance d'Afrique qui s'est traduite directement par une baisse des recettes (Graphique 2.18). Parallèlement, les exportations de minerais, de métaux bruts, de diamants et d'autres minéraux ont augmenté régulièrement au cours de la dernière décennie et ont dépassé la valeur des exportations de charbon, de pétrole et de gaz. Cependant, les pays africains n'ont pas perçu autant de loyers et de redevances de ces autres minéraux que du secteur pétrolier et gazier.

Bien que les pays africains accroissent progressivement leurs exportations de ressources minérales, il reste difficile de générer des recettes importantes à partir de ces exportations (Banque mondiale, 2023[25]). Cette situation faire ressortir la nécessité impérative pour les pays africains de renforcer leurs stratégies afin d'exploiter le potentiel de mobilisation de recettes que présentent diverses ressources minérales.

Références

Banque mondiale (2024), *Indicateurs du développement dans le monde*, https://donnees.banquemondiale.org/ (consulté le 28 June 2024). [8]

Banque mondiale (2024), *World Bank Commodity Price Data (The Pink Sheet)*, https://www.worldbank.org/en/research/commodity-markets. [21]

Banque mondiale (2024), *World Bank Country and Lending Groups*, https://datahelpdesk.worldbank.org/knowledgebase/articles/906519. [6]

Banque mondiale (2023), *En maximisant les recettes tirées des ressources naturelles, les pays africains pourraient engranger d'importants bénéfices sur le plan des finances publiques et de l'environnement*, https://www.banquemondiale.org/fr/news/press-release/2023/05/09/maximizing-revenues-from-natural-resource-wealth-could-yield-big-fiscal-and-environmental-dividends-for-african-countrie. [25]

Banque mondiale (2023), *Pour sa croissance et sa prospérité à long terme, la République du Congo doit diversifier son économie en s'affranchissant du pétrole, affirme un rapport de la Banque mondiale*, https://www.banquemondiale.org/fr/news/press-release/2023/03/15/economic-diversification-away-from-oil-is-crucial-for-the-republic-of-congo-long-term-growth-and-prosperity. [23]

Blogs, B. (dir. pub.) (2022), *Customs reforms help Somalia increase tax revenue despite COVID-19 and fragility*, https://blogs.worldbank.org/en/governance/customs-reforms-help-somalia-increase-tax-revenue-despite-covid-19-and-fragility. [1]

CEPII (2023), *BACI : International Trade Database at the Product-Level*, http://www.cepii.fr/CEPII/en/bdd_modele/bdd_modele_item.asp?id=37 (consulté le 1 February 2023). [24]

EY/CNC (2022), *Société Nationale des Pétroles du Congo - Rapport des commissaires aux comptes sur les états financiers annuels et Spécial sur les conventions réglementées de la SNPC - Exercice clos le 31 décembre 2022*, https://www.finances.gouv.cg/sites/default/files/documents/SNPC_2022_RGRS%20SOCIAUX.pdf. [20]

FMI (2024), *Perspectives de l'économie mondiale, édition avril 2024 (base de données, en anglais seulement)*, https://www.imf.org/en/Publications/WEO/weo-database/2024/April. [3]

FMI (2023), *IMF International Financial Statistics (IFS) database*, https://data.imf.org/?sk=4c514d48-b6ba-49ed-8ab9-52b0c1a0179b (consulté le 11 September). [4]

Groupe de la Banque mondiale (dir. pub.) (2024), *The World Bank Atlas method - detailed methodology*, https://datahelpdesk.worldbank.org/knowledgebase/articles/378832-what-is-the-world-bank-atlas-method (consulté le 2024). [7]

Klein, A. (2024), *4 Railway Projects to Watch in West Africa*, https://energycapitalpower.com/4-railway-projects-to-watch-in-west-africa/. [17]

Lupachik, M. (2023), *Equatorial Guinea's Gas Mega Hub Ignites West Africa's LNG Potential*, http://www.spglobal.com/commodityinsights/en/ci/research-analysis/equatorial-guineas-gas-mega-hub-ignites-west-africas-lng-poten.html. [11]

Mansour, M. et G. Rota-Graziosi (2013), « Tax Coordination, Tax Competition, and Revenue Mobilization in the West African Economic and Monetary Union », *Document de travail du FMI*, vol. 13/163, https://www.imf.org/en/Publications/WP/Issues/2016/12/31/Tax-Coordination-Tax-Competition-and-Revenue-Mobilization-in-the-West-African-Economic-and-40756. [18]

Mining Technology (2020), *Debswana diamond mines*, https://www.mining-technology.com/projects/debswana/ (consulté le 20 September 2020). [16]

Mongardini, J. et al. (2011), *In the wake of the global economic crisis: adjusting to lower revenue of the Southern African Customs*, Fonds monétaire international, https://www.imf.org/external/pubs/ft/dp/2011/afr1101.pdf. [15]

OCDE (2023), *DAC Data submitters*, http://www.oecd.org/dac/financing-sustainable-development/development-finance-standards/dacdatasubmitters.htm (consulté le 29 August 2023). [9]

OCDE (2023), *Statistiques des recettes publiques 2023 : Dynamisme des recettes fiscales dans les pays de l'OCDE*, Éditions OCDE, Paris, https://doi.org/10.1787/bcbdaf1a-fr. [27]

OCDE/ATAF/CUA (2024), *Statistiques des recettes publiques en Afrique : tableaux comparatifs*, Éditions OCDE, http://data-explorer.oecd.org/s/dy. [2]

OCDE/ATAF/CUA (2024), *Tableaux comparatifs des Statistiques des recettes publiques en Afrique*, Éditions OCDE, http://data-explorer.oecd.org/s/dy. [19]

OCDE et al. (2024), *Revenue Statistics in Latin America and the Caribbean 2024*, Éditions OCDE, Paris, https://doi.org/10.1787/33e226ae-en. [26]

OCDE-CAD (2024), *Statistiques en ligne sur le développement international (SDI)*, https://www.oecd.org/fr/developpement/financementpourledeveloppementdurable/statistiques-financement-developpement/sdienligne.htm (consulté le 4 September 2024). [10]

OECD/ATAF/AUC (2024), *Revenue Statistics in Africa: Comparative tables*, OECD Publishing, Paris, http://data-explorer.oecd.org/s/pn. [5]

RFI (2014), *Le gros chèque d'Arcelor Mittal au Sénégal*, http://www.rfi.fr/economie/20140605-le-gros-cheque-arcelor-mittal-senegal. [12]

SACU (2017), *Southern African Customs Union Agreement 2002 (As amended on 12 April 2013)*, http://www.sacu.int/list.php?type=Agreements. [13]

SACU (2014), *Implementing a Common Agenda Towards Regional Integration: 2014 Annual Report*, http://www.sacu.int/docs/reports_annual/2014/annual_report.pdf. [14]

Usman, Z. et D. Landry (2021), *Economic Diversification in Africa: How and Why It Matters*, Carnegie Endowment for International Peace., https://carnegieendowment.org/research/2021/04/economic-diversification-in-africa-how-and-why-it-matters?lang=en. [22]

Notes

[1] Voir le Guide d'interprétation sur les recettes non fiscales, à l'annexe B du présent rapport, pour la définition de ces catégories de recettes.

[2] Les recettes non fiscales présentent plusieurs difficultés d'ordre méthodologique qui ne se posent pas nécessairement dans le cas des statistiques fiscales. Il est possible que certaines recettes, comme les frais administratifs, servent de mécanismes d'amortissement et viennent minorer les coûts au lieu d'être comptabilisées comme recettes. Ce cas de figure peut concerner les collectivités locales et autres institutions publiques pour lesquelles les données disponibles concernent uniquement les transferts nets de fonds à destination de l'administration centrale. Les ventes de biens et de services déclarées sans déduction des coûts peuvent entraîner une surestimation des recettes de l'administration. Les dons, les règlements juridiques, les contrats d'exploitation minière ou pétrolière donnent lieu à des versements importants de la part d'entités extérieures telles que des entreprises multinationales ou des administrations étrangères qui peuvent être soumises à différents mécanismes de surveillance au niveau national. Il est plus difficile d'établir des ventilations détaillées dès lors qu'un pays riche en ressources négocie en contrepartie de l'extraction de ressources le versement de sommes forfaitaires élevées, qui regroupent plusieurs catégories de recettes, fiscales et non fiscales. Enfin, les recettes non fiscales relèvent souvent de la responsabilité d'autorités différentes que les recettes fiscales, et il arrive qu'il n'y ait pas nécessairement de séparation entre les recettes et les dépenses, si bien que ces recettes ne sont pas nécessairement soumises à la même norme de déclaration. Voir l'annexe B pour plus de détails sur la méthode appliquée aux recettes non fiscales.

[3] Il n'y a pas de comparaison possible avec les moyennes des 27 pays d'Amérique latine et des Caraïbes (ALC) [voir (OCDE et al., 2024[26])] et des 38 pays de l'OCDE [voir (OCDE, 2023[27])], car les publications correspondantes ne couvrent pas les recettes non fiscales.

[4] Voir également l'annexe B.

[5] Le Burkina Faso a fourni des données sur les recettes fiscales en 2024, mais aucune donnée sur les recettes non fiscales n'était disponible pour cette édition.

[6] La définition officielle de l'APD est la suivante : « tous les apports de ressources qui sont fournis aux pays et territoires figurant sur la Liste des bénéficiaires d'APD établie par le Comité d'aide au développement ou à des institutions multilatérales et qui émanent d'organismes publics, y compris des États et des collectivités locales, ou d'organismes agissant pour le compte d'organismes publics, sachant que chaque opération doit en outre avoir pour but essentiel de favoriser le développement économique et l'amélioration du niveau de vie des pays en développement, et être assortie de conditions favorables et comporter un élément de libéralité au moins égal à 25 % (sur la base d'un taux d'actualisation de 10 %) ». Des informations supplémentaires sont disponibles à l'adresse suivante : www.oecd.org/dac/financing-sustainable-development/index-terms.htm#ODA.

[7] Pour de plus amples informations sur la classification des frais administratifs, consulter, à l'annexe A, les paragraphes 9 à 13 du Guide d'interprétation de l'OCDE.

3. La facilitation et la confiance comme moteurs de la conformité fiscale volontaire dans certaines administrations fiscales africaines

Le chapitre 3, qui constitue l'étude spéciale de ce rapport, examine comment la facilitation et la confiance peuvent renforcer la conformité fiscale volontaire dans les pays africains. Basée sur une étude réalisée par le Forum africain sur l'administration fiscale, ce chapitre analyse les initiatives prises par les administrations fiscales africaines pour renforcer la conformité fiscale volontaire comme moteur essentiel d'accroître les recettes fiscales.

Introduction

Cette étude spéciale s'appuie sur une étude du Forum africain sur l'administration fiscale (ATAF) consacrée à la conformité fiscale volontaire dans les pays d'Afrique[1]. Elle a pour objet (i) d'étudier le rôle de la facilitation et de la confiance du public dans l'administration fiscale et, plus généralement, dans les pouvoirs publics, à la conformité fiscale volontaire, et (ii) de recenser, à partir d'un examen des initiatives engagées dans certains pays en faveur de la conformité fiscale volontaire, les bonnes pratiques susceptibles d'être utilisées, à des fins d'apprentissage entre pairs. Elle repose sur des entretiens avec des agents d'administrations fiscales de huit pays africains portant sur des aspects qualitatifs, et sur l'analyse de publications consacrées à des initiatives mises en œuvre par les administrations fiscales de différents pays africains pour améliorer la conformité fiscale volontaire.

La conformité fiscale volontaire est fondamentale pour accroître la mobilisation des ressources intérieures dans les pays africains. Comme indiqué dans le chapitre 1, les ratios impôts/PIB sur le continent africain sont, en moyenne, inférieurs à ceux enregistrés dans d'autres régions, ce qui porte atteinte à la capacité des pays africains d'atteindre les Objectifs de développement durable et de concrétiser l'Agenda 2063 établi par l'Union africaine. Dans le même temps, la part des recettes fiscales que ces pays consacrent au service de leur dette a fortement augmenté, en particulier depuis la pandémie de COVID-19, d'où une diminution des ressources disponibles pour financer les dépenses sociales et l'investissement public.

Le succès des politiques visant à accroître les recettes et à améliorer l'efficacité des systèmes fiscaux des pays africains dépendra en partie de la mesure dans laquelle les citoyens et les entreprises seront disposés à se plier à leurs obligations fiscales. De façon plus générale, l'analyse de la conformité fiscale volontaire apporte un éclairage précieux sur le contrat social qui lie les citoyens et l'État. La première section de ce chapitre porte sur la notion de conformité fiscale volontaire et présente la facilitation et la confiance comme des moteurs essentiels de la volonté des contribuables de respecter leurs obligations. La deuxième section reprend les principales conclusions dégagées de l'examen des politiques mises en œuvre par les pays africains pour améliorer la conformité fiscale volontaire. Une troisième section propose une synthèse des pistes que les administrations fiscales des pays africains pourraient suivre pour améliorer la conformité fiscale volontaire, en s'inspirant des innovations qui sont actuellement mises en œuvre sur le continent.

Conformité fiscale volontaire et rôle de la facilitation et de la confiance

La conformité fiscale volontaire peut être définie comme la volonté des contribuables d'adhérer aux diverses lois et réglementations en vigueur dans le domaine fiscal. Elle repose sur quatre grands piliers : l'enregistrement des contribuables, l'établissement des déclarations dans les délais, le paiement des impôts dus en temps voulu et la communication d'informations dans les délais (Betts, 2022[1]) (OCDE, 2004[2]). L'analyse de la conformité fiscale volontaire est primordiale car le système fiscal doit être appréhendé comme une institution représentant une composante à part entière du contrat social liant les citoyens à l'État. La fiscalité permet de mobiliser des ressources essentielles pour financer des initiatives et des services publics. Dans ce contexte, la responsabilité de l'État repose sur la transparence, l'équité et la redevabilité tandis que celle des citoyens réside dans le respect de leurs obligations. Un système fiscal juste et équitable auquel les contribuables adhèrent est la clé d'un civisme fiscal durable.

Mesurer la conformité fiscale volontaire n'est pas chose aisée : il ne s'agit pas de se référer à un événement permettant de distinguer facilement les contribuables qui s'acquittent de leurs obligations de ceux qui ne le font pas, mais plutôt d'un processus obligeant les contribuables à se soumettre à différentes procédures opérationnelles, notamment à s'enregistrer auprès de l'administration fiscale, à déposer en temps voulu des déclarations fiscales exactes et à acquitter dans les délais le montant précis de l'impôt dont ils sont redevables (Betts, 2022[1]) (OCDE, 2004[2]).

Appliqué à la conformité fiscale, l'adjectif « volontaire » fait référence au fait que le contribuable se conforme à ses obligations sans contrainte ou incitation, et qu'il ne le fait (i) ni par crainte de sanctions de la part de l'administration fiscale, (ii) ni par nécessité d'avoir accès à certains services (par exemple en vue d'obtenir une attestation de paiement de l'impôt exigée des soumissionnaires participant à des appels d'offres publics) ; (iii) ni parce qu'il est soumis à un régime de retenue à la source dans lequel il n'a pas le choix de s'y conformer ou non.

La conformité fiscale volontaire est une expression qui s'applique à une situation dans laquelle les contribuables et leurs conseillers sont disposés, sincèrement et sans contrainte, à se soumettre aux obligations fiscales que leur impose la réglementation fiscale (Chindengwike et Kira, 2022[3]). Si les efforts déployés par les administrations fiscales pour s'assurer que les contribuables respectent leurs obligations attestent certes l'intérêt qu'elles portent à la promotion de la conformité fiscale volontaire, ils pèsent néanmoins sur les finances publiques. En 2022, les coûts de recouvrement représentaient 2.12 % du montant total des recettes dans les pays couverts par les *Perspectives Fiscales Africaines*, soit un chiffre supérieur au pourcentage de référence de 1 % pour les pays en développement. Un coût de recouvrement élevé est le signe que l'administration fiscale consacre des ressources importantes à la mobilisation des recettes (ATAF, 2023[4]).

La présente étude porte sur deux moteurs essentiels de la conformité fiscale volontaire, mis en évidence dans le cadre d'entretiens approfondis avec des représentants d'administrations fiscales de pays africains, à savoir la facilitation et la confiance. Les principaux objectifs de l'étude sont de deux ordres :

- Procéder à une évaluation en profondeur des mesures de facilitation et de renforcement de la confiance prises par certaines administrations fiscales de pays d'Afrique afin d'améliorer la conformité fiscale volontaire.
- Recenser, à partir d'un examen des initiatives engagées dans certains pays en faveur de la conformité fiscale volontaire, les bonnes pratiques susceptibles d'être utilisées, à des fins d'apprentissage entre pairs.

Les résultats de l'étude ont été obtenus à l'aide de trois méthodes différentes, à savoir : l'analyse de textes/documents, à partir de plusieurs publications utiles pour comprendre la situation ainsi que les initiatives engagées et les bonnes pratiques suivies par différentes administrations fiscales ; une enquête en ligne, suivie d'entretiens approfondis avec des représentants d'administrations fiscales de huit pays choisis ; et une enquête auprès de contribuables menée à bien avec le concours des administrations fiscales d'un petit nombre de pays. Bien que l'enquête auprès des contribuables n'ait pas permis de recueillir de nombreuses réponses, quelques enseignements essentiels peuvent toutefois en être dégagés.

Facilitation

Le rôle de la facilitation à la conformité fiscale volontaire réside dans l'instauration d'un environnement favorable, propice au respect de ses obligations par le contribuable. Les administrations fiscales s'emploient donc à simplifier le parcours des contribuables dans le cadre de leurs relations avec elles afin qu'ils puissent s'acquitter aisément de leurs obligations. Par nature, la facilitation repose sur l'hypothèse que le comportement par défaut des contribuables les porte à se conformer à leurs obligations, et que l'application de mesures coercitives doit être réservée à ceux qui s'y refusent ; elle exige également une approche axée sur les services (Waiswa, Akol et Nalukwago, 2020[5]), (Kirchler, 2021[6]).

L'outil d'évaluation diagnostique de l'administration fiscale (TADAT) énonce des principes, à l'intention des responsables d'administrations fiscales, pour l'amélioration de la conformité fiscale volontaire (TADAT, 2019[7]). Ces principes sont les suivants :

1. Fournir des informations aux contribuables par divers canaux faciles d'utilisation, par exemple en donnant des réponses aux questions fréquemment posées, en publiant des brochures ou des notes pratiques, etc.
2. Adapter les informations relatives aux impôts aux différentes catégories de contribuables.
3. Donner aux contribuables accès à des services faciles à utiliser et efficaces par rapport à leur coût.
4. Mettre régulièrement à jour les informations sur les impôts en fonction des changements apportés au système fiscal.
5. Mettre en place des mesures ayant pour effet de réduire les coûts de conformité.

Il est possible d'offrir aux contribuables des services faciles d'accès et efficaces en utilisant la technologie pour automatiser les processus opérationnels et réaliser des gains d'efficience de façon à améliorer la conformité fiscale (ATAF, 2021[8]). L'automatisation et la transformation numérique des systèmes fiscaux doivent, pour mieux en asseoir la légitimité, se dérouler selon des processus adaptés à l'environnement local. Il est de ce fait important que les administrations fiscales mettent au point des systèmes conviviaux tenant compte de la singularité de chaque contribuable.

Au cours des deux dernières décennies, les administrations fiscales se sont assurément tournées vers l'utilisation de la technologie pour simplifier les principales procédures, notamment l'enregistrement des contribuables, le dépôt des déclarations fiscales et le paiement des impôts, ainsi que les procédures douanières. À ce jour, il ressort des statistiques publiées dans les *Perspectives Fiscales Africaines que* plus de 70 % des administrations fiscales sont passées aux registres numériques, et que plus de 80 % d'entre elles ont mis en place le dépôt en ligne des déclarations fiscales et le paiement en ligne des impôts (ATAF, 2024[9]).

L'utilisation de la technologie n'est toutefois pas optimale. Les administrations fiscales de certains pays d'Afrique n'ont pas encore entièrement automatisé leurs principales procédures, et on observe un déficit de communication, en direction des usagers, sur la mise en place des plateformes numériques, ce qui signifie que les administrations fiscales de certains pays africains éprouvent encore des difficultés à orienter les utilisateurs vers les nouveaux systèmes et à les former à l'utilisation de ces systèmes (ATAF, 2023[4]) . En Afrique, les données tirées des déclarations fiscales ne sont pas suffisamment exploitées pour retrouver les non-déclarants.

Bien que les technologies de l'information soient très appréciées lorsqu'il s'agit de transformer l'administration de l'impôt et de faciliter le respect des obligations fiscales, les entreprises du secteur informel restent parfois en dehors du système, cette situation étant aggravée par l'inadéquation des infrastructures informatiques qui ne sont pas à la portée de toutes. Les pays couverts par les *Perspectives Fiscales Africaines* qui ont investi dans des solutions reposant sur les technologies de l'information et des communications n'ont pas encore obtenu les résultats escomptés (ATAF, 2021[8]).

L'éducation des contribuables joue également un rôle important à l'appui de la conformité fiscale. La nécessité de placer les contribuables ou les clients au centre du processus d'élaboration de l'éducation des contribuables et des services aux contribuables est l'une des conclusions présentées dans les lignes directrices sur l'éducation des contribuables en Afrique (ATAF, 2021[10]). Les retombées positives, sur la conformité fiscale, de la connaissance de leurs obligations fiscales par les entreprises ont été confirmées par les conclusions du rapport (ATAF, 2021[10]) , qui mettaient également en exergue l'importance, pour les administrations fiscales des pays africains, d'appréhender l'environnement dans lequel évoluent les contribuables afin d'anticiper et d'adapter leur offre de services en conséquence.

En Afrique, le manque de connaissance de la fiscalité reste un obstacle majeur à la conformité fiscale volontaire (Kira, 2017[11]) (Tanui, 2016[12]) (Nalishebo et Halwampa, 2014[13]) ; (OCDE, 2023[14])). De nombreux contribuables ignorent les impôts dont ils sont redevables, leurs obligations, ainsi que les délais et les modalités pour s'en acquitter (Aiko et Logan, 2014[15]). D'après une étude menée au Rwanda, moins d'un quart des personnes interrogées connaissaient le mois de la date limite de dépôt des déclarations fiscales (Mascagini, Santoro et Mukama, 2019[16]). Une enquête réalisée en Ouganda a révélé que près de la moitié des contribuables (45 %) n'étaient pas en mesure d'établir eux-mêmes une déclaration fiscale, et que 56 % d'entre eux étaient dans l'incapacité de demander un remboursement d'impôt auquel ils pouvaient pourtant prétendre (Waiswa, Akol et Nalukwago, 2020[5]).

Éduquer les contribuables, c'est leur donner les moyens de se familiariser avec le système fiscal et c'est accroître la probabilité qu'ils réussissent à se conformer à leurs obligations (Waiswa, Akol et Nalukwago, 2020[5]) (Olaniyi et al., 2023[17]) Il a été établi par une étude conduite au Nigeria qu'il existe une corrélation positive forte entre l'éducation des contribuables et le respect des obligations leur incombant en termes d'impôt sur le revenu des personnes physiques. Une étude de (Amaning et al., 2021[18]) a montré une corrélation positive entre l'utilisation de divers médias au service de l'éducation des contribuables et le respect de leurs obligations fiscales par les petites et moyennes entreprises au Ghana ; Comme dans ce pays, ces entreprises appartiennent pour la plupart au secteur informel, il a fallu mettre en place une formation ciblée pour encourager la conformité volontaire.

Outre qu'elle améliore la probabilité que tous respectent leurs obligations fiscales, la formation à la fiscalité réduit la vulnérabilité des contribuables face au risque d'être à la merci d'intermédiaires peu scrupuleux ou d'agents des services fiscaux corrompus. Les contribuables informés sont aussi mieux à même de revendiquer les avantages fiscaux auxquels ils peuvent prétendre, notamment de bénéficier des déductions autorisées, et ils sont ainsi protégés du risque de payer plus d'impôts qu'ils ne devraient (Benzarti, 2015[19]).

Confiance

La légitimité d'une administration et la capacité d'un État d'atteindre ses objectifs de développement économique dépendent en grande partie de la confiance que les citoyens placent en eux. La confiance est également au cœur de ce qui détermine le comportement des individus à l'égard de leurs obligations fiscales (Gebrihet, Gebresilassie et Woldu, 2024[20]) (OCDE, 2023[21]). Compte tenu de la contribution apportée par la fiscalité au renforcement de l'État et au développement économique qui comptent tellement pour la concrétisation de l'Agenda 2063, il est important de déterminer, dans le contexte africain, les interactions entre la confiance et la conformité fiscale volontaire et, en particulier, de mettre en évidence comment les administrations fiscales des pays du continent s'y sont prises pour se doter de moyens de consolider la confiance des contribuables dans l'État.

En Ouganda, l'efficacité de l'État ainsi que le niveau de transparence et de redevabilité ont un effet sur la conformité fiscale (Nkundabanyanga et al., 2017[22]). Il ressort d'une étude réalisée par (Kumi et al., 2023[23]) que la confiance est l'un des facteurs qui influent positivement sur la conformité fiscale volontaire au Ghana, et que le sentiment que l'administration est digne de confiance est négativement corrélé à l'action coercitive de l'administration fiscale. Cela signifie que la conformité fiscale volontaire est un effet de la motivation intrinsèque des contribuables, résultant elle-même du sentiment que l'administration mérite leur confiance, et cela signifie aussi que les autorités qui recourent régulièrement à des mesures coercitives sont confrontées à un manque de confiance à leur égard de la part des contribuables.

Selon une étude conduite par (Kogler et al., 2023[24]) dans 44 pays (dont l'Afrique du Sud, l'Égypte, le Ghana et le Maroc) et reposant sur l'utilisation de l'économie souterraine comme indicateur indirect de la conformité fiscale, il existe une corrélation positive entre la confiance dans l'administration fiscale et la conformité fiscale. En outre, (Nwokoye et al., 2023[25]) ont établi l'existence d'une corrélation positive forte entre d'une part, les réductions d'impôt, les déductions pour amortissement, la simplification de la communication, la délivrance de messages à caractère dissuasif, la diffusion de messages encourageant le civisme fiscal, les vérifications fiscales, l'application de pénalités en cas de non-respect des obligations fiscales, la simplicité de la procédure de dépôt de déclaration fiscale, les services publics de base, la légitimité du pouvoir politique, et d'autre part, la conformité fiscale. Ils ont par ailleurs mis en évidence une corrélation négative nette entre d'une part, les taux d'imposition, les exonérations fiscales temporaires, la fraude fiscale avec collusion et le sentiment que la corruption est présente et que les infrastructures sont insuffisantes, et d'autre part, la conformité fiscale.

Les résultats d'une étude menée à bien au Togo montrent que les attitudes négatives des citoyens à l'égard des pots-de-vin, la sévérité des sanctions et la reconnaissance de la légitimité des droits de douane sont positivement corrélées avec la conformité fiscale (Soglo et Amedanou, 2023[26]). La conformité fiscale volontaire peut être le résultat non seulement de facteurs comportementaux et de mesures dissuasives, mais aussi d'une volonté politique.

S'agissant de la confiance, la plupart des administrations fiscales des pays du continent appliquent encore des pratiques qui ne sont pas conformes aux bonnes pratiques internationales pour ce qui est des mécanismes de règlement des différends (ATAF et FMI, 2022[27]) . La crainte que les deniers publics ne soient mal employés et qu'il y ait de la corruption au sein de l'administration en général, et de l'administration fiscale en particulier, suscite une défiance préjudiciable à la conformité fiscale volontaire. Plus les cas de non-respect des obligations fiscales sont nombreux, plus les vérifications et les enquêtes fiscales sont fréquentes et coûtent cher aux administrations fiscales, en temps et en argent.

Principales conclusions sur la conformité fiscale volontaire dans les pays africains

Le cadre mis en place par la Banque mondiale pour améliorer la conformité fiscale comporte trois grands axes : (i) facilitation ; (ii) action coercitive ; et (iii) instauration de la confiance du public dans l'État et dans ses pratiques en matière de dépenses (Prichard et al., 2019[28]). Cette section porte sur les mesures prises par les administrations fiscales des pays africains pour faciliter la tâche des contribuables et renforcer la confiance du public, ainsi que sur les lacunes qui subsistent, et présente des exemples de réussite dans certains pays.

Facilitation

La facilitation peut prendre différentes formes et passer notamment par l'éducation des contribuables, la simplification des systèmes et procédures de l'administration fiscale, l'offre de services de soutien et la simplification des systèmes numériques.

Éducation des contribuables

Les administrations fiscales des pays africains consacrent des efforts et des ressources considérables à l'éducation des contribuables et de la population dans son ensemble. La quasi-totalité des administrations fiscales qui ont communiqué des données et des statistiques dans le cadre de l'édition 2023 des *Perspectives Fiscales Africaines* (29 sur 30) disposent de services spécifiquement chargés de l'éducation des contribuables, même si sept d'entre elles ont indiqué ne pas allouer de ressources budgétaires à de telles fonctions. Seule l'administration fiscale du Zimbabwe (*Zimbabwe Revenue Authority*, ZIMRA) a indiqué ne pas disposer d'un bureau spécialement chargé de l'éducation des contribuables mais consacrer tout de même des ressources à l'éducation fiscale. Dans l'ensemble, on constate que ce domaine est généralement sous-financé dans les pays africains (ATAF, 2023[4]), (ATAF, 2024[9]).

Il existe diverses initiatives destinées à éduquer les contribuables[2], dont la plupart sont couramment mises en œuvre par de nombreuses administrations fiscales. Voici quelques exemples :

- **Séminaires et ateliers sur la fiscalité.** Il s'agit de l'un des moyens les plus couramment utilisés pour éduquer les contribuables en Afrique. Les administrations fiscales des pays africains invitent les contribuables à des séances de formation organisées dans un cadre pédagogique. Les séances sont parfois ciblées sur des groupes spécifiques de contribuables (généralement les petits contribuables).

- **Services fiscaux mobiles.** Les séminaires étant organisés dans des lieux centraux (des centres urbains principalement), de nombreux commerçants ont du mal à y assister. Certaines administrations fiscales recourent donc aujourd'hui à des véhicules équipés de haut-parleurs pour se déplacer et sensibiliser la population aux questions fiscales. Les administrations fiscales du Kenya (*Kenya Revenue Authority*, KRA) et d'Afrique du Sud (*South Africa Revenue Service*, SARS) assurent depuis un certain temps des services fiscaux mobiles (Mascagini et Santoro, 2018[29]). L'administration fiscale ougandaise (*Uganda Revenue Authority*, URA) a elle aussi commencé récemment à utiliser ses propres bus « URA » pour assurer des services fiscaux mobiles.
- **Annonces publicitaires et participation à des débats à la radio et à la télévision**. Il s'agit aussi de moyens couramment utilisés par de nombreuses administrations fiscales en Afrique. Des agents peuvent prévoir des interventions lors de débats à la radio et à la télévision afin d'aborder certains sujets. Certaines administrations fiscales créent des annonces publicitaires destinées à être diffusées à la radio et à la télévision.
- **Chaînes de télévision à visée fiscale**. Quelques administrations fiscales ont créé des chaînes de télévision. KRATV, dont la KRA se sert pour diffuser des informations sur la fiscalité, en est un exemple. La KRA enregistre des vidéos dans lesquelles elle explique comment se conformer à différentes obligations fiscales, notamment comment établir une déclaration fiscale, demander un numéro d'identification fiscale ou encore payer l'impôt. Ces enregistrements sont ensuite mis à la disposition des contribuables sur la chaîne KRATV et peuvent être visionnés à tout moment. L'URA a lancé une initiative analogue, baptisée URATV, mais destinée uniquement aux services internes de l'administration fiscale. L'URA enregistre également des vidéos dans lesquelles elle explique comment se conformer à différentes obligations fiscales et les ensuite télécharge vers sa chaîne YouTube.
- **Éducation fiscale dans les écoles et universités.** Les administrations fiscales des pays africains cherchent également à atteindre les futurs contribuables en dispensant des cours d'éducation fiscale dans les écoles et les universités. La KRA s'adresse aux jeunes élèves et les invite à sensibiliser les adultes qui les entourent aux questions fiscales. L'URA a mis en œuvre une initiative comparable, en créant des clubs fiscaux dans les écoles, où les élèves peuvent débattre de questions liées à la fiscalité. Des clubs fiscaux ont aussi été mis en place dans des écoles à Maurice, au Rwanda et en Tanzanie (OCDE, 2021[30]).
- **Un programme personnalisé destiné aux nouveaux contribuables enregistrés**. L'administration fiscale du Rwanda a mis en place un programme spécial à l'intention des nouveaux contribuables enregistrés afin de leur apprendre les notions de base de la fiscalité, notamment les impôts auxquels ils sont assujettis, quand et comment s'en acquitter, et comment modifier les informations les concernant et fournies lors de l'enregistrement. D'après une évaluation d'impact, ce programme a permis d'améliorer la conformité fiscale des personnes qui ont suivi une formation par rapport à celles qui n'en ont pas bénéficié, d'accroître la probabilité de l'envoi d'une déclaration fiscalede 27 points de pourcentage et d'augmenter les montants déclarés (Mascagini, Santoro et Mukama, 2019[16]).

Centres de services et guichets uniques

Les administrations fiscales des pays africains s'efforcent de rapprocher leurs services des contribuables. De nombreuses administrations ont ouvert des centres de services dans les lieux les plus fréquentés. Certains pays ont mis en place des guichets uniques. Un guichet unique donne accès, en un même lieu, aux services de l'administration fiscale et de différents organismes publics, comme ceux chargés de l'octroi de licences ou de l'immatriculation des entreprises. Il ressort d'une évaluation des interventions administratives visant à améliorer la conformité fiscale des petites et moyennes entreprises en Ouganda que le guichet unique a eu un effet relativement important à la fois sur le nombre de nouveaux contribuables enregistrés et sur les recettes perçues (Jouste, Nalukwago et Waiswa, 2021[31]).

Au Kenya, l'État a mis en place des guichets uniques, plus connus sous le nom de « centres Huduma », dans la plupart des grandes villes du pays. Ceux-ci font notamment office de guichet d'accès aux services de la KRA et permettent la réception des retours d'information des contribuables ainsi que la transmission de renseignements fiscaux. L'objectif de l'État était d'améliorer l'accès à ces services aux communautés souvent victimes de pannes d'Internet aux services de la KRA (entretien avec des agents de la KRA).

Au Rwanda, l'État a fusionné huit établissements publics en 2008 pour créer un guichet unique baptisé *Rwanda Development Board* (RDB). Placé sous la supervision du Cabinet du Président, le RDB a pour objectif principal de favoriser la croissance des entreprises et de l'investissement dans le pays. Il donne accès, en un même lieu, à plusieurs services publics, notamment l'immatriculation des entreprises et l'enregistrement des investissements, la gestion des incitations fiscales et la facilitation des procédures d'obtention de visas.

Centres d'appel/de contact

D'après l'ATAF (ATAF, 2022[32]), les centres d'appels favorisent la conformité fiscale volontaire. Certaines administrations fiscales africaines, dont l'administration fiscale nigériane (*Federal Inland Revenue Services*, FIRS), l'URA et la KRA, ont mis en place des centres d'appel fonctionnant de la même façon que ceux des entreprises de télécommunications et des banques. Un contribuable peut contacter l'administration fiscale par téléphone ou par courriel 24 heures sur 24. Les demandes des contribuables sont enregistrées et un suivi de leur traitement et du temps de réponse est assuré.

La direction du centre de contact de l'URA a indiqué que celle-ci ne recevait plus de plaintes de la part des contribuables concernant le temps de réponse ou l'absence de réponse à leurs réclamations et/ou demandes d'assistance. Le centre de contact gère l'ensemble des appels, des courriels et des demandes envoyées sur les médias sociaux, et son responsable du centre contrôle le nombre d'appels ou de courriels reçus, le nombre de réponses reçues et le temps de réponse en temps réel.

À Maurice, les agents de l'administration fiscale (*Mauritius Revenue Authority*, MRA) s'entretiennent avec les contribuables par appel vidéo. Cet outil visuel simplifie les explications et les illustrations faites par les agents de la MRA.

L'administration fiscale d'Eswatini a mis en place l'outil électronique de tarification (*Electronic Tarif Tool*, ETT), qui est utilisé par les contribuables pour déposer des réclamations et des recours relatifs aux classifications douanières. De par sa conception, cet outil permet de recueillir facilement des informations sur les contribuables.

Transformation numérique des administrations fiscales

Les pays africains se sont engagés dans la transformation numérique de leurs systèmes fiscaux, sachant que celle-ci peut contribuer à simplifier la conformité fiscale, à réduire les possibilités de collusion et de corruption entre agents des services fiscaux grâce à la réduction des interactions en face à face, et de manière générale, à améliorer l'efficacité des administrations fiscales. Grâce à la transformation numérique, les administrations fiscales des pays africains sont de plus en plus nombreuses à s'être dotées de plateformes de diffusion d'informations, par exemple via leurs portails en ligne (sites web). Les systèmes numériques enrichissent également la base d'informations éclairant les décisions relatives à la politique et à l'administration fiscales (OCDE, 2006[33]), (OCDE, 2017[34]), (Mayega et al., 2021[35]).

Aujourd'hui, les principaux systèmes et procédures de l'administration fiscale, comme l'enregistrement des contribuables, les déclarations fiscales et le paiement de l'impôt, sont désormais dématérialisés dans la plupart des administrations fiscales. Dans l'édition 2023 des *Perspectives Fiscales Africaines* 29 pays membres sur 31 ont indiqué avoir mis en place un système de dépôt en ligne et 97 % ont dit disposer de systèmes de paiement en ligne (ATAF, 2024[9]). Les systèmes et procédures de l'ensemble des organismes publics sont progressivement regroupés. L'Encadré 3.1 donne quelques exemples des différentes façons dont les administrations fiscales des pays africains recourent aux technologies pour améliorer la conformité fiscale.

Des études empiriques montrent qu'une utilisation accrue de la technologie dans les administrations fiscales en Afrique s'accompagne de recettes plus élevées. Ainsi, il ressort d'une étude de l'impact de l'automatisation des systèmes sur la perception des recettes au Kenya que le nombre de transactions et le montant des recettes collectées ont considérablement augmenté après la mise en place du système SIMBA (Gitaru, 2017[36]).

En Ouganda, une étude de (Jouste, Milly et Waiswa, 2021[37]) révèle que le nombre d'assujettis potentiels a augmenté rapidement à la suite de la mise en place d'un nouveau système de déclaration électronique. De même, une réforme récente du système d'enregistrement des contribuables, qui prévoit la délivrance instantanée d'un numéro d'identification fiscale, a entraîné une forte augmentation du nombre de nouveaux contribuables enregistrés ; les enregistrements par le nouveau canal instantané ont représenté plus d'un tiers du total des enregistrements au cours des quatre dernières années (Scarpini et al., 2024[38]).

En Afrique du Sud, la SARS indique que les technologies de pointe comme l'apprentissage automatique et l'intelligence artificielle ont amélioré la conformité fiscale. Ainsi, elle a traité 4.3 millions de déclarations de TVA en 2022, dont plus de 90 % ont été traitées automatiquement et à l'aide d'algorithmes d'apprentissage automatique sans intervention humaine.

Encadré 3.1. Utiliser la technologie au service de la conformité fiscale

L'adoption de solutions numériques par les administrations fiscales a augmenté au cours de la dernière décennie. Ces solutions concernent toute une série de procédures, notamment l'établissement des déclarations et l'enregistrement, et peuvent être améliorées par une intégration avec d'autres systèmes publics.

En ce qui concerne la **simplification des déclarations**, les réformes récentes étaient axées sur la mise en place de systèmes électroniques de déclaration fiscale et de facturation pour la taxe sur la valeur ajoutée (TVA). Grâce à ces systèmes, les données sur les transactions de vente et d'achat sont automatiquement partagées avec l'administration fiscale en temps réel. À la fin d'une période donnée, le pré-remplissage de la déclaration de TVA correspondante se fait automatiquement ; le contribuable vérifie les informations et, après validation des données générées par le système, clique sur le bouton « Envoyer » pour terminer la procédure de déclaration. Au cours de l'exercice 2023/24, la KRA et l'URA ont instauré un système de pré-remplissage automatique des déclarations de TVA.

La MRA procède pour sa part au pré-remplissage des formulaires de déclaration d'impôt sur le revenu en reliant ses systèmes à ceux des acteurs du secteur privé et des organes, ministères et organismes publics. D'après les agents de la MRA interrogés, la déclaration peut désormais se faire en moins de cinq minutes grâce au pré-remplissage de la plupart des champs.

En Afrique du Sud, la déclaration d'impôt sur le revenu des personnes physiques est également pré-remplie à partir de données tierces, telles que les déclarations transmises par les employeurs. Les contribuables sont informés par courrier électronique des déclarations pré-remplies et sont invités à se connecter à leur compte pour valider les informations figurant sur leur déclaration ; si ces informations sont correctes, la déclaration peut être soumise en moins de cinq minutes. S'ils ne sont pas d'accord avec les informations pré-remplies, ils peuvent les modifier, mais sont tenus de télécharger des pièces justificatives.

Afin de simplifier le **processus de paiement** et de le rendre plus pratique pour les contribuables, les administrations fiscales des pays africains ont diversifié les solutions de paiement proposées. Aujourd'hui, très peu d'administrations fiscales gèrent encore des espèces ; ce n'est le cas que dans quelques localités éloignées des établissements bancaires. Quelques administrations fiscales africaines ont combiné des plateformes de services bancaires et de paiement électronique par téléphone mobile pouvant proposer des services bancaires mobiles, tels que « MPESA » (KRA), « airtel » et « MTN mobile money » (URA) et « Econet » (ZIMRA). Le Maroc a recours à l'application mobile « Daribati », tandis qu'à Madagascar, le paiement de l'impôt peut se faire sur la plateforme « e-Hetra ».

La MRA a mis en place un système de paiement en ligne par prélèvement automatique unique en son genre. Le compte bancaire du contribuable est automatiquement débité d'un montant équivalent au montant de l'impôt dû validé, et ce immédiatement après le dépôt de sa déclaration de revenus.

Outre l'automatisation des principaux systèmes d'administration de l'impôt, les administrations des pays africains **intègrent de plus en plus ces systèmes à d'autres systèmes publics** en vue de simplifier les processus garantissant le respect des obligations fiscales.

- En Afrique du Sud, la SARS a intégré ses systèmes à ceux de la Commission des entreprises et de la propriété intellectuelle (*Companies and Intellectual Property Commission*, CIPC) pour faire en sorte qu'une entreprise enregistrée auprès de la CIPC le soit automatiquement auprès de la SARS.

- À Maurice, le système « I Network » utilisé par la MRA permet l'enregistrement automatique des contribuables dès que les informations les concernant ont été saisies par le bureau d'enregistrement ou l'administration locale.
- En Ouganda, l'URA a mis en place une technologie de délivrance instantanée du NIF (numéro d'identification fiscale). Ainsi, le délai d'obtention d'un NIF, qui pouvait aller de 1 à 3 jours, a été ramené à moins de cinq minutes. L'URA a intégré ses systèmes à ceux de l'Autorité nationale d'identification et d'enregistrement (*National Identification and Registration Authority*, NIRA) de sorte que, si un contribuable s'enregistre dans le système de l'URA, ses données sont automatiquement recoupées avec celles du système de la NIRA ; une fois les données validées, le NIF est délivré.

La mise en place de systèmes numériques et leur amélioration continue présentent de nombreux avantages, mais trois grands défis subsistent, à savoir (i) l'intermittence de la connexion internet, (ii) les coûts exorbitants d'acquisition et/ou de développement des systèmes et (iii) les faibles taux de compétences en informatique. Des initiatives visant à améliorer l'accès à internet et à en réduire les coûts, ainsi qu'à familiariser la population à ces systèmes, devraient être mises en œuvre de manière continue. De même, les administrations fiscales qui en sont aux premiers stades du développement de leurs systèmes devraient s'appuyer en priorité sur les compétences informatiques disponibles en interne pour développer des systèmes informatiques personnalisés.

À moyen et long terme, l'ATAF devrait accélérer la mise en œuvre de son idée d'élaboration d'un système informatique continental qui puisse être facilement adapté aux besoins spécifiques des pays, sur le modèle du système SYDONIA de la CNUCED, lequel est aujourd'hui utilisé par 102 pays pour la gestion des données et des procédures relatives au commerce international (CNUCED, 2023[39]).

Programmes de divulgation volontaire/amnistie

Un programme de divulgation volontaire (PDV) est un outil très utilisé aussi bien par les pays développés que par les pays en développement pour encourager la conformité fiscale volontaire des contribuables et accroître les recettes fiscales. Dans le cadre d'un PDV, les contribuables qui se cachaient des autorités fiscales, dans le pays comme dans la diaspora, sont tenus de déclarer leurs revenus ou leurs actifs et sont soumis uniquement à l'obligation fiscale principale. Le contribuable bénéficie de l'exonération des pénalités et des intérêts sur les impôts éludés, et l'administration fiscale bénéficie du recouvrement des recettes pour un coût minimum. Les PDV auraient permis de recouvrer 90 milliards EUR de recettes fiscales au titre d'avis d'imposition supplémentaires depuis 2009 à l'échelle mondiale et au moins 30 milliards EUR dans les pays en développement (ATAF, 2024[40]).

Il existe un risque qu'un PDV mal géré puisse affaiblir le civisme fiscal des contribuables qui respectent leurs obligations fiscales. En effet, les personnes pouvant bénéficier d'un tel programme sont avantagés alors qu'elles n'ont pas respecté leurs obligations fiscales. Si un PDV est bien mis en œuvre, le public bénéficie de l'augmentation des recettes fiscales et de l'amélioration du civisme fiscal des contribuables. (ATAF, 2024[40]).

Selon plusieurs pays africains ayant mis en œuvre des PDV, les recettes découlant de ces programmes sont importantes. L'Afrique du Sud avait notamment mis en place un PDV d'une durée de 11 mois entre 2016 et 2017 ; celui-ci a abouti à la déclaration de 1.8 milliard USD d'actifs étrangers et au recouvrement d'environ 296 millions USD de recettes fiscales. Entre 2017 et 2019, le Nigéria a géré un PDV biennal qui a permis de collecter 162 millions USD de recettes fiscales supplémentaires et d'accroître le nombre de contribuables enregistrés, lequel est passé de 14 millions en 2016 à 19 millions en 2018. En Zambie, un programme d'amnistie fiscale a permis de porter le taux de recouvrement des arriérés d'impôt de 10 % en 2021 à 16 % en 2022. Des pays comme le Kenya et l'Ouganda mettent également en œuvre des PDV, dont les résultats n'ont toutefois pas encore été évalués (ATAF, 2024[9]) (ATAF, 2024[40]).

Instaurer la confiance dans l'État et l'administration fiscale

Il est indispensable d'instaurer la confiance pour renforcer le civisme fiscal en tant que moteur de la conformité fiscale volontaire. L'instauration de la confiance repose sur l'équité, l'éthique, la justice, la réciprocité et la redevabilité des systèmes fiscaux, mais aussi de l'administration dans son ensemble et de ses pratiques en matière de dépenses. Selon (Prichard et al., 2019[28]), les contribuables sont plus susceptibles de se conformer volontairement à leurs obligations si :

- les systèmes fiscaux sont administrés de manière juste, de sorte que tous les contribuables soient traités et/ou pénalisés équitablement et, en cas de violation de leurs droits, des voies de recours existent ;
- la charge fiscale est équitablement répartie, de sorte que chacun paie sa juste part. Pour ce faire, il faut (i) une équité horizontale, en vertu de laquelle des contribuables dont la situation économique est similaire paient un niveau d'impôts similaire, et (ii) une équité verticale, en vertu de laquelle les contribuables plus aisés paient plus en proportion de leur revenu que les contribuables moins aisés et, dans le cas des entreprises, il doit exister un équilibre relatif de la charge fiscale effective entre les entreprises de différentes tailles ;
- les recettes fiscales sont utilisées pour financer des biens et services publics dont les contribuables sont satisfaits. Cela suppose que l'État rende davantage compte aux contribuables des impôts perçus.

L'État et les autorités fiscales pourraient gagner davantage la confiance des contribuables. Les enquêtes Afrobaromètre menées dans 34 pays africains révèlent qu'en moyenne, plus de la moitié de la population africaine (52 %) ne fait pas confiance à l'État et que 54 % des personnes interrogées estiment que la corruption des fonctionnaires a augmenté (Graphique 3.1). Ces perceptions négatives de l'État nuisent au civisme fiscal et à la conformité fiscale. En moyenne, plus de la moitié (56 %) des personnes interrogées dans les 34 pays où l'enquête Afrobaromètre a été menée estiment très probable que les individus aisés versent des pots-de-vin pour échapper à l'impôt, tandis que 57 % des répondants ont déclaré qu'il était moins probable que les citoyens ordinaires se soustraient à l'impôt de cette manière (Tableau 3.1).

Graphique 3.1. Opinions de la population sur la confiance et le niveau de corruption dans les institutions de l'État (moyenne pour 34 pays africains)

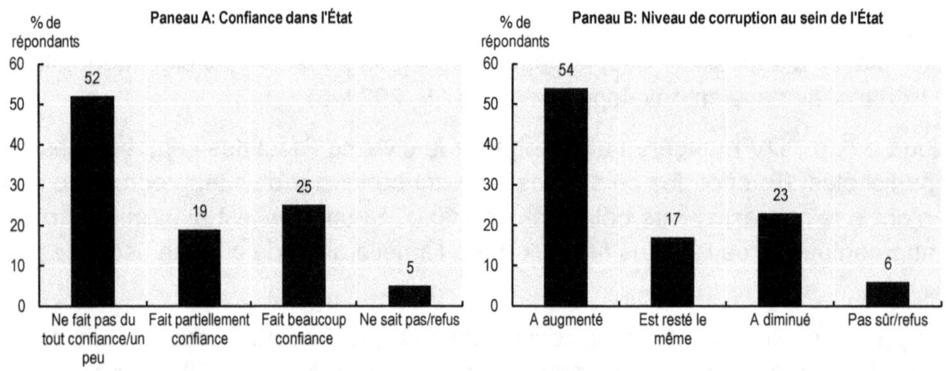

Source : Calculs des auteurs à partir de la série 7 de l'enquête Afrobaromètre.

StatLink https://stat.link/r1f9xv

Tableau 3.1. Opinions de la population sur le versement de pots-de-vin pour échapper à l'impôt (moyenne pour 34 pays africains)

	Moins probable	Assez probable	Très probable	Refus/ne sait pas
Les gens ordinaires paient des pots-de-vin pour éviter les impôts	57%	23%	15%	4%
Les riches paient des pots-de-vin pour éviter les impôts	20%	20%	56%	4%

Source : Calculs des auteurs à partir de la série 7 de l'enquête Afrobaromètre.

La population charge souvent les administrations fiscales d'expliquer comment les recettes fiscales ont été utilisées. Les administrations fiscales des pays d'Afrique ont donc endossé le rôle qui serait normalement celui d'une autre branche de l'administration publique, comme le ministère des Finances, et qui consiste à essayer de fournir des preuves de l'utilisation faite des recettes publiques. Voici quelques exemples d'initiatives prises à cet effet par des administrations fiscales en Afrique :

- **Journées nationales d'appréciation du contribuable et de redevabilité.** Il s'agit de journées nationales visant à (i) honorer les contribuables respectueux de leurs obligations fiscales ; (ii) rendre compte de l'utilisation faite des recettes fiscales au cours de l'année ; (iii) éduquer les contribuables sur des questions fiscales ; et (iv) offrir des services fiscaux (principalement l'enregistrement des contribuables). Des pays comme le Kenya, le Rwanda, la Tanzanie, le Burundi, le Mozambique et le Sénégal mettent en œuvre ce type d'initiative depuis des années. Les administrations fiscales organisent ces manifestations en collaboration avec d'autres organismes publics qui sont invités à présenter l'usage fait des recettes fiscales.
- **Présentation des travaux de l'administration sur des annonces télévisées et des panneaux d'affichage.** Afin de présenter leurs travaux, les administrations fiscales des pays africains ont conçu des annonces télévisées et des panneaux d'affichage installés dans les villes et les centres-villes. En Ouganda, l'URA a lancé une campagne intitulée « Grâce à vous » (*Because of You*), qui vise à informer la population que grâce aux impôts qu'elle a payés l'administration a pu lui offrir différents services.
- **Forums consultatifs.** Ces forums ont pour objet de solliciter l'opinion du public sur de nouvelles mesures fiscales que le gouvernement entend mettre en place. À Madagascar, l'administration fiscale organise en début d'exercice des réunions de travail avec des comptables et des opérateurs économiques locaux afin de réfléchir à la manière dont les politiques fiscales et les procédures administratives peuvent être définies en concertation.

En plus d'essayer d'améliorer la confiance dans l'État, les administrations fiscales s'efforcent de renforcer la confiance du public à leur égard, notamment par les moyens suivants :

- **Séances d'information pour les médias.** Elles ont pour but d'informer le public des montants que l'administration fiscale a pu percevoir au cours de chaque période. En général, les médias sont invités à assister à ces séances dans le but d'informer le reste de la population des sommes collectées par l'administration fiscale.
- **Divisions spécialisées chargées d'améliorer l'intégrité du personnel et des processus.** La grande majorité des administrations fiscales disposent d'équipes spécialisées chargées de répondre aux préoccupations en matière d'intégrité du personnel et des processus opérationnels. Leur mission consiste à vérifier le respect aux règles du personnel et à prendre les mesures disciplinaires appropriées si nécessaire. Ces équipes procèdent en outre à des vérifications des systèmes et des processus opérationnels afin de s'assurer qu'ils fonctionnent conformément aux accords sur le niveau de service.

Conclusions et recommandations

La facilitation et la confiance sont des moteurs essentiels de la conformité volontaire pour les administrations fiscales des pays africains. Si la politique traditionnellement privilégiée est celle dite du bâton, consistant à améliorer le respect des obligations fiscales par l'application de mesures coercitives, l'approche moderne repose plutôt sur l'établissement d'un lien entre l'administration et les citoyens, ainsi chaque partie se conforme d'elle-même aux obligations qui lui incombent en vertu du contrat social. Si en Afrique, de nombreuses administrations ont obtenu des résultats satisfaisants en matière de facilitation, certaines accusent cependant un retard sur la question du renforcement de la confiance du public.

Cette étude met en évidence la masse d'informations disponibles sur les moyens novateurs d'améliorer la conformité fiscale volontaire, informations utiles pour alimenter les échanges entre pairs et la réalisation d'analyses comparatives entre administrations fiscales de différents pays.

Des innovations concrètes en matière de facilitation ont été mises en œuvre dans un certain nombre de domaines :

- En ce qui concerne l'éducation des contribuables, on peut notamment citer, parmi les solutions novatrices pouvant être envisagées par les administrations fiscales des pays africains (i) des programmes d'éducation ciblant spécifiquement les contribuables qui viennent de s'enregistrer auprès des services fiscaux ; (ii) l'envoi d'unités mobiles de l'administration fiscale chargées de porter l'éducation fiscale jusque dans les zones rurales ; (iii) la création de chaînes de télévision spécialisées ; et (iv) des programmes d'éducation fiscale spécialement destinés à un public de jeunes en milieu scolaire.
- Les programmes d'éducation des contribuables ne devraient pas avoir pour seul but de pousser le plus loin possible la conformité fiscale, ils devraient aussi être axés sur la diffusion d'informations sur les services publics, la transparence budgétaire et la redevabilité des pouvoirs publics.
- La création de guichets uniques donnant accès, en un même lieu, à plusieurs services publics est également une option.
- Pour faciliter le processus d'enregistrement, les administrations fiscales des pays d'Afrique devraient encourager le regroupement de ce service avec d'autres services publics.
- Afin de simplifier les déclarations d'impôts, il conviendrait d'envisager le passage à des formulaires pré-remplis, ce qui suppose de fait l'automatisation des principaux systèmes d'administration de l'impôt, l'accès à des données détenues par des tiers et l'intégration des systèmes à l'échelle du pays.
- Les administrations fiscales devraient diversifier les plateformes de paiement en ajoutant des services bancaires aux services des opérateurs de télécommunications sous la forme d'applications mobiles de paiement.

On peut conclure, à partir des réponses recueillies lors des entretiens, que de nombreuses administrations fiscales du continent africain se sont dotées de plateformes numériques en recourant à grands frais aux services d'experts étrangers. La maintenance de ces plateformes et la réalisation des modifications requises en cours d'exploitation sont également très onéreuses. Il convient de noter que dans plusieurs cas, une refonte du système d'administration de l'impôt est actuellement en cours. La ZIMRA, par exemple, a pris des mesures pour réorganiser ses procédures, lourdes et coûteuses, et élaborer un nouveau système en faisant appel à des experts locaux. La passation de marchés publics dans le domaine informatique doit s'accompagner d'un processus de transformation numérique plus vaste permettant de mettre clairement en évidence les besoins, et de mobiliser en parallèle les ressources humaines requises (OCDE, 2021[41]).

Afin de mettre à profit les avantages procurés par la transformation numérique, il est souhaitable qu'à long terme, chaque administration fiscale s'attache en priorité, avec le soutien de l'État, à mettre au point un système d'administration de l'impôt offrant des services abordables, conviviaux et personnalisés grâce à l'automatisation, la numérisation et l'intégration. Un renforcement des capacités locales de maintenance des systèmes, au moyen de formations pratiques et d'opérations de mise à niveau des systèmes, s'impose également. L'ATAF pourrait aussi aller dans ce sens en mettant au point un système informatique à l'échelle du continent, susceptible d'être facilement adapté aux besoins propres à chaque pays.

Pour promouvoir l'intégration des services, les administrations africaines devraient se concentrer sur l'amélioration de l'infrastructure, pivot d'une circulation fluide des informations entre les différents organismes publics. La collaboration entre le ministère des Finances et les ministères en charge des technologies de l'information et des communications doit également être à l'ordre du jour pour assurer la fourniture d'infrastructures adéquates sur le territoire national. En outre, une coordination efficace entre le ministère des Finances, le ministère des Technologies de l'information, le ministère du Commerce, le service d'enregistrement des entreprises et le secteur privé est fondamentale pour bâtir des passerelles entre les systèmes du secteur privé et ceux des administrations fiscales.

La conformité fiscale volontaire a de fait pâti des contraintes budgétaires auxquelles sont soumises les administrations fiscales de nombreux pays d'Afrique. Nombre d'entre elles en particulier ne disposent pas de ressources suffisantes pour pouvoir se doter de systèmes fiscaux modernes ou moderniser les systèmes existants. Dans certains cas, elles font appel à des intervenants externes dont les compétences ont un prix élevé, et elles doivent pour cela suivre des procédures de passation de marchés longues et fastidieuses. Il est également nécessaire d'accroître le soutien budgétaire en faveur des services de communication et de technologies de l'information pour permettre aux organismes publics de fonctionner dans un environnement informatisé, et d'échanger aisément des informations.

Faciliter la tâche des contribuables et susciter la confiance du public dans l'État, et dans ses pratiques en matière de dépenses, ainsi que la confiance dans l'administration fiscale elle-même, sont deux axes essentiels pour encourager les contribuables à se conformer volontairement à leurs obligations. Bien que les administrations fiscales soient responsables au premier chef de la facilitation, et qu'elles n'aient qu'une maîtrise limitée de ce qui peut renforcer la confiance du public dans les services de l'État, elles devraient s'efforcer de renvoyer une bonne image au public en étant exemptes de toute forme de corruption. Il conviendrait que les administrations fiscales des pays africains s'attachent à appréhender les questions d'intégrité comme un outil de consolidation de la confiance dans le système fiscal au service de la conformité fiscale volontaire.

Par ailleurs, la confiance dans les pouvoirs publics restant un sujet de préoccupation majeur sur le continent, le législateur devrait être conscient de l'importance des initiatives visant à la consolider, sachant qu'elle est conditionnée par la transparence de la communication, la justice et la redevabilité. Les individus sont en effet plus enclins à s'acquitter volontairement de leurs obligations lorsqu'ils font confiance à l'État, et le fait que cette confiance grandisse peut favoriser la conformité fiscale volontaire et améliorer le civisme fiscal.

En règle générale, l'amélioration de la conformité fiscale volontaire en particulier – et de la mobilisation des recettes en général – exige une approche à l'échelle de l'ensemble de l'administration. L'administration fiscale et d'autres services de l'administration doivent s'employer ensemble à démontrer que les recettes fiscales sont bien utilisées, et que l'État est déterminé à lutter contre la corruption ainsi que contre toute utilisation inappropriée de l'argent des contribuables. Les hauts fonctionnaires, les responsables politiques et les citoyens influents devraient avoir à cœur de donner le bon exemple en revendiquant, preuves à l'appui, le respect de leurs obligations fiscales.

Références

Aiko, R. et C. Logan (2014), *Africa's willing taxpayers thwarted by opaque tax systems, corruption*, https://www.afrobarometer.org/wp-content/uploads/2022/02/ab_r5_policypaperno7.pdf. [15]

Amaning, N. et al. (2021), « Tax Compliance among Ghanaian SMEs: How impactful is Taxpayer Education? », *International Journal of Academic Research in Business and Social Science*, vol. 10, n° 4, pp. 40-58, https://doi.org/10.6007/IJARAFMS/v10-i4/8332. [18]

ATAF (2024), *ATAF Guide on Implementation of the Voluntary Disclosure Programme*, Forum sur l'administration fiscale africaine, Pretoria. [40]

ATAF (2024), *Perspectives Fiscales Africaines*, Forum sur l'administration fiscale africaine, Pretoria, https://www.ataftax.org/african-tax-outlook. [9]

ATAF (2023), *Perspectives Fiscales Africaines*, Forum sur l'administration fiscale africaine, Pretoria, https://www.ataftax.org/african-tax-outlook. [4]

ATAF (2022), *Perspectives Fiscales Africaines*, Forum sur l'administration fiscale africaine, Pretoria. [32]

ATAF (2021), *Continental Taxpayer Education Practical Guidelines*, ATAF, Pretoria. [10]

ATAF (2021), *Perspectives Fiscales Africaines*, Forum sur l'administration fiscale africaine, Pretoria, https://www.ataftax.org/african-tax-outlook. [8]

ATAF et FMI (2022), *Les défis de l'administration fiscale en Afrique : Une analyse comparative à partir des résultats apportés par l'outil diagnostique d'évaluation de l'administration fiscale*, https://www.tadat.org/assets/files/ATAF_TADAT_Joint_Paper_AnalysisofTax_Administration_in_Africa_2022_French.pdf. [27]

Benzarti, Y. (2015), *How Taxing Is Tax Filing? Leaving Money on the Table Because of Hassle Costs*, https://doi.org/10.2139/ssrn.2412703. [19]

Betts, S. (2022), *Revenue Administration Compliance Risk Management Framework to Drive Revenue Performance*, Fonds monétaire international, https://www.imf.org/en/Publications/TNM/Issues/2022/08/26/Revenue-Administration-Compliance-Risk-Management-Overarching-Framework-to-Drive-Revenue-520479. [1]

Chindengwike, J. et A. Kira (2022), « The Effect of Tax Rate on Taxpayers' Voluntary Compliance in Tanzania », *Journal of Accounting and Finance*, vol. 10, n° 5, pp. 889-896, https://doi.org/10.13189/ujaf.2022.100501. [3]

CNUCED (2023), *ASYCUDA Report 2022/23. Accelerating Climate Smart Trade Facilitation*, Genève : Conférence des Nations Unies sur le commerce et le développement, https://unctad.org/publication/asycuda-report-20222023. [39]

Gebrihet, H., Y. Gebresilassie et G. Woldu (2024), « Trust, Corruption, and Tax Compliance in Fragile States: On a Quest for Transforming Africa into Future Global Powerhouse », *Social Sciences*, vol. 13, n° 1/3, https://doi.org/10.3390/socsci13010003. [20]

Gitaru, K. (2017), *The Impact Of System Automation On Revenue Collection in Kenya Revenue Authority (A Case Study of SIMBA)*, , University Library of Munich, Allemagne, https://mpra.ub.uni-muenchen.de/80343/1/MPRA_paper_80343.pdf. [36]

Isbell, T. (2017), *Tax compliance Africans affirm civic duty but lack trust in tax department*, https://www.afrobarometer.org/publication/pp43-tax-compliance-africans-affirm-civic-duty-lack-trust-tax-department/. [42]

Jouste, M., N. Milly et R. Waiswa (2021), *Do tax administrative interventions targeted at small businesses improve tax compliance and revenue collection? Evidence from Ugandan administrative tax data.*, Helsinki, UNUWIDER, https://doi.org/10.35188/UNU-WIDER/2021/951-8. [37]

Jouste, M., M. Nalukwago et R. Waiswa (2021), *Do tax administrative interventions targeted at small businesses improve tax compliance and revenue collection?: Evidence from Ugandan administrative tax data*, Helsinki: UNU-WIDER, https://doi.org/10.35188/UNU-WIDER/2021/951-8. [31]

Kira, A. (2017), « An Evaluation of Governments' Initiatives in Enhancing Small Taxpayers' Voluntary Tax Compliance in Developing Countries », *International Journal of Academic Research in Accounting, Finance and Management Sciences*, vol. 7, n° 1/janvier, pp. 253-267. [11]

Kirchler, E. (2021), *Strengthening Tax Compliance by Balancing Authorities' Power and Trustworthiness*, Cambridge University Press, https://doi.org/10.1017/9781108759458.055. [6]

Kogler, C. et al. (2023), « Perceptions of trust and power are associated with tax compliance: A cross-cultural study », *Economic and Political Studies*, vol. 11/3, pp. 365-381, https://doi.org/10.1080/20954816.2022.2130501. [24]

Kumi, R. et al. (2023), « Voluntary and enforced tax compliance determinants and impact among agrochemical businesses in Ghana », *Arab Gulf Journal of Scientific Research*, https://doi.org/10.1108/AGJSR-03-2023-0133. [23]

Mascagini, G. et F. Santoro (2018), *What is the Role of Taxpayer Education in Africa?*, Publication sur l'administration fiscale africaine, ICTD, Brighton. [29]

Mascagini, G., F. Santoro et D. Mukama (2019), *Teach to Comply? Evidence from a Taxpayer Education Programme in Rwanda*, Brighton, IDS: ICTD. [16]

Mayega, J. et al. (2021), *How Clean Are Our Taxpayer Returns? Data Management in Uganda Revenue Authority*, Brighton: IDS. [35]

Nalishebo, S. et A. Halwampa (2014), *Uncovering the Unknown: An Analysis of Tax Evasion in Zambia*. [13]

Nkundabanyanga, S. et al. (2017), « Tax compliance in a developing country », *Journal of Economic Studies*, vol. 44, n° 6, pp. 937-957, https://doi.org/10.1108/JES-03-2016-0061. [22]

Nwokoye, E. et al. (2023), « Fiscal Incentives and Tax Compliance Behaviour in Industrial Clusters: A Survey of Clusters in South-East Nigeria », *Journal of African business*, vol. 24/1, https://doi.org/10.1080/15228916.2022.2031827. [25]

OCDE (2023), *Civisme fiscal : Qu'est-ce qui motive les particuliers et les entreprises à payer des impôts ?*, Éditions OCDE, Paris, https://doi.org/10.1787/4ce7612d-fr. [14]

OCDE (2023), *Civisme fiscale : Qu'est-ce qui motive les particuliers et les entreprises à payer des impôts ?*, Éditions OCDE, Paris, https://www.oecd-ilibrary.org/taxation/civisme-fiscal_4ce7612d-fr. [21]

OCDE (2021), *Édifier une culture fiscale, civique et citoyenne : Un ouvrage de référence mondial sur l'éducation des contribuables, Seconde édition*, Éditions OCDE, Paris, https://doi.org/10.1787/66dd237b-fr. [30]

OCDE (2021), *Soutenir la transformation numérique des administrations fiscales des pays en développement*, OCDE, Paris, https://www.oecd.org/fr/publications/soutenir-la-transformation-numerique-des-administrations-fiscales-des-pays-en-developpement_055eb857-fr.html. [41]

OCDE (2017), *Revenue Statistics in Asian Countries 2017: Trends in Indonesia, Japan, Kazakhstan, Korea, Malaysia, the Philippines and Singapore*, Éditions OCDE, Paris, https://doi.org/10.1787/9789264278943-en. [34]

OCDE (2006), *Using Third Party Information Reports to Assist Taxpayers Meet their Return Filing Obligations – Country Experiences with the Use of Pre-Populated Personal Tax Returns*, Éditions OCDE, Paris. [33]

OCDE (2004), *Compliance Risk Management: Managing and Improving Tax Compliance*, Éditions OCDE, Paris, http://www.oecd.org/tax/forum-on-tax-administration/publications-and-products/compliance/33818656.pdf. [2]

Olaniyi, O. et al. (2023), « Tax administration and personal income tax compliance in Nigeria: A PLS-SEM approach », *International Journal of Applied Economics, Finance and Accounting*, vol. 17/1, pp. 117-126, https://doi.org/10.33094/ijaefa.v17i1.1088. [17]

Prichard, W. et al. (2019), *Innovations in Tax Compliance: Conceptual Framework*, Banque mondiale, https://documents1.worldbank.org/curated/en/816431569957130111/pdf/Innovations-in-Tax-Compliance-Conceptual-Framework.pdf. [28]

Scarpini, C. et al. (2024), *Enhancing Taxpayer Registration with Inter-Institutional Data Sharing – Evidence from Uganda*, Brighton, Institute of Development Studies, https://doi.org/10.19088/ICTD.2024.047. [38]

Soglo, K. et I. Amedanou (2023), « Determinants of business tax compliance: A case study of Togo », *Journal of Accounting and Taxation*, vol. 15, n° 2, pp. 39-63, https://doi.org/10.5897/JAT2023.0559. [26]

TADAT (2019), *Guide pratique TADAT*, TADAT, https://www.tadat.org/assets/files/TADAT%20Field%20Guide%202019%20-%20French.pdf. [7]

Tanui, P. (2016), « Demystifying the key taxation concepts to improve compliance by small and medium enterprises in Kenya », *European Journal of Accounting, Auditing and Finance Research*, vol. 4/6, pp. 47-60. [12]

Waiswa, R., D. Akol et M. Nalukwago (2020), *Who can make Ugandan Taxpayers more Compliant?*, Brighton, Institute of Development Studies, https://www.ictd.ac/publication/make-uganda-taxpayers-more-compliant-ura/. [5]

Notes

[1] L'étude de l'ATAF consacrée à la conformité fiscale volontaire dans les pays d'Afrique est le fruit des travaux de l'Unité de recherche appliquée et de statistiques de l'ATAF (Dr Ezera Madzivanyika, M. Ronald Waiswa et Dr Nthabiseng Debeila) et du Dr Ismail Kintu, de l'Université de Makerere, qui ont travaillé sous la direction du Dr Ezera Madzivanyika et la supervision générale de M. Anthony Munanda, Chef de la mobilisation des ressources intérieures de l'ATAF.

[2] Pour de plus amples informations sur l'éducation des contribuables, veuillez consulter (OCDE, 2021[30]).

4. Niveaux et structures des impôts, 1990-2022

Dans tous les tableaux suivants le symbole («..») signifie que l'information n'est pas disponible. La principale série dans ce volume couvre les années 1990 à 2022.Les données pour les années 1991 à 1999 et 2011 dans les tableaux 4.1 et 4.2 et pour les années 1990-94, 1996-99, 2001-04, 2006-09, 2011-14 et 2016-17 dans les tableaux 4.5 à 4.19 ont été omises en raison du manque d'espace. Les séries complètes sont cependant disponibles en ligne sur l'Explorateur des données de l'OCDE et accessible à l'adresse https://data-explorer.oecd.org/ sous le thème Fiscalité/ Recettes fiscales mondiales ou en recherchant recettes fiscales africaines.

Tableau 4.1. Total des recettes fiscales en pourcentage du PIB, 1990-2022

	1990	2000	2005	2006	2007	2008	2009	2010	2011	2012
Afrique du Sud[1]	21.9	20.1	22.8	24.0	25.3	25.3	23.2	23.1	24.0	24.4
Botswana	..	..	15.4	15.6	14.1	17.4	16.0	15.8	16.0	14.3
Burkina Faso	..	10.2	11.7	12.1	12.6	11.9	12.6	14.0	13.4	14.9
Cabo Verde	10.5	15.6	20.4	23.8	25.6	26.3	19.3	17.3	18.4	16.6
Cameroun	..	10.8	11.0	11.5	12.0	12.0	12.3	11.5	12.5	13.0
Congo	..	3.8	5.9	5.6	5.9	6.0	8.0	7.1	7.6	7.0
Congo Rép. dém.[2]	..	0.6	4.9	5.5	6.3	7.6	8.0	8.3	8.7	10.6
Côte d'Ivoire	15.6	11.1	11.3	11.7	12.4	12.2	12.2	11.9	11.1	12.8
Égypte[3]	..	..	15.7	17.4	17.1	16.8	17.0	15.5	15.5	13.9
Eswatini	..	10.7	11.6	11.7	11.8	12.9	12.9	13.9	13.9	12.8
Gabon[4,5]	..	..	..	..	..	..	..	..	..	..
Ghana	..	7.8	10.5	9.9	10.0	10.5	10.4	10.8	11.8	12.0
Guinée	..	7.5	8.4	8.5	8.8	9.5	10.2	10.0	10.4	14.3
Guinée équatoriale	..	..	8.2	9.7	7.5	7.8	12.8	7.6	7.0	8.8
Kenya	..	..	14.7	14.7	16.0	16.7	16.0	15.9	16.7	16.2
Lesotho	..	..	14.3	13.9	16.5	17.3	18.6	19.3	19.7	21.2
Madagascar[3]	..	9.4	8.7	9.2	9.8	11.4	9.4	8.5	9.0	8.7
Malawi	..	..	9.0	9.0	9.7	10.3	10.9	11.3	11.6	10.3
Mali[3]	..	11.4	14.5	14.1	14.3	13.3	14.4	14.1	14.0	14.2
Maroc[3,4]	..	20.3	23.0	24.2	26.4	28.7	25.6	25.5	26.2	27.3
Maurice[6]	22.0	18.1	17.7	17.6	16.8	18.5	18.9	18.7	18.7	19.3
Mauritanie[4]	..	..	..	..	10.0	10.2	10.4	9.8	10.6	13.5
Mozambique										
Namibie	..	0.0	0.0	16.6	17.2	17.7	17.9	18.6	21.5	19.9
Niger	..	7.0	8.0	8.4	8.8	8.8	10.1	9.4	13.1	10.4
Nigéria	..	..	..	..	..	..	..	7.3	9.7	9.4
Ouganda	..	8.3	9.3	9.4	9.5	9.3	8.5	8.3	8.4	8.5
Rwanda[3]	..	8.5	10.7	11.3	11.5	12.5	12.1	12.3	13.0	13.7
Sénégal[7]	..	13.1	15.3	15.7	16.2	15.2	15.0	15.9	16.0	16.1
Seychelles	..	..	..	..	..	27.9	28.8	30.7	32.8	31.2
Sierra Leone										
Somalie	..	..	..	..	..	..	..	..	..	..
Tchad	..	..	..	..	..	..	..	10.9	13.4	11.2
Togo	..	7.0	9.9	10.7	10.8	10.5	10.5	10.7	11.6	12.0
Tunisie[3,4]	..	23.3	23.1	23.2	24.0	25.6	25.5	25.9	27.7	27.7
Zambie										
Moyenne Afrique[8]	**..**	**..**	**..**	**..**	**..**	**0.0**	**0.0**	**0.0**	**0.0**	**0.0**
Moyenne Asie-Pacifique (36)[9]	**..**	**..**	**..**	**..**	**..**	**..**	**..**	**17.9**	**18.2**	**18.8**
Moyenne ALC[10]	**14.6**	**17.1**	**18.8**	**19.3**	**20.0**	**20.2**	**19.4**	**20.0**	**20.4**	**20.6**
Moyenne OCDE[11]	**30.9**	**32.9**	**32.6**	**32.8**	**32.9**	**32.2**	**31.5**	**31.5**	**31.9**	**32.3**

	2013	2014	2015	2016	2017	2018	2019	2020	2021	2022
Afrique du Sud[1]	24.8	25.4	26.4	26.0	26.0	26.5	26.1	25.1	26.3	27.1
Botswana	15.3	16.0	13.4	14.6	13.3	13.3	13.7	12.2	14.7	13.6
Burkina Faso	15.9	14.3	14.6	15.3	16.2	16.8	17.3	15.9	15.4	18.4
Cabo Verde	16.8	15.9	17.6	17.5	18.2	19.6	18.7	18.7	17.8	18.3
Cameroun	13.6	13.8	14.1	13.7	14.0	14.2	13.9	12.8	13.3	14.0
Congo	8.8	9.8	13.2	12.5	10.3	7.6	8.2	9.8	8.2	8.9
Congo Rép. dém. [2]	9.6	9.1	9.4	8.3	6.7	7.6	7.6	7.2	8.9	12.5
Côte d'Ivoire	12.7	12.2	12.6	13.0	13.1	12.9	12.8	13.1	13.7	12.9
Égypte[3]	15.0	14.0	13.9	15.0	14.9	15.5	15.2	13.6	14.1	14.2
Eswatini	13.6	14.9	15.0	16.1	17.0	17.4	18.3	17.8	17.4	17.6
Gabon[4,5]	..	16.5	15.3	12.3	10.9	10.4	12.1	12.8	10.3	11.4
Ghana	11.3	11.9	12.9	13.1	13.4	13.7	13.2	13.1	14.0	14.0

Tableau 4.1. Total des recettes fiscales en pourcentage du PIB, 1990-2022 (suite)

	2013	2014	2015	2016	2017	2018	2019	2020	2021	2022
Guinée	13.1	13.1	13.0	14.0	12.8	12.0	12.2	11.7	11.1	10.8
Guinée équatoriale	8.9	9.8	12.0	7.1	6.6	6.6	9.8	8.6	5.9	8.1
Kenya	16.3	17.4	17.0	17.2	17.5	16.8	16.5	16.0	15.4	16.8
Lesotho	18.6	18.9	19.3	19.3	19.3	21.4	21.1	19.8	21.7	21.3
Madagascar[3]	9.1	8.8	9.3	9.6	10.4	10.9	11.1	10.1	10.7	11.5
Malawi	11.5	12.7	12.0	12.0	13.2	12.8	12.5	12.6	12.4	12.5
Mali[3]	14.5	14.2	15.6	16.9	17.3	13.8	18.1	18.6	19.8	17.9
Maroc[3,4]	26.0	25.7	24.6	25.4	25.9	26.2	26.4	27.3	27.3	29.9
Maurice6	18.9	18.9	18.8	19.0	19.2	19.7	20.4	20.2	20.0	22.3
Mauritanie4	13.3	15.1	14.5	14.2	14.4	15.1	13.8	12.6	14.4	14.7
Mozambique	25.8	34.3	31.7	25.0	19.4	21.2	21.0	20.7	22.7	21.8
Namibie	20.0	21.1	21.5	21.1	20.4	19.4	20.2	18.5	19.5	19.7
Niger	12.4	12.1	12.3	10.2	9.5	11.2	10.4	9.8	10.5	9.6
Nigéria	8.3	7.7	6.1	5.3	5.7	6.4	6.0	5.5	6.7	7.9
Ouganda	9.0	9.3	10.4	11.0	11.4	11.7	12.1	11.4	12.5	12.5
Rwanda[3]	15.0	15.4	16.2	16.3	16.2	16.9	17.3	17.1	17.0	16.5
Sénégal[7]	15.4	16.2	16.4	17.0	16.7	17.3	18.7	18.5	18.7	19.8
Seychelles	29.3	29.6	28.7	29.3	29.4	30.1	29.0	27.8	28.4	27.2
Sierra Leone	8.3	8.7	9.9	10.6	10.8	12.5	13.3	12.5	13.3	11.4
Somalie	1.1	1.1	1.2	1.2	1.4	1.7	2.0	2.4	2.5	2.6
Tchad	11.8	8.2	4.4	3.6	4.7	5.7	5.9	10.7	7.3	10.7
Togo	14.0	14.9	15.7	16.3	15.8	14.8	15.5	15.7	17.2	17.4
Tunisie[3,4]	28.3	29.3	28.5	27.9	29.2	29.9	32.1	32.5	32.5	33.5
Zambie	14.1	15.3	14.3	13.0	14.9	16.2	16.2	15.7	16.1	16.2
Moyenne Afrique[8]	**14.9**	**15.3**	**15.3**	**15.0**	**14.9**	**15.2**	**15.5**	**15.2**	**15.5**	**16.0**
Moyenne Asie-Pacifique (36)[9]	**18.8**	**18.2**	**18.4**	**17.8**	**18.6**	**19.1**	**19.3**	**18.3**	**18.8**	**19.3**
Moyenne ALC[10]	**20.7**	**20.9**	**21.3**	**21.2**	**21.2**	**21.5**	**21.6**	**21.0**	**21.3**	**21.5**
Moyenne OCDE[11]	**32.6**	**32.8**	**32.9**	**33.5**	**33.3**	**33.5**	**33.4**	**33.5**	**34.1**	**34.0**

.. Non disponible

Note : Les chiffres incluent les recettes fiscales collectées par les administrations infranationales pour l'Afrique du Sud (à partir de 2003), le Cabo Verde (2008 à 2020), Eswatini, le Maroc, Maurice, la Mauritanie (2009-2018), le Nigéria (recettes des administrations régionales) et la Somalie (à partir de 2019). Les données des recettes fiscales collectées par les administrations infranationales ne sont pas disponibles pour les autres pays. Les données des cotisations de sécurité sociale ne sont pas disponibles pour la République du Congo (avant 2018), la République démocratique du Congo (avant 2012), la Guinée, la Guinée équatoriale (avant 2013), Madagascar (avant 2011), la Namibie (avant 2009), l'Ouganda, la Sierra Leone (avant 2018), le Tchad, le Togo et la Zambie et ne sont que partiellement disponibles au Cameroun et au Sénégal. Les cotisations de sécurité sociale pour le Botswana, le Lesotho et le Malawi sont nulles car elles ne répondent pas aux critères de classification des cotisations de sécurité sociale de la classification des impôts établie dans le Guide d'interprétation de l'OCDE.

Au Ghana, au Lesotho, au Malawi, au Nigéria, en Ouganda et en Sierra Leone, les recettes provenant des impôts sur le patrimoine sont principalement perçues par les administrations locales pour lesquelles les données ne sont pas disponibles. En République démocratique du Congo, seules les données des impôts sur le patrimoine qui sont prélevées par la Direction Générale des Recettes Administratives, Judiciaires, Domaniales et de Participation (DGRAD) sont disponibles à partir de 2010.

Voir les tableaux par pays au chapitre 5 pour plus d'informations sur les problèmes de données pour chaque pays.

1. Comprend les paiements effectués par l'Afrique du Sud au fond collectif de l'Union douanière d'Afrique australe (SACU).
2. Les chiffres doivent être interprétés avec prudence car ils sont affectés par une instabilité macroéconomique au début des années 2000. Pour les années antérieures à 2010, les chiffres excluent certaines recettes perçues par la Direction Générale des Recettes Administratives, Judiciaires, Domaniales et de Participation (DGRAD) estimées inférieures à 1 % du total des recettes fiscales. Voir le tableau 5.7 du chapitre 5 pour plus d'informations.
3. L'Égypte, Madagascar, le Maroc, le Mali, le Rwanda et la Tunisie n'incluent pas les cotisations de sécurité sociale dans le ratio impôts / PIB dans leurs publications officielles car ces pays ne les considèrent pas comme des impôts. Elles sont incluses dans les recettes fiscales de cette publication en accordance avec la classification des impôts établie dans le Guide d'interprétation de l'OCDE.
4. Les cotisations de sécurité sociale sont estimées pour le Gabon (années antérieures à 2015), la Mauritanie (2021 et 2022), le Maroc (années antérieures à 2002) et la Tunisie (2022).
5. Les chiffres doivent être interprétés avec prudence pour les années antérieures à 2014, car les recettes douanières (qui représentent environ 50 % des recettes fiscales) sont estimées pour ces années.
6. L'année fiscale pour Maurice a changé en 2010 et en 2015. Les chiffres pour 2015 ont dû être estimés en conséquence.
7. Les chiffres comprennent les cotisations de sécurité sociale de l'Institution de prévoyance retraite du Sénégal (IPRES) (estimées pour les années antérieures à 2006) et les cotisations de sécurité sociale de la Caisse de Sécurité Sociale (CSS) (à partir de 2012 car les données pour les années précédentes ne sont pas disponibles).
8. Représente une moyenne non pondérée des 36 pays africains inclus dans cette publication. Il convient d'interpréter cette moyenne avec prudence à cause de valeurs manquantes ou incomplètes pour la rubrique 2000 (cotisations de sécurité sociale) et la rubrique 4000 (taxes sur le patrimoine). Voir les tableaux de pays au chapitre 5 pour plus d'informations.

9. Représente la moyenne non pondérée pour 36 économies de l'Asie et du Pacifique incluses dans la publication *Revenue Statistics in Asia and the Pacific 2024.*
10. Représente la moyenne non pondérée pour 26 pays d'Amérique latine et des Caraïbes (ALC) inclus dans la publication *Revenue Statistics in Latin America and the Caribbean 2024.*
11. Représente la moyenne non pondérée pour 38 pays de l'OCDE dans la publication de l'OCDE *Statistiques des recettes publiques 2024.*

Tableau 4.2. Total des recettes fiscales (sécurité sociale non comprise) en pourcentage du PIB, 1990-2022

	1990	2000	2005	2006	2007	2008	2009	2010	2011	2012
Afrique du Sud[1]	21.9	20.1	22.4	23.6	24.9	24.9	22.8	22.8	23.6	24.0
Botswana	..	..	15.4	15.6	14.1	17.4	16.0	15.8	16.0	14.3
Burkina Faso	..	8.6	10.2	10.5	11.0	10.4	11.1	12.4	12.0	13.5
Cabo Verde	10.5	14.8	19.8	23.3	25.5	26.2	19.2	17.3	18.4	16.6
Cameroun	..	9.9	10.2	10.7	11.2	11.2	11.4	10.6	11.5	12.0
Congo	..	3.8	5.9	5.6	5.9	6.0	8.0	7.1	7.6	7.0
Congo Rép. dém.[2]	..	0.6	4.9	5.5	6.3	7.6	8.0	8.3	8.7	10.1
Côte d'Ivoire	14.6	10.1	10.4	10.8	11.4	11.3	11.2	11.0	10.3	11.6
Égypte	..	..	12.8	14.6	14.0	14.0	14.5	13.0	13.0	11.4
Eswatini	..	9.5	10.2	10.2	10.2	11.4	11.1	12.0	12.2	11.3
Gabon[3]	..	..	..	..	..	..	..	..	..	..
Ghana	..	7.1	9.7	8.8	8.9	9.5	9.1	9.9	10.8	11.1
Guinée	..	7.5	8.4	8.5	8.8	9.5	10.2	10.0	10.4	14.3
Guinée équatoriale	..	..	8.2	9.7	7.5	7.8	12.8	7.6	7.0	8.8
Kenya	..	..	14.5	14.5	15.8	16.5	15.9	15.7	16.5	16.0
Lesotho	..	..	14.3	13.9	16.5	17.3	18.6	19.3	19.7	21.2
Madagascar	..	9.4	8.7	9.2	9.8	11.4	9.4	8.5	8.7	8.3
Malawi	..	..	9.0	9.0	9.7	10.3	10.9	11.3	11.6	10.3
Mali	..	10.5	13.1	12.7	12.8	11.8	12.8	12.8	12.3	12.5
Maroc	..	18.1	19.1	19.8	22.0	24.5	21.2	21.1	21.4	22.3
Maurice[4]	21.1	17.3	17.0	16.9	16.2	17.8	18.3	18.0	18.0	18.6
Mauritanie	..	..	..	..	9.4	9.5	9.8	9.1	10.0	12.8
Mozambique	..	..	..	26.5	30.7	20.6	28.7	25.8	29.0	20.9
Namibie	..	0.0	0.0	16.6	17.2	17.7	17.6	18.3	21.1	19.5
Niger	..	6.6	7.7	8.1	8.4	8.4	9.7	8.9	12.5	9.9
Nigéria	..	..	..	..	..	..	..	6.7	9.1	8.7
Ouganda	..	8.3	9.3	9.4	9.5	9.3	8.5	8.3	8.4	8.5
Rwanda	..	8.1	9.9	10.6	10.7	11.6	11.3	11.6	12.1	12.8
Sénégal	..	12.6	14.7	15.1	15.5	14.5	14.3	15.0	15.3	15.1
Seychelles	..	..	..	..	..	22.6	23.9	27.9	32.2	30.6
Sierra Leone	..	..	7.8	8.2	7.6	8.1	8.2	9.1	9.1	9.7
Somalie	..	..	..	..	..	..	..	..	..	..
Tchad	..	..	..	..	..	..	..	10.9	13.4	11.2
Togo	..	7.0	9.9	10.7	10.8	10.5	10.5	10.7	11.6	12.0
Tunisie	..	18.3	17.8	17.5	18.1	19.4	18.9	18.9	20.1	19.8
Zambie	..	..	..	..	..	..	..	..	..	14.7
Moyenne Afrique[5]	**..**	**..**	**..**	**..**	**..**	**0.0**	**0.0**	**0.0**	**0.0**	**0.0**
Moyenne Asie-Pacifique (36)[6]	**..**	**..**	**..**	**..**	**..**	**..**	**..**	**16.4**	**16.7**	**17.3**
Moyenne ALC[7]	**12.4**	**14.3**	**16.1**	**16.6**	**17.2**	**17.3**	**16.3**	**16.8**	**17.1**	**17.2**
Moyenne OCDE[8]	**23.8**	**24.5**	**24.3**	**24.5**	**24.6**	**23.9**	**22.8**	**22.9**	**23.3**	**23.6**

	2013	2014	2015	2016	2017	2018	2019	2020	2021	2022
Afrique du Sud[1]	24.4	25.0	26.0	25.6	25.7	26.1	25.8	24.8	26.0	26.7
Botswana	15.3	16.0	13.4	14.6	13.3	13.3	13.7	12.2	14.7	13.6
Burkina Faso	14.3	12.7	12.8	13.5	14.4	14.9	15.4	14.4	13.7	16.7
Cabo Verde	16.7	15.9	17.6	17.4	18.2	19.5	18.7	18.7	17.7	18.2
Cameroun	12.6	13.0	13.3	12.7	13.0	13.2	12.8	11.8	12.3	13.1
Congo	8.8	9.8	13.2	12.5	10.3	7.0	7.5	9.0	7.5	8.3
Congo Rép. dém. [2]	9.0	8.5	8.8	7.8	6.2	7.1	6.8	6.4	8.1	11.7
Côte d'Ivoire	11.3	10.8	11.2	11.5	11.6	11.4	11.4	11.5	12.2	11.4
Égypte	12.5	11.3	11.6	12.0	12.3	13.1	12.8	11.7	12.2	12.3
Eswatini	12.2	13.1	13.0	14.1	14.7	14.9	15.9	15.4	15.1	15.5
Gabon[3]	..	15.1	14.3	10.6	9.2	8.8	10.6	11.2	9.0	10.2
Ghana	10.3	10.8	11.7	12.3	12.5	13.0	12.5	12.1	13.3	13.2
Guinée	13.1	13.1	13.0	14.0	12.8	12.0	12.2	11.7	11.1	10.8
Guinée équatoriale	8.4	9.2	11.3	6.3	5.9	5.9	9.0	7.7	5.3	7.5
Kenya	16.0	17.2	16.8	16.7	17.1	16.2	15.9	15.4	14.9	16.2
Lesotho	18.6	18.9	19.3	19.3	19.3	21.4	21.1	19.8	21.7	21.3

Tableau 4.2. Total des recettes fiscales (sécurité sociale non comprise) en pourcentage du PIB, 1990-2022 (suite)

	2013	2014	2015	2016	2017	2018	2019	2020	2021	2022
Madagascar	8.8	8.5	8.9	9.2	10.0	10.3	10.6	9.5	10.2	10.9
Malawi	11.5	12.7	12.0	12.0	13.2	12.8	12.5	12.6	12.4	12.5
Mali[1]	12.8	12.4	13.7	14.7	15.0	11.7	15.2	15.3	16.2	14.0
Maroc	21.0	20.7	19.7	20.3	20.6	20.8	20.5	20.5	20.8	23.2
Maurice[4]	18.2	18.2	18.0	18.2	18.5	18.9	19.6	19.3	18.7	20.7
Mauritanie	12.7	14.2	13.6	13.4	13.7	14.4	13.1	11.9	13.7	14.1
Mozambique	25.3	33.8	31.1	24.7	19.4	21.1	21.0	20.5	22.6	21.7
Namibie	19.7	20.8	21.1	20.8	20.0	19.1	19.9	18.2	19.1	19.4
Niger	11.9	11.5	11.7	9.7	8.9	10.7	9.8	9.2	9.9	9.1
Nigéria	7.6	7.0	5.5	4.8	5.1	5.8	5.3	4.9	6.1	7.4
Ouganda	9.0	9.3	10.4	11.0	11.4	11.7	12.1	11.4	12.5	12.5
Rwanda	14.0	14.4	15.2	15.2	15.2	15.9	16.3	16.1	16.0	15.6
Sénégal	14.4	15.2	15.3	15.9	15.6	16.1	17.5	17.4	17.8	18.9
Seychelles	28.5	28.5	27.6	28.3	28.3	27.9	27.5	26.0	26.7	25.1
Sierra Leone	8.3	8.7	9.9	10.6	10.8	10.9	11.8	11.0	11.7	10.0
Somalie	1.1	1.1	1.2	1.2	1.4	1.7	2.0	2.4	2.5	2.6
Tchad	11.8	8.2	4.4	3.6	4.7	5.7	5.9	10.7	7.3	10.7
Togo	14.0	14.9	15.7	16.3	15.8	14.8	15.5	15.7	17.2	17.4
Tunisie	20.1	21.2	20.1	19.1	20.1	21.2	23.0	22.4	22.9	24.3
Zambie	14.1	15.3	14.3	13.0	14.9	16.2	16.2	15.7	16.1	16.2
Moyenne Afrique[5]	**13.8**	**14.1**	**14.1**	**13.7**	**13.6**	**13.9**	**14.2**	**13.8**	**14.1**	**14.6**
Moyenne Asie-Pacifique (36)[6]	**17.4**	**16.8**	**17.0**	**16.4**	**17.1**	**17.5**	**17.6**	**16.5**	**16.9**	**17.5**
Moyenne ALC[7]	**17.2**	**17.3**	**17.6**	**17.5**	**17.4**	**17.7**	**17.9**	**17.1**	**17.5**	**17.9**
Moyenne OCDE[8]	**23.8**	**24.1**	**24.1**	**24.7**	**24.5**	**24.5**	**24.5**	**24.4**	**25.1**	**25.3**

.. Non disponible

Note : Les chiffres incluent les recettes fiscales collectées par les administrations infranationales pour l'Afrique du Sud (à partir de 2003), le Cabo Verde (2008 à 2020), Eswatini, le Maroc, Maurice, la Mauritanie (2009-2018), le Nigéria (recettes des administrations régionales) et la Somalie (à partir de 2019). Les données des recettes fiscales collectées par les administrations infranationales ne sont pas disponibles pour les autres pays. Au Ghana, au Lesotho, au Malawi, au Nigéria, en Ouganda et en Sierra Leone, les recettes provenant des impôts sur le patrimoine sont principalement perçues par les administrations locales pour lesquelles les données ne sont pas disponibles. En République démocratique du Congo, seules les données des impôts sur le patrimoine qui sont prélevées par la Direction Générale des Recettes Administratives, Judiciaires, Domaniales et de Participation (DGRAD) sont disponibles à partir de 2010.

Voir les tableaux par pays au chapitre 5 pour plus d'informations sur les problèmes de données pour chaque pays.

1. Comprend les paiements effectués par l'Afrique du Sud au fond collectif de l'Union douanière d'Afrique australe (SACU).
2. Les chiffres doivent être interprétés avec prudence car ils sont affectés par une instabilité macroéconomique au début des années 2000. Pour les années antérieures à 2010, les chiffres excluent certaines recettes perçues par la Direction Générale des Recettes Administratives, Judiciaires, Domaniales et de Participation (DGRAD) estimées inférieures à 1 % du total des recettes fiscales. Voir le tableau 5.7 du chapitre 5 pour plus d'informations.
3. Les chiffres doivent être interprétés avec prudence pour les années antérieures à 2014, car les recettes douanières (qui représentent environ 50 % des recettes fiscales) sont estimées pour ces années.
4. L'année fiscale pour Maurice a changé en 2010 et en 2015. Les chiffres pour 2015 ont dû être estimés en conséquence.
5. Représente une moyenne non pondérée des 36 pays africains inclus dans cette publication. Il convient d'interpréter cette moyenne avec prudence à cause de valeurs manquantes ou incomplètes pour la rubrique 2000 (cotisations de sécurité sociale) et la rubrique 4000 (taxes sur le patrimoine). Voir les tableaux de pays au chapitre 5 pour plus d'informations.
6. Représente la moyenne non pondérée pour 36 économies de l'Asie et du Pacifique incluses dans la publication *Revenue Statistics in Asia and the Pacific 2024.*
7. Représente la moyenne non pondérée pour 26 pays d'Amérique latine et des Caraïbes (ALC) inclus dans la publication *Revenue Statistics in Latin America and the Caribbean 2024.*
8. Représente la moyenne non pondérée pour 38 pays de l'OCDE dans la publication de l'OCDE *Statistiques des recettes publiques 2024.*

Tableau 4.3. Recettes fiscales sous les principales rubriques en pourcentage du PIB, 2022

	1000 Revenu et bénéfices	2000 Sécurité sociale	3000 Salaires	4000 Patrimoine	5000 Biens et services	6000 Autres impôts
Afrique du Sud[1]	14.5	0.3	0.3	1.2	10.6	0.0
Botswana	8.8	0.0	0.0	0.0	4.8	0.0
Burkina Faso	6.2	1.7	0.2	0.1	10.2	0.1
Cabo Verde	4.3	0.0	0.0	0.3	13.6	0.0
Cameroun	4.2	1.0	0.2	0.1	8.2	0.3
Congo	2.0	0.6	0.2	0.3	5.8	0.0
Congo Rép. dém.	6.4	0.8	0.3	0.1	4.7	0.1
Côte d'Ivoire	1.9	1.4	1.5	0.4	7.5	0.1
Égypte[2]	6.1	1.9	0.0	0.1	6.1	0.0
Eswatini	8.1	2.1	0.0	0.5	6.9	0.0
Gabon	5.4	1.2	0.1	0.2	4.5	0.1
Ghana	5.5	0.7	0.0	0.1	7.7	0.0
Guinée	2.2	..	0.2	0.0	8.2	0.2
Guinée équatoriale	6.1	0.7	0.0	0.0	1.4	0.0
Kenya	7.1	0.6	0.0	0.0	9.0	0.1
Lesotho	11.0	0.0	0.0	..	10.4	0.0
Madagascar[2]	3.1	0.6	0.0	0.1	7.8	0.0
Malawi	5.7	0.0	0.0	..	6.8	0.0
Mali[2]	4.5	4.0	0.1	0.3	8.4	0.6
Maroc[2]	9.2	6.7	0.0	1.5	12.4	0.1
Maurice	6.7	1.6	0.2	1.1	12.7	0.0
Mauritanie[3]	5.0	0.6	0.0	0.0	8.9	0.1
Mozambique	11.0	0.2	0.0	0.3	10.3	0.2
Namibie	12.0	0.3	0.0	0.1	7.2	0.1
Niger	2.4	0.5	0.1	0.2	5.7	0.7
Nigéria	4.3	0.6	0.0	0.1	2.6	0.4
Ouganda	4.6	..	0.0	0.2	7.8	0.0
Rwanda[2]	7.0	0.9	0.0	0.1	8.4	0.0
Sénégal	5.9	0.9	0.2	0.5	12.1	0.3
Seychelles	7.8	2.1	0.0	0.2	17.1	0.0
Sierra Leone	5.0	1.4	0.0	..	4.9	0.0
Somalie	0.3	0.0	0.0	0.0	2.3	0.0
Tchad	7.4	..	0.1	0.2	2.9	0.0
Togo	3.8	..	0.0	0.1	13.2	0.3
Tunisie[2,3]	10.3	9.2	0.4	0.3	12.5	0.7
Zambie	9.6	..	0.0	0.1	6.5	0.0
Moyenne Afrique[4]	**6.3**	**1.4**	**0.1**	**0.3**	**8.1**	**0.1**
Moyenne Asie-Pacifique (36)[5]	**7.7**	**1.9**	**0.1**	**0.6**	**9.0**	**0.2**
Moyenne ALC[6]	**6.3**	**3.6**	**0.2**	**0.9**	**10.1**	**0.4**
Moyenne OCDE[7]	**12.3**	**8.7**	**0.5**	**1.8**	**10.6**	**0.2**

.. Non disponible

Note : Les chiffres incluent les recettes fiscales collectées par les administrations infranationales pour l'Afrique du Sud (à partir de 2003), le Cabo Verde (2008 à 2020), Eswatini, le Maroc, Maurice, la Mauritanie (2009-2018), le Nigéria (recettes des administrations régionales) et la Somalie (à partir de 2019). Les données des recettes fiscales collectées par les administrations infranationales ne sont pas disponibles pour les autres pays. Les données des cotisations de sécurité sociale ne sont pas disponibles pour la République du Congo (avant 2018), la République démocratique du Congo (avant 2012), la Guinée, la Guinée équatoriale (avant 2013), Madagascar (avant 2011), la Namibie (avant 2009), l'Ouganda, la Sierra Leone (avant 2018), le Tchad, le Togo et la Zambie et ne sont que partiellement disponibles au Cameroun et au Sénégal. Les cotisations de sécurité sociale pour le Botswana, le Lesotho et le Malawi sont nulles car elles ne répondent pas aux critères de classification des cotisations de sécurité sociale de la classification des impôts établie dans le *Guide d'interprétation de l'OCDE*.

Au Ghana, au Lesotho, au Malawi, au Nigéria, en Ouganda et en Sierra Leone, les recettes provenant des impôts sur le patrimoine sont principalement perçues par les administrations locales pour lesquelles les données ne sont pas disponibles. En République démocratique du Congo, seules les données des impôts sur le patrimoine qui sont prélevées par la Direction Générale des Recettes Administratives, Judiciaires, Domaniales et de Participation (DGRAD) sont disponibles à partir de 2010. Les chiffres de la rubrique 4000 pour le Ghana en 2022 représentent des nouvelles taxes sur les transferts d'argent introduites en 2022. Les recettes des taxes foncières collectées par les collectivités locales sont toujours manquantes pour 2022.

1. Les chiffres de la rubrique 5000 des taxes sur les biens et services doivent être interprétés avec prudence car ils incluent les paiements effectués par l'Afrique du Sud au fond collectif de l'Union douanière d'Afrique australe (SACU).
2. L'Égypte, Madagascar, le Maroc, le Mali, le Rwanda et la Tunisie n'incluent pas les cotisations de sécurité sociale dans le ratio impôts / PIB dans leurs publications officielles car ces pays ne les considèrent pas comme des impôts. Elles sont incluses dans les recettes fiscales de cette publication en accordance avec la classification des impôts établie dans le *Guide d'interprétation* de l'OCDE.
3. Les cotisations de sécurité sociale sont estimées pour la Mauritanie et la Tunisie.
4. Représente une moyenne non pondérée des 36 pays africains inclus dans cette publication. Il convient d'interpréter cette moyenne avec prudence à cause de valeurs manquantes ou incomplètes pour la rubrique 2000 (cotisations de sécurité sociale) et la rubrique 4000 (taxes sur le patrimoine). Voir les tableaux de pays au chapitre 5 pour plus d'informations.

5. Représente la moyenne non pondérée pour 36 économies de l'Asie et du Pacifique incluses dans la publication *Revenue Statistics in Asia and the Pacific 2024.*
6. Représente la moyenne non pondérée pour 26 pays d'Amérique latine et des Caraïbes (ALC) inclus dans la publication Revenue Statistics in Latin America and the Caribbean 2024.
7. Représente la moyenne non pondérée pour 38 pays de l'OCDE dans la publication de l'OCDE Statistiques des recettes publiques 2024.

Tableau 4.4. Recettes fiscales des principales rubriques en pourcentage du total des recettes fiscales

	1000 Revenu et bénéfices	2000 Sécurité sociale	3000 Salaires	4000 Patrimoine	5000 Biens et services	6000 Autres impôts
Afrique du Sud[1]	53.8	1.3	1.1	4.6	39.2	0.0
Botswana	64.2	0.0	0.0	0.3	35.5	0.0
Burkina Faso	33.5	9.1	0.8	0.7	55.4	0.5
Cabo Verde	23.8	0.2	0.0	1.8	74.2	0.0
Cameroun	30.2	6.8	1.7	0.7	58.3	2.2
Congo	22.9	6.9	1.9	3.0	65.1	0.1
Congo Rép. dém.	51.5	6.7	2.2	0.5	37.9	1.2
Côte d'Ivoire	15.1	11.2	11.5	3.3	58.3	0.7
Égypte[2]	43.1	13.5	0.0	0.6	42.8	0.0
Eswatini	46.2	12.0	0.0	2.8	39.0	0.0
Gabon	46.9	10.7	0.7	1.6	39.5	0.6
Ghana	39.2	5.1	0.0	0.7	55.0	0.0
Guinée	20.4	..	2.0	0.2	76.0	1.4
Guinée équatoriale	74.9	8.1	0.0	0.0	16.7	0.3
Kenya	42.0	3.7	0.0	0.0	53.6	0.6
Lesotho	51.4	0.0	0.0	..	48.6	0.0
Madagascar[2]	26.8	5.0	0.0	0.6	67.6	0.1
Malawi	45.3	0.0	0.0	..	54.6	0.1
Mali[2]	25.3	22.1	0.7	1.4	47.0	3.5
Maroc[2]	30.8	22.5	0.0	5.0	41.4	0.3
Maurice	29.9	7.1	0.7	5.0	57.1	0.2
Mauritanie[3]	34.0	4.2	0.1	0.1	60.9	0.7
Mozambique	50.3	0.7	0.0	1.2	47.1	0.8
Namibie	60.8	1.4	0.0	0.6	36.8	0.3
Niger	25.3	5.4	0.6	1.9	59.3	7.5
Nigéria	53.9	7.0	0.3	0.8	32.4	5.7
Ouganda	36.4	..	0.0	1.5	62.1	0.1
Rwanda[2]	42.6	5.5	0.0	0.9	51.0	0.0
Sénégal	29.6	4.7	1.1	2.3	61.0	1.3
Seychelles	28.7	7.8	0.0	0.9	62.6	0.0
Sierra Leone	44.2	12.7	0.0	..	43.1	0.0
Somalie	11.1	0.0	0.0	0.8	87.1	0.9
Tchad	69.6	..	0.9	2.1	27.4	0.0
Togo	21.8	..	0.1	0.6	75.8	1.7
Tunisie[2,3]	30.8	..	1.1	1.0	37.4	2.2
Zambie	59.2	..	0.3	0.6	40.0	0.0
Moyenne Afrique[4]	**39.3**	**7.4**	**0.8**	**1.5**	**51.3**	**0.9**
Moyenne Asie-Pacifique (36)[5]	**39.9**	**7.6**	**0.3**	**2.9**	**48.8**	**1.1**
Moyenne ALC[6]	**29.8**	**16.7**	**1.0**	**3.8**	**46.5**	**2.2**
Moyenne OCDE[7]	**36.5**	**24.8**	**1.3**	**5.3**	**31.5**	**0.6**

.. Non disponible

Note : Les chiffres incluent les recettes fiscales collectées par les administrations infranationales pour l'Afrique du Sud (à partir de 2003), le Cabo Verde (2008 à 2020), Eswatini, le Maroc, Maurice, la Mauritanie (2009-2018), le Nigéria (recettes des administrations régionales) et la Somalie (à partir de 2019). Les données des recettes fiscales collectées par les administrations infranationales ne sont pas disponibles pour les autres pays. Les données des cotisations de sécurité sociale ne sont pas disponibles pour la République du Congo (avant 2018), la République démocratique du Congo (avant 2012), la Guinée, la Guinée équatoriale (avant 2013), Madagascar (avant 2011), la Namibie (avant 2009), l'Ouganda, la Sierra Leone (avant 2018), le Tchad, le Togo et la Zambie et ne sont que partiellement disponibles au Cameroun et au Sénégal. Les cotisations de sécurité sociale pour le Botswana, le Lesotho et le Malawi sont nulles car elles ne répondent pas aux critères de classification des cotisations de sécurité sociale de la classification des impôts établie dans le Guide d'interprétation de l'OCDE.

Au Ghana, au Lesotho, au Malawi, au Nigéria, en Ouganda et en Sierra Leone, les recettes provenant des impôts sur le patrimoine sont principalement perçues par les administrations locales pour lesquelles les données ne sont pas disponibles. Les chiffres de la rubrique 4000 pour le Ghana en 2022 représentent des nouvelles taxes sur les transferts d'argent introduites en 2022. Les recettes des taxes foncières collectées par les collectivités locales sont toujours manquantes pour 2022.

1. Comprend les paiements effectués par l'Afrique du Sud au fond collectif de l'Union douanière d'Afrique australe (SACU).
2. L'Égypte, Madagascar, le Maroc, le Mali, le Rwanda et la Tunisie n'incluent pas les cotisations de sécurité sociale dans le ratio impôts / PIB dans leurs publications officielles car ces pays ne les considèrent pas comme des impôts. Elles sont incluses dans les recettes fiscales de cette publication en accordance avec la classification des impôts établie dans le Guide d'interprétation de l'OCDE.
3. Les cotisations de sécurité sociale sont estimées pour la Mauritanie et la Tunisie.
4. Représente une moyenne non pondérée des 36 pays africains inclus dans cette publication. Il convient d'interpréter cette moyenne avec prudence à cause de valeurs manquantes ou incomplètes pour la rubrique 2000 (cotisations de sécurité sociale) et la rubrique 4000 (taxes sur le patrimoine). Voir les tableaux de pays au chapitre 5 pour plus d'informations.

5. Représente la moyenne non pondérée pour 36 économies de l'Asie et du Pacifique incluses dans la publication *Revenue Statistics in Asia and the Pacific 2024.*
6. Représente la moyenne non pondérée pour 26 pays d'Amérique latine et des Caraïbes (ALC) inclus dans la publication *Revenue Statistics in Latin America and the Caribbean 2024.*
7. Représente la moyenne non pondérée pour 38 pays de l'OCDE dans la publication de l'OCDE *Statistiques des recettes publiques 2024.*

Tableau 4.5. Impôts sur le revenu et les bénéfices (1000) en pourcentage du PIB

	1995	2000	2005	2010	2015	2018	2019	2020	2021	2022
Afrique du Sud	10.5	11.4	12.0	12.0	13.7	13.7	13.6	12.8	14.2	14.5
Botswana	..	..	11.3	10.4	9.1	8.6	8.6	7.4	9.2	8.8
Burkina Faso	..	2.5	2.4	2.7	3.4	4.3	4.8	4.5	5.3	6.2
Cabo Verde	5.1	5.5	6.3	5.2	5.6	6.0	5.8	5.6	4.9	4.3
Cameroun	2.2	3.0	3.2	3.1	4.6	3.8	3.8	3.7	3.6	4.2
Congo	..	1.8	1.8	2.3	4.9	1.7	2.2	2.7	2.2	2.0
Congo Rép. dém.	..	0.2	0.9	2.2	3.3	3.3	3.2	2.4	3.5	6.4
Côte d'Ivoire	1.8	1.8	1.5	1.5	1.5	1.8	1.6	1.6	1.8	1.9
Égypte	..	..	6.3	6.8	6.1	6.2	5.9	6.0	6.0	6.1
Eswatini	5.4	5.5	6.2	7.2	7.3	8.4	8.8	8.4	8.5	8.1
Gabon	..	..	..	..	6.0	4.0	5.7	5.8	3.6	5.4
Ghana	..	..	..	3.9	4.1	5.3	5.6	5.4	5.4	5.5
Guinée	..	0.7	1.0	2.3	2.8	2.3	1.9	1.9	1.8	2.2
Guinée équatoriale	..	..	7.5	6.8	9.9	4.4	7.5	6.2	4.1	6.1
Kenya	..	..	5.3	6.4	7.8	7.3	7.0	7.2	6.3	7.1
Lesotho	..	..	8.4	11.8	12.0	12.1	11.8	10.9	11.5	11.0
Madagascar	1.0	1.5	1.9	2.4	2.1	2.6	2.8	2.6	2.8	3.1
Malawi	..	..	3.8	5.0	5.8	6.1	6.0	5.9	5.7	5.7
Mali	1.6	1.6	2.4	3.5	3.8	3.3	4.0	4.9	4.8	4.5
Maroc	..	5.3	7.1	7.4	7.3	8.0	7.9	8.3	7.7	9.2
Maurice[1]	2.5	2.3	3.0	4.8	4.7	5.0	5.5	5.8	5.9	6.7
Mauritanie	..	..	..	3.4	4.9	4.4	4.3	4.9	5.5	5.0
Mozambique	..	..	..	4.8	8.9	10.0	9.3	10.1	10.3	11.0
Namibie	..	..	..	11.7	12.8	12.1	12.6	12.6	12.1	12.0
Niger	..	1.3	1.5	2.4	3.1	2.4	2.3	2.3	2.5	2.4
Nigéria	..	..	..	4.6	3.7	3.8	3.4	2.8	3.1	4.3
Ouganda	1.2	1.5	2.7	2.6	3.6	4.0	4.3	4.3	4.6	4.6
Rwanda	..	2.2	3.1	4.5	6.2	6.8	6.9	7.1	7.3	7.0
Sénégal	..	2.9	3.5	4.1	4.1	4.7	5.2	5.1	5.1	5.9
Seychelles	..	..	..	9.1	8.9	9.4	9.0	9.1	9.9	7.8
Sierra Leone	..	..	2.3	2.8	4.1	4.9	5.1	5.0	5.5	5.0
Somalie	..	..	..	..	0.0	0.1	0.2	0.3	0.2	0.3
Tchad	..	..	..	8.2	2.4	2.9	2.7	6.7	3.6	7.4
Togo	..	1.5	2.3	1.8	2.6	3.0	3.3	3.1	4.0	3.8
Tunisie	..	5.3	6.7	7.7	8.5	7.9	10.2	10.0	9.6	10.3
Zambie	..	..	..	..	6.8	7.2	7.9	8.6	9.5	9.6
Moyenne Afrique[2]	**..**	**..**	**..**	**..**	**5.7**	**5.6**	**5.9**	**5.9**	**5.9**	**6.3**
Moyenne Asie-Pacifique (36)[3]	**..**	**..**	**..**	**6.6**	**6.9**	**7.2**	**7.5**	**7.2**	**7.4**	**7.7**
Moyenne ALC[4]	**3.7**	**4.0**	**5.0**	**5.5**	**5.7**	**5.7**	**5.7**	**5.7**	**5.7**	**6.3**
Moyenne OCDE[5]	**10.8**	**11.4**	**11.2**	**10.2**	**10.9**	**11.3**	**11.3**	**11.3**	**11.9**	**12.3**

.. Non disponible

Note : Les chiffres incluent les recettes fiscales collectées par les administrations infranationales pour la Somalie (à partir de 2019). Les données des recettes fiscales collectées par les administrations infranationales ne sont pas disponibles pour les autres pays.

1. L'année fiscale pour Maurice a changé en 2010 et en 2015. Les chiffres pour 2015 ont dû être estimés en conséquence.
2. Représente une moyenne non pondérée des 36 pays africains inclus dans cette publication.
3. Représente la moyenne non pondérée pour 36 économies de l'Asie et du Pacifique incluses dans la publication *Revenue Statistics in Asia and the Pacific 2024.*
4. Représente la moyenne non pondérée pour 26 pays d'Amérique latine et des Caraïbes (ALC) inclus dans la publication *Revenue Statistics in Latin America and the Caribbean 2024.*
5. Représente la moyenne non pondérée pour 38 pays de l'OCDE dans la publication de l'OCDE *Statistiques des recettes publiques 2024.*

Tableau 4.6. Impôts sur le revenu et les bénéfices (1000) en pourcentage du total des recettes fiscales

	1995	2000	2005	2010	2015	2018	2019	2020	2021	2022
Afrique du Sud	53.8	56.7	52.6	52.1	51.8	51.6	52.0	50.8	53.9	53.8
Botswana	..	..	73.3	65.3	67.9	64.7	63.0	61.1	62.6	64.2
Burkina Faso	..	24.7	20.9	19.3	23.2	25.4	27.8	28.1	34.3	33.5
Cabo Verde	33.5	35.7	30.9	30.0	31.5	30.5	30.9	30.2	27.8	23.8
Cameroun	24.0	28.1	28.7	27.1	32.3	27.0	27.4	28.7	27.3	30.2
Congo	..	48.2	30.3	32.6	36.8	22.3	27.3	27.7	26.2	22.9
Congo Rép. dém.	..	34.0	18.5	26.5	35.1	43.3	42.3	33.0	39.1	51.5
Côte d'Ivoire	15.0	16.4	13.7	12.8	12.0	13.7	12.3	12.3	13.2	15.1
Égypte	..	..	40.0	43.6	43.8	40.0	39.1	43.9	42.4	43.1
Eswatini	52.6	51.0	53.6	51.7	48.7	48.3	48.2	47.2	48.6	46.2
Gabon	..	..	..	..	39.5	38.9	47.1	45.0	34.5	46.9
Ghana	..	..	..	36.1	32.1	38.7	42.2	40.9	38.5	39.2
Guinée	..	9.1	11.9	23.4	21.4	19.0	15.7	16.2	15.8	20.4
Guinée équatoriale	..	..	91.3	89.1	82.5	66.8	76.3	71.6	69.3	74.9
Kenya	..	..	35.9	40.2	46.0	43.8	42.5	45.0	40.9	42.0
Lesotho	..	..	58.5	60.9	62.2	56.3	56.0	55.3	53.2	51.4
Madagascar	15.4	15.7	21.6	27.6	22.8	23.5	25.5	26.0	26.0	26.8
Malawi	..	..	42.7	44.2	48.7	48.0	47.5	47.3	46.5	45.3
Mali	21.3	14.5	16.6	24.7	24.5	23.9	22.4	26.3	24.2	25.3
Maroc	..	26.0	31.0	28.9	29.8	30.7	30.0	30.4	28.3	30.8
Maurice[1]	14.7	13.0	16.7	25.7	25.0	25.4	26.9	28.7	29.7	29.9
Mauritanie	..	..	..	34.8	33.4	29.4	31.5	38.6	38.5	34.0
Mozambique	..	..	..	18.2	28.2	47.4	44.4	48.9	45.6	50.3
Namibie	..	..	..	63.0	59.4	62.1	62.4	68.1	62.3	60.8
Niger	..	18.8	18.8	26.0	25.2	21.1	21.9	23.5	24.3	25.3
Nigéria	..	..	..	63.5	60.3	60.5	57.0	49.8	46.3	53.9
Ouganda	14.8	18.2	29.0	31.5	34.7	34.3	35.2	37.6	36.8	36.4
Rwanda	..	26.0	28.6	36.2	38.1	40.3	39.8	41.3	42.6	42.6
Sénégal	..	22.1	23.1	25.9	25.3	27.2	27.7	27.5	27.3	29.6
Seychelles	..	..	..	29.5	31.0	31.1	31.0	32.7	34.7	28.7
Sierra Leone	..	..	29.4	31.4	41.9	39.5	38.3	39.9	41.3	44.2
Somalie	..	..	..	..	2.1	6.3	7.6	10.6	9.8	11.1
Tchad	..	..	..	75.1	54.2	51.7	45.2	62.1	48.8	69.6
Togo	..	20.9	23.6	16.5	16.6	20.3	21.4	19.8	23.2	21.8
Tunisie	..	22.6	28.9	29.7	30.0	26.5	31.7	30.9	29.5	30.8
Zambie	..	..	..	..	47.4	44.7	48.6	55.0	58.7	59.2
Moyenne Afrique[2]	**..**	**..**	**..**	**..**	**37.4**	**36.8**	**37.4**	**38.4**	**37.6**	**39.3**
Moyenne Asie-Pacifique (36)[3]	**..**	**..**	**..**	**35.9**	**37.9**	**37.6**	**37.9**	**38.5**	**38.4**	**39.9**
Moyenne ALC[4]	**21.5**	**22.4**	**25.1**	**26.4**	**26.5**	**26.6**	**26.6**	**27.0**	**27.3**	**29.8**
Moyenne OCDE[5]	**33.0**	**33.9**	**33.8**	**32.2**	**33.1**	**34.0**	**33.9**	**33.8**	**35.1**	**36.5**

.. Non disponible

Note : Les chiffres incluent les recettes fiscales collectées par les administrations infranationales pour la Somalie (à partir de 2019). Les données des recettes fiscales collectées par les administrations infranationales ne sont pas disponibles pour les autres pays.

1. L'année fiscale pour Maurice a changé en 2010 et en 2015. Les chiffres pour 2015 ont dû être estimés en conséquence.
2. Représente une moyenne non pondérée des 36 pays africains inclus dans cette publication.
3. Représente la moyenne non pondérée pour 36 économies de l'Asie et du Pacifique incluses dans la publication *Revenue Statistics in Asia and the Pacific 2024.*
4. Représente la moyenne non pondérée pour 26 pays d'Amérique latine et des Caraïbes (ALC) inclus dans la publication *Revenue Statistics in Latin America and the Caribbean 2024.*
5. Représente la moyenne non pondérée pour 38 pays de l'OCDE dans la publication de l'OCDE *Statistiques des recettes publiques 2024.*

Tableau 4.7. Cotisations de sécurité sociale (2000) en pourcentage du PIB

	1995	2000	2005	2010	2015	2018	2019	2020	2021	2022
Afrique du Sud	0.0	0.0	0.4	0.4	0.4	0.4	0.4	0.3	0.3	0.3
Botswana	..	..	0.0	0.0	0.0	0.0	0.0	0.0	0.0	0.0
Burkina Faso	..	1.6	1.5	1.5	1.7	1.9	1.9	1.5	1.7	1.7
Cabo Verde	0.0	0.8	0.6	0.0	0.0	0.0	0.0	0.0	0.0	0.0
Cameroun	0.8	0.9	0.8	1.0	0.8	1.0	1.0	1.0	1.0	1.0
Congo	..	..	..	..	..	0.6	0.7	0.8	0.7	0.6
Congo Rép. dém.	..	..	..	..	0.5	0.5	0.8	0.8	0.8	0.8
Côte d'Ivoire	0.7	1.0	0.9	1.0	1.4	1.5	1.4	1.5	1.5	1.4
Égypte[1]	..	..	2.9	2.5	2.3	2.4	2.4	1.8	1.9	1.9
Eswatini	1.6	1.2	1.4	1.9	1.9	2.5	2.4	2.4	2.3	2.1
Gabon[2]	..	..	..	..	1.0	1.5	1.5	1.7	1.4	1.2
Ghana	..	..	..	0.9	1.2	0.7	0.7	1.0	0.7	0.7
Guinée	..	..	..	..	..	..	..	..	..	..
Guinée équatoriale	..	..	0.0	0.0	0.8	0.7	0.7	0.9	0.7	0.7
Kenya	..	..	0.2	0.2	0.2	0.5	0.6	0.6	0.5	0.6
Lesotho	..	..	0.0	0.0	0.0	0.0	0.0	0.0	0.0	0.0
Madagascar[1]	..	..	..	..	0.4	0.6	0.5	0.6	0.4	0.6
Malawi	..	..	0.0	0.0	0.0	0.0	0.0	0.0	0.0	0.0
Mali[1]	0.8	0.9	1.4	1.4	1.9	2.2	2.9	3.3	3.7	4.0
Maroc[1,2]	..	2.2	3.8	4.5	4.9	5.5	5.9	6.8	6.4	6.7
Maurice[3]	0.9	0.8	0.7	0.7	0.8	0.7	0.8	0.9	1.3	1.6
Mauritanie[2]	..	..	..	0.7	0.9	0.8	0.7	0.7	0.6	0.6
Mozambique										
Namibie	..	..	..	0.4	0.4	0.3	0.3	0.4	0.3	0.3
Niger	..	0.4	0.3	0.5	0.6	0.5	0.6	0.5	0.6	0.5
Nigéria	..	..	..	0.6	0.6	0.5	0.6	0.6	0.5	0.6
Ouganda	..	..	..	..	..	..	..	..	..	..
Rwanda[1]	..	0.4	0.7	0.8	1.0	1.0	1.0	1.1	1.0	0.9
Sénégal[4]	..	0.5	0.6	0.9	1.1	1.2	1.2	1.1	1.0	0.9
Seychelles	..	..	..	2.8	1.1	2.2	1.5	1.8	1.7	2.1
Sierra Leone										
Somalie	..	..	..	..	0.0	0.0	0.0	0.0	0.0	0.0
Tchad	..	..	..	..	..	..	..	..	..	..
Togo	..	..	..	..	..	..	..	..	..	..
Tunisie[1,2]	..	5.0	5.3	7.0	8.4	8.7	9.1	10.0	9.7	9.2
Zambie	..	..	..	..	..	..	..	..	..	..
Moyenne Afrique[5]	**..**	**..**	**..**	**..**	**1.2**	**1.3**	**1.3**	**1.4**	**1.4**	**1.4**
Moyenne Asie-Pacifique (36)[6]	**..**	**..**	**..**	**1.5**	**1.4**	**1.5**	**1.7**	**1.8**	**1.8**	**1.9**
Moyenne ALC[7]	**2.5**	**2.7**	**2.7**	**3.2**	**3.7**	**3.7**	**3.8**	**3.9**	**3.7**	**3.6**
Moyenne OCDE[8]	**8.5**	**8.4**	**8.3**	**8.6**	**8.8**	**8.9**	**8.9**	**9.2**	**9.0**	**8.7**

.. Non disponible

Note : Les données des cotisations de sécurité sociale ne sont pas disponibles pour la République du Congo (avant 2018), la République démocratique du Congo (avant 2012), la Guinée, la Guinée équatoriale (avant 2013), Madagascar (avant 2011), la Namibie (avant 2009), l'Ouganda, la Sierra Leone (avant 2018), le Tchad, et le Togo et la Zambie et ne sont que partiellement disponibles au Cameroun et au Sénégal. Les cotisations de sécurité sociale pour le Botswana, le Lesotho et le Malawi sont nulles car elles ne répondent pas aux critères de classification des cotisations de sécurité sociale de la classification des impôts établie dans le *Guide d'interprétation de l'OCDE*.

1. L'Égypte, Madagascar, le Maroc, le Mali, le Rwanda et la Tunisie n'incluent pas les cotisations de sécurité sociale dans le ratio impôts / PIB dans leurs publications officielles car ces pays ne les considèrent pas comme des impôts. Elles sont incluses dans les recettes fiscales de cette publication en accordance avec la classification des impôts établie dans le Guide d'interprétation de l'OCDE.
2. Les cotisations de sécurité sociale sont estimées pour le Gabon (années antérieures à 2015), la Mauritanie (2021 et 2022), le Maroc (années antérieures à 2002) et la Tunisie (2022).
3. L'année fiscale pour Maurice a changé en 2010 et en 2015. Les chiffres pour 2015 ont dû être estimés en conséquence.
4. Les chiffres comprennent les cotisations de sécurité sociale de l'Institution de prévoyance retraite du Sénégal (IPRES, estimées pour les années antérieures à 2006) et les cotisations de sécurité sociale de la Caisse de Sécurité Sociale (CSS, à partir de 2012 car les données pour les années précédentes ne sont pas disponibles).
5. Représente une moyenne non pondérée des 36 pays africains inclus dans cette publication. Il convient d'interpréter cette moyenne avec prudence à cause de valeurs manquantes ou incomplètes pour la rubrique 2000 (cotisations de sécurité sociale). .
6. Représente la moyenne non pondérée pour 36 économies de l'Asie et du Pacifique incluses dans la publication *Revenue Statistics in Asia and the Pacific 2024.*
7. Représente la moyenne non pondérée pour 26 pays d'Amérique latine et des Caraïbes (ALC) inclus dans la publication *Revenue Statistics in Latin America and the Caribbean 2024.*
8. Représente la moyenne non pondérée pour 38 pays de l'OCDE dans la publication de l'OCDE *Statistiques des recettes publiques 2024.*

Tableau 4.8. Cotisations de sécurité sociale (2000) en pourcentage du total des recettes fiscales

	1995	2000	2005	2010	2015	2018	2019	2020	2021	2022
Afrique du Sud	0.0	0.0	1.5	1.6	1.5	1.3	1.3	1.4	1.3	1.3
Botswana	..	..	0.0	0.0	0.0	0.0	0.0	0.0	0.0	0.0
Burkina Faso	..	15.9	13.2	11.0	11.8	11.1	10.9	9.7	10.9	9.1
Cabo Verde	0.0	5.2	2.8	0.2	0.1	0.2	0.2	0.2	0.2	0.2
Cameroun	8.3	8.1	7.4	8.6	6.0	7.2	7.3	8.1	7.6	6.8
Congo	..	..	..	..	..	8.0	8.2	8.5	8.6	6.9
Congo Rép. dém.	..	..	..	..	5.8	6.3	10.2	11.5	8.7	6.7
Côte d'Ivoire	5.6	8.8	8.3	8.0	11.2	11.4	11.3	11.6	11.1	11.2
Égypte[1]	..	..	18.3	16.0	16.8	15.4	15.8	13.6	13.7	13.5
Eswatini	15.5	11.6	11.9	13.6	13.0	14.1	13.0	13.3	13.3	12.0
Gabon[2]	..	..	..	..	6.7	14.8	12.5	12.9	13.2	10.7
Ghana	..	..	..	8.6	9.0	5.2	5.2	8.0	5.2	5.1
Guinée	..	..	..	..	..	..	..	..	..	..
Guinée équatoriale	..	..	0.0	0.0	6.3	9.9	7.5	10.2	11.1	8.1
Kenya	..	..	1.3	1.1	1.4	3.2	3.4	3.6	3.5	3.7
Lesotho	..	..	0.0	0.0	0.0	0.0	0.0	0.0	0.0	0.0
Madagascar[1]	..	..	..	..	4.3	5.9	4.6	6.1	4.1	5.0
Malawi	..	..	0.0	0.0	0.0	0.0	0.0	0.0	0.0	0.0
Mali[1]	10.6	7.7	9.5	9.8	12.3	15.7	16.2	17.7	18.5	22.1
Maroc[1,2]	..	11.0	16.7	17.5	19.8	20.8	22.5	24.8	23.7	22.5
Maurice[3]	5.6	4.5	3.8	3.6	4.1	3.8	4.1	4.7	6.5	7.1
Mauritanie[2]	..	..	..	6.8	6.2	5.1	5.0	5.4	4.5	4.2
Mozambique	..	..	..	1.1	1.7	0.3	0.3	0.8	0.4	0.7
Namibie	..	..	..	1.9	1.7	1.8	1.7	2.0	1.6	1.4
Niger	..	5.6	3.9	5.5	4.8	4.7	5.4	5.6	5.3	5.4
Nigéria	..	..	..	7.5	9.9	8.4	10.7	11.5	8.2	7.0
Ouganda	..	..	..	..	..	..	..	..	..	..
Rwanda[1]	..	5.0	6.9	6.4	6.0	5.9	5.9	6.2	5.7	5.5
Sénégal[4]	..	4.0	4.1	5.8	6.7	6.8	6.4	5.9	5.2	4.7
Seychelles	..	..	..	9.1	3.9	7.2	5.2	6.4	6.1	7.8
Sierra Leone	..	..	..	..	..	12.2	11.2	12.3	11.9	12.7
Somalie	..	..	..	..	0.0	0.0	0.0	0.0	0.0	0.0
Tchad	..	..	..	..	..	..	..	..	..	..
Togo	..	..	..	..	..	..	..	..	..	..
Tunisie[1,2]	..	21.6	22.7	27.0	29.5	29.1	28.3	30.9	29.7	27.5
Zambie	..	..	..	..	..	..	..	..	..	..
Moyenne Afrique[5]	**..**	**..**	**..**	**..**	**6.9**	**7.6**	**7.6**	**8.2**	**7.7**	**7.4**
Moyenne Asie-Pacifique (36)[6]	**..**	**..**	**..**	**6.5**	**6.3**	**6.5**	**7.3**	**7.7**	**7.7**	**7.6**
Moyenne ALC[7]	**15.4**	**15.5**	**14.5**	**15.8**	**16.9**	**17.2**	**17.4**	**18.4**	**17.5**	**16.7**
Moyenne OCDE[8]	**25.5**	**24.9**	**25.0**	**26.6**	**25.9**	**25.9**	**25.9**	**26.5**	**25.6**	**24.8**

.. Non disponible

Note : Les données des cotisations de sécurité sociale ne sont pas disponibles pour la République du Congo (avant 2018), la République démocratique du Congo (avant 2012), la Guinée, la Guinée équatoriale (avant 2013), Madagascar (avant 2011), la Namibie (avant 2009), l'Ouganda, la Sierra Leone (avant 2018), le Tchad, et le Togo et la Zambie et ne sont que partiellement disponibles au Cameroun et au Sénégal. Les cotisations de sécurité sociale pour le Botswana, le Lesotho et le Malawi sont nulles car elles ne répondent pas aux critères de classification des cotisations de sécurité sociale de la classification des impôts établie dans le Guide d'interprétation de l'OCDE.

1. L'Égypte, Madagascar, le Mali, le Maroc, le Rwanda et la Tunisie n'incluent pas les cotisations de sécurité sociale dans le ratio impôts / PIB dans leurs publications officielles car ces pays ne les considèrent pas comme des impôts. Elles sont incluses dans les recettes fiscales de cette publication en accordance avec la classification des impôts établie dans le Guide d'interprétation de l'OCDE.
2. Les cotisations de sécurité sociale sont estimées pour le Gabon (années antérieures à 2015), la Mauritanie (2021 et 2022), le Maroc (années antérieures à 2002) et la Tunisie (2022).
3. L'année fiscale pour Maurice a changé en 2010 et en 2015. Les chiffres pour 2015 ont dû être estimés en conséquence.
4. Les chiffres comprennent les cotisations de sécurité sociale de l'Institution de prévoyance retraite du Sénégal (IPRES, estimées pour les années antérieures à 2006) et les cotisations de sécurité sociale de la Caisse de Sécurité Sociale (CSS, à partir de 2012 car les données pour les années précédentes ne sont pas disponibles).
5. Représente une moyenne non pondérée des 36 pays africains inclus dans cette publication. Il convient d'interpréter cette moyenne avec prudence à cause de valeurs manquantes ou incomplètes pour la rubrique 2000 (cotisations de sécurité sociale).
6. Représente la moyenne non pondérée pour 36 économies de l'Asie et du Pacifique incluses dans la publication *Revenue Statistics in Asia and the Pacific 2024.*
7. Représente la moyenne non pondérée pour 26 pays d'Amérique latine et des Caraïbes (ALC) inclus dans la publication *Revenue Statistics in Latin America and the Caribbean 2024.*
8. Représente la moyenne non pondérée pour 38 pays de l'OCDE dans la publication de l'OCDE *Statistiques des recettes publiques 2024.*

Tableau 4.9. Impôts sur le patrimoine (4000) en pourcentage du PIB

	1995	2000	2005	2010	2015	2018	2019	2020	2021	2022
Afrique du Sud	0.3	0.4	1.3	1.3	1.3	1.6	1.6	1.7	1.1	1.2
Botswana	..	..	0.0	0.1	0.0	0.0	0.0	0.0	0.0	0.0
Burkina Faso	..	0.0	0.1	0.1	0.1	0.1	0.1	0.1	0.2	0.1
Cabo Verde	0.8	0.8	0.9	0.9	0.9	0.9	0.8	0.9	0.3	0.3
Cameroun	0.2	0.2	0.1	0.1	0.1	0.1	0.1	0.1	0.1	0.1
Congo	..	0.1	0.0	0.2	0.7	0.2	0.3	0.3	0.3	0.3
Congo Rép. dém.	..	..	..	0.0	0.0	0.0	0.1	0.1	0.1	0.1
Côte d'Ivoire	0.2	0.3	0.4	0.3	0.3	0.4	0.4	0.4	0.4	0.4
Égypte	..	..	0.1	0.1	0.1	0.1	0.1	0.1	0.1	0.1
Eswatini	0.2	0.3	0.3	0.3	0.3	0.5	0.5	0.3	0.3	0.5
Gabon	..	..	..	..	0.2	0.2	0.1	0.2	0.2	0.2
Ghana	..	..	..	..	..	..	..	..	..	0.1
Guinée	..	0.0	0.0	0.0	0.0	0.1	0.0	0.0	0.0	0.0
Guinée équatoriale	..	..	0.0	0.0	0.0	0.0	0.0	0.0	0.0	0.0
Kenya	..	..	0.0	0.0	0.0	0.0	0.0	0.0	0.0	0.0
Lesotho	..	..	..	..	..	..	..	..	..	..
Madagascar	0.1	0.1	0.1	0.1	0.1	0.1	0.1	0.1	0.1	0.1
Malawi	..	..	..	..	..	..	..	..	..	..
Mali	0.2	0.1	0.2	0.2	0.2	0.3	0.3	0.3	0.3	0.3
Maroc	..	1.2	1.4	1.5	1.8	1.4	1.3	1.2	1.5	1.5
Maurice[1]	1.3	1.2	1.0	1.1	1.0	1.0	0.9	0.9	1.0	1.1
Mauritanie[2]	..	..	..	0.4	0.7	0.4	0.0	0.0	0.0	0.0
Mozambique	..	..	..	0.2	0.2	0.3	0.3	0.4	0.6	0.3
Namibie	..	..	..	0.2	0.2	0.1	0.1	0.1	0.1	0.1
Niger	..	0.1	0.1	0.1	0.0	0.1	0.1	0.2	0.2	0.2
Nigéria	..	..	..	..	..	..	..	..	0.1	0.1
Ouganda	..	..	..	..	0.1	0.0	0.2	0.1	0.2	0.2
Rwanda	..	0.0	0.0	0.0	0.0	0.0	0.0	0.2	0.1	0.1
Sénégal	..	0.3	0.4	0.5	0.4	0.4	0.4	0.4	0.6	0.5
Seychelles	..	..	..	1.1	0.7	0.5	0.6	0.5	0.4	0.2
Sierra Leone	..	..	..	..	..	..	..	..	..	..
Somalie	..	..	..	..	0.0	0.0	0.0	0.0	0.0	0.0
Tchad	..	..	..	0.3	0.1	0.1	0.3	0.4	0.3	0.2
Togo	..	0.0	0.0	0.1	0.1	0.1	0.1	0.1	0.1	0.1
Tunisie	..	0.3	0.2	0.3	0.3	0.3	0.3	0.3	0.3	0.3
Zambie	..	..	..	..	0.2	0.1	0.1	0.1	0.1	0.1
Moyenne Afrique[3]	**..**	**..**	**..**	**..**	**0.3**	**0.3**	**0.3**	**0.3**	**0.3**	**0.3**
Moyenne Asie-Pacifique (36)[4]	**..**	**..**	**..**	**0.7**	**0.7**	**0.7**	**0.6**	**0.7**	**0.7**	**0.6**
Moyenne ALC[5]	**0.8**	**0.7**	**1.0**	**0.8**	**0.9**	**0.9**	**0.9**	**0.8**	**0.9**	**0.9**
Moyenne OCDE[6]	**1.5**	**1.7**	**1.7**	**1.6**	**1.8**	**1.8**	**1.8**	**1.9**	**1.9**	**1.8**

.. Non disponible

Note : Les chiffres incluent les recettes fiscales collectées par les administrations infranationales pour le Cabo Verde (2008 à 2020), Eswatini, Maurice, la Mauritanie (2009-2018),le Nigéria (recettes des administrations régionales) et la Somalie (à partir de 2019). Les données des recettes fiscales collectées par les administrations infranationales ne sont pas disponibles pour les autres pays.

Au Ghana, au Lesotho, au Malawi, au Nigéria, en Ouganda et en Sierra Leone, les recettes provenant des impôts sur le patrimoine sont principalement perçues par les administrations locales pour lesquelles les données ne sont pas disponibles. En République démocratique du Congo, seules les données des impôts sur le patrimoine qui sont prélevées par la *Direction Générale des Recettes Administratives, Judiciaires, Domaniales et de Participation* (DGRAD) sont disponibles à partir de 2010. Les chiffres de la rubrique 4000 pour l'Ouganda à partir de 2014, le Nigeria à partir de 2021 et le Ghana à partir de 2022 sont les recettes de nouvelles taxes sur les transferts d'argent dans ces pays et les recettes sur les taxes foncières collectées au niveau des collectivités locales pour ces années sont toujours manquantes. Pour plus d'informations, voir les tableaux par pays au chapitre 5.

1. L'année fiscale pour Maurice a changé en 2010 et en 2015. Les chiffres pour 2015 ont dû être estimés en conséquence.
2. Les données sont manquantes à partir de 2019.
3. Représente une moyenne non pondérée des 36 pays africains inclus dans cette publication. Il convient d'interpréter cette moyenne avec prudence à cause de valeurs manquantes ou incomplètes pour la rubrique 4000 (taxes sur le patrimoine).
4. Représente la moyenne non pondérée pour 36 économies de l'Asie et du Pacifique incluses dans la publication *Revenue Statistics in Asia and the Pacific 2024.*
5. Représente la moyenne non pondérée pour 26 pays d'Amérique latine et des Caraïbes (ALC) inclus dans la publication *Revenue Statistics in Latin America and the Caribbean 2024.*
6. Représente la moyenne non pondérée pour 38 pays de l'OCDE dans la publication de l'OCDE *Statistiques des recettes publiques 2024*.

Tableau 4.10. Impôts sur le patrimoine (4000) en pourcentage du total des recettes fiscales

	1995	2000	2005	2010	2015	2018	2019	2020	2021	2022
Afrique du Sud	1.7	1.8	5.6	5.7	5.1	5.9	6.3	6.8	4.1	4.6
Botswana	..	..	0.2	0.4	0.3	0.3	0.3	0.3	0.3	0.3
Burkina Faso	..	0.4	0.5	0.7	0.8	0.7	0.7	0.8	1.5	0.7
Cabo Verde	5.3	5.3	4.3	5.5	5.2	4.7	4.5	4.7	1.9	1.8
Cameroun	1.6	1.6	1.2	1.1	0.9	0.8	0.8	0.9	0.9	0.7
Congo	..	1.3	0.8	2.6	5.1	2.7	3.4	3.0	3.9	3.0
Congo Rép. dém.	..	..	..	0.6	0.4	0.7	0.7	0.8	0.6	0.5
Côte d'Ivoire	1.7	2.8	3.1	2.4	2.6	2.9	3.1	2.9	3.1	3.3
Égypte	..	..	0.7	0.6	0.6	0.6	0.7	0.6	0.7	0.6
Eswatini	2.0	2.6	2.3	2.0	1.7	2.6	2.6	1.5	1.8	2.8
Gabon	..	..	..	..	1.5	1.5	1.1	1.7	1.5	1.6
Ghana	..	..	..	..	..	..	..	..	..	0.7
Guinée	..	0.4	0.1	0.2	0.2	0.4	0.2	0.2	0.1	0.2
Guinée équatoriale	..	..	0.0	0.0	0.0	0.1	0.0	0.0	0.0	0.0
Kenya	..	..	0.1	0.2	0.1	0.0	0.0	0.0	0.0	0.0
Lesotho	..	..	..	..	..	..	..	..	..	..
Madagascar	1.1	0.7	0.8	0.6	0.8	0.8	0.6	0.6	0.6	0.6
Malawi	..	..	..	..	..	..	..	..	..	..
Mali	2.2	1.3	1.7	1.6	1.5	2.0	1.7	1.5	1.4	1.4
Maroc	..	5.9	6.1	5.9	7.4	5.3	5.1	4.3	5.4	5.0
Maurice[1]	7.7	6.4	5.5	5.7	5.2	4.9	4.6	4.2	4.9	5.0
Mauritanie[2]	..	..	..	4.3	4.8	2.9	0.1	0.2	0.2	0.1
Mozambique	..	..	..	0.6	0.7	1.6	1.3	2.0	2.8	1.2
Namibie	..	..	..	0.9	1.0	0.6	0.5	0.5	0.7	0.6
Niger	..	1.1	0.9	0.8	0.4	0.7	1.2	1.8	1.7	1.9
Nigéria	..	..	..	..	..	..	..	..	0.9	0.8
Ouganda	..	..	..	..	0.5	0.4	1.4	1.1	1.4	1.5
Rwanda	..	0.2	0.0	0.0	0.1	0.1	0.1	0.9	0.8	0.9
Sénégal	..	2.0	2.6	3.1	2.4	2.5	2.4	2.4	3.2	2.3
Seychelles	..	..	..	3.5	2.6	1.7	2.2	1.8	1.4	0.9
Sierra Leone	..	..	..	..	..	..	..	..	..	..
Somalie	..	..	..	..	0.0	1.9	0.8	0.7	1.4	0.8
Tchad	..	..	..	3.1	3.2	1.6	4.6	3.5	4.1	2.1
Togo	..	0.4	0.4	0.8	0.8	0.8	0.8	0.8	0.5	0.6
Tunisie	..	1.1	1.0	1.0	1.1	0.9	0.9	0.8	1.0	1.0
Zambie	..	..	..	..	1.2	0.5	0.8	0.6	0.5	0.6
Moyenne Afrique[3]	**..**	**..**	**..**	**..**	**1.9**	**1.7**	**1.7**	**1.7**	**1.7**	**1.5**
Moyenne Asie-Pacifique (36)[4]	**..**	**..**	**..**	**3.6**	**3.2**	**3.2**	**3.2**	**3.4**	**3.3**	**2.9**
Moyenne ALC[5]	**4.7**	**3.9**	**5.4**	**4.2**	**4.2**	**3.9**	**4.0**	**3.7**	**4.0**	**3.8**
Moyenne OCDE[6]	**5.1**	**5.3**	**5.4**	**5.4**	**5.7**	**5.5**	**5.5**	**5.7**	**5.6**	**5.3**

.. Non disponible

Note : Les chiffres incluent les recettes fiscales collectées par les administrations infranationales pour l'Afrique du Sud (à partir de 2003), le Cabo Verde (2008 à 2020), Eswatini, le Maroc, Maurice, la Mauritanie (2009-2018), le Nigéria (recettes des administrations régionales) et la Somalie (à partir de 2019). Les données des recettes fiscales collectées par les administrations infranationales ne sont pas disponibles pour les autres pays. Au Ghana, au Lesotho, au Malawi, au Nigéria, en Ouganda et en Sierra Leone, les recettes provenant des impôts sur le patrimoine sont principalement perçues par les administrations locales pour lesquelles les données ne sont pas disponibles. En République démocratique du Congo, seules les données des impôts sur le patrimoine qui sont prélevées par la Direction Générale des Recettes Administratives, Judiciaires, Domaniales et de Participation (DGRAD) sont disponibles à partir de 2010. Les chiffres de la rubrique 4000 pour l'Ouganda à partir de 2014, le Nigeria à partir de 2021 et le Ghana à partir de 2022 sont les recettes de nouvelles taxes sur les transferts d'argent dans ces pays et les recettes sur les taxes foncières collectées au niveau des collectivités locales pour ces années sont toujours manquantes. Pour plus d'informations, voir les tableaux par pays au chapitre 5.

1. L'année fiscale pour Maurice a changé en 2010 et en 2015. Les chiffres pour 2015 ont dû être estimés en conséquence.
2. Les données sont manquantes à partir de 2019.
3. Représente une moyenne non pondérée des 36 pays africains inclus dans cette publication. Il convient d'interpréter cette moyenne avec prudence à cause de valeurs manquantes ou incomplètes pour la rubrique 4000 (taxes sur le patrimoine). Voir les tableaux de pays au chapitre 5 pour plus d'informations.
4. Représente la moyenne non pondérée pour 36 économies de l'Asie et du Pacifique incluses dans la publication *Revenue Statistics in Asia and the Pacific 2024*.
5. Représente la moyenne non pondérée pour 26 pays d'Amérique latine et des Caraïbes (ALC) inclus dans la publication *Revenue Statistics in Latin America and the Caribbean 2024*.
6. Représente la moyenne non pondérée pour 38 pays de l'OCDE dans la publication de l'OCDE *Statistiques des recettes publiques 2024*.

Tableau 4.11. Impôts sur les biens et services (5000) en pourcentage du PIB

	1995	2000	2005	2010	2015	2018	2019	2020	2021	2022
Afrique du Sud	8.5	8.0	8.9	9.1	10.7	10.6	10.2	10.1	10.4	10.6
Botswana	..	..	4.1	5.4	4.3	4.6	5.0	4.7	5.5	4.8
Burkina Faso	..	5.8	7.5	9.4	9.1	10.3	10.2	9.5	8.0	10.2
Cabo Verde	9.3	8.4	12.6	11.1	11.1	12.7	12.0	12.2	12.5	13.6
Cameroun	6.1	6.7	6.7	6.9	8.0	8.8	8.4	7.5	8.0	8.2
Congo	..	1.7	4.0	4.3	7.3	4.8	4.8	5.7	4.8	5.8
Congo Rép. dém.	..	0.4	3.3	5.4	5.1	3.3	3.2	3.7	4.2	4.7
Côte d'Ivoire	8.4	6.6	7.2	7.9	7.9	7.7	7.8	8.0	8.4	7.5
Égypte	..	..	6.5	6.2	5.4	6.8	6.7	5.7	6.1	6.1
Eswatini	3.1	3.7	3.7	4.5	5.5	6.1	6.6	6.7	6.3	6.9
Gabon[1]	..	..	..	..	7.9	4.5	4.6	5.1	4.8	4.5
Ghana	..	..	..	6.0	7.6	7.7	6.9	6.7	7.9	7.7
Guinée	..	6.7	7.3	7.5	9.9	9.3	9.8	9.4	9.0	8.2
Guinée équatoriale	..	..	0.7	0.7	1.2	1.3	1.5	1.4	1.1	1.4
Kenya	..	..	9.2	9.1	8.8	8.7	8.8	8.1	8.5	9.0
Lesotho	..	..	5.9	7.6	7.3	9.4	9.3	8.8	10.2	10.4
Madagascar	5.4	7.8	6.6	6.1	6.7	7.6	7.6	6.8	7.4	7.8
Malawi	..	..	5.1	6.3	6.1	6.6	6.6	6.6	6.6	6.8
Mali	4.5	8.2	10.0	8.5	8.9	7.7	9.8	9.1	10.2	8.4
Maroc	..	11.3	10.4	11.9	10.4	11.2	11.1	11.0	11.6	12.4
Maurice[2]	11.7	13.5	12.8	12.1	12.2	12.8	13.0	12.4	11.6	12.7
Mauritanie	..	..	..	5.3	8.0	9.5	8.7	7.0	8.2	8.9
Mozambique	..	..	..	20.8	21.8	10.7	11.3	9.6	11.4	10.3
Namibie	..	..	..	6.1	8.0	6.8	7.1	5.4	6.8	7.2
Niger	..	5.0	5.8	5.9	7.3	7.4	6.6	5.8	6.2	5.7
Nigéria	..	..	..	1.9	1.6	1.6	1.6	1.8	2.6	2.6
Ouganda	6.4	6.8	6.6	5.6	6.7	7.6	7.7	6.9	7.7	7.8
Rwanda	..	5.9	6.9	7.1	9.1	9.1	9.4	8.8	8.7	8.4
Sénégal	..	9.1	10.4	10.1	10.3	10.2	11.3	10.7	11.5	12.1
Seychelles	..	..	..	17.8	17.9	18.1	17.9	16.4	16.4	17.1
Sierra Leone	..	..	5.5	6.2	5.7	6.0	6.7	6.0	6.2	4.9
Somalie	..	..	..	..	1.2	1.5	1.9	2.1	2.2	2.3
Tchad	..	..	..	2.3	1.7	2.6	2.9	3.5	3.3	2.9
Togo	..	5.2	7.2	8.4	12.6	11.3	11.8	12.1	12.8	13.2
Tunisie	..	12.1	10.4	10.2	10.2	11.9	11.4	11.2	11.9	12.5
Zambie	..	..	..	..	7.3	8.8	8.1	6.9	6.5	6.5
Moyenne Afrique[3]	**..**	**..**	**..**	**..**	**8.1**	**7.9**	**8.0**	**7.6**	**7.9**	**8.1**
Moyenne Asie-Pacifique (36)[4]	**..**	**..**	**..**	**9.1**	**9.3**	**9.6**	**9.3**	**8.6**	**8.8**	**9.0**
Moyenne ALC[5]	**8.8**	**9.4**	**9.8**	**10.0**	**10.6**	**10.7**	**10.7**	**10.1**	**10.3**	**10.1**
Moyenne OCDE[6]	**10.8**	**10.8**	**10.8**	**10.5**	**10.8**	**10.8**	**10.8**	**10.6**	**10.7**	**10.6**

.. Non disponible

Note : Les chiffres incluent les recettes fiscales collectées par les administrations infranationales pour le Maroc, Maurice et la Somalie (à partir de 2019). Les données des recettes fiscales collectées par les administrations infranationales ne sont pas disponibles pour les autres pays.

Voir les tableaux par pays au chapitre 5 pour plus d'informations sur les problèmes de données pour chaque pays.

1. Les chiffres doivent être interprétés avec prudence pour les années antérieures à 2014, car les recettes douanières (qui représentent environ 50 % des recettes fiscales) sont estimées pour ces années.
2. L'année fiscale pour Maurice a changé en 2010 et en 2015. Les chiffres pour 2015 ont dû être estimés en conséquence.
3. Représente une moyenne non pondérée des 36 pays africains inclus dans cette publication.
4. Représente la moyenne non pondérée pour 36 économies de l'Asie et du Pacifique incluses dans la publication *Revenue Statistics in Asia and the Pacific 2024*.
5. Représente la moyenne non pondérée pour 26 pays d'Amérique latine et des Caraïbes (ALC) inclus dans la publication *Revenue Statistics in Latin America and the Caribbean 2024*.
6. Représente la moyenne non pondérée pour 38 pays de l'OCDE dans la publication de l'OCDE *Statistiques des recettes publiques 2024*.

Tableau 4.12. Impôts sur les biens et services (5000) en pourcentage du total de recettes fiscales

	1995	2000	2005	2010	2015	2018	2019	2020	2021	2022
Afrique du Sud	43.4	39.9	38.9	39.5	40.4	39.9	39.1	40.1	39.5	39.2
Botswana	..	..	26.6	34.3	31.7	35.0	36.7	38.7	37.1	35.5
Burkina Faso	..	57.0	63.6	67.3	62.8	61.4	59.1	59.9	51.6	55.4
Cabo Verde	61.3	53.8	62.0	64.3	63.1	64.7	64.4	64.9	70.1	74.2
Cameroun	66.1	62.2	60.5	60.1	57.0	62.2	60.9	58.5	60.0	58.3
Congo	..	45.5	67.3	60.8	55.3	63.6	58.3	58.2	58.8	65.1
Congo Rép. dém.	..	65.3	67.4	65.5	54.2	44.0	42.2	50.7	47.2	37.9
Côte d'Ivoire	68.6	59.8	63.9	66.0	62.7	59.6	61.0	60.9	61.1	58.3
Égypte	..	..	41.1	39.8	38.8	44.0	44.4	41.9	43.2	42.8
Eswatini	29.9	34.8	32.2	32.6	36.6	35.0	36.3	38.0	36.4	39.0
Gabon[1]	..	..	..	..	51.6	43.7	38.2	39.4	46.9	39.5
Ghana	..	..	..	55.3	58.9	56.0	52.6	51.1	56.3	55.0
Guinée	..	89.4	87.1	75.2	76.3	77.4	80.5	80.2	81.1	76.0
Guinée équatoriale	..	..	8.5	9.4	10.3	19.2	15.2	16.4	18.3	16.7
Kenya	..	..	62.4	57.5	51.4	52.2	53.3	50.8	54.8	53.6
Lesotho	..	..	41.5	39.1	37.8	43.7	44.0	44.7	46.8	48.6
Madagascar	81.6	82.5	76.4	71.4	72.1	69.4	68.9	67.1	69.3	67.6
Malawi	..	..	57.2	55.6	51.2	51.9	52.4	52.7	53.4	54.6
Mali	59.3	72.0	68.9	60.4	57.1	55.6	54.0	49.2	51.6	47.0
Maroc	..	55.7	45.2	46.8	42.2	42.8	42.1	40.3	42.4	41.4
Maurice[2]	70.3	74.6	72.6	64.4	64.9	65.2	63.6	61.5	58.3	57.1
Mauritanie	..	..	..	54.0	55.4	62.5	63.2	55.6	56.6	60.9
Mozambique	..	..	..	79.6	68.9	50.4	53.6	46.5	50.3	47.1
Namibie	..	..	..	32.9	37.2	34.9	35.1	29.1	35.1	36.8
Niger	..	70.9	71.9	62.1	58.9	65.9	63.4	59.3	59.5	59.3
Nigéria	..	..	..	25.6	26.3	25.3	26.6	32.4	38.2	32.4
Ouganda	82.2	81.6	70.9	67.3	64.6	65.1	63.4	60.9	61.6	62.1
Rwanda	..	68.8	64.5	57.4	55.9	53.6	54.2	51.6	50.8	51.0
Sénégal	..	69.2	67.8	63.4	63.1	58.9	60.4	57.9	61.5	61.0
Seychelles	..	..	..	57.8	62.5	59.9	61.6	59.0	57.7	62.6
Sierra Leone	..	..	70.6	68.6	58.1	48.3	50.5	47.8	46.8	43.1
Somalie	..	..	..	..	97.9	91.8	91.5	87.1	87.7	87.1
Tchad	..	..	..	20.7	39.7	46.5	48.7	33.0	45.6	27.4
Togo	..	74.8	73.0	78.4	80.1	76.3	75.9	77.0	74.6	75.8
Tunisie	..	51.8	45.0	39.5	35.8	39.7	35.6	34.5	36.7	37.4
Zambie	..	..	..	..	51.4	54.5	50.2	44.0	40.5	40.0
Moyenne Afrique[3]	**..**	**..**	**..**	**..**	**53.7**	**53.3**	**52.8**	**51.1**	**52.4**	**51.3**
Moyenne Asie-Pacifique (36)[4]	**..**	**..**	**..**	**53.2**	**51.4**	**51.7**	**50.5**	**49.7**	**49.7**	**48.8**
Moyenne ALC[5]	**57.2**	**56.9**	**53.4**	**51.1**	**50.3**	**50.2**	**49.8**	**48.5**	**48.4**	**46.5**
Moyenne OCDE[6]	**34.4**	**33.9**	**33.9**	**34.0**	**33.4**	**32.8**	**32.7**	**32.1**	**31.9**	**31.5**

.. Non disponible

Note : Les chiffres incluent les recettes fiscales collectées par les administrations infranationales le Maroc, Maurice et la Somalie (à partir de 2019). Les données des recettes fiscales collectées par les administrations infranationales ne sont pas disponibles pour les autres pays. Voir les tableaux par pays au chapitre 5 pour plus d'informations sur les problèmes de données pour chaque pays.

1. Les chiffres doivent être interprétés avec prudence pour les années antérieures à 2014, car les recettes douanières (qui représentent environ 50 % des recettes fiscales) sont estimées pour ces années.
2. L'année fiscale pour Maurice a changé en 2010 et en 2015. Les chiffres pour 2015 ont dû être estimés en conséquence.
3. Représente une moyenne non pondérée des 36 pays africains inclus dans cette publication.
4. Représente la moyenne non pondérée pour 36 économies de l'Asie et du Pacifique incluses dans la publication *Revenue Statistics in Asia and the Pacific 2024*.
5. Représente la moyenne non pondérée pour 26 pays d'Amérique latine et des Caraïbes (ALC) inclus dans la publication *Revenue Statistics in Latin America and the Caribbean 2024*.
6. Représente la moyenne non pondérée pour 38 pays de l'OCDE dans la publication de l'OCDE *Statistiques des recettes publiques 2024.*

Tableau 4.13. Impôts généraux sur la consommation (5110) en pourcentage du PIB

	1995	2000	2005	2010	2015	2018	2019	2020	2021	2022
Afrique du Sud	5.1	4.9	5.9	5.6	6.3	6.1	5.9	6.0	6.0	6.2
Botswana	..	..	3.6	5.0	3.8	4.1	4.5	4.3	4.4	4.1
Burkina Faso	..	2.9	4.1	4.6	4.9	5.5	5.7	4.8	2.9	4.7
Cabo Verde	0.0	0.0	6.9	6.6	6.2	7.3	6.8	7.1	6.9	7.5
Cameroun	2.7	3.5	3.5	3.6	4.6	5.2	4.9	4.0	4.3	4.6
Congo	..	1.5	2.2	2.4	4.0	3.0	2.8	3.3	2.4	3.5
Congo Rép. dém.	..	0.1	1.8	2.9	2.4	1.9	1.7	2.3	2.7	2.7
Côte d'Ivoire	2.7	2.4	2.3	2.9	2.6	2.8	2.8	2.7	3.1	3.1
Égypte	..	..	3.3	3.1	2.5	3.3	3.5	3.1	3.5	3.2
Eswatini	2.4	3.0	3.2	3.8	4.0	4.3	4.6	4.7	4.3	5.0
Gabon	..	..	..	..	4.7	2.2	2.2	2.1	2.3	2.2
Ghana	..	..	..	3.2	4.1	3.7	3.5	3.3	4.0	4.2
Guinée	..	2.1	2.4	3.1	4.1	4.0	4.2	3.7	3.9	3.6
Guinée équatoriale	..	..	0.5	0.6	0.8	0.7	0.9	0.9	0.6	0.7
Kenya	..	..	3.8	4.1	4.1	4.0	4.0	3.6	3.6	4.1
Lesotho	..	..	5.9	7.6	7.3	8.5	8.5	7.6	8.7	9.0
Madagascar	3.2	3.9	3.5	3.9	4.5	5.0	5.0	4.4	4.9	5.2
Malawi	..	..	2.5	2.9	3.4	3.6	3.7	3.9	3.7	3.7
Mali	1.7	3.8	5.8	4.9	4.2	3.9	5.3	4.8	5.4	4.4
Maroc	..	4.8	5.5	7.7	7.0	7.2	7.0	6.9	7.3	8.0
Maurice[1]	0.1	4.6	6.4	6.8	6.7	6.8	6.9	6.8	6.1	7.3
Mauritanie	..	..	..	3.3	4.7	4.7	4.5	3.3	3.9	4.0
Mozambique	..	..	..	6.2	8.0	7.2	7.6	6.4	7.9	7.2
Namibie	..	..	..	6.0	7.8	6.3	6.4	4.7	6.0	6.7
Niger	..	..	..	..	4.5	5.1	3.8	3.1	3.4	3.3
Nigéria	..	..	..	1.0	0.8	0.9	0.8	1.0	1.2	1.2
Ouganda	2.4	2.7	3.1	2.7	3.4	3.7	3.7	3.4	3.8	3.8
Rwanda	..	1.7	3.5	3.7	5.0	5.1	5.5	5.1	5.1	4.8
Sénégal	..	5.2	6.1	6.0	5.9	5.7	6.4	5.7	6.1	5.7
Seychelles	..	..	..	4.0	9.9	10.5	10.3	9.1	9.6	10.2
Sierra Leone	..	..	0.0	2.4	2.7	2.7	2.8	2.6	2.8	2.5
Somalie	..	..	..	..	0.1	0.3	0.3	0.3	0.4	0.4
Tchad	..	..	..	1.4	0.9	0.9	1.3	1.5	1.5	0.6
Togo	..	2.6	4.0	4.9	7.4	6.6	6.9	6.9	7.1	7.2
Tunisie	..	5.9	5.3	5.8	5.8	6.8	6.5	6.2	6.9	7.4
Zambie	..	..	..	..	4.5	6.3	5.6	4.4	4.3	4.2
Moyenne Afrique[2]	**..**	**..**	**..**	**..**	**4.5**	**4.6**	**4.6**	**4.3**	**4.5**	**4.6**
Moyenne Asie-Pacifique (36)[3]	**..**	**..**	**..**	**4.5**	**5.1**	**5.1**	**5.0**	**4.6**	**4.9**	**5.2**
Moyenne ALC[4]	**4.3**	**4.8**	**5.5**	**5.9**	**6.6**	**6.8**	**6.7**	**6.4**	**6.7**	**6.7**
Moyenne OCDE[5]	**6.3**	**6.5**	**6.7**	**6.5**	**6.8**	**6.9**	**6.9**	**6.8**	**7.1**	**7.1**

.. Non disponible

Note : Les chiffres incluent les recettes fiscales collectées par les administrations infranationales le Maroc et la Somalie (à partir de 2019). Les données des recettes fiscales collectées par les administrations infranationales ne sont pas disponibles pour les autres pays. Voir les tableaux par pays au chapitre 5 pour plus d'informations sur les problèmes de données pour chaque pays.

1. L'année fiscale pour Maurice a changé en 2010 et en 2015. Les chiffres pour 2015 ont dû être estimés en conséquence.
2. Représente une moyenne non pondérée des 36 pays africains inclus dans cette publication.
3. Représente la moyenne non pondérée pour 36 économies de l'Asie et du Pacifique incluses dans la publication *Revenue Statistics in Asia and the Pacific 2024*.
4. Représente la moyenne non pondérée pour 26 pays d'Amérique latine et des Caraïbes (ALC) inclus dans la publication *Revenue Statistics in Latin America and the Caribbean 2024*.
5. Représente la moyenne non pondérée pour 38 pays de l'OCDE dans la publication de l'OCDE Statist*iques des recettes publiques 2024.*

Tableau 4.14. Impôts généraux sur la consommation (5110) en pourcentage du total des recettes fiscales

	1995	2000	2005	2010	2015	2018	2019	2020	2021	2022
Afrique du Sud	26.0	24.6	26.1	24.1	23.8	22.9	22.4	23.8	22.9	23.1
Botswana	..	..	23.2	31.3	28.2	31.1	32.6	35.0	29.9	30.2
Burkina Faso	..	28.7	34.7	32.8	33.7	32.9	33.1	30.1	19.1	25.5
Cabo Verde	0.0	0.0	34.0	38.2	35.3	37.5	36.3	38.0	38.6	41.1
Cameroun	29.0	32.2	31.7	31.2	32.9	36.8	35.3	31.2	31.9	32.9
Congo	..	40.2	37.9	34.2	30.6	39.0	34.0	33.7	29.7	39.0
Congo Rép. dém.	..	18.4	37.1	35.1	25.6	24.6	22.2	31.9	30.9	21.9
Côte d'Ivoire	22.4	21.8	20.5	24.1	20.3	21.4	21.7	21.0	22.8	24.2
Égypte	..	..	21.0	20.2	18.3	21.6	23.3	23.2	24.9	22.9
Eswatini	23.2	28.0	27.5	27.4	26.7	24.5	25.0	26.2	24.5	28.5
Gabon	..	..	..	..	30.5	21.5	18.0	16.4	22.1	19.3
Ghana	..	..	..	30.0	32.1	26.8	26.6	25.0	28.8	29.8
Guinée	..	28.1	29.2	31.0	31.2	33.7	34.3	31.6	35.2	33.6
Guinée équatoriale	..	..	6.2	7.4	6.3	11.3	8.9	10.1	10.4	8.2
Kenya	..	..	26.1	25.9	24.2	23.9	24.5	22.8	23.3	24.4
Lesotho	..	..	41.5	39.1	37.6	39.5	40.1	38.5	39.9	42.1
Madagascar	48.6	41.4	40.4	45.3	48.4	45.4	45.5	43.4	46.0	45.2
Malawi	..	..	27.8	25.4	28.3	28.1	29.7	31.4	29.6	29.5
Mali	22.3	33.7	40.2	34.8	27.2	28.3	29.3	25.9	27.0	24.5
Maroc	..	23.6	23.7	30.1	28.4	27.5	26.7	25.4	26.8	26.8
Maurice[1]	0.5	25.3	36.0	36.1	35.4	34.5	33.8	33.6	30.7	32.7
Mauritanie	..	..	..	33.4	32.5	31.2	32.4	25.9	27.0	27.6
Mozambique	..	..	..	23.9	25.3	34.0	36.3	30.9	34.7	32.9
Namibie	..	..	..	32.1	36.5	32.6	31.8	25.4	31.0	34.0
Niger	..	28.5	43.2	37.5	36.4	45.1	36.8	32.2	32.7	34.5
Nigéria	..	..	..	14.0	13.3	13.5	13.7	17.9	17.6	15.7
Ouganda	30.4	33.0	33.0	32.3	32.3	32.0	30.8	29.8	29.9	30.4
Rwanda	..	20.0	33.1	29.9	30.6	30.2	31.5	29.6	29.9	29.3
Sénégal	..	39.6	40.0	37.7	35.8	33.1	34.4	30.8	32.6	28.9
Seychelles	..	..	..	13.0	34.6	35.0	35.6	32.9	33.6	37.4
Sierra Leone	..	..	0.0	26.5	27.8	22.0	21.1	21.0	21.3	21.6
Somalie	..	..	..	..	5.7	16.1	15.3	14.5	14.7	15.3
Tchad	..	..	..	12.3	20.0	16.2	22.2	13.5	20.6	6.0
Togo	..	36.9	40.1	45.9	46.9	44.6	44.5	43.6	41.3	41.2
Tunisie	..	25.2	23.1	22.3	20.3	22.8	20.4	19.1	21.3	22.1
Zambie	..	..	..	..	31.6	39.3	34.5	28.1	26.8	26.1
Moyenne Afrique[2]	**..**	**..**	**..**	**..**	**28.7**	**29.5**	**29.0**	**27.6**	**28.1**	**28.0**
Moyenne Asie-Pacifique (36)[3]	**..**	**..**	**..**	**24.0**	**26.7**	**26.7**	**26.8**	**25.9**	**27.0**	**27.2**
Moyenne ALC[4]	**26.6**	**27.9**	**28.6**	**29.6**	**30.9**	**31.5**	**31.1**	**30.9**	**31.1**	**30.8**
Moyenne OCDE[5]	**20.1**	**20.3**	**21.0**	**21.2**	**20.9**	**21.0**	**20.9**	**20.8**	**21.3**	**21.4**

.. Non disponible

Note : Les chiffres incluent les recettes fiscales collectées par les administrations infranationales pour le Maroc et la Somalie (à partir de 2019). Les données des recettes fiscales collectées par les administrations infranationales ne sont pas disponibles pour les autres pays. Voir les tableaux par pays au chapitre 5 pour plus d'informations sur les problèmes de données pour chaque pays.

1. L'année fiscale pour Maurice a changé en 2010 et en 2015. Les chiffres pour 2015 ont dû être estimés en conséquence.
2. Représente une moyenne non pondérée des 36 pays africains inclus dans cette publication.
3. Représente la moyenne non pondérée pour 36 économies de l'Asie et du Pacifique incluses dans la publication *Revenue Statistics in Asia and the Pacific 2024*.
4. Représente la moyenne non pondérée pour 26 pays d'Amérique latine et des Caraïbes (ALC) inclus dans la publication *Revenue Statistics in Latin America and the Caribbean 2024*.
5. Représente la moyenne non pondérée pour 38 pays de l'OCDE dans la publication de l'OCDE *Statistiques des recettes publiques 2024*.

Tableau 4.15. Impôts généraux sur les biens et services déterminés (5120) en pourcentage du PIB

	1995	2000	2005	2010	2015	2018	2019	2020	2021	2022
Afrique du Sud	3.4	3.1	2.7	3.4	4.2	4.3	4.3	3.9	4.1	4.2
Botswana	..	..	0.3	0.2	0.3	0.2	0.3	0.2	0.8	0.4
Burkina Faso	..	2.2	2.8	2.8	3.6	4.1	3.8	3.6	4.1	4.7
Cabo Verde	9.3	8.4	5.7	4.5	4.9	5.3	5.2	5.0	5.6	6.1
Cameroun	3.4	3.2	3.1	3.3	3.4	3.6	3.5	3.5	3.7	3.5
Congo	..	0.2	1.7	1.9	3.3	1.8	2.0	2.3	2.3	2.3
Congo Rép. dém.	..	0.3	1.5	2.4	2.6	1.4	1.4	1.2	1.3	1.8
Côte d'Ivoire	5.5	4.0	4.7	4.7	5.0	4.6	4.7	4.9	5.0	4.1
Égypte	..	..	3.0	2.9	2.7	3.4	3.1	2.4	2.4	2.7
Eswatini	0.6	0.6	0.5	0.6	1.4	1.7	1.9	1.9	1.9	1.7
Gabon[1]	..	..	..	..	3.1	2.3	2.4	2.9	2.5	2.3
Ghana	..	..	..	2.7	3.5	4.0	3.4	3.4	3.9	3.5
Guinée	..	4.3	4.7	4.2	5.6	4.9	5.3	5.4	4.9	4.3
Guinée équatoriale	..	..	0.2	0.2	0.5	0.5	0.6	0.5	0.5	0.7
Kenya	..	..	5.1	4.9	4.5	4.6	4.7	4.4	4.8	4.8
Lesotho	..	..	..	..	0.0	0.9	0.8	1.2	1.5	1.4
Madagascar	2.2	3.9	3.1	2.2	2.2	2.6	2.6	2.4	2.5	2.6
Malawi	..	..	2.6	3.4	2.7	3.0	2.8	2.7	2.9	3.1
Mali	2.7	4.3	4.1	3.6	4.6	3.7	4.4	4.3	4.8	4.0
Maroc	..	6.3	4.7	4.0	3.1	3.5	3.6	3.6	3.7	3.8
Maurice[2]	11.5	8.7	5.5	4.4	4.6	5.1	5.2	4.8	4.7	4.6
Mauritanie	..	..	..	1.9	3.2	4.2	3.8	3.3	3.9	4.5
Mozambique	..	..	..	3.0	4.0	3.4	3.6	3.2	3.5	3.1
Namibie	..	..	..	0.1	0.1	0.4	0.7	0.7	0.8	0.5
Niger	..	2.9	2.3	2.3	2.7	2.3	2.7	2.6	2.7	2.3
Nigéria	..	..	..	0.8	0.8	0.7	0.8	0.8	1.4	1.3
Ouganda	3.8	3.8	3.2	2.7	3.2	3.7	3.8	3.4	3.8	3.8
Rwanda	..	4.1	3.3	3.3	4.0	3.9	3.9	3.7	3.5	3.5
Sénégal	..	3.8	4.2	4.0	4.4	4.4	4.8	4.9	5.3	5.9
Seychelles	..	..	..	12.7	7.0	6.7	6.7	6.4	6.1	6.1
Sierra Leone	..	..	5.5	3.8	3.0	3.3	3.9	3.4	3.4	2.5
Somalie	..	..	..	..	1.1	1.3	1.5	1.6	1.7	1.7
Tchad	..	..	..	0.9	0.8	1.6	1.6	2.0	1.8	2.1
Togo	..	2.6	3.2	3.4	5.1	4.6	4.7	5.0	5.4	5.5
Tunisie	..	6.0	4.8	4.2	4.2	4.9	4.7	4.8	4.8	4.9
Zambie	..	..	..	..	2.8	2.4	2.5	2.5	2.2	2.2
Moyenne Afrique[3]	**..**	**..**	**..**	**..**	**3.1**	**3.2**	**3.2**	**3.1**	**3.3**	**3.2**
Moyenne Asie-Pacifique (36)[4]	**..**	**..**	**..**	**4.2**	**3.8**	**4.1**	**4.0**	**3.6**	**3.6**	**3.5**
Moyenne ALC[5]	**4.2**	**4.3**	**4.0**	**3.7**	**3.5**	**3.6**	**3.7**	**3.4**	**3.3**	**3.1**
Moyenne OCDE[6]	**3.9**	**3.7**	**3.5**	**3.4**	**3.4**	**3.3**	**3.2**	**3.1**	**2.9**	**2.8**

.. Non disponible

Note : Les chiffres incluent les recettes fiscales collectées par les administrations infranationales pour le Maroc, Maurice et la Somalie (à partir de 2019). Les données des recettes fiscales collectées par les administrations infranationales ne sont pas disponibles pour les autres pays. Voir les tableaux par pays au chapitre 5 pour plus d'informations sur les problèmes de données pour chaque pays.

1. Les chiffres doivent être interprétés avec prudence pour les années antérieures à 2014, car les recettes douanières (qui représentent environ 50 % des recettes fiscales) sont estimées pour ces années.
2. L'année fiscale pour Maurice a changé en 2010 et en 2015. Les chiffres pour 2015 ont dû être estimés en conséquence.
3. Représente une moyenne non pondérée des 36 pays africains inclus dans cette publication.
4. Représente la moyenne non pondérée pour 36 économies de l'Asie et du Pacifique incluses dans la publication *Revenue Statistics in Asia and the Pacific 2024*.
5. Représente la moyenne non pondérée pour 26 pays d'Amérique latine et des Caraïbes (ALC) inclus dans la publication *Revenue Statistics in Latin America and the Caribbean 2024*.
6. Représente la moyenne non pondérée pour 38 pays de l'OCDE dans la publication de l'OCDE *Statistiques des recettes publiques 2024*.

Tableau 4.16. Impôts généraux sur les biens et services déterminés (5120) en pourcentage du total des recettes fiscales

	1995	2000	2005	2010	2015	2018	2019	2020	2021	2022
Afrique du Sud	17.4	15.3	12.0	14.6	15.9	16.3	16.6	15.4	15.7	15.4
Botswana	..	..	1.8	1.3	2.2	1.8	2.2	2.0	5.6	3.0
Burkina Faso	..	21.7	24.0	20.3	25.0	24.6	22.1	22.7	26.3	25.8
Cabo Verde	61.3	53.8	27.9	26.2	27.8	27.1	28.1	26.9	31.5	33.1
Cameroun	36.5	29.6	28.1	28.4	23.8	25.1	25.3	27.0	28.0	25.3
Congo	..	5.1	29.3	26.4	24.6	24.0	23.8	23.8	28.5	25.4
Congo Rép. dém.	..	45.6	30.1	28.4	28.1	18.0	18.9	17.3	15.1	14.6
Côte d'Ivoire	45.3	35.8	41.3	39.5	40.0	35.7	36.9	37.7	36.1	31.8
Égypte	..	..	19.1	18.5	19.6	21.8	20.4	17.9	17.4	19.1
Eswatini	5.6	5.9	4.0	4.1	9.0	9.7	10.4	11.0	10.9	9.5
Gabon[1]	..	..	..	..	20.5	21.9	19.8	22.6	24.3	19.8
Ghana	..	..	..	25.3	26.9	29.1	25.9	26.1	27.5	25.2
Guinée	..	58.0	56.1	42.0	43.1	40.8	43.5	46.1	44.2	40.2
Guinée équatoriale	..	..	2.3	2.0	4.0	7.9	6.3	6.3	8.0	8.5
Kenya	..	..	35.0	30.9	26.6	27.7	28.5	27.7	31.1	28.9
Lesotho	..	..	..	..	0.2	4.2	3.9	6.2	6.9	6.5
Madagascar	33.1	41.2	36.0	26.1	23.6	23.9	23.4	23.7	23.3	22.3
Malawi	..	..	29.4	30.2	22.9	23.8	22.7	21.2	23.6	24.9
Mali	36.5	37.9	28.4	25.3	29.7	26.9	24.4	23.1	24.4	22.4
Maroc	..	30.9	20.4	15.6	12.7	13.5	13.5	13.0	13.7	12.8
Maurice[2]	68.8	48.3	31.3	23.4	24.3	26.2	25.2	23.8	23.4	20.7
Mauritanie	..	..	..	19.2	21.8	27.8	27.5	26.3	26.8	30.9
Mozambique	..	..	..	11.6	12.7	16.2	17.2	15.6	15.5	14.2
Namibie	..	..	..	0.7	0.7	2.3	3.4	3.7	4.1	2.8
Niger	..	40.7	28.4	24.2	22.2	20.4	26.1	26.6	26.2	24.3
Nigéria	..	..	..	11.5	12.7	11.5	12.6	14.2	20.3	16.5
Ouganda	49.2	46.4	34.6	32.9	30.7	31.9	31.5	30.1	30.6	30.6
Rwanda	..	47.9	31.0	26.9	24.4	22.9	22.3	21.6	20.5	20.9
Sénégal	..	29.2	27.4	25.4	26.8	25.3	25.4	26.6	28.5	29.7
Seychelles	..	..	..	41.4	24.3	22.3	23.2	23.2	21.3	22.5
Sierra Leone	..	..	70.6	42.1	30.3	26.3	29.3	26.8	25.5	21.5
Somalie	..	..	..	..	88.5	75.7	72.0	67.9	68.5	66.9
Tchad	..	..	..	8.1	19.1	28.4	26.1	18.2	24.4	20.0
Togo	..	37.7	32.7	32.2	32.8	31.2	30.3	31.9	31.4	31.6
Tunisie	..	25.7	20.8	16.3	14.7	16.3	14.6	14.8	14.8	14.8
Zambie	..	..	..	..	19.8	15.0	15.6	15.9	13.6	13.8
Moyenne Afrique[3]	**..**	**..**	**..**	**..**	**23.1**	**22.9**	**22.7**	**22.4**	**23.3**	**22.1**
Moyenne Asie-Pacifique (36)[4]	**..**	**..**	**..**	**26.2**	**22.6**	**23.1**	**21.9**	**21.7**	**21.1**	**20.0**
Moyenne ALC[5]	**29.0**	**27.4**	**23.2**	**19.7**	**17.4**	**16.9**	**16.9**	**16.1**	**15.8**	**14.3**
Moyenne OCDE[6]	**12.5**	**11.8**	**11.1**	**10.9**	**10.5**	**9.8**	**9.7**	**9.3**	**8.7**	**8.2**

.. Non disponible

Note : Les chiffres incluent les recettes fiscales collectées par les administrations infranationales pour le Maroc, Maurice et la Somalie (à partir de 2019). Les données des recettes fiscales collectées par les administrations infranationales ne sont pas disponibles pour les autres pays. Voir les tableaux par pays au chapitre 5 pour plus d'informations sur les problèmes de données pour chaque pays.

1. Les chiffres doivent être interprétés avec prudence pour les années antérieures à 2014, car les recettes douanières (qui représentent environ 50 % des recettes fiscales) sont estimées pour ces années.
2. L'année fiscale pour Maurice a changé en 2010 et en 2015. Les chiffres pour 2015 ont dû être estimés en conséquence.
3. Représente une moyenne non pondérée des 36 pays africains inclus dans cette publication.
4. Représente la moyenne non pondérée pour 36 économies de l'Asie et du Pacifique incluses dans la publication *Revenue Statistics in Asia and the Pacific 2024.*
5. Représente la moyenne non pondérée pour 26 pays d'Amérique latine et des Caraïbes (ALC) inclus dans la publication *Revenue Statistics in Latin America and the Caribbean 2024.*
6. Représente la moyenne non pondérée pour 38 pays de l'OCDE dans la publication de l'OCDE *Statistiques des recettes publiques 2024.*

Tableau 4.17. Produit intérieur brut pour les années de déclaration fiscale à prix courants, en monnaie nationale

	1995	2000	2005	2010	2015	2018	2019	2020	2021	2022
Afrique du Sud	622 901	1 053 138	1 837 000	3 055 613	4 420 793	5 363 190	5 625 207	5 567 974	6 208 786	6 628 550
Botswana[1]	14 054	29 719	52 191	90 222	143 894	175 189	177 446	180 217	218 741	258 295
Burkina Faso	1 335 831	2 108 160	3 240 716	5 002 182	6 995 311	8 836 569	9 392 201	10 204 283	10 892 945	11 767 628
Cabo Verde	41 215	70 536	92 325	151 963	173 911	205 986	221 708	176 824	186 237	235 003
Cameroun	5 225 059	7 504 469	10 286 733	13 610 554	19 043 067	22 203 329	23 243 662	23 486 470	25 157 753	27 702 493
Congo	1 226 473	2 580 266	3 506 269	6 505 751	7 029 660	8 206 111	8 189 066	6 601 216	7 419 748	8 689 849
Congo Rép. dém.	1 758	1 317 075	5 975 851	20 261 584	37 185 001	77 940 342	83 859 421	91 858 647	115 792 002	132 314 626
Côte d'Ivoire	7 589 656	10 547 189	12 456 798	17 036 258	27 086 367	32 506 103	35 379 059	36 277 950	40 366 859	44 843 177
Égypte[2]	214 501	357 607	566 220	1 268 711	2 576 700	4 666 200	5 596 000	6 152 600	6 663 100	7 842 500
Eswatini[1]	7 221	12 366	20 730	33 123	52 876	62 581	65 121	67 119	73 382	81 254
Gabon	2 635 849	3 842 278	4 989 260	7 111 477	8 503 445	9 343 897	9 856 684	8 814 843	11 211 460	13 118 310
Gabon	1 752	6 250	22 294	62 002	183 526	308 587	356 544	391 941	461 695	610 222
Guinée	5 095 078	7 055 304	16 422 581	39 243 500	65 829 149	106 845 292	123 457 571	134 759 570	159 336 000	170 313 000
Guinée équatoriale	84 131	822 850	4 316 629	8 072 293	7 795 420	7 274 689	6 658 371	5 694 742	6 803 755	7 340 020
Kenya[2]	760 609	1 347 258	1 896 029	3 436 636	6 444 076	8 911 852	9 789 019	10 475 910	11 370 876	12 698 001
Lesotho	3 742	6 395	11 071	16 950	30 356	34 007	34 355	34 239	36 039	39 516
Madagascar	3 274 385	6 265 668	11 736 269	20 863 367	33 216 184	45 886 302	51 035 217	49 435 649	55 744 386	62 607 257
Malawi[2]	38 871	222 319	571 292	1 352 608	4 060 849	6 883 582	7 727 897	8 517 597	9 395 813	10 881 681
Mali	1 650 181	2 103 270	3 294 055	5 288 939	7 747 730	9 481 959	10 124 689	10 140 312	10 966 150	11 654 547
Maroc	360 722	446 843	598 108	849 130	1 078 119	1 195 237	1 239 836	1 152 477	1 274 727	1 330 158
Maurice[2]	73 494	122 653	196 989	312 103	420 936	486 454	506 078	480 491	463 841	525 459
Mauritanie	27 144	42 517	77 981	155 297	200 221	266 638	289 665	307 212	332 596	361 696
Mozambique	27 629	90 308	204 516	387 549	648 075	905 940	970 297	988 863	1 058 442	1 175 292
Namibie[1]	14 988	28 194	47 993	84 476	148 941	181 103	179 469	176 667	189 506	211 530
Niger	1 145 340	1 586 921	2 304 126	3 875 000	5 724 873	7 114 531	7 567 900	7 910 951	8 270 763	9 615 069
Nigéria	2 895 201	6 897 482	22 269 978	55 469 351	95 177 736	129 086 908	145 639 140	154 252 320	176 075 502	202 365 028
Ouganda	6 676 316	12 067 688	20 823 563	51 348 000	93 981 000	120 508 000	133 510 000	140 640 000	147 267 000	164 424 000
Rwanda	385 387	806 000	1 636 000	3 571 000	6 150 000	8 298 000	9 305 000	9 596 000	10 930 000	13 716 000
Sénégal	3 007 532	4 270 612	5 804 605	7 976 735	10 508 650	12 840 090	13 712 800	14 101 000	15 287 932	17 268 329
Seychelles	2 420	3 513	5 055	11 705	19 071	24 822	26 224	24 356	25 164	29 373
Sierra Leone	959 634	1 941 321	4 769 788	10 255 614	21 583 301	32 401 624	36 730 876	39 938 072	44 359 565	57 519 000
Somalie	0	0	0	0	6 841	8 278	9 420	9 204	9 839	10 420
Tchad	1 112 897	1 520 599	4 793 729	7 064 316	8 576 280	8 513 328	8 739 824	8 399 916	8 894 126	10 218 215
Togo	1 118 314	1 429 225	1 622 674	2 348 485	3 402 694	3 904 413	4 097 073	4 253 191	4 621 478	5 068 944
Tunisie	19 497	30 874	43 920	66 140	89 802	112 985	122 969	119 633	130 466	143 596
Zambie	0	11 201	37 189	97 216	183 381	275 175	300 450	332 721	442 337	493 964

.. Non disponible

Notes :

1. Le PIB pour Botswana, Eswatini et la Namibie est ajusté selon la formule PIB(n)*3/4+PIB(n+1) /4 afin de le faire correspondre le mieux possible à une année fiscale de avril(n) à mars(n+1). Le PIB du Lesotho n'est pas ajusté car il est déjà publié sur la base d'un exercice fiscal avril-mars dans les Perspectives de l'économie mondiale du FMI.
2. Le PIB pour le Kenya, le Malawi et l'Ouganda, pour toutes les années et pour Maurice dans les années antérieures à 2010 et à partir de 2016, est ajusté selon la formule suivante : PIB(n)/2+PIB(n-1) /2 afin de le faire correspondre le mieux possible à une année fiscale de juillet (n-1) à juin (n). Le PIB de l'Égypte n'est pas ajusté car il est déjà publié sur la base de l'exercice juillet-juin dans les Perspectives de l'économie mondiale du FMI. Le PIB de Maurice n'est pas ajusté de 2010 à 2015 car les données de finances publiques sont reportées sur une année civile pour ces années.

Source : FMI, Perspectives *de l'économie mondiale*, avril 2024.

Tableau 4.18. Produit intérieur brut pour les années de déclaration fiscale à prix courants, en monnaie millions de dollars US aux taux de change du marché

	1995	2000	2005	2010	2015	2018	2019	2020	2021	2022
Afrique du Sud	171 736	151 855	288 749	417 315	346 663	405 093	389 245	338 193	420 009	405 106
Botswana[1]	4 835	5 627	9 855	13 256	13 919	16 948	16 255	15 882	19 141	20 375
Burkina Faso	2 676	2 961	6 150	10 118	11 833	15 916	16 031	17 754	19 654	18 906
Cabo Verde	536	609	1 041	1 825	1 750	2 073	2 231	1 830	1 999	2 246
Cameroun	10 075	10 245	19 534	27 530	32 213	39 992	39 673	40 863	45 391	44 508
Congo	2 457	3 624	6 654	13 159	11 891	14 781	13 977	11 485	13 387	13 961
Congo Rép. dém.	25 021	19 077	12 720	22 340	40 154	48 037	50 891	49 613	58 182	65 927
Côte d'Ivoire	15 205	14 851	23 626	34 431	45 815	58 522	60 383	63 119	72 833	72 046
Égypte[2]	63 250	104 752	94 127	230 024	350 119	263 156	317 894	382 525	423 300	475 231
Eswatini[1]	1 907	1 690	3 206	4 535	4 000	4 624	4 367	4 201	4 836	4 810
Gabon	5 281	5 397	9 468	14 384	14 385	16 830	16 824	15 337	20 229	21 076
Ghana	14 610	11 470	24 600	43 327	49 437	67 259	68 353	70 008	79 599	72 243
Guinée	5 139	4 039	4 506	6 858	8 790	11 857	13 443	14 089	16 320	19 589
Guinée équatoriale	169	1 159	8 187	16 314	13 185	13 097	11 364	9 894	12 269	11 767
Kenya[2]	14 226	18 400	24 549	43 877	69 383	87 088	96 270	100 620	105 394	111 788
Lesotho	1 032	922	1 730	2 356	2 202	2 472	2 323	2 092	2 427	2 325
Madagascar	3 838	4 629	5 859	9 983	11 323	13 760	14 105	13 051	14 555	15 285
Malawi[2]	3 171	4 297	5 022	9 260	8 770	9 413	10 457	11 439	12 162	12 499
Mali	3 337	2 963	6 251	10 698	13 106	17 079	17 281	17 643	19 786	18 724
Maroc	42 238	42 053	67 468	100 881	110 414	127 341	128 920	121 354	141 818	130 913
Maurice[2]	4 163	4 766	6 915	10 138	12 007	14 225	14 586	12 922	11 446	12 217
Mauritanie	2 092	1 780	2 936	5 637	6 182	7 472	7 894	8 464	9 126	9 799
Mozambique	3 062	5 931	8 868	11 412	16 209	15 017	15 513	14 235	16 168	18 407
Namibie[1]	3 950	3 850	7 421	11 567	11 267	13 392	12 050	11 048	12 483	12 533
Niger	2 296	2 235	4 372	7 838	9 684	12 814	12 917	13 764	14 923	15 448
Nigéria	132 230	67 824	169 645	369 062	492 437	421 737	448 120	429 423	441 424	477 376
Ouganda	6 857	7 790	11 605	24 395	32 438	32 858	36 010	37 897	40 324	45 157
Rwanda	1 470	2 049	2 943	6 124	8 546	9 637	10 345	10 173	11 053	13 309
Sénégal	6 026	6 016	11 015	16 134	17 777	23 127	23 405	24 534	27 584	27 744
Seychelles	508	615	919	970	1 432	1 777	1 867	1 384	1 490	2 058
Sierra Leone	1 273	941	1 610	2 578	4 252	4 085	4 074	4 059	4 148	4 095
Somalie	0	0	0	0	6 841	8 278	9 420	9 204	9 839	10 420
Tchad	2 230	2 142	9 097	14 289	14 508	15 334	14 917	14 615	16 047	16 417
Togo	2 240	2 014	3 080	4 750	5 756	7 033	6 993	7 400	8 338	8 144
Tunisie	20 616	22 524	33 851	46 210	45 779	42 687	41 905	42 540	46 688	46 265
Zambie	0	3 601	8 329	20 264	21 245	26 312	23 309	18 138	22 096	29 122

.. Non disponible

Notes :

1. Le PIB pour Botswana, Eswatini et la Namibie est ajusté selon la formule PIB(n)*3/4+PIB(n+1) /4 afin de le faire correspondre le mieux possible à une année fiscale de avril(n) à mars(n+1). Le PIB du Lesotho n'est pas ajusté car il est déjà publié sur la base d'un exercice fiscal avril-mars dans les Perspectives de l'économie mondiale du FMI.
2. Le PIB pour le Kenya, le Malawi et l'Ouganda, pour toutes les années et pour Maurice dans les années antérieures à 2010 et à partir de 2016, est ajusté selon la formule suivante : PIB(n)/2+PIB(n-1)/2 afin de le faire correspondre le mieux possible à une année fiscale de juillet (n-1) à juin (n). Le PIB de l'Égypte n'est pas ajusté car il est déjà publié sur la base de l'exercice juillet-juin dans les Perspectives de l'économie mondiale du FMI. Le PIB de Maurice n'est pas ajusté de 2010 à 2015 car les données de finances publiques sont reportées sur une année civile pour ces années.

Source : FMI, Perspectives de l'économie mondiale, avril 2024.

Tableau 4.19. Taux de change utilisés, unités de monnaie nationale par dollar US

	1995	2000	2005	2010	2015	2018	2019	2020	2021	2022
Afrique du Sud	3.63	6.94	6.36	7.32	12.75	13.24	14.45	16.46	14.78	16.36
Botswana	2.91	5.28	5.30	6.81	10.34	10.34	10.92	11.35	11.43	12.68
Burkina Faso	499.19	711.98	526.95	494.38	591.17	555.20	585.88	574.76	554.24	622.43
Cabo Verde	76.89	115.82	88.69	83.27	99.38	99.37	99.38	96.63	93.17	104.63
Cameroun	518.62	732.50	526.61	494.39	591.16	555.19	585.88	574.76	554.25	622.42
Congo	499.18	711.99	526.94	494.40	591.17	555.18	585.90	574.77	554.25	622.44
Congo Rép. dém.	0.07	69.04	469.80	906.96	926.06	1622.51	1647.82	1851.50	1990.17	2006.99
Côte d'Ivoire	499.16	710.20	527.25	494.79	591.21	555.45	585.91	574.75	554.24	622.42
Égypte	3.39	3.41	6.02	5.52	7.36	17.73	17.60	16.08	15.74	16.50
Eswatini	3.79	7.32	6.47	7.30	13.22	13.53	14.91	15.98	15.17	16.89
Gabon	499.12	711.93	526.96	494.40	591.13	555.19	585.87	574.74	554.23	622.43
Ghana	0.12	0.54	0.91	1.43	3.71	4.59	5.22	5.60	5.80	8.45
Guinée	991.45	1746.79	3644.60	5722.30	7489.10	9011.16	9183.78	9564.88	9763.24	8694.32
Guinée équatoriale	497.82	709.97	527.25	494.81	591.23	555.45	585.92	575.58	554.55	623.78
Kenya	53.47	73.22	77.23	78.33	92.88	102.33	101.68	104.11	107.89	113.59
Lesotho	3.63	6.94	6.40	7.19	13.79	13.76	14.79	16.37	14.85	17.00
Madagascar	853.15	1353.57	2003.12	2089.89	2933.51	3334.76	3618.24	3787.88	3829.91	4095.99
Malawi	12.26	51.74	113.77	146.08	463.04	731.32	739.05	744.61	772.59	870.60
Mali	494.51	709.84	526.96	494.39	591.16	555.18	585.89	574.75	554.24	622.44
Maroc	8.54	10.63	8.87	8.42	9.76	9.39	9.62	9.50	8.99	10.16
Maurice	17.65	25.73	28.49	30.79	35.06	34.20	34.70	37.18	40.52	43.01
Mauritanie	12.98	23.89	26.56	27.55	32.39	35.68	36.69	36.30	36.44	36.91
Mozambique	9.02	15.23	23.06	33.96	39.98	60.33	62.55	69.47	65.47	63.85
Namibie	3.79	7.32	6.47	7.30	13.22	13.52	14.89	15.99	15.18	16.88
Niger	498.84	710.03	527.02	494.39	591.17	555.22	585.89	574.76	554.23	622.42
Nigéria	21.90	101.70	131.27	150.30	193.28	306.08	325.00	359.21	398.88	423.91
Ouganda	973.72	1549.22	1794.36	2104.86	2897.25	3667.54	3707.63	3711.16	3652.09	3641.16
Rwanda	262.17	393.36	555.90	583.12	719.63	861.06	899.47	943.28	988.87	1030.58
Sénégal	499.09	709.88	526.97	494.41	591.14	555.20	585.89	574.75	554.23	622.42
Seychelles	4.76	5.71	5.50	12.07	13.32	13.97	14.05	17.60	16.89	14.27
Sierra Leone	753.84	2063.04	2962.60	3978.13	5076.04	7931.85	9015.92	9839.39	10694.21	14046.15
Somalie	0.00	0.00	0.00	0.00	1.00	1.00	1.00	1.00	1.00	1.00
Tchad	499.06	709.90	526.96	494.39	591.14	555.19	585.90	574.75	554.25	622.42
Togo	499.25	709.64	526.84	494.42	591.16	555.16	585.88	574.76	554.27	622.41
Tunisie	0.95	1.37	1.30	1.43	1.96	2.65	2.93	2.81	2.79	3.10
Zambie	0.00	3.11	4.47	4.80	8.63	10.46	12.89	18.34	20.02	16.96

.. Non disponible

Note : Le taux de change est calculé en prenant le rapport entre le PIB estimé de l'année fiscale en monnaie nationale du tableau 4.17 et le PIB estimé de l'année fiscale en dollars US du tableau 4.18.

5. Tableaux pays, 1995-2022 – recettes fiscales détaillées

Dans tous les tableaux suivants le symbole («..») signifie que l'information n'est pas disponible ou qu'elle n'est pas applicable. La principale série dans ce volume couvre les années 1995 à 2022. Les données pour les années 1990-94, 1996-99, 2001-04, 2006-09, 2011-14 et 2016-17 dans les tableaux 5.1 à 5.36 ont été omises en raison du manque d'espace. Les séries complètes sont cependant disponibles en ligne sur l'Explorateur des données de l'OCDE et accessible à l'adresse https://data-explorer.oecd.org/?lc=fr sous le thème Fiscalité/ Recettes fiscales mondiales ou en recherchant recettes fiscales africaines.

Tableau 5.1. Afrique du Sud – Recettes fiscales détaillées

Million ZAR

	1995	2000	2005	2010	2015	2018	2019	2020	2021	2022
Recettes fiscales totales	**121 920**	**211 561**	**418 823**	**706 530**	**1 167 531**	**1 419 087**	**1 469 099**	**1 398 144**	**1 632 697**	**1 794 153**
1000 Impôts sur revenu, bénéfices et gains en capital	**65 565**	**119 979**	**220 197**	**368 118**	**604 881**	**732 459**	**764 053**	**710 904**	**880 709**	**964 417**
1100 Des personnes physiques	49 520	87 105	122 279	219 886	389 883	485 458	519 034	493 137	537 404	587 741
1110 Sur le revenu et les bénéfices	49 520	87 105	122 279	219 886	389 883	485 458	519 034	493 137	537 404	587 741
Impôt des employés	..	..	..	213 113	379 535	471 062	509 023	490 000	538 832	583 372
Remboursement de la taxe d'incitation à l'emploi (ETI)	..	..	..	0	- 3 349	- 4 275	- 4 590	- 7 081	- 6 799	- 4 814
IRPP Taxe provisoire	..	..	..	15 719	24 200	33 426	32 138	29 149	28 291	31 195
Paiements des montants estimés IRPP	..	..	..	7 425	9 970	16 230	13 158	12 831	13 810	14 978
Remboursements IRPP	..	..	..	- 16 372	- 20 474	- 30 986	- 30 695	- 31 762	- 36 730	- 36 989
1120 Sur les gains en capital	..	..	..	..	..	..	..	..	..	..
1200 Des sociétés	14 427	23 987	82 628	132 275	191 348	215 939	215 346	194 433	309 017	338 391
1210 Sur les bénéfices	14 427	23 987	82 628	132 275	191 348	215 939	215 346	194 433	309 017	338 391
IS Taxe provisoire	..	..	..	136 615	190 437	222 178	221 026	201 664	308 812	342 017
Paiements des montants estimés de l'IS	..	..	..	9 051	11 119	13 714	11 953	13 751	17 678	14 574
Redevances	..	..	..	161	369	676	633	549	680	646
Remboursements IS	..	..	..	- 13 552	- 10 577	- 20 630	- 18 266	- 21 531	- 18 153	- 18 846
1220 Sur les gains en capital	..	..	..	..	..	..	..	..	..	..
1300 Non ventilables entre 1100 et 1200	1 618	8 887	15 290	15 957	23 649	31 062	29 673	23 334	34 288	38 285
Impôt sur les Dividendes (DT) / Impôt Secondaire sur les Sociétés (STC)	..	..	..	15 871	23 647	30 359	29 098	22 831	33 815	37 629
Retenue à la source sur les intérêts	..	..	..	0	0	703	574	504	473	656
Taxe sur les caisses de retraite	..	..	..	63	0	0	0	0	- 0	0
Amnistie fiscale pour les petites entreprises	..	..	..	23	2	0	0	- 0	0	- 0
Autres impôts sur le revenu non imputables	..	..	..	0	0	0	0	0	0	0
2000 Cotisations de sécurité sociale	**0**	**0**	**6 477**	**11 117**	**17 138**	**19 028**	**19 799**	**18 927**	**20 824**	**23 006**
2100 A la charge des salariés	..	..	3 254	5 740	8 724	9 567	9 957	9 517	10 478	11 563
2110 Sur la base du salaire	..	..	31	363	310	107	115	107	131	121
2120 Sur la base de l'impôt sur les revenus	..	..	3 223	5 377	8 414	9 460	9 842	9 410	10 347	11 442
2200 A la charge des employeurs	..	..	3 223	5 377	8 414	9 460	9 842	9 410	10 347	11 442
2210 Sur la base du salaire	..	..	0	0	0	0	0	0	0	0
2220 Sur la base de l'impôt sur le revenu	..	..	3 223	5 377	8 414	9 460	9 842	9 410	10 347	11 442
2300 A charge des travailleurs indép. ou sans emploi	..	..	0	0	0	0	0	0	0	0
2310 Sur la base du salaire	..	..	..	..	..	..	..	..	..	..
2320 Sur la base de l'impôt sur le revenu	..	..	..	..	..	..	..	..	..	..
2400 Non ventilables entre 2100, 2200 et 2300	..	..	0	0	0	0	0	0	0	0
2410 Sur la base du salaire	..	..	..	..	..	..	..	..	..	..
2420 Sur la base de l'impôt sur le revenu	..	..	..	..	..	..	..	..	..	..
3000 Sur salaires ou main d'oeuvre	**0**	**870**	**4 839**	**8 240**	**15 111**	**17 265**	**18 062**	**12 557**	**18 842**	**20 596**
4000 Impôts sur le patrimoine	**2 131**	**3 829**	**23 530**	**40 108**	**59 110**	**83 554**	**92 320**	**94 415**	**67 092**	**81 961**
4100 Impôts périodiques sur la propriété immobilière	0	0	12 906	31 041	44 618	67 373	76 104	79 394	46 124	60 017
4110 Ménages	..	..	12 258	30 533	44 169	66 824	70 103	73 390	39 895	60 017
4120 Autres agents	..	..	648	508	449	549	6 001	6 004	6 229	0
4200 Impôts périodiques sur l'actif net	0	0	0	0	0	0	0	0	0	0
4210 Personnes physiques	..	..	..	..	..	..	..	..	..	..
4220 Sociétés	..	..	..	..	..	..	..	..	..	..
4300 Impôts sur mut. par décès, succ. et donations	222	436	626	855	2 065	2 740	2 780	2 953	3 514	4 224
4310 Impôts sur mut. par décès et successions	164	417	598	794	1 918	1 894	2 174	2 359	2 942	3 614
4320 Impôts sur les donations	57	19	28	61	147	846	605	594	573	610
4400 Impôts sur transact. mobilières et immob.	397	1 094	1 718	2 912	5 069	5 967	6 235	5 260	7 244	6 070
4500 Impôts non-périodiques	1 512	2 299	8 280	5 300	7 358	7 474	7 201	6 808	10 210	11 649
4510 Sur l'actif net	0	0	0	0	0	0	0	0	0	0
4520 Autres non-périodiques	1 512	2 299	8 280	5 300	7 358	7 474	7 201	6 808	10 210	11 649
4600 Autres impôts périodiques sur patrimoine	0	0	0	0	0	0	0	0	0	0
5000 Impôts sur les biens et services	**52 938**	**84 462**	**162 918**	**278 924**	**471 292**	**566 791**	**574 856**	**561 340**	**645 230**	**704 172**
5100 Impôts sur production, vente, transfert, etc.	52 938	84 462	159 589	273 602	463 434	555 592	573 447	548 293	630 998	689 342
5110 Impôts généraux	31 729	52 054	109 274	170 548	277 551	324 717	329 415	333 372	374 693	413 905
5111 Taxes sur la valeur ajoutée	31 729	52 054	109 274	170 552	277 530	324 696	329 397	333 375	374 684	413 895
TVA intérieure	18 954	52 547	126 492	202 483	303 210	368 766	392 919	390 367	436 980	479 218

Tableau 5.1. Afrique du Sud (suite) – Recettes fiscales détaillées

Million ZAR

	1995	2000	2005	2010	2015	2018	2019	2020	2021	2022
TVA à l'importation	12 775	25 148	42 615	78 697	148 467	169 033	181 777	161 679	192 374	241 033
Remboursements de la TVA	0	- 25 641	- 59 833	- 110 627	- 174 147	- 213 103	- 245 298	- 218 672	- 254 670	- 306 357
5112 Impôts sur les ventes	0	0	0	- 5	21	20	18	- 3	9	11
5113 Autres impôts	0	0	0	0	0	0	0	0	0	0
5120 Impôts sur biens et services déterminés	21 209	32 408	50 315	103 054	185 883	230 875	244 032	214 920	256 305	275 437
5121 Accises	15 225	24 341	35 490	76 239	137 870	172 198	183 860	165 665	198 142	199 215
Accise spécifique - Domestique	..	..	..	22 448	34 918	41 568	47 811	36 500	48 448	55 874
Accise ad valorem - Domestique	..	..	..	1 569	3 295	4 163	4 274	3 035	4 772	4 325
Taxe sur le carburant	..	..	..	32 758	56 694	74 376	78 361	76 204	86 787	79 431
Sacs en plastique	..	..	..	177	213	287	328	493	639	711
Prélèvement d'électricité	..	..	..	5 065	8 481	8 448	8 315	7 833	7 932	7 576
Prélèvement d'ampoule à incandescence	..	..	..	180	63	46	34	26	25	25
Taxe sur le CO2 - Émissions des véhicules à moteur	..	..	..	205	1 429	1 376	1 355	1 248	2 037	2 597
Fonds pour les accidents de la route (RAF)	..	..	..	13 837	32 778	41 189	42 658	39 756	46 775	47 936
Taxe sur les pneus	..	..	..	0	0	744	724	568	727	740
5122 Bénéfices de monopoles fiscaux	0	0	0	0	0	0	0	0	0	0
5123 Droits de douane et droits à l'importation	5 129	7 714	13 294	25 196	43 965	53 936	55 752	47 064	54 049	70 528
Droits à l'importation	..	..	..	..	32 130	37 649	37 595	32 890	36 836	46 666
Surtaxe à l'importation	..	..	..	..	8 495	10 091	10 580	8 252	9 583	15 192
Accises à l'importation	..	..	..	..	3 340	6 191	7 575	5 919	7 630	8 670
Taxe internationale sur la pollution pétrolière	..	..	..	..	0	5	3	3	0	0
5124 Taxes à l'exportation	0	0	0	61	121	62	94	70	289	1 088
Droits d'exportation des diamants	..	..	..	61	121	62	94	70	108	186
Taxe à l'exportation sur la ferraille	..	..	..	0	0	0	0	0	181	902
5125 Impôts sur biens d'équipement	0	0	0	0	0	0	0	0	0	0
5126 Impôts sur services déterminés	0	0	1 320	2 252	3 224	3 943	3 523	1 948	2 460	3 571
5127 Autres impôts sur commerce et transact. internat.	855	353	211	- 695	703	736	804	173	1 364	1 035
5128 Autres impôts	0	0	0	0	0	0	0	0	0	0
5130 Non ventilables entre 5110 et 5120	0	0	0	0	0	0	0	0	0	0
5200 Impôts sur utilisation des biens et exerc. activites	0	0	3 328	5 322	7 858	11 199	1 409	13 047	14 233	14 830
5210 Impôts périodiques	..	..	3 328	5 322	7 858	11 199	1 409	13 047	14 233	14 830
5211 A la charge des ménages: véhicules à moteur	..	..	2 644	4 046	6 234	8 706	922	9 691	10 000	10 452
5212 A la charge autres agents: véhicules à moteur	..	..	661	1 012	1 558	2 176	231	2 423	2 500	2 613
5213 Autres impôts périodiques	..	..	23	264	66	317	256	933	1 733	1 765
Fonds de service universel	..	..	0	233	6	222	193	244	258	85
Taxe sur le carbone	..	..	0	0	0	0	0	626	1 408	1 597
Permis d'alcool provinciaux	..	..	23	31	60	95	64	63	67	83
5220 Impôts non-périodiques	..	..	0	0	0	0	0	0	0	0
5300 Non ventilables entre 5100 et 5200	0	0	0	0	0	0	0	0	0	0
6000 Autres impôts	**1 286**	**2 420**	**863**	**23**	**- 1**	**- 11**	**10**	**1**	**- 1**	**2**
6100 A la charge exclusive des entreprises	0	0	0	0	0	0	0	0	0	0
6200 A la charge d'autres agents	1 286	2 420	863	23	- 1	- 11	10	1	- 1	2
Droits de timbre et frais	..	..	..	9	0	0	0	1	- 0	0
Recettes fiscales non allouées	..	..	..	14	- 1	- 11	10	- 0	- 1	2
Pour mémoire :	..	..	..	..	..	..	..	..	..	..
Dépenses de la SACU	..	..	14 145	17 905	51 022	56 921	60 264	25 593	67 761	100 163

.. Non disponible

Note : Année se terminant le 31 décembre, à l'exception des cotisations de sécurité sociale et des taxes aux niveaux provincial et local qui sont rapportées sur une base de l'année fiscale commençant le 1er avril, ce qui signifie que les données pour 2022 représentent la période d'avril 2022 à mars 2023.

Les recettes fiscales au niveau des gouvernements fédéral et provincial en Afrique du Sud sont sur la base des encaissements, tandis que les autorités locales et les entités publiques sont en base d'exercice. Les données des recettes collectées par les collectivités locales n'étaient pas disponibles pour les années 2019/20, 2020/21 et 2021/22.

Les données antérieures à 1995/96 ont été retraitées rétrospectivement pour agréger les recettes des États TBVC et des Territoires Autonomes. Avec l'adoption de la Constitution intérimaire en 1994, ceux-ci ont été abolis.

États TBVC : Transkei, Bophuthatswana, Venda et Ciskei.

Territoires Autonomes : Gazankulu, Kangwane, Kwandebele, Kwazulu, Lebowa et Qwaqwa.

Les recettes fiscales aux niveaux local et provincial ne sont disponibles qu'à partir de 2003 (représentant l'année fiscale 2003/04). Les recettes fiscales des collectivités locales ne sont pas rapportées pour les années 2019 et suivantes.

Rubriques 1110 et 1120 : Les chiffres incluent l'impôt sur les gains en capital (CGT). Le CGT ne peut pas être listé séparément sous les rubriques 1120 et 1220 car les données collectées par le Service des recettes sud-africain (SARS) pour le CGT concernent les passifs d'impôts et non les collections réelles de CGT reçues. Les chiffres excluent les intérêts et les amendes à partir de 1994. Les chiffres sur les remboursements de la taxe d'incitation à l'emploi, qui ont commencé à être collectés en 2014, sont maintenant rapportés sous la rubrique 1110. Ceux-ci étaient inclus dans l'impôt sur les salaires dans les éditions précédentes.

Rubrique 2000 : Les cotisations de sécurité sociale en Afrique du Sud incluent les cotisations au Fonds d'assurance chômage (UIF). La pratique standard en Afrique du Sud est de classer l'UIF sous les recettes non fiscales. La méthodologie appliquée dans la compilation des données consiste à allouer 50 % du total des cotisations de sécurité sociale (UIF) à chaque employé et employeur. Les recettes collectées en vertu de la loi sur les maladies professionnelles dans les mines et les travaux sont rapportées sous la rubrique 2110, cotisations de sécurité sociale par les employés sur une base du salaire. Les chiffres pour ces dernières recettes n'étaient pas disponibles pour 2021.
Rubrique 4120 : Les chiffres se réfèrent aux pénalités et frais de recouvrement sur les taux de propriété.
Rubriques 4110 et 4120 : Ce sont des recettes des collectivités locales ; les chiffres ne sont pas disponibles pour l'année 2019 et les années suivantes. Les impôts périodiques sur la propriété immobilière ont été divisées en collections sur les ménages (4110) et pénalités et frais de recouvrement (4120). À partir de 2022, les pénalités et frais de recouvrement ne sont plus rapportés comme une ligne distincte pour les recettes locales provenant des taux de propriété, et ne sont donc pas rapportés ici.
Rubrique 5111 : Inclut les intérêts et les amendes.
Rubrique 5121 : Selon la classification de l'OCDE, le Fonds d'accidents de la route (RAF) est classé comme une accise. La classification nationale de l'Afrique du Sud classe cette recette comme une cotisation de sécurité sociale.
Rubriques 5121 et 5123 : Les données sur les droits de douane et les accises incluent les recettes des droits d'importation plus les droits d'accise spécifiques et ad valorem qui seront payés au Botswana, Eswatini, Lesotho et Namibie (BELN) par le biais de l'accord de partage des recettes.
Rubrique 5123 : Le SARS a commencé à rapporter séparément les droits de douane ordinaires sur les biens importés, les droits d'accise spécifiques sur les biens importés et les droits ad valorem sur les biens importés à partir d'avril 2012. À partir d'avril 2014, les montants des droits de douane pour les rubriques tarifaires spécifiques du chapitre 27 (Carburants minéraux) ont été traités comme des taxes sur les carburants (5121 Accises). Une estimation a été utilisée pour l'année 2012 en raison d'informations manquantes. Les recettes de la taxe internationale sur la pollution ont été rapportées pour la première fois dans cette édition des *Statistiques des recettes publiques en Afrique*.
Rubriques 5127 et 6200 : Incluent des chiffres négatifs en raison des ajustements comptables de remboursement.
Rubrique 5211 : Un ratio de 80:20 a été utilisé pour diviser les impôts périodiques provinciaux sur les véhicules à moteur en fonction des recherches sur le parc de véhicules commerciaux et privés des ménages en Afrique du Sud.
Rubrique 6200 : Inclut les droits de timbre et les frais plus les recettes fiscales non allouées.
Les taxes qui ont été supprimées et introduites (causant des ruptures dans les données) incluent les suivantes :

a. Taxe ordinaire supprimée en mars 2003 (rubrique 5127).
b. La charge de démutualisation a été incluse dans la rubrique 4400. Il y a eu deux collectes en mars 1999 et août 1999.
c. Taxe secondaire sur les sociétés (STC) dans la rubrique 1300 à partir de juillet 1993 et changée en taxe sur les dividendes (DT) en avril 2012.
d. Amnistie fiscale pour les petites entreprises (rubrique 1300) à partir de mars 2007.
e. TVA (rubrique 5111) à partir de septembre 1991 à un taux de 10 % et augmentée à 14 % en 1993. Avant cela, les données de la taxe sur les ventes ont été retraitées en TVA.
f. Taxe sur les services financiers (rubrique 4400) à partir de janvier 1992.
g. Taxe de développement des compétences (rubrique 3000) à partir de mai 2000.
h. Accises (5121)
  - Sacs en plastique à partir de juin 2005.
  - Taxe sur l'électricité à partir d'août 2009.
  - Ampoules à incandescence à partir de mars 2010.
  - Taxe CO2 > à partir de septembre 2010.

i. Taxe de départ aérien (rubrique 5126) à partir de décembre 2000. j. Fonds de services universels (rubrique 5213 payé pour d'autres biens) à partir de mars 2006.

Pour mémoire : les dépenses de l'Union douanière de l'Afrique australe (SACU) enregistrent la différence entre les contributions de l'Afrique du Sud au pool de la SACU et la part des recettes de l'Afrique du Sud provenant du pool de la SACU, qui inclut le solde du « surplus/déficit » pour cet exercice fiscal et les allocations au secrétariat de la SACU. Les chiffres pour 2013/14 diffèrent des chiffres publiés dans les statistiques fiscales sud-africaines puisque certaines importations de la taxe sur les carburants ont été incluses cette année-là.
Source : Données sur la fiscalité du gouvernement national du Service des recettes sud-africain (South African Revenue Service, SARS) ; données sur les cotisations de sécurité sociale et les taxes prélevées au niveau provincial et local du Trésor national de l'Afrique du Sud.

Tableau 5.2. Botswana – Recettes fiscales détaillées

Million BWP

	1995	2000	2005	2010	2015	2018	2019	2020	2021	2022
Recettes fiscales totales	..	..	**8 037**	**14 300**	**19 332**	**23 287**	**24 357**	**21 973**	**32 254**	**35 233**
1000 Impôts sur revenu, bénéfices et gains en capital	..	..	**5 887**	**9 345**	**13 134**	**15 069**	**15 341**	**13 418**	**20 178**	**22 619**
1100 Des personnes physiques	..	..	..	..	..	..	..	..	..	..
1110 Sur le revenu et les bénéfices	..	..	..	..	..	..	..	..	..	..
1120 Sur les gains en capital	..	..	..	..	..	..	..	..	..	..
1200 Des sociétés	..	..	..	..	..	..	..	..	..	..
1210 Sur les bénéfices	..	..	..	..	..	..	..	..	..	..
1220 Sur les gains en capital	..	..	..	..	..	..	..	..	..	..
1300 Non ventilables entre 1100 et 1200	..	..	5 887	9 345	13 134	15 069	15 341	13 418	20 178	22 619
Impôt sur le revenu imposé	..	..	3 877	5 168	6 825	7 661	6 501	4 836	9 002	10 916
Arriérés d'impôt sur le revenu et déductions	..	..	1 171	3 114	5 259	5 349	7 187	7 287	8 486	8 563
La retenue d'impôt	..	..	840	1 062	1 050	2 059	1 653	1 295	2 690	3 140
PAYE taxes	..	..	0	0	0	0	0	0	0	0
2000 Cotisations de sécurité sociale	..	..	**0**	**0**	**0**	**0**	**0**	**0**	**0**	**0**
2100 A la charge des salariés	..	..	..	..	..	..	..	..	..	..
2110 Sur la base du salaire	..	..	..	..	..	..	..	..	..	..
2120 Sur la base de l'impôt sur les revenus	..	..	..	..	..	..	..	..	..	..
2200 A la charge des employeurs	..	..	..	..	..	..	..	..	..	..
2210 Sur la base du salaire	..	..	..	..	..	..	..	..	..	..
2220 Sur la base de l'impôt sur le revenu	..	..	..	..	..	..	..	..	..	..
2300 A charge des travailleurs indép. ou sans emploi	..	..	..	..	..	..	..	..	..	..
2310 Sur la base du salaire	..	..	..	..	..	..	..	..	..	..
2320 Sur la base de l'impôt sur le revenu	..	..	..	..	..	..	..	..	..	..
2400 Non ventilables entre 2100, 2200 et 2300	..	..	..	..	..	..	..	..	..	..
2410 Sur la base du salaire	..	..	..	..	..	..	..	..	..	..
2420 Sur la base de l'impôt sur le revenu	..	..	..	..	..	..	..	..	..	..
3000 Sur salaires ou main d'oeuvre	..	..	**0**	**0**	**0**	**0**	**0**	**0**	**0**	**0**
4000 Impôts sur le patrimoine	..	..	**13**	**52**	**66**	**78**	**71**	**63**	**99**	**100**
4100 Impôts périodiques sur la propriété immobilière	..	..	0	0	0	0	0	0	0	0
4110 Ménages	..	..	..	..	..	..	..	..	..	..
4120 Autres agents	..	..	..	..	..	..	..	..	..	..
4200 Impôts périodiques sur l'actif net	..	..	0	0	0	0	0	0	0	0
4210 Personnes physiques	..	..	..	..	..	..	..	..	..	..
4220 Sociétés	..	..	..	..	..	..	..	..	..	..
4300 Impôts sur mut. par décès, succ. et donations	..	..	0	0	0	0	0	0	0	0
4310 Impôts sur mut. par décès et successions	..	..	..	..	..	..	..	..	..	..
4320 Impôts sur les donations	..	..	..	..	..	..	..	..	..	..
4400 Impôts sur transact. mobilières et immob.	..	..	13	52	66	78	71	63	99	100
4500 Impôts non-périodiques	..	..	0	0	0	0	0	0	0	0
4510 Sur l'actif net	..	..	..	..	..	..	..	..	..	..
4520 Autres non-périodiques	..	..	..	..	..	..	..	..	..	..
4600 Autres impôts périodiques sur patrimoine	..	..	0	0	0	0	0	0	0	0
5000 Impôts sur les biens et services	..	..	**2 136**	**4 903**	**6 132**	**8 140**	**8 944**	**8 493**	**11 977**	**12 514**
5100 Impôts sur production, vente, transfert, etc.	..	..	2 006	4 669	5 870	7 661	8 475	8 131	11 449	11 721
5110 Impôts généraux	..	..	1 862	4 481	5 448	7 253	7 939	7 687	9 639	10 654
5111 Taxes sur la valeur ajoutée	..	..	1 862	4 481	5 448	7 253	7 939	7 687	9 639	10 654
TVA - brute	..	..	1 832	4 481	5 448	7 253	7 939	7 687	9 639	10 654
Intérêt accumulé de TVA	..	..	31	0	0	0	0	0	0	0
Remboursement de la TVA	..	..	- 1	0	0	0	0	0	0	0
5112 Impôts sur les ventes	..	..	0	0	0	0	0	0	0	0
5113 Autres impôts	..	..	0	0	0	0	0	0	0	0
5120 Impôts sur biens et services déterminés	..	..	144	188	422	408	536	445	1 809	1 067
5121 Accises	..	..	115	157	393	405	531	353	1 791	1 059
Taxe sur lalcool	..	..	0	0	284	284	401	236	382	462
Taxe sur le carburant	..	..	115	157	109	121	130	117	1 312	491
Taxe sur le plastique	..	..	0	0	0	0	0	0	17	0
Taxe sur les boissons sucrées	..	..	0	0	0	0	0	0	79	106
5122 Bénéfices de monopoles fiscaux	..	..	0	0	0	0	0	0	0	0

Tableau 5.2. Botswana (suite) – Recettes fiscales détaillées

Million BWP

	1995	2000	2005	2010	2015	2018	2019	2020	2021	2022
5123 Droits de douane et droits à l'importation	..	..	2	9	4	1	1	2	1	0
5124 Taxes à l'exportation	..	..	0	2	2	2	3	1	1	3
5125 Impôts sur biens d'équipement	..	..	0	0	0	0	0	0	0	0
5126 Impôts sur services déterminés	..	..	27	20	23	0	1	88	16	5
5127 Autres impôts sur commerce et transact. internat.	..	..	0	0	0	0	0	0	0	0
5128 Autres impôts	..	..	0	0	0	0	0	0	0	0
5130 Non ventilables entre 5110 et 5120	..	..	0	0	0	0	0	0	0	0
5200 Impôts sur utilisation des biens et exerc. activites	..	..	131	234	262	479	469	361	528	792
5210 Impôts périodiques	..	..	131	234	262	479	469	361	528	792
5211 A la charge des ménages : véhicules à moteur	..	..	41	62	77	115	118	120	173	176
5212 A la charge autres agents : véhicules à moteur	..	..	74	144	180	317	346	196	293	507
5213 Autres impôts périodiques	..	..	15	29	5	46	5	45	62	110
5220 Impôts non-périodiques	..	..	0	0	0	0	0	0	0	0
5300 Non ventilables entre 5100 et 5200	..	..	0	0	0	0	0	0	0	0
6000 Autres impôts	**..**	**..**	**0**	**0**	**0**	**0**	**0**	**0**	**0**	**0**
6100 A la charge exclusive des entreprises	..	..	..	..	..	..	..	..	..	..
6200 A la charge d'autres agents	..	..	..	..	..	..	..	..	..	..

.. Non disponible

Note : Les données sont basées sur l'année fiscale commençant le 1er avril. Par exemple, les données pour 2022 représentent la période d'avril 2022 à mars 2023.

Les données sont sur la base des encaissements.

Les chiffres n'incluent pas les recettes fiscales collectées par les collectivités locales car elles ne sont pas disponibles.

Rubrique 2000 : Les cotisations de sécurité sociale pour le Botswana sont considérées comme nulles car elles ne remplissent pas les critères pour être classées comme cotisations de sécurité sociale selon la classification des impôts de l'OCDE dans *le Guide d'Interprétation.*

Source : Ministère des finances et du développement du Botswana, et Statistics Botswana.

Tableau 5.3. Burkina Faso – Recettes fiscales détaillées

Million XOF

	1995	2000	2005	2010	2015	2018	2019	2020	2021	2022
Recettes fiscales totales	..	**214 601**	**380 161**	**698 853**	**1 018 759**	**1 484 685**	**1 622 546**	**1 623 919**	**1 680 044**	**2 166 789**
1000 Impôts sur revenu, bénéfices et gains en capital	..	**53 109**	**79 290**	**135 056**	**236 193**	**377 120**	**450 579**	**456 645**	**576 631**	**725 812**
1100 Des personnes physiques	..	15 371	27 639	56 429	75 300	125 405	149 467	172 403	178 426	207 072
1110 Sur le revenu et les bénéfices	..	15 371	27 639	56 429	75 300	125 405	149 467	172 403	178 426	207 072
1120 Sur les gains en capital	..	..	..	..	..	..	..	..	..	..
1200 Des sociétés	..	36 190	48 829	76 008	157 319	246 558	295 436	278 203	390 819	508 543
1210 Sur les bénéfices	..	36 190	48 829	76 008	157 319	246 558	295 436	278 203	390 819	508 543
1220 Sur les gains en capital	..	..	..	..	..	..	..	..	..	..
1300 Non ventilables entre 1100 et 1200	..	1 549	2 821	2 619	3 574	5 157	5 675	6 039	7 386	10 196
2000 Cotisations de sécurité sociale	..	**34 142**	**50 081**	**76 584**	**120 046**	**164 195**	**177 435**	**158 101**	**183 719**	**198 196**
2100 A la charge des salariés	..	10 332	15 753	23 424	35 064	42 003	45 391	..	..	..
2110 Sur la base du salaire	..	10 332	15 753	23 424	35 064	42 003	45 391	..	..	..
2120 Sur la base de l'impôt sur les revenus	..	0	0	0	0	0	0	..	..	..
2200 A la charge des employeurs	..	23 810	34 329	53 160	84 983	122 192	132 044	51 556	57 968	63 370
2210 Sur la base du salaire	..	23 810	34 329	53 160	84 983	122 192	132 044	..	..	..
2220 Sur la base de l'impôt sur le revenu	..	0	0	0	0	0	0	..	..	..
2300 A charge des travailleurs indép. ou sans emploi	..	0	0	0	0	0	0	0	0	0
2310 Sur la base du salaire	..	..	..	..	..	..	..	..	..	..
2320 Sur la base de l'impôt sur le revenu	..	..	..	..	..	..	..	..	..	..
2400 Non ventilables entre 2100, 2200 et 2300	..	0	0	0	0	0	0	106 546	125 751	134 825
2410 Sur la base du salaire	..	..	..	..	..	..	..	..	..	..
2420 Sur la base de l'impôt sur le revenu	..	..	..	..	..	..	..	..	..	..
3000 Sur salaires ou main d'oeuvre	..	**2 678**	**4 370**	**5 479**	**7 889**	**12 331**	**13 210**	**14 647**	**16 230**	**18 269**
4000 Impôts sur le patrimoine	..	**938**	**2 076**	**4 778**	**8 529**	**9 982**	**11 025**	**13 012**	**25 886**	**14 138**
4100 Impôts périodiques sur la propriété immobilière	..	54	0	615	1 011	2 013	2 438	2 775	12 963	3 685
4110 Ménages	..	0	..	0	0	0	0	0	..	..
4120 Autres agents	..	0	..	0	0	0	0	0	..	..
4200 Impôts périodiques sur l'actif net	..	0	0	0	0	0	0	0	0	0
4210 Personnes physiques	..	..	..	..	..	..	..	..	..	..
4220 Sociétés	..	..	..	..	..	..	..	..	..	..
4300 Impôts sur mut. par décès, succ. et donations	..	73	56	41	200	170	317	306	302	498
4310 Impôts sur mut. par décès et successions	..	66	38	28	179	156	265	251	258	410
4320 Impôts sur les donations	..	7	18	13	21	13	52	55	44	88
4400 Impôts sur transactions mobilières et immobilières	..	646	1 481	2 803	6 160	5 818	5 778	7 241	8 597	6 815
4500 Impôts non-périodiques	..	165	539	1 318	1 158	1 981	2 492	2 690	4 023	3 141
4510 Sur l'actif net	..	0	0	0	0	0	0	0	0	0
4520 Autres non-périodiques	..	165	539	1 318	1 158	1 981	2 492	2 690	4 023	3 141
4600 Autres impôts périodiques sur patrimoine	..	0	0	0	0	0	0	0	0	0
5000 Impôts sur les biens et services	..	**122 232**	**241 776**	**470 504**	**639 524**	**911 247**	**959 602**	**973 051**	**866 818**	**1 199 901**
5100 Impôts sur production, vente, transfert, etc.	..	108 003	222 923	370 927	598 102	852 880	895 777	856 840	761 989	1 109 935
5110 Impôts généraux	..	61 497	131 867	229 176	343 378	487 799	536 770	488 599	320 231	551 505
5111 Taxes sur la valeur ajoutée	..	61 497	131 005	228 498	342 660	486 929	535 895	488 276	319 689	550 897
5112 Impôts sur les ventes	..	0	0	0	0	0	0	0	0	0
5113 Autres impôts	..	0	862	678	719	870	874	322	542	608
5120 Impôts sur biens et services déterminés	..	46 506	91 056	141 750	254 723	365 080	359 007	368 242	441 759	558 431
5121 Accises	..	16 129	31 956	46 912	94 105	141 049	138 068	145 014	172 758	191 743
5122 Bénéfices des monopoles fiscaux	..	2 912	5 344	7 234	15 212	22 259	24 158	22 646	23 675	23 887
5123 Droits de douane et droits à l'importation	..	25 242	52 066	85 075	128 465	182 180	176 799	167 212	194 772	268 583
5124 Taxes à l'exportation	..	572	322	434	601	454	422	345	315	362
5125 Impôts sur biens d'équipement	..	0	0	0	0	0	0	0	0	0
5126 Impôts sur services déterminés	..	1 651	1 369	2 096	16 339	19 139	19 560	33 026	50 238	73 856
5127 Autres impôts sur commerce et transact. internat.	..	0	0	0	0	0	0	0	0	0
5128 Autres impôts	..	0	0	0	0	0	0	0	0	0
5130 Non ventilables entre 5110 et 5120	..	0	0	0	0	0	0	0	0	0
5200 Impôts sur utilisation des biens et exerc. activites	..	10 503	15 876	98 077	38 970	53 794	58 412	114 498	103 126	82 572
5210 Impôts périodiques		3 837	648	70 529	12 022	19 339	21 043	73 348	58 691	35 040
5211 A la charge des ménages: véhicules à moteur		0	0	0	0	0	942	900	1 048	1 258
5212 A la charge autres agents: véhicules à moteur		0	0	0	0	0	0	0	0	0
5213 Autres impôts périodiques		3 837	648	70 529	12 022	19 339	20 101	72 448	57 643	33 783
5220 Impôts non-périodiques		6 666	15 228	27 547	26 948	34 456	37 369	41 150	44 436	47 531
5300 Non ventilables entre 5100 et 5200		3 726	2 977	1 501	2 452	4 573	5 413	1 713	1 702	7 394

Tableau 5.3. Burkina Faso (suite) – Recettes fiscales détaillées

Million XOF

	1995	2000	2005	2010	2015	2018	2019	2020	2021	2022
6000 Autres impôts	**..**	**1 502**	**2 568**	**6 452**	**6 579**	**9 810**	**10 695**	**8 462**	**10 760**	**10 472**
6100 A la charge exclusive des entreprises	..	..	..	..	..	..	..	..	..	..
6200 A la charge d'autres agents	..	..	..	..	..	..	..	..	..	..

.. Non disponible

Note : Année civile se terminant le 31 décembre.

Les données sont sur la base des encaissements.

Les chiffres n'incluent pas les recettes fiscales collectées par les collectivités locales car elles ne sont pas disponibles. Cependant, elles incluent des recettes collectées par l'administration centrale au profit des collectivités locales.

Les recettes provenant de la taxe de location de biens, des droits sur les titres miniers, des redevances minières et des frais administratifs sont dans les recettes non fiscales comme le préconise la classification OCDE (voir le *Guide d'interprétation* en Annexe A). La classification nationale du Burkina Faso les comptabilise comme des recettes fiscales.

Les recettes plus élevées en 2010 et 2020 sous la rubrique 5213 sont dues aux recettes des licences de téléphonie mobile qui ont été collectées en grande partie au cours de ces deux années.

Source : Ministère de l'Économie, des Finances et de la Prospective du Burkina Faso.

Tableau 5.4. Cabo Verde – Recettes fiscales détaillées

Million CVE

	1995	2000	2005	2010	2015	2018	2019	2020	2021	2022
Recettes fiscales totales	**6 290**	**10 974**	**18 828**	**26 290**	**30 692**	**40 338**	**41 447**	**33 130**	**33 127**	**42 904**
1000 Impôts sur revenu, bénéfices et gains en capital	**2 105**	**3 913**	**5 815**	**7 892**	**9 669**	**12 300**	**12 806**	**9 990**	**9 200**	**10 215**
1100 Des personnes physiques	1 579	2 958	3 516	4 645	5 327	6 927	7 334	6 581	6 073	6 466
1110 Sur le revenu et les bénéfices	..	..	..	..	..	..	..	..	..	..
1120 Sur les gains en capital	..	..	..	..	..	..	..	..	..	..
1200 Des sociétés	526	955	2 299	3 247	4 342	5 374	5 472	3 410	2 738	3 207
1210 Sur les bénéfices	..	..	..	..	..	..	..	..	..	..
1220 Sur les gains en capital	..	..	..	..	..	..	..	..	..	..
1300 Non ventilables entre 1100 et 1200	0	0	0	0	0	0	0	0	389	542
2000 Cotisations de sécurité sociale	**0**	**569**	**533**	**42**	**46**	**77**	**76**	**77**	**79**	**81**
2100 A la charge des salariés	..	..	..	..	..	..	..	..	..	..
2110 Sur la base du salaire	..	..	..	..	..	..	..	..	..	..
2120 Sur la base de l'impôt sur les revenus	..	..	..	..	..	..	..	..	..	..
2200 A la charge des employeurs	..	..	..	..	..	..	..	..	..	..
2210 Sur la base du salaire	..	..	..	..	..	..	..	..	..	..
2220 Sur la base de l'impôt sur le revenu	..	..	..	..	..	..	..	..	..	..
2300 A charge des travailleurs indép. ou sans emploi	..	..	..	..	..	..	..	..	..	..
2310 Sur la base du salaire	..	..	..	..	..	..	..	..	..	..
2320 Sur la base de l'impôt sur le revenu	..	..	..	..	..	..	..	..	..	..
2400 Non ventilables entre 2100, 2200 et 2300	..	569	533	42	46	77	76	77	79	81
2410 Sur la base du salaire	..	569	533	42	46	77	76	77	79	81
Contributions pour la sécurité sociale	..	11	1	28	40	77	76	77	78	81
Taxe sociale unique	..	558	532	14	5	0	0	0	0	0
2420 Sur la base de l'impôt sur le revenu	..	0	0	0	0	0	0	0	0	0
3000 Sur salaires ou main d'oeuvre	**0**	**0**	**0**	**0**	**0**	**0**	**0**	**0**	**0**	**0**
4000 Impôts sur le patrimoine	**332**	**584**	**810**	**1 439**	**1 606**	**1 882**	**1 884**	**1 556**	**642**	**755**
4100 Impôts périodiques sur la propriété immobilière	..	..	..	738	1 024	1 140	1 250	905	0	0
Taxe unique sur le patrimoine	..	..	..	738	1 024	1 140	1 250	905	0	0
4110 Ménages	..	..	..	..	..	..	..	..	..	..
4120 Autres agents	..	..	..	..	..	..	..	..	..	..
4200 Impôts périodiques sur l'actif net	0	0	0	0	0	0	0	0	0	0
4210 Personnes physiques	..	..	..	..	..	..	..	..	..	..
4220 Sociétés	..	..	..	..	..	..	..	..	..	..
4300 Impôts sur mut. par décès, succ. et donations	0	0	0	0	0	0	0	0	0	0
4310 Impôts sur mut. par décès et successions	..	..	..	..	..	..	..	..	..	..
4320 Impôts sur les donations	..	..	..	..	..	..	..	..	..	..
4400 Impôts sur transact. mobilières et immob.	332	584	810	701	582	742	634	651	642	755
4500 Impôts non-périodiques	0	0	0	0	0	0	0	0	0	0
4510 Sur l'actif net	..	..	..	..	..	..	..	..	..	..
4520 Autres non-périodiques	..	..	..	..	..	..	..	..	..	..
4600 Autres impôts périodiques sur patrimoine	0	0	0	0	0	0	0	0	0	0
5000 Impôts sur les biens et services	**3 853**	**5 908**	**11 670**	**16 917**	**19 370**	**26 079**	**26 681**	**21 507**	**23 207**	**31 854**
5100 Impôts sur production, vente, transfert, etc.	3 853	5 908	11 670	16 917	19 370	26 079	26 681	21 507	23 207	31 854
5110 Impôts généraux	0	0	6 409	10 035	10 824	15 139	15 048	12 589	12 784	17 633
5111 Taxes sur la valeur ajoutée	..	..	6 409	10 035	10 824	15 139	15 048	12 589	12 784	17 633
TVA à l'importation (brute) - DGA	..	..	4 192	6 180	6 358	7 801	8 260	6 670	8 319	10 918
TVA intérieure (brute) - DGCI	..	..	2 359	4 341	4 935	8 412	8 468	6 371	4 798	7 002
Remboursements de la TVA	..	..	- 143	- 486	- 469	-1 074	-1 679	- 452	- 333	- 287
5112 Impôts sur les ventes	..	..	0	0	0	0	0	0	0	0
5113 Autres impôts	..	..	0	0	0	0	0	0	0	0
5120 Impôts sur biens et services déterminés	3 853	5 908	5 261	6 882	8 546	10 940	11 633	8 918	10 423	14 221
5121 Accises	1 197	1 938	1 030	1 494	2 073	2 680	2 931	2 295	2 685	3 832
Taxe spéciale sur la consommation	1 197	1 812	838	1 227	1 478	1 963	2 192	1 702	2 010	3 146
Taxe écologique	0	126	192	267	595	717	739	593	675	685
5122 Bénéfices de monopoles fiscaux	0	0	0	0	0	0	0	0	0	0
5123 Droits de douane et droits à l'importation	2 656	3 971	4 231	5 388	5 827	7 409	7 672	6 296	7 565	9 593
5124 Taxes à l'exportation	0	0	0	0	0	0	0	0	0	0
5125 Impôts sur biens d'équipement	0	0	0	0	0	0	0	0	0	0
5126 Impôts sur services déterminés	0	0	0	0	645	851	1 030	327	172	796
Contribution touristique	..	..	..	..	645	811	992	297	145	735
Autres (Taxe incendie, Taxe touristique)	..	..	..	..	0	40	38	30	27	61

Tableau 5.4. Cabo Verde (suite) – Recettes fiscales détaillées

Million CVE

	1995	2000	2005	2010	2015	2018	2019	2020	2021	2022
5127 Autres impôts sur commerce et transact. internat.	0	0	0	0	0	0	0	0	0	0
5128 Autres impôts	0	0	0	0	0	0	0	0	0	0
5130 Non ventilables entre 5110 et 5120	0	0	0	0	0	0	0	0	0	0
5200 Impôts sur utilisation des biens et exerc. activites	0	0	0	0	0	0	0	0	0	0
5210 Impôts périodiques	..	..	..	..	..	..	..	..	..	..
5211 A la charge des ménages: véhicules à moteur	..	..	..	..	..	..	..	..	..	..
5212 A la charge autres agents: véhicules à moteur	..	..	..	..	..	..	..	..	..	..
5213 Autres impôts périodiques	..	..	..	..	..	..	..	..	..	..
5220 Impôts non-périodiques	..	..	..	..	..	..	..	..	..	..
5300 Non ventilables entre 5100 et 5200	0	0	0	0	0	0	0	0	0	0
6000 Autres impôts	**0**	**0**	**0**	**0**	**0**	**0**	**0**	**0**	**0**	**0**
6100 A la charge exclusive des entreprises	..	..	..	..	..	..	..	..	..	..
6200 A la charge d'autres agents	..	..	..	..	..	..	..	..	..	..
Pour mémoire:	..	..	..	..	..	..	..	..	..	..
Prélèvement communautaire de la CEDEAO	0	67	156	245	254	324	339	297	328	433

.. Non disponible

Note : Année civile se terminant le 31 décembre.

Les données sont sur la base des encaissements.

Rubrique 4100 : Cette rubrique comprend les recettes provenant de la Taxe unique sur le patrimoine (*Imposto Único sobre o Património*), recettes collectées par les municipalités de Cabo Verde.

Rubrique 4400 : Cette rubrique comprend les droits de timbre, classifiés au Cabo Verde dans la rubrique « autres impôts ».

Rubrique 5126 : La taxe incendie et la taxe touristique sont classifiées dans la rubrique « autres impôts » au Cabo Verde.

Le prélèvement communautaire de la CEDEAO (Communauté économique des États de l'Afrique de l'Ouest) n'est pas considéré comme une recette du gouvernement du Cabo Verde selon le *Guide d'interprétation* de l'OCDE (voir § 4). La classification nationale du Cabo Verde le compte comme une recette fiscale. Cette recette qui n'est pas comprise dans le total des recettes fiscales ou des recettes non fiscales est présentée séparément dans la rubrique « Pour mémoire ».

Source : Ministère des Finances et du Plan du Cabo Verde.

Tableau 5.5. Cameroun – Recettes fiscales détaillées

Million XAF

	1995	2000	2005	2010	2015	2018	2019	2020	2021	2022
Recettes fiscales totales	**481 383**	**810 500**	**1 135 257**	**1 571 695**	**2 687 926**	**3 146 494**	**3 222 162**	**3 014 088**	**3 355 315**	**3 889 586**
1000 Impôts sur revenu, bénéfices et gains en capital	**115 300**	**228 100**	**325 764**	**425 741**	**867 834**	**848 398**	**882 190**	**863 643**	**916 953**	**1 174 494**
1100 Des personnes physiques	55 400	87 100	66 598	102 793	185 512	247 546	226 293	221 249	237 798	248 351
1110 Sur le revenu et les bénéfices	55 400	87 100	66 548	102 728	184 213	246 321	225 213	219 377	235 261	246 261
Traitements, salaires, pensions et rentes viagères	37 100	60 800	17 722	86 440	135 738	165 187	150 396	152 945	162 710	184 152
Revenus fonciers	0	0	2 225	2 402	12 405	14 401	12 442	12 865	11 469	13 219
Bénéfices artisanaux, industriels et commerciaux	0	0	3 904	5 342	21 010	29 610	35 745	28 826	30 363	30 172
Bénéfices agricoles	0	0	77	47	56	161	253	23	21	31
Bénéfices des professions non commerciales	0	0	249	295	2 875	24 643	14 865	13 387	18 076	11 213
Autres impôts sur le revenu	18 300	26 300	42 372	8 202	12 130	12 319	11 511	11 332	12 622	7 474
1120 Sur les gains en capital	..	..	50	65	1 299	1 225	1 079	1 872	2 538	2 090
Impôts sur plus-values sur cession immobilière	..	..	46	46	1 297	1 223	1 079	1 871	2 538	2 083
Impôts sur les autres gains en capital	..	..	3	19	2	2	0	1	0	8
1200 Des sociétés	58 800	119 400	217 495	256 404	538 969	441 882	457 428	459 160	467 457	663 860
1210 Sur les bénéfices	58 800	119 400	217 495	256 404	538 969	441 882	457 428	459 160	467 457	663 860
Bénéfices des sociétés pétrolières	28 600	39 000	76 523	83 764	171 891	86 948	113 018	106 845	73 159	199 333
Bénéfices des sociétés non pétrolières	30 200	80 400	140 972	172 639	367 078	354 934	344 410	352 315	394 299	464 527
1220 Sur les gains en capital	..	..	..	..	..	..	..	..	..	..
1300 Non ventilables entre 1100 et 1200	1 100	21 600	41 671	66 544	143 352	158 970	198 470	183 234	211 697	262 283
Taxe spéciale sur les revenus payés à l'étranger	0	12 400	19 198	38 877	84 412	67 809	91 879	85 517	82 502	124 228
Impôts sur les revenus des capitaux mobiliers	1 100	9 200	21 619	27 629	48 774	42 715	47 612	54 227	45 549	60 624
Centimes communaux sur l'impôt sur le revenu	0	0	854	39	10 166	48 446	58 978	43 490	83 646	77 432
2000 Cotisations de sécurité sociale	**40 183**	**65 500**	**83 903**	**135 747**	**160 992**	**226 610**	**235 937**	**243 702**	**256 642**	**265 682**
2100 A la charge des salariés	11 294	19 747	24 123	33 297	44 669	48 105	45 565	55 342	55 371	56 258
2110 Sur la base du salaire	11 294	19 747	24 123	33 297	44 669	48 105	45 565	55 342	55 371	56 258
2120 Sur la base de l'impôt sur les revenus	0	0	0	0	0	0	0	0	0	0
2200 A la charge des employeurs	..	..	..	..	..	..	..	..	..	..
2210 Sur la base du salaire	..	..	..	..	..	..	..	..	..	..
2220 Sur la base de l'impôt sur le revenu	..	..	..	..	..	..	..	..	..	..
2300 A charge des travailleurs indép. ou sans emploi	..	..	..	..	..	..	..	..	..	..
2310 Sur la base du salaire	..	..	..	..	..	..	..	..	..	..
2320 Sur la base de l'impôt sur le revenu	..	..	..	..	..	..	..	..	..	..
2400 Non ventilables entre 2100, 2200 et 2300	28 889	45 753	59 780	102 450	116 323	178 505	190 372	188 360	201 271	209 424
2410 Sur la base du salaire	28 889	45 753	59 780	102 450	116 323	178 505	190 372	188 360	201 271	209 424
2420 Sur la base de l'impôt sur le revenu	0	0	0	0	0	0	0	0	0	0
3000 Sur salaires ou main d'oeuvre	**0**	**0**	**8 644**	**17 860**	**53 572**	**32 131**	**36 046**	**35 521**	**52 977**	**67 092**
4000 Impôts sur le patrimoine	**7 900**	**13 100**	**13 361**	**18 003**	**25 437**	**25 311**	**27 113**	**25 639**	**29 116**	**26 857**
4100 Impôts périodiques sur la propriété immobilière	500	500	1 318	1 552	1 743	2 443	2 249	2 044	1 893	2 209
4110 Ménages	..	..	..	..	..	..	..	..	..	..
4120 Autres agents	..	..	..	..	..	..	..	..	..	..
4200 Impôts périodiques sur l'actif net	0	0	0	0	0	0	0	0	0	0
4210 Personnes physiques	..	..	..	..	..	..	..	..	..	..
4220 Sociétés	..	..	..	..	..	..	..	..	..	..
4300 Impôts sur mut. par décès, succ. et donations	0	0	33	39	62	86	38	180	122	97
4310 Impôts sur mut. par décès et successions	..	..	33	39	62	86	38	180	122	97
4320 Impôts sur les donations	..	..	0	0	0	0	0	0	0	0
4400 Impôts sur transact. mobilières et immob.	7 400	12 600	12 010	16 412	23 632	22 782	24 827	23 415	27 101	24 551
Droits d'enregistrement sur les mutations entre vifs	..	..	82	32	391	76	301	46	129	87
Droits d'enrgmnt. sur les mutations immob.	..	..	1 909	2 747	3 080	3 924	4 991	5 005	4 444	5 987
Droits de bail	..	..	3 976	4 602	2 364	2 395	2 802	2 517	3 125	2 258
Droits autres mutations et transactions	..	..	6 043	9 031	17 797	16 388	16 733	15 847	19 403	16 218
4500 Impôts non-périodiques	0	0	0	0	0	0	0	0	0	0
4510 Sur l'actif net	..	..	..	..	..	..	..	..	..	..
4520 Autres non-périodiques	..	..	..	..	..	..	..	..	..	..
4600 Autres impôts périodiques sur patrimoine	0	0	0	0	0	0	0	0	0	0
5000 Impôts sur les biens et services	**318 000**	**503 800**	**686 416**	**944 412**	**1 532 668**	**1 958 026**	**1 963 031**	**1 763 852**	**2 014 841**	**2 269 539**
5100 Impôts sur production, vente, transfert, etc.	315 100	501 100	679 379	936 564	1 522 834	1 948 068	1 952 839	1 754 298	2 007 632	2 262 071
5110 Impôts généraux	139 600	260 900	360 218	490 521	883 618	1 158 458	1 138 354	941 804	1 069 636	1 278 783
5111 Taxes sur la valeur ajoutée	0	260 900	360 218	490 513	883 580	1 158 458	1 138 354	941 804	1 069 636	1 258 795
TVA intérieure (brute)	..	186 500	251 019	299 504	604 046	846 136	810 285	700 919	740 597	869 844
TVA à la porte (brute)	..	107 300	157 799	259 343	354 701	384 310	394 070	319 879	396 054	468 958
Remboursements de la TVA	..	- 32 900	- 48 600	- 68 334	- 75 167	- 71 988	- 66 002	- 78 995	- 67 015	- 80 007

Tableau 5.5. Cameroun (suite) – Recettes fiscales détaillées

Million XAF

	1995	2000	2005	2010	2015	2018	2019	2020	2021	2022
5112 Impôts sur les ventes	0	0	0	0	0	0	0	0	0	0
5113 Autres impôts	139 600	0	0	8	39	0	0	0	0	19 988
5120 Impôts sur biens et services déterminés	175 500	240 200	319 161	446 043	639 216	789 609	814 485	812 494	937 996	983 289
5121 Accises	55 800	84 000	114 306	164 943	289 280	337 533	380 616	430 287	486 202	529 742
Droits d'accises intérieure	18 300	26 500	42 754	68 414	170 164	192 954	217 381	255 610	280 401	289 499
Droits d'accises à la porte	800	1 900	2 198	12 936	14 608	16 655	33 798	38 440	58 147	89 140
Taxe spéciale sur les produits pétroliers	36 700	55 600	69 345	82 962	103 773	127 456	128 709	135 652	146 842	150 253
Vignette sur tabac et produits manufacturés	0	0	8	632	736	469	728	585	812	851
5122 Bénéfices des monopoles fiscaux	0	0	0	0	0	0	0	0	0	0
5123 Droits de douane et droits à l'importation	62 400	119 900	189 364	261 731	320 314	394 169	386 778	336 729	383 011	394 172
5124 Taxes à l'exportation	56 400	24 300	1 725	8 793	17 133	36 581	31 799	38 440	58 147	42 891
5125 Impôts sur biens d'équipement	0	0	0	0	0	0	0	0	0	0
5126 Impôts sur services déterminés	900	1 100	3 108	3 600	5 035	12 271	13 889	6 387	9 925	13 996
5127 Autres impôts sur commerce et transact. internat.	0	0	0	0	0	0	0	0	0	0
5128 Autres impôts	0	10 900	10 658	6 977	7 454	9 054	1 403	650	710	2 489
5130 Non ventilables entre 5110 et 5120	0	0	0	0	0	0	0	0	0	0
5200 Impôts sur utilisation des biens et exerc. activites	2 900	2 700	7 037	7 848	9 835	9 959	10 193	9 553	7 209	7 468
5210 Impôts périodiques	2 900	2 700	7 037	7 848	9 835	9 959	10 193	9 553	7 209	7 468
5211 A la charge des ménages: véhicules à moteur	2 200	1 600	4 987	6 111	7 539	7 000	7 000	7 000	7 000	7 000
5212 A la charge autres agents: véhicules à moteur	700	1 100	1 902	1 663	2 213	2 710	2 859	2 418	121	15
5213 Autres impôts périodiques	0	0	149	74	83	248	334	136	88	452
5220 Impôts non-périodiques	0	0	0	0	0	0	0	0	0	0
5300 Non ventilables entre 5100 et 5200	0	0	0	0	0	0	0	0	0	0
6000 Autres impôts	**0**	**0**	**17 169**	**29 932**	**47 424**	**56 018**	**77 845**	**81 731**	**84 787**	**85 922**
6100 A la charge exclusive des entreprises	..	..	..	..	..	..	..	..	..	..
6200 A la charge d'autres agents	..	..	..	..	..	..	..	..	..	..

.. Non disponible

Note : Année civile se terminant le 31 décembre.

Les données sont sur la base des encaissements.

Les chiffres n'incluent pas les recettes fiscales collectées par les collectivités locales car elles ne sont pas disponibles.

Rubrique 2000 : Les cotisations de sécurité sociale du secteur public (APU) incluent uniquement les cotisations pour les retraites et ne couvrent pas les prestations familiales et d'invalidité.

Rubrique 5111 : Les données antérieures à 1999 correspondent aux recettes de la taxe sur le chiffre d'affaires (TCA) et ont été reclassées dans la rubrique « 5113 Autres impôts généraux sur les biens et services ». La TVA a été introduite au Cameroun en 1999. Les données des recettes TVA sont présentées nettes des remboursements TVA comme le préconise la classification OCDE (voir le *Guide d'interprétation* en Annexe A).

Source : Ministère des Finances du Cameroun.

Tableau 5.6. Congo – Recettes fiscales détaillées

Million XAF

	1995	2000	2005	2010	2015	2018	2019	2020	2021	2022
Recettes fiscales totales	..	**98 684**	**206 416**	**462 923**	**931 417**	**622 962**	**672 862**	**648 016**	**610 767**	**772 627**
1000 Impôts sur revenu, bénéfices et gains en capital	..	**47 544**	**62 458**	**150 792**	**342 763**	**138 956**	**183 900**	**179 210**	**160 325**	**176 981**
1100 Des personnes physiques	..	22 850	28 265	64 364	145 622	114 722	111 996	107 221	113 258	127 814
1110 Sur le revenu et les bénéfices	..	22 850	28 265	64 364	145 622	114 722	111 996	107 221	113 258	127 814
Traitements et salaires	..	21 836	22 581	54 763	103 818	103 858	101 282	94 784	86 669	93 318
Revenus fonciers	..	549	1 079	2 259	5 531	3 658	3 433	3 582	2 755	3 250
Bénéfices non commerciaux (BNC)	..	0	62	112	50	1 377	2 098	7 881	6 358	956
Bénéfices industriels et commerciaux (BIC)	..	0	468	25	152	175	1 119	339	883	61
Revenu des valeurs mobilières (IRVM)	..	466	4 075	7 176	35 441	5 427	0	0	2 189	0
Retenues à la source	..	0	0	0	471	221	1 817	633	14 404	16 527
Autres recettes sur le revenu des personnes physiques	..	0	0	29	159	6	2 247	2	0	13 703
1120 Sur les gains en capital	..	..	..	..	..	..	..	..	..	..
1200 Des sociétés	..	24 694	34 193	86 428	197 141	24 233	71 904	71 990	47 067	49 167
1210 Sur les bénéfices	..	24 694	34 193	86 428	197 141	24 233	71 904	71 990	47 067	49 167
1220 Sur les gains en capital	..	..	..	..	..	..	..	..	..	..
1300 Non ventilables entre 1100 et 1200	..	0	0	0	0	0	0	0	0	0
2000 Cotisations de sécurité sociale	..	..	..	..	..	**49 600**	**54 897**	**54 897**	**52 800**	**53 600**
2100 A la charge des salariés	..	..	..	..	..	..	..	..	..	..
2110 Sur la base du salaire	..	..	..	..	..	..	..	..	..	..
2120 Sur la base de l'impôt sur les revenus	..	..	..	..	..	..	..	..	..	..
2200 A la charge des employeurs	..	..	..	..	..	..	..	..	..	..
2210 Sur la base du salaire	..	..	..	..	..	..	..	..	..	..
2220 Sur la base de l'impôt sur le revenu	..	..	..	..	..	..	..	..	..	..
2300 A charge des travailleurs indép. ou sans emploi	..	..	..	..	..	..	..	..	..	..
2310 Sur la base du salaire	..	..	..	..	..	..	..	..	..	..
2320 Sur la base de l'impôt sur le revenu	..	..	..	..	..	..	..	..	..	..
2400 Non ventilables entre 2100, 2200 et 2300	..	..	..	..	..	49 600	54 897	54 897	52 800	53 600
2410 Sur la base du salaire	..	..	..	..	..	..	..	..	..	..
2420 Sur la base de l'impôt sur le revenu	..	..	..	..	..	..	..	..	..	..
3000 Sur salaires ou main d'oeuvre	..	**4 965**	**3 455**	**16 585**	**24 528**	**20 436**	**17 356**	**16 466**	**13 454**	**14 873**
4000 Impôts sur le patrimoine	..	**1 299**	**1 571**	**12 012**	**47 399**	**17 052**	**23 129**	**19 305**	**23 855**	**23 046**
4100 Impôts périodiques sur la propriété immobilière	..	0	0	0	0	0	0	0	0	0
4110 Ménages	..	..	..	..	..	..	..	..	..	..
4120 Autres agents	..	..	..	..	..	..	..	..	..	..
4200 Impôts périodiques sur l'actif net	..	0	0	0	0	0	0	0	0	0
4210 Personnes physiques	..	..	..	..	..	..	..	..	..	..
4220 Sociétés	..	..	..	..	..	..	..	..	..	..
4300 Impôts sur mut. par décès, succ. et donations	..	0	0	0	0	0	0	0	0	0
4310 Impôts sur mut. par décès et successions	..	..	..	..	..	..	..	..	..	..
4320 Impôts sur les donations	..	..	..	..	..	..	..	..	..	..
4400 Impôts sur transact. mobilières et immob.	..	1 299	1 571	12 012	47 399	17 052	23 129	19 305	23 855	23 046
4500 Impôts non-périodiques	..	0	0	0	0	0	0	0	0	0
4510 Sur l'actif net	..	..	..	..	..	..	..	..	..	..
4520 Autres non-périodiques	..	..	..	..	..	..	..	..	..	..
4600 Autres impôts périodiques sur patrimoine	..	0	0	0	0	0	0	0	0	0
5000 Impôts sur les biens et services	..	**44 876**	**138 932**	**281 274**	**515 385**	**396 133**	**391 993**	**377 294**	**359 352**	**503 020**
5100 Impôts sur production, vente, transfert, etc.	..	44 809	138 834	280 869	513 854	394 360	389 284	372 668	355 394	497 729
5110 Impôts généraux	..	39 641	78 187	158 512	284 586	242 924	228 784	218 280	181 115	301 196
5111 Taxes sur la valeur ajoutée	..	36 889	75 247	147 032	253 875	149 926	156 262	154 519	154 091	197 149
TVA Intérieure (brute)	..	38 962	54 294	92 054	163 875	95 165	93 529	93 963	92 786	127 369
TVA Douane (brute)	..	..	23 744	57 110	90 000	54 761	62 733	60 556	61 305	69 781
Remboursements de la TVA	..	-2 073	-2 791	-2 132	0	0	0	0	0	0
5112 Impôts sur les ventes	..	0	0	1 742	2 214	2 568	1 980	2 146	2 326	2 224
ASDI (Acompte sur divers impôts)	..	..	..	1 742	2 214	2 568	1 980	2 146	2 326	2 224
5113 Autres impôts	..	2 753	2 940	9 738	28 497	90 430	70 542	61 616	24 699	101 823
Taxe spéciale sur les societés (TSS)	..	2 753	2 940	9 738	26 248	23 758	24 907	25 107	12 307	43 888
Impôt global forfaitaire	..	0	0	0	2 250	830	850	899	483	1 639
Impôt forfaitaire sur les sociétés	..	0	0	0	0	57 916	36 860	31 097	9 986	47 630
Impôt forfaitaire sur le revenu des valeurs mobilières	..	0	0	0	0	7 925	7 925	4 513	1 922	8 667
5120 Impôts sur biens et services déterminés	..	5 059	60 506	122 357	229 268	149 746	159 863	154 155	173 793	196 282
5121 Accises	..	4 966	8 313	17 603	24 337	22 207	21 356	15 214	19 437	16 937

Tableau 5.6. Congo (suite) – Recettes fiscales détaillées

Million XAF

	1995	2000	2005	2010	2015	2018	2019	2020	2021	2022
Taxe speciale sur les boissons alcoolisées et le tabac	..	0	0	0	11 140	9 351	8 649	2 073	482	267
Droits d'accises	..	4 966	8 313	17 603	13 197	12 855	12 566	12 955	18 679	16 487
Taxe spécif. sur les boissons (TSB) - Douanes	..	0	0	0	0	0	140	186	255	179
Taxe spécifique sur le tabac (TST) - Douanes	..	0	0	0	0	0	1	0	21	5
5122 Bénéfices de monopoles fiscaux	..	0	0	0	0	0	0	0	0	0
5123 Droits de douane et droits à l'importation	..	..	44 446	85 775	166 613	91 286	104 670	106 173	118 387	144 481
Recettes importation	..	..	41 022	77 852	148 444	80 210	92 640	93 544	104 042	127 376
Recettes douanes hors budget	..	..	3 424	7 923	18 169	11 076	12 030	12 629	14 345	17 105
5124 Taxes à l'exportation	..	0	0	0	0	5 380	3 220	1 502	1 213	1 467
5125 Impôts sur biens d'équipement	..	0	0	0	0	0	0	0	0	0
5126 Impôts sur services déterminés	..	93	7 746	18 979	38 318	30 873	30 618	31 266	34 756	33 397
Taxe sur les billets d'avion	..	0	0	597	849	634	624	256	443	539
Taxe sur les télécommunications électroniques	..	0	0	0	0	5 564	6 378	6 947	7 986	7 486
Taxe sur les assurances	..	93	687	1 526	2 703	2 741	3 639	3 567	3 327	3 064
Taxe sur le transfert de fonds	..	0	7 060	16 856	34 766	21 906	19 912	20 474	22 919	22 117
Taxe sur les jeux de hasard	..	0	0	0	0	27	64	21	81	192
5127 Autres impôts sur commerce et transact. internat.	..	0	0	0	0	0	0	0	0	0
5128 Autres impôts	..	0	0	0	0	0	0	0	0	0
5130 Non ventilables entre 5110 et 5120	..	109	141	0	0	1 690	637	232	485	251
5200 Impôts sur utilisation des biens et exerc. activites	..	67	98	405	1 531	1 774	2 709	4 626	3 958	5 292
5210 Impôts périodiques	..	67	98	405	1 531	1 598	2 368	4 288	3 574	4 963
5211 A la charge des ménages: véhicules à moteur	..	0	0	0	0	0	0	0	0	0
5212 A la charge autres agents: véhicules à moteur	..	67	98	343	1 405	814	746	1 174	556	572
5213 Autres impôts périodiques	..	0	0	62	126	784	1 622	3 114	3 019	4 390
Taxe sur abonnements et réabonnements télévisuelles	..	..	..	0	0	0	1 495	2 966	2 886	3 261
Redevance audiovisuelle	..	..	..	52	126	764	127	148	132	1 129
Droits de Chasse	..	..	..	10	0	20	0	0	0	0
5220 Impôts non-périodiques	..	0	0	0	0	176	341	339	383	329
Timbres sur les véhicules automobiles	..	..	..	..	..	176	341	339	383	329
5300 Non ventilables entre 5100 et 5200	..	0	0	0	0	0	0	0	0	0
6000 Autres impôts	**..**	**..**	**..**	**2 259**	**1 340**	**785**	**1 587**	**844**	**981**	**1 107**
6100 A la charge exclusive des entreprises	..	..	..	..	..	..	..	..	..	..
6200 A la charge d'autres agents	..	..	..	..	..	..	..	..	..	..

.. Non disponible

Note : Année civile se terminant le 31 décembre.

Les données sont sur la base des encaissements.

Les chiffres n'incluent pas les recettes fiscales collectées par les collectivités locales car elles ne sont pas disponibles.

Rubrique 1210 : Cette rubrique inclut les recettes de l'impôt forfaitaire sur les sociétés et de l'impôt forfaitaire sur le revenu des valeurs mobilières des sociétés pour les années à partir de 1998 à 2017 car il n'a pas été possible de les distinguer des recettes de l'impôt sur les sociétés.

Rubrique 2000 : Cette rubrique comprend les cotisations au profit de la *Caisse de Retraite des Fonctionnaires* (CRF) et la *Caisse Nationale de Sécurité Sociale* (CNSS) et sont disponibles pour la première fois dans cette édition. Les chiffres sont extraits de différents documents publics (TOFE 2018, *Perspective de l'économie Congolaise*, Loi de finances).

Rubrique 5113 : Cette rubrique inclut les recettes de l'impôt forfaitaire sur les sociétés et de l'impôt forfaitaire sur le revenu des valeurs mobilières des sociétés à partir de 2018 comme le préconise la classification OCDE (voir le *Guide d'interprétation* en Annexe A). La classification nationale de la République du Congo les comptabilise comme des recettes sur les bénéfices des sociétés.

Rubrique 5123 : Les droits d'exportation et des accises perçues à la douane pour la période 2002-2016 sont inclus dans la rubrique 5123 car il n'a pas été possible de ventiler ces recettes.

Source : Ministère des Finances de la République du Congo.

Tableau 5.7. République démocratique du Congo – Recettes fiscales détaillées

Million CDF

	1995	2000	2005	2010	2015	2018	2019	2020	2021	2022
Recettes fiscales totales	..	**7 551**	**295 581**	**1 684 363**	**3 487 560**	**5 929 744**	**6 380 522**	**6 613 477**	**10 262 695**	**16 547 194**
1000 Impôts sur revenu, bénéfices et gains en capital	..	**2 565**	**54 761**	**447 039**	**1 225 021**	**2 564 782**	**2 697 780**	**2 179 654**	**4 013 298**	**8 520 399**
1100 Des personnes physiques	..	996	24 243	208 715	515 851	821 801	834 587	993 999	1 301 948	1 451 466
1110 Sur le revenu et les bénéfices	..	996	24 243	208 715	515 851	821 801	834 587	993 999	1 301 948	1 451 466
Impôt sur les revenus des nationaux - hors ressources naturelles (à partir de 2022)	..	899	15 444	162 931	417 442	589 377	631 366	629 181	647 657	653 842
Impôt sur les revenus des nationaux - mines	..	..	..	..	..	..	..	..	..	272 366
Impôt sur les revenus des nationaux - hydrocarbures	..	..	..	..	..	..	..	..	..	3 765
Impôt sur les revenus des nationaux - forêts	..	..	..	..	..	..	..	..	..	1 013
Impôt sur les revenus - Institutions politiques	..	..	..	1 842	16 698	21 901	27 224	44 541	76 941	102 292
Impôt sur les revenus - Fonctionnaires et agents publics	..	..	..	..	12 825	10 968	8 855	156 720	306 093	110 021
Impôt sur les revenus - Régies financières	..	..	..	..	8 186	27 654	18 094	21 965	75 904	33 649
Impôt sur les revenus - Expatriés - hors ressources naturelles (à partir de 2022)	..	81	7 513	43 779	59 921	170 926	148 489	140 484	195 347	109 312
Impôt sur les revenus - Expatriés - mines	..	..	..	..	..	..	..	..	..	162 206
Impôt sur les revenus - Expatriés - hydrocarbures	..	..	..	..	..	..	..	..	..	541
Impôt sur les revenus - Expatriés - forêts	..	..	..	..	..	..	..	..	..	96
Impôt sur les revenus - Proféssions libérales	..	15	1 286	44	0	0	0	0	0	0
Taxe ad valorem sur les gains des parieurs (DGRAD)	..	..	..	119	779	975	558	1 108	5	2 363
1120 Sur les gains en capital	..	..	..	..	..	..	..	..	..	..
1200 Des sociétés	..	1 569	30 518	237 937	709 095	1 742 853	1 862 769	1 185 045	2 710 199	7 067 788
Impôts sur les revenus des capitaux mobiliers - hors ressources naturelles (à partir de 2022)	..	30	2 065	23 356	53 212	164 586	130 849	117 911	343 684	286 447
Impôts sur les revenus des capitaux mobiliers - mines	..	..	..	..	..	..	..	..	..	370 967
Impôts sur les revenus des capitaux mobiliers - hydrocarbures	..	..	..	..	..	..	..	..	..	53
Impôts sur les revenus des capitaux mobiliers - forêts	..	..	..	..	..	..	..	..	..	34
1210 Sur les bénéfices	..	1 539	28 453	214 582	655 884	1 578 267	1 731 920	804 482	2 366 515	6 410 267
Impôt sur les bénéfices - Sociétés non pétrolières - hors ressources naturelles (à partir de 2022)	..	1 061	22 942	194 758	607 004	1 466 176	1 603 430	695 141	2 193 793	947 834
Impôt sur les bénéfices - Sociétés non pétrolières - mines	..	..	..	..	..	..	..	..	..	4 181 469
Impôt sur les bénéfices - Sociétés non pétrolières - hydrocarbures	..	..	..	..	..	..	..	..	..	189 105
Impôt sur les bénéfices - Sociétés non pétrolières - forêts	..	..	..	..	..	..	..	..	..	747
Impôt sur les bénéfices - Non résidents - hors ressources naturelles (à partir de 2022)	..	0	0	0	46 124	102 597	97 818	100 534	164 043	118 180
Impôt sur les bénéfices - Non résidents - mines	..	..	..	..	..	..	..	..	..	93 791
Impôt sur les bénéfices - Non résidents - forêts	..	..	..	..	..	..	..	..	..	42
Impôt sur les bénéfices - Entreprises individuelles	..	410	3 523	19 823	2 756	9 494	6 747	8 807	8 520	11 416
Impôts sur les revenus locatifs	..	69	1 988	0	0	0	0	0	0	0
Impôt spécial sur les profits excédentaires miniers	..	0	0	0	0	0	23 925	0	159	867 684
1220 Sur les gains en capital	..	..	..	..	..	..	..	262 652	0	20
1300 Non ventilables entre 1100 et 1200	..	..	..	386	75	128	424	610	1 151	1 145
2000 Cotisations de sécurité sociale	..	..	..	..	**201 761**	**371 835**	**653 773**	**763 148**	**891 632**	**1 105 014**
2100 A la charge des salariés	..	..	..	..	56 493	117 412	176 369	202 733	238 202	293 664
2110 Sur la base du salaire	..	..	..	..	56 493	117 412	176 369	202 733	238 202	293 664
2120 Sur la base de l'impôt sur les revenus	..	..	..	..	0	0	0	0	0	0
2200 A la charge des employeurs	..	..	..	..	145 268	235 521	452 793	527 105	619 326	765 128
2210 Sur la base du salaire	..	..	..	..	145 268	235 521	452 793	527 105	619 326	765 128
2220 Sur la base de l'impôt sur le revenu	..	..	..	..	0	0	0	0	0	0
2300 A charge des travailleurs indép. ou sans emploi	..	..	..	..	0	0	0	0	0	0
2310 Sur la base du salaire	..	..	..	..	0	0	0	0	0	0
2320 Sur la base de l'impôt sur le revenu	..	..	..	..	..	..	..	..	..	..
2400 Non ventilables entre 2100, 2200 et 2300	..	..	..	..	..	..	..	..	..	..
2410 Sur la base du salaire	..	..	..	..	0	18 902	24 611	33 311	34 103	46 222
2420 Sur la base de l'impôt sur le revenu	..	..	..	..	..	..	..	..	..	..
3000 Sur salaires ou main d'oeuvre	..	..	..	..	..	..	..	..	..	..
Impôt sur les rémunérations des expatriés (IERE) - hors ressources naturelles (à partir de 2022)	..	56	2 630	15 370	48 503	91 777	121 128	125 228	229 128	169 251
Impôt sur les rémunérations des expatriés (IERE) - mines	..	..	..	..	..	..	..	..	..	137 841
Impôt sur les rémunérations des expatriés (IERE) - forêts	..	..	..	..	..	..	..	..	..	135
Contributions pour l'Institut National de Préparation Professionnelle (INPP)	..	0	1 636	10 534	28 447	46 030	44 570	48 254	76 069	43 603
Contributions pour l'Office National de l'Emploi (ONEM)	..	..	..	..	2 298	5 447	6 488	7 102	9 243	10 520

Tableau 5.7. République démocratique du Congo (suite) – Recettes fiscales détaillées

Million CDF

	1995	2000	2005	2010	2015	2018	2019	2020	2021	2022
4000 Impôts sur le patrimoine	**..**	**..**	**..**	**9 644**	**12 983**	**38 796**	**44 567**	**55 764**	**62 643**	**89 581**
4100 Impôts périodiques sur la propriété immobilière	..	..	..	3 695	8 817	28 719	31 985	38 687	42 630	49 699
4110 Ménages	..	..	..	..	..	..	..	..	..	..
4120 Autres agents	..	..	..	..	..	..	..	..	..	..
4200 Impôts périodiques sur l'actif net	..	..	..	..	..	..	..	..	..	..
4210 Personnes physiques	..	..	..	..	..	..	..	..	..	..
4220 Sociétés	..	..	..	..	..	..	..	..	..	..
4300 Impôts sur mut. par décès, succ. et donations	..	..	..	..	..	..	..	..	..	..
4310 Impôts sur mut. par décès et successions	..	..	..	..	..	..	..	..	..	..
4320 Impôts sur les donations	..	..	..	..	..	..	..	..	..	..
4400 Impôts sur transact. mobilières et immob.	..	..	..	5 949	4 166	10 078	12 582	17 077	20 013	39 882
4500 Impôts non-périodiques	..	..	..	..	..	..	..	..	..	..
4510 Sur l'actif net	..	..	..	..	..	..	..	..	..	..
4520 Autres non-périodiques	..	..	..	..	..	..	..	..	..	..
4600 Autres impôts périodiques sur patrimoine	..	..	..	..	..	..	..	..	..	..
5000 Impôts sur les biens et services	**..**	**4 931**	**199 076**	**1 102 691**	**1 889 732**	**2 610 568**	**2 689 499**	**3 354 923**	**4 847 640**	**6 279 616**
5100 Impôts sur production, vente, transfert, etc.	..	4 833	198 497	1 068 789	1 870 291	2 525 463	2 622 648	3 254 548	4 720 902	6 051 251
5110 Impôts généraux	..	1 390	109 602	590 594	891 546	1 456 884	1 417 107	2 110 167	3 168 331	3 631 298
5111 Taxes sur la valeur ajoutée	..	0	0	0	891 404	1 456 766	1 417 090	2 109 867	3 168 321	3 631 298
TVA intérieure - hors ressources naturelles (à partir de 2022)	..	..	..	..	639 995	939 202	1 055 667	1 227 594	1 802 284	1 859 181
TVA intérieure - mines	..	..	..	..	..	..	..	..	..	347 235
TVA intérieure - forêts	..	..	..	..	..	..	..	..	..	30
TVA à l'importation	..	..	..	..	879 549	766 232	803 860	882 273	1 366 037	1 424 852
Remboursements TVA	..	..	..	..	- 628 140	- 248 668	- 442 438	0	0	0
5112 Impôts sur les ventes	..	..	..	110	0	0	0	215	0	0
5113 Autres impôts	..	1 390	109 602	590 484	143	119	18	85	11	0
Impôt sur le chiffre d'affaires (ICA) - ventes locales	..	194	20 440	110 004	143	118	14	0	0	0
Impôt sur le chiffre d'affaires (ICA) - Prestations de services	..	409	28 534	181 338	0	0	0	84	11	0
Impôt sur le chiffre d'affaires (ICA) - Travaux immobiliers	..	14	3 971	5 969	0	0	0	0	0	0
Impôt sur le chiffre d'affaires (ICA) - Exportation produits miniers	..	0	2	0	0	0	0	0	0	0
Impôt sur le chiffre d'affaires (ICA) - Exportation hors produits miniers	..	6	0	0	0	0	0	0	0	0
Impôt sur le chiffre d'affaires ICA à l'importation	..	768	56 654	291 557	0	0	0	0	0	0
Autres impôts géneraux sur les biens et services (DGRAD)	..	0	0	1 616	0	0	3	1	0	0
5120 Impôts sur biens et services déterminés	..	3 442	88 896	478 194	978 745	1 068 579	1 205 541	1 144 381	1 552 570	2 419 953
5121 Accises	..	1 417	26 357	195 837	409 441	482 304	526 419	583 713	774 644	948 790
Redevances sur produits spécifiques (DGRAD)	..	..	..	12 259	3 256	563	630	560	0	129
Accises intérieures - Bières	..	..	..	57 301	131 359	169 694	172 880	183 894	231 777	272 746
Accises intérieures - Eaux de table et limonades	..	..	..	5 336	13 457	21 246	21 593	24 015	37 247	39 835
Accises intérieures - Alcools et boissons alcooliques	..	..	..	147	3 363	7 818	9 530	7 823	11 459	15 048
Accises intérieures - Tabacs et allumettes fabriqués	..	..	..	40 034	2 643	4 901	10 448	14 546	29 356	27 039
Accises intérieures - Télécommunication	..	..	..	49 338	86 315	145 710	168 852	194 138	237 314	292 477
Accises intérieures - Autres produits	..	..	..	848	4 339	2 875	4 245	6 185	8 749	12 611
Accises à l'importation - Bières	..	..	..	483	3 545	10 751	5 504	3 707	1 981	2 017
Accises à l'importation - Eaux de table et limonades	..	..	..	467	4 631	1 384	1 315	2 429	1 905	2 728
Accises à l'importation - Alcools et boissons alcooliques	..	..	..	1 481	5 380	8 577	5 168	3 824	7 960	10 254
Accises à l'importation - Tabacs et allumettes fabriqués	..	..	..	4 739	59 422	54 475	66 304	66 184	75 895	83 206
Accises à l'importation - Produits pétroliers	..	..	..	9 257	53 350	0	0	10 535	0	0
Accises à l'importation - Véhicules	..	..	..	9 901	15 878	23 427	22 940	38 355	70 687	111 330
Accises à l'importation - Autres produits	..	..	..	4 246	22 504	30 883	37 011	27 517	60 314	79 371
5122 Bénéfices de monopoles fiscaux	..	0	0	0	0	0	0	0	0	0
5123 Droits de douane et droits à l'importation	..	1 942	56 349	270 089	560 340	569 751	670 378	549 396	763 240	1 441 556
5124 Taxes à l'exportation	..	83	6 190	7 725	5 446	9 505	7 984	10 216	13 416	28 756
Droits de sortie sur les minerais	..	82	5 623	3 850	3 238	4 780	2 713	1 933	3 580	17 197

Tableau 5.7. République démocratique du Congo (suite) – Recettes fiscales détaillées

Million CDF

	1995	2000	2005	2010	2015	2018	2019	2020	2021	2022
Droits de sortie sur les produits agricoles	..	1	567	3 046	2 208	4 725	5 271	8 283	9 837	11 559
Droits de sortie sur les autres produits	..	0	0	829	0	0	0	0	0	0
5125 Impôts sur biens d'équipement	..	0	0	0	0	0	0	0	0	0
5126 Impôts sur services déterminés	..	0	0	4 543	3 518	7 019	759	1 056	1 269	851
5127 Autres impôts sur commerce et transact. internat.	..	..	..	..	..	..	..	..	..	..
5128 Autres impôts	..	0	0	0	0	0	0	0	1	0
5130 Non ventilables entre 5110 et 5120	..	0	0	0	0	0	0	0	0	0
5200 Impôts sur utilisation des biens et exerc. activites	..	98	579	33 903	19 441	85 104	66 852	100 375	126 738	228 364
5210 Impôts périodiques	..	0	0	822	619	1 448	887	6 620	1 066	4 409
5211 A la charge des ménages: véhicules à moteur	..	..	..	0	0	0	0	0	0	0
5212 A la charge autres agents: véhicules à moteur	..	..	..	0	0	0	0	0	0	0
5213 Autres impôts périodiques	..	..	..	822	619	1 448	887	6 620	1 066	4 409
5220 Impôts non-périodiques	..	98	579	33 081	18 821	83 656	65 964	93 755	125 672	223 956
Immatriculation des véhicules routiers (plaques)	..	98	579	2 681	1 366	3 734	3 476	3 032	3 932	4 176
Autorisations d'exportation et d'importation	..	0	0	3 212	3 571	9 303	9 146	14 804	21 079	4 936
Taxe d'implantation établisssements dangeureux, insalubres et incommodes	..	0	0	1 225	2 939	46 159	32 995	49 963	63 513	145 014
Autres autorisations	..	0	0	25 963	10 945	24 461	20 347	25 956	37 149	69 830
5300 Non ventilables entre 5100 et 5200	..	0	0	0	0	0	0	0	0	0
6000 Autres impôts	**..**	**0**	**37 477**	**99 085**	**78 815**	**200 509**	**122 716**	**79 405**	**133 043**	**191 233**
Recettes des produits pétroliers	..	..	37 477	98 431	78 417	106 245	121 703	77 670	131 834	189 105
Droits proportionnels sur les SARL (DGRAD)	..	..	0	654	398	94 264	1 013	1 734	1 209	2 128
6100 A la charge exclusive des entreprises	..	..	..	..	..	..	..	..	..	..

.. Non disponible

Note : Année civile se terminant le 31 décembre.

Les données sont sur la base des encaissements.

Les chiffres n'incluent pas les données des recettes fiscales collectées par les collectivités locales car elles ne sont pas disponibles.

Les données entre 2000 et 2003 doivent être interprétées avec prudence car elles sont largement affectées par des taux d'inflation élevés.

Les données à partir de 2022 présentent pour la première fois dans cette édition la ventilation entre recettes provenant des ressources naturelles et les recettes hors ressources naturelles. Les recettes avec le libellé « hors ressources naturelles (à partir de 2022) » incluent les recettes provenant des ressources naturelles pour les années antérieures à 2022 car la ventilation n'est pas disponible.

Rubriques 1110, 5113, 5121, 5220, 6000 : Pour 2008 et les années qui suivent, ces rubriques contiennent des recettes provenant de la Direction Générale des Recettes Administratives, Judiciaires, Domaniales et de Participation (DGRAD) et sont annotées comme telles.

Rubriques 1300, 4100, 4400, 5112, 5126, 5128 : Pour 2008 et les années qui suivent, ces rubriques contiennent des recettes provenant exclusivement de la DGRAD.

Source : Ministère des Finances de la République démocratique du Congo.

Tableau 5.8. Côte d'Ivoire – Recettes fiscales détaillées

Million XOF

	1995	2000	2005	2010	2015	2018	2019	2020	2021	2022
Recettes fiscales totales	**924 472**	**1 169 607**	**1 407 277**	**2 035 468**	**3 414 418**	**4 194 689**	**4 527 842**	**4 734 486**	**5 542 132**	**5 772 577**
1000 Impôts sur revenu, bénéfices et gains en capital	**138 299**	**192 282**	**192 895**	**260 799**	**408 880**	**574 179**	**557 445**	**580 534**	**730 313**	**868 901**
1100 Des personnes physiques	3 397	5 108	6 184	6 970	10 054	13 894	13 089	14 508	19 601	23 455
1110 Sur le revenu et les bénéfices	3 397	5 093	6 164	6 937	10 011	13 822	13 023	14 435	19 499	23 367
Impôt général sur le revenu	0	0	323	1 420	817	114	57	12	2	2
Impôt BIC hors pétrole-gaz (personnes physiques)	3 397	5 045	5 770	5 431	9 008	13 457	12 760	14 141	19 208	22 998
IR des valeurs mobilières (personnes physiques)	0	48	71	86	186	252	206	282	289	367
1120 Sur les gains en capital	0	16	20	33	42	72	67	73	102	88
IR des capitaux (personnes physiques)	..	16	20	33	42	72	67	73	102	88
1200 Des sociétés	86 005	148 900	176 272	240 768	375 893	534 279	517 653	541 288	691 426	827 184
1210 Sur les bénéfices	86 005	143 602	169 683	229 732	361 782	510 483	495 535	517 177	657 565	797 996
Impôt BIC pétrole-gaz	0	0	0	63 649	71 985	86 071	104 181	65 361	75 334	93 848
Impôt BIC hors pétrole-gaz (personnes morales)	86 005	127 710	146 074	137 500	228 043	340 667	323 022	357 997	486 277	582 215
IR des valeurs mobilieres (personnes morales)	0	15 892	23 609	28 583	61 753	83 745	68 332	93 819	95 954	121 933
1220 Sur les gains en capital	0	5 297	6 589	11 036	14 111	23 796	22 118	24 112	33 861	29 188
Impôt sur le revenu des capitaux (personnes morales)	..	5 297	6 589	11 036	14 111	23 796	22 118	24 112	33 861	29 188
1300 Non ventilables entre 1100 et 1200	48 897	38 274	10 439	13 061	22 934	26 006	26 703	24 738	19 286	18 261
Acompte d'impôt sur le revenu du secteur informel (ex ASDI)	45 763	33 983	5 882	7 624	14 637	15 845	16 023	16 124	16 588	17 382
Impôt synthétique	3 134	4 291	4 557	5 437	8 296	10 162	10 680	8 614	2 697	879
2000 Cotisations de sécurité sociale	**52 200**	**102 700**	**116 818**	**162 754**	**383 540**	**479 197**	**509 592**	**549 890**	**617 150**	**645 516**
2100 A la charge des salariés	..	..	..	64 364	151 728	189 616	201 522	218 051	247 493	259 078
Caisse nationale de prévoyance sociale (CNPS)	..	..	..	39 044	92 206	115 381	122 230	134 183	161 271	169 489
Caisse générale de retraite des agents de l'État (CGRAE)	..	..	..	25 320	59 522	74 235	79 292	83 868	86 222	89 589
2110 Sur la base du salaire	..	..	..	0	0	0	0	0	0	0
2120 Sur la base de l'impôt sur les revenus	..	..	..	0	0	0	0	0	0	0
2200 A la charge des employeurs	..	..	..	98 390	231 812	289 581	308 070	331 839	369 657	386 438
Caisse nationale de prévoyance sociale (CNPS)	..	..	..	47 721	112 697	141 022	149 392	164 002	197 109	207 153
Caisse générale de retraite des agents de l'État (CGRAE)	..	..	..	50 669	119 115	148 559	158 678	167 837	172 548	179 285
2210 Sur la base du salaire	..	..	..	0	0	0	0	0	0	0
2220 Sur la base de l'impôt sur le revenu	..	..	..	0	0	0	0	0	0	0
2300 A charge des travailleurs indép. ou sans emploi	..	..	..	0	0	0	0	0	0	0
2310 Sur la base du salaire	..	..	..	..	..	..	..	..	..	..
2320 Sur la base de l'impôt sur le revenu	..	..	..	..	..	..	..	..	..	..
2400 Non ventilables entre 2100, 2200 et 2300	52 200	102 700	116 818	0	0	0	0	0	0	0
2410 Sur la base du salaire	..	..	..	..	..	..	..	..	..	..
2420 Sur la base de l'impôt sur le revenu	..	..	..	..	..	..	..	..	..	..
3000 Sur salaires ou main d'oeuvre	**84 393**	**138 023**	**148 912**	**207 243**	**372 524**	**497 124**	**527 045**	**549 630**	**591 639**	**661 642**
Fonds de formation professionnelle	0	6 990	7 473	9 776	11 805	22 674	23 966	25 144	26 755	29 773
Impôt sur traitements et salaires (ITS), solde	84 393	131 033	141 439	197 467	360 719	474 449	503 079	524 487	564 884	631 868
4000 Impôts sur le patrimoine	**15 825**	**32 732**	**43 879**	**49 706**	**89 040**	**120 153**	**139 654**	**135 324**	**172 208**	**190 254**
4100 Impôts périodiques sur la propriété immobilière	15 825	24 664	34 032	38 009	72 299	99 417	113 362	106 889	132 394	146 262
4110 Ménages	..	..	..	..	..	..	..	..	..	..
4120 Autres agents	..	..	..	..	..	..	..	..	..	..
4200 Impôts périodiques sur l'actif net	0	0	0	0	0	0	0	0	0	0
4210 Personnes physiques	..	..	..	..	..	..	..	..	..	..
4220 Sociétés	..	..	..	..	..	..	..	..	..	..
4300 Impôts sur mut. par décès, succ. et donations	0	0	0	0	0	0	0	0	0	0
4310 Impôts sur mut. par décès et successions	..	..	..	..	..	..	..	..	..	..
4320 Impôts sur les donations	..	..	..	..	..	..	..	..	..	..
4400 Impôts sur transact. mobilières et immob.	0	8 068	9 847	11 697	16 741	20 735	26 292	28 435	39 814	43 992
4500 Impôts non-périodiques	0	0	0	0	0	0	0	0	0	0
4510 Sur l'actif net	..	..	..	..	..	..	..	..	..	..
4520 Autres non-périodiques	..	..	..	..	..	..	..	..	..	..
4600 Autres impôts périodiques sur patrimoine	0	0	0	0	0	0	0	0	0	0
5000 Impôts sur les biens et services	**633 755**	**699 518**	**899 720**	**1 344 201**	**2 139 379**	**2 499 839**	**2 760 029**	**2 885 098**	**3 388 228**	**3 364 440**
5100 Impôts sur production, vente, transfert, etc.	625 607	674 206	870 745	1 294 835	2 057 991	2 396 326	2 650 639	2 776 423	3 267 425	3 232 563
5110 Impôts généraux	206 914	255 297	288 886	490 521	692 417	897 334	982 115	993 540	1 265 875	1 397 309
5111 Taxes sur la valeur ajoutée	206 914	255 297	267 107	473 712	680 081	883 175	963 541	960 051	1 213 233	1 313 225
Recettes TVA (brute) - DGI	67 614	106 797	112 304	194 241	327 995	471 327	516 161	505 522	615 258	660 571

Tableau 5.8. Côte d'Ivoire (suite) – Recettes fiscales détaillées

Million XOF

	1995	2000	2005	2010	2015	2018	2019	2020	2021	2022
Remboursements credits de TVA (DGI)	0	0	- 8 100	- 15 480	- 41 825	- 42 599	- 49 349	- 44 080	- 58 900	- 53 500
Recettes TVA (brute) - DGD	139 300	148 500	172 802	313 870	445 028	504 893	547 827	544 935	720 476	767 355
Remboursements credits de TVA (DGD)	0	0	- 9 899	- 18 919	- 51 118	- 50 446	- 51 099	- 46 326	- 63 600	- 61 200
5112 Impôts sur les ventes	0	0	0	0	0	0	0	0	0	0
5113 Autres impôts	0	0	21 779	16 809	12 336	14 159	18 575	33 488	52 641	84 084
Taxe ad-valorem (taxe domaniale)	..	..	0	0	12 185	13 932	18 565	33 483	35 229	54 018
Contribution à la reconstitution nationale	..	..	21 779	1 567	71	98	10	6	9	3
Taxe de solidarité pour la sortie de crise	..	..	0	15 243	80	128	0	0	0	0
Taxe d'État de l'Entreprenant (TEE)	..	..	0	0	0	0	0	0	10 437	17 157
Taxe des Micro-Entreprises	..	..	0	0	0	0	0	0	6 966	12 907
5120 Impôts sur biens et services déterminés	418 693	418 909	581 859	804 314	1 365 574	1 498 991	1 668 523	1 782 884	2 001 550	1 835 253
5121 Accises	71 495	74 908	59 977	128 698	243 151	308 095	376 839	558 188	517 655	266 792
Taxe SIDA	0	0	0	740	821	1 048	1 299	1 568	1 824	1 947
Taxe sur le caoutchouc	0	0	0	0	78	5	66	12	241	0
Taxe sur le tabac pour le dévelopment du sport	0	0	0	1 708	2 029	2 621	3 246	3 924	4 559	4 867
Taxe sur les sacs et sachets en matière plastique	0	0	0	0	113	107	122	249	173	415
Taxe sur les boissons	1 402	3 642	2 986	5 050	18 213	24 536	25 343	26 133	38 480	39 565
Taxes sur le carburant	267	290	122	81	105	173	310	101	7	8
Taxes sur le tabac	10 626	15 518	10 933	12 040	14 771	18 786	23 971	31 056	35 656	39 348
Diverses taxes spécifiques à la DGD	59 200	50 300	38 391	96 560	183 719	224 397	281 613	456 135	389 525	135 792
Diverses accises spécifiques à la DGD	0	5 158	7 545	12 520	23 302	36 420	40 803	38 893	45 055	42 345
Taxe spéciale pour la préseration et développement forestier (TSPDF)	0	0	0	0	0	0	66	118	700	672
Taxe sur les produits de parfumeries et cosmetiques	0	0	0	0	0	0	0	0	1 435	1 832
5122 Bénéfices de monopoles fiscaux	0	0	0	0	0	0	0	0	0	0
5123 Droits de douane et droits à l'importation	152 200	126 512	167 701	288 039	486 862	586 581	607 626	574 910	751 556	824 079
5124 Taxes à l'exportation	177 400	185 114	320 201	331 261	473 333	417 137	477 488	439 701	489 882	484 001
Droits d'enregistrement du café et cacao	0	21 114	58 039	103 669	86 244	12 901	39 240	37 686	74 810	78 205
Taxe sur le cacao et café (DGD)	162 700	156 700	253 148	221 180	377 418	343 058	394 161	359 206	366 966	345 557
Taxe sur le bois et autres produits (DGD)	14 700	7 300	9 014	6 412	9 671	2 103	2 236	2 229	2 437	18 487
Dus anacarde (DGD)	0	0	0	0	0	59 076	41 850	40 580	45 669	41 752
5125 Impôts sur biens d'équipement	0	0	0	0	0	0	0	0	0	0
5126 Impôts sur services déterminés	17 598	32 375	33 980	56 315	162 229	187 178	206 570	210 085	242 457	260 381
Contribution de solidarité sur les billets d'avion	0	0	0	216	3 088	47	0	0	0	0
Taxe sur le transport aérien	0	0	0	799	2 569	2 101	2 014	1 037	1 681	2 148
Taxe pour la promotion de la culture	0	0	0	1 598	1 884	1 849	2 169	2 245	2 431	2 329
Taxe dévéloppement des NTICs en zone rurale	0	0	0	11 486	16 977	20 318	20 830	22 263	22 870	26 044
Taxe sur les télécommunications	0	0	0	0	50 618	46 893	52 160	55 815	60 918	60 813
Taxes sur les transports urbains	0	0	0	1 019	3	0	0	0	0	0
Prélèvement aux jeux de casino	359	168	339	378	163	1 080	2 324	1 002	2 460	3 175
Taxe d'abattage	1 240	2 434	1 810	1 125	1 299	659	1 309	1 232	1 541	1 647
Taxe sur la publicité	0	137	93	300	437	1 051	940	649	1 294	1 285
Taxe pour le développement touristique	560	0	0	0	1 298	1 609	1 908	1 053	1 569	2 047
Taxe sur les communications téléphoniques	0	0	0	0	20 425	20 659	20 091	21 676	28 698	27 572
Taxe sur les assurances	0	6 942	8 666	7 739	14 435	19 228	20 445	21 134	23 416	26 985
Taxe sur les encours bancaires	1 464	2 002	2 030	3 627	0	0	0	0	0	0
Taxe sur les opérations bancaires	13 975	20 692	21 042	28 028	49 023	66 122	70 418	76 919	87 867	97 750
Taxe Salubrité et Protection de l'Environnement	0	0	0	0	11	2	2	1	3	0
Taxe pour l'enlèvement des ordures menagères	0	0	0	0	0	5 559	11 307	4 819	7 254	7 909
Taxe portuaire et aéroportuaire	0	0	0	0	0	0	655	239	453	596
Taxe sur les vidéos à la demande	0	0	0	0	0	0	0	0	2	82
5127 Autres impôts sur commerce et transact. internat.	0	0	0	0	0	0	0	0	0	0
5128 Autres impôts	0	0	0	0	0	0	0	0	0	0
5130 Non ventilables entre 5110 et 5120	0	0	0	0	0	0	0	0	0	0
5200 Impôts sur utilisation des biens et exerc. activites	8 148	25 312	28 975	49 366	81 388	103 513	109 390	108 675	120 804	131 877
5210 Impôts périodiques	8 148	25 312	28 975	49 366	81 388	103 513	109 390	108 675	120 804	131 877
5211 A la charge des ménages: véhicules à moteur	0	4 176	5 942	9 171	14 926	18 423	17 592	18 206	21 331	22 097
5212 A la charge autres agents: véhicules à moteur	0	0	0	0	0	0	0	0	0	0
5213 Autres impôts périodiques	8 148	21 136	23 033	40 195	66 462	85 091	91 798	90 468	99 473	109 780
5220 Impôts non-périodiques	0	0	0	0	0	0	0	0	0	0
5300 Non ventilables entre 5100 et 5200	0	0	0	0	0	0	0	0	0	0

Tableau 5.8. Côte d'Ivoire (suite) – Recettes fiscales détaillées

Million XOF

	1995	2000	2005	2010	2015	2018	2019	2020	2021	2022
6000 Autres impôts	**0**	**4 352**	**5 053**	**10 765**	**21 055**	**24 197**	**34 077**	**34 009**	**42 594**	**41 825**
6100 A la charge exclusive des entreprises	..	0	0	3 732	6 979	10 275	10 657	11 164	14 229	9 178
Fonds de soutien à l'habitat	..	..	..	45	0	0	0	0	0	0
Fonds interprofessionnel	..	..	..	3 687	6 979	10 275	10 657	11 164	14 229	9 178
6200 A la charge d'autres agents	..	4 352	5 053	7 033	14 076	13 922	23 420	22 846	28 365	32 648

.. Non disponible

Note : Année civile se terminant le 31 décembre.

Les données sont sur la base des encaissements.

Les chiffres n'incluent pas les recettes fiscales collectées par les collectivités locales car elles ne sont pas disponibles.

La rubrique 5113 comprend la taxe ad-valorem, une taxe domaniale. Les recettes autres que celles de la taxe ad-valorem sont considérées comme des recettes non fiscales selon la classification OCDE (voir le *Guide d'interprétation* en Annexe A). La classification nationale de la Côte d'Ivoire les comptabilise comme des recettes fiscales.

La rubrique 5113 comprend la Contribution à la reconstruction nationale (CRN) instituée en 2004 pour cinq ans et arrivée à expiration en 2009. Elle a été remplacée par la Taxe de solidarité pour la sortie de crise . Celle-ci était basée sur les charges d'exploitation des entreprises réalisant un chiffre d'affaires annuel supérieur ou égal à 1 milliard de francs CFA, au titre de l'exercice clos au 31 décembre 2009. Cette rubrique comprend aussi la Taxe d'État de l'Entreprenant (TEE) et la Taxe des Micro-Entreprises. Ces deux dernières taxes ont été instaurées en 2021.

La rubrique 6100 comprend le Fonds de soutien à l'habitat (FSH) alimenté par des recettes fiscales affectées (contribution patronale sur la masse salariale, taxes sur services déterminés et taxe sur le carburant). Il n'est pas possible de distinguer ces différents éléments d'où sa classification dans la rubrique 6100. Cette taxe a été supprimée en 2010.

Les recettes de la taxe audiovisuelle et la redevance radiodiffusion télévision ivoirienne (RTI) sont considérées comme des recettes non fiscales selon la classification OCDE (voir le *Guide d'interprétation* en Annexe A) et ont été classifiées dans la rubrique « vente de biens et services ». La classification nationale de la Côte d'Ivoire les comptabilise comme des recettes fiscales.

Source : Ministère de l'Économie et des Finances.

Tableau 5.9. Égypte – Recettes fiscales détaillées

Million EGP

	1995	2000	2005	2010	2015	2018	2019	2020	2021	2022
Recettes fiscales totales	**..**	**..**	**88 969**	**196 967**	**358 658**	**724 105**	**850 042**	**835 064**	**939 710**	**1 112 732**
1000 Impôts sur revenu, bénéfices et gains en capital	**..**	**..**	**35 551**	**85 867**	**157 041**	**289 904**	**332 239**	**366 875**	**398 224**	**479 806**
1100 Des personnes physiques	..	..	9 315	16 403	38 215	64 578	87 306	98 032	123 711	151 918
1110 Sur le revenu et les bénéfices	..	..	9 310	16 319	37 936	64 128	86 382	96 978	122 513	149 973
Impôt sur les salaires	..	..	3 997	9 623	23 803	40 976	56 938	64 022	75 562	89 163
Impôts sur les bénéfices industriels et commerciaux	..	..	3 715	4 570	10 589	16 815	24 657	28 672	39 997	52 396
Droit de timbre sur les salaires	..	..	1 180	1 778	2 998	4 683	2 243	1 486	2 511	2 762
Impôt sur les revenus professionnels	..	..	150	314	544	1 650	2 506	2 798	4 170	5 629
Autres impôts sur l'activité autre que l'emploi	..	..	268	35	2	3	37	0	273	23
1120 Sur les gains en capital	..	..	5	84	279	450	924	1 054	1 198	1 945
1200 Des sociétés	..	..	22 257	66 022	108 285	186 374	209 702	237 846	254 696	309 556
1210 Sur les bénéfices	..	..	22 257	66 022	108 285	186 374	209 702	237 846	254 696	309 556
EGPC et partenaire étranger	..	..	4 030	32 181	36 000	51 976	42 532	26 337	39 817	30 552
Autorité du canal de Suez	..	..	7 343	9 443	13 400	29 900	34 480	42 913	32 450	38 952
Banque centrale d'Egypte (CBE)	..	..	212	0	3 691	0	0	0	0	0
Autres entreprises	..	..	10 672	18 591	38 512	60 776	85 763	119 625	125 268	164 971
Revenus d'intérêts sur les bons du Trésor et les obligations	..	..	0	5 808	16 682	43 722	46 928	48 972	57 161	75 081
1220 Sur les gains en capital	..	..	..	..	..	..	..	..	..	..
1300 Non ventilables entre 1100 et 1200	..	..	3 979	3 442	10 542	38 952	35 231	30 996	19 817	18 331
Impôt sur les revenus de capital mobiliers de la CBE	..	..	3 979	3 309	10 235	38 497	34 538	30 579	19 300	17 621
Recette fiscale différée	..	..	0	134	306	455	693	417	517	710
2000 Cotisations de sécurité sociale	**..**	**..**	**16 252**	**31 570**	**60 404**	**111 516**	**134 425**	**113 756**	**128 422**	**149 697**
2100 A la charge des salariés	..	..	..	..	..	..	..	..	..	..
2110 Sur la base du salaire	..	..	..	..	..	..	..	..	..	..
2120 Sur la base de l'impôt sur les revenus	..	..	..	..	..	..	..	..	..	..
2200 A la charge des employeurs	..	..	..	..	..	..	..	..	..	..
2210 Sur la base du salaire	..	..	..	..	..	..	..	..	..	..
2220 Sur la base de l'impôt sur le revenu	..	..	..	..	..	..	..	..	..	..
2300 A charge des travailleurs indép. ou sans emploi	..	..	..	..	..	..	..	..	..	..
2310 Sur la base du salaire	..	..	..	..	..	..	..	..	..	..
2320 Sur la base de l'impôt sur le revenu	..	..	..	..	..	..	..	..	..	..
2400 Non ventilables entre 2100, 2200 et 2300	..	..	16 252	31 570	60 404	111 516	134 425	113 756	128 422	149 697
2410 Sur la base du salaire	..	..	..	..	..	..	..	..	..	..
2420 Sur la base de l'impôt sur le revenu	..	..	..	..	..	..	..	..	..	..
3000 Sur salaires ou main d'oeuvre	**..**	**..**	**0**	**0**	**0**	**0**	**0**	**0**	**1**	**1**
4000 Impôts sur le patrimoine	**..**	**..**	**640**	**1 128**	**2 224**	**4 214**	**6 281**	**4 836**	**6 957**	**6 511**
4100 Impôts périodiques sur la propriété immobilière	..	..	327	518	637	2 976	4 871	3 393	5 159	4 599
4110 Ménages	..	..	..	..	..	..	..	..	..	..
4120 Autres agents	..	..	..	..	..	..	..	..	..	..
4200 Impôts périodiques sur l'actif net	..	..	0	0	0	0	0	0	0	0
4210 Personnes physiques	..	..	..	..	..	..	..	..	..	..
4220 Sociétés	..	..	..	..	..	..	..	..	..	..
4300 Impôts sur mut. par décès, succ. et donations	..	..	0	0	0	0	0	0	0	0
4310 Impôts sur mut. par décès et successions	..	..	..	..	..	..	..	..	..	..
4320 Impôts sur les donations	..	..	..	..	..	..	..	..	..	..
4400 Impôts sur transact. mobilières et immob.	..	..	312	610	1 588	1 238	1 410	1 443	1 798	1 912
Frais de transfert de propriété	..	..	312	607	948	1 235	1 407	1 443	1 770	1 887
Timbres fiscaux	..	..	0	3	640	3	3	0	28	26
4500 Impôts non-périodiques	..	..	..	..	..	..	..	..	..	..
4510 Sur l'actif net	..	..	..	..	..	..	..	..	..	..
4520 Autres non-périodiques	..	..	..	..	..	..	..	..	..	..
4600 Autres impôts périodiques sur patrimoine	..	..	0	0	0	0	0	0	0	0
5000 Impôts sur les biens et services	**..**	**..**	**36 527**	**78 401**	**138 988**	**318 471**	**377 097**	**349 598**	**406 106**	**476 717**
5100 Impôts sur production, vente, transfert, etc.	..	..	35 697	76 232	135 761	314 484	370 724	343 359	396 906	467 313
5110 Impôts généraux	..	..	18 725	39 864	65 523	156 276	197 679	193 730	233 704	254 777
5111 Taxes sur la valeur ajoutée	..	..	18 725	39 864	65 523	156 276	197 679	193 730	233 704	254 777
Produits locaux	..	..	5 257	11 735	18 415	43 100	50 351	53 017	67 544	74 408
Marchandises importées	..	..	8 548	18 977	35 010	83 939	105 000	95 249	112 849	122 652

Tableau 5.9. Égypte (suite) – Recettes fiscales détaillées

Million EGP

	1995	2000	2005	2010	2015	2018	2019	2020	2021	2022
Services d'hôtellerie et de restauration pour touristes	..	..	1 126	2 172	2 334	5 894	7 127	5 478	2 792	5 662
Services d'exploitation pour des tiers	..	..	1 555	2 936	4 844	15 819	24 048	28 190	36 706	36 644
Services de communication internationaux et locaux	..	..	1 911	3 700	4 393	6 065	8 915	10 393	11 338	13 087
Autres services	..	..	328	345	527	1 460	2 238	1 403	2 475	2 324
5112 Impôts sur les ventes	..	..	0	0	0	0	0	0	0	0
5113 Autres impôts	..	..	0	0	0	0	0	0	0	0
5120 Impôts sur biens et services déterminés	..	..	16 971	36 369	70 238	158 208	173 045	149 629	163 203	212 536
5121 Accises	..	..	6 539	17 170	41 207	106 447	114 977	100 726	108 361	142 945
Tabac et cigarettes	..	..	3 987	6 997	26 463	51 654	56 389	61 141	73 390	74 944
Produits pétroliers	..	..	818	7 563	12 004	40 470	41 484	27 599	23 345	57 223
Alcool	..	..	95	198	181	218	315	250	59	2
Bière	..	..	170	241	499	960	1 113	1 602	1 254	1 903
Eau gazeuse	..	..	510	0	0	1 550	2 128	2 836	2 976	3 878
Timbre des taxes sur des biens spécifiques	..	..	536	1 603	1 198	1 214	3 687	443	2 354	140
Autres accises	..	..	422	567	864	10 381	9 861	6 857	4 984	4 855
5122 Bénéfices de monopoles fiscaux	..	..	80	0	0	0	0	0	0	0
5123 Droits de douane et droits à l'importation	..	..	7 664	13 733	21 460	36 848	40 995	31 644	35 530	42 179
Taxes douanières valorisées	..	..	7 285	13 242	20 955	36 246	40 344	31 106	35 039	41 979
Taxes douanières sur les cigarettes et le tabac importés	..	..	379	491	506	603	651	538	491	201
5124 Taxes à l'exportation	..	..	1	819	180	429	427	190	116	0
5125 Impôts sur biens d'équipement	..	..	0	0	0	0	0	0	0	0
5126 Impôts sur services déterminés	..	..	1 952	2 729	3 699	7 414	5 261	6 948	1 931	2 528
Timbre des taxes sur des services spécifiques	..	..	1 114	1 950	2 700	5 487	3 517	5 517	1 157	868
Autres taxes sur des services spécifiques	..	..	838	779	999	1 927	1 744	1 431	774	1 661
5127 Autres impôts sur commerce et transact. internat.	..	..	0	0	0	0	0	0	0	0
5128 Autres impôts	..	..	736	1 919	3 690	7 070	11 386	10 121	17 265	24 884
5130 Non ventilables entre 5110 et 5120	..	..	0	0	0	0	0	0	0	0
5200 Impôts sur utilisation des biens et exerc. activites	..	..	830	2 169	3 227	3 987	6 373	6 239	9 200	9 404
5210 Impôts périodiques	..	..	830	2 169	3 227	3 987	6 373	6 239	9 200	9 404
5211 A la charge des ménages: véhicules à moteur	..	..	394	1 837	2 841	3 477	5 702	5 789	8 314	8 654
5212 A la charge autres agents: véhicules à moteur	..	..	0	0	0	0	0	0	0	0
5213 Autres impôts périodiques	..	..	436	332	386	509	672	450	886	750
5220 Impôts non-périodiques	..	..	0	0	0	0	0	0	0	0
5300 Non ventilables entre 5100 et 5200	..	..	0	0	0	0	0	0	0	0
6000 Autres impôts	**..**	**..**	**0**	**0**	**0**	**0**	**0**	**0**	**0**	**0**
6100 A la charge exclusive des entreprises	..	..	..	..	..	..	..	..	..	..
6200 A la charge d'autres agents	..	..	..	..	..	..	..	..	..	..
Pour mémoire :	..	..	..	..	..	..	..	..	..	..
Recettes TVA (nettes)	..	..	18 725	39 864	65 523	156 276	197 679	193 730	233 704	254 777
Recettes TVA (brute)	..	..	19 544	40 487	66 235	157 025	198 876	194 570	235 017	257 218
Remboursements de la TVA	..	..	- 819	- 623	- 712	- 749	-1 197	- 840	-1 314	-2 441

.. Non disponible

Note : Les données sont basées sur l'année fiscale se terminant le 30 juin. Par exemple, les données pour 2022 représentent la période allant de juillet 2021 à juin 2022.

Les données sont sur la base des encaissements.

Les chiffres n'incluent pas les données des recettes fiscales collectées par les collectivités locales car elles ne sont pas disponibles. L'Égypte estime que ces données sont insignifiantes.

Rubrique 2000 : L'Égypte n'inclut pas les cotisations de sécurité sociale dans ses données sur les recettes fiscales car les autorités égyptiennes ne les considèrent pas comme des impôts.

Les redevances sur le Canal de Suez ainsi que d'autres redevances et frais administratifs sont déclarés comme des impôts en Égypte. Ces recettes sont considérées comme des recettes non fiscales selon la classification de l'OCDE, décrite dans le *Guide d'Interprétation* de l'annexe A.

Source : Ministère des finances.

Tableau 5.10. Eswatini – Recettes fiscales détaillées

Million SZL

	1995	2000	2005	2010	2015	2018	2019	2020	2021	2022
Recettes fiscales totales	**745**	**1 327**	**2 406**	**4 588**	**7 907**	**10 891**	**11 893**	**11 916**	**12 784**	**14 304**
1000 Impôts sur revenu, bénéfices et gains en capital	**392**	**677**	**1 289**	**2 373**	**3 854**	**5 259**	**5 732**	**5 624**	**6 207**	**6 604**
1100 Des personnes physiques	165	428	804	1 449	2 278	3 289	3 513	3 586	3 820	4 254
1110 Sur le revenu et les bénéfices	165	428	804	1 449	2 278	3 289	3 513	3 586	3 820	4 254
Retenue à la source de l'impôt sur le revenu des personnes physiques (PAYE)	162	421	733	1 321	2 176	3 181	3 407	3 466	3 700	4 135
Impôt provisoire sur le revenu	0	2	16	75	24	44	38	40	42	39
Impôts sur les intérêts, dividendes et revenu de fiducie	0	0	8	35	1	0	0	0	0	0
Impôt sur le revenu des personnes physiques non-résidentes	0	0	0	3	1	0	0	0	0	0
Impôts sur les allocations	0	0	5	11	15	18	18	19	19	19
Retenue d'impôt sur les fournisseurs résidents	0	0	40	0	0	0	0	0	0	0
Impôt sur le revenu des travailleurs indépendants	2	4	0	1	59	43	47	56	53	58
Taxes sur la loterie	0	1	1	2	2	3	3	5	5	3
1120 Sur les gains en capital	0	0	0	0	0	0	0	0	0	0
1200 Des sociétés	202	236	461	905	1 507	1 969	2 218	2 036	2 385	2 348
1210 Sur les bénéfices	202	236	461	905	1 507	1 969	2 218	2 036	2 385	2 348
Impôts sur les sociétés des entreprises résidentes	201	233	394	739	1 358	1 479	1 734	1 462	1 857	1 603
Impôts sur redevances	0	0	54	144	42	0	0	0	0	0
Impôts sur les sociétés des entreprises non-résidentes	0	3	13	22	107	490	483	574	528	745
1220 Sur les gains en capital	0	0	0	0	0	0	0	0	0	0
1300 Non ventilables entre 1100 et 1200	26	14	23	20	68	1	1	2	2	2
Impôt sur le revenu des non-résidents	23	11	20	15	67	0	0	0	0	0
Autres impôts sur le revenu	2	3	3	4	2	1	1	2	2	2
2000 Cotisations de sécurité sociale	**115**	**154**	**287**	**626**	**1 028**	**1 536**	**1 542**	**1 589**	**1 695**	**1 714**
2100 A la charge des salariés	29	38	72	157	309	472	475	495	511	541
2110 Sur la base du salaire	..	..	..	..	..	..	..	..	..	..
2120 Sur la base de l'impôt sur les revenus	..	..	..	..	..	..	..	..	..	..
2200 A la charge des employeurs	87	115	215	469	719	1 065	1 067	1 094	1 184	1 173
2210 Sur la base du salaire	..	..	..	..	..	..	..	..	..	..
2220 Sur la base de l'impôt sur le revenu	..	..	..	..	..	..	..	..	..	..
2300 A charge des travailleurs indép. ou sans emploi	0	0	0	0	0	0	0	0	0	0
2310 Sur la base du salaire	..	..	..	..	..	..	..	..	..	..
2320 Sur la base de l'impôt sur le revenu	..	..	..	..	..	..	..	..	..	..
2400 Non ventilables entre 2100, 2200 et 2300	0	0	0	0	0	0	0	0	0	0
2410 Sur la base du salaire	..	..	..	..	..	..	..	..	..	..
2420 Sur la base de l'impôt sur le revenu	..	..	..	..	..	..	..	..	..	..
3000 Sur salaires ou main d'oeuvre	**0**	**0**	**0**	**0**	**0**	**0**	**0**	**0**	**0**	**0**
4000 Impôts sur le patrimoine	**15**	**34**	**55**	**92**	**133**	**285**	**306**	**174**	**234**	**403**
4100 Impôts périodiques sur la propriété immobilière	8	24	30	54	78	212	236	118	139	303
Impôts fonciers des administrations locales	8	24	30	54	78	212	236	118	139	303
4110 Ménages	0	0	0	0	0	0	0	0	0	0
4120 Autres agents	0	0	0	0	0	0	0	0	0	0
4200 Impôts périodiques sur l'actif net	0	0	0	0	0	0	0	0	0	0
4210 Personnes physiques	..	..	..	..	..	..	..	..	..	..
4220 Sociétés	..	..	..	..	..	..	..	..	..	..
4300 Impôts sur mut. par décès, succ. et donations	0	0	0	0	0	0	0	0	0	0
4310 Impôts sur mut. par décès et successions	..	..	..	..	..	..	..	..	..	..
Taxe sur les bénéficiaires de fiducies	..	..	..	..	..	..	..	..	..	..
4320 Impôts sur les donations	..	..	..	..	..	..	..	..	..	..
4400 Impôts sur transact. mobilières et immob.	7	10	25	39	56	73	70	56	95	99
Droits de mutation	3	5	13	26	30	49	37	30	45	39
Droits de timbre	4	5	12	12	25	23	34	27	50	60
4500 Impôts non-périodiques	0	0	0	0	0	0	0	0	0	0
4510 Sur l'actif net	..	..	..	..	..	..	..	..	..	..
4520 Autres non-périodiques	..	..	..	..	..	..	..	..	..	..
4600 Autres impôts périodiques sur patrimoine	0	0	0	0	0	0	0	0	0	0
5000 Impôts sur les biens et services	**223**	**462**	**776**	**1 496**	**2 892**	**3 811**	**4 313**	**4 529**	**4 648**	**5 583**
5100 Impôts sur production, vente, transfert, etc.	214	449	758	1 442	2 823	3 729	4 205	4 429	4 524	5 438
5110 Impôts généraux	173	372	661	1 255	2 109	2 668	2 972	3 123	3 134	4 074

Tableau 5.10. Eswatini (suite) – Recettes fiscales détaillées

Million SZL

	1995	2000	2005	2010	2015	2018	2019	2020	2021	2022
5111 Taxes sur la valeur ajoutée	0	0	0	0	2 107	2 668	2 965	3 119	3 134	4 073
Recettes TVA (brute)	..	..	..	..	3 048	3 753	4 349	4 595	4 823	5 675
Remboursements de la TVA	..	..	..	..	- 941	-1 085	-1 384	-1 475	-1 689	-1 601
5112 Impôts sur les ventes	173	372	661	1 255	2	0	7	4	0	1
5113 Autres impôts	0	0	0	0	0	0	0	0	0	0
5120 Impôts sur biens et services déterminés	41	78	97	186	714	1 061	1 232	1 306	1 390	1 364
5121 Accises	40	75	73	148	667	1 050	1 218	1 291	1 334	1 305
Impôt sur le carburant	40	75	73	148	667	1 050	1 202	1 261	1 290	1 259
Impôt sur l'alcool et le tabac	0	0	0	0	0	0	16	29	44	46
5122 Bénéfices de monopoles fiscaux	0	0	0	0	0	0	0	0	0	0
5123 Droits de douane et droits à l'importation	0	0	0	0	0	5	9	12	9	7
5124 Taxes à l'exportation	0	0	0	0	0	0	0	0	0	0
Taxe à l'exportation des bovins	0	0	0	0	0	0	0	0	0	0
5125 Impôts sur biens d'équipement	0	0	0	0	0	0	0	0	0	0
5126 Impôts sur services déterminés	1	2	23	39	47	5	6	3	47	52
Taxe sur les frais de gestion	0	0	17	37	42	0	0	0	2	0
Taxes sur les loteries, jeux et paris	1	2	7	2	5	5	6	3	46	52
Autres impôts sur les services et de l'hôtellerie	0	0	0	0	0	0	0	0	0	0
5127 Autres impôts sur commerce et transact. internat.	0	0	0	0	0	0	0	0	0	0
5128 Autres impôts	0	0	0	0	0	0	0	0	0	0
5130 Non ventilables entre 5110 et 5120	0	0	0	0	0	0	0	0	0	0
5200 Impôts sur utilisation des biens et exerc. activites	8	12	18	54	68	82	108	100	124	145
5210 Impôts périodiques	4	8	13	30	38	48	51	51	67	68
5211 A la charge des ménages : véhicules à moteur	2	4	1	11	16	20	22	25	35	35
5212 A la charge autres agents : véhicules à moteur	0	0	0	0	0	0	0	0	0	0
5213 Autres impôts périodiques	2	3	11	19	22	28	29	26	32	33
Permis commerciaux	1	1	8	11	14	18	19	20	21	22
Licences des entreprises	1	1	2	7	7	9	9	5	9	10
Licences spéciales	0	1	1	1	1	1	1	1	2	1
5220 Impôts non-périodiques	4	5	5	25	31	34	57	49	57	77
Péages route	4	4	4	24	30	33	56	48	56	77
Frais d'enregistrement des armes à feu	0	0	1	1	1	1	1	1	1	1
5300 Non ventilables entre 5100 et 5200	0	0	0	0	0	0	0	0	0	0
6000 Autres impôts	**0**	**0**	**0**	**0**	**0**	**0**	**0**	**0**	**0**	**0**
6100 A la charge exclusive des entreprises	..	..	..	..	..	..	..	..	..	..
6200 A la charge d'autres agents	..	..	..	..	..	..	..	..	..	..

.. Non disponible

Note : Les données sont basées sur l'année fiscale commençant le 1er avril. Par exemple, les données pour 2022 représentent la période d'avril 2022 à mars 2023.

Les données sont sur la base des encaissements.

Rubrique 5211 : Cette rubrique comprend les recettes provenant des licences de véhicules à moteur, des frais de changement de propriétaire et de l'immatriculation de nouveaux véhicules à moteur. Ces recettes sont considérées comme des recettes fiscales selon la classification de l'OCDE, décrite dans le Guide d'Interprétation de l'annexe A. La classification nationale de l'Eswatini classe ces recettes comme des recettes non fiscales.

Rubrique 5213 : Cette rubrique comprend les recettes provenant des licences d'exploitation et des licences diverses. Ces recettes sont considérées comme des recettes fiscales selon la classification de l'OCDE, décrite dans le Guide d'Interprétation de l'annexe A. La classification nationale de l'Eswatini les classe en recettes non fiscales.

Rubrique 5220 : Cette rubrique comprend les recettes provenant de l'enregistrement de biens spécifiques (par exemple les armes à feu). Ces recettes sont considérées comme des recettes fiscales selon la classification de l'OCDE, comme indiqué dans le Guide d'Interprétation de l'annexe A. La classification nationale de l'Eswatini classe ces recettes comme des recettes non fiscales.

Les recettes provenant des pénalités PAYE, des intérêts fiscaux et des pénalités sur les impôts sont considérées comme des recettes non fiscales selon la classification de l'OCDE, comme indiqué dans le Guide d'Interprétation de l'annexe A. La classification nationale de l'Eswatini classe ces recettes comme des recettes fiscales.

Source : Eswatini Revenue Service ; Gouvernement Local ; Eswatini National Provident Fund et Public Service Pension Fund ; Ministère de la planification économique et du développement ; Gouvernement central.

Tableau 5.11. Gabon – Recettes fiscales détaillées

Million XAF

	1995	2000	2005	2010	2015	2018	2019	2020	2021	2022
Recettes fiscales totales	**..**	**..**	**..**	**903 847**	**1 302 204**	**969 109**	**1 191 698**	**1 131 616**	**1 157 115**	**1 497 936**
1000 Impôts sur revenu, bénéfices et gains en capital	**..**	**..**	**..**	**282 644**	**513 891**	**377 016**	**561 846**	**508 963**	**398 915**	**702 269**
1100 Des personnes physiques	..	..	..	66 984	138 542	90 579	109 639	110 446	111 585	135 765
1110 Sur le revenu et les bénéfices	..	..	..	66 984	138 542	90 579	109 639	110 446	111 585	135 765
Impôt sur le revenu des personnes physiques (IRPP)	..	..	..	5 514	16 807	17 067	21 382	18 909	22 423	30 627
IRPP - prélèvement employeur	..	..	..	45 315	91 116	54 009	65 722	69 834	67 378	79 099
Impôt forfaitaire et taxe complémentaire sur salaire	..	..	..	16 155	30 619	19 503	22 534	21 703	21 784	26 039
1120 Sur les gains en capital	..	..	..	0	0	0	0	0	0	0
1200 Des sociétés	..	..	..	180 820	343 535	273 390	436 010	384 452	270 815	548 723
1210 Sur les bénéfices	..	..	..	180 820	343 535	273 390	436 010	384 452	270 815	548 723
Impôt sur sociétés hors mine et pétrole	..	..	..	154 072	241 835	111 691	182 567	119 542	137 882	167 740
Impôt sur les sociétés - mines	..	..	..	144	14 319	50 000	102 003	11 304	48 759	48 600
Impôt sur les sociétés - pétrole	..	..	..	11 787	44 326	86 587	122 898	224 470	56 045	298 001
Impôt sur les sociétés - retenue à la source	..	..	..	14 816	43 055	25 113	28 542	29 136	28 129	34 382
1220 Sur les gains en capital	..	..	..	0	0	0	0	0	0	0
1300 Non ventilables entre 1100 et 1200	..	..	..	34 840	31 814	13 047	16 198	14 065	16 514	17 780
Revenu des capitaux mobiliers	..	..	..	31 658	22 408	9 691	13 814	11 294	13 064	14 421
Taxe spéciale immobilière sur les loyers	..	..	..	3 182	9 407	3 356	2 384	2 770	3 450	3 360
2000 Cotisations de sécurité sociale	**..**	**..**	**..**	**103 354**	**87 655**	**143 026**	**148 925**	**146 152**	**152 901**	**160 131**
2100 A la charge des salariés	..	..	..	..	..	17 426	20 462	19 775	21 797	22 225
2110 Sur la base du salaire	..	..	..	..	..	..	..	..	..	..
2120 Sur la base de l'impôt sur les revenus	..	..	..	..	..	..	..	..	..	..
2200 A la charge des employeurs	..	..	..	..	..	8 509	9 982	9 646	10 633	10 841
2210 Sur la base du salaire	..	..	..	..	..	..	..	..	..	..
2220 Sur la base de l'impôt sur le revenu	..	..	..	..	..	..	..	..	..	..
2300 A charge des travailleurs indép. ou sans emploi	..	..	..	..	..	..	..	..	..	..
2310 Sur la base du salaire	..	..	..	..	..	..	..	..	..	..
2320 Sur la base de l'impôt sur le revenu	..	..	..	..	..	..	..	..	..	..
2400 Non ventilables entre 2100, 2200 et 2300	..	..	..	103 354	87 655	117 091	118 480	116 731	120 471	127 065
2410 Sur la base du salaire	..	..	..	..	..	..	..	..	..	..
2420 Sur la base de l'impôt sur le revenu	..	..	..	..	..	..	..	..	..	..
3000 Sur salaires ou main d'œuvre	**..**	**..**	**..**	**5 830**	**9 847**	**8 597**	**10 172**	**9 496**	**9 999**	**10 966**
Fonds National de l'Habitat	..	..	..	5 613	9 847	6 770	7 913	7 435	7 855	8 525
Contribution à la formation professionnelle	..	..	..	217	0	1 827	2 258	2 061	2 144	2 441
4000 Impôts sur le patrimoine	**..**	**..**	**..**	**3 202**	**19 163**	**15 003**	**13 461**	**19 376**	**17 480**	**23 825**
4100 Impôts périodiques sur la propriété immobilière	..	..	..	2 765	10 610	9 055	8 812	13 651	12 170	18 059
Contributions foncières	..	..	..	2 720	10 610	9 055	8 812	13 615	12 142	18 032
Autres taxes sur la propriété immobilière	..	..	..	45	0	0	0	36	29	27
4110 Ménages	..	..	..	0	0	0	0	0	0	0
4120 Autres agents	..	..	..	0	0	0	0	0	0	0
4200 Impôts périodiques sur l'actif net	..	..	..	0	0	0	0	0	0	0
4210 Personnes physiques	..	..	..	..	..	..	..	..	..	..
4220 Sociétés	..	..	..	..	..	..	..	..	..	..
4300 Impôts sur mut. par décès, succ. et donations	..	..	..	0	0	0	0	0	0	0
4310 Impôts sur mut. par décès et successions	..	..	..	..	..	..	..	..	..	..
4320 Impôts sur les donations	..	..	..	..	..	..	..	..	..	..
4400 Impôts sur transact. mobilières et immob.	..	..	..	437	8 553	5 948	4 649	5 725	5 310	5 766
Droit d'enregistrement sur actes de mutation	..	..	..	426	7 263	5 295	4 483	4 795	4 872	4 936
Autres droits d'enregistrement sur patrimoine	..	..	..	11	1 289	653	166	931	438	829
4500 Impôts non-périodiques	..	..	..	0	0	0	0	0	0	0
4510 Sur l'actif net	..	..	..	..	..	..	..	..	..	..
4520 Autres non-périodiques	..	..	..	..	..	..	..	..	..	..
4600 Autres impôts périodiques sur patrimoine	..	..	..	0	0	0	0	0	0	0
5000 Impôts sur les biens et services	**..**	**..**	**..**	**507 897**	**671 600**	**423 444**	**454 919**	**445 895**	**542 365**	**591 115**
5100 Impôts sur production, vente, transfert, etc.	..	..	..	507 014	667 296	420 782	451 032	441 785	537 769	586 466
5110 Impôts généraux	..	..	..	265 000	397 207	208 053	214 426	185 150	255 583	289 263
5111 Taxes sur la valeur ajoutée	..	..	..	265 000	397 207	208 053	214 426	185 150	255 583	289 263
Taxe sur la valeur ajoutée - intérieure	..	..	..	175 231	303 966	189 534	187 156	204 468	212 754	214 343
Taxe sur la valeur ajoutée - importation	..	..	..	144 480	143 213	94 622	101 673	117 868	115 751	132 526

Tableau 5.11. Gabon (suite) – Recettes fiscales détaillées

Million XAF

	1995	2000	2005	2010	2015	2018	2019	2020	2021	2022
Remboursements TVA	..	..	..	-54 710	-49 972	-76 103	-74 404	-137 186	-72 923	-57 606
5112 Impôts sur les ventes	..	..	..	0	0	0	0	0	0	0
5113 Autres impôts	..	..	..	0	0	0	0	0	0	0
5120 Impôts sur biens et services déterminés	..	..	..	240 296	266 498	211 929	235 407	255 190	281 277	296 934
5121 Accises	..	..	..	22 222	61 532	38 895	38 067	52 194	54 477	30 519
Droits d'accises - intérieure	..	..	..	8 406	14 875	12 950	17 563	18 685	21 122	17 885
Taxe sur le gaz butane et bitume	..	..	..	0	0	441	459	696	615	550
Taxe sur les véhicules	..	..	..	0	0	0	12	30	75	44
Taxe municipale sur les carburants	..	..	..	1 234	2 929	2 315	2 296	1 837	2 238	2 359
Redevance d'usure de la route	..	..	..	619	35 073	8 643	8 909	21 280	20 366	7
Droits d'accises - importation	..	..	..	11 963	8 656	14 546	8 829	9 668	10 063	9 674
5122 Bénéfices de monopoles fiscaux	..	..	..	0	0	0	0	0	0	0
5123 Droits de douane et droits à l'importation	..	..	..	148 649	148 886	102 230	123 249	121 916	123 463	151 979
5124 Taxes à l'exportation	..	..	..	24 912	13 193	21 823	24 109	26 058	37 922	27 286
Droit de sortie sur les mines	..	..	..	17 843	10 471	17 325	19 307	21 622	24 530	11 178
Taxe d'abattage et droit de sortie	..	..	..	6 944	2 633	4 407	4 716	4 253	13 143	16 074
Timbre douanier	..	..	..	18	24	10	5	70	8	0
Taxe sur les produits minéraux	..	..	..	107	65	80	81	113	241	34
5125 Impôts sur biens d'équipement	..	..	..	0	0	0	0	0	0	0
5126 Impôts sur services déterminés	..	..	..	44 513	42 887	48 982	49 982	55 022	65 415	87 150
Contribution spéciale de solidarité	..	..	..	10 435	16 436	18 600	18 666	18 246	22 359	23 369
Redevance informatique	..	..	..	18 070	16 006	14 393	13 175	14 967	14 724	21 024
Redevance passager	..	..	..	0	0	0	0	0	1 695	12 300
Contribution spéciale solidarité	..	..	..	6 343	0	7 483	8 181	8 682	8 980	9 054
Contribution aux ordures ménagères	..	..	..	0	0	0	2 534	5 635	6 318	7 683
Taxe sur les retraits	..	..	..	0	0	0	0	0	3 489	5 678
Taxe sur les contrats d'assurance	..	..	..	3 942	5 793	5 042	4 715	5 473	5 493	5 168
Taxe sur les transferts de fonds	..	..	..	4 267	3 736	2 879	1 957	1 652	1 331	2 034
Autres taxes sur services	..	..	..	1 455	917	585	755	366	1 027	840
5127 Autres impôts sur commerce et transact. internat.	..	..	..	0	0	0	0	0	0	0
5128 Autres impôts	..	..	..	0	0	0	0	0	0	0
5130 Non ventilables entre 5110 et 5120	..	..	..	1 718	3 591	800	1 200	1 445	909	269
Intérêts de crédit et surtaxe	..	..	..	1 718	3 591	800	1 200	1 445	909	269
5200 Impôts sur utilisation des biens et exerc. activites	..	..	..	883	4 304	2 662	3 887	4 110	4 596	4 649
5210 Impôts périodiques	..	..	..	883	4 304	2 662	3 887	4 110	4 596	4 649
5211 A la charge des ménages: véhicules à moteur	..	..	..	15	24	12	15	10	38	2
5212 A la charge autres agents: véhicules à moteur	..	..	..	0	0	0	0	0	0	0
5213 Autres impôts périodiques	..	..	..	868	4 280	2 650	3 872	4 100	4 558	4 647
Contributions de licence et de patente	..	..	..	843	4 278	2 648	2 297	2 220	2 699	2 826
Redevances audiovisuelle, cinéma et chasse	..	..	..	25	3	2	1 575	1 880	1 860	1 821
5220 Impôts non-périodiques	..	..	..	0	0	0	0	0	0	0
5300 Non ventilables entre 5100 et 5200	..	..	..	0	0	0	0	0	0	0
6000 Autres impôts	**..**	**..**	**..**	**921**	**47**	**2 023**	**2 375**	**1 735**	**35 454**	**9 630**
Impôt synthétique libératoire et autres taxes	..	..	..	921	47	2 023	2 375	1 735	2 435	3 631
Recettes à répartir	..	..	..	0	0	0	0	0	33 019	5 999
6100 A la charge exclusive des entreprises	..	..	..	0	0	0	0	0	0	0
6200 A la charge d'autres agents	..	..	..	0	0	0	0	0	0	0
Pour mémoire :	..	..	..	..	..	..	..	..	..	..
Contributions communautaires	..	..	..	10 786	9 726	5 367	10 954	7 964	10 627	11 205

.. Non disponible

Note : Année civile se terminant le 31 décembre.

Les données sont sur la base des encaissements.

Les chiffres n'incluent pas les données des recettes fiscales collectées par les collectivités locales car elles ne sont pas disponibles.

Le total des recettes fiscales antérieures à 2016 doit être interprété avec prudence car il exclut les cotisations de sécurité sociale qui ne sont disponibles qu'à partir de 2016.

Les recettes fiscales incluent certaines recettes fiscales affectées aux collectivités locales et à des fonds spéciaux (par exemple le Fonds National de l'Habitat). Ces recettes sont incluses dans les rubriques 4100, 5121,5126, 5213 et 6000.

Les recettes des amendes et pénalités relatives aux impôts et taxes et certains droits d'enregistrements sont incluses dans les recettes non fiscales comme le préconise la classification OCDE (voir le *Guide d'interprétation* en Annexes A et B). Elles sont comptabilisées comme des recettes fiscales au Gabon.

Source : Ministère de l'économie et des participations.

Tableau 5.12. Ghana – Recettes fiscales détaillées

Million GHS

	1995	2000	2005	2010	2015	2018	2019	2020	2021	2022
Recettes fiscales totales	..	**487**	**2 342**	**6 695**	**23 592**	**42 184**	**47 039**	**51 467**	**64 858**	**85 196**
1000 Impôts sur revenu, bénéfices et gains en capital	..	**141**	**642**	**2 417**	**7 570**	**16 344**	**19 853**	**21 075**	**24 979**	**33 383**
1100 Des personnes physiques	..	56	269	1 115	3 570	6 649	7 734	7 901	9 725	12 649
1110 Sur le revenu et les bénéfices	..	56	269	1 115	3 570	6 649	7 734	7 901	9 725	12 649
Impôt sur le revenu des employés	..	48	232	1 015	3 310	6 270	7 313	7 507	9 250	0
Impôt sur le revenu / bénéfices des travailleurs indépendants	..	8	37	100	260	379	421	394	474	654
Retenue à la source sur les salaires (PAYE)	..	0	0	0	0	0	0	0	0	11 995
1120 Sur les gains en capital	..	..	..	..	..	..	..	..	..	..
1200 Des sociétés	..	70	303	1 080	3 837	9 563	11 833	12 860	14 819	20 420
1210 Sur les bénéfices	..	70	303	1 080	3 837	9 563	11 833	12 860	14 819	20 420
IR des entreprises (hors pétrolières)	..	70	303	988	3 620	8 528	10 567	11 426	13 066	16 002
Impôt sur le revenu / bénéfices des compagnies pétrolières	..	0	0	0	45	736	926	951	933	3 499
Impôt de stabilisation fiscale nationale (NFSL)	..	0	0	85	172	299	340	483	558	553
Impôt de reconstruction nationale (NRL)	..	0	0	7	0	0	0	0	0	0
Taxe pour la relance du secteur financier	..	0	0	0	0	0	0	0	263	366
1220 Sur les gains en capital	..	..	..	..	..	..	..	..	..	..
1300 Non ventilables entre 1100 et 1200	..	15	70	222	163	132	286	314	435	314
Autres impôts directs autres que les redevances minières et pétrolières	..	15	70	222	163	132	286	314	435	314
2000 Cotisations de sécurité sociale	..	**46**	**191**	**577**	**2 122**	**2 213**	**2 466**	**4 107**	**3 368**	**4 360**
2100 A la charge des salariés	..	..	..	..	..	..	..	..	..	..
2110 Sur la base du salaire	..	..	..	..	..	..	..	..	..	..
2120 Sur la base de l'impôt sur les revenus	..	..	..	..	..	..	..	..	..	..
2200 A la charge des employeurs	..	..	..	..	..	..	..	..	..	..
2210 Sur la base du salaire	..	..	..	..	..	..	..	..	..	..
2220 Sur la base de l'impôt sur le revenu	..	..	..	..	..	..	..	..	..	..
2300 A charge des travailleurs indép. ou sans emploi	..	..	..	..	..	..	..	..	..	..
2310 Sur la base du salaire	..	..	..	..	..	..	..	..	..	..
2320 Sur la base de l'impôt sur le revenu	..	..	..	..	..	..	..	..	..	..
2400 Non ventilables entre 2100, 2200 et 2300	..	46	191	577	2 122	2 213	2 466	4 107	3 368	4 360
Recettes SSNIT - cotisations sociales	..	46	191	577	2 122	2 213	2 466	4 107	3 368	4 360
2410 Sur la base du salaire	..	..	..	..	..	..	..	..	..	..
2420 Sur la base de l'impôt sur le revenu	..	..	..	..	..	..	..	..	..	..
3000 Sur salaires ou main d'oeuvre	..	**0**	**0**	**0**	**0**	**0**	**0**	**0**	**0**	**0**
4000 Impôts sur le patrimoine	..	..	..	..	..	..	..	..	..	**592**
4100 Impôts périodiques sur la propriété immobilière	..	..	..	..	..	..	..	..	..	0
4110 Ménages	..	..	..	..	..	..	..	..	..	0
4120 Autres agents	..	..	..	..	..	..	..	..	..	0
4200 Impôts périodiques sur l'actif net	..	..	..	..	..	..	..	..	..	0
4210 Personnes physiques	..	..	..	..	..	..	..	..	..	0
4220 Sociétés	..	..	..	..	..	..	..	..	..	0
4300 Impôts sur mut. par décès, succ. et donations	..	..	..	..	..	..	..	..	..	0
4310 Impôts sur mut. par décès et successions	..	..	..	..	..	..	..	..	..	0
4320 Impôts sur les donations	..	..	..	..	..	..	..	..	..	0
4400 Impôts sur transact. mobilières et immob.	..	..	..	..	..	..	..	..	..	592
Prélèvement sur les transferts électroniques	..	..	..	..	..	..	..	..	..	592
4500 Impôts non-périodiques	..	..	..	..	..	..	..	..	..	0
4510 Sur l'actif net	..	..	..	..	..	..	..	..	..	..
4520 Autres non-périodiques	..	..	..	..	..	..	..	..	..	..
4600 Autres impôts périodiques sur patrimoine	..	..	..	..	..	..	..	..	..	0
5000 Impôts sur les biens et services	..	**301**	**1 509**	**3 701**	**13 900**	**23 627**	**24 720**	**26 286**	**36 511**	**46 861**
5100 Impôts sur production, vente, transfert, etc.	..	301	1 509	3 701	13 900	23 606	24 659	26 286	36 511	46 861
5110 Impôts généraux	..	127	595	2 006	7 562	11 326	12 498	12 875	18 695	25 417
5111 Taxes sur la valeur ajoutée	..	127	595	2 006	7 562	11 326	12 498	12 875	18 695	25 417
Recettes TVA (recouvrement externe)	..	89	399	970	3 489	4 912	4 121	3 906	5 301	7 010
Recettes TVA (intérieur)	..	39	196	649	2 766	3 980	5 209	5 302	7 179	8 941
NHIL (recouvrement en douanes)	..	0	0	183	558	810	715	744	921	1 256
NHIL (intérieur)	..	0	0	133	461	691	1 030	1 060	1 574	2 520
Contributions SSNIT pour le système d'assurance maladie nat.	..	0	0	72	289	377	153	46	448	350
Prélèvement GETFund (recouvrement en douanes)	..	0	0	0	0	289	834	757	923	1 257
Prélèvement GETFund (intérieur)	..	0	0	0	0	267	435	1 060	1 574	2 520

Tableau 5.12. Ghana (suite) – Recettes fiscales détaillées

Million GHS

	1995	2000	2005	2010	2015	2018	2019	2020	2021	2022
COVID-19 contribution pour la santé	..	0	0	0	0	0	0	0	776	1 565
5112 Impôts sur les ventes	..	0	0	0	0	0	0	0	0	0
5113 Autres impôts	..	0	0	0	0	0	0	0	0	0
5120 Impôts sur biens et services déterminés	..	173	915	1 695	6 337	12 279	12 161	13 411	17 815	21 444
5121 Accises	..	75	477	374	2 402	5 282	5 817	7 153	9 982	10 093
Taxes pétrolières hors impôts pour le EFL et le RFL	..	53	403	221	2 163	1 975	1 952	2 170	3 215	2 333
Contribution au Fonds pour l'énergie (EFL)	..	0	0	36	0	35	39	38	48	44
Taxe sur les fonds routiers (RFL)	..	0	0	0	0	1 331	1 541	1 780	2 152	2 102
Remboursement de recouvrement de la dette énergétique (EDRL)	..	0	0	0	0	876	1 665	2 040	2 329	2 166
Stabilisation des prix et prélèvement de recouvrement	..	0	0	0	0	548	125	484	629	1 342
Taxe pour l'éclairage public (PLL)	..	0	0	0	0	119	63	134	141	93
Taxe pour le régime national d'électrification (NESL)	..	0	0	0	0	78	44	90	94	66
Taxe pour la relance du secteur de l'énergie (Fonds Delta)	..	0	0	0	0	0	0	0	566	956
Taxe sur l'assainissement et la pollution	..	0	0	0	0	0	0	0	265	450
Autres accises	..	21	74	118	239	319	387	415	543	540
5122 Bénéfices de monopoles fiscaux	..	0	0	0	0	0	0	0	0	0
5123 Droits de douane et droits à l'importation	..	81	377	1 051	3 078	6 102	5 410	5 514	6 945	9 848
Droit à l'importation	..	81	377	1 051	3 078	6 102	5 410	5 514	6 945	9 848
5124 Taxes à l'exportation	..	18	61	95	371	0	0	0	0	0
Accises sur les exportations de cacao	..	18	61	95	371	..	..	..	..	..
5125 Impôts sur biens d'équipement	..	0	0	0	0	0	0	0	0	0
5126 Impôts sur services déterminés	..	0	0	174	486	896	934	745	888	1 502
Impôt sur les services de communication	..	..	..	137	252	420	412	559	528	713
Taxe d'aéroport	..	..	..	37	235	476	521	185	360	790
5127 Autres impôts sur commerce et transact. internat.	..	0	0	0	0	0	0	0	0	0
5128 Autres impôts	..	0	0	0	0	0	0	0	0	0
5130 Non ventilables entre 5110 et 5120	..	0	0	0	0	0	0	0	0	0
5200 Impôts sur utilisation des biens et exerc. activites	..	0	0	0	0	21	61	0	0	0
5210 Impôts périodiques	..	..	..	..	..	21	61	..	..	..
5211 A la charge des ménages: véhicules à moteur	..	..	..	..	..	21	61	..	..	..
Taxe sur les véhicules de luxe	..	..	..	..	..	21	61	..	..	..
5212 A la charge autres agents: véhicules à moteur	..	..	..	..	..	0	0	..	..	..
5213 Autres impôts périodiques	..	..	..	..	..	0	0	..	..	..
Licences	..	..	..	..	..	..	..	..	..	..
5220 Impôts non-périodiques	..	..	..	..	..	0	0	..	..	..
5300 Non ventilables entre 5100 et 5200	..	0	0	0	0	0	0	0	0	0
6000 Autres impôts	**..**	**0**	**0**	**0**	**0**	**0**	**0**	**0**	**0**	**0**
6100 A la charge exclusive des entreprises	..	..	..	..	..	..	..	..	..	..
6200 A la charge d'autres agents	..	..	..	..	..	..	..	..	..	..
Pour mémoire :	..	..	..	..	..	..	..	..	..	..
Remboursements de la TVA	..	0	12	45	627	2 125	2 470	2 587	3 117	4 116

.. Non disponible

Note : Année civile se terminant le 31 décembre.

Les données sont sur la base des encaissements.

Les chiffres n'incluent pas les données des recettes fiscales collectées par les collectivités locales car elles ne sont pas disponibles.

Rubrique 1210 : la taxe pour la relance du secteur financier (*Financial Sector Recovery Levy*) a été introduite en 2021 sous la forme d'un impôt sur les bénéfices des banques afin de lever des fonds pour financer les réformes du secteur financier.

Rubrique 2000 : Les données ne sont pas disponibles pour les années 2000 à 2007.

Rubrique 5111 : La taxe nationale sur l'assurance maladie (NHIL) est une taxe sur les biens et services dont les fonds sont alloués au *NHIS* (*National Health Insurance Schemou* « Régime national d'assurance maladie »). Pour 2019, la répartition des recettes du GETFund Levy entre les recettes domestiques et extérieures sont des estimations basées sur les chiffres du budget programmé. La COVID-19 contribution pour la santé (*COVID-19 Health Recovery Levy*) était un prélèvement spécial introduit en 2021 sur les biens et services (hors biens et services exemptés) afin de soutenir les dépenses du COVID-19 et les questions connexes.

Rubrique 5121 : la taxe pour la relance du secteur de l'énergie et la taxe sur l'assainissement et la pollution sont des accises sur le carburant qui ont été introduites en 2021.

Source : Service statistique du Ghana (*Ghana Statistical Service*). Rapports annuels du *Social Security and National Insurance Trust* (SSNIT) pour les recettes de la sécurité sociale jusqu'en 2021, et rapport annuel de la *National Pensions Regulatory Authority* (NPRA) pour les recettes de la sécurité sociale en 2022. Les chiffres des recettes de la sécurité sociale autres que les cotisations n'étaient pas disponibles pour 202

Tableau 5.13. Guinée – Recettes fiscales détaillées

Million GNF

	1995	2000	2005	2010	2015	2018	2019	2020	2021	2022
Recettes fiscales totales	..	**527 123**	**1 376 744**	**3 932 265**	**8 576 406**	**12 796 661**	**15 080 304**	**15 773 897**	**17 674 852**	**18 335 191**
1000 Impôts sur revenu, bénéfices et gains en capital	..	**47 869**	**164 416**	**919 627**	**1 832 392**	**2 427 218**	**2 360 363**	**2 556 435**	**2 800 567**	**3 732 226**
1100 Des personnes physiques	..	30 159	66 951	308 546	328 821	670 040	694 825	827 524	1 037 585	930 885
1110 Sur le revenu et les bénéfices	..	30 159	66 951	308 546	328 821	670 040	694 825	827 524	1 037 585	930 885
Retenue sur traitements et salaires	..	27 313	53 946	242 641	168 830	359 467	414 711	474 144	636 766	573 773
Retenue sur revenus.non salariaux	..	1 607	11 559	62 964	154 934	294 228	260 806	328 346	378 569	353 660
Prélèvement BIC et BNC	..	1 106	877	1 930	3 167	14 166	18 644	21 837	12 978	3 452
Autres impôts sur revenu	..	133	569	1 011	1 891	2 179	665	3 197	9 272	0
1120 Sur les gains en capital	..	0	0	0	0	0	0	0	0	0
1200 Des sociétés	..	15 877	90 724	564 935	1 435 774	1 668 785	1 520 784	1 585 204	1 662 129	2 541 766
1210 Sur les bénéfices	..	15 877	90 724	564 935	1 435 774	1 668 785	1 520 784	1 585 204	1 662 129	2 541 766
Impôt sur sociétés non minières	..	9 925	57 909	204 831	636 828	1 013 069	1 133 307	1 340 928	1 405 551	2 069 590
Impôt sur sociétés minières	..	5 953	32 593	359 510	791 739	653 363	385 990	243 782	256 579	472 177
Autres Impôts sur les Sociétés	..	0	222	594	7 208	2 354	1 488	494	0	0
1220 Sur les gains en capital	..	0	0	0	0	0	0	0	0	0
1300 Non ventilables entre 1100 et 1200	..	1 833	6 742	46 146	67 797	88 393	144 754	143 707	100 853	259 575
Retenue sur impôt sur revenu des capitaux	..	581	5 800	35 899	62 197	88 393	144 754	143 707	100 853	259 575
Autres retenues sur impôts sur revenu	..	1 252	942	10 247	5 600	0	0	0	0	0
2000 Cotisations de sécurité sociale	..	..	..	..	..	..	..	..	..	..
2100 A la charge des salariés	..	0	0	0	0	0	0	0	0	..
2110 Sur la base du salaire	..	..	..	..	..	..	..	..	..	..
2120 Sur la base de l'impôt sur les revenus	..	..	..	..	..	..	..	..	..	..
2200 A la charge des employeurs	..	0	0	0	0	0	0	0	0	..
2210 Sur la base du salaire	..	..	..	..	..	..	..	..	..	..
2220 Sur la base de l'impôt sur le revenu	..	..	..	..	..	..	..	..	..	..
2300 A charge des travailleurs indép. ou sans emploi	..	..	..	..	..	..	..	..	..	..
2310 Sur la base du salaire	..	..	..	..	..	..	..	..	..	..
2320 Sur la base de l'impôt sur le revenu	..	..	..	..	..	..	..	..	..	..
2400 Non ventilables entre 2100, 2200 et 2300	..	0	0	0	0	0	0	0	0	..
2410 Sur la base du salaire	..	..	..	..	..	..	..	..	..	..
2420 Sur la base de l'impôt sur le revenu	..	..	..	..	..	..	..	..	..	..
3000 Sur salaires ou main d'oeuvre	..	**5 679**	**11 662**	**47 962**	**136 549**	**209 033**	**288 489**	**298 480**	**198 899**	**369 292**
Versements forfaitaires	..	5 030	10 094	45 545	130 904	199 549	278 521	286 564	189 842	366 427
Taxe d'apprentissage	..	649	1 568	2 417	5 645	9 485	9 968	11 916	9 057	2 865
4000 Impôts sur le patrimoine	..	**2 206**	**1 457**	**7 276**	**13 041**	**55 673**	**28 913**	**28 240**	**22 391**	**45 661**
4100 Impôts périodiques sur la propriété immobilière	..	2 194	1 083	282	13 041	14 605	21 183	17 958	14 250	45 263
Contribution foncière unique	..	2 194	1 083	282	13 041	14 605	21 183	17 958	14 250	45 263
4110 Ménages	..	0	0	0	0	0	0	0	0	0
4120 Autres agents	..	0	0	0	0	0	0	0	0	0
4200 Impôts périodiques sur l'actif net	..	0	0	0	0	0	0	0	0	0
4210 Personnes physiques	..	..	..	..	..	..	..	..	..	..
4220 Sociétés	..	..	..	..	..	..	..	..	..	..
4300 Impôts sur mut. par décès, succ. et donations	..	0	0	0	0	0	0	0	0	0
4310 Impôts sur mut. par décès et successions	..	..	..	..	..	..	..	..	..	..
4320 Impôts sur les donations	..	..	..	..	..	..	..	..	..	..
4400 Impôts sur transact. mobilières et immob.	..	12	374	6 994	0	41 068	7 730	10 283	8 141	398
4500 Impôts non-périodiques	..	0	0	0	0	0	0	0	0	0
4510 Sur l'actif net	..	..	..	..	..	..	..	..	..	..
4520 Autres non-périodiques	..	..	..	..	..	..	..	..	..	..
4600 Autres impôts périodiques sur patrimoine	..	0	0	0	0	0	0	0	0	0
5000 Impôts sur les biens et services	..	**471 273**	**1 199 201**	**2 955 138**	**6 540 619**	**9 900 600**	**12 141 993**	**12 642 991**	**14 336 047**	**13 927 769**
5100 Impôts sur production, vente, transfert, etc.	..	464 802	1 189 907	2 943 009	6 530 520	9 864 107	12 110 843	12 610 018	14 305 228	13 862 784
5110 Impôts généraux	..	148 227	402 015	1 218 114	2 677 114	4 314 120	5 175 643	4 983 043	6 215 677	6 161 987
5111 Taxes sur la valeur ajoutée	..	143 178	387 826	1 157 032	2 585 659	4 151 235	5 063 743	4 844 745	6 066 433	5 902 403
TVA brute intérieure	..	28 086	66 379	421 411	831 832	1 431 169	1 900 231	1 771 872	2 131 501	2 807 518
TVA brute importation hors produits pétroliers	..	115 092	321 447	514 935	1 019 501	1 580 672	1 783 029	1 820 946	2 549 165	2 245 273
TVA brute importation sur produits pétroliers	..	0	0	220 686	734 327	1 139 394	1 380 483	1 251 927	1 385 767	849 612
Précompte TVA	..	0	0	0	0	0	0	0	0	0
5112 Impôts sur les ventes	..	1 638	7 114	50 414	51 293	58 713	52 779	62 699	72 252	157 245

Tableau 5.13. Guinée (suite) – Recettes fiscales détaillées

Million GNF

	1995	2000	2005	2010	2015	2018	2019	2020	2021	2022
5113 Autres impôts	..	3 411	7 074	10 667	40 162	104 171	59 121	75 599	76 993	102 339
Impôt minimum forfaitaire	..	3 411	7 074	10 667	40 162	104 171	59 121	75 599	76 993	102 339
5120 Impôts sur biens et services déterminés	..	305 475	772 462	1 651 738	3 697 777	5 215 342	6 565 685	7 274 618	7 820 698	7 363 922
5121 Accises	..	54 382	133 113	250 500	701 047	442 539	1 006 425	1 779 536	999 182	846 040
Redevance Entretien Routier	..	0	22 185	98 683	182 481	264 943	285 326	427 044	565 089	637 709
Droits d'accise	..	7 227	7 470	51 294	27 425	98 599	116 278	146 423	204 237	204 534
Taxe sur les produits pétroliers	..	47 155	103 459	100 523	491 141	78 997	604 820	1 206 069	229 856	3 797
5122 Bénéfices de monopoles fiscaux	..	2	1 095	5 873	43 226	24 223	19 300	27 913	16 599	19 452
5123 Droits de douane et droits à l'importation	..	101 716	324 491	533 184	1 833 780	2 460 416	3 184 000	2 954 696	3 618 894	3 171 814
Droit fiscal d'importation hors produits pétroliers	..	84 333	256 856	268 302	947 153	1 339 729	1 519 535	1 471 508	1 958 844	2 085 478
Droit fiscal d'importation sur produits pétroliers	..	0	0	144 470	492 579	548 311	1 020 510	842 111	859 854	366 228
Redevance de liquidation hors produits pétroliers	..	12 828	44 940	49 852	200 141	289 279	334 424	373 407	447 855	399 729
Redevance de liquidation sur produits pétroliers	..	0	0	26 350	54 130	94 308	115 310	92 640	137 003	92 889
Taxe d'entreposage, hors produits pétroliers	..	1 277	6 018	0	3 748	6 265	5 238	4 823	9 053	19 846
Taxe d'entreposage sur produits pétroliers	..	0	0	0	33 565	60 961	66 907	53 943	81 637	93 228
Prélèvement forfaitaire à l'importation	..	2 847	15 169	40 051	71 891	67 471	65 852	65 810	70 311	63 014
Taxes enregistrements douanes	..	394	762	3 130	6 642	29 636	33 498	26 437	28 796	25 732
Taxe dégressive de production	..	0	0	0	23 617	24 066	22 259	23 526	24 559	24 580
Autres droits de douanes	..	37	745	1 030	315	390	467	492	981	1 089
5124 Taxes à l'exportation	..	12 593	30 081	193 059	217 856	918 669	909 009	1 060 068	1 520 840	1 901 946
Droit fiscal à la sortie (secteur minier)	..	3 975	5 057	177 423	211 221	918 669	909 009	1 060 068	1 520 840	1 901 946
Taxe sur exportation de diamants	..	4 756	3 486	2 023	6 635	0	0	0	0	0
Taxe sur exportation de métaux précieux	..	3 862	21 539	13 613	0	0	0	0	0	0
5125 Impôts sur biens d'équipement	..	0	0	0	0	0	0	0	0	0
5126 Impôts sur services déterminés	..	5 389	13 818	44 867	376 136	932 686	1 128 146	1 257 693	1 448 766	1 424 670
Taxe sur la Consommation Téléphonique (TCT)	..	0	0	0	128 737	574 656	679 798	869 972	982 245	1 005 473
Taxe d'acces au reseau de télécommunications (TART)	..	0	0	0	120 856	171 660	216 014	136 445	168 233	192 214
Taxe sur les affaires financières	..	4 884	12 878	39 663	115 399	169 946	206 523	227 195	272 159	193 579
Taxe sur les contrats d'assurance	..	504	941	5 204	11 144	16 424	25 811	24 080	26 128	33 405
5127 Autres impôts sur commerce et transact. internat.	..	0	0	0	0	0	0	0	0	0
5128 Autres impôts	..	131 393	269 863	624 255	525 733	436 809	318 805	194 712	216 418	0
Taxe sur les produits miniers	..	131 393	269 863	624 255	525 733	436 809	318 805	194 712	216 418	0
5130 Non ventilables entre 5110 et 5120	..	11 100	15 431	73 157	155 630	334 645	369 516	352 358	268 852	336 875
Taxe supportée par l'Etat Achat finex (DND)	..	7 269	4 000	31 324	97 200	241 467	195 578	175 964	193 220	202 015
Taxe supportée par l'Etat Achat finex (DNI)	..	3 250	10 640	40 878	47 442	88 535	147 566	144 267	38 193	88 186
Surtaxe fiscale	..	581	791	955	10 988	4 642	26 372	32 127	37 439	46 675
5200 Impôts sur utilisation des biens et exerc. activites	..	2 816	5 368	12 016	8 422	24 900	30 953	32 973	30 820	64 984
5210 Impôts périodiques	..	2 359	2 094	5 504	8 130	0	3 961	0	0	4 009
5211 A la charge des ménages: véhicules à moteur	..	2 359	2 094	5 504	8 130	..	3 961	..	..	4 009
5212 A la charge autres agents: véhicules à moteur	..	0	0	0	0	..	0	..	..	0
5213 Autres impôts périodiques	..	0	0	0	0	..	0	..	..	0
5220 Impôts non-périodiques	..	457	3 274	6 512	292	24 900	26 991	32 973	30 820	60 975
5300 Non ventilables entre 5100 et 5200	..	3 655	3 926	113	1 677	11 594	197	0	0	0
6000 Autres impôts	**..**	**95**	**7**	**2 263**	**53 805**	**204 136**	**260 545**	**247 749**	**316 947**	**260 243**
Timbres fiscaux	..	0	0	0	0	40 387	37 488	26 736	24 852	20 391
Recouvrement sur exercices clos	..	95	7	2 263	53 805	163 749	223 057	221 013	292 095	239 851

.. Non disponible

Note : Année civile se terminant le 31 décembre. Les données sont sur la base des encaissements.

Les chiffres n'incluent pas les recettes fiscales collectées par les collectivités locales car elles ne sont pas disponibles.

Les recettes des taxes minières sur l'extraction, des redevances de prestations administratives, des produits de vente aux enchères et des amendes et pénalités relatives aux impôts et taxes sont incluses dans les recettes non fiscales comme le préconise la classification OCDE (voir le *Guide d'interprétation* en Annexes A et B). Elles sont comptabilisées comme des recettes fiscales en Guinée.

Rubrique 5111 : La ventilation entre produits pétroliers et produits non pétroliers des recettes TVA brute à l'importation n'est pas disponible avant 2007. Ainsi la catégorie « TVA brute importation hors produits pétroliers » inclut aussi les recettes TVA sur les produits pétroliers pour la période 2000 à 2006.

Rubrique 5121 : Inclut les recettes provenant de la Redevance entretien routier (RER) allouées au fonds spécial le Fonds d'Entretien Routier (FER).

Rubrique 5123 : La ventilation entre produits pétroliers et produits non pétroliers des recettes provenant du droit fiscal d'importation, de la taxe d'entreposage et de la redevance de liquidation n'est pas disponible avant 2007. Ainsi les catégories libellées « hors produits pétroliers » incluent aussi les recettes sur produits pétroliers pour la période 2000 à 2006.

Source : Ministère du Budget.

Tableau 5.14. Guinée équatoriale – Recettes fiscales détaillées

Million XAF

	1995	2000	2005	2010	2015	2018	2019	2020	2021	2022
Recettes fiscales totales	..	..	**356 040**	**612 377**	**935 907**	**480 100**	**651 421**	**490 389**	**404 055**	**597 171**
1000 Impôts sur revenu, bénéfices et gains en capital	..	..	**324 934**	**545 376**	**772 421**	**320 639**	**497 079**	**351 160**	**279 837**	**447 462**
1100 Des personnes physiques	..	..	18 417	59 938	85 021	57 188	60 285	53 978	49 754	58 617
1110 Sur le revenu et les bénéfices	..	..	18 417	59 938	85 021	57 188	60 285	53 978	49 754	58 617
Taxe pétrolière sur les personnes physiques	..	..	25 926	44 339	64 217	39 652	41 720	39 403	33 848	38 868
Impôt sur le revenu des personnes physiques	..	..	7 390	15 325	20 421	17 201	18 245	14 299	15 459	19 203
Taxes sur les fermes urbaines	..	..	101	129	379	305	297	272	435	528
Taxes sur les fermes rurales	..	..	- 15 000	145	4	30	22	5	12	18
1120 Sur les gains en capital	..	..	0	0	0	0	0	0	0	0
1200 Des sociétés	..	..	306 517	485 438	687 400	263 451	436 794	297 182	230 083	388 845
1210 Sur les bénéfices	..	..	306 517	485 438	687 400	263 451	436 794	297 182	230 083	388 845
Sociétés pétrolières - Entrepreneurs	..	..	32 454	406 163	546 181	184 343	331 801	216 081	145 418	301 718
Sociétés pétrolières - Sous-traitants	..	..	218 977	29 619	51 317	36 969	52 261	52 375	54 420	65 249
Sociétés non pétrolières - Impôts sur les sociétés	..	..	18 251	38 659	86 658	36 571	51 395	26 796	28 172	21 045
Sociétés pétrolières - Fin d'année	..	..	34 763	9 765	573	609	172	1 777	1 394	190
Taxe OCIPEF sur les exportateurs de bois	..	..	2 072	1 233	2 671	4 958	1 166	153	678	643
1220 Sur les gains en capital	..	..	0	0	0	0	0	0	0	0
1300 Non ventilables entre 1100 et 1200	..	..	0	0	0	0	0	0	0	0
2000 Cotisations de sécurité sociale	..	..	**0**	**0**	**58 868**	**47 725**	**48 881**	**49 925**	**44 870**	**48 415**
2100 A la charge des salariés	..	..	..	..	7 935	7 054	7 612	7 806	7 195	7 629
2110 Sur la base du salaire	..	..	..	..	0	0	0	0	0	0
2120 Sur la base de l'impôt sur les revenus	..	..	..	..	7 935	7 054	7 612	7 806	7 195	7 629
2200 A la charge des employeurs	..	..	..	..	41 793	36 711	36 370	37 294	34 345	36 450
2210 Sur la base du salaire	..	..	..	..	0	0	0	0	0	0
2220 Sur la base de l'impôt sur le revenu	..	..	..	..	41 793	36 711	36 370	37 294	34 345	36 450
2300 A charge des travailleurs indép. ou sans emploi	..	..	..	..	0	0	0	0	0	0
2310 Sur la base du salaire	..	..	..	..	..	..	..	..	..	..
2320 Sur la base de l'impôt sur le revenu	..	..	..	..	..	..	..	..	..	..
2400 Non ventilables entre 2100, 2200 et 2300	..	..	..	..	9 140	3 960	4 900	4 826	3 330	4 336
2410 Sur la base du salaire	..	..	..	..	0	0	0	0	0	0
2420 Sur la base de l'impôt sur le revenu	..	..	..	..	9 140	3 960	4 900	4 826	3 330	4 336
3000 Sur salaires ou main d'oeuvre	..	..	**0**	**0**	**0**	**0**	**0**	**0**	**0**	**0**
4000 Impôts sur le patrimoine	..	..	**27**	**160**	**211**	**278**	**227**	**139**	**97**	**178**
4100 Impôts périodiques sur la propriété immobilière	..	..	0	0	0	0	0	0	0	0
4110 Ménages	..	..	..	..	..	..	..	..	..	..
4120 Autres agents	..	..	..	..	..	..	..	..	..	..
4200 Impôts périodiques sur l'actif net	..	..	0	0	0	0	0	0	0	0
4210 Personnes physiques	..	..	..	..	..	..	..	..	..	..
4220 Sociétés	..	..	..	..	..	..	..	..	..	..
4300 Impôts sur mut. par décès, succ. et donations	..	..	0	0	0	0	0	0	0	0
4310 Impôts sur mut. par décès et successions	..	..	..	..	..	..	..	..	..	..
4320 Impôts sur les donations	..	..	..	..	..	..	..	..	..	..
4400 Impôts sur transact. mobilières et immob.	..	..	27	160	211	278	227	139	97	178
4500 Impôts non-périodiques	..	..	0	0	0	0	0	0	0	0
4510 Sur l'actif net	..	..	..	..	..	..	..	..	..	..
4520 Autres non-périodiques	..	..	..	..	..	..	..	..	..	..
4600 Autres impôts périodiques sur patrimoine	..	..	0	0	0	0	0	0	0	0
5000 Impôts sur les biens et services	..	..	**30 243**	**57 852**	**96 353**	**92 399**	**98 695**	**80 589**	**74 106**	**99 622**
5100 Impôts sur production, vente, transfert, etc.	..	..	30 243	57 852	96 353	92 399	98 695	80 589	74 106	99 622
5110 Impôts généraux	..	..	22 122	45 607	58 761	54 466	57 859	49 509	41 943	48 691
5111 Taxes sur la valeur ajoutée	..	..	22 122	45 607	58 761	54 466	57 859	49 509	41 943	48 691
TVA sur les activités domestiques	..	..	0	0	0	0	0	43 181	34 389	40 079
TVA sur les importations	..	..	0	0	0	0	0	4 200	5 792	5 619
Recettes de TVA sur les produits pétroliers	..	..	7 132	15 066	6 799	2 355	2 160	2 129	1 762	2 993
Recettes TVA sur autres produits et services	..	..	14 990	30 541	51 962	52 111	55 699	0	0	0
5112 Impôts sur les ventes	..	..	0	0	0	0	0	0	0	0
5113 Autres impôts	..	..	0	0	0	0	0	0	0	0
5120 Impôts sur biens et services déterminés	..	..	8 121	12 245	37 592	37 933	40 836	31 079	32 163	50 931

Tableau 5.14. Guinée équatoriale (suite) – Recettes fiscales détaillées

Million XAF

	1995	2000	2005	2010	2015	2018	2019	2020	2021	2022
5121 Accises	..	..	0	0	19 961	18 570	20 904	19 155	19 003	27 478
Impôts sur produits pétroliers	..	..	..	..	19 961	18 570	17 604	17 504	17 425	25 733
Taxes sur les boissons alcoolisées et autres boissons	..	..	..	..	0	0	3 300	1 515	899	989
Autres accises	..	..	..	..	0	0	0	136	679	756
5122 Bénéfices de monopoles fiscaux	..	..	0	0	0	0	0	0	0	0
5123 Droits de douane et droits à l'importation	..	..	3 974	9 667	13 434	13 015	15 438	9 952	9 874	20 294
Importations de produits pétroliers	..	..	618	1 446	2 009	1 448	1 297	1 245	1 308	12 580
Importations d'autres produits	..	..	3 356	8 221	11 425	11 567	14 141	8 707	8 566	7 714
5124 Taxes à l'exportation	..	..	4 147	2 578	4 197	6 348	4 494	1 972	3 286	3 159
Exportations de bois	..	..	3 916	2 517	4 088	6 253	4 294	1 906	3 205	2 915
Exportations d'autres produits	..	..	91	21	91	89	193	64	71	65
Réexportations	..	..	140	40	18	6	6	2	10	179
5125 Impôts sur biens d'équipement	..	..	0	0	0	0	0	0	0	0
5126 Impôts sur services déterminés	..	..	0	0	0	0	0	0	0	0
5127 Autres impôts sur commerce et transact. internat.	..	..	0	0	0	0	0	0	0	0
5128 Autres impôts	..	..	0	0	0	0	0	0	0	0
5130 Non ventilables entre 5110 et 5120	..	..	0	0	0	0	0	0	0	0
5200 Impôts sur utilisation des biens et exerc. activites	..	..	0	0	0	0	0	0	0	0
5210 Impôts périodiques	..	..	..	..	..	..	..	..	..	..
5211 A la charge des ménages: véhicules à moteur	..	..	..	..	..	..	..	..	..	..
5212 A la charge autres agents: véhicules à moteur	..	..	..	..	..	..	..	..	..	..
5213 Autres impôts périodiques	..	..	..	..	..	..	..	..	..	..
5220 Impôts non-périodiques	..	..	..	..	..	..	..	..	..	..
5300 Non ventilables entre 5100 et 5200	..	..	0	0	0	0	0	0	0	0
6000 Autres impôts	**..**	**..**	**836**	**8 989**	**8 054**	**19 060**	**6 538**	**8 575**	**5 145**	**1 495**
6100 A la charge exclusive des entreprises	..	..	..	..	..	..	..	..	..	..
6200 A la charge d'autres agents	..	..	..	..	..	..	..	..	..	..

.. Non disponible

Note : Année civile se terminant le 31 décembre.

Les données sont sur la base des encaissements.

Les chiffres n'incluent pas les recettes non fiscales collectées par les collectivités locales car elles ne sont pas disponibles.

Rubrique 2000 : Les cotisations de sécurité sociale à *l'Instituto Nacional de Seguridad Social de Guinea Ecuatorial* (INSESO) sont sont incluses dans cette rubrique pour les années 2013-21.

Source : Ministère des finances, de l'économie et de la planification ; *Instituto Nacional de Seguridad Social de Guinea Ecuatorial* (INSESO).

Tableau 5.15. Kenya – Recettes fiscales détaillées

Million KES

	1995	2000	2005	2010	2015	2018	2019	2020	2021	2022
Recettes fiscales totales	..	..	**278 714**	**545 519**	**1 096 626**	**1 494 360**	**1 614 857**	**1 676 077**	**1 753 261**	**2 131 709**
1000 Impôts sur revenu, bénéfices et gains en capital	..	..	**100 129**	**219 227**	**504 077**	**654 609**	**687 055**	**753 861**	**717 660**	**895 727**
1100 Des personnes physiques	..	..	56 376	124 392	284 222	377 353	410 193	419 325	382 519	483 817
1110 Sur le revenu et les bénéfices	..	..	56 376	124 392	284 222	377 353	410 193	419 325	382 519	483 817
Retenue à la source sur les salaires (PAYE)	..	..	53 325	120 593	277 068	364 104	392 693	400 508	363 349	461 816
dont PAYE sur l'industrie extractive	..	..	..	..	..	3 682	2 698	2 456	2 299	2 439
Impôt sur le revenu des personnes physiques	..	..	3 051	3 799	7 154	7 191	8 916	8 672	8 406	9 682
Impôt sur le revenu locatif	..	..	0	0	0	6 058	8 584	10 145	10 764	12 320
1120 Sur les gains en capital	..	..	..	..	..	..	..	..	..	..
1200 Des sociétés	..	..	31 947	67 661	126 541	159 993	168 655	175 905	182 214	242 018
1210 Sur les bénéfices	..	..	31 947	67 661	126 541	159 993	168 655	175 905	182 214	242 018
Impôt sur les sociétés	..	..	31 947	67 661	126 541	159 993	168 655	175 905	182 214	242 018
dont impôt sur les sociétés pour l'industrie extractive	..	..	..	..	..	656	714	3 466	1 994	3 719
1220 Sur les gains en capital	..	..	..	..	..	..	..	..	..	..
1300 Non ventilables entre 1100 et 1200	..	..	11 806	27 174	93 314	117 263	108 207	158 631	152 927	169 892
Retenue à la source	..	..	11 792	27 174	92 678	100 623	105 256	121 511	126 127	151 160
dont retenue à la source pour l'industrie extractive	..	..	..	..	..	916	802	1 330	889	3 221
Impôt sur les gains en capital	..	..	14	0	636	16 640	2 951	37 120	26 800	18 732
2000 Cotisations de sécurité sociale	..	..	**3 675**	**6 026**	**15 826**	**47 600**	**55 600**	**60 815**	**60 775**	**78 843**
2100 A la charge des salariés	..	..	558	..	..	..	..	..	..	..
Pension pour femmes et enfants	..	..	558	..	..	..	..	..	..	..
2110 Sur la base du salaire	..	..	..	..	..	..	..	..	..	..
2120 Sur la base de l'impôt sur les revenus	..	..	..	..	..	..	..	..	..	..
2200 A la charge des employeurs	..	..	..	..	..	..	..	..	..	..
2210 Sur la base du salaire	..	..	..	..	..	..	..	..	..	..
2220 Sur la base de l'impôt sur le revenu	..	..	..	..	..	..	..	..	..	..
2300 A charge des travailleurs indép. ou sans emploi	..	..	..	..	..	..	..	..	..	..
2310 Sur la base du salaire	..	..	..	..	..	..	..	..	..	..
2320 Sur la base de l'impôt sur le revenu	..	..	..	..	..	..	..	..	..	..
2400 Non ventilables entre 2100, 2200 et 2300	..	..	3 117	6 026	15 826	47 600	55 600	60 815	60 775	78 843
2410 Sur la base du salaire	..	..	..	..	..	..	..	..	..	..
2420 Sur la base de l'impôt sur le revenu	..	..	..	..	..	..	..	..	..	..
3000 Sur salaires ou main d'oeuvre	..	..	**0**	**0**	**0**	**0**	**0**	**0**	**0**	**0**
4000 Impôts sur le patrimoine	..	..	**7**	**1 133**	**1 051**	**629**	**682**	**567**	**682**	**827**
4100 Impôts périodiques sur la propriété immobilière	..	..	7	1 133	1 051	629	682	567	682	827
Biens immobiliers (primes sur lots de terrain)	..	..	7	86	6	28	94	93	67	86
Impôt foncier	..	..	0	0	0	0	0	0	102	431
Rente foncière	..	..	0	1 047	1 045	601	588	474	513	310
4110 Ménages	..	..	..	..	..	..	..	..	..	..
4120 Autres agents	..	..	..	..	..	..	..	..	..	..
4200 Impôts périodiques sur l'actif net	..	..	0	0	0	0	0	0	0	0
4210 Personnes physiques	..	..	..	..	..	..	..	..	..	..
4220 Sociétés	..	..	..	..	..	..	..	..	..	..
4300 Impôts sur mut. par décès, succ. et donations	..	..	0	0	0	0	0	0	0	0
4310 Impôts sur mut. par décès et successions	..	..	..	..	..	..	..	..	..	..
4320 Impôts sur les donations	..	..	..	..	..	..	..	..	..	..
4400 Impôts sur transact. mobilières et immob.	..	..	0	0	0	0	0	0	0	0
4500 Impôts non-périodiques	..	..	0	0	0	0	0	0	0	0
4510 Sur l'actif net	..	..	..	..	..	..	..	..	..	..
4520 Autres non-périodiques	..	..	..	..	..	..	..	..	..	..
4600 Autres impôts périodiques sur patrimoine	..	..	0	0	0	0	0	0	0	0
5000 Impôts sur les biens et services	..	..	**172 697**	**313 615**	**564 115**	**779 319**	**861 339**	**851 741**	**961 179**	**1 142 933**
5100 Impôts sur production, vente, transfert, etc.	..	..	168 915	309 829	557 630	771 150	855 354	845 941	954 091	1 136 017
5110 Impôts généraux	..	..	72 656	141 152	265 501	356 881	395 121	382 053	408 421	520 523
5111 Taxes sur la valeur ajoutée	..	..	72 656	141 041	264 872	356 777	395 033	382 029	408 359	520 423
TVA à l'importation (ordinaires)	..	..	28 287	57 594	127 744	144 035	157 496	146 482	182 557	226 937
TVA à l'importation (pétrolières)	..	..	4 186	5 352	7 894	7 643	7 189	5 506	6 075	12 835
Recettes domestiques TVA - Brute	..	..	48 583	92 255	143 922	219 499	244 748	228 515	217 687	264 746
dont TVA - intérieure (brute) sur l'industrie extractive	..	..	..	..	..	1 284	1 371	1 148	1 490	1 474
Recettes domestiques TVA - Remboursements	..	..	-8 400	-14 160	-14 688	-14 400	-14 400	-14 400	-20 400	-20 040
TVA - Importations de pétrole à 8%	..	..	0	0	0	0	0	15 926	22 440	35 945
5112 Impôts sur les ventes	..	..	0	0	0	0	0	0	0	0

Tableau 5.15. Kenya (suite) – Recettes fiscales détaillées

Million KES

	1995	2000	2005	2010	2015	2018	2019	2020	2021	2022
5113 Autres impôts	..	..	0	111	630	103	88	24	62	100
Impôt sur le chiffre d'affaire	..	..	0	111	630	103	88	24	62	100
5120 Impôts sur biens et services déterminés	..	..	96 259	168 677	292 129	414 270	460 233	463 888	545 670	615 494
5121 Accises	..	..	56 934	99 135	142 489	225 319	239 516	231 392	296 029	303 706
Droit d'accise - Pétrole	..	..	24 876	35 780	42 687	61 216	63 834	65 065	79 338	79 907
Accise sur le marché domestique	..	..	15 744	23 755	38 246	53 011	59 509	55 721	62 405	66 264
Impôt d'entretien des routes	..	..	9 645	23 780	30 890	73 668	78 159	74 458	87 316	86 396
Accise sur importations	..	..	4 235	6 994	15 175	22 311	24 622	23 739	26 639	29 445
Accise - sucre	..	..	267	1 590	1 329	16	0	0	1	1
Impôt pétrolier (dévelopment)	..	..	1 041	1 585	1 817	2 262	2 165	2 044	25 880	26 849
Impôt pétrolier (régulation)	..	..	0	134	301	521	1 087	1 073	1 252	1 232
Impôt sur l'achat de véhicules à moteur d'occasion	..	..	186	183	466	171	192	186	243	260
Droit de timbre - Taxes intérieures	..	..	940	5 332	11 579	12 143	9 947	9 105	12 955	13 351
5122 Bénéfices de monopoles fiscaux	..	..	0	0	0	0	0	0	0	0
5123 Droits de douane et droits à l'importation	..	..	32 992	57 047	120 612	142 194	154 748	159 265	185 560	215 024
Taxe d'importation - Ordinaire	..	..	22 722	40 382	72 346	92 076	103 511	96 494	106 800	116 217
Frais de déclaration d'importation	..	..	9 724	15 836	27 119	26 189	26 782	33 560	44 183	56 017
Impôt pour le développement ferroviaire	..	..	0	0	18 940	20 780	21 303	23 258	28 504	36 361
Taxe d'importation - Pétrole	..	..	427	797	1 387	1 638	1 698	1 656	1 627	2 571
Prélèvement du surintendant (navires)	..	..	0	32	820	1 512	1 454	1 535	1 686	1 607
Droit de timbre - Services douaniers	..	..	119	0	0	0	0	0	0	0
Accise - anti-fraude de provisionnement du pétrole	..	..	0	0	0	0	0	2 762	2 760	2 252
5124 Taxes à l'exportation	..	..	0	0	0	0	0	0	0	0
5125 Impôts sur biens d'équipement	..	..	0	0	0	0	0	0	0	0
5126 Impôts sur services déterminés	..	..	6 333	12 495	29 028	46 756	65 969	73 232	64 082	96 764
Accise sur temps d'antenne	..	..	2 982	7 893	13 122	15 626	25 120	28 841	29 297	37 370
Recettes aéroport	..	..	1 846	2 464	6 619	10 414	12 291	11 176	3 059	8 184
Recette aviation	..	..	1 505	2 138	3 565	4 819	5 912	4 860	3 319	4 172
Accise sur les services financiers	..	..	0	0	5 722	15 898	22 646	24 351	21 648	38 228
Accise - services de jeux et paris	..	..	0	0	0	0	0	2 045	759	5 109
Tax sur les paris	..	..	0	0	0	0	0	1 960	3 000	3 389
Taxe sur les services numériques (DST)	..	..	0	0	0	0	0	0	3 000	312
5127 Autres impôts sur commerce et transact. internat.	..	..	0	0	0	0	0	0	0	0
5128 Autres impôts	..	..	0	0	0	0	0	0	0	0
5130 Non ventilables entre 5110 et 5120	..	..	0	0	0	0	0	0	0	0
5200 Impôts sur utilisation des biens et exerc. activites	..	..	3 782	3 786	6 485	8 169	5 985	5 800	7 088	6 916
5210 Impôts périodiques	..	..	3 782	3 786	6 485	8 169	5 985	5 800	7 088	6 916
5211 A la charge des ménages: véhicules à moteur	..	..	3 266	3 367	6 010	7 678	5 474	5 284	6 584	6 387
Frais de transport sur routes	..	..	2 793	2 499	3 947	3 366	4 302	4 010	5 170	4 932
Impôt sur les véhicules à moteur étrangers	..	..	0	0	0	69	0	0	0	0
Avances et autres impôts	..	..	473	868	2 064	4 243	1 172	1 274	1 414	1 456
5212 A la charge autres agents: véhicules à moteur	..	..	0	0	0	0	0	0	0	0
5213 Autres impôts périodiques	..	..	516	419	475	491	511	516	503	529
Impôt du Kenya Bureau of Standards (KEBS)	..	..	516	419	475	491	511	516	503	529
5220 Impôts non-périodiques	..	..	0	0	0	0	0	0	0	0
5300 Non ventilables entre 5100 et 5200	..	..	0	0	0	0	0	0	0	0
6000 Autres impôts	**..**	**..**	**940**	**5 519**	**11 556**	**12 204**	**10 181**	**9 093**	**12 965**	**13 379**
Autres impôts	..	..	..	164	150	86	66	6	10	13
6100 A la charge exclusive des entreprises	..	..	0	0	0	0	0	0	0	0
6200 A la charge d'autres agents	..	..	940	5 356	11 406	12 118	10 115	9 087	12 955	13 366

.. Non disponible

Note : Les données sont basées sur l'année fiscale commençant le 1er juillet. Par exemple, les données pour 2022 représentent la période allant de juillet 2021 à juin 2022.

Les données sont sur la base des encaissements.

Les chiffres n'incluent pas les recettes fiscales collectées par les administrations infranationales car elles ne sont pas disponibles.

Rubrique 4100 : les données relatives à la taxe sur les biens immobiliers (primes sur lots de terrain) ne sont pas disponibles pour les années 2001-2004 et 2006. Aucune estimation n'a été effectuée compte tenu de la faible ampleur des chiffres.

Rubrique 5121 : les données relatives à la taxe sur l'achat de véhicules automobiles d'occasion ne sont pas disponibles pour les années 2001-2004, 2006, 2013 et 2014. Aucune estimation n'a été effectuée compte tenu de la faible ampleur des chiffres. Les droits de timbre sur les taxes intérieures sont inclus dans cette rubrique dans cette édition ; dans l'édition précédente, ils étaient inclus dans la rubrique 4400 taxes sur les transactions financières et en capital.

Ces recettes sont collectées par la Kenya Revenue Authority (KRA) pour le compte d'autres agences. La classification nationale du Kenya classe tous les recettes des agences comme des recettes non fiscales.

Source: Kenya Revenue Authority (KRA).

Tableau 5.16. Lesotho – Recettes fiscales détaillées

Million LSL

	1995	2000	2005	2010	2015	2018	2019	2020	2021	2022
Recettes fiscales totales	..	..	**1 580**	**3 277**	**5 872**	**7 289**	**7 248**	**6 771**	**7 826**	**8 422**
1000 Impôts sur revenu, bénéfices et gains en capital	..	..	**925**	**1 996**	**3 651**	**4 103**	**4 056**	**3 743**	**4 161**	**4 328**
1100 Des personnes physiques	..	..	736	1 524	2 484	3 112	3 142	2 851	3 235	3 455
1110 Sur le revenu et les bénéfices	..	..	736	1 524	2 484	3 112	3 142	2 851	3 235	3 455
Impôt sur le revenu des personnes physiques	..	..	618	1 180	1 737	2 212	2 296	2 023	2 373	2 829
Impôt à la source	..	..	118	344	748	900	847	828	862	626
1120 Sur les gains en capital	..	..	0	0	0	0	0	0	0	0
1200 Des sociétés	..	..	189	472	1 133	959	884	862	885	840
1210 Sur les bénéfices	..	..	189	472	1 133	959	884	862	885	840
Impôt sur les sociétés	..	..	189	472	1 126	955	877	858	881	834
Taxe sur les jeux d'argent	..	..	0	0	8	4	7	3	4	7
1220 Sur les gains en capital	..	..	0	0	0	0	0	0	0	0
1300 Non ventilables entre 1100 et 1200	..	..	0	0	34	33	29	31	41	33
2000 Cotisations de sécurité sociale	..	..	**0**	**0**	**0**	**0**	**0**	**0**	**0**	**0**
2100 A la charge des salariés	..	..	..	..	..	..	..	..	..	..
2110 Sur la base du salaire	..	..	..	..	..	..	..	..	..	..
2120 Sur la base de l'impôt sur les revenus	..	..	..	..	..	..	..	..	..	..
2200 A la charge des employeurs	..	..	..	..	..	..	..	..	..	..
2210 Sur la base du salaire	..	..	..	..	..	..	..	..	..	..
2220 Sur la base de l'impôt sur le revenu	..	..	..	..	..	..	..	..	..	..
2300 A charge des travailleurs indép. ou sans emploi	..	..	..	..	..	..	..	..	..	..
2310 Sur la base du salaire	..	..	..	..	..	..	..	..	..	..
2320 Sur la base de l'impôt sur le revenu	..	..	..	..	..	..	..	..	..	..
2400 Non ventilables entre 2100, 2200 et 2300	..	..	..	..	..	..	..	..	..	..
2410 Sur la base du salaire	..	..	..	..	..	..	..	..	..	..
2420 Sur la base de l'impôt sur le revenu	..	..	..	..	..	..	..	..	..	..
3000 Sur salaires ou main d'œuvre	..	..	**0**	**0**	**0**	**0**	**0**	**0**	**0**	**0**
4000 Impôts sur le patrimoine	..	..	..	..	..	..	..	..	..	..
4100 Impôts périodiques sur la propriété immobilière	..	..	..	..	..	..	..	..	..	..
4110 Ménages	..	..	..	..	..	..	..	..	..	..
4120 Autres agents	..	..	..	..	..	..	..	..	..	..
4200 Impôts périodiques sur l'actif net	..	..	..	..	..	..	..	..	..	..
4210 Personnes physiques	..	..	..	..	..	..	..	..	..	..
4220 Sociétés	..	..	..	..	..	..	..	..	..	..
4300 Impôts sur mut. par décès, succ. et donations	..	..	..	..	..	..	..	..	..	..
4310 Impôts sur mut. par décès et successions	..	..	..	..	..	..	..	..	..	..
4320 Impôts sur les donations	..	..	..	..	..	..	..	..	..	..
4400 Impôts sur transact. mobilières et immob.	..	..	..	..	..	..	..	..	..	..
4500 Impôts non-périodiques	..	..	..	..	..	..	..	..	..	..
4510 Sur l'actif net	..	..	..	..	..	..	..	..	..	..
4520 Autres non-périodiques	..	..	..	..	..	..	..	..	..	..
4600 Autres impôts périodiques sur patrimoine	..	..	..	..	..	..	..	..	..	..
5000 Impôts sur les biens et services	..	..	**656**	**1 281**	**2 221**	**3 185**	**3 192**	**3 028**	**3 665**	**4 095**
5100 Impôts sur production, vente, transfert, etc.	..	..	656	1 281	2 221	3 185	3 192	3 028	3 665	4 095
5110 Impôts généraux	..	..	656	1 281	2 210	2 880	2 907	2 608	3 122	3 544
5111 Taxes sur la valeur ajoutée	..	..	656	1 281	2 210	2 880	2 907	2 608	3 122	3 544
TVA intérieure	..	..	252	473	780	880	896	662	841	2 116
TVA - Intérieur (net)	..	..	403	808	1 430	2 000	2 011	1 946	2 281	1 428
TVA - Intérieur (brut)	..	..	463	1 046	1 996	2 681	2 877	2 668	3 141	2 160
TVA - Intérieur (Remboursements)	..	..	- 59	- 238	- 566	- 682	- 867	- 722	- 860	- 732
5112 Impôts sur les ventes	..	..	0	0	0	0	0	0	0	0
5113 Autres impôts	..	..	0	0	0	0	0	0	0	0
5120 Impôts sur biens et services déterminés	..	..	..	..	11	305	285	420	544	551
5121 Accises	..	..	..	..	11	305	285	420	544	551
Prélèvement sur le pétrole	..	..	..	..	11	17	22	229	340	311
Assurance automobile	..	..	..	..	..	189	147	8	11	21
Prélèvement pétrolier	..	..	..	..	..	61	22	72	38	36
Taxe d'entretien des routes	..	..	..	..	..	39	93	111	154	182

Tableau 5.16. Lesotho (suite) – Recettes fiscales détaillées

Million LSL

	1995	2000	2005	2010	2015	2018	2019	2020	2021	2022
5122 Bénéfices de monopoles fiscaux	..	..	0	0	0	0	0	0	0	0
5123 Droits de douane et droits à l'importation	..	..	0	0	0	0	0	0	0	0
5124 Taxes à l'exportation	..	..	0	0	0	0	0	0	0	0
5125 Impôts sur biens d'équipement	..	..	0	0	0	0	0	0	0	0
5126 Impôts sur services déterminés	..	..	0	0	0	0	0	0	0	0
5127 Autres impôts sur commerce et transact. internat.	..	..	0	0	0	0	0	0	0	0
5128 Autres impôts	..	..	0	0	0	0	0	0	0	0
5130 Non ventilables entre 5110 et 5120	..	..	0	0	0	0	0	0	0	0
5200 Impôts sur utilisation des biens et exerc. activites	..	..	0	0	0	0	0	0	0	0
5210 Impôts périodiques	..	..	..	..	..	..	..	..	..	..
5211 A la charge des ménages: véhicules à moteur	..	..	..	..	..	..	..	..	..	..
5212 A la charge autres agents: véhicules à moteur	..	..	..	..	..	..	..	..	..	..
5213 Autres impôts périodiques	..	..	..	..	..	..	..	..	..	..
5220 Impôts non-périodiques	..	..	..	..	..	..	..	..	..	..
5300 Non ventilables entre 5100 et 5200	..	..	0	0	0	0	0	0	0	0
6000 Autres impôts	**..**	**..**	**0**	**0**	**0**	**0**	**0**	**0**	**0**	**0**
6100 A la charge exclusive des entreprises	..	..	..	..	..	..	..	..	..	..
6200 A la charge d'autres agents	..	..	..	..	..	..	..	..	..	..
Pour mémoire	..	..	..	..	..	..	..	..	..	..
Excise taxes collected on behalf of the SACU Common Revenue Pool	..	..	*53*	*110*	*102*	*212*	*215*	*82*	*266*	*312*
Droits d'importation perçus pour le compte du fonds commun de recettes de la SACU	..	..	*18*	*32*	*145*	*145*	*147*	*107*	*134*	*340*

.. Non disponible

Note : Les données sont basées sur l'année fiscale commençant le 1er avril. Par exemple, les données pour 2022 représentent la période d'avril 2022 à mars 2023.

Les données sont sur la base des encaissements.

Les chiffres n'incluent pas les recettes fiscales collectées par les administrations infranationales car elles ne sont pas disponibles.

Rubrique 2000 : Les cotisations de sécurité sociale pour le Lesotho sont considérées comme nulles car elles ne remplissent pas les critères pour être classées comme cotisations de sécurité sociale selon la classification des impôts de l'OCDE dans le *Guide d'interprétation*.

Source : Revenue Services Lesotho.

Tableau 5.17. Madagascar – Recettes fiscales détaillées

Million MGA

	1995	2000	2005	2010	2015	2018	2019	2020	2021	2022
Recettes fiscales totales	**215 420**	**591 900**	**1 016 402**	**1 776 183**	**3 105 267**	**5 006 524**	**5 645 481**	**5 011 290**	**5 949 864**	**7 183 000**
1000 Impôts sur revenu, bénéfices et gains en capital	**33 100**	**92 960**	**219 944**	**490 294**	**706 768**	**1 174 775**	**1 437 601**	**1 305 414**	**1 546 901**	**1 922 818**
1100 Des personnes physiques	12 600	36 080	77 147	253 868	366 621	547 827	687 985	620 915	661 014	753 513
1110 Sur le revenu et les bénéfices	12 120	35 540	75 254	252 027	362 771	541 733	680 183	612 579	650 990	742 900
Impôt sur les Revenus Salariaux et Assimilés (IRSA)	9 180	25 260	56 673	201 077	315 570	446 571	549 317	490 419	484 484	594 720
Impôt synthétique (IS)	0	0	2 079	13 497	19 140	39 344	69 167	69 004	78 088	86 361
Impôt sur les Revenus des Capitaux Mobiliers (IRCM)	2 940	10 280	16 502	37 453	28 040	55 807	61 699	53 156	88 417	61 820
Prélèvements honoraires et produits de jeux	..	..	..	..	21	11	0	0	0	0
1120 Sur les gains en capital	480	540	1 893	1 841	3 850	6 094	7 802	8 336	10 024	10 612
Impôts sur les plus-values immobilières (IPVI)	480	540	1 893	1 841	3 850	6 094	7 802	8 336	10 024	10 612
1200 Des sociétés	20 500	56 880	142 797	236 426	340 147	626 948	749 616	684 499	808 626	1 054 107
1210 Sur les bénéfices	20 500	56 880	142 797	236 426	340 147	626 948	749 616	684 499	808 626	1 054 107
Impôt sur les revenus (IR)	20 500	56 880	142 797	236 426	339 001	566 723	680 654	584 277	672 929	862 068
Impôt sur les revenus des non-résidents	..	..	..	..	0	60 130	68 958	99 267	135 697	192 022
Impôt sur les revenus non salariaux (IRNS)	..	..	..	..	1 030	1	3	9	0	5
Autres impôts sur le revenu des sociétés	..	..	..	..	116	95	1	946	1	11
1220 Sur les gains en capital	0	0	0	0	0	0	0	0	0	0
1300 Non ventilables entre 1100 et 1200	0	0	0	0	0	0	0	0	77 261	115 198
Impôt sur marché public (IMP)	..	..	..	..	..	..	..	..	77 261	115 198
2000 Cotisations de sécurité sociale	**..**	**..**	**..**	**..**	**133 072**	**295 800**	**260 981**	**304 656**	**242 517**	**356 991**
2100 A la charge des salariés	..	..	..	..	0	0	0	0	0	0
2110 Sur la base du salaire	..	..	..	..	..	..	..	..	..	..
2120 Sur la base de l'impôt sur les revenus	..	..	..	..	..	..	..	..	..	..
2200 A la charge des employeurs	..	..	..	..	0	0	0	0	0	0
2210 Sur la base du salaire	..	..	..	..	..	..	..	..	..	..
2220 Sur la base de l'impôt sur le revenu	..	..	..	..	..	..	..	..	..	..
2300 A charge des travailleurs indép. ou sans emploi	..	..	..	..	0	0	0	0	0	0
2310 Sur la base du salaire	..	..	..	..	..	..	..	..	..	..
2320 Sur la base de l'impôt sur le revenu	..	..	..	..	..	..	..	..	..	..
2400 Non ventilables entre 2100, 2200 et 2300	..	..	..	..	133 072	295 800	260 981	304 656	242 517	356 991
2410 Sur la base du salaire	..	..	..	..	..	..	..	..	..	..
2420 Sur la base de l'impôt sur le revenu	..	..	..	..	..	..	..	..	..	..
3000 Sur salaires ou main d'oeuvre	**0**	**0**	**0**	**0**	**0**	**0**	**0**	**0**	**0**	**0**
4000 Impôts sur le patrimoine	**2 380**	**4 340**	**8 514**	**10 560**	**24 150**	**41 045**	**31 454**	**30 321**	**36 426**	**40 898**
4100 Impôts périodiques sur la propriété immobilière	0	0	0	0	0	0	0	0	0	0
4110 Ménages	..	..	..	..	..	..	..	..	..	..
4120 Autres agents	..	..	..	..	..	..	..	..	..	..
4200 Impôts périodiques sur l'actif net	0	0	0	0	0	0	0	0	0	0
4210 Personnes physiques	..	..	..	..	..	..	..	..	..	..
4220 Sociétés	..	..	..	..	..	..	..	..	..	..
4300 Impôts sur mut. par décès, succ. et donations	0	0	0	0	0	0	0	0	0	0
4310 Impôts sur mut. par décès et successions	..	..	..	..	..	..	..	..	..	..
4320 Impôts sur les donations	..	..	..	..	..	..	..	..	..	..
4400 Impôts sur transact. mobilières et immob.	2 380	4 340	8 514	10 560	24 150	41 045	31 454	30 321	36 426	40 898
Droits sur actes de mutations	2 380	4 340	8 514	10 560	24 150	41 045	31 454	30 321	36 426	40 898
4500 Impôts non-périodiques	0	0	0	0	0	0	0	0	0	0
4510 Sur l'actif net	..	..	..	..	..	..	..	..	..	..
4520 Autres non-périodiques	..	..	..	..	..	..	..	..	..	..
4600 Autres impôts périodiques sur patrimoine	0	0	0	0	0	0	0	0	0	0
5000 Impôts sur les biens et services	**175 880**	**488 480**	**776 544**	**1 268 030**	**2 238 127**	**3 473 452**	**3 889 145**	**3 364 916**	**4 120 768**	**4 852 959**
5100 Impôts sur production, vente, transfert, etc.	175 880	488 480	776 544	1 268 030	2 238 127	3 473 452	3 889 145	3 364 916	4 120 768	4 852 959
5110 Impôts généraux	104 600	244 860	410 256	803 932	1 504 330	2 274 724	2 567 663	2 175 841	2 734 186	3 247 844
5111 Taxes sur la valeur ajoutée	104 600	244 860	410 256	803 932	1 504 330	2 274 724	2 567 663	2 175 841	2 734 186	3 247 844
TVA Intérieure	48 460	102 560	196 922	437 348	544 130	906 711	953 565	911 289	1 141 022	1 125 007
TVA importation	56 140	142 300	213 334	387 092	728 300	1 232 623	1 346 233	1 135 945	1 302 641	1 598 978
TVA importation produits pétroliers	..	..	..	179 592	272 700	427 632	511 256	320 159	496 323	811 027
Remboursements TVA intérieure	..	..	..	- 200 100	- 40 800	- 255 753	- 212 833	- 132 197	- 175 001	- 283 169

Tableau 5.17. Madagascar (suite) – Recettes fiscales détaillées

Million MGA

	1995	2000	2005	2010	2015	2018	2019	2020	2021	2022
Remboursements TVA importation produits pétroliers	..	..	..	0	0	- 36 490	- 30 557	- 59 355	- 30 800	- 4 000
5112 Impôts sur les ventes	0	0	0	0	0	0	0	0	0	0
5113 Autres impôts	0	0	0	0	0	0	0	0	0	0
5120 Impôts sur biens et services déterminés	71 280	243 620	366 288	464 098	733 797	1 198 728	1 321 482	1 189 074	1 386 582	1 605 115
5121 Accises	9 460	79 540	99 115	201 039	253 819	365 226	386 891	385 698	454 624	466 241
Accises domestiques	9 440	67 760	88 586	201 039	253 819	365 226	386 891	385 698	454 624	466 241
Accises domestiques - Intermittents	..	..	..	..	25 923	54 128	52 284	53 263	97 567	89 867
Accises domestiques - Alcools	..	..	..	..	37 975	62 773	57 150	71 274	83 747	126 731
Accises domestiques - Boissons hygieniques	..	..	..	..	0	2 803	2 758	2 862	4 113	4 517
Accises domestiques - Tabacs	..	..	..	..	185 571	224 113	248 696	244 949	253 627	231 882
Accises domestiques - Non ventilables	..	..	..	..	4 349	21 408	26 003	13 350	15 570	13 244
Accises à la douane	20	11 780	10 529	0	0	0	0	0	0	0
5122 Bénéfices de monopoles fiscaux	0	0	0	0	0	0	0	0	0	0
5123 Droits de douane et droits à l'importation	61 820	152 380	266 588	262 726	458 100	767 173	890 053	730 087	856 644	1 054 304
Droit de douanes	16 260	24 700	112 160	172 369	331 400	535 458	604 739	498 342	591 679	780 016
Taxe d'importation	29 780	48 140	0	0	0	0	0	0	0	0
Taxes sur les produits pétroliers (total)	15 780	79 540	154 428	90 357	126 700	231 715	285 314	231 745	264 965	274 287
5124 Taxes à l'exportation	0	0	0	0	0	0	0	0	0	0
5125 Impôts sur biens d'équipement	0	0	0	0	0	0	0	0	0	0
5126 Impôts sur services déterminés	..	..	..	..	21 778	65 819	43 738	72 098	73 911	83 235
Télécommunications	..	..	..	..	14 673	57 127	34 260	61 919	63 677	73 221
Taxe sur les assurances	..	..	..	..	6 220	7 540	8 268	8 983	8 852	8 517
Taxe annexe sur les contrats d'assurance des véhicules automobiles	..	..	..	..	885	1 152	1 211	1 196	1 382	1 496
5127 Autres impôts sur commerce et transact. internat.	0	11 700	585	333	100	510	799	1 192	1 404	1 335
Taxe statistique s/ import	..	8 040	0	0	0	0	0	0	0	0
Autres	..	3 660	585	333	100	510	799	1 192	1 404	1 335
5128 Autres impôts	0	0	0	0	0	0	0	0	0	0
5130 Non ventilables entre 5110 et 5120	0	0	0	0	0	0	0	0	0	0
5200 Impôts sur utilisation des biens et exerc. activites	0	0	0	0	0	0	0	0	0	0
5210 Impôts périodiques	..	..	..	..	..	..	..	..	..	..
5211 A la charge des ménages: véhicules à moteur	..	..	..	..	..	..	..	..	..	..
5212 A la charge autres agents: véhicules à moteur	..	..	..	..	..	..	..	..	..	..
5213 Autres impôts périodiques	..	..	..	..	..	..	..	..	..	..
5220 Impôts non-périodiques	..	..	..	..	..	..	..	..	..	..
5300 Non ventilables entre 5100 et 5200	0	0	0	0	0	0	0	0	0	0
6000 Autres impôts	**4 060**	**6 120**	**11 400**	**7 299**	**3 150**	**21 453**	**26 300**	**5 984**	**3 252**	**9 334**
6100 A la charge exclusive des entreprises	2 720	2 540	4 349	3 739	650	687	1 178	872	1 085	1 015
6200 A la charge d'autres agents	1 340	3 580	7 051	3 560	2 500	20 766	25 123	5 112	2 167	8 320

.. Non disponible

Note : Année civile se terminant le 31 décembre.

Les données sont sur la base des encaissements.

Les chiffres n'incluent pas les recettes fiscales collectées par les collectivités locales car elles ne sont pas disponibles.

Les cotisations de sécurité sociale sous la rubrique 2000 ne sont pas considérées comme des recettes fiscales à Madagascar.

Rubrique 5121 : La ventilation des accises domestiques est présentée à partir de 2013. Les accises domestiques sur les télécommunications sont classifiées dans la rubrique 5126 « Impôts sur des services déterminés » comme préconisé dans le *Guide d'interprétation* en Annexe A. À partir de 2009, les droits d'accises à la douane sont inclus dans les catégories de droits d'accises intermittents ou les autres catégories de droits d'accises collectés par l'administration fiscale, c'est-à-dire qu'ils sont compris dans les recettes fiscales intérieures.

Rubrique 5126 : Cette rubrique inclut les recettes provenant de la taxe sur les assurances et de la taxe annexe sur les contrats d'assurance des véhicules automobiles

Rubrique 6100 : Inclut les recettes provenant des timbres. Les recettes des timbres sur visa sont incluses dans cette rubrique jusqu'en 2014 car il n'a pas été possible de les séparer des autres recettes de timbre ; À partir de 2015 elles sont classifiées dans les recettes non fiscales comme le préconise la classification OCDE (voir le *Guide d'interprétation* en Annexes A et B).

Rubrique 6200 : les recettes des pénalités d'impôts et les recettes des prélèvements sur honoraires et sur les produits de jeux sont incluses jusqu'en 2014 dans cette rubrique car il n'a pas été possible de les séparer des autres recettes. À partir de 2015 les recettes des pénalités d'impôts sont classifiées dans les recettes non fiscales et les recettes des prélèvements sur honoraires et sur les produits de jeux sont classifiées dans la rubrique 1110 « Impôts sur revenu, bénéfices des personne physiques » comme le préconise la classification OCDE (voir le *Guide d'interprétation* en Annexes A et B).

Source : Ministère de l'économie et des Finances de Madagascar.

Tableau 5.18. Malawi – Recettes fiscales détaillées

Million MWK

	1995	2000	2005	2010	2015	2018	2019	2020	2021	2022
Recettes fiscales totales	..	..	**51 183**	**152 744**	**485 326**	**880 895**	**968 929**	**1 070 917**	**1 160 482**	**1 362 482**
1000 Impôts sur revenu, bénéfices et gains en capital	..	..	**21 837**	**67 576**	**236 126**	**423 259**	**460 724**	**506 568**	**539 925**	**616 577**
1100 Des personnes physiques	..	..	12 152	36 525	139 074	256 576	302 061	335 991	326 626	340 276
1110 Sur le revenu et les bénéfices	..	..	12 152	36 525	139 074	256 576	302 061	335 991	326 626	340 276
Retenue à la source sur les salaires (PAYE)	..	..	11 098	32 849	126 367	228 697	269 244	296 370	283 610	290 173
Avantages sociaux	..	..	844	1 675	5 350	10 749	12 111	11 947	12 966	14 657
Impôt des non résidents	..	..	196	835	4 585	13 116	16 350	22 479	22 576	23 541
Dividendes	..	..	14	1 165	2 772	4 013	4 355	5 195	7 474	11 905
1120 Sur les gains en capital	..	..	0	0	0	0	0	0	0	0
1200 Des sociétés	..	..	9 685	31 051	97 052	166 683	158 664	170 577	213 300	276 301
1210 Sur les bénéfices	..	..	9 685	31 051	97 052	166 683	158 664	170 577	213 300	276 301
Montants évalués - entreprise	..	..	1 984	6 981	14 186	28 858	19 619	16 369	30 780	22 805
Impôt provisoire sur le bénéfices des sociétés	..	..	3 957	16 253	43 723	64 987	55 936	65 470	78 331	120 184
Retenue à la source de l'impôt sur les sociétés	..	..	3 745	7 817	39 143	72 839	83 109	88 738	104 189	131 204
Impôt sur les gains en capital	..	..	0	0	0	0	0	0	0	0
Impôt anticipé sur le revenu (AIT)	..	..	0	0	0	0	0	0	0	2 108
1220 Sur les gains en capital	..	..	0	0	0	0	0	0	0	0
1300 Non ventilables entre 1100 et 1200	..	..	0	0	0	0	0	0	0	0
2000 Cotisations de sécurité sociale	..	..	**0**	**0**	**0**	**0**	**0**	**0**	**0**	**0**
2100 A la charge des salariés	..	..	..	..	..	..	..	..	..	..
2110 Sur la base du salaire	..	..	..	..	..	..	..	..	..	..
2120 Sur la base de l'impôt sur les revenus	..	..	..	..	..	..	..	..	..	..
2200 A la charge des employeurs	..	..	..	..	..	..	..	..	..	..
2210 Sur la base du salaire	..	..	..	..	..	..	..	..	..	..
2220 Sur la base de l'impôt sur le revenu	..	..	..	..	..	..	..	..	..	..
2300 A charge des travailleurs indép. ou sans emploi	..	..	..	..	..	..	..	..	..	..
2310 Sur la base du salaire	..	..	..	..	..	..	..	..	..	..
2320 Sur la base de l'impôt sur le revenu	..	..	..	..	..	..	..	..	..	..
2400 Non ventilables entre 2100, 2200 et 2300	..	..	..	..	..	..	..	..	..	..
2410 Sur la base du salaire	..	..	..	..	..	..	..	..	..	..
2420 Sur la base de l'impôt sur le revenu	..	..	..	..	..	..	..	..	..	..
3000 Sur salaires ou main d'oeuvre	..	..	**0**	**0**	**0**	**0**	**0**	**0**	**0**	**0**
4000 Impôts sur le patrimoine	..	..	..	..	..	..	..	..	..	..
4100 Impôts périodiques sur la propriété immobilière	..	..	..	..	..	..	..	..	..	..
4110 Ménages	..	..	..	..	..	..	..	..	..	..
4120 Autres agents	..	..	..	..	..	..	..	..	..	..
4200 Impôts périodiques sur l'actif net	..	..	..	..	..	..	..	..	..	..
4210 Personnes physiques	..	..	..	..	..	..	..	..	..	..
4220 Sociétés	..	..	..	..	..	..	..	..	..	..
4300 Impôts sur mut. par décès, succ. et donations	..	..	..	..	..	..	..	..	..	..
4310 Impôts sur mut. par décès et successions	..	..	..	..	..	..	..	..	..	..
4320 Impôts sur les donations	..	..	..	..	..	..	..	..	..	..
4400 Impôts sur transact. mobilières et immob.	..	..	..	..	..	..	..	..	..	..
4500 Impôts non-périodiques	..	..	..	..	..	..	..	..	..	..
4510 Sur l'actif net	..	..	..	..	..	..	..	..	..	..
4520 Autres non-périodiques	..	..	..	..	..	..	..	..	..	..
4600 Autres impôts périodiques sur patrimoine	..	..	..	..	..	..	..	..	..	..
5000 Impôts sur les biens et services	..	..	**29 263**	**84 865**	**248 646**	**457 223**	**507 491**	**564 313**	**619 701**	**744 589**
5100 Impôts sur production, vente, transfert, etc.	..	..	29 263	84 865	248 646	457 223	507 491	563 043	617 070	741 370
5110 Impôts généraux	..	..	14 216	38 751	137 551	247 658	287 974	336 128	343 184	402 039
5111 Taxes sur la valeur ajoutée	..	..	14 216	38 751	137 539	247 632	287 926	336 101	343 158	401 940
Recettes de TVA (nationales)	..	..	6 880	21 932	67 149	132 750	163 852	176 801	197 059	241 272
TVA sur les importations	..	..	8 279	22 482	80 007	139 080	152 835	138 453	166 486	195 855
Remboursements de TVA	..	..	-942	- 5 663	- 9 618	- 24 199	- 28 761	20 847	- 20 386	- 35 187
5112 Impôts sur les ventes	..	..	0	0	0	0	0	0	0	0
5113 Autres impôts	..	..	0	0	12	26	48	27	26	98
Taxe sur le chiffre d'affaires	..	..	..	..	12	26	48	27	26	98
5120 Impôts sur biens et services déterminés	..	..	15 047	46 115	111 094	209 565	219 517	226 915	273 886	339 331

Tableau 5.18. Malawi (suite) – Recettes fiscales détaillées

Million MWK

	1995	2000	2005	2010	2015	2018	2019	2020	2021	2022
5121 Accises	..	..	8 097	31 122	64 856	133 326	131 225	142 242	181 387	216 173
Accises locales	..	..	1 294	5 805	15 368	32 208	36 215	40 042	47 363	50 505
Droits d'accise sur les importations	..	..	5 401	14 233	26 419	48 544	55 172	52 302	53 186	78 206
Prélèvement routier (taxe sur les carburants)	..	..	1 402	7 507	9 312	26 277	31 218	39 055	36 597	55 690
Taxe routier (taxe sur les carburants)	..	..	0	0	3 837	5 580	6 662	7 941	9 213	9 526
Redevance d'électrification rurale (taxe sur les carburants)	..	..	0	3 577	8 681	18 950	0	0	33 231	19 665
Taxe de stockage (taxe sur les carburants)	..	..	0	0	1 240	1 768	1 958	2 902	1 797	2 580
5122 Bénéfices de monopoles fiscaux	..	..	0	0	0	0	0	0	0	0
5123 Droits de douane et droits à l'importation	..	..	6 950	14 993	46 238	76 239	88 292	84 672	92 498	123 159
Droit d'importation	..	..	6 229	15 775	46 121	76 179	88 213	82 528	87 702	116 839
Acomptes perçus sur les droits à l'importation	..	..	721	-783	117	60	79	33	1 323	66
Surtaxe sur les droits à l'importation	..	..	0	0	0	0	0	2 112	3 474	6 253
5124 Taxes à l'exportation	..	..	0	0	0	0	0	0	0	0
5125 Impôts sur biens d'équipement	..	..	0	0	0	0	0	0	0	0
5126 Impôts sur services déterminés	..	..	0	0	0	0	0	0	0	0
5127 Autres impôts sur commerce et transact. internat.	..	..	0	0	0	0	0	0	0	0
5128 Autres impôts	..	..	0	0	0	0	0	0	0	0
5130 Non ventilables entre 5110 et 5120	..	..	0	0	0	0	0	0	0	0
5200 Impôts sur utilisation des biens et exerc. activites	..	..	0	0	0	0	0	1 271	2 631	3 219
5210 Impôts périodiques	..	..	..	..	..	..	..	1 271	2 631	3 219
5211 A la charge des ménages: véhicules à moteur	..	..	..	..	..	..	..	0	0	0
5212 A la charge autres agents: véhicules à moteur	..	..	..	..	..	..	..	1 271	2 631	3 219
Taxe sur le carbone sur la propriété des véhicules	..	..	..	..	..	..	..	1 271	2 631	3 219
5213 Autres impôts périodiques	..	..	..	..	..	..	..	0	0	0
5220 Impôts non-périodiques	..	..	..	..	..	..	..	0	0	0
5300 Non ventilables entre 5100 et 5200	..	..	0	0	0	0	0	0	0	0
6000 Autres impôts	**..**	**..**	**82**	**303**	**554**	**413**	**714**	**36**	**855**	**1 316**
6100 A la charge exclusive des entreprises	..	..	82	303	554	413	714	36	855	1 316
Droits Divers	..	..	82	303	554	413	714	36	855	1 316
6200 A la charge d'autres agents	..	..	0	0	0	0	0	0	0	0

.. Non disponible

Note : Les données pour le Malawi sont basées sur l'année fiscale commençant le 1er juillet. Par exemple, les données pour 2022 représentent la période du 1er juillet 2021 au 30 juin 2022. En 2021, le Malawi a changé d'année fiscale, passant d'une année fiscale juillet-juin à une année fiscale avril-mars. Cela signifie que si les *Statistiques des recettes publiques en Afrique* utilisent la même base d'année fiscale que celle utilisée dans les rapports nationaux du Malawi pour toutes les années jusqu'en 2021, ce n'est pas le cas pour 2022. Comme l'année fiscale 2021/22 du Malawi est raccourcie à neuf mois et va de juillet 2021 à mars 2022, pour une meilleure comparabilité d'une année sur l'autre, une année fiscale de 12 mois est utilisée pour le Malawi dans les *Statistiques des recettes publiques en Afrique.*

Les chiffres excluent les recettes des licences et permis d'exploitation perçus par les conseils municipaux et de district auprès des entités commerciales relevant de leur juridiction.

Rubrique 2000 : Les cotisations de sécurité sociale pour le Malawi sont considérées comme nulles car elles ne remplissent pas les critères pour être classées comme cotisations de sécurité sociale selon la classification des impôts de l'OCDE dans *le Guide d'interprétation.*

Rubrique 4000 : les recettes des taxes foncières sont principalement perçues par les collectivités locales pour lesquels les données sur les recettes ne sont pas disponibles.

Source : Ministère des finances, de la planification économique et du développement du Malawi.

Tableau 5.19. Mali – Recettes fiscales détaillées

Million XOF

	1995	2000	2005	2010	2015	2018	2019	2020	2021	2022
Recettes fiscales totales	**124 203**	**239 362**	**476 775**	**748 245**	**1 207 241**	**1 310 703**	**1 833 214**	**1 886 935**	**2 175 585**	**2 088 160**
1000 Impôts sur revenu, bénéfices et gains en capital	**26 399**	**34 698**	**78 979**	**184 760**	**296 284**	**313 752**	**410 014**	**495 867**	**525 539**	**529 216**
1100 Des personnes physiques	10 053	16 061	33 283	50 375	88 233	90 875	125 158	133 257	137 752	147 879
1110 Sur le revenu et les bénéfices	10 053	16 061	33 283	50 375	88 233	90 875	125 158	133 257	137 752	147 879
ITS retenue, secteur privé	5 853	12 374	25 119	39 859	71 153	74 395	101 950	109 256	119 803	109 997
ITS retenue, secteur public	2 723	3 311	7 125	8 624	13 904	12 004	18 066	19 624	11 535	31 105
Taxe sur les plus-values de cession	0	0	0	0	862	1 371	1 599	989	2 955	2 925
Impôts sur les revenus fonciers	1 477	376	1 039	1 892	2 314	3 105	3 543	3 388	3 459	3 851
1120 Sur les gains en capital	0	0	0	0	0	0	0	0	0	0
1200 Des sociétés	10 840	16 034	38 386	118 346	179 458	201 763	253 131	326 412	332 699	341 121
1210 Sur les bénéfices	10 840	16 034	38 386	118 346	179 458	201 763	253 131	326 412	332 699	341 121
Impôt sur les societés (IS privé)	..	..	31 767	107 582	174 433	197 499	249 245	322 380	306 584	332 838
Impôt sur les societés (IS état)	..	..	0	121	1	157	26	108	20 341	30
BIC secteur privé	10 840	15 996	6 589	10 643	5 024	4 107	3 859	3 925	5 775	8 253
BIC secteur état	0	38	30	0	0	0	0	0	0	0
1220 Sur les gains en capital	..	..	..	..	..	..	..	..	..	..
1300 Non ventilables entre 1100 et 1200	5 506	2 603	7 310	16 039	28 593	21 115	31 725	36 197	55 089	40 217
Taxe synthétique	0	480	1 449	1 212	1 441	1 469	1 486	1 399	1 544	0
Impôt sur le revenu des valeurs mobilières	5 506	2 123	5 861	14 827	27 152	19 646	30 239	34 798	53 545	40 217
2000 Cotisations de sécurité sociale	**13 169**	**18 442**	**45 497**	**73 600**	**149 083**	**205 344**	**297 236**	**333 298**	**403 322**	**460 568**
2100 A la charge des salariés	..	..	..	..	..	..	..	..	..	..
2110 Sur la base du salaire	..	..	..	..	..	..	..	..	..	..
2120 Sur la base de l'impôt sur les revenus	..	..	..	..	..	..	..	..	..	..
2200 A la charge des employeurs	..	..	..	..	..	..	..	..	..	..
2210 Sur la base du salaire	..	..	..	..	..	..	..	..	..	..
2220 Sur la base de l'impôt sur le revenu	..	..	..	..	..	..	..	..	..	..
2300 A charge des travailleurs indép. ou sans emploi	..	..	..	..	..	..	..	..	..	..
2310 Sur la base du salaire	..	..	..	..	..	..	..	..	..	..
2320 Sur la base de l'impôt sur le revenu	..	..	..	..	..	..	..	..	..	..
2400 Non ventilables entre 2100, 2200 et 2300	13 169	18 442	45 497	73 600	149 083	205 344	297 236	333 298	403 322	460 568
Cotisations sécurité sociale (CMSS)	..	..	9 259	12 834	26 550	34 758	98 520	114 470	153 307	150 502
Cotisations sécurité sociale (INPS)	13 169	18 442	36 238	60 766	90 152	123 801	136 492	154 189	165 462	222 503
Cotisations sécurité sociale (CANAM - CMSS)	..	..	..	..	18 393	22 468	25 253	26 596	38 313	38 503
Cotisations sécurité sociale (CANAM - INPS)	..	..	..	..	13 871	24 315	36 971	38 041	46 236	49 060
Cotisations sécurité sociale (CANAM - ANICT / AR / PGT)	..	..	..	..	118	2	2	2	4	0
2410 Sur la base du salaire	..	..	..	..	..	..	..	..	..	..
2420 Sur la base de l'impôt sur le revenu	..	..	..	..	..	..	..	..	..	..
3000 Sur salaires ou main d'oeuvre	**2 470**	**4 671**	**8 381**	**6 278**	**11 567**	**11 938**	**14 737**	**5 724**	**12 197**	**14 882**
Contribution forfaitaire	2 470	4 671	8 381	6 278	11 567	11 938	14 737	5 724	12 197	14 882
Contrepartie des salaires versés/sociétés minérale étrangers	0	0	0	0	0	0	0	0	0	0
4000 Impôts sur le patrimoine	**2 724**	**3 149**	**7 909**	**12 062**	**17 933**	**26 353**	**30 862**	**27 441**	**30 802**	**29 307**
4100 Impôts périodiques sur la propriété immobilière	54	119	930	979	1 561	1 779	1 957	2 074	2 193	2 504
Droits de conservation de la propriété	54	119	930	979	1 549	1 764	1 914	2 025	2 144	2 474
Taxe sur les locations des particuliers	0	0	0	0	12	15	42	49	49	30
4110 Ménages	..	..	..	..	..	..	..	..	..	..
4120 Autres agents	..	..	..	..	..	..	..	..	..	..
4200 Impôts périodiques sur l'actif net	0	0	0	0	0	0	0	0	0	0
4210 Personnes physiques	..	..	..	..	..	..	..	..	..	..
4220 Sociétés	..	..	..	..	..	..	..	..	..	..
4300 Impôts sur mut. par décès, succ. et donations	0	0	0	0	0	0	0	0	0	0
4310 Impôts sur mut. par décès et successions	..	..	..	..	..	..	..	..	..	..
4320 Impôts sur les donations	..	..	..	..	..	..	..	..	..	..
4400 Impôts sur transact. mobilières et immob.	2 670	3 030	6 979	11 083	16 372	24 573	28 905	25 366	28 610	26 803
Droits d'enregistrements (DGI)	2 600	2 934	3 414	6 928	11 023	16 754	13 027	12 158	14 018	11 382

Tableau 5.19. Mali (suite) – Recettes fiscales détaillées

Million XOF

	1995	2000	2005	2010	2015	2018	2019	2020	2021	2022
Droits d'enregistrements (DND)	0	0	3 055	4 107	5 321	7 499	15 583	13 174	14 544	15 411
Transfert lettre et permis OCC en TF	70	96	510	0	0	0	0	0	0	0
Taxe sur les frais d'édilité	0	0	0	48	28	320	295	35	48	10
4500 Impôts non-périodiques	0	0	0	0	0	0	0	0	0	0
4510 Sur l'actif net	..	..	..	..	..	..	..	..	..	..
4520 Autres non-périodiques	..	..	..	..	..	..	..	..	..	..
4600 Autres impôts périodiques sur patrimoine	0	0	0	0	0	0	0	0	0	0
5000 Impôts sur les biens et services	**73 710**	**172 271**	**328 545**	**451 942**	**689 931**	**728 932**	**989 465**	**927 742**	**1 123 085**	**981 871**
5100 Impôts sur production, vente, transfert, etc.	73 011	171 443	327 388	450 213	687 273	724 619	985 878	924 163	1 119 433	978 063
5110 Impôts généraux	27 647	80 633	191 827	260 599	328 157	371 539	537 907	488 545	588 033	511 180
5111 Taxes sur la valeur ajoutée	27 647	80 633	191 827	260 599	328 157	371 539	537 907	488 545	588 033	511 180
TVA à l'importation	13 863	46 622	119 548	161 656	210 431	268 881	316 487	328 676	401 303	309 147
Recettes TVA (privé)	9 332	31 218	67 629	95 383	113 512	100 982	220 473	159 346	186 359	197 202
Recettes TVA (gouvernement)	4 452	2 793	4 650	3 560	4 214	1 677	947	522	371	4 831
5112 Impôts sur les ventes	0	0	0	0	0	0	0	0	0	0
5113 Autres impôts	0	0	0	0	0	0	0	0	0	0
Contribution Générale de Solidarité (Fonds pour le développement durable - FDD)	0	0	0	0	0	0	0	0	0	0
5120 Impôts sur biens et services déterminés	45 364	90 810	135 561	189 614	359 116	353 080	447 970	435 618	531 400	466 883
5121 Accises	23 257	45 791	42 725	56 909	136 898	103 676	118 607	127 286	81 985	126 260
Taxes intérieures sur produits petroliers (TIPP)	9 133	33 694	26 389	25 660	93 264	48 611	43 626	55 127	20 814	35 805
Taxe Ad Valorem (entreprises minières) (DNDC)	439	4 233	9 811	20 479	25 253	27 246	45 845	40 165	32 556	61 527
Taxes locales sur les tabacs	981	816	3 285	5 385	8 264	14 405	13 420	14 571	12 794	6 915
Taxes sur les boissons alcoolisés	867	1 169	1 317	1 777	3 611	4 750	6 037	4 430	2 256	1 135
Impôt spécial sur les boissons	133	1 519	708	2 088	4 237	5 459	5 144	5 670	6 554	10 386
Taxe sur autres produits	11 704	4 360	1 215	1 520	2 269	3 205	4 535	7 325	7 011	10 492
5122 Bénéfices des monopoles fiscaux	0	0	0	0	0	0	0	0	0	0
5123 Droits de douane et droits à l'importation	19 055	30 734	67 175	86 853	124 049	147 355	173 683	173 257	211 063	190 290
Droits de douanes	19 029	29 328	60 305	76 287	111 062	129 869	154 469	153 294	188 338	167 841
Redevance Statistique	0	315	6 485	9 702	12 940	16 939	19 148	19 924	22 707	22 194
Taxe degréssive de protection (TDP)	0	6	373	831	0	0	0	0	0	0
Taxe conjoncturelle à l'importation	26	1 085	12	33	47	547	67	38	19	254
5124 Taxes à l'exportation	102	4 046	9 922	20 503	30 243	33 887	53 055	42 532	124 889	55 719
Contribution pour prestation de service (CPS) sur l'or	102	4 046	9 922	20 503	30 243	33 887	53 055	42 532	50 722	55 719
Droit de Sortie du Coton (Fonds pour le développement durable - FDD)	0	0	0	0	0	0	0	0	74 167	0
5125 Impôts sur biens d'équipement	0	0	0	0	0	0	0	0	0	0
5126 Impôts sur services déterminés	2 950	10 239	15 739	25 349	67 926	68 162	102 625	92 543	113 463	94 613
Taxes sur les activités financières	0	5 785	9 995	17 828	39 608	32 993	59 838	53 412	67 968	49 370
Ristournes sur PMU et casinos	1 497	1 515	1 955	3 061	5 966	7 069	7 478	5 580	9 413	12 585
Taxes sur les transporteurs routiers	620	1 676	2 287	2 659	3 499	4 212	3 505	2 712	2 181	1 841
Taxes sur les contrats d'assurances	830	1 261	1 475	1 787	3 321	4 066	4 852	5 149	6 638	8 008
Autres taxes sur les services déterminés	3	2	27	14	2	1	3	1	1	1
Taxe sur Accès au Reseau de Télécom Ouvert au Public (TARTOP)	0	0	0	0	15 530	19 822	26 950	25 688	27 261	22 808
5127 Autres impôts sur commerce et transact. internat.	0	0	0	0	0	0	0	0	0	0
5128 Autres impôts	0	0	0	0	0	0	0	0	0	0
5130 Non ventilables entre 5110 et 5120	0	0	0	0	0	0	0	0	0	0
5200 Impôts sur utilisation des biens et exerc. activites	699	828	1 157	1 729	2 658	4 313	3 588	3 579	3 652	3 808
5210 Impôts périodiques	699	828	1 157	1 729	2 658	4 313	3 588	3 579	3 652	3 808
5211 A la charge des ménages: véhicules à moteur	583	716	1 140	1 715	2 658	3 389	3 588	3 579	3 652	3 808
Taxes sur les véhicules automobiles	583	716	1 140	1 715	2 658	3 389	3 588	3 579	3 652	3 808
5212 A la charge autres agents: véhicules à moteur	0	0	0	0	0	0	0	0	0	0
5213 Autres impôts périodiques	116	112	17	14	0	924	0	0	0	0
Permis d'exploitation de la forêt de la faune	116	112	17	14	..	924	..	..	..	..
5220 Impôts non-périodiques	0	0	0	0	0	0	0	0	0	0
5300 Non ventilables entre 5100 et 5200	0	0	0	0	0	0	0	0	0	0
6000 Autres impôts	**5 731**	**6 131**	**7 464**	**19 603**	**42 443**	**24 385**	**90 899**	**96 863**	**80 641**	**72 316**

Tableau 5.19. Mali (suite) – Recettes fiscales détaillées

Million XOF

	1995	2000	2005	2010	2015	2018	2019	2020	2021	2022
Droits de Timbres (DGI)	4 839	4 188	6 172	10 797	16 840	17 702	20 027	19 492	22 112	19 569
Droits de timbres (DND)	0	0	911	143	235	406	550	509	579	553
Recettes sur exercices antérieurs	892	1 943	381	8 663	25 368	6 277	70 323	76 862	57 950	52 195
6100 A la charge exclusive des entreprises	..	..	..	..	..	..	..	..	..	..
6200 A la charge d'autres agents	..	..	..	..	..	..	..	..	..	..
Pour mémoire :	..	..	..	..	..	..	..	..	..	..
Prélevement communautaire (PC) (taxe UEMOA)	1 978	1 394	0	0	0	0	0	0	0	0

.. Non disponible

Note : Année civile se terminant le 31 décembre.

ANICT = « Agence Nationale d'Investissement des Collectivités Territoriales » ; AR = « Autorités Régionales » ; PGT = « Paierie Générale du Trésor ». Les données sont sur la base des encaissements.

Les chiffres n'incluent pas les recettes fiscales collectées par les collectivités locales car elles ne sont pas disponibles.

Les données des cotisations de la Caisse Malienne de Sécurité Sociale (CMSS), de la Caisse Nationale d'Assurance Maladie (CANAM), et de l'Institut National de Prévoyance Sociale (INPS) ne sont disponibles qu'à partir de 2004, 2011, et 2006 respectivement. Ces recettes ne sont pas incluses dans les recettes de l'État du Mali.

Rubrique 2400 : Cette rubrique comprend les données de la CANAM. Une partie des recettes de la CANAM est perçue par la CMSS et l'INPS. Ces recettes ne font pas partie des recettes de la CMSS ou de l'INPS.

Rubrique 5123 : Les recettes de la CEDEAO (Communauté économique des États de l'Afrique de l'Ouest), y compris les redevances statistiques, le prélèvement communautaire, et la taxe dégressive de protection, ne sont pas considérées comme des recettes fiscales ou des recettes non fiscales du gouvernement du Mali selon le Guide d'interprétation de l'OCDE (voir § 4).

Rubrique 5126 : Les recettes de TARTOP étaient incluses dans les recettes non fiscales (Ventes de biens et services) dans les éditions précédentes.

Source : Ministère de l'Économie et des Finances et la Direction Nationale du Trésor et de la Comptabilité Publique du Mali.

Tableau 5.20. Maroc – Recettes fiscales détaillées

Million MAD

	1995	2000	2005	2010	2015	2018	2019	2020	2021	2022
Recettes fiscales totales	..	**90 900**	**137 440**	**216 769**	**265 069**	**313 217**	**327 338**	**314 334**	**347 401**	**397 942**
1000 Impôts sur revenu, bénéfices et gains en capital	..	**23 656**	**42 613**	**62 646**	**78 952**	**96 026**	**98 276**	**95 427**	**98 265**	**122 588**
1100 Des personnes physiques	..	14 540	23 661	26 598	37 214	43 889	44 353	42 206	47 905	50 855
1110 Sur le revenu et les bénéfices	..	12 473	21 009	22 391	32 797	43 462	42 823	41 568	47 416	49 957
Salaires	..	10 829	18 830	19 409	28 277	32 561	32 865	32 516	35 317	39 247
Revenus professionnels	..	1 645	2 179	2 982	4 519	6 374	6 112	5 251	5 627	4 932
Autres types d'impôts sur le revenu	..	0	0	0	0	4 527	3 846	3 801	6 472	5 777
1120 Sur les gains en capital	..	2 067	2 653	4 207	4 417	427	1 530	637	489	898
1200 Des sociétés	..	9 116	18 952	36 049	41 738	52 137	53 924	53 221	50 361	71 733
1210 Sur les bénéfices	..	8 330	16 962	31 164	32 693	52 130	53 920	53 221	50 354	71 726
Bénéfices	..	8 084	16 494	29 381	30 553	49 529	51 396	50 971	47 912	69 015
Produits bruts versés aux sociétés étrangères	..	246	468	1 783	2 140	2 601	2 524	2 250	2 442	2 712
1220 Sur les gains en capital	..	786	1 990	4 884	9 045	7	4	0	6	7
1300 Non ventilables entre 1100 et 1200	..	0	0	0	0	0	0	0	0	0
2000 Cotisations de sécurité sociale	..	**9 982**	**22 983**	**37 924**	**52 418**	**65 143**	**73 616**	**77 978**	**82 188**	**89 572**
2100 A la charge des salariés	..	2 803	8 313	13 208	17 730	22 401	24 847	25 799	27 807	29 453
2110 Sur la base du salaire	..	..	..	..	..	..	..	..	..	..
2120 Sur la base de l'impôt sur les revenus	..	..	..	..	..	..	..	..	..	..
2200 A la charge des employeurs	..	7 179	14 644	24 524	34 385	42 310	48 265	51 630	53 691	59 524
2210 Sur la base du salaire	..	..	..	..	..	..	..	..	..	..
2220 Sur la base de l'impôt sur le revenu	..	..	..	..	..	..	..	..	..	..
2300 A charge des travailleurs indép. ou sans emploi	..	0	0	0	0	0	0	0	0	0
2310 Sur la base du salaire	..	..	..	..	..	..	..	..	..	..
2320 Sur la base de l'impôt sur le revenu	..	..	..	..	..	..	..	..	..	..
2400 Non ventilables entre 2100, 2200 et 2300	..	0	25	192	302	432	505	549	690	594
2410 Sur la base du salaire	..	..	..	..	..	..	..	..	..	..
2420 Sur la base de l'impôt sur le revenu	..	..	..	..	..	..	..	..	..	..
3000 Sur salaires ou main d'oeuvre	..	**0**	**0**	**0**	**0**	**0**	**0**	**0**	**0**	**0**
4000 Impôts sur le patrimoine	..	**5 405**	**8 403**	**12 702**	**19 536**	**16 679**	**16 536**	**13 445**	**18 590**	**19 843**
4100 Impôts périodiques sur la propriété immobilière	..	3 340	4 415	5 740	6 859	7 947	8 182	7 487	9 713	9 233
4110 Ménages	..	1 989	2 866	3 898	4 414	5 143	5 324	4 855	6 325	6 014
Taxe d'habitation	..	517	696	382	364	402	443	292	412	378
Taxe sur les terrains non bâtis	..	135	236	839	1 113	1 439	1 577	1 342	1 817	1 719
Taxe de services communaux	..	1 337	1 934	2 677	2 937	3 302	3 304	3 221	4 096	3 917
4120 Autres agents	..	1 351	1 549	1 842	2 445	2 804	2 858	2 632	3 388	3 219
4200 Impôts périodiques sur l'actif net	..	0	0	0	0	0	0	0	0	0
4210 Personnes physiques	..	..	..	..	..	..	..	..	..	..
4220 Sociétés	..	..	..	..	..	..	..	..	..	..
4300 Impôts sur mut. par décès, succ. et donations	..	0	0	0	0	0	0	0	0	0
4310 Impôts sur mut. par décès et successions	..	..	..	..	..	..	..	..	..	..
4320 Impôts sur les donations	..	..	..	..	..	..	..	..	..	..
4400 Impôts sur transact. mobilières et immob.	..	2 065	3 988	6 962	12 677	8 732	8 354	5 958	8 877	10 610
4500 Impôts non-périodiques	..	0	0	0	0	0	0	0	0	0
4510 Sur l'actif net	..	..	..	..	..	..	..	..	..	..
4520 Autres non-périodiques	..	..	..	..	..	..	..	..	..	..
4600 Autres impôts périodiques sur patrimoine	..	0	0	0	0	0	0	0	0	0
5000 Impôts sur les biens et services	..	**50 655**	**62 100**	**101 384**	**111 766**	**134 189**	**137 937**	**126 572**	**147 284**	**164 796**
5100 Impôts sur production, vente, transfert, etc.	..	49 539	60 701	99 056	108 848	128 153	131 538	120 742	140 511	157 772
5110 Impôts généraux	..	21 476	32 607	65 247	75 271	86 024	87 396	79 781	93 043	106 826
5111 Taxes sur la valeur ajoutée	..	21 476	32 607	65 247	75 271	86 024	87 396	79 781	93 043	106 826
5112 Impôts sur les ventes	..	0	0	0	0	0	0	0	0	0
5113 Autres impôts	..	0	0	0	0	0	0	0	0	0
5120 Impôts sur biens et services déterminés	..	28 063	28 094	33 809	33 577	42 128	44 142	40 961	47 468	50 945
5121 Accises	..	15 223	15 631	21 382	25 661	28 674	30 276	27 633	31 235	31 994
Taxes intérieures de consommation	..	15 183	15 544	21 132	25 366	28 318	29 900	27 390	30 960	31 605
Taxe sur la vente de produits forestiers	..	4	18	26	29	8	- 3	4	10	20
Taxe sur les débits de boissons	..	23	37	143	162	203	221	117	126	199
Taxe sur les eaux minérales et de table	..	13	31	81	104	145	157	122	139	170
5122 Bénéfices de monopoles fiscaux	..	0	0	0	0	0	0	0	0	0
5123 Droits de douane et droits à l'importation	..	12 810	12 386	12 242	7 715	9 693	9 768	9 488	11 885	13 895
5124 Taxes à l'exportation	..	0	0	0	0	0	0	0	0	0

Tableau 5.20. Maroc (suite) – Recettes fiscales détaillées

Million MAD

	1995	2000	2005	2010	2015	2018	2019	2020	2021	2022
5125 Impôts sur biens d'équipement	..	0	0	0	0	0	0	0	0	0
5126 Impôts sur services déterminés	..	30	77	184	201	3 762	4 098	3 840	4 348	5 056
Taxe de séjour	..	26	67	160	173	228	258	109	82	164
Taxe sur le transport public de voyageurs	..	4	10	24	28	35	38	23	30	32
Droit de timbre sur les annonces publicitaires sur écran	..	0	0	0	0	3 499	3 803	3 708	4 236	4 860
5127 Autres impôts sur commerce et transact. internat.	..	0	0	0	0	0	0	0	0	0
5128 Autres impôts	..	0	0	0	0	0	0	0	0	0
5130 Non ventilables entre 5110 et 5120	..	0	0	0	0	0	0	0	0	0
5200 Impôts sur utilisation des biens et exerc. activites	..	1 116	1 398	2 328	2 918	6 036	6 399	5 830	6 773	7 024
5210 Impôts périodiques	..	964	1 134	1 385	1 955	3 158	3 459	3 470	3 756	4 009
5211 A la charge des ménages : véhicules à moteur	..	959	1 119	1 351	1 920	2 570	2 846	2 805	3 047	3 244
5212 A la charge autres agents : véhicules à moteur	..	0	0	0	0	556	583	629	669	722
5213 Autres impôts périodiques	..	5	15	33	35	32	29	36	40	43
Taxe sur les permis de chasse	..	5	15	33	35	32	29	36	40	43
5220 Impôts non-périodiques	..	152	265	943	963	2 878	2 941	2 359	3 017	3 016
Taxe sur les opérations de construction	..	113	230	703	709	723	730	618	829	793
Taxe sur les opérations de lotissement	..	39	35	240	254	285	313	215	229	258
Autres	..	0	0	0	0	1 870	1 898	1 526	1 959	1 965
5300 Non ventilables entre 5100 et 5200	..	0	0	0	0	0	0	0	0	0
6000 Autres impôts	**..**	**1 201**	**1 341**	**2 112**	**2 398**	**1 179**	**972**	**912**	**1 074**	**1 143**
Droits de timbres	..	1 132	1 260	1 683	2 092	965	801	733	868	910
Taxes locales	..	69	81	429	306	214	171	179	206	233
6100 A la charge exclusive des entreprises	..	..	..	..	..	..	..	..	..	..
6200 A la charge d'autres agents	..	..	..	..	..	..	..	..	..	..

.. Non disponible

Note : Année civile se terminant le 31 décembre.

Les données sont sur la base des encaissements.

Les impôts affectés aux Fonds Spéciaux du Trésor sont compris dans les données.

Rubrique 2000 : Les données de cotisations de sécurité sociales sont estimées pour les années 2000 et 2001. Les recettes des majorations et pénalités relatives aux impôts sont considérées comme des recettes non fiscales comme le préconise la classification OCDE (voir le Guide d'interprétation en Annexes A et B). La classification nationale du Maroc les compte comme des recettes fiscales.

Source : Ministère de l'Économie et des Finances.

Tableau 5.21. Maurice – Recettes fiscales détaillées

Million MUR

	1995	2000	2005	2010	2015	2018	2019	2020	2021	2022
Recettes fiscales totales	**12 262**	**22 146**	**34 828**	**58 404**	**79 225**	**95 752**	**103 385**	**97 275**	**92 675**	**117 028**
1000 Impôts sur revenu, bénéfices et gains en capital	**1 804**	**2 881**	**5 829**	**15 005**	**19 793**	**24 325**	**27 810**	**27 940**	**27 562**	**34 959**
1100 Des personnes physiques	863	1 540	2 553	4 583	7 614	9 527	10 453	11 221	11 450	13 944
1110 Sur le revenu et les bénéfices	..	..	..	..	..	..	..	..	..	..
1120 Sur les gains en capital	..	..	..	..	..	..	..	..	..	..
1200 Des sociétés	941	1 341	3 276	9 457	10 993	13 407	15 648	15 000	14 306	18 842
1210 Sur les bénéfices	941	1 341	3 276	9 457	10 993	13 407	15 648	15 000	14 306	18 842
Impôt sur le revenu - Entreprises et personnes morales	..	..	..	8 428	9 788	12 403	14 556	13 876	11 760	16 446
Taxe spéciale sur les banques	..	..	..	455	748	846	934	939	950	1 028
Prélèvement de solidarité sur les sociétés de télécommunication	..	..	..	424	331	158	158	185	157	148
Impôt sur la responsabilité sociale	..	..	..	150	126	0	0	0	0	0
Contribution spéciale des hôtels	..	..	..	0	0	0	0	0	0	0
Prélèvement COVID-19	..	..	..	0	0	0	0	0	1 439	1 219
1220 Sur les gains en capital	..	..	..	..	..	..	..	..	..	..
1300 Non ventilables entre 1100 et 1200	..	..	..	965	1 186	1 392	1 709	1 720	1 806	2 173
Retenue fiscale à la source	..	..	..	965	1 186	1 392	1 709	1 720	1 806	2 173
2000 Cotisations de sécurité sociale	**689**	**986**	**1 314**	**2 113**	**3 252**	**3 630**	**4 239**	**4 560**	**6 026**	**8 348**
2100 A la charge des salariés	230	329	438	704	1 084	1 210	1 413	1 520	1 541	2 270
2110 Sur la base du salaire	230	329	438	704	1 084	1 210	1 413	1 520	1 541	2 270
Cotisations des salariés à la National Pension fund (NPF)	230	329	438	704	1 084	1 210	1 413	1 520	260	0
Contribution Sociale Généralisée (CSG) - salariés du secteur privé	0	0	0	0	0	0	0	0	1 281	2 008
Contribution Sociale Généralisée (CSG) - salariés du secteur public	0	0	0	0	0	0	0	0	0	262
2120 Sur la base de l'impôt sur les revenus	0	0	0	0	0	0	0	0	0	0
2200 A la charge des employeurs	459	657	876	1 408	2 168	2 420	2 826	3 040	4 482	5 991
2210 Sur la base du salaire	459	657	876	1 408	2 168	2 420	2 826	3 040	4 482	5 991
Cotisations des employeurs à la National Pension fund (NPF)	459	657	876	1 408	2 168	2 420	2 826	3 040	519	0
Contribution Sociale Généralisée (CSG) - employeurs du secteur privé	0	0	0	0	0	0	0	0	2 562	4 061
Contribution Sociale Généralisée (CSG) - employeurs du secteur public	0	0	0	0	0	0	0	0	1 400	1 930
2220 Sur la base de l'impôt sur le revenu	0	0	0	0	0	0	0	0	0	0
2300 A charge des travailleurs indép. ou sans emploi	0	0	0	0	0	0	0	0	3	87
2310 Sur la base du salaire	..	..	..	..	..	..	..	..	3	87
Contribution Sociale Généralisée (CSG) – travailleurs indépendants	..	..	..	..	..	..	..	..	3	87
2320 Sur la base de l'impôt sur le revenu	..	..	..	..	..	..	..	..	0	0
2400 Non ventilables entre 2100, 2200 et 2300	0	0	0	0	0	0	0	0	0	0
2410 Sur la base du salaire	..	..	..	..	..	..	..	..	..	..
2420 Sur la base de l'impôt sur le revenu	..	..	..	..	..	..	..	..	..	..
3000 Sur salaires ou main d'oeuvre	**77**	**140**	**204**	**176**	**474**	**549**	**777**	**798**	**409**	**860**
Taxes extrabudgétaires sur les salaires et la main-doeuvre	77	140	204	176	474	549	777	798	409	860
4000 Impôts sur le patrimoine	**945**	**1 411**	**1 920**	**3 328**	**4 095**	**4 711**	**4 706**	**4 084**	**4 538**	**5 847**
4100 Impôts périodiques sur la propriété immobilière	135	205	240	417	146	306	294	321	296	305
4110 Ménages	0	0	0	0	0	0	0	0	0	0
4120 Autres agents	135	205	240	417	146	306	294	321	296	305
Impôts locales sur les biens immobiliers	135	205	240	410	143	299	288	313	293	302
Taxes de campement	..	..	..	6	3	7	6	8	3	3
4200 Impôts périodiques sur l'actif net	0	0	0	0	0	0	0	0	0	0
4210 Personnes physiques	..	..	..	..	..	..	..	..	..	..
4220 Sociétés	..	..	..	..	..	..	..	..	..	..
4300 Impôts sur mut. par décès, succ. et donations	0	0	0	0	0	0	0	0	0	0
4310 Impôts sur mut. par décès et successions	..	..	..	..	..	..	..	..	..	..
4320 Impôts sur les donations	..	..	..	..	..	..	..	..	..	..
4400 Impôts sur transact. mobilières et immob.	809	1 206	1 680	2 902	3 907	4 385	4 376	3 754	4 216	5 496
Droit de cession immobilière	..	..	409	1 190	1 650	1 971	1 964	1 693	1 939	2 640
Taxe d'enregistrement sur le transfert de biens immobiliers	..	..	562	1 180	1 708	1 884	1 859	1 619	1 780	2 296
Impôt sur le transfert des droits à bail sur les terres de l'état	..	..	0	175	157	168	164	144	128	191

Tableau 5.21. Maurice (suite) – Recettes fiscales détaillées

Million MUR

	1995	2000	2005	2010	2015	2018	2019	2020	2021	2022
Taxe d'enregistrement sur le transfert d'actions	..	..	0	84	122	50	53	25	56	63
Taxe d'enregistrement sur les charges fixes et flottantes	..	..	116	180	157	204	220	181	211	306
Droits de timbre	..	..	14	75	112	109	115	91	102	0
Taxe d'enregistrement sur les prêts	..	..	0	9	0	0	0	0	0	0
Hypothèques, inscriptions et transcriptions	..	..	10	11	0	0	0	0	0	0
Autres impôts sur les transactions financières et en capital	..	..	568	0	0	0	0	0	0	0
4500 Impôts non-périodiques	0	0	0	10	42	20	36	10	27	46
4510 Sur l'actif net	..	..	..	0	0	0	0	0	0	0
4520 Autres non-périodiques	..	..	..	10	42	20	36	10	27	46
4600 Autres impôts périodiques sur patrimoine	0	0	0	0	0	0	0	0	0	0
5000 Impôts sur les biens et services	**8 617**	**16 514**	**25 300**	**37 618**	**51 422**	**62 410**	**65 719**	**59 781**	**54 017**	**66 832**
5100 Impôts sur production, vente, transfert, etc.	8 499	16 312	23 445	34 755	47 254	58 041	61 018	55 784	50 151	62 488
5110 Impôts généraux	64	5 604	12 529	21 094	28 036	32 989	34 941	32 658	28 490	38 273
5111 Taxes sur la valeur ajoutée	0	5 604	12 529	21 094	28 036	32 989	34 941	32 658	28 490	38 273
Recettes TVA (brute)	..	..	..	26 590	33 302	39 176	41 948	39 061	35 716	46 949
Remboursements de la TVA	..	..	..	- 5 495	- 5 267	- 6 187	- 7 007	- 6 403	- 7 226	- 8 676
5112 Impôts sur les ventes	64	0	0	0	0	0	0	0	0	0
5113 Autres impôts	0	0	0	0	0	0	0	0	0	0
Impôts extrabudgétaires sur les biens et services	..	..	..	..	..	..	..	..	..	..
Taxes local sur les biens et services	..	..	..	..	..	..	..	..	..	..
5120 Impôts sur biens et services déterminés	8 435	10 707	10 916	13 660	19 218	25 052	26 077	23 125	21 660	24 215
Impôts budgétaires non affectés sur les biens et services	..	..	3 279	0	0	0	0	0	0	0
5121 Accises	..	..	2 840	9 331	14 834	20 109	20 871	18 925	18 680	20 144
Spiritueux, liqueurs et boissons alcoolisées	..	..	1 220	2 351	4 448	5 349	5 221	5 307	5 068	5 691
Les produits du tabac	..	..	1 617	2 371	3 851	5 333	5 233	5 620	5 845	6 346
Véhicules automobiles et motocycles	..	..	0	1 928	2 471	3 384	3 756	3 120	2 636	2 510
Produits pétroliers (y compris prélèvement MID)	..	..	0	2 421	3 292	5 141	5 700	3 938	3 859	4 287
Bouteilles en PET et autres produits en plastique	..	..	0	159	250	252	270	273	236	228
Teneur en sucre des boissons gazeuses	..	..	0	0	344	404	445	428	813	792
Produits énergétiques inefficaces	..	..	0	0	3	4	4	19	12	29
Courtage de sucre	..	..	1	0	0	0	0	0	0	0
Accises extra-budgétaires	..	..	0	0	0	0	0	0	0	0
Autres accises	..	..	1	101	175	241	242	219	210	262
5122 Bénéfices de monopoles fiscaux	..	..	0	0	0	0	0	0	0	0
5123 Droits de douane et droits à l'importation	..	..	3 899	1 525	1 302	1 344	1 379	1 216	1 180	1 528
5124 Taxes à l'exportation	..	..	0	0	0	0	0	0	0	0
5125 Impôts sur biens d'équipement	..	..	0	0	0	0	0	0	0	0
5126 Impôts sur services déterminés	..	..	898	2 731	3 083	3 599	3 827	2 984	1 800	2 543
Taxes sur la loterie nationale et autres loteries	..	..	14	693	436	221	309	285	275	310
Impôts sur paris des courses hippiques, football, etc.	..	..	269	658	837	971	1 047	740	928	1 012
Taxes de jeu sur les casinos et maisons de jeux	..	..	614	818	591	778	797	695	571	608
Frais passager sur les billets d'avion	..	..	0	561	1 173	1 630	1 673	1 264	26	613
Impôts sur les services de messagerie	..	..	0	0	46	0	0	0	0	0
Taxe sur les hôtels et restaurants	..	..	0	0	0	0	0	0	0	0
5127 Autres impôts sur commerce et transact. internat.	..	..	0	0	0	0	0	0	0	0
5128 Autres impôts	..	..	0	73	0	0	0	0	0	0
Taxe temporaire de solidarité sur les hôtels	..	..	..	0	..	..	..	..	..	..
Taxes des administrations locales sur les biens et services	..	..	..	73	..	..	..	..	..	..
5130 Non ventilables entre 5110 et 5120	..	..	0	0	0	0	0	0	0	0
5200 Impôts sur utilisation des biens et exerc. activites	118	203	1 750	2 765	4 168	4 369	4 701	3 998	3 867	4 344
5210 Impôts périodiques	118	203	1 287	1 934	2 702	2 922	3 019	2 770	2 513	2 963
5211 A la charge des ménages: véhicules à moteur	0	0	652	1 117	1 362	1 526	1 604	1 587	1 704	1 802
5212 A la charge autres agents: véhicules à moteur	0	0	0	0	0	0	0	0	0	0
5213 Autres impôts périodiques	118	203	635	816	1 341	1 396	1 415	1 183	808	1 161
Licences professionnelles	..	..	103	148	306	200	200	203	213	217
Frais de constitution et d'hébergement, droits de recherche, etc.	..	..	5	9	18	14	13	12	10	12
Licences d'entreprise de tourisme	..	..	33	74	91	104	112	73	24	49

Tableau 5.21. Maurice (suite) – Recettes fiscales détaillées

Million MUR

	1995	2000	2005	2010	2015	2018	2019	2020	2021	2022
Licences de jeux	..	..	48	100	368	465	439	344	305	286
Licence de vente d'alcool	..	..	10	10	25	23	23	22	22	22
Licences freeport	..	..	0	0	6	7	1	9	5	5
Licences pharmacie	..	..	0	1	2	1	1	1	1	2
Licences bateaux de pêche	..	..	38	52	43	63	82	85	23	92
Enregistrement des usines	..	..	2	2	3	3	3	2	2	2
Enregistrement des associations	..	..	1	2	1	1	1	1	1	0
Licences de recrutement	..	..	0	2	0	0	0	0	0	0
Taxe de protection environnementale	..	..	132	141	391	400	424	330	89	326
Frais de publicité (structure)	..	..	0	0	63	52	58	44	46	35
Taxes régionales sur permission d'utiliser des biens	..	..	2	2	2	3	0	3	3	3
Taxes locales sur permission d'utiliser des biens	118	203	244	255	0	21	21	18	30	28
Autres impôts récurrents sur l'utilisation des biens et activités	..	..	16	20	23	39	36	34	34	81
5220 Impôts non-périodiques	0	0	463	832	1 466	1 447	1 682	1 228	1 354	1 381
Frais de traitement des acquisitions	..	..	0	0	4	5	1	7	7	4
Impôt d'enregistrement sur le tranfert de véhicules à moteur	..	..	463	794	1 277	1 378	1 462	1 175	1 322	1 347
Taxe pour la conversion d'un terrain	..	..	0	38	185	64	219	45	25	30
5300 Non ventilables entre 5100 et 5200	0	0	105	98	0	0	0	0	0	0
Taxes extra-budgétaires sur les biens et services	..	..	105	98	..	..	..	..	..	..
6000 Autres impôts	**130**	**215**	**260**	**164**	**188**	**126**	**134**	**112**	**122**	**181**
Pénalité de l'administration fiscale mauricienne Mauritius Revenue Authority	0	0	0	0	74	24	36	31	23	30
Taxes non identifiées d'administrations locales	0	0	0	0	0	0	0	0	0	0
Impôts non identifiés	130	215	260	164	114	102	98	80	99	150
6100 A la charge exclusive des entreprises	..	..	..	..	..	..	..	..	..	..
6200 A la charge d'autres agents	..	..	..	..	..	..	..	..	..	..

.. Non disponible

Note : Les données à partir de 2016 et pour les années antérieures à 2010 sont basées sur l'année fiscale commençant le 1er juillet. Par exemple, les données pour 2009 représentent la période de juillet 2008 à juin 2009 et 2022 représente la période de juillet 2021 à juin 2022. Les données pour les années 2010-15 sont basées sur l'année civile (janvier-décembre).

Les déclarations budgétaires de Maurice couvrent les périodes janvier-juin 2015 et juillet 2015-juin 2016, mais ni l'année fiscale ni l'année civile pour 2015. Les chiffres pour 2015 sont donc estimés en utilisant les chiffres des recettes trimestrielles au niveau agrégé et les données des recettes de l'année fiscale.

Les données sont sur la base des encaissements.

Les données relatives à l'impôt budgétaire de l'administration centrale avant 2007 et toutes les données extrabudgétaires, régionales et locales ont été classées selon le *Manuel des statistiques des finances publiques* du FMI. Le manuel de 1986 a été utilisé pour les données jusqu'en 2009 et le manuel de 2001 pour les données à partir de 2009. Les données à partir de 2007 sont classées selon la classification de l'OCDE, comme indiqué dans le *Guide d'interprétation* de l'annexe A.Rubrique 2000 : les recettes de cette rubrique se réfèrent aux recettes déclarées comme contributions au Fonds national de pension (National Pensions Fund (NPF)) dans le Recueil des statistiques de la sécurité sociale. Les cotisations des employeurs et des employés sont calculées en prenant respectivement un tiers et deux tiers des cotisations totales au NPF puisque les taux de cotisations des employeurs sont fixés à deux fois ceux des employés. Les cotisations au Fonds national d'épargne (FNÉ) ne sont pas incluses dans les *Statistiques des recettes publiques en Afrique*, car elles ne répondent pas à la définition des cotisations de sécurité sociale. En 2020, la « Contribution Sociale Généralisée » a été introduite par le Finance (Miscellaneous Provisions) Act 2020, qui a remplacé le NPF à partir de septembre 2020. Les cotisations au NPF pour 2020/21 se composent donc uniquement du montant perçu pour les mois de juillet et août.

Rubrique 3000 : les recettes de cette rubrique comprennent les recettes perçues par le ministère des services sociaux au titre de la taxe sur la formation.

Rubrique 1210 : le prélèvement de solidarité sur les sociétés de télécommunications, l'impôt sur la responsabilité sociale des entreprises et la contribution spéciale des hôtels sont classés comme « autres taxes » par l'autorité fiscale mauricienne.

Rubrique 5213 : la taxe sur la protection de l'environnement et la taxe sur les structures publicitaires sont classées comme « autres taxes » par l'administration fiscale.

Rubrique 5220 : comprend le droit d'enregistrement sur le transfert des véhicules à moteur et la taxe sur la conversion des terres qui sont classés comme impôts sur la propriété par l'autorité fiscale mauricienne.

Source : Mauritius Revenue Authority pour les données fiscales budgétaires du gouvernement central de 2007 à 2014. Statistics Mauritius pour les recettes extrabudgétaires, des administrations locales, des administrations régionales et de la sécurité sociale de 1990 à 2022, ainsi que pour les recettes fiscales budgétaires de l'administration centrale jusqu'en 2006 ; estimations budgétaires du ministère des finances pour les chiffres détaillés des recettes pour les périodes juillet 2005-juin 2008, pour 2016-22, et pour les chiffres utilisés pour estimer les recettes de l'année calendaire 2015.

Tableau 5.22. Mauritanie – Recettes fiscales détaillées

Million MRU

	1995	2000	2005	2010	2015	2018	2019	2020	2021	2022
Recettes fiscales totales	..	..	..	**15 182**	**29 093**	**40 366**	**39 933**	**38 601**	**47 883**	**53 072**
1000 Impôts sur revenu, bénéfices et gains en capital	..	..	..	**5 282**	**9 722**	**11 853**	**12 566**	**14 906**	**18 416**	**18 057**
1100 Des personnes physiques	..	..	..	2 266	4 324	4 586	5 081	5 812	6 870	7 232
1110 Sur le revenu et les bénéfices	..	..	..	2 266	4 324	4 586	5 081	5 812	6 870	7 232
Impôt sur le traitement de salaires	..	..	..	1 396	3 819	3 936	4 325	4 865	5 544	5 316
dont : ITS Pétrole	..	..	..	94	129	342	..	..	..	..
Impôt sur le revenu des capitaux mobiliers	..	..	..	777	400	526	635	834	1 197	1 795
Impôt sur les revenus fonciers	..	..	..	45	101	124	121	112	129	121
Impôt général sur le revenu	..	..	..	48	4	0	0	0	0	0
1120 Sur les gains en capital	..	..	..	0	0	0	0	0	0	0
1200 Des sociétés	..	..	..	3 015	5 398	7 267	7 485	9 094	11 546	10 824
1210 Sur les bénéfices	..	..	..	3 015	5 398	7 267	7 485	9 094	11 546	10 824
Bénéfices industriels et commerciaux (BIC), non commerciaux (BNC) et impôt minimum forfaitaire (IMF)	..	..	..	1 400	3 400	3 398	3 759	3 909	4 677	5 222
dont : BIC Pétrole	..	..	..	144	43	296	..	..	..	..
Taxe unique de la SNIM (Société Nationale Industrielle et Minière de Mauritanie)	..	..	..	921	223	408	1 196	1 890	4 696	2 847
IMF Douanes	..	..	..	695	1 452	1 850	1 946	1 504	1 633	2 262
Régime simplifié d'imposition	..	..	..	0	323	1 610	585	1 792	540	494
1220 Sur les gains en capital	..	..	..	0	0	0	0	0	0	0
1300 Non ventilables entre 1100 et 1200	..	..	..	0	0	0	0	0	0	0
2000 Cotisations de sécurité sociale	..	..	..	**1 026**	**1 818**	**2 061**	**2 015**	**2 100**	..	**2 250**
2100 A la charge des salariés	..	..	..	..	..	..	..	..	..	..
2110 Sur la base du salaire	..	..	..	..	..	..	..	..	..	..
2120 Sur la base de l'impôt sur les revenus	..	..	..	..	..	..	..	..	..	..
2200 A la charge des employeurs	..	..	..	..	..	..	..	..	..	..
2210 Sur la base du salaire	..	..	..	..	..	..	..	..	..	..
2220 Sur la base de l'impôt sur le revenu	..	..	..	..	..	..	..	..	..	..
2300 A charge des travailleurs indép. ou sans emploi	..	..	..	..	..	..	..	..	..	..
2310 Sur la base du salaire	..	..	..	..	..	..	..	..	..	..
2320 Sur la base de l'impôt sur le revenu	..	..	..	..	..	..	..	..	..	..
2400 Non ventilables entre 2100, 2200 et 2300	..	..	..	1 026	1 818	2 061	2 015	2 100	2 160	2 250
Cotisations CNSS	..	..	..	424	592	650	686	707	730	750
Cotisations CNAM	..	..	..	602	1 227	1 411	1 329	1 393	1 430	1 500
2410 Sur la base du salaire	..	..	..	..	..	..	..	..	..	..
2420 Sur la base de l'impôt sur le revenu	..	..	..	..	..	..	..	..	..	..
3000 Sur salaires ou main d'oeuvre	..	..	..	**32**	**48**	**41**	**50**	**45**	**51**	**53**
4000 Impôts sur le patrimoine	..	..	..	**646**	**1 387**	**1 172**	**45**	**58**	**76**	**44**
4100 Impôts périodiques sur la propriété immobilière	..	..	..	622	1 346	1 113	..	..	..	..
4110 Ménages	..	..	..	..	..	..	..	..	..	..
4120 Autres agents	..	..	..	..	..	..	..	..	..	..
4200 Impôts périodiques sur l'actif net	..	..	..	0	0	0	0	0	0	0
4210 Personnes physiques	..	..	..	..	..	..	..	..	..	..
4220 Sociétés	..	..	..	..	..	..	..	..	..	..
4300 Impôts sur mut. par décès, succ. et donations	..	..	..	0	0	0	0	0	0	0
4310 Impôts sur mut. par décès et successions	..	..	..	..	..	..	..	..	..	..
4320 Impôts sur les donations	..	..	..	..	..	..	..	..	..	..
4400 Impôts sur transact. mobilières et immob.	..	..	..	25	41	59	45	58	76	44
Droits de conservation foncière	..	..	..	25	41	59	45	58	76	44
4500 Impôts non-périodiques	..	..	..	0	0	0	0	0	0	0
4510 Sur l'actif net	..	..	..	..	..	..	..	..	..	..
4520 Autres non-périodiques	..	..	..	..	..	..	..	..	..	..
4600 Autres impôts périodiques sur patrimoine	..	..	..	0	0	0	0	0	0	0
5000 Impôts sur les biens et services	..	..	..	**8 196**	**16 118**	**25 240**	**25 257**	**21 472**	**27 121**	**32 319**
5100 Impôts sur production, vente, transfert, etc.	..	..	..	7 983	15 785	23 826	23 925	20 160	25 740	31 012
5110 Impôts généraux	..	..	..	5 069	9 454	12 605	12 951	10 014	12 918	14 631
5111 Taxes sur la valeur ajoutée	..	..	..	5 069	9 454	12 605	12 951	10 014	12 918	14 631
Recettes TVA intérieure	..	..	..	1 290	3 500	3 643	3 937	3 339	3 883	3 187

Tableau 5.22. Mauritanie (suite) – Recettes fiscales détaillées

Million MRU

	1995	2000	2005	2010	2015	2018	2019	2020	2021	2022
Recettes TVA à l'importation	..	..	..	3 779	5 954	8 963	9 014	6 675	9 034	11 444
5112 Impôts sur les ventes	..	..	..	0	0	0	0	0	0	0
5113 Autres impôts	..	..	..	0	0	0	0	0	0	0
5120 Impôts sur biens et services déterminés	..	..	..	2 915	6 330	11 220	10 974	10 146	12 822	16 381
5121 Accises	..	..	..	188	586	1 256	1 027	983	1 024	1 112
5122 Bénéfices de monopoles fiscaux	..	..	..	0	0	0	0	0	0	0
5123 Droits de douane et droits à l'importation	..	..	..	2 463	5 145	9 250	9 150	8 363	10 960	14 246
Droit Fiscal à l'importation	..	..	..	1 631	3 313	5 502	5 381	4 827	6 696	8 626
Taxe sur les produits pétroliers	..	..	..	494	1 042	2 277	2 369	2 103	2 294	2 565
Taxes de consommation	..	..	..	0	0	0	0	528	695	..
Taxe statistique	..	..	..	319	553	810	808	648	934	1 213
Taxe pour la promotion de la culture et du sport	..	..	..	0	199	266	264	229	305	397
Autres droits et charges à l'importation	..	..	..	20	39	395	328	29	35	1 445
5124 Taxes à l'exportation	..	..	..	0	0	0	0	1	0	0
5125 Impôts sur biens d'équipement	..	..	..	0	0	0	0	0	0	0
5126 Impôts sur services déterminés	..	..	..	264	599	714	798	799	839	1 023
Taxe sur les les opérations financières	..	..	..	208	538	642	722	749	748	898
Taxe d'aéroport et destination à l'étranger	..	..	..	56	61	72	76	33	75	125
Taxe de Consommation sur la carte à Gratter (TCG)	..	..	..	0	0	0	0	17	15	..
5127 Autres impôts sur commerce et transact. internat.	..	..	..	0	0	0	0	0	0	0
5128 Autres impôts	..	..	..	0	0	0	0	0	0	0
5130 Non ventilables entre 5110 et 5120	..	..	..	0	0	0	0	0	0	0
5200 Impôts sur utilisation des biens et exerc. activites	..	..	..	213	333	1 414	1 332	1 312	1 381	1 307
5210 Impôts périodiques	..	..	..	213	333	1 414	1 332	1 312	1 381	1 307
5211 A la charge des ménages: véhicules à moteur	..	..	..	153	236	235	231	205	225	196
5212 A la charge autres agents: véhicules à moteur	..	..	..	0	0	0	0	110	178	0
5213 Autres impôts périodiques	..	..	..	60	97	1 179	1 102	997	979	1 111
Patente	..	..	..	0	76	80	75	73	83	78
Droit de pêche	..	..	..	60	21	1 098	1 027	600	369	1 033
Redevance d'Exploitation (RE)	..	..	..	..	..	..	..	324	527	..
5220 Impôts non-périodiques	..	..	..	0	0	0	0	0	0	0
5300 Non ventilables entre 5100 et 5200	..	..	..	0	0	0	0	0	0	0
6000 Autres impôts	**..**	**..**	**..**	**0**	**0**	**0**	**0**	**20**	**59**	**349**
6100 A la charge exclusive des entreprises	..	..	..	..	..	..	..	..	..	..
6200 A la charge d'autres agents	..	..	..	..	..	..	..	..	..	..
Pour mémoire :	..	..	..	..	..	..	..	..	..	..
Prélèvement communautaire Cedeao (PC)	..	..	..	..	..	..	..	*283*	*320*	..

.. Non disponible

Note : Année civile se terminant le 31 décembre.

Les données sont sur la base des encaissements.

Rubrique 2400 : Les cotisations de sécurité sociale ont été estimées pour l'année 2021 et 2022 en appliquant une croissance moyenne sur cinq ans aux données de 2020.

Rubrique 4100 : Cette rubrique inclut les recettes communales. Ces recettes proviennent des différents impôts communaux et taxes municipales qui comprennent notamment la contribution foncière sur les propriétés bâties, la contribution foncière sur les terrains agricoles affectés à des cultures, la taxe d'habitation, la contribution communale, la patente, la taxe communale et les redevances et les droits domaniaux sur l'occupation du domaine public. Il n'a pas été possible de distinguer chacune de ces recettes ainsi la totalité de ces recettes sont classifiées dans la présente rubrique compte tenu que la majorité proviennent des impôts sur la propriété immobilière. Ces recettes sont manquantes à partir de 2019.

Rubrique 4400 : Cette rubrique inclut les recettes des droits de conservation foncière. Elles sont incluses dans les recettes fiscales comme le préconise la classification OCDE (voir le Guide d'interprétation en Annexe A) mais considérées comme des recettes non fiscales en Mauritanie.

Rubrique 5121 : Cette rubrique inclut les recettes de la taxe de Consommation sur la carte à Gratter pour les années 2007-2019 et 2022.

Rubrique 5123 : Les autres droits et charges à l'importation incluent le droit fiscal de sortie (DFS), le prélèvement communautaire Cedeao (PC), la taxe sur le tonnage Importé and et la redevance transport pour les années 2007-2019 et 2022.

Rubrique 5213 : Les recettes de la redevance d'exploitation sont incluses dans les recettes de droit de pêche pour les années 2007-2019 et 2022.

Source : Ministère des Finances de la Mauritanie.

Tableau 5.23. Mozambique – Recettes fiscales détaillées

Million MZN

	1995	2000	2005	2010	2015	2018	2019	2020	2021	2022
Recettes fiscales totales	..	..	..	**101 153**	**205 303**	**191 986**	**203 808**	**204 456**	**239 979**	**256 651**
1000 Impôts sur revenu, bénéfices et gains en capital	..	..	..	**18 430**	**57 810**	**90 910**	**90 534**	**100 018**	**109 469**	**128 992**
1100 Des personnes physiques	..	..	..	8 631	21 311	33 151	37 328	40 995	44 836	50 911
1110 Sur le revenu et les bénéfices	..	..	..	8 631	21 311	33 151	37 328	40 995	44 836	50 911
Salariés et autres - Imposto Rendimento de Pessoas Singulares (IRPS)	..	..	..	7 888	20 056	31 550	35 579	39 318	43 275	49 435
Revenus des entreprises et des professions libérales - IRPS	..	..	..	741	1 255	1 600	1 749	1 676	1 557	1 473
Retenue à la source - IRPS	..	..	..	0	0	0	1	1	4	3
Section « A » de l'impôt sur le revenu du travail	..	..	..	1	0	0	0	0	0	0
Impôt complémentaire	..	..	..	0	0	0	0	0	0	0
1120 Sur les gains en capital	..	..	..	0	0	0	0	0	0	0
1200 Des sociétés	..	..	..	9 799	36 498	57 759	53 206	59 023	64 633	78 081
1210 Sur les bénéfices	..	..	..	9 799	36 498	57 759	53 206	59 023	64 633	78 081
Impôt sur le bénéfices des sociétés - Imposto sobre o Rendimento das Pessoas Colectivas (IRPC)	..	..	..	9 467	36 092	45 067	43 218	46 838	50 881	64 730
Règlement définitif - IRPC	..	..	..	0	0	11 813	9 216	11 369	12 657	12 298
Retenue à la source - zones franches	..	..	..	327	406	874	764	811	1 089	1 046
Retenue à la source - IRPC	..	..	..	0	0	6	8	5	6	8
Groupes de cotisations industrielles A et B	..	..	..	5	0	0	0	0	0	0
1220 Sur les gains en capital	..	..	..	0	0	0	0	0	0	0
1300 Non ventilables entre 1100 et 1200	..	..	..	0	0	0	0	0	0	0
2000 Cotisations de sécurité sociale	..	..	..	**1 161**	**3 445**	**539**	**518**	**1 549**	**941**	**1 776**
2100 A la charge des salariés	..	..	..	..	..	..	..	..	..	..
2110 Sur la base du salaire	..	..	..	..	..	..	..	..	..	..
2120 Sur la base de l'impôt sur les revenus	..	..	..	..	..	..	..	..	..	..
2200 A la charge des employeurs	..	..	..	..	..	..	..	..	..	..
2210 Sur la base du salaire	..	..	..	..	..	..	..	..	..	..
Cotisations patronales du secteur public	..	..	..	..	..	..	..	..	..	..
2220 Sur la base de l'impôt sur le revenu	..	..	..	..	..	..	..	..	..	..
2300 A charge des travailleurs indép. ou sans emploi	..	..	..	..	..	..	..	..	..	..
2310 Sur la base du salaire	..	..	..	..	..	..	..	..	..	..
2320 Sur la base de l'impôt sur le revenu	..	..	..	..	..	..	..	..	..	..
2400 Non ventilables entre 2100, 2200 et 2300	..	..	..	1 161	3 445	539	518	1 549	941	1 776
Indemnités de départ à la retraite et pensions de survie	..	..	..	1 161	3 445	0	0	0	0	0
Autres cotisations sociales du secteur public	..	..	..	0	0	256	200	1 118	208	1 241
Allocation funéraire	..	..	..	0	0	216	241	312	338	428
Cotisations salariales des fonctionnaires	..	..	..	0	0	67	76	119	396	107
2410 Sur la base du salaire	..	..	..	..	..	..	..	..	..	..
2420 Sur la base de l'impôt sur le revenu	..	..	..	..	..	..	..	..	..	..
3000 Sur salaires ou main d'oeuvre	..	..	..	**0**	**0**	**0**	**0**	**0**	**0**	**0**
4000 Impôts sur le patrimoine	..	..	..	**599**	**1 401**	**3 119**	**2 666**	**4 088**	**6 674**	**3 048**
4100 Impôts périodiques sur la propriété immobilière	..	..	..	0	1	0	0	0	0	0
4110 Ménages	..	..	..	0	1	..	..	..	..	..
Impôt foncier	..	..	..	0	1	..	..	..	..	..
4120 Autres agents	..	..	..	..	..	..	..	..	..	..
4200 Impôts périodiques sur l'actif net	..	..	..	0	0	0	0	0	0	0
4210 Personnes physiques	..	..	..	..	..	..	..	..	..	..
4220 Sociétés	..	..	..	..	..	..	..	..	..	..
4300 Impôts sur mut. par décès, succ. et donations	..	..	..	0	0	14	14	0	13	0
Droits de succession et de donation	..	..	..	..	..	14	14	..	13	..
4310 Impôts sur mut. par décès et successions	..	..	..	..	..	..	..	..	..	..
4320 Impôts sur les donations	..	..	..	..	..	..	..	..	..	..
4400 Impôts sur transact. mobilières et immob.	..	..	..	598	1 401	3 105	2 652	4 088	6 661	3 048
Droits de timbre	..	..	..	598	1 401	3 028	2 629	4 088	6 652	3 048
Droits de mutation	..	..	..	0	0	77	23	0	9	0
4500 Impôts non-périodiques	..	..	..	0	0	0	0	0	0	0
4510 Sur l'actif net	..	..	..	..	..	..	..	..	..	..
4520 Autres non-périodiques	..	..	..	..	..	..	..	..	..	..
4600 Autres impôts périodiques sur patrimoine	..	..	..	0	0	0	0	0	0	0
5000 Impôts sur les biens et services	..	..	..	**80 550**	**141 548**	**96 723**	**109 336**	**95 133**	**120 712**	**120 804**
5100 Impôts sur production, vente, transfert, etc.	..	..	..	35 950	77 916	96 524	109 164	95 132	120 563	120 801
5110 Impôts généraux	..	..	..	24 188	51 905	65 345	74 037	63 277	83 367	84 403

Tableau 5.24. Mozambique (suite) – Recettes fiscales détaillées

Million MZN

	1995	2000	2005	2010	2015	2018	2019	2020	2021	2022
5111 Taxes sur la valeur ajoutée	..	..	..	24 165	51 719	65 096	73 791	63 041	83 076	84 072
TVA sur les transactions intérieures	..	..	..	9 798	21 877	29 131	31 836	36 996	39 021	37 881
TVA sur les importations	..	..	..	14 366	29 842	35 966	41 955	38 503	44 055	46 206
Remboursement de la TVA	..	..	..	0	0	0	0	- 12 457	0	- 14
5112 Impôts sur les ventes	..	..	..	0	0	0	0	0	0	0
5113 Autres impôts	..	..	..	24	185	249	246	236	291	330
Impôt simplifié pour les petits contribuables	..	..	..	24	185	249	246	236	291	330
5120 Impôts sur biens et services déterminés	..	..	..	11 762	26 012	31 178	35 127	31 854	37 196	36 398
5121 Accises	..	..	..	6 394	12 876	15 610	17 340	16 059	18 382	16 955
Accises - importations	..	..	..	1 241	3 769	4 236	5 078	4 388	4 596	5 299
Bière - production nationale	..	..	..	1 811	2 910	3 398	3 376	0	3 373	3 167
Tabac - production nationale	..	..	..	271	735	875	731	0	658	426
Autres accises - production nationale	..	..	..	137	425	608	689	5 152	1 624	1 950
Taxe sur les carburants (affectée)	..	..	..	2 935	5 037	0	0	0	0	0
Essence	..	..	..	0	0	2 655	3 000	2 693	4 175	3 484
Gazole	..	..	..	0	0	3 838	4 394	3 728	3 693	2 625
Autres carburants	..	..	..	0	0	0	71	98	263	4
5122 Bénéfices de monopoles fiscaux	..	..	..	0	0	0	0	0	0	0
5123 Droits de douane et droits à l'importation	..	..	..	5 264	12 643	15 177	17 416	15 579	18 620	19 131
Droits de douane	..	..	..	5 254	12 641	13 739	16 265	15 083	17 954	18 324
Surtaxe (taxe commerciale)	..	..	..	10	2	1 000	800	2	24	79
Frais de service douanier	..	..	..	0	0	146	130	352	543	727
Taxe sur le commerce maritime	..	..	..	0	0	292	221	142	99	0
5124 Taxes à l'exportation	..	..	..	47	382	0	0	0	0	0
Taxe de surévaluation du madère	..	..	..	0	296	..	..	..	..	..
Taxe de surévaluation des noix de cajou	..	..	..	47	86	..	..	..	..	..
5125 Impôts sur biens d'équipement	..	..	..	0	0	0	0	0	0	0
5126 Impôts sur services déterminés	..	..	..	56	109	391	371	216	194	312
Taxe spéciale sur les jeux de hasard	..	..	..	56	109	391	371	216	194	312
5127 Autres impôts sur commerce et transact. internat.	..	..	..	0	0	0	0	0	0	0
5128 Autres impôts	..	..	..	0	0	0	0	0	0	0
5130 Non ventilables entre 5110 et 5120	..	..	..	0	0	0	0	0	0	0
5200 Impôts sur utilisation des biens et exerc. activites	..	..	..	44 600	63 632	199	172	1	149	3
5210 Impôts périodiques	..	..	..	44 600	63 632	0	1	1	1	3
5211 A la charge des ménages: véhicules à moteur	..	..	..	62	4	0	1	1	1	3
Taxe sur les véhicules	..	..	..	62	4	0	1	1	1	3
5212 A la charge autres agents: véhicules à moteur	..	..	..	..	..	..	..	..	..	..
5213 Autres impôts périodiques	..	..	..	44 538	63 628	0	0	0	0	0
Licence de pêche	..	..	..	44 538	63 628	..	..	..	..	..
5220 Impôts non-périodiques	..	..	..	0	0	199	171	0	148	0
Taxe sur l'utilisation des terres	..	..	..	..	..	133	75	..	77	..
Frais d'enregistrement des entrepreneurs	..	..	..	..	..	38	55	..	41	..
Frais de demande de concession et d'exploitation	..	..	..	..	..	9	6	..	26	..
Frais de transit douanier	..	..	..	..	..	9	26	..	0	..
Frais d'enregistrement des opérateurs et de la production de tabac	..	..	..	..	..	10	8	..	3	..
5300 Non ventilables entre 5100 et 5200	..	..	..	0	0	0	0	0	0	0
6000 Autres impôts	**..**	**..**	**..**	**414**	**1 098**	**694**	**754**	**3 669**	**2 183**	**2 031**
Taxe de reconstruction nationale	..	..	..	0	0	17	22	50	24	23
Autres taxes nationales	..	..	..	0	0	677	732	3 619	2 160	2 008
Autres taxes diverses	..	..	..	414	1 098	0	0	0	0	0
6100 A la charge exclusive des entreprises	..	..	..	..	..	..	..	..	..	..
6200 A la charge d'autres agents	..	..	..	..	..	..	..	..	..	..

.. Non disponible

Note : Année civile se terminant le 31 décembre.

Les données sont sur la base des encaissements.

Les chiffres n'incluent pas les recettes fiscales collectées par les collectivités locales car elles ne sont pas disponibles.

Les recettes provenant de la « taxe spéciale sur les jeux de hasard » sont considérées comme une taxe sur services déterminés selon la classification de l'OCDE, comme indiqué dans le *Guide d'interprétation* à l'annexe A. La classification nationale du Mozambique les classe dans l'impôt sur le revenu.

Source : Mozambique Revenue Authority.

Tableau 5.24. Namibie – Recettes fiscales détaillées

Million NAD

	1995	2000	2005	2010	2015	2018	2019	2020	2021	2022
Recettes fiscales totales	..	..	..	**15 734**	**31 974**	**35 168**	**36 247**	**32 762**	**36 863**	**41 680**
1000 Impôts sur revenu, bénéfices et gains en capital	..	..	..	**9 912**	**19 006**	**21 855**	**22 611**	**22 295**	**22 949**	**25 362**
1100 Des personnes physiques	..	..	..	6 156	10 982	13 923	14 557	14 077	14 953	16 531
1110 Sur le revenu et les bénéfices	..	..	..	6 156	10 982	13 923	14 557	14 077	14 953	16 531
Impôt sur le revenu des personnes physiques	..	..	..	5 945	10 794	13 588	14 147	13 768	14 629	16 137
Impôt des actionnaires non-résidents	..	..	..	189	147	265	307	207	227	279
Taxe sur les redevances	..	..	..	21	41	70	103	102	97	115
1120 Sur les gains en capital	..	..	..	0	0	0	0	0	0	0
1200 Des sociétés	..	..	..	3 756	8 024	7 932	8 054	8 218	7 995	8 831
1210 Sur les bénéfices	..	..	..	3 756	8 024	7 932	8 054	8 218	7 995	8 831
Sociétés d'extraction de diamants	..	..	..	354	2 199	1 496	1 143	1 367	933	1 579
Autres sociétés minières	..	..	..	213	99	445	187	849	743	511
Sociétés non minières	..	..	..	3 018	5 425	5 384	5 927	5 342	5 810	6 071
Retenues à la source	..	..	..	156	280	607	797	653	509	665
Prélèvement annuel sur les revenus des jeux	..	..	..	15	21	0	0	6	1	5
1220 Sur les gains en capital	..	..	..	0	0	0	0	0	0	0
1300 Non ventilables entre 1100 et 1200	..	..	..	0	0	0	0	0	0	0
2000 Cotisations de sécurité sociale	..	..	..	**305**	**537**	**621**	**621**	**650**	**603**	**595**
2100 A la charge des salariés	..	..	..	..	..	..	..	..	..	..
2110 Sur la base du salaire	..	..	..	..	..	..	..	..	..	..
2120 Sur la base de l'impôt sur les revenus	..	..	..	..	..	..	..	..	..	..
2200 A la charge des employeurs	..	..	..	..	..	..	..	..	..	..
2210 Sur la base du salaire	..	..	..	..	..	..	..	..	..	..
2220 Sur la base de l'impôt sur le revenu	..	..	..	..	..	..	..	..	..	..
2300 A charge des travailleurs indép. ou sans emploi	..	..	..	..	..	..	..	..	..	..
2310 Sur la base du salaire	..	..	..	..	..	..	..	..	..	..
2320 Sur la base de l'impôt sur le revenu	..	..	..	..	..	..	..	..	..	..
2400 Non ventilables entre 2100, 2200 et 2300	..	..	..	305	537	621	621	650	603	595
2410 Sur la base du salaire	..	..	..	..	..	..	..	..	..	..
2420 Sur la base de l'impôt sur le revenu	..	..	..	..	..	..	..	..	..	..
3000 Sur salaires ou main d'oeuvre	..	..	..	**0**	**0**	**0**	**0**	**0**	**0**	**0**
4000 Impôts sur le patrimoine	..	..	..	**139**	**313**	**221**	**174**	**173**	**242**	**247**
4100 Impôts périodiques sur la propriété immobilière	..	..	..	0	0	0	0	0	5	2
4110 Ménages	..	..	..	..	..	..	..	..	..	..
4120 Autres agents	..	..	..	..	..	..	..	..	..	..
4200 Impôts périodiques sur l'actif net	..	..	..	0	0	0	0	0	0	0
4210 Personnes physiques	..	..	..	..	..	..	..	..	..	..
4220 Sociétés	..	..	..	..	..	..	..	..	..	..
4300 Impôts sur mut. par décès, succ. et donations	..	..	..	0	0	0	0	0	0	0
4310 Impôts sur mut. par décès et successions	..	..	..	..	..	..	..	..	..	..
4320 Impôts sur les donations	..	..	..	..	..	..	..	..	..	..
4400 Impôts sur transact. mobilières et immob.	..	..	..	139	313	221	174	173	237	245
4500 Impôts non-périodiques	..	..	..	0	0	0	0	0	0	0
4510 Sur l'actif net	..	..	..	..	..	..	..	..	..	..
4520 Autres non-périodiques	..	..	..	..	..	..	..	..	..	..
4600 Autres impôts périodiques sur patrimoine	..	..	..	0	0	0	0	0	0	0
5000 Impôts sur les biens et services	..	..	..	**5 169**	**11 902**	**12 274**	**12 732**	**9 547**	**12 937**	**15 331**
5100 Impôts sur production, vente, transfert, etc.	..	..	..	5 169	11 901	12 274	12 732	9 544	12 935	15 328
5110 Impôts généraux	..	..	..	5 057	11 678	11 461	11 516	8 326	11 431	14 176
5111 Taxes sur la valeur ajoutée	..	..	..	5 057	11 678	11 461	11 516	8 326	11 431	14 176
5112 Impôts sur les ventes	..	..	..	0	0	0	0	0	0	0
5113 Autres impôts	..	..	..	0	0	0	0	0	0	0
5120 Impôts sur biens et services déterminés	..	..	..	113	223	813	1 216	1 218	1 504	1 152
5121 Accises	..	..	..	0	0	0	0	0	0	0
5122 Bénéfices de monopoles fiscaux	..	..	..	0	0	0	0	0	0	0
5123 Droits de douane et droits à l'importation	..	..	..	102	209	813	1 201	1 207	1 477	1 141
Taxe sur les carburants	..	..	..	102	209	730	1 107	1 152	1 324	1 043
Taxes environnementales et taxes sur les émissions de carbone	..	..	..	0	0	83	94	55	153	98

Tableau 5.24. Namibie (suite) – Recettes fiscales détaillées

Million NAD

	1995	2000	2005	2010	2015	2018	2019	2020	2021	2022
5124 Taxes à l'exportation	..	..	..	0	0	0	0	0	0	0
5125 Impôts sur biens d'équipement	..	..	..	0	0	0	0	0	0	0
5126 Impôts sur services déterminés	..	..	..	0	0	0	0	0	0	0
5127 Autres impôts sur commerce et transact. internat.	..	..	..	0	0	0	0	0	0	0
5128 Autres impôts	..	..	..	11	14	0	15	11	27	11
5130 Non ventilables entre 5110 et 5120	..	..	..	0	0	0	0	0	0	0
5200 Impôts sur utilisation des biens et exerc. activites	..	..	..	0	1	0	0	3	2	3
5210 Impôts périodiques	..	..	..	0	1	0	0	3	2	3
5211 A la charge des ménages: véhicules à moteur	..	..	..	0	0	0	0	0	0	0
5212 A la charge autres agents: véhicules à moteur	..	..	..	0	0	0	0	0	0	0
5213 Autres impôts périodiques	..	..	..	0	1	0	0	3	2	3
5220 Impôts non-périodiques	..	..	..	0	0	0	0	0	0	0
5300 Non ventilables entre 5100 et 5200	..	..	..	0	0	0	0	0	0	0
6000 Autres impôts	**..**	**..**	**..**	**208**	**216**	**197**	**109**	**97**	**133**	**145**
6100 A la charge exclusive des entreprises	..	..	..	..	..	..	..	..	..	..
6200 A la charge d'autres agents	..	..	..	..	..	..	..	..	..	..

.. Non disponible

Note : Les données sont basées sur l'année fiscale commençant le 1er avril. Par exemple, les données pour 2022 représentent la période d'avril 2022 à mars 2023.

Les données sont sur la base des encaissements.

Les chiffres n'incluent pas les recettes fiscales collectées par les administrations infranationales car elles ne sont pas disponibles.

Rubrique 2000 : Les données ne sont pas disponibles avant 2009.

Rubrique 5111 : les taxes sur la valeur ajoutée comprennent les recettes de la TVA, de la taxe additionnelle sur les ventes et de la taxe générale sur les ventes.

Source : Namibia Revenue Agency.

Tableau 5.25. Niger – Recettes fiscales détaillées

Million XOF

	1995	2000	2005	2010	2015	2018	2019	2020	2021	2022
Recettes fiscales totales	..	**111 372**	**185 002**	**365 431**	**704 416**	**796 671**	**786 351**	**773 976**	**864 510**	**921 496**
1000 Impôts sur revenu, bénéfices et gains en capital	..	**20 891**	**34 848**	**94 839**	**177 695**	**167 981**	**172 209**	**181 800**	**210 467**	**232 780**
1100 Des personnes physiques	..	9 634	12 268	19 756	45 501	55 069	61 154	62 628	75 487	74 689
1110 Sur le revenu et les bénéfices	..	9 634	12 217	19 623	45 294	54 567	60 807	62 342	75 066	73 801
Impôt sur les traitements et salaires - hors pétrole et mines à partir de 2022	..	8 000	11 207	18 575	44 198	51 539	58 686	60 552	73 155	62 136
Impôt sur les traitements et salaires - pétrole	..	..	..	..	..	..	..	..	..	7 433
Impôt sur les traitements et salaires - mines	..	..	..	..	..	..	..	..	..	2 002
Impôt synthétique	..	1 530	803	974	1 030	2 775	2 060	1 741	1 862	2 187
Impôt Général sur le Revenu (IGR)	..	103	207	74	66	253	62	49	49	44
1120 Sur les gains en capital	..	0	51	133	208	502	347	285	421	888
Plus-values de cessions immobilières (IPVCI)	..	0	51	133	208	502	347	285	421	888
1200 Des sociétés	..	11 257	22 580	75 083	132 194	112 913	111 055	119 173	134 980	158 091
1210 Sur les bénéfices	..	11 257	22 580	75 083	132 194	112 913	111 055	119 173	134 980	158 091
Impôt sur les bénéfices (ISB) - hors pétrole et mines à partir de 2022	..	10 933	21 605	67 863	121 448	102 484	102 851	110 263	123 967	99 513
Impôt sur les bénéfices (ISB) - pétrole	..	..	..	..	..	..	..	..	..	22 091
Impôt sur les bénéfices (ISB) - mines	..	..	..	..	..	..	..	..	..	1 237
Tax Oil - pétrole	..	..	..	..	..	..	..	..	..	22 060
Bénéfices non commerciaux (BNC) (arriérés)	..	126	239	0	0	140	217	77	0	0
Impôt sur le revenu des valeurs mobilières (IRVM)	..	198	736	5 695	7 900	8 665	7 776	6 927	8 581	12 015
Recettes portuaires	..	0	0	1 525	2 846	1 623	212	1 907	2 432	1 175
1220 Sur les gains en capital	..	0	0	0	0	0	0	0	0	0
1300 Non ventilables entre 1100 et 1200	..	0	0	0	0	0	0	0	0	0
2000 Cotisations de sécurité sociale	..	**6 216**	**7 305**	**19 950**	**34 117**	**37 840**	**42 272**	**43 370**	**46 004**	**50 110**
2100 A la charge des salariés	..	..	..	..	..	..	..	..	..	..
2110 Sur la base du salaire	..	..	..	..	..	..	..	..	..	..
2120 Sur la base de l'impôt sur les revenus	..	..	..	..	..	..	..	..	..	..
2200 A la charge des employeurs	..	..	..	..	..	..	..	..	..	..
2210 Sur la base du salaire	..	..	..	..	..	..	..	..	..	..
2220 Sur la base de l'impôt sur le revenu	..	..	..	..	..	..	..	..	..	..
2300 A charge des travailleurs indép. ou sans emploi	..	..	..	..	..	..	..	..	..	..
2310 Sur la base du salaire	..	..	..	..	..	..	..	..	..	..
2320 Sur la base de l'impôt sur le revenu	..	..	..	..	..	..	..	..	..	..
2400 Non ventilables entre 2100, 2200 et 2300	..	6 216	7 305	19 950	34 117	37 840	42 272	43 370	46 004	50 110
2410 Sur la base du salaire	..	..	..	..	..	..	..	..	..	..
2420 Sur la base de l'impôt sur le revenu	..	..	..	..	..	..	..	..	..	..
3000 Sur salaires ou main d'oeuvre	..	**401**	**533**	**1 121**	**3 978**	**3 726**	**4 348**	**1 927**	**6 010**	**5 306**
Taxe d'apprentissage (TAP)	..	401	533	1 121	3 978	3 726	4 348	1 927	6 010	5 306
4000 Impôts sur le patrimoine	..	**1 252**	**1 590**	**2 906**	**2 742**	**5 564**	**9 804**	**13 569**	**14 303**	**17 683**
4100 Impôts périodiques sur la propriété immobilière	..	1 252	1 590	2 906	2 742	5 564	9 804	13 569	14 303	17 683
Taxe immobilière	..	1 015	1 150	2 904	2 742	2 366	1 684	995	1 080	3
Taxe foncière	..	238	440	0	0	2	0	60	0	2
Impôt forfaitaire de droit de propriétés	..	0	0	2	0	25	5	35	0	0
Impôt sur le revenu des baux d'habitation	..	0	0	0	0	207	386	317	317	578
Impôt sur le revenu des baux professionnels	..	0	0	0	0	704	1 548	1 165	1 151	2 902
Taxe d'habitation	..	0	0	0	0	2 184	3 141	2 433	3 547	4 171
4110 Ménages	..	..	..	..	..	..	..	..	..	..
4120 Autres agents	..	0	0	0	0	77	3 040	8 563	8 207	10 026
Taxe immobilière des personnes morales - hors pétrole et mines à partir de 2022	..	0	0	0	0	77	3 040	8 563	8 207	4 963
Taxe immobilière des personnes morales - pétrole	..	..	..	..	..	..	..	..	..	5 041
Taxe immobilière des personnes morales - mines	..	..	..	..	..	..	..	..	..	22
4200 Impôts périodiques sur l'actif net	..	0	0	0	0	0	0	0	0	0
4210 Personnes physiques	..	..	..	..	..	..	..	..	..	..
4220 Sociétés	..	..	..	..	..	..	..	..	..	..
4300 Impôts sur mut. par décès, succ. et donations	..	0	0	0	0	0	0	0	0	0
4310 Impôts sur mut. par décès et successions	..	..	..	..	..	..	..	..	..	..
4320 Impôts sur les donations	..	..	..	..	..	..	..	..	..	..
4400 Impôts sur transact. mobilières et immob.	..	0	0	0	0	0	0	0	0	0
4500 Impôts non-périodiques	..	0	0	0	0	0	0	0	0	0

Tableau 5.25. Niger (suite) – Recettes fiscales détaillées

Million XOF

	1995	2000	2005	2010	2015	2018	2019	2020	2021	2022
4510 Sur l'actif net	..	..	..	..	..	..	..	..	..	..
4520 Autres non-périodiques	..	..	..	..	..	..	..	..	..	..
4600 Autres impôts périodiques sur patrimoine	..	0	0	0	0	0	0	0	0	0
5000 Impôts sur les biens et services	**..**	**78 935**	**133 096**	**226 808**	**415 109**	**525 172**	**498 790**	**459 045**	**514 302**	**546 651**
5100 Impôts sur production, vente, transfert, etc.	..	77 041	132 459	225 447	412 767	521 777	494 738	454 784	509 309	541 915
5110 Impôts généraux	..	31 766	79 938	136 966	256 546	359 611	289 733	249 180	282 893	318 218
5111 Taxes sur la valeur ajoutée	..	31 766	79 938	136 966	237 621	341 450	269 488	230 633	264 252	291 956
TVA intérieure (brute) - hors pétrole et mines à partir de 2022	..	12 375	31 686	76 999	145 529	259 228	183 386	137 964	163 310	139 996
TVA intérieure (brute) - pétrole	..	..	..	..	..	..	..	..	..	40 362
TVA intérieure (brute) - mines	..	..	..	..	..	..	..	..	..	3 155
TVA à l'importation (brute)	..	19 391	48 252	59 967	92 092	82 222	86 103	92 669	100 942	108 444
5112 Impôts sur les ventes	..	..	..	..	0	0	0	0	0	0
5113 Autres impôts	..	0	0	0	18 925	18 161	20 245	18 547	18 640	26 262
Redevance Ad Valorem	..	0	0	0	18 925	18 161	20 245	18 547	18 640	26 262
5120 Impôts sur biens et services déterminés	..	45 275	52 521	88 480	156 221	162 166	205 004	205 605	226 416	223 697
5121 Accises	..	9 306	12 500	20 475	34 957	41 203	36 661	41 827	43 790	45 376
Taxe intérieure sur les produits pétroliers (TIPP) (y compris DGD)	..	4 313	6 654	11 694	19 375	18 804	15 673	17 226	14 482	16 407
Taxe sur les tabacs et les cigarettes	..	2 300	2 485	5 566	9 061	11 451	10 795	4 133	15 698	18 056
Taxe sur les boissons alcoolisés (TBA)	..	713	583	701	701	1 074	1 036	3 254	1 532	280
Taxe d'exploitation artisanale (TEA)	..	0	0	0	22	182	390	1 042	975	879
Autres droits d'accises	..	1 979	2 778	2 514	5 798	9 693	8 767	16 172	11 104	9 754
5122 Bénéfices de monopoles fiscaux	..	0	0	0	0	0	0	0	0	0
5123 Droits de douane et droits à l'importation	..	22 930	26 854	36 286	59 517	62 450	72 842	87 045	90 497	100 493
Droits de Douane	..	14 722	24 354	28 141	53 226	56 383	64 396	77 464	80 555	86 323
Redevance Statistique à l'importation	..	1 652	2 493	8 144	6 283	6 026	8 255	9 456	9 855	14 062
Droits Divers (y compris T.C.I)	..	6 556	7	0	8	41	192	124	87	109
5124 Taxes à l'exportation	..	11 671	12 012	27 567	31 025	48 130	48 086	33 725	28 030	20 502
Taxes sur les réexportations	..	9 997	11 069	25 405	25 657	41 097	41 039	26 933	21 882	15 743
Redevance statistique à l'exportation	..	1 673	943	1 465	5 342	6 671	6 982	6 427	6 116	4 758
Taxe forfaitaire sur la réexportation et / ou transit de tabacs et cigarettes (TFEAR)	..	0	0	696	25	363	64	365	32	1
5125 Impôts sur biens d'équipement	..	0	0	0	0	0	0	0	0	0
5126 Impôts sur services déterminés	..	1 238	901	3 080	30 399	10 224	46 982	42 432	63 680	56 942
Taxe sur la terminaison du Trafic International Entrant (TATTIE)	..	0	0	0	18 666	1 452	18 419	10 866	27 820	15 231
Taxe sur l'utilisation du réseau de télécommunication (TURTEL)	..	0	0	0	5 349	4 220	5 853	4 076	6 082	8 631
Taxe sur les recettes des loteries	..	877	104	1 303	3 377	1 778	2 716	3 084	3 599	5 469
Taxe Unique sur les assurances (TUA)	..	361	792	1 490	2 310	2 338	2 852	2 804	3 143	3 422
Impôt sur les gains des loteries	..	0	5	0	550	0	31	1	3	1
Taxe sur les jeux de hasard (TJH)	..	0	0	246	140	435	33	24	347	64
Taxe sur la publicité commerciale extérieure (TPCE)	..	0	0	41	8	1	0	2	0	0
Taxe sur les activités financières (TAFI)	..	0	0	0	0	0	17 078	21 575	22 686	24 124
5127 Autres impôts sur commerce et transact. internat.	..	0	0	0	0	0	0	0	0	0
5128 Autres impôts	..	130	254	1 074	324	158	433	576	418	384
Droits miniers	..	130	254	1 074	295	3	2	0	0	0
Droit Fixe Mine	..	0	0	0	28	155	428	572	388	379
Droit Fixe Pétrole	..	0	0	0	1	0	3	5	30	5
5130 Non ventilables entre 5110 et 5120	..	0	0	0	0	0	0	0	0	0
5200 Impôts sur utilisation des biens et exerc. activites	..	894	637	1 362	2 341	3 394	4 052	4 261	4 993	4 736
5210 Impôts périodiques	..	529	637	1 362	2 316	3 390	4 050	4 081	4 476	4 736
Vignette	..	520	625	1 354	2 310	2 918	3 072	3 225	3 257	3 634
5211 A la charge des ménages: véhicules à moteur	..	0	0	0	0	0	0	0	0	0
5212 A la charge autres agents: véhicules à moteur	..	0	0	0	0	0	0	0	0	0
5213 Autres impôts périodiques	..	9	12	8	6	472	977	855	1 219	1 102
Permis de chasse et visite	..	0	1	0	2	3	18	10	0	2
Taxe sur les armes à feu (TAF)	..	9	11	8	4	4	13	1	2	1
Taxe sur les abonnements audiovisuels	..	0	0	0	0	465	946	844	1 217	1 099
5220 Impôts non-périodiques	..	365	0	0	25	5	3	180	517	0

Tableau 5.25. Niger (suite) – Recettes fiscales détaillées

Million XOF

	1995	2000	2005	2010	2015	2018	2019	2020	2021	2022
Péage Routier	..	365	..	..	0	0	0	0	0	..
Redevance plaque d'immatriculation	..	0	..	..	25	5	3	180	517	..
5300 Non ventilables entre 5100 et 5200	..	1 000	0	0	0	0	0	0	0	0
6000 Autres impôts	**..**	**3 676**	**7 630**	**19 807**	**70 775**	**56 389**	**58 927**	**74 264**	**73 423**	**68 966**
Droits d'enregistrement	..	2 166	4 834	8 048	51 113	34 344	35 469	45 326	43 108	36 695
Prélèvement pour cpte des collectivités locales	..	0	0	6 512	11 727	12 312	12 304	17 064	17 459	15 675
Taxe sur certains frais généraux des entreprises (TCFGE)	..	310	776	1 963	4 132	4 729	5 788	5 955	6 645	6 869
Droits de timbre	..	1 201	2 019	3 283	3 803	5 003	5 366	5 920	6 212	9 726
6100 A la charge exclusive des entreprises	..	..	..	..	..	..	..	..	..	..
6200 A la charge d'autres agents	..	..	..	..	..	..	..	..	..	..
Pour mémoire :	..	..	..	..	..	..	..	..	..	..
Prélèvement communautaire de la CEDEAO	..	448	1 479	5 302	4 893	0	7 651	4 191	4 187	6 382
Prélèvement communautaire UEMOA	..	866	0	0	0	0	6 540	7 041	7 481	10 540
Prélèvement communautaire UA	..	0	0	0	0	0	0	1 451	1 455	2 243

.. Non disponible

Note : Année civile se terminant le 31 décembre.

Les données sont sur la base des encaissements.

Les chiffres n'incluent pas les données des recettes fiscales collectées par les collectivités locales car elles ne sont pas disponibles.

Les recettes provenant du domaine public, des redevances minières, des redevances superficiaires des mines et du pétrole et des amendes et pénalités relatives aux impôts sont incluses dans les recettes non fiscales dans cette publication comme le préconise la classification OCDE (voir le Guide d'interprétation en Annexes A et B). La classification du Niger compte ces recettes comme des recettes fiscales.

Rubriques 1110, 1210, 4120 et 5111 : Ces rubriques contiennent pour la première fois dans cette édition le détail des recettes provenant du secteur pétrolier et minier.

Rubriques 5111 et 5121 : Ces rubriques contiennent des recettes provenant de la Direction Générale des Douanes (DGD) et sont annotées comme telles.

Rubrique 5220 : Cette rubrique comprend les recettes de la redevance plaques d'immatriculation collectées par la Direction Générale du Trésor et de la Comptabilité Publique (DGTCP) entre 2005 et 2018 comme le préconise la classification OCDE (voir le Guide d'interprétation en Annexe A). La classification du Niger compte ces recettes comme des recettes non fiscales.

Rubrique 6000 : Un pourcentage de certains impôts est rétrocédé aux collectivités. Il s'agit de l'impôt sur les revenus des baux d'habitation (50 %), de l'impôt sur les revenus des baux professionnels (50%), de l'impôt synthétique (40 %) et de la taxe professionnelle à (100 %) et ces recettes sont enregistrées sous la sous-rubrique « Prélèvement pour le compte des collectivités locales ».

Les prélèvements communautaires au profit des organisations régionales Africaine (CEDEAO, UEMOA, UA) ne sont pas considérés comme des recettes du gouvernement du Niger selon le Guide d'interprétation de l'OCDE (voir § 4). La classification nationale du Niger les compte comme des recettes fiscales. Ces recettes qui ne sont pas comprises dans le total des recettes fiscales ou des recettes non fiscales sont présentées séparément dans la rubrique « Pour mémoire ».

Source : Direction Générale des Impôts.

Tableau 5.26. Nigéria – Recettes fiscales détaillées

Million NGN

	1995	2000	2005	2010	2015	2018	2019	2020	2021	2022
Recettes fiscales totales	..	..	..	**4 046 327**	**5 783 735**	**8 199 097**	**8 714 796**	**8 560 996**	**11 775 692**	**16 005 109**
1000 Impôts sur revenu, bénéfices et gains en capital	..	..	..	**2 568 348**	**3 485 925**	**4 960 571**	**4 965 170**	**4 259 653**	**5 454 007**	**8 623 424**
1100 Des personnes physiques	..	..	..	333 381	576 327	848 941	982 057	1 052 108	1 331 127	1 172 185
1110 Sur le revenu et les bénéfices	..	..	..	333 381	576 327	848 941	982 057	1 052 108	1 331 127	1 172 185
Impôt sur le revenu des particuliers (fédéral)	..	..	..	32 564	57 377	85 146	70 307	93 371	61 198	37 402
Retenue à la source sur les salaires (PAYE) - états	..	..	..	268 821	456 595	669 218	809 320	851 731	1 124 694	994 400
Impôt sur le revenu des particuliers - états	..	..	..	19 386	29 589	44 266	47 670	37 056	60 495	52 350
Cotisations au Fonds national du logement	..	..	..	12 610	32 766	50 310	54 760	69 950	84 740	88 033
1120 Sur les gains en capital	..	..	..	0	0	0	0	0	0	0
1200 Des sociétés	..	..	..	2 234 967	2 909 598	4 111 631	3 983 113	3 207 545	4 122 880	7 451 239
1210 Sur les bénéfices	..	..	..	2 233 931	2 892 796	4 099 036	3 977 136	3 204 027	4 105 382	7 405 667
Impôt sur les bénéfices pétroliers	..	..	..	1 480 364	1 289 961	2 467 581	2 114 268	1 516 979	2 008 454	4 209 019
Impôt sur le revenu des entreprises	..	..	..	658 503	1 268 977	1 340 329	1 604 699	1 275 370	1 747 992	2 649 191
Taxe éducation	..	..	..	89 178	206 040	203 285	221 058	259 563	189 535	328 674
Impôt sur le revenu des sociétés d'exploration de gaz	..	..	..	0	115 569	75 988	21 930	134 063	140 095	193 768
Fonds national de développement de la technologie de l'information	..	..	..	5 886	12 249	11 853	15 181	18 051	19 307	22 574
Prélèvement de l'Agence nationale pour les infrastructures scientifiques et techniques (NASENI)	..	..	..	..	..	..	..	..	..	2 375
Fonds fiduciaire de la police (PTF)	..	..	..	..	..	..	..	..	..	66
1220 Sur les gains en capital	..	..	..	1 037	16 802	12 595	5 977	3 519	17 498	45 572
Impôt sur les plus-values	..	..	..	1 037	16 802	12 595	5 977	3 519	17 498	45 572
1300 Non ventilables entre 1100 et 1200	..	..	..	0	0	0	0	0	0	0
2000 Cotisations de sécurité sociale	..	..	..	**305 163**	**569 879**	**687 080**	**931 600**	**982 909**	**966 200**	**1 124 262**
2100 A la charge des salariés	..	..	..	172 418	269 328	324 012	430 691	452 199	443 524	510 880
2110 Sur la base du salaire	..	..	..	172 418	269 328	324 012	430 691	452 199	443 524	510 880
Commission nationale des retraites (côté des employés)	..	..	..	132 745	226 596	270 022	378 511	403 606	391 404	456 710
Régime national d'assurance maladie	..	..	..	39 673	42 732	53 990	52 180	48 593	52 120	54 170
2120 Sur la base de l'impôt sur les revenus	..	..	..	0	0	0	0	0	0	0
2200 A la charge des employeurs	..	..	..	132 745	300 551	363 068	500 909	530 710	522 676	613 382
2210 Sur la base du salaire	..	..	..	132 745	300 551	363 068	500 909	530 710	522 676	613 382
Commission nationale des pensions (côté employeur)	..	..	..	132 745	283 244	337 528	473 139	504 507	489 256	581 260
Fonds fiduciaire nigérian d'assurance sociale	..	..	..	0	17 307	25 540	27 770	26 203	33 420	32 122
2220 Sur la base de l'impôt sur le revenu	..	..	..	0	0	0	0	0	0	0
2300 A charge des travailleurs indép. ou sans emploi	..	..	..	0	0	0	0	0	0	0
2310 Sur la base du salaire	..	..	..	..	..	..	..	..	..	..
2320 Sur la base de l'impôt sur le revenu	..	..	..	..	..	..	..	..	..	..
2400 Non ventilables entre 2100, 2200 et 2300	..	..	..	0	0	0	0	0	0	0
2410 Sur la base du salaire	..	..	..	..	..	..	..	..	..	..
2420 Sur la base de l'impôt sur le revenu	..	..	..	..	..	..	..	..	..	..
3000 Sur salaires ou main d'oeuvre	..	..	..	**22 730**	**22 310**	**32 060**	**35 120**	**34 880**	**40 230**	**46 230**
Cotisations au Fonds de formation industrielle	..	..	..	22 730	22 310	32 060	35 120	34 880	40 230	46 230
4000 Impôts sur le patrimoine	..	..	..	..	..	..	..	..	**111 835**	**125 669**
4100 Impôts périodiques sur la propriété immobilière	..	..	..	..	..	..	..	..	0	0
4110 Ménages	..	..	..	..	..	..	..	..	..	..
4120 Autres agents	..	..	..	..	..	..	..	..	..	..
4200 Impôts périodiques sur l'actif net	..	..	..	..	..	..	..	..	0	0
4210 Personnes physiques	..	..	..	..	..	..	..	..	..	..
4220 Sociétés	..	..	..	..	..	..	..	..	..	..
4300 Impôts sur mut. par décès, succ. et donations	..	..	..	..	..	..	..	..	0	0
4310 Impôts sur mut. par décès et successions	..	..	..	..	..	..	..	..	..	..
4320 Impôts sur les donations	..	..	..	..	..	..	..	..	..	..
4400 Impôts sur transact. mobilières et immob.	..	..	..	..	..	..	..	..	111 835	125 669
Taxe sur les virements électroniques	..	..	..	..	..	..	..	..	111 835	125 669
4500 Impôts non-périodiques	..	..	..	..	..	..	..	..	0	0
4510 Sur l'actif net	..	..	..	..	..	..	..	..	..	..
4520 Autres non-périodiques	..	..	..	..	..	..	..	..	..	..
4600 Autres impôts périodiques sur patrimoine	..	..	..	..	..	..	..	..	0	0
5000 Impôts sur les biens et services	..	..	..	**1 036 386**	**1 520 489**	**2 072 094**	**2 317 754**	**2 774 503**	**4 503 583**	**5 177 708**
5100 Impôts sur production, vente, transfert, etc.	..	..	..	1 029 896	1 501 713	2 047 860	2 287 161	2 746 109	4 458 882	5 153 138
5110 Impôts généraux	..	..	..	564 892	767 334	1 108 040	1 189 981	1 531 171	2 072 852	2 511 518
5111 Taxes sur la valeur ajoutée	..	..	..	564 892	767 334	1 108 040	1 189 981	1 531 171	2 072 852	2 511 518
Recettes TVA (domestique)	..	..	..	436 610	597 412	859 018	945 464	1 183 446	1 605 174	1 990 021

Tableau 5.26. Nigéria (suite) – Recettes fiscales détaillées

Million NGN

	1995	2000	2005	2010	2015	2018	2019	2020	2021	2022
Recettes TVA (importations)	..	..	..	128 281	169 921	249 022	244 517	347 725	467 678	521 497
5112 Impôts sur les ventes	..	..	..	0	0	0	0	0	0	0
5113 Autres impôts	..	..	..	0	0	0	0	0	0	0
5120 Impôts sur biens et services déterminés	..	..	..	465 005	734 380	939 820	1 097 180	1 214 938	2 386 030	2 641 620
5121 Accises	..	..	..	35 449	39 784	55 060	91 690	120 854	145 150	173 900
Recettes des droits d'accise (tabac, alcool et autres)	..	..	..	35 449	39 784	55 060	91 690	120 854	145 150	173 900
5122 Bénéfices de monopoles fiscaux	..	..	..	0	0	0	0	0	0	0
5123 Droits de douane et droits à l'importation	..	..	..	429 555	694 596	884 760	1 005 490	1 094 084	2 240 880	2 467 720
Droits à l'importation	..	..	..	272 248	468 382	604 990	693 490	746 154	1 049 750	1 234 610
Droits à l'importation	..	..	..	157 307	226 214	279 770	312 000	347 930	1 191 130	1 233 110
5124 Taxes à l'exportation	..	..	..	0	0	0	0	0	0	0
5125 Impôts sur biens d'équipement	..	..	..	0	0	0	0	0	0	0
5126 Impôts sur services déterminés	..	..	..	0	0	0	0	0	0	0
5127 Autres impôts sur commerce et transact. internat.	..	..	..	0	0	0	0	0	0	0
5128 Autres impôts	..	..	..	0	0	0	0	0	0	0
5130 Non ventilables entre 5110 et 5120	..	..	..	0	0	0	0	0	0	0
5200 Impôts sur utilisation des biens et exerc. activites	..	..	..	6 490	18 775	24 234	30 593	28 394	44 701	24 570
5210 Impôts périodiques	..	..	..	6 490	18 775	24 234	30 593	28 394	44 701	24 570
5211 A la charge des ménages: véhicules à moteur	..	..	..	6 121	18 412	23 957	30 270	28 394	44 701	24 570
Taxes routières	..	..	..	6 121	18 412	23 957	30 270	28 394	44 701	24 570
5212 A la charge autres agents: véhicules à moteur	..	..	..	0	0	0	0	0	0	0
5213 Autres impôts périodiques	..	..	..	368	364	277	323	0	0	0
Prélèvement pré-opérationnel	..	..	..	368	364	277	323	..	..	..
5220 Impôts non-périodiques	..	..	..	0	0	0	0	0	0	0
5300 Non ventilables entre 5100 et 5200	..	..	..	0	0	0	0	0	0	0
6000 Autres impôts	**..**	**..**	**..**	**113 700**	**185 133**	**447 292**	**465 152**	**509 051**	**699 837**	**907 816**
6100 A la charge exclusive des entreprises	..	..	..	0	0	0	0	0	0	0
6200 A la charge d'autres agents	..	..	..	113 700	185 133	447 292	465 152	509 051	699 837	907 816
Autres recettes fiscales des états	..	..	..	107 106	178 048	431 493	446 960	388 894	665 897	854 290
Droits de timbre	..	..	..	6 593	7 085	15 798	18 192	120 157	33 940	53 526

.. Non disponible

Note : Année civile se terminant le 31 décembre.

Les données sont sur la base des encaissements.

Certains impôts sur le revenu des personnes physiques, sur les plus-values, sur les routes et d'autres taxes sont perçus au niveau des États fédérés.

Les statistiques sur les recettes au niveau des États fédérés n'étaient pas disponibles sous forme désagrégée pour 2017 et 2018. Pour ces années, les recettes pour les catégories « Impôt sur le revenu des personnes physiques (États fédérés.) », « Impôt sur le revenu des personnes physiques (États fédérés.) » et « Autres recettes fiscales des États fédérés. » étaient des estimations.

Les recettes perçues par les collectivités locales sont présentées sous la rubrique « Recettes non fiscales : Recettes diverses et non identifiées », bien qu'elles comprennent certaines recettes fiscales.

Rubrique 1110 : l'impôt sur le revenu au niveau des États fédérés pour les personnes ayant un emploi rémunéré est perçu sur une base PAYE (« Pay as you earn »), tandis que les personnes qui sont indépendantes ou qui perçoivent un revenu d'entreprise sur une base non salariale sont taxées sur la base d'une évaluation directe. Ils sont présentés séparément dans ce tableau, mais la base d'imposition est la même dans les deux cas. Dans les éditions précédentes, les contributions au Fonds national du logement étaient comptabilisées comme des impôts sur les salaires sous la rubrique 3000.

Rubrique 1210 : l'impôt sur les bénéfices pétroliers comprend tous les paiements de recettes fiscales effectués par les sociétés de prospection pétrolière, quel que soit le type d'accord de prospection (partage de la production, coentreprises, etc.), même si les différents types d'accords peuvent donner lieu à des taux d'imposition différents. Cette rubrique n'inclut pas la part du gouvernement dans les revenus des sociétés provenant du partage des revenus des accords de prospection. Ces derniers fonds sont déclarés comme recettes pétrolières dans le tableau des recettes non fiscales. La loi de finances 2021 (FA 21) a récemment modifié la loi sur l'agence nationale pour les infrastructures scientifiques et techniques (NASENI) et imposé un prélèvement de 0,25 % des bénéfices avant impôt des sociétés commerciales et des entreprises dont le chiffre d'affaires est supérieur ou égal à 100 000 000 N dans les secteurs de la banque, des télécommunications, des TIC, de l'aviation, de la marine, du pétrole et du gaz. La loi sur le fonds fiduciaire de la police nigériane a été promulguée en 2019. Elle impose un prélèvement de 0,005 % du « bénéfice net » des sociétés « exerçant une activité commerciale » au Nigéria.

Rubrique 1220 : L'impôt sur les plus-values pour les sociétés résidentes et non-résidentes est perçu au niveau fédéral, tandis que l'impôt sur les plus-values pour les personnes physiques est perçu au niveau des États fédérés.

Rubrique 2000 : La loi sur la réforme des pensions a été adoptée en 2004 et oblige les employés et les employeurs à cotiser à hauteur de 7,5 % chacun sur le compte d'épargne retraite. Toutefois, en 2014, une modification a été apportée : le salarié est désormais tenu de cotiser à hauteur de 8 % et l'employeur à hauteur de 10 % au minimum, ce qui porte la cotisation totale à au moins 18 %. Par conséquent, pour les années jusqu'à 2014 inclus, 50 % des cotisations de sécurité sociale sont déclarées sous la rubrique 2110 et l'autre moitié sous la rubrique 2210. À partir de 2015, 4/9 des cotisations de pension totales sont déclarées sous la rubrique 2110 et 5/9 des cotisations de pension totales sont déclarées sous la rubrique 2210.

Rubrique 3000 : Pour la première fois dans cette édition, cette rubrique comprend une taxe sur les salaires de 1 % utilisée pour financer le Fonds de formation industrielle. Dans les éditions précédentes, cette rubrique incluait les contributions au Fonds national du logement, qui sont désormais classées dans les impôts sur le revenu des personnes physiques.

Rubrique 4000 : Les recettes provenant des impôts fonciers sont principalement perçues par les administrations locales pour lesquelles les données sur les recettes ne sont pas disponibles. La taxe sur les transferts électroniques de fonds (EMTL) a été introduite dans la loi de finances 2020. Elle modifie la loi sur le droit de timbre et introduit une taxe unique de 50 N sur la réception ou le transfert électronique d'argent déposé dans toute banque de dépôt ou institution financière sur tout type de compte pour des sommes de 10 000 N et plus.

Rubrique 5211 : Les taxes routières, ou les taxes perçues lors de la délivrance des permis de conduire, sont collectées au niveau des États fédérés.
Rubrique 5213 : Cette rubrique contient les taxes perçues au titre du prélèvement pré-opérationnel . Il s'agit d'une taxe perçue chaque année auprès des entreprises qui, plus de 18 mois après leur enregistrement, n'ont toujours pas commencé leurs activités.
Rubrique 6000 : Les autres impôts d'État comprennent les droits de timbre, l'impôt sur les plus-values, l'enregistrement des locaux commerciaux, la taxe sur l'utilisation des terres, les taxes de marché et les prélèvements perçus par les gouvernements des États.
Source : Federal Inland Revenue Service.

Tableau 5.27. Ouganda – Recettes fiscales détaillées

Million UGX

	1995	2000	2005	2010	2015	2018	2019	2020	2021	2022
Recettes fiscales totales	**521 679**	**999 659**	**1 935 472**	**4 252 022**	**9 762 430**	**14 067 590**	**16 130 637**	**16 019 865**	**18 459 200**	**20 558 466**
1000 Impôts sur revenu, bénéfices et gains en capital	**77 170**	**181 905**	**560 351**	**1 340 327**	**3 387 902**	**4 821 107**	**5 677 950**	**6 026 000**	**6 785 540**	**7 482 270**
1100 Des personnes physiques	52 681	136 806	392 037	958 294	2 382 729	3 479 276	4 033 859	4 239 310	4 647 390	5 749 510
1110 Sur le revenu et les bénéfices	52 681	136 806	392 037	958 294	2 382 729	3 479 276	4 033 859	4 239 310	4 647 390	5 749 510
Retenue à la source sur les salaires (PAYE)	20 329	83 471	245 325	657 920	1 613 243	2 396 113	2 811 297	3 039 830	3 109 140	3 634 256
Impôt sur le revenu locatif	0	0	0	0	27 649	88 747	115 229	103 690	117 240	156 103
Autres impôts sur le revenu des personnes physiques	9 153	11 220	13 899	19 001	42 189	60 485	66 505	56 390	115 990	613 960
Retenues à la source sur importations	14 256	23 349	47 399	68 581	152 787	179 643	194 169	166 410	186 040	167 781
Retenues à la source sur fournitures générales	0	0	85 414	120 061	282 825	337 521	434 281	505 100	525 280	532 460
Retenues à la source sur paiements de gouvernement	0	0	0	44 446	89 367	73 824	75 775	58 670	79 350	65 230
Retenues à la source sur frais professionnels et de gestion	0	0	0	24 886	45 447	89 563	116 368	121 390	111 610	88 250
Retenues à la source sur les dividendes	0	0	0	11 237	61 823	87 745	74 635	54 920	220 690	120 140
Retenues à la source sur les non résidents	0	0	0	1 356	57 106	152 988	102 942	114 490	162 380	289 910
Retenues à la source sur le secteur extractif	0	0	0	0	0	0	0	0	0	67 270
Autres retenues à la source non identifiées	8 943	18 766	0	10 806	10 293	12 646	42 657	18 420	19 670	14 150
1120 Sur les gains en capital	0	0	0	0	0	0	0	0	0	0
1200 Des sociétés	24 489	40 891	160 030	315 379	714 772	884 802	1 167 745	1 302 300	1 567 650	1 635 856
1210 Sur les bénéfices	24 489	40 891	160 030	315 379	714 772	884 802	1 167 745	1 302 300	1 567 650	1 635 856
Impôt sur les sociétés	24 489	40 891	160 030	315 379	714 772	884 802	1 167 745	1 302 300	1 567 650	1 635 856
1220 Sur les gains en capital	0	0	0	0	0	0	0	0	0	0
1300 Non ventilables entre 1100 et 1200	0	4 207	8 284	66 654	290 401	457 028	476 346	484 390	570 500	96 904
Taxe sur les intérêts bancaires	..	4 207	8 284	66 654	290 401	457 028	476 346	484 390	570 500	96 904
2000 Cotisations de sécurité sociale	**..**	**..**	**..**	**..**	**..**	**..**	**..**	**..**	**..**	**..**
2100 A la charge des salariés	..	..	..	..	..	..	..	..	..	..
2110 Sur la base du salaire	..	..	..	..	..	..	..	..	..	..
2120 Sur la base de l'impôt sur les revenus	..	..	..	..	..	..	..	..	..	..
2200 A la charge des employeurs	..	..	..	..	..	..	..	..	..	..
2210 Sur la base du salaire	..	..	..	..	..	..	..	..	..	..
2220 Sur la base de l'impôt sur le revenu	..	..	..	..	..	..	..	..	..	..
2300 A charge des travailleurs indép. ou sans emploi	..	..	..	..	..	..	..	..	..	..
2310 Sur la base du salaire	..	..	..	..	..	..	..	..	..	..
2320 Sur la base de l'impôt sur le revenu	..	..	..	..	..	..	..	..	..	..
2400 Non ventilables entre 2100, 2200 et 2300	..	..	..	..	..	..	..	..	..	..
2410 Sur la base du salaire	..	..	..	..	..	..	..	..	..	..
2420 Sur la base de l'impôt sur le revenu	..	..	..	..	..	..	..	..	..	..
3000 Sur salaires ou main d'oeuvre	**0**	**0**	**0**	**0**	**0**	**0**	**0**	**0**	**0**	**0**
4000 Impôts sur le patrimoine	**..**	**..**	**..**	**..**	**48 990**	**57 185**	**231 258**	**179 577**	**251 700**	**298 561**
4100 Impôts périodiques sur la propriété immobilière	..	..	..	..	0	0	0	0	0	0
4110 Ménages	..	..	..	..	..	..	..	..	..	..
4120 Autres agents	..	..	..	..	..	..	..	..	..	..
4200 Impôts périodiques sur l'actif net	..	..	..	..	0	0	0	0	0	0
4210 Personnes physiques	..	..	..	..	..	..	..	..	..	..
4220 Sociétés	..	..	..	..	..	..	..	..	..	..
4300 Impôts sur mut. par décès, succ. et donations	..	..	..	..	0	0	0	0	0	0
4310 Impôts sur mut. par décès et successions	..	..	..	..	..	..	..	..	..	..
4320 Impôts sur les donations	..	..	..	..	..	..	..	..	..	..
4400 Impôts sur transact. mobilières et immob.	..	..	..	..	48 990	57 185	231 258	179 577	251 700	298 561
Taxe sur les transferts d'argent mobile	..	..	..	..	48 990	57 185	74 027	79 017	113 980	133 984
Prélèvement sur l'argent mobile	..	..	..	..	0	0	157 231	100 560	137 720	164 577
4500 Impôts non-périodiques	..	..	..	..	..	..	..	..	..	..
4510 Sur l'actif net	..	..	..	..	..	..	..	..	..	..
4520 Autres non-périodiques	..	..	..	..	..	..	..	..	..	..
4600 Autres impôts périodiques sur patrimoine	..	..	..	..	..	..	..	..	..	..
5000 Impôts sur les biens et services	**428 807**	**815 835**	**1 372 355**	**2 861 862**	**6 302 611**	**9 156 781**	**10 226 403**	**9 763 768**	**11 373 640**	**12 760 845**
5100 Impôts sur production, vente, transfert, etc.	415 342	793 285	1 308 282	2 772 331	6 153 139	8 986 282	10 054 479	9 596 388	11 174 870	12 550 568

Tableau 5.27. Ouganda (suite) – Recettes fiscales détaillées

Million UGX

	1995	2000	2005	2010	2015	2018	2019	2020	2021	2022
5110 Impôts généraux	158 745	329 755	638 773	1 371 561	3 151 723	4 503 033	4 976 108	4 767 650	5 524 140	6 252 799
5111 Taxes sur la valeur ajoutée	158 745	329 755	638 773	1 371 561	3 151 723	4 503 033	4 976 108	4 767 650	5 517 560	6 245 339
TVA à l'importation (gouvernement)	7 771	16 628	10 444	35 775	0	0	0	0	0	0
TVA à l'importation (hors gouvernement)	67 110	178 868	365 418	763 398	1 783 518	2 416 568	2 664 812	2 498 390	2 832 470	3 291 636
TVA sur le temps de communication téléphonique	0	0	0	93 277	152 747	213 549	200 283	154 820	151 620	248 609
TVA sur les bières	15 771	11 586	16 771	37 034	108 831	145 809	122 117	138 820	156 340	152 909
TVA sur l'électricité	0	0	0	74 584	112 811	170 471	170 536	170 830	175 760	195 291
TVA sur le sucre	0	0	0	64 276	110 801	149 558	120 790	100 870	104 330	136 512
TVA sur les boissons non alcoolisées	9 515	5 139	12 028	15 846	32 385	42 791	76 960	81 480	66 190	88 657
TVA sur le ciment	0	0	0	25 161	53 086	81 095	87 557	120 190	205 770	147 070
TVA sur les cigarettes	13 437	6 904	6 641	1 411	16 759	9 522	4 295	430	530	1 051
Autres TVA	45 141	140 630	263 679	359 821	923 754	1 407 037	1 756 848	1 826 180	2 128 260	2 325 805
Remboursements de la TVA	..	- 30 000	- 36 208	- 99 023	- 142 970	- 133 368	- 228 090	- 324 360	- 303 710	- 342 200
5112 Impôts sur les ventes	0	0	0	0	0	0	0	0	0	0
5113 Autres impôts	0	0	0	0	0	0	0	0	6 580	7 460
Impôt forfaitaire sur les petites entreprises	..	..	..	..	..	..	..	..	6 580	7 460
5120 Impôts sur biens et services déterminés	256 597	463 530	669 509	1 400 770	3 001 416	4 483 248	5 078 371	4 828 738	5 650 730	6 297 769
5121 Accises	51 966	132 953	187 615	275 929	785 599	1 064 881	1 183 226	1 126 874	1 263 240	1 429 307
Accise sur les bières	18 483	59 938	60 704	98 864	146 853	263 072	269 276	267 890	300 040	324 844
Accise sur le temps de communication téléphonique	0	0	24 901	99 490	184 175	178 966	211 878	231 260	261 680	289 623
Accise sur les boissons non alcoolisées	7 134	13 348	15 304	27 907	71 799	118 869	125 992	120 530	152 420	176 015
Accise sur les cigarettes	22 267	33 572	28 632	7 698	14 979	15 591	14 912	21 020	27 000	21 388
Accise sur les spiritueux / waragi	742	915	6 463	10 376	53 331	157 512	155 648	104 550	114 620	123 770
Accise sur les appels internationaux	0	0	0	0	65 142	33 341	34 937	27 051	27 310	26 077
Accise sur le sucre	0	0	0	17 187	17 854	30 277	35 526	40 104	46 290	59 597
Accise sur le ciment	1	1	1	8 228	17 773	26 741	32 089	34 514	43 720	44 020
Autres accises	3 339	25 180	51 610	84 179	213 693	240 512	302 968	279 955	290 160	363 971
Remboursements d'impôt grace à l'exonération de la taxe sur le diesel	0	0	0	- 77 999	0	0	0	0	0	0
5122 Bénéfices de monopoles fiscaux	0	0	0	0	0	0	0	0	0	0
5123 Droits de douane et droits à l'importation	203 052	330 339	480 361	1 122 850	2 188 774	3 333 021	3 712 469	3 509 490	4 216 680	4 614 855
Accise sur les produits pétroliers	119 662	197 202	309 024	716 234	1 197 749	1 811 817	2 038 658	2 012 540	2 453 380	2 686 273
Surtaxe sur produits usés à l'importation	0	0	0	38 621	95 895	209 782	230 784	206 650	265 330	257 207
Importations non pétrolières	6 100	5 301	3 653	21 651	0	0	0	0	0	0
Commissions sur importations	12 150	22 746	19 567	2	0	0	0	0	0	0
Prélèvement pour l'infrastructure	0	0	0	0	57 268	87 669	92 569	81 530	94 850	114 312
Autres droits d'importation	65 139	105 090	153 667	346 621	841 381	1 223 753	1 350 458	1 208 770	1 403 120	1 557 062
Ristournes de droits	0	0	- 5 550	- 280	- 3 520	0	0	0	0	0
5124 Taxes à l'exportation	0	0	1 165	122	13 186	12 442	20 604	14 940	3 000	12 410
Prélèvement sur les cuirs et peaux / Prélèvement sur les exportations	..	..	1 165	122	13 186	12 442	20 604	14 940	3 000	12 410
5125 Impôts sur biens d'équipement	0	0	0	0	0	0	0	0	0	0
5126 Impôts sur services déterminés	1 580	238	368	1 869	13 858	72 904	162 072	177 434	167 810	241 198
Impôts sur les casinos et loteries	1 580	238	368	1 869	13 858	29 216	27 896	19 040	13 310	53 682
Frais bancaires	0	0	0	0	0	43 688	84 650	98 674	95 380	101 752
Taxe sur les services Internet « over-the-top »	0	0	0	0	0	0	49 525	59 720	59 120	85 764
5127 Autres impôts sur commerce et transact. internat.	0	0	0	0	0	0	0	0	0	0
5128 Autres impôts	0	0	0	0	0	0	0	0	0	0
5130 Non ventilables entre 5110 et 5120	0	0	0	0	0	0	0	0	0	0
5200 Impôts sur utilisation des biens et exerc. activites	13 465	22 551	64 073	89 531	149 472	170 499	171 924	167 380	198 770	210 277
5210 Impôts périodiques	10 412	17 890	52 440	64 096	91 886	98 194	96 556	93 820	116 440	131 473
5211 A la charge des ménages: véhicules à moteur	10 412	17 890	52 440	64 096	91 886	98 194	96 556	93 820	116 440	131 473
Frais et licences	10 085	17 890	52 440	64 096	91 886	98 194	96 556	93 820	116 440	131 473
Charges des usagers des routes	327	0	0	0	0	0	0	0	0	0
5212 A la charge autres agents: véhicules à moteur	0	0	0	0	0	0	0	0	0	0
5213 Autres impôts périodiques	0	0	0	0	0	0	0	0	0	0
5220 Impôts non-périodiques	3 053	4 660	11 633	25 434	57 586	72 305	75 368	73 560	82 330	78 804
Permis routiers temporaires	3 053	4 660	11 633	25 434	57 586	72 305	75 368	73 560	82 330	78 804

Tableau 5.27. Ouganda (suite) – Recettes fiscales détaillées

Million UGX

	1995	2000	2005	2010	2015	2018	2019	2020	2021	2022
5300 Non ventilables entre 5100 et 5200	0	0	0	0	0	0	0	0	0	0
6000 Autres impôts	**15 702**	**1 919**	**2 766**	**49 833**	**22 927**	**32 518**	**- 4 974**	**50 520**	**48 320**	**16 790**
6100 A la charge exclusive des entreprises	0	0	0	0	0	0	0	0	0	0
6200 A la charge d'autres agents	15 702	1 919	2 766	49 833	22 927	32 518	- 4 974	50 520	48 320	16 790
Droits de timbre et frais d'embossage	1 451	1 919	6 946	26 256	48 557	73 945	100 337	87 090	125 490	113 280
Taxe pour le Fonds de stabilisation pour le café	14 250	0	0	0	0	0	0	0	0	0
Paiements de l'administration publique au nom d'entreprises privées	0	0	0	0	0	0	0	0	0	0
Produits agricoles	1	0	0	0	0	0	0	0	0	0
Recettes non allouées	0	0	0	29 457	0	0	0	0	0	0
Remboursements d'impôt	0	0	- 4 180	- 5 880	- 25 630	- 41 428	- 105 311	- 36 570	- 77 170	- 96 490
Pour mémoire :	..	..	..	..	..	..	..	..	..	..
TVA intérieure brute	0	164 259	299 119	671 411	1 520 175	2 234 810	2 554 450	2 608 580	2 992 940	3 295 900
TVA sur les importations (hors gouvernement)	0	178 868	365 418	763 398	1 783 518	2 416 570	2 664 810	2 498 390	2 832 470	3 291 640
TVA sur les importations (gouvernement)	7 771	16 628	10 444	35 775	0	0	0	0	0	0

.. Non disponible

Note : Les données sont sur l'année fiscale commençant le 1er juillet. Par exemple, les données pour 2022 représentent la période de juillet 2021 à juin 2022. Les données sont sur la base des encaissements.

Les chiffres excluent les recettes fiscales collectées par les gouvernements infranationaux car les données ne sont pas disponibles. Le Fonds national de sécurité sociale se décrit comme un régime national d'épargne, ou un fonds de prévoyance, qui ne correspond pas à la définition de fonds de sécurité sociale utilisée dans *les Statistiques des recettes publiques en Afrique*, et par conséquent, ses recettes sont exclues des données rapportées ici.

Rubrique 1110 : Les retenues à la source du secteur extractif sont rapportées séparément pour l'année 2021/22. Les années précédentes, les retenues à la source du secteur extractif étaient rapportées comme faisant partie d'autres formes de retenues à la source.

Rubrique 4000 : La taxe foncière est prélevée annuellement par les autorités locales. Les recettes de la taxe foncière ne sont pas disponibles.

Rubrique 4400 : Les taxes sur les transferts d'argent mobile étaient rapportées sous les droits d'accise dans les éditions précédentes. La taxe sur l'argent mobile était rapportée comme une taxe sur les services spécifiques les années précédentes. Ces deux taxes sont rapportées comme des droits d'accise dans les documents budgétaires de l'Ouganda.

Rubrique 5121 : La catégorie « autres taxes d'accise » inclut les recettes des accises sur l'eau en bouteille et les cosmétiques, les bonbons et chocolats, les meubles, l'huile de cuisson, les plastiques, les lubrifiants pour véhicules à moteur et le lait. Les accises sur les plastiques et les lubrifiants pour véhicules à moteur ont été rapportées pour la première fois pour l'année 2022.

Les recettes des permis de conduire sont considérées comme des recettes non fiscales selon la classification de l'OCDE, comme indiqué dans le *Guide d'interprétation* en Annexe B. La classification nationale de l'Ouganda classe ces recettes comme des recettes fiscales.

Source : Uganda Revenue Authority.

Tableau 5.28. Rwanda – Recettes fiscales détaillées

Million RWF

	1995	2000	2005	2010	2015	2018	2019	2020	2021	2022
Recettes fiscales totales	..	**68 909**	**174 606**	**440 724**	**997 232**	**1 401 503**	**1 611 730**	**1 642 978**	**1 860 162**	**2 266 481**
1000 Impôts sur revenu, bénéfices et gains en capital	..	**17 943**	**49 911**	**159 567**	**379 676**	**565 235**	**640 854**	**678 516**	**792 701**	**966 136**
1100 Des personnes physiques	..	6 621	24 587	102 037	224 553	312 070	354 545	363 018	406 257	491 454
1110 Sur le revenu et les bénéfices	..	6 621	24 587	102 037	224 553	312 070	354 545	363 018	406 257	491 454
Retenue à la source sur les salaires (PAYE)	..	..	..	..	216 750	300 751	343 064	351 474	394 931	479 570
Impôt sur le revenu locatif	..	..	..	..	7 803	11 319	11 481	11 544	11 327	11 884
1120 Sur les gains en capital	..	0	0	0	0	0	0	0	0	0
1200 Des sociétés	..	11 322	25 324	57 530	155 123	253 165	286 309	315 499	386 444	474 681
1210 Sur les bénéfices	..	11 322	25 324	57 530	155 123	253 165	286 309	315 499	386 444	474 681
Impôt sur le revenu des sociétés	..	3 603	11 606	26 459	49 571	94 656	95 881	118 183	136 928	188 555
Retenue à la source	..	59	605	10 764	58 422	71 474	96 990	137 450	185 074	210 817
Impôt sur le revenu des personnes physiques	..	868	2 210	7 316	7 358	10 991	10 291	10 042	10 361	12 929
Autres impôts sur les bénéfices	..	6 792	10 903	12 991	39 772	76 044	83 147	49 824	54 081	62 380
1220 Sur les gains en capital	..	0	0	0	0	0	0	0	0	0
1300 Non ventilables entre 1100 et 1200	..	0	0	0	0	0	0	0	0	0
2000 Cotisations de sécurité sociale	..	**3 423**	**11 988**	**28 235**	**59 687**	**83 344**	**94 371**	**102 178**	**106 821**	**125 777**
2100 A la charge des salariés	..	1 283	4 493	10 586	22 379	31 249	35 384	38 311	40 052	47 159
2110 Sur la base du salaire	..	1 283	4 493	10 586	22 379	31 249	35 384	38 311	40 052	47 159
2120 Sur la base de l'impôt sur les revenus	..	0	0	0	0	0	0	0	0	0
2200 A la charge des employeurs	..	2 138	7 488	17 644	37 299	52 082	58 973	63 851	66 753	78 599
2210 Sur la base du salaire	..	2 138	7 488	17 644	37 299	52 082	58 973	63 851	66 753	78 599
2220 Sur la base de l'impôt sur le revenu	..	0	0	0	0	0	0	0	0	0
2300 A charge des travailleurs indép. ou sans emploi	..	3	6	4	9	13	14	16	16	19
2310 Sur la base du salaire	..	3	6	4	9	13	14	16	16	19
2320 Sur la base de l'impôt sur le revenu	..	0	0	0	0	0	0	0	0	0
2400 Non ventilables entre 2100, 2200 et 2300	..	0	0	0	0	0	0	0	0	0
2410 Sur la base du salaire	..	..	..	..	..	..	..	..	..	..
2420 Sur la base de l'impôt sur le revenu	..	..	..	..	..	..	..	..	..	..
3000 Sur salaires ou main d'oeuvre	..	**0**	**0**	**0**	**0**	**0**	**0**	**0**	**0**	**0**
4000 Impôts sur le patrimoine	..	**130**	**43**	**97**	**632**	**1 293**	**2 142**	**14 957**	**14 941**	**19 641**
4100 Impôts périodiques sur la propriété immobilière	..	130	42	96	632	1 293	2 142	14 957	14 941	19 641
4110 Ménages	..	130	42	96	632	1 293	2 142	14 957	14 941	19 641
4120 Autres agents	..	0	0	0	0	0	0	0	0	0
4200 Impôts périodiques sur l'actif net	..	0	0	0	0	0	0	0	0	0
4210 Personnes physiques	..	..	..	..	..	..	..	..	..	..
4220 Sociétés	..	..	..	..	..	..	..	..	..	..
4300 Impôts sur mut. par décès, succ. et donations	..	0	0	0	0	0	0	0	0	0
4310 Impôts sur mut. par décès et successions	..	..	..	..	..	..	..	..	..	..
4320 Impôts sur les donations	..	..	..	..	..	..	..	..	..	..
4400 Impôts sur transact. mobilières et immob.	..	0	0	0	0	0	0	0	0	0
4500 Impôts non-périodiques	..	0	0	0	0	0	0	0	0	0
4510 Sur l'actif net	..	..	..	..	..	..	..	..	..	..
4520 Autres non-périodiques	..	..	..	..	..	..	..	..	..	..
4600 Autres impôts périodiques sur patrimoine	..	0	1	0	0	0	0	0	0	0
5000 Impôts sur les biens et services	..	**47 413**	**112 664**	**252 826**	**557 238**	**751 631**	**874 363**	**847 327**	**945 698**	**1 154 927**
5100 Impôts sur production, vente, transfert, etc.	..	46 777	111 848	250 214	549 277	744 296	867 102	840 735	936 207	1 137 453
5110 Impôts généraux	..	13 777	57 747	131 665	305 544	422 903	507 719	486 043	555 282	663 668
5111 Taxes sur la valeur ajoutée	..	13 777	57 747	131 665	305 544	422 903	507 719	486 043	555 282	663 668
Recettes TVA (brute)	..	..	64 163	146 295	339 493	476 671	576 953	552 322	631 003	754 168
Remboursements de la TVA	..	..	-6 416	-14 629	-33 949	-53 768	-69 234	-66 279	-75 720	-90 500
5112 Impôts sur les ventes	..	0	0	0	0	0	0	0	0	0
5113 Autres impôts	..	0	0	0	0	0	0	0	0	0
5120 Impôts sur biens et services déterminés	..	32 999	54 101	118 548	243 733	321 393	359 383	354 692	380 924	473 785
5121 Accises	..	18 849	22 614	75 236	138 261	169 237	183 714	187 024	218 015	267 328
Accise sur les bières	..	7 146	9 371	22 548	45 950	54 801	61 170	64 892	78 007	92 109
Accise sur le pétrole	..	7 857	6 515	30 941	47 043	55 791	59 311	54 865	59 884	72 323
Impôts pour réserves énergétiques	..	0	0	0	4 185	10 502	11 386	10 531	12 107	14 571
Autres accises	..	3 846	6 728	21 746	41 084	48 143	51 848	56 736	68 016	88 326
5122 Bénéfices de monopoles fiscaux	..	0	0	0	0	0	0	0	0	0
5123 Droits de douane et droits à l'importation	..	14 151	31 488	43 313	105 472	152 155	175 669	167 667	162 910	206 457

Tableau 5.28. Rwanda (suite) – Recettes fiscales détaillées

Million RWF

	1995	2000	2005	2010	2015	2018	2019	2020	2021	2022
Droits d'importation	..	9 260	22 071	26 215	69 731	83 601	100 742	99 674	100 371	130 427
Fonds d'entretien routier du Rwanda	..	2 531	3 644	14 843	29 620	48 805	53 109	48 166	39 597	42 490
Impôt pour le dévelopment des infrastructures	..	0	0	0	3 837	12 228	14 039	13 254	15 241	22 145
Taxe de l'Union africaine	..	0	0	0	0	1 579	1 835	1 676	1 923	2 843
Autres droits de douane et droits à l'importation	..	2 360	5 773	2 254	2 284	5 942	5 943	4 896	5 777	8 553
5124 Taxes à l'exportation	..	0	0	0	0	0	0	0	0	0
5125 Impôts sur biens d'équipement	..	0	0	0	0	0	0	0	0	0
5126 Impôts sur services déterminés	..	0	0	0	0	0	0	0	0	0
5127 Autres impôts sur commerce et transact. internat.	..	0	0	0	0	0	0	0	0	0
5128 Autres impôts	..	0	0	0	0	0	0	0	0	0
5130 Non ventilables entre 5110 et 5120	..	0	0	0	0	0	0	0	0	0
5200 Impôts sur utilisation des biens et exerc. activites	..	636	816	2 612	7 961	7 335	7 261	6 592	9 491	17 473
5210 Impôts périodiques	..	636	816	2 612	7 961	7 335	7 261	6 592	9 491	17 473
5211 A la charge des ménages: véhicules à moteur	..	636	816	2 612	3 252	2 269	3 473	3 563	3 798	4 506
5212 A la charge autres agents: véhicules à moteur	..	0	0	0	0	0	0	0	0	0
5213 Autres impôts périodiques	..	0	0	0	4 709	5 066	3 788	3 029	5 693	12 967
5220 Impôts non-périodiques	..	0	0	0	0	0	0	0	0	0
5300 Non ventilables entre 5100 et 5200	..	0	0	0	0	0	0	0	0	0
6000 Autres impôts	**..**	**0**	**0**	**0**	**0**	**0**	**0**	**0**	**0**	**0**
6100 A la charge exclusive des entreprises	..	..	..	..	..	..	..	..	..	..
6200 A la charge d'autres agents	..	..	..	..	..	..	..	..	..	..

.. Non disponible

Note : Année civile se terminant le 31 décembre. Depuis 2008, les chiffres relatifs aux cotisations de sécurité sociale sont calculés sur la base de l'année fiscale commençant le 1er juillet. Par exemple, les données pour 2022 représentent la période allant de juillet 2021 à juin 2022.

Les données sont sur la base des encaissements.

Les chiffres excluent les recettes fiscales perçues par les administrations infranationales car les données ne sont pas disponibles.

Les chiffres incluent les amendes liées aux recettes fiscales car il n'est pas possible de les séparer des recettes fiscales. Ces recettes sont maintenant classées comme recettes non fiscales selon la classification de l'OCDE. Le Rwanda considère ces recettes comme des recettes fiscales.

Rubrique 2000 : Le Rwanda n'inclut pas les cotisations de sécurité sociale dans ses données de recettes fiscales car les autorités rwandaises ne les considèrent pas comme des impôts.

Source : Rwanda Revenue Authority.

Tableau 5.29. Sénégal – Recettes fiscales détaillées

Million XOF

	1995	2000	2005	2010	2015	2018	2019	2020	2021	2022
Recettes fiscales totales	..	**559 295**	**887 248**	**1 267 799**	**1 723 131**	**2 219 816**	**2 566 168**	**2 611 991**	**2 864 429**	**3 416 515**
1000 Impôts sur revenu, bénéfices et gains en capital	..	**123 771**	**204 800**	**328 200**	**435 600**	**603 331**	**710 593**	**717 193**	**781 189**	**1 011 422**
1100 Des personnes physiques	..	64 021	102 600	192 900	261 000	313 626	352 187	354 323	433 817	550 368
1110 Sur le revenu et les bénéfices	..	63 370	101 100	191 000	257 900	313 626	352 187	354 323	433 817	550 368
1120 Sur les gains en capital	..	651	1 500	1 900	3 100	..	..	..	0	0
1200 Des sociétés	..	49 418	83 900	106 100	147 300	280 643	349 962	353 879	340 458	451 037
1210 Sur les bénéfices	..	49 418	83 900	106 100	147 300	280 643	349 962	353 879	340 458	451 037
1220 Sur les gains en capital	..	..	..	..	..	..	..	..	..	..
1300 Non ventilables entre 1100 et 1200	..	10 332	18 300	29 200	27 300	9 062	8 444	8 991	6 914	10 017
2000 Cotisations de sécurité sociale	..	**22 215**	**36 568**	**72 999**	**116 260**	**150 000**	**163 100**	**154 000**	**149 066**	**159 423**
2100 A la charge des salariés	..	..	..	..	..	..	..	..	..	..
2110 Sur la base du salaire	..	..	..	..	..	..	..	..	..	..
2120 Sur la base de l'impôt sur les revenus	..	..	..	..	..	..	..	..	..	..
2200 A la charge des employeurs	..	..	..	..	..	..	..	..	..	..
2210 Sur la base du salaire	..	..	..	..	..	..	..	..	..	..
2220 Sur la base de l'impôt sur le revenu	..	..	..	..	..	..	..	..	..	..
2300 A charge des travailleurs indép. ou sans emploi	..	..	..	..	..	..	..	..	..	..
2310 Sur la base du salaire	..	..	..	..	..	..	..	..	..	..
2320 Sur la base de l'impôt sur le revenu	..	..	..	..	..	..	..	..	..	..
2400 Non ventilables entre 2100, 2200 et 2300	..	22 215	36 568	72 999	116 260	150 000	163 100	154 000	149 066	159 423
Institution de Prévoyance Retraite du Sénégal (IPRES)	..	22 215	36 568	72 999	93 400	..	..	..	149 066	..
Caisse de Sécurité Sociale (CSS)	..	0	0	0	22 860	..	..	..	..	..
2410 Sur la base du salaire	..	..	..	..	..	..	..	..	..	..
2420 Sur la base de l'impôt sur le revenu	..	..	..	..	..	..	..	..	..	..
3000 Sur salaires ou main d'oeuvre	..	**6 668**	**9 440**	**10 800**	**20 200**	**5 283**	**8 952**	**7 996**	**33 063**	**39 267**
4000 Impôts sur le patrimoine	..	**11 200**	**23 200**	**39 100**	**41 500**	**56 174**	**60 876**	**62 620**	**91 854**	**77 831**
4100 Impôts périodiques sur la propriété immobilière	..	0	0	0	0	0	0	0	4 835	0
4110 Ménages	..	..	..	..	..	..	..	..	..	..
4120 Autres agents	..	..	..	..	..	..	..	..	..	..
4200 Impôts périodiques sur l'actif net	..	0	0	0	0	0	0	0	0	0
4210 Personnes physiques	..	..	..	..	..	..	..	..	..	..
4220 Sociétés	..	..	..	..	..	..	..	..	..	..
4300 Impôts sur mut. par décès, succ. et donations	..	2 464	5 104	12 445	8 465	4 174	3 876	6 620	6 020	3 823
4310 Impôts sur mut. par décès et successions	..	..	..	..	..	..	..	..	..	..
4320 Impôts sur les donations	..	..	..	..	..	..	..	..	..	..
4400 Impôts sur transact. mobilières et immob.	..	8 736	18 096	26 655	33 035	52 000	57 000	56 000	81 000	74 008
Droits de mutation sur vente ou echanges d'immeubles	..	..	..	15 418	15 863	27 000	31 000	22 000	35 000	25 166
Droits d'enregistrement autre que patrimoine	..	..	..	11 237	17 172	25 000	26 000	34 000	46 000	48 842
4500 Impôts non-périodiques	..	0	0	0	0	0	0	0	0	0
4510 Sur l'actif net	..	..	..	..	..	..	..	..	..	..
4520 Autres non-périodiques	..	..	..	..	..	..	..	..	..	..
4600 Autres impôts périodiques sur patrimoine	..	0	0	0	0	0	0	0	0	0
5000 Impôts sur les biens et services	..	**386 940**	**601 700**	**804 400**	**1 086 871**	**1 308 349**	**1 548 797**	**1 512 371**	**1 761 793**	**2 084 665**
5100 Impôts sur production, vente, transfert, etc.	..	384 590	597 700	799 400	1 078 171	1 297 281	1 535 951	1 499 632	1 749 793	1 999 273
5110 Impôts généraux	..	221 410	354 800	478 000	617 000	734 853	883 270	805 539	933 834	986 224
5111 Taxes sur la valeur ajoutée	..	221 410	354 800	478 000	617 000	734 853	883 270	805 539	913 501	956 346
5112 Impôts sur les ventes	..	0	0	0	0	0	0	0	0	0
5113 Autres impôts	..	0	0	0	0	0	0	0	20 333	29 878
5120 Impôts sur biens et services déterminés	..	163 180	242 900	321 400	461 171	562 428	652 681	694 093	815 959	1 013 049
5121 Accises	..	61 100	82 700	82 600	88 821	148 561	107 789	173 475	252 349	307 624
Taxe spécifique sur les produits pétroliers	..	..	62 600	63 900	61 520	91 039	69 286	97 300	91 995	126 115
Taxes sur les tabacs	..	..	8 483	9 647	14 565	16 403	19 672	20 250	20 686	19 247
Taxes sur les corps gras	..	..	4 148	978	1 964	6 413	4 034	13 953	11 481	12 291
Taxes sur les alcools	..	..	3 535	5 297	5 516	7 854	6 056	7 630	8 494	9 882
Taxe sur la cola	..	..	278	273	19	19	- 6	23	92	953
Taxe sur les thés	..	..	121	154	153	70	269	123	107	262
Taxe sur le café	..	..	140	175	428	442	673	348	413	547

Tableau 5.29. Sénégal (suite) – Recettes fiscales détaillées

Million XOF

	1995	2000	2005	2010	2015	2018	2019	2020	2021	2022
Taxe sur les produits comestiques	..	..	0	0	1 465	2 544	1 725	2 618	3 178	3 666
Taxe spéciale sur le ciment	..	..	0	0	0	14 087	0	15 369	14 904	15 614
Accises non classées ailleurs	..	..	3 395	2 176	3 189	9 690	6 082	15 862	101 000	119 047
5122 Bénéfices de monopoles fiscaux	..	0	0	0	0	0	0	0	0	0
5123 Droits de douane et droits à l'importation	..	90 340	138 900	181 600	227 600	290 339	365 538	337 908	392 610	488 410
5124 Taxes à l'exportation	..	0	0	0	0	0	0	0	0	0
5125 Impôts sur biens d'équipement	..	0	0	0	0	0	0	0	0	0
5126 Impôts sur services déterminés	..	11 740	21 300	45 000	71 200	105 378	78 000	100 538	91 000	128 567
Taxe sur les activités financières (TAF)	..	9 340	17 600	30 600	47 700	62 534	55 300	71 462	65 000	95 000
Redevance d'utilisation des télécommunications	..	0	0	10 000	19 500	22 289	22 700	21 214	20 000	24 567
Taxe sur les contrats d'assurances	..	2 400	3 700	4 400	4 000	6 905	0	7 862	6 000	9 000
Contribution au développement économique (CODEC)	..	0	0	0	0	13 649	0	0	0	0
5127 Autres impôts sur commerce et transact. internat.	..	0	0	0	0	0	0	0	0	0
5128 Autres impôts	..	0	0	12 200	73 551	18 150	101 354	82 171	80 000	88 448
Fonds de sécurisation des importations de produits pétroliers	..	..	..	12 200	69 451	17 266	96 854	81 826	80 000	88 448
Contribution spéciale des produits des mines et carrières	..	..	..	0	4 100	884	4 500	345	0	0
5130 Non ventilables entre 5110 et 5120	..	0	0	0	0	0	0	0	0	0
5200 Impôts sur utilisation des biens et exerc. activites	..	2 350	4 000	5 000	8 700	11 068	12 846	12 738	12 000	85 391
5210 Impôts périodiques	..	2 350	4 000	5 000	8 700	11 068	12 846	12 738	12 000	85 391
5211 A la charge des ménages: véhicules à moteur	..	..	..	..	..	..	..	..	..	..
5212 A la charge autres agents: véhicules à moteur	..	..	..	..	..	..	..	..	..	..
5213 Autres impôts périodiques	..	..	..	..	..	..	..	..	..	..
5220 Impôts non-périodiques	..	0	0	0	0	0	0	0	0	0
5300 Non ventilables entre 5100 et 5200	..	0	0	0	0	0	0	0	0	0
6000 Autres impôts	**..**	**8 500**	**11 540**	**12 300**	**22 700**	**96 678**	**73 851**	**157 811**	**47 464**	**43 908**
6100 A la charge exclusive des entreprises	..	..	..	..	..	..	..	..	..	..
6200 A la charge d'autres agents	..	..	..	..	..	..	..	..	..	..

.. Non disponible
Note : Année civile se terminant le 31 décembre.
Les données sont sur la base des encaissements.
Les chiffres n'incluent pas les données des recettes fiscales collectées par les collectivités locales car elles ne sont pas disponibles.
Les chiffres ne comprennent pas les taxes parafiscales car elles ne sont pas disponibles.
La rubrique 2000 comprend les cotisations de sécurité sociale de l'Institution de prévoyance retraite du Sénégal (IPRES) à partir de 2006 et les cotisations de sécurité sociale de la Caisse de Sécurité Sociale (CSS) à partir de 2012. Les cotisations de sécurité sociale au Sénégal antérieures à 2006 sont estimées.
La rubrique 5126 comprend la redevance sur l'accès ou l'utilisation du réseau des télécommunications publiques (RUTEL) classifiée comme accise au Sénégal.
Les recettes fiscales incluent les amendes et pénalités sur impôts et taxes, cependant ces recettes sont considérées comme des recettes non fiscales comme le préconise la classification OCDE (voir le Guide d'interprétation en Annexes A et B). Il n'a pas été possible pour cette édition de séparer le versement des amendes et pénalités des recettes correspondant aux impôts auxquels ces amendes et pénalités se rattachent. La classification nationale du Sénégal les compte comme des recettes fiscales.
Source : Ministère de l'Économie, des Finances et du Plan.

Tableau 5.30. Seychelles – Recettes fiscales détaillées

Million SCR

	1995	2000	2005	2010	2015	2018	2019	2020	2021	2022
Recettes fiscales totales	**..**	**..**	**..**	**3 595**	**5 474**	**7 477**	**7 617**	**6 772**	**7 153**	**7 999**
1000 Impôts sur revenu, bénéfices et gains en capital	**..**	**..**	**..**	**1 062**	**1 696**	**2 329**	**2 360**	**2 216**	**2 481**	**2 293**
1100 Des personnes physiques	..	..	..	254	948	965	975	1 023	1 023	1 086
1110 Sur le revenu et les bénéfices	..	..	..	254	948	965	975	1 023	1 023	1 086
Impôt sur le revenu des personnes physiques - Administration centrale	..	..	..	71	254	236	211	242	242	245
Impôt sur le revenu des personnes physiques - Autres secteurs publics	..	..	..	30	119	122	123	113	112	99
Impôt sur le revenu des personnes physiques - Secteurs privés	..	..	..	153	575	607	641	668	669	742
1120 Sur les gains en capital	..	..	..	0	0	0	0	0	0	0
1200 Des sociétés	..	..	..	808	748	1 364	1 385	1 193	1 457	1 207
1210 Sur les bénéfices	..	..	..	808	748	1 364	1 385	1 193	1 457	1 207
Entreprises	..	..	..	703	563	1 155	1 160	1 016	1 206	1 013
Entrepreneurs individuels	..	..	..	14	43	37	38	36	85	51
Partenariats	..	..	..	9	11	16	18	17	24	22
Impôt retenu à la source	..	..	..	58	88	96	104	103	122	100
Logements résidentiels	..	..	..	0	43	59	65	22	20	22
Autres	..	..	..	0	0	0	0	0	0	0
Taxe sur les biens et services sur les revenus locatifs	..	..	..	24	0	0	0	0	0	0
1220 Sur les gains en capital	..	..	..	0	0	0	0	0	0	0
1300 Non ventilables entre 1100 et 1200	..	..	..	0	0	0	0	0	0	0
2000 Cotisations de sécurité sociale	**..**	**..**	**..**	**329**	**215**	**540**	**398**	**436**	**440**	**622**
2100 A la charge des salariés	..	..	..	21	93	185	199	213	214	277
2110 Sur la base du salaire	..	..	..	21	93	185	199	213	214	277
SPF - Cotisations obligatoires à la charge des salariés	..	..	..	21	93	185	199	213	214	277
2120 Sur la base de l'impôt sur les revenus	..	..	..	0	0	0	0	0	0	0
2200 A la charge des employeurs	..	..	..	21	102	148	196	212	214	333
2210 Sur la base du salaire	..	..	..	21	102	148	196	212	214	333
SPF - Cotisations obligatoires à la charge des employeurs	..	..	..	21	102	148	196	212	214	333
2220 Sur la base de l'impôt sur le revenu	..	..	..	0	0	0	0	0	0	0
2300 A charge des travailleurs indép. ou sans emploi	..	..	..	0	0	0	0	0	0	0
2310 Sur la base du salaire	..	..	..	..	..	..	..	..	..	..
2320 Sur la base de l'impôt sur le revenu	..	..	..	..	..	..	..	..	..	..
2400 Non ventilables entre 2100, 2200 et 2300	..	..	..	287	20	208	3	10	11	12
2410 Sur la base du salaire	..	..	..	0	0	0	0	0	0	0
2420 Sur la base de l'impôt sur le revenu	..	..	..	287	20	208	3	10	11	12
Taxe de sécurité sociale	..	..	..	287	20	208	3	10	11	12
3000 Sur salaires ou main d'oeuvre	**..**	**..**	**..**	**0**	**0**	**0**	**0**	**0**	**0**	**0**
4000 Impôts sur le patrimoine	**..**	**..**	**..**	**126**	**140**	**126**	**168**	**124**	**103**	**73**
4100 Impôts périodiques sur la propriété immobilière	..	..	..	0	0	0	0	0	0	0
4110 Ménages	..	..	..	..	..	..	..	..	..	..
4120 Autres agents	..	..	..	..	..	..	..	..	..	..
4200 Impôts périodiques sur l'actif net	..	..	..	0	0	0	0	0	0	0
4210 Personnes physiques	..	..	..	..	..	..	..	..	..	..
4220 Sociétés	..	..	..	..	..	..	..	..	..	..
4300 Impôts sur mut. par décès, succ. et donations	..	..	..	0	0	0	0	0	0	0
4310 Impôts sur mut. par décès et successions	..	..	..	..	..	..	..	..	..	..
4320 Impôts sur les donations	..	..	..	..	..	..	..	..	..	..
4400 Impôts sur transact. mobilières et immob.	..	..	..	126	140	126	168	124	103	73
Droit de timbre	..	..	..	126	140	126	168	124	103	73
4500 Impôts non-périodiques	..	..	..	0	0	0	0	0	0	0
4510 Sur l'actif net	..	..	..	..	..	..	..	..	..	..
4520 Autres non-périodiques	..	..	..	..	..	..	..	..	..	..
4600 Autres impôts périodiques sur patrimoine	..	..	..	0	0	0	0	0	0	0
5000 Impôts sur les biens et services	**..**	**..**	**..**	**2 079**	**3 422**	**4 482**	**4 691**	**3 996**	**4 130**	**5 010**
5100 Impôts sur production, vente, transfert, etc.	..	..	..	1 958	3 226	4 280	4 480	3 793	3 930	4 795
5110 Impôts généraux	..	..	..	468	1 893	2 615	2 710	2 225	2 404	2 994
5111 Taxes sur la valeur ajoutée	..	..	..	0	1 799	2 493	2 586	2 111	2 324	2 965

Tableau 5.30. Seychelles (suite) – Recettes fiscales détaillées

Million SCR

	1995	2000	2005	2010	2015	2018	2019	2020	2021	2022
TVA - Domestique	..	..	..	..	990	1 550	1 587	1 203	1 430	1 855
TVA - Biens importés	..	..	..	..	833	968	1 003	910	893	1 112
TVA - Exonérations	..	..	..	..	- 24	- 25	- 4	- 3	0	- 2
5112 Impôts sur les ventes	..	..	..	468	4	3	3	2	2	1
Taxe sur les biens et services sur les produits fabriqués localement (alcool)	..	..	..	27	0	0	0	0	0	0
Taxe sur les biens et services sur les produits fabriqués localement (tabac)	..	..	..	12	0	0	0	0	0	0
Taxe sur les biens et services sur les produits fabriqués localement (autre)	..	..	..	42	0	0	0	0	0	0
Taxe sur les biens et services - Carburant / Produits pétroliers	..	..	..	10	0	0	0	0	0	0
Taxe sur les biens et services - Produits importés	..	..	..	377	0	0	0	0	0	0
Taxe sur les biens et services - Arriérés	..	..	..	0	4	3	3	2	2	1
5113 Autres impôts	..	..	..	0	90	119	121	113	78	29
Taxe de responsabilité sociale des entreprises (RSE)	..	..	..	..	79	106	109	102	61	10
Impôts forfaitaires	..	..	..	..	10	13	12	11	17	19
5120 Impôts sur biens et services déterminés	..	..	..	1 490	1 333	1 666	1 770	1 568	1 526	1 800
5121 Accises	..	..	..	570	961	1 281	1 385	1 268	1 207	1 416
Alcool (boissons alcoolisées et vinaigre)	..	..	..	180	278	382	419	372	358	429
Pétrole (produits minéraux)	..	..	..	242	493	609	628	552	575	640
Véhicules à moteur (véhicules, aéronefs, navires)	..	..	..	47	44	123	148	98	33	107
Tabac	..	..	..	102	146	166	164	202	200	186
Taxe sur le sucre des boissons	..	..	..	0	0	0	25	44	41	54
5122 Bénéfices de monopoles fiscaux	..	..	..	0	0	0	0	0	0	0
5123 Droits de douane et droits à l'importation	..	..	..	355	326	315	313	238	260	302
Alcool (boissons alcoolisées et vinaigre)	..	..	..	29	97	128	110	79	79	107
Pétrole (produits minéraux)	..	..	..	151	0	0	0	0	0	0
Textiles et articles textiles	..	..	..	11	26	15	7	7	7	7
Véhicules à moteur (véhicules, aéronefs, navires)	..	..	..	63	57	1	0	0	0	0
Tabac (tabac et tabac fabriqué)	..	..	..	2	2	2	2	3	3	3
Aliments préparés	..	..	..	19	19	11	13	14	14	12
Frais documentaires	..	..	..	2	2	2	3	3	3	4
Fonds fiduciaire pour l'élevage	..	..	..	0	0	0	22	5	26	24
Autres droits de douane	..	..	..	79	128	160	160	129	129	144
Exemptions des droits de douane	..	..	..	- 3	- 5	- 4	- 4	- 2	- 1	- 0
5124 Taxes à l'exportation	..	..	..	0	0	0	0	0	0	0
5125 Impôts sur biens d'équipement	..	..	..	0	0	0	0	0	0	0
5126 Impôts sur services déterminés	..	..	..	565	45	70	71	62	60	82
Taxe sur les jeux (casino)	..	..	..	6	0	0	0	0	0	0
Taxe de marketing touristique (TMT)	..	..	..	0	45	70	71	62	60	82
Taxe sur les biens et services - Services professionnels	..	..	..	27	0	0	0	0	0	0
Taxe sur les biens et services - Tourisme	..	..	..	411	0	0	0	0	0	0
Taxe sur les biens et services - Télécom et services publics	..	..	..	97	0	0	0	0	0	0
Taxe sur les biens et services - Assurances	..	..	..	22	0	0	0	0	0	0
5127 Autres impôts sur commerce et transact. internat.	..	..	..	0	0	0	0	0	0	0
5128 Autres impôts	..	..	..	0	0	0	0	0	0	0
5130 Non ventilables entre 5110 et 5120	..	..	..	0	0	0	0	0	0	0
5200 Impôts sur utilisation des biens et exerc. activites	..	..	..	121	197	202	211	204	201	216
5210 Impôts périodiques	..	..	..	121	197	202	211	204	201	216
5211 A la charge des ménages: véhicules à moteur	..	..	..	42	95	117	129	125	125	134
Taxe de circulation et autres permis	..	..	..	42	88	108	120	117	116	125
Essais de véhicules	..	..	..	0	7	8	9	9	9	9
5212 A la charge autres agents: véhicules à moteur	..	..	..	0	0	0	0	0	0	0
5213 Autres impôts périodiques	..	..	..	79	102	85	82	78	76	82
Licences commerce / industries	..	..	..	8	8	10	10	10	11	11
Licences et autre enregistrement de licence	..	..	..	5	3	4	6	3	4	5
Licences de télécommunications et de radiodiffusion	..	..	..	62	88	71	66	65	61	63
Licences de casino et d'hôtel	..	..	..	3	3	1	0	0	0	1

Tableau 5.30. Seychelles (suite) – Recettes fiscales détaillées

Million SCR

	1995	2000	2005	2010	2015	2018	2019	2020	2021	2022
Permis d'alcool et grog	..	..	..	0	0	0	0	0	0	2
5220 Impôts non-périodiques	..	..	..	0	0	0	0	0	0	0
5300 Non ventilables entre 5100 et 5200	..	..	..	0	0	0	0	0	0	0
6000 Autres impôts	**..**	**..**	**..**	**0**	**0**	**0**	**0**	**0**	**0**	**0**
6100 A la charge exclusive des entreprises	..	..	..	..	..	..	..	..	..	..
6200 A la charge d'autres agents	..	..	..	..	..	..	..	..	..	..

.. Non disponible

Note : Année civile se terminant le 31 décembre.

Les données sont sur la base des encaissements.

Les chiffres excluent les recettes fiscales collectées par les gouvernements infranationaux car les données ne sont pas disponibles.

Rubrique 1210 : La taxe sur les biens et services aux Seychelles s'appliquait également aux revenus locatifs, qui, selon les définitions des *Statistiques des recettes publiques en Afrique*, sont classés comme des taxes sur les sociétés. Ces recettes sont rapportées sous la rubrique Taxe sur les biens et services dans les documents budgétaires des Seychelles.

Rubrique 2000 : Cette édition inclut les recettes collectées par le Fonds de pensions des Seychelles (SPF), qui inclut les contributions obligatoires classées par l'OCDE comme contributions de sécurité sociale (rapportées sous les rubriques 2110 et 2210). Les Seychelles ont également collecté une contribution de sécurité sociale basée sur le revenu (rapportée sous la rubrique 2420) qui a été supprimée en 2010, mais avec un recouvrement significatif d'arriérés en 2018. Les recettes du SPF ne sont pas rapportées comme recettes gouvernementales dans les documents gouvernementaux des Seychelles.

Rubrique 5112 : La taxe sur les biens et services aux Seychelles existait jusqu'à ce qu'elle soit remplacée par une TVA en 2013. Cette taxe imposait un taux de 15 % sur les ventes de produits et services dans une longue liste d'articles énumérés dans la loi sur la taxe sur les biens et services. Les arriérés sur la taxe sur les biens et services incluent les arriérés sur les taxes sur les biens et services des services professionnels, du tourisme, des télécommunications et des services publics et de l'assurance, qui sont rapportés sous la rubrique 5126.

Rubrique 5113 : Dans les éditions précédentes, la taxe présomptive était rapportée sous la rubrique 1210, taxes sur les bénéfices des sociétés.

Rubrique 5123 : « Autres droits de douane » inclut la taxe sur les bouteilles en PET, la taxe sur la volaille, la taxe sur les canettes et la taxe sur les bouteilles en verre. La collecte des recettes pour le Fonds fiduciaire pour l'élevage a commencé en 2019.

Source : Seychelles Revenue Commission; Ministère des Finances, de la Planification économique et du Commerce des Seychelles ; Financial Services Authority des Seychelles ; et Rapports annuels du Fonds de pensions des Seychelles.

Tableau 5.31. Sierra Leone – Recettes fiscales détaillées

Million SLL

	1995	2000	2005	2010	2015	2018	2019	2020	2021	2022
Recettes fiscales totales	..	..	**374 356**	**929 507**	**2 135 262**	**4 037 838**	**4 874 158**	**4 990 560**	**5 895 479**	**6 569 385**
1000 Impôts sur revenu, bénéfices et gains en capital	..	..	**110 153**	**291 633**	**895 177**	**1 594 879**	**1 865 493**	**1 992 218**	**2 435 025**	**2 903 620**
1100 Des personnes physiques	..	..	48 458	155 123	650 170	1 156 548	1 327 400	1 407 927	1 669 755	1 790 051
1110 Sur le revenu et les bénéfices	..	..	48 458	155 123	650 170	1 156 548	1 327 400	1 407 927	1 669 755	1 790 051
Impôt sur le revenu - hors mines à partir de 2010	..	..	48 458	125 930	539 310	994 934	1 171 077	1 248 294	1 586 675	1 665 260
Impôt sur le revenu - mines	..	..	..	29 193	110 860	161 614	156 323	159 634	83 080	124 791
1120 Sur les gains en capital	..	..	0	0	0	0	0	0	0	0
1200 Des sociétés	..	..	61 696	136 510	245 008	438 331	538 093	584 291	765 270	1 113 569
1210 Sur les bénéfices	..	..	61 696	136 510	245 008	438 331	538 093	584 291	765 270	1 113 569
Impôt sur les sociétés - hors mines à partir de 2010	..	..	61 696	94 890	227 668	396 717	417 012	581 973	697 469	1 079 888
Impôt sur les sociétés - mines	..	..	..	8 016	2 360	26 324	57 789	2 316	49 895	14 952
Retenue à la source sur les paiements contractuels - mines	..	..	..	33 604	14 979	15 291	63 293	2	17 906	18 729
1220 Sur les gains en capital	..	..	0	0	0	0	0	0	0	0
1300 Non ventilables entre 1100 et 1200	..	..	0	0	0	0	0	0	0	0
2000 Cotisations de sécurité sociale	..	..	..	..	..	**492 794**	**547 253**	**613 578**	**702 106**	**834 024**
2100 A la charge des salariés	..	..	..	..	..	..	..	..	..	..
2110 Sur la base du salaire	..	..	..	..	..	..	..	..	..	..
2120 Sur la base de l'impôt sur les revenus	..	..	..	..	..	..	..	..	..	..
2200 A la charge des employeurs	..	..	..	..	..	..	..	..	..	..
2210 Sur la base du salaire	..	..	..	..	..	..	..	..	..	..
2220 Sur la base de l'impôt sur le revenu	..	..	..	..	..	..	..	..	..	..
2300 A charge des travailleurs indép. ou sans emploi	..	..	..	..	..	..	..	..	..	..
2310 Sur la base du salaire	..	..	..	..	..	..	..	..	..	..
2320 Sur la base de l'impôt sur le revenu	..	..	..	..	..	..	..	..	..	..
2400 Non ventilables entre 2100, 2200 et 2300	..	..	..	..	..	492 794	547 253	613 578	702 106	834 024
2410 Sur la base du salaire	..	..	..	..	..	..	..	..	..	..
2420 Sur la base de l'impôt sur le revenu	..	..	..	..	..	..	..	..	..	..
3000 Sur salaires ou main d'oeuvre	..	..	..	**115**	**159**	**1 068**	**586**	**0**	**0**	**1 073**
Impôt sur les salaires - mines	..	..	..	115	159	1 068	586	..	..	1 073
4000 Impôts sur le patrimoine	..	..	..	..	..	..	..	..	..	..
4100 Impôts périodiques sur la propriété immobilière	..	..	..	..	..	..	..	..	..	..
4110 Ménages	..	..	..	..	..	..	..	..	..	..
4120 Autres agents	..	..	..	..	..	..	..	..	..	..
4200 Impôts périodiques sur l'actif net	..	..	..	..	..	..	..	..	..	..
4210 Personnes physiques	..	..	..	..	..	..	..	..	..	..
4220 Sociétés	..	..	..	..	..	..	..	..	..	..
4300 Impôts sur mut. par décès, succ. et donations	..	..	..	..	..	..	..	..	..	..
4310 Impôts sur mut. par décès et successions	..	..	..	..	..	..	..	..	..	..
4320 Impôts sur les donations	..	..	..	..	..	..	..	..	..	..
4400 Impôts sur transact. mobilières et immob.	..	..	..	..	..	..	..	..	..	..
4500 Impôts non-périodiques	..	..	..	..	..	..	..	..	..	..
4510 Sur l'actif net	..	..	..	..	..	..	..	..	..	..
4520 Autres non-périodiques	..	..	..	..	..	..	..	..	..	..
4600 Autres impôts périodiques sur patrimoine	..	..	..	..	..	..	..	..	..	..
5000 Impôts sur les biens et services	..	..	**264 203**	**637 760**	**1 239 925**	**1 949 097**	**2 460 826**	**2 384 764**	**2 758 348**	**2 830 668**
5100 Impôts sur production, vente, transfert, etc.	..	..	264 203	637 760	1 239 925	1 949 097	2 460 826	2 384 764	2 758 348	2 830 668
5110 Impôts généraux	..	..	0	246 362	593 048	886 383	1 030 686	1 046 227	1 257 858	1 420 358
5111 Taxes sur la valeur ajoutée	..	..	..	246 362	593 048	886 383	1 030 686	1 046 227	1 257 858	1 420 358
TVA intérieure - hors mines	..	..	..	100 067	238 819	335 798	411 886	465 502	580 004	585 001
TVA intérieure - mines	..	..	..	9 590	18	5	33 075	1 956	669	940
TVA à l'importation - hors mines	..	..	..	136 698	354 112	545 030	583 356	577 748	677 051	831 484
TVA à l'importation - mines	..	..	..	7	99	5 550	2 369	1 020	134	2 933
5112 Impôts sur les ventes	..	..	..	0	0	0	0	0	0	0
5113 Autres impôts	..	..	..	0	0	0	0	0	0	0
5120 Impôts sur biens et services déterminés	..	..	264 203	391 397	646 877	1 062 713	1 430 140	1 338 537	1 500 490	1 410 310
5121 Accises	..	..	73 925	190 307	311 155	412 226	709 116	694 405	693 127	561 767
Droits d'accise sur le pétrole	..	..	42 347	123 439	193 084	347 155	567 476	520 115	404 573	310 696
Autres accises	..	..	7 643	9 568	23 361	10 877	35 354	56 409	76 715	78 840
Redevances d'usage de la route (RUC)	..	..	23 935	57 300	94 710	54 194	106 286	117 881	211 839	172 231

Tableau 5.31. Sierra Leone (suite) – Recettes fiscales détaillées

Million SLL

	1995	2000	2005	2010	2015	2018	2019	2020	2021	2022
5122 Bénéfices de monopoles fiscaux	..	..	0	0	0	0	0	0	0	0
5123 Droits de douane et droits à l'importation	..	..	185 990	189 811	329 368	650 487	711 075	644 133	807 363	848 543
Droits à l'importation - hors mines à partir de 2010	..	..	172 283	186 621	318 962	614 576	678 356	618 273	801 949	820 344
Droits à l'importation - mines	..	..	..	3 190	10 405	35 912	32 719	25 859	5 414	28 199
Autres droits de douane - hors mines	..	..	13 707	0	0	0	0	0	0	0
5124 Taxes à l'exportation	..	..	0	0	0	0	0	0	0	0
5125 Impôts sur biens d'équipement	..	..	0	0	0	0	0	0	0	0
5126 Impôts sur services déterminés	..	..	4 288	11 279	6 354	0	9 949	0	0	0
Taxe sur les voyages à l'étranger	..	..	4 288	11 279	6 354	..	9 949	..	..	..
5127 Autres impôts sur commerce et transact. internat.	..	..	0	0	0	0	0	0	0	0
5128 Autres impôts	..	..	0	0	0	0	0	0	0	0
5130 Non ventilables entre 5110 et 5120	..	..	0	0	0	0	0	0	0	0
5200 Impôts sur utilisation des biens et exerc. activites	..	..	0	0	0	0	0	0	0	0
5210 Impôts périodiques	..	..	..	..	..	..	..	..	..	..
5211 A la charge des ménages: véhicules à moteur	..	..	..	..	..	..	..	..	..	..
5212 A la charge autres agents: véhicules à moteur	..	..	..	..	..	..	..	..	..	..
5213 Autres impôts périodiques	..	..	..	..	..	..	..	..	..	..
5220 Impôts non-périodiques	..	..	..	..	..	..	..	..	..	..
5300 Non ventilables entre 5100 et 5200	..	..	0	0	0	0	0	0	0	0
6000 Autres impôts	**..**	**..**	**0**	**0**	**0**	**0**	**0**	**0**	**0**	**0**
6100 A la charge exclusive des entreprises	..	..	..	..	..	..	..	..	..	..
6200 A la charge d'autres agents	..	..	..	..	..	..	..	..	..	..

.. Non disponible

Note : Année civile se terminant le 31 décembre.

Les données sont sur la base des encaissements.

Les chiffres excluent les recettes fiscales perçues par les administrations infranationales car les données ne sont pas disponibles.

Rubriques 1110, 1210, 3000, 5111, 5123 : la ventilation des impôts entre le secteur minier et le secteur non minier à partir de l'année 2010 est disponible pour la première fois dans cette édition.

Rubrique 2000 : les cotisations de sécurité sociale sont disponibles pour la première fois dans cette édition.

Rubrique 3000 : cette rubrique comprend les impôts sur les salaires payés par le secteur minier selon la classification de l'OCDE. La Sierra Leone classe ces recettes dans les impôts sur le revenu des personnes physiques.

Rubrique 5121 : le fonds de redevances d'utilisation des routes (RUC) est financé par les taxes sur les carburants, les licences de véhicules et les frais d'immatriculation des véhicules, mais il n'est pas possible de distinguer ces recettes. Comme les taxes sur les carburants représentent environ 65 % de ces recettes, la totalité des recettes du RUC est classée sous la rubrique 5121.

Rubrique 5126 : la taxe sur les voyages à l'étranger prélevée sur les billets d'avion jusqu'à la mi-2018 fait partie des autres taxes classées dans les impôts sur le revenu dans la classification de la Sierra Leone. À partir de 2018, sa collecte fait partie de la collecte du compte unique du Trésor, classée dans les recettes non fiscales sous la rubrique « Ventes de biens et de services ».

Source : Sierra Leone National Revenue Authority.

Tableau 5.32. Somalie – Recettes fiscales détaillées

Million USD

	1995	2000	2005	2010	2015	2018	2019	2020	2021	2022
Recettes fiscales totales	..	..	..	..	**84**	**137**	**191**	**218**	**248**	**269**
1000 Impôts sur revenu, bénéfices et gains en capital	..	..	..	..	**2**	**9**	**15**	**23**	**24**	**30**
1100 Des personnes physiques	..	..	..	..	1	7	10	18	22	26
1110 Sur le revenu et les bénéfices	..	..	..	..	1	7	10	18	22	26
Sur les salaires des employés du secteur public	..	..	..	..	..	..	..	..	..	..
Sur les salaires des employés du secteur privé	..	..	..	..	..	..	..	..	..	..
1120 Sur les gains en capital	..	..	..	..	0	0	0	0	0	0
1200 Des sociétés	..	..	..	..	1	1	4	4	2	1
1210 Sur les bénéfices	..	..	..	..	1	1	4	4	2	1
Impôt sur les bénéfices des sociétés	..	..	..	..	..	..	..	..	..	..
1220 Sur les gains en capital	..	..	..	..	0	0	0	0	0	0
1300 Non ventilables entre 1100 et 1200	..	..	..	..	0	0	1	1	1	3
Impôt sur les revenus locatifs	..	..	..	..	0	0	1	1	1	3
2000 Cotisations de sécurité sociale	..	..	..	..	..	..	..	..	..	..
2100 A la charge des salariés	..	..	..	..	..	..	..	..	..	..
2110 Sur la base du salaire	..	..	..	..	..	..	..	..	..	..
2120 Sur la base de l'impôt sur les revenus	..	..	..	..	..	..	..	..	..	..
2200 A la charge des employeurs	..	..	..	..	..	..	..	..	..	..
2210 Sur la base du salaire	..	..	..	..	..	..	..	..	..	..
2220 Sur la base de l'impôt sur le revenu	..	..	..	..	..	..	..	..	..	..
2300 A charge des travailleurs indép. ou sans emploi	..	..	..	..	..	..	..	..	..	..
2310 Sur la base du salaire	..	..	..	..	..	..	..	..	..	..
2320 Sur la base de l'impôt sur le revenu	..	..	..	..	..	..	..	..	..	..
2400 Non ventilables entre 2100, 2200 et 2300	..	..	..	..	..	..	..	..	..	..
2410 Sur la base du salaire	..	..	..	..	..	..	..	..	..	..
2420 Sur la base de l'impôt sur le revenu	..	..	..	..	..	..	..	..	..	..
3000 Sur salaires ou main d'oeuvre	..	..	..	..	**0**	**0**	**0**	**0**	**0**	**0**
4000 Impôts sur le patrimoine	..	..	..	..	**0**	**3**	**2**	**2**	**4**	**2**
4100 Impôts périodiques sur la propriété immobilière	..	..	..	..	0	0	0	0	0	0
4110 Ménages	..	..	..	..	..	..	..	..	..	..
4120 Autres agents	..	..	..	..	..	..	..	..	..	..
4200 Impôts périodiques sur l'actif net	..	..	..	..	0	0	0	0	0	0
4210 Personnes physiques	..	..	..	..	..	..	..	..	..	..
4220 Sociétés	..	..	..	..	..	..	..	..	..	..
4300 Impôts sur mut. par décès, succ. et donations	..	..	..	..	0	0	0	0	0	0
4310 Impôts sur mut. par décès et successions	..	..	..	..	..	..	..	..	..	..
4320 Impôts sur les donations	..	..	..	..	..	..	..	..	..	..
4400 Impôts sur transact. mobilières et immob.	..	..	..	..	0	3	2	2	4	2
4500 Impôts non-périodiques	..	..	..	..	0	0	0	0	0	0
4510 Sur l'actif net	..	..	..	..	..	..	..	..	..	..
4520 Autres non-périodiques	..	..	..	..	..	..	..	..	..	..
4600 Autres impôts périodiques sur patrimoine	..	..	..	..	0	0	0	0	0	0
5000 Impôts sur les biens et services	..	..	..	..	**82**	**126**	**175**	**190**	**217**	**234**
5100 Impôts sur production, vente, transfert, etc.	..	..	..	..	79	126	167	179	206	221
5110 Impôts généraux	..	..	..	..	5	22	29	32	36	41
5111 Taxes sur la valeur ajoutée	..	..	..	..	0	0	0	0	0	0
5112 Impôts sur les ventes	..	..	..	..	3	22	29	31	36	41
Taxe sur les biens et services sur les hôtels	..	..	..	..	2	3	1	1	1	1
Taxe sur les biens et services sur la télécommunication	..	..	..	..	0	6	7	2	4	3
Taxe sur les biens et services sur les billets d'avions	..	..	..	..	1	0	1	1	1	4
Taxe sur les biens et services sur les produits importés	..	..	..	..	0	13	20	28	31	33
5113 Autres impôts	..	..	..	..	2	0	0	0	0	0
5120 Impôts sur biens et services déterminés	..	..	..	..	74	104	138	148	169	180
5121 Accises	..	..	..	..	0	0	0	0	0	0
5122 Bénéfices de monopoles fiscaux	..	..	..	..	0	0	0	0	0	0
5123 Droits de douane et droits à l'importation	..	..	..	..	74	104	136	144	166	175

Tableau 5.32. Somalie (suite) – Recettes fiscales détaillées

Million USD

	1995	2000	2005	2010	2015	2018	2019	2020	2021	2022
Droits de douane et droits à l'importation	..	..	..	..	7	8	30	50	53	65
Biens de consommation	..	..	..	..	15	26	32	33	34	32
Combustibles et lubrifiants	..	..	..	..	9	8	9	10	17	20
Matériaux de construction	..	..	..	..	3	4	3	3	3	4
Khat	..	..	..	..	11	13	17	6	12	14
Vêtements et chaussures	..	..	..	..	12	14	9	8	9	6
Électricité et électronique	..	..	..	..	4	5	7	6	6	12
Véhicules et pièces détachées	..	..	..	..	4	9	8	7	9	7
Autres produits	..	..	..	..	9	13	15	14	15	4
Droits de timbre	..	..	..	..	1	3	8	8	10	11
5124 Taxes à l'exportation	..	..	..	..	0	0	2	4	4	5
5125 Impôts sur biens d'équipement	..	..	..	..	0	0	0	0	0	0
5126 Impôts sur services déterminés	..	..	..	..	0	0	0	0	0	0
5127 Autres impôts sur commerce et transact. internat.	..	..	..	..	0	0	0	0	0	0
5128 Autres impôts	..	..	..	..	0	0	0	0	0	0
5130 Non ventilables entre 5110 et 5120	..	..	..	..	0	0	0	0	0	0
5200 Impôts sur utilisation des biens et exerc. activites	..	..	..	..	3	0	8	10	11	13
5210 Impôts périodiques	..	..	..	..	3	0	8	10	11	13
5211 A la charge des ménages: véhicules à moteur	..	..	..	..	3	0	2	2	2	1
5212 A la charge autres agents: véhicules à moteur	..	..	..	..	0	0	0	0	0	0
5213 Autres impôts périodiques	..	..	..	..	0	0	6	9	10	12
5220 Impôts non-périodiques	..	..	..	..	0	0	0	0	0	0
5300 Non ventilables entre 5100 et 5200	..	..	..	..	0	0	0	0	0	0
6000 Autres impôts	**..**	**..**	**..**	**..**	**0**	**0**	**0**	**3**	**3**	**2**
6100 A la charge exclusive des entreprises	..	..	..	..	..	..	..	..	..	..
6200 A la charge d'autres agents	..	..	..	..	..	..	..	..	..	..

.. Non disponible

Note : Année civile se terminant le 31 décembre.

Les données sont sur la base des encaissements.

Les données excluent les recettes perçues au niveau local, car les données n'étaient pas disponibles.

Les données comprennent les recettes perçues directement par le gouvernement fédéral de Somalie et les États membres fédéraux (Puntland, Jubaland, Sud-Ouest, Galmudug, Hirshabelle et l'Autorité régionale du Benadir). Les données des États membres fédéraux ne sont disponibles qu'à partir de 2019.

Les données ne sont pas consolidées, mais elles n'incluent pas les transferts reçus du gouvernement fédéral et représentent uniquement le recouvrement des recettes des États membres fédéraux.

Source : Ministère des finances de la Somalie.

Tableau 5.33. Tchad – Recettes fiscales détaillées

Million XAF

	1995	2000	2005	2010	2015	2018	2019	2020	2021	2022
Recettes fiscales totales	**..**	**..**	**..**	**773 264**	**362 706**	**482 783**	**519 374**	**901 916**	**652 288**	**1 088 274**
1000 Impôts sur revenu, bénéfices et gains en capital	**..**	**..**	**..**	**580 929**	**202 651**	**249 670**	**234 826**	**560 468**	**318 624**	**757 122**
1100 Des personnes physiques	..	..	..	55 020	94 216	88 445	105 077	124 911	105 113	98 582
1110 Sur le revenu et les bénéfices	..	..	..	55 020	94 216	88 445	105 077	124 911	105 113	98 582
Salariés, Bénéficiaires des pensions et rentes viagères	..	..	..	45 127	62 041	45 048	75 996	66 857	70 419	64 573
Bénéfice des proféssions libérales (non commerciales)	..	..	..	4 877	21 221	18 587	19 740	48 205	11 738	13 289
Bénéfice industriel et commercial	..	..	..	0	82	1 059	96	1 908	48	2 050
Propriétaires fonciers	..	..	..	1 470	2 434	7 077	2 098	1 337	1 901	1 709
Revenus des capitaux et valeurs mobilières	..	..	..	3 546	8 438	16 674	7 147	6 604	21 007	16 961
1120 Sur les gains en capital	..	..	..	0	0	0	0	0	0	0
1200 Des sociétés	..	..	..	525 628	108 316	161 222	129 631	435 557	213 511	658 540
1210 Sur les bénéfices	..	..	..	525 628	108 316	161 222	129 631	435 557	213 511	658 540
Impots sur les bénéfices des sociétés pétrolières	..	..	..	464 428	41 797	115 930	93 866	415 990	195 747	588 469
Impots sur les bénéfices des sociétés non-pétrolières	..	..	..	53 381	60 901	39 784	30 091	13 907	11 969	67 677
Précompte intérieur 4%	..	..	..	7 819	5 618	5 508	5 674	5 660	5 795	2 393
1220 Sur les gains en capital	..	..	..	0	0	0	0	0	0	0
1300 Non ventilables entre 1100 et 1200	..	..	..	281	119	3	118	0	0	0
2000 Cotisations de sécurité sociale	**..**	**..**	**..**	**..**	**..**	**..**	**..**	**..**	**..**	**..**
2100 A la charge des salariés	..	..	..	..	..	..	..	..	..	..
2110 Sur la base du salaire	..	..	..	..	..	..	..	..	..	..
2120 Sur la base de l'impôt sur les revenus	..	..	..	..	..	..	..	..	..	..
2200 A la charge des employeurs	..	..	..	..	..	..	..	..	..	..
2210 Sur la base du salaire	..	..	..	..	..	..	..	..	..	..
2220 Sur la base de l'impôt sur le revenu	..	..	..	..	..	..	..	..	..	..
2300 A charge des travailleurs indép. ou sans emploi	..	..	..	..	..	..	..	..	..	..
2310 Sur la base du salaire	..	..	..	..	..	..	..	..	..	..
2320 Sur la base de l'impôt sur le revenu	..	..	..	..	..	..	..	..	..	..
2400 Non ventilables entre 2100, 2200 et 2300	..	..	..	..	..	..	..	..	..	..
2410 Sur la base du salaire	..	..	..	..	..	..	..	..	..	..
2420 Sur la base de l'impôt sur le revenu	..	..	..	..	..	..	..	..	..	..
3000 Sur salaires ou main d'oeuvre	**..**	**..**	**..**	**8 304**	**10 856**	**628**	**7 968**	**12 389**	**9 482**	**10 322**
Taxe forfaitaire sur les salaires	..	..	..	8 304	10 856	437	7 304	12 259	9 368	10 192
Taxe patronale d'apprentissage	..	..	..	0	0	191	664	130	114	130
4000 Impôts sur le patrimoine	**..**	**..**	**..**	**23 875**	**449**	**7 926**	**23 710**	**31 318**	**26 585**	**22 391**
4100 Impôts périodiques sur la propriété immobilière	..	..	..	0	0	0	0	0	0	0
4110 Ménages	..	..	..	..	..	..	..	..	..	..
4120 Autres agents	..	..	..	..	..	..	..	..	..	..
4200 Impôts périodiques sur l'actif net	..	..	..	0	0	0	0	0	0	0
4210 Personnes physiques	..	..	..	..	..	..	..	..	..	..
4220 Sociétés	..	..	..	..	..	..	..	..	..	..
4300 Impôts sur mut. par décès, succ. et donations	..	..	..	71	0	13	1	0	0	0
4310 Impôts sur mut. par décès et successions	..	..	..	8	..	1	0	..	..	..
4320 Impôts sur les donations	..	..	..	63	..	12	1	..	..	..
4400 Impôts sur transact. mobilières et immob.	..	..	..	23 651	..	6 911	23 386	31 022	26 219	20 731
4500 Impôts non-périodiques	..	..	..	153	449	1 002	323	296	366	1 660
4510 Sur l'actif net	..	..	..	0	0	0	0	0	0	0
4520 Autres non-périodiques	..	..	..	153	449	1 002	323	296	366	1 660
4600 Autres impôts périodiques sur patrimoine	..	..	..	0	0	0	0	0	0	0
5000 Impôts sur les biens et services	**..**	**..**	**..**	**160 089**	**148 688**	**224 500**	**252 787**	**297 511**	**297 534**	**298 439**
5100 Impôts sur production, vente, transfert, etc.	..	..	..	157 944	146 538	215 386	250 633	285 719	293 580	283 170
5110 Impôts généraux	..	..	..	95 467	74 894	78 311	115 074	121 831	134 693	65 492
5111 Taxes sur la valeur ajoutée	..	..	..	76 549	66 730	72 160	98 038	103 449	108 955	63 129
Taxe sur la valeur ajoutée intérieure	..	..	..	46 148	45 476	39 374	55 598	59 254	56 652	60 698
TVA a l'importation	..	..	..	30 401	21 254	32 786	42 440	44 195	52 303	2 431
5112 Impôts sur les ventes	..	..	..	0	0	0	0	0	0	0
5113 Autres impôts	..	..	..	18 918	8 164	6 151	17 036	18 382	25 738	2 363

Tableau 5.33. Tchad (suite) – Recettes fiscales détaillées

Million XAF

	1995	2000	2005	2010	2015	2018	2019	2020	2021	2022
Impot Minimum Fiscal (IMF)	..	..	..	13 781	6 165	3 821	10 569	16 844	18 504	0
Impot Général Libératoire (IGL)	..	..	..	5 137	1 999	2 330	6 467	1 538	7 234	2 363
5121 Accises	..	..	..	9 388	10 161	31 307	34 947	30 234	34 798	41 822
Droits d'accises intérieurs	..	..	..	2 356	7 045	7 111	11 575	5 412	485	0
Droits d'accises importation	..	..	..	243	125	1 261	3 917	1 808	2 089	0
Carburants et lubrifiants	..	..	..	6 168	1 814	16 888	13 751	21 692	30 453	0
Taxe sur vente de bétail	..	..	..	621	1 177	1 581	1 734	1 322	1 771	1 727
Taxe sur vente de bétail	..	..	..	621	1 177	1 581	1 734	1 322	1 771	1 727
Taxe intérieure sur les produits pétroliers	..	..	..	0	0	4 466	3 970	0	0	14 342
Droits d'accises non ventilées	..	..	..	0	0	0	0	0	0	25 753
5122 Bénéfices de monopoles fiscaux	..	..	..	0	0	0	0	0	0	0
5123 Droits de douane et droits à l'importation	..	..	..	33 150	48 642	79 650	82 129	89 397	101 355	168 308
Droits de douane	..	..	..	26 441	44 056	51 448	54 869	67 357	80 985	127 899
Redevance statistique	..	..	..	6 709	4 586	28 202	27 260	22 040	20 370	40 409
5124 Taxes à l'exportation	..	..	..	19 078	12 375	8 152	5 224	24 960	7 633	2 724
Redevance statistique consortium	..	..	..	16 821	9 611	3 816	2 505	23 220	3 495	0
Droits de sortie	..	..	..	2 257	2 764	4 336	2 719	1 740	4 138	2 724
5125 Impôts sur biens d'équipement	..	..	..	0	0	0	0	0	0	0
5126 Impôts sur services déterminés	..	..	..	775	431	17 851	13 126	19 167	14 961	0
Droit d'accises téléphonie 18%	..	..	..	0	0	17 131	12 452	18 387	14 101	..
Taxes sur les conventions d'assurances	..	..	..	775	431	720	674	755	789	..
Redevance 4% sur chiffre d'affaire	..	..	..	0	0	0	0	25	71	..
5127 Autres impôts sur commerce et transact. internat.	..	..	..	0	0	0	0	0	0	4 824
5128 Autres impôts	..	..	..	86	35	115	133	130	140	0
5130 Non ventilables entre 5110 et 5120	..	..	..	0	0	0	0	0	0	0
5200 Impôts sur utilisation des biens et exerc. activites	..	..	..	2 145	2 150	9 114	2 154	11 792	3 954	5 818
5210 Impôts périodiques	..	..	..	2 145	2 150	9 114	2 154	11 792	3 954	5 818
5211 A la charge des ménages: véhicules à moteur	..	..	..	1 567	1 929	8 829	519	8 317	70	0
5212 A la charge autres agents: véhicules à moteur	..	..	..	204	144	74	313	35	66	0
5213 Autres impôts périodiques	..	..	..	374	77	211	1 322	3 440	3 818	5 818
Contribution des patentes et licences	..	..	..	374	77	211	1 322	3 440	3 818	5 818
5220 Impôts non-périodiques	..	..	..	0	0	0	0	0	0	0
5300 Non ventilables entre 5100 et 5200	..	..	..	0	0	0	0	0	0	9 451
6000 Autres impôts	**..**	**..**	**..**	**67**	**62**	**59**	**83**	**230**	**63**	**0**
6100 A la charge exclusive des entreprises	..	..	..	..	..	..	..	..	..	..
6200 A la charge d'autres agents	..	..	..	..	..	..	..	..	..	..

.. Non disponible

Note : Année civile se terminant le 31 décembre.

Les données sont sur la base des encaissements.

Les chiffres n'incluent pas les recettes fiscales collectées par les collectivités locales car elles ne sont pas disponibles.

Le Tchad a adopté une nouvelle nomenclature budgétaire à partir de 2022 résultant à une nouvelle présentation des données dans cette édition impactant principalement celle des impôts sur les biens et services.

Rubrique 5113 : Les recettes de l'Impôt Minimal Fiscal (IMF) et l'Impôt Général Libératoire (IGL) sont classifiées dans cette rubrique car la base imposable de ces impôts est le chiffre d'affaires. Dans la nouvelle nomenclature du Tchad, les recettes de l'impôt minimal fiscal ne sont pas reportées séparément et sont groupées avec les impôts sur les bénéfices des sociétés non pétrolières (rubrique 1210).

Rubrique 5121 : Le détail des accises ne sont pas disponibles en 2022. Elles sont regroupées dans cette édition dans « Droits d'accises non ventilées ».

Rubrique 5127 : Cette rubrique inclut les recettes « autres taxes sur les opérations de change » reportées séparément dans la nouvelle nomenclature budgétaire du Tchad.

Rubrique 5213 : La catégorie « Contribution des patentes et licences » inclus aussi les recettes de la taxe sur circulation poisson, des licences de transporteurs et du permis de port d'armes.

Rubrique 5300 : Cette rubrique inclut les recettes des catégories non détaillées « autres taxes » et « autres impôts » sur les biens et services de la nouvelle nomenclature budgétaire.

Source : Ministère des Finances et du Budget du Tchad.

Tableau 5.34. Togo – Recettes fiscales détaillées

Million XOF

	1995	2000	2005	2010	2015	2018	2019	2020	2021	2022
Recettes fiscales totales	..	**99 994**	**159 843**	**250 441**	**533 556**	**576 528**	**634 515**	**669 838**	**792 918**	**883 698**
1000 Impôts sur revenu, bénéfices et gains en capital	..	**20 928**	**37 656**	**41 200**	**88 658**	**117 078**	**136 035**	**132 485**	**184 113**	**192 458**
1100 Des personnes physiques	..	9 440	17 272	18 000	30 791	44 595	48 979	50 924	70 039	65 327
1110 Sur le revenu et les bénéfices	..	9 440	17 272	18 000	30 791	44 595	48 979	50 920	70 032	64 045
Impôt sur le revenu (IR) des transporteurs routiers	..	452	514	393	379	368	261	0	0	0
Retenue sur les revenus des capitaux mobiliers	..	1 185	2 217	6 106	8 365	11 183	11 687	9 023	21 921	12 992
IR des personnes physiques	..	7 804	14 540	11 500	22 046	33 043	36 890	41 776	48 077	51 028
IR des personnes physiques (transferts aux collectivités locales)	..	..	..	1	0	0	0	0	0	0
Taxe foncière sur les propriétés non bâties (TFPNB) - Gouv. central	..	0	0	0	0	0	56	81	14	12
Taxe foncière sur les propriétés non bâties (TFPNB) - Collectivités	..	..	..	0	0	0	84	39	19	13
1120 Sur les gains en capital	..	0	0	0	0	0	0	4	8	1 283
Taxe sur les plus-values de cession (TPV)	..	..	..	..	..	..	0	4	8	1 283
1200 Des sociétés	..	11 488	20 385	23 200	57 867	72 483	87 056	81 560	114 074	127 130
1210 Sur les bénéfices	..	11 488	20 385	23 200	57 867	72 483	87 056	81 560	114 074	127 130
Impôt sur les sociétés	..	8 997	16 525	18 280	51 177	64 851	76 670	74 026	101 112	111 661
Prélèvement bénéf. industriels et commerciaux (BIC)	..	2 490	3 860	4 920	6 691	7 632	10 387	7 534	12 962	15 470
1220 Sur les gains en capital	..	0	0	0	0	0	0	0	0	0
1300 Non ventilables entre 1100 et 1200	..	0	0	0	0	0	0	0	0	0
2000 Cotisations de sécurité sociale	..	..	..	..	..	..	..	..	..	..
2100 A la charge des salariés	..	..	..	..	..	..	..	..	..	..
2110 Sur la base du salaire	..	..	..	..	..	..	..	..	..	..
2120 Sur la base de l'impôt sur les revenus	..	..	..	..	..	..	..	..	..	..
2200 A la charge des employeurs	..	..	..	..	..	..	..	..	..	..
2210 Sur la base du salaire	..	..	..	..	..	..	..	..	..	..
2220 Sur la base de l'impôt sur le revenu	..	..	..	..	..	..	..	..	..	..
2300 A charge des travailleurs indép. ou sans emploi	..	..	..	..	..	..	..	..	..	..
2310 Sur la base du salaire	..	..	..	..	..	..	..	..	..	..
2320 Sur la base de l'impôt sur le revenu	..	..	..	..	..	..	..	..	..	..
2400 Non ventilables entre 2100, 2200 et 2300	..	..	..	..	..	..	..	..	..	..
2410 Sur la base du salaire	..	..	..	..	..	..	..	..	..	..
2420 Sur la base de l'impôt sur le revenu	..	..	..	..	..	..	..	..	..	..
3000 Sur salaires ou main d'oeuvre	..	**1 973**	**2 463**	**5 491**	**4 551**	**4 757**	**2 262**	**770**	**505**	**528**
Taxe complémentaire à l'Impôt sur le revenu	..	79	169	1 220	956	1 042	953	500	344	463
Taxes / salaires	..	1 894	2 294	4 137	3 284	3 253	1 119	142	105	33
Taxe complémentaire à l'Impôt sur le revenu (transferts aux collectivités locales)	..	..	..	134	311	463	190	128	56	32
4000 Impôts sur le patrimoine	..	**374**	**599**	**1 898**	**4 360**	**4 819**	**5 048**	**5 462**	**4 090**	**5 629**
4100 Impôts périodiques sur la propriété immobilière	..	374	599	1 898	4 360	4 819	5 048	5 190	3 936	5 584
Taxe foncière sur les propriétés bâties	..	278	435	655	1 465	1 410	1 531	1 698	1 014	991
Droits d'immatriculation des propriétés foncières	..	96	164	335	613	334	345	1 238	1 172	2 584
Taxe d'enlèvement des ordures (transferts aux collectivités locales)	..	..	..	129	315	407	360	84	15	14
Taxe foncière sur les propriétés bâties (transferts aux collectivités locales)	..	..	..	553	1 404	2 032	2 078	1 534	984	1 111
4110 Ménages	..	..	..	226	563	636	735	638	750	884
Taxe d'habitation (transferts aux collectivités locales)	..	..	..	226	563	636	735	638	750	884
4120 Autres agents	..	0	0	0	0	0	0	0	0	0
4200 Impôts périodiques sur l'actif net	..	0	0	0	0	0	0	0	0	0
4210 Personnes physiques	..	..	..	..	..	..	..	..	..	..
4220 Sociétés	..	..	..	..	..	..	..	..	..	..
4300 Impôts sur mut. par décès, succ. et donations	..	0	0	0	0	0	0	0	0	0
4310 Impôts sur mut. par décès et successions	..	..	..	..	..	..	..	..	..	..
4320 Impôts sur les donations	..	..	..	..	..	..	..	..	..	..
4400 Impôts sur transact. mobilières et immob.	..	0	0	0	0	0	0	272	154	45
Droits de conservation de la propriété foncière (DCPF)	..	..	..	..	..	..	..	272	154	45

Tableau 5.34. Togo (suite) – Recettes fiscales détaillées

Million XOF

	1995	2000	2005	2010	2015	2018	2019	2020	2021	2022
4500 Impôts non-périodiques	..	0	0	0	0	0	0	0	0	0
4510 Sur l'actif net	..	..	..	..	..	..	..	..	..	..
4520 Autres non-périodiques	..	..	..	..	..	..	..	..	..	..
4600 Autres impôts périodiques sur patrimoine	..	0	0	0	0	0	0	0	0	0
5000 Impôts sur les biens et services	**..**	**74 771**	**116 641**	**196 239**	**427 424**	**439 693**	**481 493**	**515 893**	**591 852**	**669 919**
5100 Impôts sur production, vente, transfert, etc.	..	74 662	116 483	195 813	425 367	437 006	474 721	505 853	576 414	643 170
5110 Impôts généraux	..	36 941	64 120	115 056	250 410	256 847	282 656	291 843	327 283	364 098
5111 Taxes sur la valeur ajoutée	..	36 073	62 989	110 316	236 011	237 537	268 602	280 325	325 465	362 789
Recettes TVA (douanes)	..	25 101	44 182	69 840	167 228	142 211	160 514	176 623	202 194	229 283
Recettes TVA (intérieure)	..	10 972	18 807	40 476	68 783	95 325	108 088	103 702	123 271	133 507
5112 Impôts sur les ventes	..	0	0	0	0	0	0	0	0	0
5113 Autres impôts	..	868	1 131	4 740	14 399	19 311	14 054	11 518	1 818	1 308
Taxe professionnelle unique	..	146	155	334	507	537	593	340	272	126
Taxe professionnelle	..	722	976	1 587	6 693	7 270	5 060	4 184	309	22
Taxe professionnelle unique (transferts aux collectivités locales)	..	..	..	206	507	597	810	719	774	1 127
Taxe professionnelle (transferts aux collectivités locales)	..	..	..	2 613	6 693	10 906	7 591	6 276	464	33
5120 Impôts sur biens et services déterminés	..	37 696	52 336	80 724	174 957	180 159	192 064	214 010	249 131	279 073
5121 Accises	..	12 785	14 803	16 360	35 150	44 429	38 206	52 400	61 221	56 139
Droits d'accises / produits pétroliers	..	11 773	11 852	11 738	17 972	22 978	20 614	28 910	32 173	29 241
Autres droits d'accises	..	1 012	2 950	4 622	8 246	11 835	16 237	18 323	23 700	21 320
Prélèvement pour apurement de la dette du secteur pétrolier (PADSP)	..	0	0	0	8 932	9 616	1 356	5 167	5 349	5 578
5122 Bénéfices de monopoles fiscaux	..	0	0	0	0	0	0	0	0	0
5123 Droits de douane et droits à l'importation	..	22 559	35 143	61 676	122 750	117 608	135 991	142 419	166 427	197 201
Droits de douane	..	18 519	30 023	52 941	101 730	90 186	103 536	108 532	125 235	143 821
Redevance statistique	..	2 717	3 720	6 763	13 578	18 447	23 012	24 459	30 188	39 936
Timbre douanier	..	94	138	297	424	285	290	313	387	1 076
Cartes et vignettes	..	186	209	237	369	872	919	448	414	658
Taxe de protection et d'entretien des infrastructures	..	1 039	1 050	1 434	2 958	3 917	3 942	4 230	4 910	4 830
Produits des crédits en douane	..	2	2	2	5	8	9	9	12	14
Prélèvement national de solidarité	..	0	0	0	3 686	3 893	4 284	4 427	5 281	6 866
Remises	..	1	0	0	0	0	0	0	0	0
Entrepôts fictifs	..	1	2	2	0	0	0	0	0	0
5124 Taxes à l'exportation	..	302	314	1 430	2 728	2 977	3 104	2 727	4 147	6 695
Taxe spéciale de réexportation	..	302	314	1 430	2 260	2 685	3 104	2 727	4 147	6 695
Redevance minière (66.67 %)	..	0	0	0	468	292	0	0	0	0
5125 Impôts sur biens d'équipement	..	0	0	0	0	0	0	0	0	0
5126 Impôts sur services déterminés	..	2 049	2 076	1 258	14 329	15 146	14 763	16 464	17 336	19 038
Taxe sur les produits des jeux de hasard	..	151	206	347	913	1 184	1 343	1 265	1 465	1 430
Taxe / convention d'assurance	..	227	378	815	2 035	2 158	2 248	2 571	2 850	2 634
Taxe sur les activités financières	..	1 671	1 491	0	11 140	11 508	10 466	12 180	12 452	14 352
Taxe sur les produits des jeux de hasard (transferts aux collectivités locales)	..	..	..	94	228	296	336	316	366	358
Taxe sur les spectacles (transferts aux collectivités locales)	..	..	..	2	13	0	28	17	3	1
Taxe à l'émission des billets d'avion (TEBA)	..	0	0	0	0	0	342	115	200	263
5127 Autres impôts sur commerce et transact. internat.	..	0	0	0	0	0	0	0	0	0
5128 Autres impôts	..	0	0	0	0	0	0	0	0	0
5130 Non ventilables entre 5110 et 5120	..	25	28	33	0	0	0	0	0	0
Recettes douanières sur produits cautionnés	..	25	28	33	..	..	..	..	..	..
5200 Impôts sur utilisation des biens et exerc. activites	..	108	158	426	2 057	2 687	6 772	10 040	15 438	26 749
5210 Impôts périodiques	..	108	158	426	2 057	2 687	6 772	10 040	15 438	26 749
5211 A la charge des ménages: véhicules à moteur	..	0	0	0	0	0	223	703	1 899	2 270
Taxe sur les véhicules à moteur (TVM)	..	..	..	..	..	..	223	703	1 899	2 270
5212 A la charge autres agents: véhicules à moteur	..	2	5	0	287	312	260	74	23	6
Taxe sur les véhicules des sociétés	..	2	5	..	287	312	260	74	23	6
5213 Autres impôts périodiques	..	106	154	426	1 770	2 375	6 290	9 263	13 516	24 472

Tableau 5.34. Togo (suite) – Recettes fiscales détaillées

Million XOF

	1995	2000	2005	2010	2015	2018	2019	2020	2021	2022
Taxe spécifique sur la fabrication et le commerce des boissons	..	106	154	162	1 145	1 521	482	8	0	0
Taxe spécifique sur la fabrication et le commerce des boissons (transferts aux collectivités locales)	..	..	..	264	625	855	697	13	0	0
Patente sur activités économiques non salariaux des personnes physiques - Gouvernement central	..	0	0	0	0	0	1 916	7 204	5 068	13 030
Patente sur activités économiques non salariaux des personnes physiques - Collectivités	..	0	0	0	0	0	3 194	2 038	8 447	11 441
5220 Impôts non-périodiques	..	0	0	0	0	0	0	0	0	0
5300 Non ventilables entre 5100 et 5200	..	0	0	0	0	0	0	0	0	0
6000 Autres impôts	**..**	**1 949**	**2 483**	**5 612**	**8 563**	**10 180**	**9 676**	**15 228**	**12 357**	**15 164**
Droits de timbres	..	1 471	1 668	3 135	3 612	3 258	3 072	2 913	3 428	3 722
Droits d'enregistrement	..	478	816	2 436	4 949	6 553	6 392	11 950	8 568	11 022
Taxe d'enregistrement (transferts aux collectivités locales)	..	..	..	41	2	369	213	364	361	420
6100 A la charge exclusive des entreprises	..	..	..	..	..	..	..	..	..	..
6200 A la charge d'autres agents	..	..	..	..	..	..	..	..	..	..
Pour mémoire :	..	..	..	..	..	..	..	..	..	..
Soutien à la politique pétrolière	..	0	0	3 700	5 748	13 332	7 048	622	21 169	63 269
Droits d'accise et taxes sur produits pétroliers allant à la Société autonome de financement de l'entretien routier (SAFER)	..	5 519	7 624	7 339	9 495	13 820	10 999	15 234	17 206	15 712

.. Non disponible

Note : Année civile se terminant le 31 décembre.

Les données sont sur la base des encaissements.

Les chiffres n'incluent pas les recettes fiscales collectées par les collectivités locales car elles ne sont pas disponibles.

Les chiffres sous les rubriques 1110, 3000, 4100, 5113, 5126, 5213 et 6000 incluent les recettes recouvrées par l'administration fiscale togolaise pour le compte des collectivités locales. Ce traitement s'applique sur la période 2008-21 et les lignes concernées sont mises en exergue avec la mention « transferts aux collectivités locales ». Ces recettes sont classifiées comme des recettes du gouvernement central conformément au Guide d'interprétation de l'OCDE. Le Togo ne les comptabilise pas dans les recettes du budget de l'État.

Rubrique 1110 : La collecte des recettes des taxes foncières sur les propriétés non bâties (TFPNB) a démarré en 2019.

Rubrique 1110 : L'impôt sur le revenu (IR) des transporteurs routiers a été supprimé en 2019.

Rubrique 1120 : La collecte des recettes de la taxe sur les plus-values de cession (TPV) a démarré en 2019.

Rubrique 2000 : Les données de cotisations de sécurité sociale ne sont pas disponibles.

Rubrique 4400 : La collecte des droits de conservation de la propriété foncière (DCPF) a démarré en 2020.

Rubrique 5121 : Le Prélèvement pour l'apurement de la dette du secteur pétrolier (PADSP) est considéré comme une recette fiscale dans cette publication comme le préconise la classification OCDE (voir le *Guide d'interprétation* en Annexe A). La classification nationale du Togo considère ces recettes comme des recettes non fiscales.

Rubrique 5126 : La collecte des recettes de la taxe à l'émission des billets d'avion (TEBA) a démarré en 2019.

Rubrique 5211 : La collecte des recettes de la taxe sur les véhicules à moteur (TVM) a démarré en 2019.

Les données sur les remboursements de TVA ne sont pas disponibles car au Togo, les crédits de TVA ne font pas l'objet de remboursement avec les moyens classiques de paiement (virement, chèque, espèces, etc.). Lorsqu'un contribuable dispose d'un crédit de TVA, il adresse une demande de remboursement à l'administration fiscale qui lui délivre un certificat de détaxe. Ce certificat lui permet de payer non seulement ses déclarations ultérieures de TVA mais aussi les autres impôts.

Rubrique 5213 : La collecte des recettes des patentes sur les activités économiques non salariées des personnes physiques a démarré en 2019.

La classification nationale du Togo considère les amendes et pénalités relatives aux impôts, les confiscations et ventes en douane et les remboursements du prélèvement communautaire de solidarité comme des recettes fiscales. Ces recettes sont classifiées comme des recettes non fiscales dans cette publication comme le préconise la classification OCDE (voir le Guide d'interprétation en Annexe A).

Le Soutien à la politique pétrolière (SPP) est un fond financé par un prélèvement effectué sur la TVA recouvrée par la douane, sauf pour les années 2010-12 quand le SPP était financé par une subvention de l'état.

Source : Office Togolais des Recettes.

Tableau 5.35. Tunisie – Recettes fiscales détaillées

Million TND

	1995	2000	2005	2010	2015	2018	2019	2020	2021	2022
Recettes fiscales totales	..	**7 196**	**10 146**	**17 143**	**25 613**	**33 824**	**39 450**	**38 829**	**42 449**	**48 111**
1000 Impôts sur revenu, bénéfices et gains en capital	..	**1 624**	**2 927**	**5 091**	**7 678**	**8 979**	**12 486**	**12 005**	**12 521**	**14 799**
1100 Des personnes physiques	..	1 049	1 565	2 657	5 003	6 359	8 713	8 945	9 501	10 524
1110 Sur le revenu et les bénéfices	..	1 037	1 560	2 644	4 965	6 311	8 658	8 898	9 442	10 431
Traitements et salaires	..	742	1 160	2 006	3 549	4 054	5 800	6 125	6 745	7 432
Honoraires, commissions, courtage et loyers (personnes physiques)	..	20	93	184	364	508	665	623	567	632
Intérêts dépôts des comptes spéciaux d'épargne	..	65	43	68	159	270	315	339	330	423
Revenus des capitaux mobiliers (personnes physiques)	..	32	63	75	212	310	498	573	540	560
Avances sur les marchés (personnes physiques)	..	27	24	50	313	720	821	716	681	649
Bénéfices industriels et commerciaux	..	43	56	94	119	154	201	171	196	279
Bénéfices non commerciaux	..	17	24	49	76	98	123	117	107	182
Impôt forfaitaire	..	14	16	25	36	48	64	47	64	74
Revenus agricoles	..	5	4	8	19	26	33	39	40	40
Revenus fonciers et autres	..	5	4	8	14	30	40	43	43	59
Autres impôts sur le revenu et bénéfices	..	66	73	78	105	93	99	105	129	102
1120 Sur les gains en capital	..	12	5	13	39	48	54	48	60	93
1200 Des sociétés	..	575	1 360	2 432	2 673	2 620	3 774	3 060	3 019	4 275
1210 Sur les bénéfices	..	575	1 359	2 424	2 658	2 613	3 763	3 037	3 003	4 261
Sociétés pétrolières	..	96	459	813	950	709	959	447	638	1 221
Sociétés non-pétrolières	..	359	644	864	1 088	1 149	1 984	1 877	1 594	2 187
Avances sur les marchés (sociétés)	..	33	97	356	222	57	48	55	41	43
Avance au titre des Importations	..	7	28	111	198	430	468	285	345	383
Revenus des capitaux mobiliers (sociétés)	..	58	68	113	72	226	269	298	338	384
Honoraires, commissions, courtage et loyers (sociétés)	..	16	52	125	86	5	4	3	3	5
Redevances servies aux non Résidents	..	3	8	39	18	4	18	27	43	30
Autres impôts sur les bénéfices	..	3	3	3	25	33	12	46	1	7
1220 Sur les gains en capital	..	0	1	7	14	7	11	23	16	15
1300 Non ventilables entre 1100 et 1200	..	0	2	2	2	0	0	0	0	0
2000 Cotisations de sécurité sociale	..	**1 551**	**2 307**	**4 629**	**7 549**	**9 826**	**11 172**	**11 982**	**12 598**	**13 247**
2100 A la charge des salariés	..	..	..	..	..	..	..	..	..	..
2110 Sur la base du salaire	..	..	..	..	..	..	..	..	..	..
2120 Sur la base de l'impôt sur les revenus	..	..	..	..	..	..	..	..	..	..
2200 A la charge des employeurs	..	..	..	..	..	..	..	..	..	..
2210 Sur la base du salaire	..	..	..	..	..	..	..	..	..	..
2220 Sur la base de l'impôt sur le revenu	..	..	..	..	..	..	..	..	..	..
2300 A charge des travailleurs indép. ou sans emploi	..	..	..	..	..	..	..	..	..	..
2310 Sur la base du salaire	..	..	..	..	..	..	..	..	..	..
2320 Sur la base de l'impôt sur le revenu	..	..	..	..	..	..	..	..	..	..
2400 Non ventilables entre 2100, 2200 et 2300	..	1 551	2 307	4 629	7 549	9 826	11 172	11 982	12 598	13 247
2410 Sur la base du salaire	..	..	..	..	..	..	..	..	..	..
2420 Sur la base de l'impôt sur le revenu	..	..	..	..	..	..	..	..	..	..
3000 Sur salaires ou main d'oeuvre	..	**107**	**114**	**199**	**315**	**405**	**457**	**445**	**488**	**551**
Fond de promotion des logements	..	71	74	124	191	246	278	287	307	329
Taxe de formation professionnelle	..	35	40	75	124	159	179	159	181	222
4000 Impôts sur le patrimoine	..	**81**	**104**	**177**	**282**	**308**	**371**	**308**	**405**	**480**
4100 Impôts périodiques sur la propriété immobilière	..	7	7	10	11	13	18	14	12	12
4110 Ménages	..	7	7	10	11	13	18	14	12	0
4120 Autres agents	..	0	0	0	0	0	0	0	0	0
4200 Impôts périodiques sur l'actif net	..	0	0	0	0	0	0	0	0	0
4210 Personnes physiques	..	..	..	..	..	..	..	..	..	..
4220 Sociétés	..	..	..	..	..	..	..	..	..	..
4300 Impôts sur mut. par décès, succ. et donations	..	0	0	0	0	0	0	0	0	0
4310 Impôts sur mut. par décès et successions	..	..	..	..	..	..	..	..	..	..
4320 Impôts sur les donations	..	..	..	..	..	..	..	..	..	..
4400 Impôts sur transact. mobilières et immob.	..	74	97	168	271	295	353	294	393	469

Tableau 5.35. Tunisie (suite) – Recettes fiscales détaillées

Million TND

	1995	2000	2005	2010	2015	2018	2019	2020	2021	2022
4500 Impôts non-périodiques	..	0	0	0	0	0	0	0	0	0
4510 Sur l'actif net	..	..	..	..	..	..	..	..	..	..
4520 Autres non-périodiques	..	..	..	..	..	..	..	..	..	..
4600 Autres impôts périodiques sur patrimoine	..	0	0	0	0	0	0	0	0	0
5000 Impôts sur les biens et services	**..**	**3 729**	**4 567**	**6 768**	**9 168**	**13 444**	**14 026**	**13 377**	**15 561**	**17 990**
5100 Impôts sur production, vente, transfert, etc.	..	3 665	4 458	6 612	8 977	13 222	13 803	13 179	15 327	17 732
5110 Impôts généraux	..	1 814	2 347	3 819	5 211	7 696	8 044	7 424	9 040	10 627
5111 Taxes sur la valeur ajoutée	..	1 792	2 301	3 750	5 068	7 425	7 797	7 201	8 765	10 174
Recettes TVA (brute)	..	..	2 419	4 163	5 684	7 787	8 093	7 706	9 073	10 514
Remboursements de la TVA	..	..	- 118	- 414	- 617	- 362	- 296	- 506	- 308	- 340
5112 Impôts sur les ventes	..	0	0	0	0	0	0	0	0	0
5113 Autres impôts	..	21	46	69	144	271	246	223	275	453
5120 Impôts sur biens et services déterminés	..	1 851	2 111	2 793	3 765	5 527	5 760	5 755	6 286	7 106
5121 Accises	..	1 023	1 340	1 814	2 397	3 621	3 692	3 717	4 001	4 456
Tabac	..	371	601	799	1 087	1 490	1 633	1 757	1 717	1 915
Boissons alcoolisées	..	147	146	174	290	431	408	376	476	458
Essences et huiles	..	260	269	268	305	757	760	727	778	801
Voitures	..	86	91	242	289	338	299	279	375	501
Produits alimentaires	..	19	28	31	41	60	66	65	105	131
Ciment	..	11	13	17	17	17	17	15	18	18
Autres accises	..	131	192	282	369	528	509	498	532	631
5122 Bénéfices de monopoles fiscaux	..	0	0	0	0	0	0	0	0	0
5123 Droits de douane et droits à l'importation	..	654	524	620	918	1 235	1 335	1 303	1 494	1 827
Hors tabac	..	565	424	428	639	894	948	920	1 085	1 401
Redevances sur prestations douanières à l'importation	..	68	81	142	155	221	234	219	251	298
Taxe conjoncturelle sur ventes du ciment importé	..	0	0	0	61	0	0	0	0	0
Droits de douane - Tabacs	..	9	12	23	27	57	71	67	53	45
Autres droits de douane	..	0	4	4	1	0	0	0	0	0
Prèlevements à l'importation	..	12	3	20	29	46	51	61	66	42
Autres taxes et prélèvements à l'importation	..	1	1	3	7	17	32	36	38	41
5124 Taxes à l'exportation	..	11	9	27	41	72	101	83	102	113
5125 Impôts sur biens d'équipement	..	0	0	0	0	0	0	0	0	0
5126 Impôts sur services déterminés	..	162	236	330	409	599	633	652	689	710
Taxe sur les télécommunications	..	72	91	136	147	178	179	193	200	175
Taxe de compensation sur les transports	..	55	84	105	126	141	142	133	141	144
Taxe sur les assurances	..	33	59	86	129	197	210	220	241	258
Autres impôts sur services déterminés	..	2	2	3	7	82	102	105	107	133
5127 Autres impôts sur commerce et transact. internat.	..	0	0	0	0	0	0	0	0	0
5128 Autres impôts	..	0	1	1	1	0	0	0	0	0
5130 Non ventilables entre 5110 et 5120	..	0	0	0	0	0	0	0	0	0
5200 Impôts sur utilisation des biens et exerc. activites	..	64	109	156	191	222	222	199	234	258
5210 Impôts périodiques	..	55	77	103	134	167	167	175	187	212
5211 A la charge des ménages: véhicules à moteur	..	35	44	60	81	101	105	105	113	130
5212 A la charge autres agents: véhicules à moteur	..	18	28	43	53	67	62	70	75	82
5213 Autres impôts périodiques	..	1	6	0	0	0	0	0	0	0
5220 Impôts non-périodiques	..	9	32	53	57	54	55	24	47	45
5300 Non ventilables entre 5100 et 5200	..	0	0	0	0	0	0	0	0	0
6000 Autres impôts	**..**	**104**	**126**	**279**	**622**	**862**	**938**	**711**	**877**	**1 043**
Droits de timbres	..	25	32	133	334	447	484	425	489	508
Droits d'enregistrements	..	40	67	107	181	248	256	215	255	320
Droit sur les voyages à l'étranger	..	12	12	21	33	42	43	12	18	35
Autres impôts - divers	..	28	15	17	75	125	156	58	116	180
6100 A la charge exclusive des entreprises	..	..	..	..	..	..	..	..	..	..
6200 A la charge d'autres agents	..	..	..	..	..	..	..	..	..	..

.. Non disponible

Note : Année civile se terminant le 31 décembre.

Les données sont sur la base des encaissements.

Les chiffres n'incluent pas les données des recettes fiscales collectées par les collectivités locales car elles ne sont pas disponibles.

Les impôts affectés aux Fonds spéciaux du Trésor et aux Fonds de concours sont compris dans les données pour la période 2000-22.

La rubrique 1210 exclut les redevances des compagnies pétrolières. En Tunisie, elles sont considérées comme un complément de l'impôt sur les sociétés depuis avril 2012.

Les cotisations de sécurité sociale sous la rubrique 2000 ne sont pas considérées comme des recettes fiscales en Tunisie. Les données pour 2022 sont estimées

Source : Ministère des Finances pour toutes les données des recettes fiscales, Ministère des Affaires sociales pour les données de cotisations de sécurité sociale.

Tableau 5.36. Zambie – Recettes fiscales détaillées

Million ZMK

	1995	2000	2005	2010	2015	2018	2019	2020	2021	2022
Recettes fiscales totales	**..**	**..**	**..**	**..**	**26 203**	**44 485**	**48 719**	**52 264**	**71 436**	**79 817**
1000 Impôts sur revenu, bénéfices et gains en capital	**..**	**..**	**..**	**..**	**12 408**	**19 863**	**23 696**	**28 748**	**41 921**	**47 233**
1100 Des personnes physiques	..	..	..	..	7 444	10 426	11 625	14 229	14 972	18 102
1110 Sur le revenu et les bénéfices	..	..	..	..	7 444	10 426	11 625	14 229	14 972	18 102
1120 Sur les gains en capital	..	..	..	..	0	0	0	0	0	0
1200 Des sociétés	..	..	..	..	2 876	6 177	7 916	9 530	19 506	21 050
1210 Sur les bénéfices	..	..	..	..	2 876	6 177	7 916	9 530	19 506	21 050
Impôt sur les sociétés (extractives)	..	..	..	..	418	2 357	3 233	5 300	12 702	12 211
Impôt sur les sociétés (non extractif)	..	..	..	..	2 428	3 617	4 509	4 213	6 789	8 791
Impôt anticipé sur le revenu	..	..	..	..	29	204	174	18	15	47
1220 Sur les gains en capital	..	..	..	..	0	0	0	0	0	0
1300 Non ventilables entre 1100 et 1200	..	..	..	..	2 089	3 259	4 155	4 989	7 443	8 082
Retenues à la source (Loyers, intérêts et redevances)	..	..	..	..	1 687	2 876	3 574	4 505	6 525	6 842
Autres retenues à la source	..	..	..	..	402	384	581	484	917	1 239
2000 Cotisations de sécurité sociale	**..**	**..**	**..**	**..**	**..**	**..**	**..**	**..**	**..**	**..**
2100 A la charge des salariés	..	..	..	..	..	..	..	..	..	..
2110 Sur la base du salaire	..	..	..	..	..	..	..	..	..	..
2120 Sur la base de l'impôt sur les revenus	..	..	..	..	..	..	..	..	..	..
2200 A la charge des employeurs	..	..	..	..	..	..	..	..	..	..
2210 Sur la base du salaire	..	..	..	..	..	..	..	..	..	..
2220 Sur la base de l'impôt sur le revenu	..	..	..	..	..	..	..	..	..	..
2300 A charge des travailleurs indép. ou sans emploi	..	..	..	..	..	..	..	..	..	..
2310 Sur la base du salaire	..	..	..	..	..	..	..	..	..	..
2320 Sur la base de l'impôt sur le revenu	..	..	..	..	..	..	..	..	..	..
2400 Non ventilables entre 2100, 2200 et 2300	..	..	..	..	..	..	..	..	..	..
2410 Sur la base du salaire	..	..	..	..	..	..	..	..	..	..
2420 Sur la base de l'impôt sur le revenu	..	..	..	..	..	..	..	..	..	..
3000 Sur salaires ou main d'oeuvre	**..**	**..**	**..**	**..**	**0**	**173**	**186**	**169**	**221**	**226**
4000 Impôts sur le patrimoine	**..**	**..**	**..**	**..**	**316**	**218**	**368**	**337**	**372**	**443**
4100 Impôts périodiques sur la propriété immobilière	..	..	..	..	0	0	0	0	0	0
4110 Ménages	..	..	..	..	..	..	..	..	..	..
4120 Autres agents	..	..	..	..	..	..	..	..	..	..
4200 Impôts périodiques sur l'actif net	..	..	..	..	0	0	0	0	0	0
4210 Personnes physiques	..	..	..	..	..	..	..	..	..	..
4220 Sociétés	..	..	..	..	..	..	..	..	..	..
4300 Impôts sur mut. par décès, succ. et donations	..	..	..	..	0	0	0	0	0	0
4310 Impôts sur mut. par décès et successions	..	..	..	..	..	..	..	..	..	..
4320 Impôts sur les donations	..	..	..	..	..	..	..	..	..	..
4400 Impôts sur transact. mobilières et immob.	..	..	..	..	316	218	368	337	372	443
4500 Impôts non-périodiques	..	..	..	..	0	0	0	0	0	0
4510 Sur l'actif net	..	..	..	..	..	..	..	..	..	..
4520 Autres non-périodiques	..	..	..	..	..	..	..	..	..	..
4600 Autres impôts périodiques sur patrimoine	..	..	..	..	0	0	0	0	0	0
5000 Impôts sur les biens et services	**..**	**..**	**..**	**..**	**13 478**	**24 231**	**24 470**	**23 010**	**28 923**	**31 915**
5100 Impôts sur production, vente, transfert, etc.	..	..	..	..	13 451	24 133	24 383	22 981	28 879	31 857
5110 Impôts généraux	..	..	..	..	8 271	17 471	16 791	14 682	19 147	20 815
5111 Taxes sur la valeur ajoutée	..	..	..	..	8 237	17 352	16 685	14 532	18 956	20 580
TVA intérieure	..	..	..	..	1 533	6 497	6 050	3 423	6 541	5 890
TVA à l'importation	..	..	..	..	6 704	10 854	10 634	11 109	12 416	14 691
5112 Impôts sur les ventes	..	..	..	..	0	0	0	0	0	0
5113 Autres impôts	..	..	..	..	34	119	107	151	191	235
5120 Impôts sur biens et services déterminés	..	..	..	..	5 180	6 662	7 592	8 299	9 732	11 042
5121 Accises	..	..	..	..	2 629	2 872	2 914	3 766	3 213	3 911
Boissons alcoolisées	..	..	..	..	653	703	936	1 009	1 357	1 487
Véhicules à moteur	..	..	..	..	338	333	264	276	387	684
Électricité	..	..	..	..	125	177	222	459	580	548
Accises sur les carburants	..	..	..	..	830	955	651	1 159	207	293
Hydrocarbures huiles	..	..	..	..	508	412	496	522	300	431
Cigarettes	..	..	..	..	117	60	109	113	123	177
Carbone	..	..	..	..	27	39	61	68	78	95
Ciment et produits connexes	..	..	..	..	0	152	102	78	71	59

Tableau 5.36. Zambie (suite) – Recettes fiscales détaillées

Million ZMK

	1995	2000	2005	2010	2015	2018	2019	2020	2021	2022
Autres accises	..	..	..	..	30	42	73	83	109	138
5122 Bénéfices de monopoles fiscaux	..	..	..	..	0	0	0	0	0	0
5123 Droits de douane et droits à l'importation	..	..	..	..	1 902	3 144	3 539	3 447	5 218	6 105
5124 Taxes à l'exportation	..	..	..	..	28	10	324	133	99	103
5125 Impôts sur biens d'équipement	..	..	..	..	0	0	0	0	0	0
5126 Impôts sur services déterminés	..	..	..	..	622	637	815	953	1 202	923
5127 Autres impôts sur commerce et transact. internat.	..	..	..	..	0	0	0	0	0	0
5128 Autres impôts	..	..	..	..	0	0	0	0	0	0
5130 Non ventilables entre 5110 et 5120	..	..	..	..	0	0	0	0	0	0
5200 Impôts sur utilisation des biens et exerc. activites	..	..	..	..	27	98	87	29	43	58
5210 Impôts périodiques	..	..	..	..	27	98	87	29	43	58
5211 A la charge des ménages: véhicules à moteur	..	..	..	..	26	94	81	22	36	50
5212 A la charge autres agents: véhicules à moteur	..	..	..	..	0	0	0	0	0	0
5213 Autres impôts périodiques	..	..	..	..	1	4	6	7	8	8
5220 Impôts non-périodiques	..	..	..	..	0	0	0	0	0	0
5300 Non ventilables entre 5100 et 5200	..	..	..	..	0	0	0	0	0	0
6000 Autres impôts	**..**	**..**	**..**	**..**	**0**	**0**	**0**	**0**	**0**	**0**
6100 A la charge exclusive des entreprises	..	..	..	..	..	..	..	..	..	..
6200 A la charge d'autres agents	..	..	..	..	..	..	..	..	..	..

.. Non disponible

Note : Année civile se terminant le 31 décembre.

Les données sont sur la base des encaissements.

Source : Zambia Revenue Authority.

6. Tableaux pays, 1995-2022 – recettes non fiscales détaillées

Dans tous les tableaux suivants le symbole («..») signifie que l'information n'est pas disponible ou qu'elle n'est pas applicable. La principale série dans ce volume couvre les années 1995 à 2022. Les données pour les années 1990-94, 1996-99, 2001-04, 2006-09, 2011-14 et 2016-17 dans le tableau 6.1 et les tableaux 6.4 à 6.39 ont été omises en raison du manque d'espace. Les séries complètes sont cependant disponibles en ligne sur l'Explorateur des données de l'OCDE et accessible à l'adresse https://data-explorer.oecd.org/?lc=fr sous le thème Fiscalité/ Recettes fiscales mondiales ou en recherchant recettes non fiscales africaines. Aucune donnée sur les recettes non fiscales n'était disponible pour le Burkina Faso dans cette édition.

Tableau 6.1. Total des recettes non fiscales en pourcentage du PIB, 1995-2022

	1995	2000	2005	2010	2015	2018	2019	2020	2021	2022
Afrique du Sud	0.5	0.4	0.5	0.5	0.4	0.5	0.5	0.6	0.7	0.7
Botswana	..	..	26.9	19.3	19.4	17.1	16.8	15.2	16.4	14.7
Cabo Verde	21.2	7.6	9.6	8.8	7.0	5.0	7.2	6.3	5.3	3.9
Cameroun	2.9	7.0	5.8	4.1	3.8	3.2	3.5	2.3	2.7	4.0
Chad	..	..	..	3.9	3.9	4.5	3.8	4.2	1.9	2.7
Congo	..	13.8	5.9	23.3	8.5	16.2	17.2	10.6	15.0	23.7
Congo, Rép. Dém	..	..	..	6.0	4.4	2.7	2.3	2.3	4.6	3.9
Côte d'Ivoire	0.7	0.8	1.6	1.2	2.4	1.5	1.5	1.3	1.3	1.2
Égypte	..	..	6.6	8.1	6.4	4.4	4.0	4.1	4.4	4.9
Eswatini	10.9	12.5	15.8	8.1	14.5	11.9	13.1	14.8	10.9	9.6
Gabon	..	..	..	0.1	0.6	5.3	5.7	4.5	5.7	7.8
Ghana	..	1.6	3.0	3.7	4.9	3.3	3.2	2.8	2.7	3.3
Guinée	..	2.3	1.7	0.8	1.1	2.9	2.2	2.2	2.1	2.6
Guinée équatoriale	..	..	24.4	18.8	15.0	13.6	9.3	6.3	9.8	23.1
Kenya	..	..	1.7	1.2	1.5	2.1	2.1	3.8	2.3	2.0
Lesotho	..	..	26.9	33.4	29.6	25.6	26.0	34.6	31.4	22.1
Madagascar	0.0	2.8	5.4	3.0	1.5	3.0	3.4	2.9	1.0	1.6
Malawi	..	..	5.2	7.8	3.1	1.8	2.0	1.5	4.6	2.0
Mali	5.9	5.8	5.3	4.9	2.6	2.4	3.2	2.3	1.9	1.6
Maroc	..	2.1	2.8	3.3	3.6	3.4	4.0	3.2	2.8	2.9
Maurice[1]	3.4	2.7	2.3	3.7	2.7	4.2	2.8	3.2	2.3	3.9
Mauritanie	..	..	..	6.3	6.4	6.8	5.5	4.6	4.7	4.0
Mozambique	..	..	..	8.3	4.9	5.3	4.3	6.8	5.8	7.4
Namibia	..	..	..	9.4	14.0	11.8	12.7	14.6	10.4	11.0
Niger	..	4.1	6.3	4.7	5.8	7.3	7.8	8.3	8.1	5.5
Nigéria[2]	..	..	..	7.9	3.1	3.3	3.9	3.4	4.0	4.6
Ouganda	3.5	4.7	5.7	1.8	1.2	1.0	1.3	1.3	1.9	1.4
Rwanda	..	9.9	11.1	11.6	8.6	7.8	7.2	7.8	8.6	8.7
Sénégal	..	1.6	1.8	2.6	3.5	3.4	2.8	3.4	3.4	2.4
Seychelles	..	..	..	6.2	6.5	6.1	5.4	6.9	8.1	6.3
Sierra Leone	..	..	8.2	5.7	6.3	4.7	6.4	8.6	7.6	9.2
Somalie	..	..	..	..	0.8	1.7	2.0	4.1	2.4	5.2
Togo	..	1.3	2.0	8.1	3.0	5.6	4.9	3.9	3.0	3.6
Tunisie	..	2.3	2.5	2.7	1.9	2.9	3.1	3.0	2.8	4.3
Zambie	..	..	..	..	2.2	1.7	1.7	2.1	3.4	2.5
Moyenne Afrique (35)[3]	..	..	..	..	**5.9**	**5.8**	**5.8**	**5.9**	**5.8**	**6.2**

.. Non disponible

Note : Les chiffres incluent les recettes non fiscales des administrations infranationales pour l'Eswatini, le Kenya (à partir de 2014), le Maroc, Maurice, le Nigeria (à partir de 2010), et la Somalie (à partir de 2019). Les recettes non fiscales des administrations infranationales ne sont pas disponibles pour les autres pays. Pour plus d'informations, voir les tableaux par pays au chapitre 6.

1. Les données pour Maurice sont basées sur l'année fiscale juillet-juin, sauf pour les années 2010-15 où elles ont été déclarées sur la base de l'année civile. Voir le chapitre 6 pour plus de détails.
2. Les recettes non fiscales déclarées pour le Nigeria comprennent les recettes collectées par les Local Government Areas (LGA). Ces recettes sont déclarées sous la rubrique « Recettes diverses et non identifiées » bien qu'elles comprennent certaines recettes fiscales.
3. Représente une moyenne non pondérée des 35 pays africains dans cette publication. Les données sur les recettes fiscales étaient disponibles pour le Burkina Faso pour cette édition, mais pas les recettes non fiscales.

Tableau 6.2. Recettes fiscales des principales rubriques en pourcentage du PIB, 2022

	Dons	Revenus de la propriété				Ventes de biens et de services	Amendes, pénalités et confiscations	Recettes diverses et non identifiées
		Total	Loyers et redevances	Intérêts et dividendes	Autres revenus de la propriété			
Afrique du Sud	0.0	0.5	0.4	0.1	0.0	0.1	0.1	0.0
Botswana	0.0	9.0	2.3	6.8	0.0	0.3	0.0	5.4
Cabo Verde	0.7	0.1	..	..	..	2.2	0.1	0.6
Cameroun	0.4	3.1	3.0	0.1	0.0	0.2	0.3	0.0
Chad	0.9	1.4	1.4	0.0	0.0	0.0	0.1	0.2
Congo	0.6	23.1	22.9	0.0	0.2	0.0	0.0	0.0
Congo, Rép. Dém	1.6	1.7	1.5	0.1	0.0	0.3	0.3	0.0
Côte d'Ivoire	0.5	0.3	0.2	0.1	0.0	0.2	0.0	0.2
Égypte	0.0	1.3	0.4	0.9	0.0	2.3	0.0	1.3
Eswatini	0.2	1.9	0.1	1.8	0.0	0.2	0.0	7.2
Gabon	0.0	7.7	7.2	0.5	0.0	0.0	0.1	0.0
Ghana	0.2	1.8	0.7	1.1	0.0	1.3	0.0	0.0
Guinée	0.5	1.5	1.1	0.5	0.0	0.2	0.0	0.4
Guinée équatoriale	0.0	22.7	9.6	13.0	0.1	0.3	0.0	0.0
Kenya	0.3	0.6	0.0	0.6	0.0	0.4	0.0	0.6
Lesotho	2.9	5.5	5.0	0.5	0.0	0.0	0.0	13.7
Madagascar	1.3	0.3	0.1	0.2	0.0	0.0	0.0	0.0
Malawi	1.3	0.1	0.0	0.1	0.0	0.6	0.0	0.0
Mali	0.4	0.7	0.0	0.7	0.0	0.2	0.1	0.1
Maroc	0.0	0.9	0.3	0.6	0.0	1.1	0.2	0.7
Maurice	0.4	2.4	0.2	0.2	2.0	1.0	0.1	0.2
Mauritanie	0.0	3.6	3.1	0.5	0.0	0.2	0.1	0.0
Mozambique	4.1	1.8	1.1	0.7	0.0	1.4	0.1	0.0
Namibia	0.0	3.4	1.2	2.2	0.0	0.8	0.0	6.7
Niger	4.7	0.4	0.2	0.1	0.0	0.1	0.1	0.2
Nigéria[1]	0.5	2.9	2.9	0.0	0.0	0.0	0.0	1.1
Ouganda	0.7	0.0	0.0	0.0	0.0	0.7	0.0	0.0
Rwanda[2]	5.8	..	..	..	..	..	..	2.8
Sénégal	0.9	0.7	0.4	0.3	..	0.1	0.0	0.7
Seychelles	1.4	2.9	0.8	2.1	0.0	1.8	0.0	0.2
Sierra Leone	6.6	0.9	0.9	0.0	0.0	1.1	0.0	0.6
Somalie	4.2	0.1	0.1	0.0	0.0	0.9	0.0	0.0
Togo	2.5	0.6	0.1	0.6	0.0	0.2	0.0	0.2
Tunisie	1.0	2.6	2.1	0.5	0.0	0.0	0.5	0.2
Zambie	0.4	2.1	2.1	0.0	0.0	0.0	0.0	0.0
Moyenne Afrique (35)[3]	**1.3**	**3.2**	**2.2**	**1.1**	**0.1**	**0.5**	**0.1**	**1.2**

.. Non disponible

Note : Les chiffres incluent les recettes non fiscales des administrations infranationales pour l'Eswatini, le Kenya (à partir de 2014), le Maroc, Maurice, le Nigeria (à partir de 2010), et la Somalie (à partir de 2019). Les recettes non fiscales des administrations infranationales ne sont pas disponibles pour les autres pays. Pour plus d'informations, voir les tableaux par pays au chapitre 6.

1. Les recettes non fiscales déclarées pour le Nigeria comprennent les recettes collectées par les Local Government Areas (LGA). Ces recettes sont déclarées sous la rubrique « Recettes diverses et non identifiées » bien qu'elles comprennent certaines recettes fiscales.
2. Pour le Rwanda, les « recettes diverses et non identifiées » comprennent les amendes non fiscales, les frais administratifs et les recettes provenant des biens publics et des actifs publics pour le Rwanda. Ces données n'ont pas pu être désagrégées et classifier dans les catégories de recettes non fiscales pertinentes.
3. Représente une moyenne non pondérée des 35 pays africains dans cette publication. Les données sur les recettes fiscales étaient disponibles pour le Burkina Faso pour cette édition, mais pas les recettes non fiscales.

Tableau 6.3. Recettes fiscales des principales rubriques en pourcentage du total des recettes non fiscales, 2022

	Dons	Revenus de la propriété				Ventes de biens et de services	Amendes, pénalités et confiscations	Recettes diverses et non identifiées
		Total	Loyers et redevances	Intérêts et dividendes	Autres revenus de la propriété			
Afrique du Sud	2.0	76.4	57.9	18.5	0.0	9.1	11.0	1.5
Botswana	0.0	61.5	15.3	46.2	0.0	1.9	0.1	36.5
Cabo Verde	18.6	3.8	..	..	..	57.9	3.2	16.5
Cameroun	9.4	78.0	75.2	2.8	0.0	6.0	6.3	0.3
Chad	33.4	51.6	51.6	0.0	0.0	1.2	5.2	8.6
Congo	2.6	97.3	96.7	0.0	0.7	0.0	0.0	0.0
Congo, Rép. Dém	40.9	42.6	39.5	3.1	0.0	8.7	7.6	0.2
Côte d'Ivoire	43.0	21.3	16.0	5.4	0.0	19.0	0.0	16.6
Égypte	0.7	25.8	7.3	18.2	0.3	46.4	0.8	26.3
Eswatini	2.4	20.2	1.5	18.2	0.4	2.6	0.5	74.4
Gabon	0.0	98.7	92.3	6.5	0.0	0.4	0.9	0.0
Ghana	5.6	54.4	21.5	32.9	0.0	39.1	0.0	0.9
Guinée	18.5	58.5	40.8	17.7	0.0	7.3	0.4	15.4
Guinée équatoriale	0.0	98.5	41.6	56.3	0.6	1.4	0.0	0.1
Kenya	16.7	29.9	0.6	28.2	1.1	20.9	0.6	32.0
Lesotho	13.2	24.8	22.5	2.3	0.0	0.2	0.0	61.8
Madagascar	80.7	16.9	6.0	10.9	0.0	1.3	0.1	1.0
Malawi	63.0	4.6	0.0	4.6	0.0	30.4	2.0	0.0
Mali	28.8	46.7	1.5	43.2	2.0	10.6	7.0	6.8
Maroc	0.0	31.8	10.1	21.7	0.0	36.6	6.0	25.6
Maurice	8.9	60.3	5.4	3.9	50.9	24.3	2.2	4.2
Mauritanie	0.0	90.4	78.2	12.2	0.0	5.2	3.5	1.0
Mozambique	54.8	24.6	15.4	9.2	0.0	19.1	1.4	0.1
Namibia	0.0	31.0	10.8	20.2	0.0	7.6	0.4	61.0
Niger	85.0	7.2	4.5	2.7	0.1	1.8	2.5	3.4
Nigéria[1]	11.8	63.6	63.6	0.0	0.0	0.0	0.0	24.7
Ouganda	51.4	0.5	0.5	0.0	0.0	48.1	0.0	0.0
Rwanda[2]	67.2	..	..	..	..	..	..	32.8
Sénégal	37.9	30.4	16.6	13.8	..	2.9	0.0	28.9
Seychelles	21.9	46.0	12.6	33.4	0.0	29.5	0.0	2.7
Sierra Leone	72.5	9.8	9.8	0.0	0.0	11.6	0.0	6.1
Somalie	79.9	2.0	2.0	0.0	0.0	17.6	0.0	0.4
Togo	69.5	17.9	1.8	16.1	0.0	6.6	0.2	5.8
Tunisie	22.5	61.2	48.5	12.7	0.0	0.9	10.9	4.5
Zambie	15.8	83.5	83.5	0.0	0.0	0.1	0.6	0.0
Moyenne Afrique (35)[3]	**28.0**	**43.3**	**28.8**	**14.0**	**1.8**	**14.0**	**2.2**	**14.3**

.. Non disponible

Note : Les chiffres incluent les recettes non fiscales des administrations infranationales pour l'Eswatini, le Kenya (à partir de 2014), le Maroc, Maurice, le Nigeria (à partir de 2010), et la Somalie (à partir de 2019). Les recettes non fiscales des administrations infranationales ne sont pas disponibles pour les autres pays. Pour plus d'informations, voir les tableaux par pays au chapitre 6.

1. Les recettes non fiscales déclarées pour le Nigeria comprennent les recettes collectées par les Local Government Areas (LGA). Ces recettes sont déclarées sous la rubrique « Recettes diverses et non identifiées » bien qu'elles comprennent certaines recettes fiscales.
2. Pour le Rwanda, les « recettes diverses et non identifiées » comprennent les amendes non fiscales, les frais administratifs et les recettes provenant des biens publics et des actifs publics pour le Rwanda. Ces données n'ont pas pu être désagrégées et classifier dans les catégories de recettes non fiscales pertinentes.
3. Représente une moyenne non pondérée des 35 pays africains dans cette publication. Les données sur les recettes fiscales étaient disponibles pour le Burkina Faso pour cette édition, mais pas les recettes non fiscales.

Tableau 6.4. Totale des recettes non fiscales en millions de dollars américains, 1995-2022

	1995	2000	2005	2010	2015	2018	2019	2020	2021	2022
Afrique du Sud	790	596	1 399	2 211	1 406	2 093	2 034	1 868	2 970	2 676
Botswana	..	..	2 650	2 558	2 704	2 897	2 734	2 408	3 149	2 995
Cabo Verde	114	46	100	161	122	104	161	115	106	87
Cameroun	295	720	1 140	1 134	1 220	1 293	1 407	951	1 208	1 783
Chad	..	..	..	561	572	685	568	608	298	443
Congo	..	499	390	3 065	1 015	2 397	2 399	1 217	2 011	3 307
Congo, Rép. Dém	..	..	..	1 330	1 783	1 273	1 162	1 143	2 651	2 574
Côte d'Ivoire	108	121	386	414	1 108	879	910	814	957	873
Égypte	..	..	6 196	18 520	22 574	11 609	12 794	15 564	18 697	23 167
Eswatini	208	212	508	367	581	552	573	620	529	464
Gabon	..	..	..	21	92	897	964	692	1 154	1 635
Ghana	..	178	730	1 612	2 419	2 195	2 161	1 951	2 114	2 360
Guinée	..	95	79	55	93	346	300	317	339	518
Guinée équatoriale	..	..	1 995	3 062	1 978	1 785	1 057	626	1 199	2 713
Kenya	..	..	424	514	1 037	1 819	2 008	3 815	2 464	2 248
Lesotho	..	..	466	788	651	632	604	724	761	514
Madagascar		128	315	297	173	415	485	373	142	240
Malawi	..	..	262	723	268	173	214	177	564	253
Mali	197	173	329	519	336	408	552	414	371	292
Maroc	..	873	1 889	3 323	3 961	4 311	5 104	3 901	4 003	3 837
Maurice[1]	140	128	161	372	323	593	406	413	269	481
Mauritanie	..	..	..	357	397	505	432	385	428	388
Mozambique	..	..	..	943	789	797	666	972	941	1 367
Namibia	..	..	..	1 088	1 572	1 578	1 531	1 609	1 296	1 378
Niger	..	92	275	366	560	934	1 003	1 138	1 205	854
Nigéria[2]	..	..	..	29 232	15 114	13 719	17 608	14 502	17 764	21 779
Ouganda	241	367	665	438	383	317	455	509	755	621
Rwanda	..	203	328	712	736	756	744	792	945	1 153
Sénégal	..	96	200	412	621	784	647	826	939	659
Seychelles	..	..	..	60	93	108	100	96	120	129
Sierra Leone	..	..	133	146	268	191	259	350	316	375
Somalie	..	..	..	..	57	140	192	373	236	546
Togo	..	27	61	384	174	391	342	287	254	294
Tunisie	..	529	831	1 257	891	1 229	1 305	1 275	1 292	1 975
Zambie	..	..	..	..	477	442	395	388	747	738
Moyenne Afrique (35)	**..**	**..**	**..**	**..**	**1 901**	**1 693**	**1 836**	**1 777**	**2 091**	**2 449**

.. Non disponible

Note : Les chiffres incluent les recettes non fiscales des administrations infranationales pour l'Eswatini, le Kenya (à partir de 2014), le Maroc, Maurice, le Nigeria (à partir de 2010), et la Somalie (à partir de 2019). Les recettes non fiscales des administrations infranationales ne sont pas disponibles pour les autres pays. Pour plus d'informations, voir les tableaux par pays au chapitre 6.

1. Les données pour Maurice sont basées sur l'année fiscale juillet-juin, sauf pour les années 2010-15 où elles ont été déclarées sur la base de l'année civile. Voir le chapitre 6 pour plus de détails.
2. Les recettes non fiscales déclarées pour le Nigeria comprennent les recettes collectées par les Local Government Areas (LGA). Ces recettes sont déclarées sous la rubrique « Recettes diverses et non identifiées » bien qu'elles comprennent certaines recettes fiscales.
3. Représente une moyenne non pondérée des 35 pays africains dans cette publication. Les données sur les recettes fiscales étaient disponibles pour le Burkina Faso pour cette édition, mais pas les recettes non fiscales.

Tableau 6.5. Afrique du Sud – Recettes non fiscales détaillées

Million ZAR

	1995	2000	2005	2010	2015	2018	2019	2020	2021	2022
Total des recettes non fiscales	**2 864**	**4 135**	**8 899**	**16 192**	**17 934**	**27 705**	**29 388**	**30 754**	**43 904**	**43 786**
Dons	135	637	1 118	1 012	1 467	1 276	1 155	1 545	1 505	871
Revenus de la propriété	1 881	1 378	5 208	8 170	10 113	16 845	20 986	20 928	33 879	33 442
Loyers et redevances	217	0	271	4 448	3 772	9 049	11 831	14 133	28 355	25 355
Intérêts et dividendes	1 664	1 378	4 937	3 721	6 341	7 797	9 154	6 795	5 524	8 087
Intérêt	954	714	2 570	2 524	4 487	6 834	8 276	6 502	5 524	7 889
Dividendes	710	664	2 366	1 197	1 853	963	878	293	0	198
Autres revenus de la propriété	0	0	0	0	0	0	0	0	0	0
Ventes de biens et de services	600	2 006	2 243	2 335	2 159	2 321	2 715	1 611	2 822	4 004
Amendes, pénalités et confiscations	124	114	280	4 425	3 665	6 877	4 144	6 248	5 333	4 829
Intérêts sur l'impôt impayé : Particuliers	..	..	..	1 225	993	1 991	1 563	1 446	1 601	1 544
Intérêts sur l'impôt impayé : Entreprises	..	..	..	1 744	1 707	3 135	2 214	3 709	2 912	2 251
IRPP Sanctions administratives	..	..	..	0	0	0	0	483	295	354
IS Sanctions administratives	..	..	..	0	0	0	0	46	97	136
Autres amendes, pénalités et confiscations	124	114	280	1 457	965	1 752	367	563	428	544
Recettes diverses et non identifiées	123	0	50	251	531	386	388	423	364	640
Total des recettes fiscales et non fiscales	*124 784*	*215 696*	*427 722*	*722 722*	*1 185 465*	*1 446 792*	*1 498 488*	*1 428 898*	*1 676 600*	*1 837 939*

.. Non disponible

Note: Les données sont basées sur l'année fiscale commençant le 1er avril. Par exemple, les données pour 2022 représentent la période d'avril 2022 à mars 2023.

Les données sont Les données sont sur la base des encaissements.

Les chiffres excluent les recettes non fiscales collectées par les gouvernements infranationaux car les données ne sont pas disponibles.

Les données sur les dons représentent le total des dons reçus principalement de la part de gouvernements étrangers et d'institutions multilatérales. De plus, ce flux ne passe pas par le fonds de recettes du gouvernement, il est affecté à des projets spécifiques mis en œuvre à travers le gouvernement.

Source : National Treasury d'Afrique du Sud. Les données sur les dons proviennent des états financiers du programme du Fonds de reconstruction et de développement (RDP) administré par le bureau du comptable général.

Tableau 6.6. Botswana – Recettes non fiscales détaillées

Million BWP

	1995	2000	2005	2010	2015	2018	2019	2020	2021	2022
Total des recettes non fiscales	..	..	**14 034**	**17 412**	**27 953**	**29 941**	**29 844**	**27 330**	**35 982**	**37 967**
Dons	..	..	0	210	74	1	24	28	26	2
Dons	..	..	0	210	74	1	24	28	26	2
Ventes d'or FMI	..	..	0	0	0	0	0	0	0	0
Revenus de la propriété	..	..	9 159	9 914	11 152	14 171	15 114	10 296	21 151	23 353
Loyers et redevances	..	..	1 589	2 071	3 223	3 403	3 476	2 069	4 912	5 818
Redevances minières	..	..	1 577	2 057	3 215	3 383	3 463	2 062	4 903	5 809
Redevances et dividendes	..	..	0	0	0	0	0	0	0	0
Location de terrain	..	..	12	14	8	20	13	7	9	9
Intérêts et dividendes	..	..	7 569	7 842	7 929	10 768	11 638	8 227	16 239	17 535
Dividendes minières	..	..	6 573	7 054	6 766	9 905	6 547	4 196	10 473	17 105
Recettes de la Banque du Botswana	..	..	741	700	1 133	740	5 049	4 009	5 581	425
Bénéfices des entreprises publiques	..	..	171	61	18	117	10	21	3	3
Interêts : Parastatals (DDF)	..	..	38	20	8	1	29	0	48	0
Intérêts : Autorités locales	..	..	1	0	0	0	0	0	0	0
Intérêts : Dépôts	..	..	46	8	4	5	3	0	0	1
Autres revenus d'intérêts	..	..	0	0	0	0	0	0	134	0
Autres revenus de la propriété	..	..	0	0	0	0	0	0	0	0
Ventes de biens et de services	..	..	908	1 047	811	930	656	478	549	710
Revenus des véhicules automobiles	..	..	342	363	50	36	40	34	37	44
Essence, huile et lubrifiants	..	..	54	182	231	217	111	67	25	22
Revenus de l'eau	..	..	167	42	2	2	2	3	4	4
Frais et charges	..	..	84	107	129	123	137	68	121	240
Location de bâtiments et d'équipement	..	..	73	86	97	97	99	100	109	115
Vente de bétail	..	..	2	5	2	2	1	1	1	3
Enregistrements, licences et certificats	..	..	19	22	33	33	39	29	45	53
Autres ventes de biens et services	..	..	167	242	269	419	227	176	207	229
Amendes, pénalités et confiscations	..	..	36	31	93	42	60	62	100	46
Amendes de circulation	..	..	0	0	44	0	0	0	0	0
Amendes judiciaires	..	..	19	20	38	22	23	34	29	20
Recettes des obligations	..	..	1	1	1	1	2	1	3	0
Pénalité d'impôt sur le revenu	..	..	11	0	0	0	0	0	0	0
Autres amendes, pénalités et confiscations	..	..	5	10	11	19	36	27	69	25
Recettes diverses et non identifiées	..	..	3 931	6 210	15 823	14 797	13 991	16 466	14 157	13 857
Recettes de la SACU	..	..	3 930	6 207	15 818	14 789	13 976	16 459	14 148	13 845
Récupération des arriérés	..	..	0	3	5	8	14	6	8	12
Recettes des collectivités locales	..	..	0	0	0	0	0	0	0	0
Remboursement des réclamations médicales	..	..	1	1	1	1	1	0	1	0
Total des recettes fiscales et non fiscales	..	..	*22 071*	*31 712*	*47 285*	*53 229*	*54 201*	*49 303*	*68 236*	*73 200*

.. Non disponible

Note: Les données sont basées sur l'année fiscale commençant le 1er avril. Par exemple, les données pour 2022 représentent la période d'avril 2022 à mars 2023.

Les données sont sur la base des encaissements.

Les chiffres n'incluent pas les recettes non fiscales collectées par les collectivités locales car elles ne sont pas disponibles

Source: Ministère des finances et du développement économique du Botswana et Statistics Botswana.

Tableau 6.7. Cabo Verde – Recettes non fiscales détaillées

Million CVE

	1995	2000	2005	2010	2015	2018	2019	2020	2021	2022
Total des recettes non fiscales	**8 744**	**5 372**	**8 902**	**13 396**	**12 116**	**10 368**	**16 034**	**11 105**	**9 885**	**9 105**
Dons	6 848	3 931	6 610	9 440	3 958	2 265	6 145	5 302	3 519	1 692
Transferts courants de gouvernements étrangers	6 848	0	0	0	370	851	551	571	2 851	864
Aide budgétaire	0	..	..	..	0	0	0	0	1 267	0
Aide alimentaire	1 064	..	..	..	0	0	0	0	0	8
Dons directs	5 161	..	..	..	353	846	548	571	1 575	820
Autre transfert courants	623	..	..	..	17	5	4	0	8	36
Transferts en capital de gouvernements étrangers	0	3 931	6 610	9 440	3 588	1 414	5 594	4 730	669	828
Aide budgétaire	..	0	551	3 085	1 282	1 103	2 006	2 287	0	276
Aide alimentaire	..	672	750	338	0	154	231	106	98	120
Dons directs	..	3 259	5 138	6 018	2 048	158	3 357	2 336	571	430
Autre dons en capital	..	0	171	0	259	0	0	2	0	3
Revenus de la propriété	487	364	95	316	1 022	1 793	2 632	1 135	1 219	343
Loyers et redevances	..	..	..	..	..	..	..	..	..	..
Intérêts et dividendes	..	..	..	..	..	..	..	..	..	..
Autres revenus de la propriété	..	..	..	..	..	..	..	..	..	..
Ventes de biens et de services	382	592	1 496	3 077	4 652	5 509	5 987	3 719	4 326	5 275
Frais	192	448	1 445	3 003	4 492	5 293	5 841	3 628	4 184	5 133
Ventes	190	144	51	74	160	216	146	91	141	141
Amendes, pénalités et confiscations	64	54	169	376	404	369	433	220	187	296
Recettes diverses et non identifiées	963	431	532	187	2 079	431	838	730	633	1 499
Autres transferts	425	413	150	41	36	24	242	192	230	359
Autres recettes diverses et non spécifiées	538	18	382	146	2 043	407	595	538	403	1 140
Total des recettes fiscales et non fiscales	*15 034*	*16 346*	*27 731*	*39 686*	*42 807*	*50 706*	*57 481*	*44 236*	*43 012*	*52 009*

.. Non disponible

Note: Année civile se terminant le 31 décembre.

Les données sont sur la base des encaissements.

Les chiffres n'incluent pas les données des recettes non fiscales collectées par les collectivités locales car elles ne sont pas disponibles.

La présente publication n'inclut pas le produit de la vente d'actifs non financiers rapporté dans les documents budgétaires du Cabo Verde. La classification nationale du Cabo Verde compte le produit de la vente d'actifs non financiers comme une recette non fiscale. Selon la classification de l'OCDE (voir le *Guide d'interprétation* en Annexe B), le produit de la vente d'actifs n'est pas considéré comme une recette (fiscale ou non fiscale) car il ne représente pas une augmentation de la valeur nette résultant d'une transaction. Le prélèvement communautaire de la CEDEAO (Communauté économique des États de l'Afrique de l'Ouest) n'est pas compris dans le total des recettes non fiscales ou fiscales et est présenté à titre de rubrique « Pour mémoire » dans le chapitre 5. Le prélèvement communautaire de la CEDEAO est considéré comme une recette fiscale au Cabo Verde. Selon la classification de l'OCDE (voir le *Guide d'interprétation* en Annexe A § 4), ce paiement n'est pas compris parmi les impôts.

Source : Ministère des Finances et du Plan du Cabo Verde

Tableau 6.8. Cameroun – Recettes non fiscales détaillées

Million XAF

	1995	2000	2005	2010	2015	2018	2019	2020	2021	2022
Total des recettes non fiscales	**153 206**	**527 053**	**600 552**	**560 690**	**721 082**	**717 707**	**824 233**	**546 454**	**669 451**	**1 109 462**
Dons	0	6 900	91 404	78 805	18 089	86 700	133 300	41 700	66 200	104 200
Revenus de la propriété	90 400	404 500	446 825	442 296	465 541	510 077	551 526	398 084	479 105	865 344
Loyers et redevances	90 400	404 500	410 657	437 650	445 587	499 042	527 789	379 185	463 353	834 359
Redevance pétrolière	87 610	399 300	367 955	418 971	384 630	413 325	471 518	321 370	409 044	774 514
Droits de passage du pipeline	0	0	14 065	9 080	36 201	29 543	35 013	36 818	31 336	36 531
Autres loyers et redevances	2 790	5 200	28 637	9 599	24 756	56 175	21 257	20 997	22 972	23 314
Intérêts et dividendes	..	..	36 169	4 646	19 954	11 035	23 737	18 899	15 752	30 985
Autres revenus de la propriété	..	..	0	0	0	0	0	0	0	0
Ventes de biens et de services	26 700	33 500	40 262	37 732	188 402	48 055	56 291	31 607	55 114	66 481
Amendes, pénalités et confiscations	0	0	444	1 857	26 849	57 334	61 259	71 960	57 906	70 131
Recettes diverses et non identifiées	36 106	82 153	21 616	0	22 201	15 541	21 857	3 102	11 126	3 307
Total des recettes fiscales et non fiscales	*634 589*	*1 337 553*	*1 735 808*	*2 132 385*	*3 409 008*	*3 864 201*	*4 046 395*	*3 560 542*	*4 024 767*	*4 999 048*

.. Non disponible

Note : Année civile se terminant le 31 décembre.

Les données sont sur la base des encaissements.

Les chiffres n'incluent pas les recettes non fiscales collectées par les collectivités locales car elles ne sont pas disponibles.

Les revenus de la propriété comprennent les taxes domaniales, la taxe à l'extraction des carrières et la redevance à la production des eaux comme le préconise la classification OCDE (voir le *Guide d'interprétation* en Annexe B). La classification nationale du Cameroun les comptabilise comme des recettes fiscales.

Les recettes diverses et non identifiées comprennent les transferts de capitaux non compris ailleurs et transferts volontaires autres que les dons.

Source : Ministère des Finances du Cameroun.

Tableau 6.9. Congo – Recettes non fiscales détaillées

Million XAF

	1995	2000	2005	2010	2015	2018	2019	2020	2021	2022
Total des recettes non fiscales	**..**	**355 390**	**205 249**	**1 515 115**	**600 062**	**1 330 954**	**1 405 657**	**699 483**	**1 114 733**	**2 058 637**
Dons	..	5 000	47 438	1 359 181	38 145	5 925	56 860	21 366	38 100	53 900
Revenus de la propriété	..	350 390	157 811	154 506	554 918	1 323 391	1 348 516	677 302	1 075 381	2 004 036
Loyers et redevances	..	350 390	157 811	154 453	549 122	1 310 984	1 332 828	662 876	1 060 110	1 990 555
Recettes pétrolières	..	350 390	157 811	152 746	541 297	1 293 311	1 317 000	651 000	1 049 000	1 972 800
Redevance pétrolière	..	..	..	0	70	77	13	8	0	0
Redevance minière	..	..	..	2	60	1	1	9	3	0
Redevance forestière	..	..	..	1 705	7 696	17 594	15 814	11 859	11 107	17 755
Intérêts et dividendes	..	..	..	0	0	0	0	0	0	0
Autres revenus de la propriété	..	..	..	53	5 796	12 407	15 688	14 426	15 271	13 480
Ventes de biens et de services	..	..	..	16	30	48	207	5	150	83
Amendes, pénalités et confiscations	..	..	..	1 077	1 721	1 590	73	810	1 103	13
Recettes diverses et non identifiées	..	..	..	336	5 248	0	0	0	0	606
Total des recettes fiscales et non fiscales	..	*454 074*	*411 665*	*1 978 038*	*1 531 479*	*1 953 917*	*2 078 519*	*1 347 499*	*1 725 500*	*2 831 264*

.. Non disponible

Note : Année civile se terminant le 31 décembre.

Les données sont sur la base des encaissements.

Les chiffres n'incluent pas les recettes non fiscales collectées par les collectivités locales car elles ne sont pas disponibles.

Les recettes des dons et des recettes pétrolières sont tirées de plusieurs sources publiques (TOFE 2018, Perspective de l'économie Congolaise, Lois de finances, base de données des statistiques de finances publiques du FMI, Article IV rapport pays du FMI).

Rubrique Loyers et redevances : A partir de 2017, cette rubrique inclut la redevance bois et la redevance diamant collectées par la Direction Générale des douanes et des droits indirects.

Source : Ministère de l'économie et des finances de la République du Congo, FMI.

Tableau 6.10. Congo, Rép. dém. – Recettes non fiscales détaillées

Million CDF

	1995	2000	2005	2010	2015	2018	2019	2020	2021	2022
Total des recettes non fiscales	**..**	**..**	**..**	**1 206 158**	**1 651 247**	**2 065 548**	**1 915 421**	**2 116 365**	**5 276 706**	**5 166 428**
Dons	..	..	..	656 421	1 108 062	851 000	638 806	930 571	2 915 000	2 115 000
Revenus de la propriété	..	..	..	397 162	328 729	796 073	841 845	828 625	1 549 404	2 202 213
Loyers et redevances	..	..	..	357 515	290 419	734 297	765 511	775 571	1 458 910	2 039 487
Royalties des sociétés pétrolières	..	..	..	39 705	19 050	41 483	34 353	27 259	77 698	90 492
Redevance et royalty minières	..	..	..	139 802	143 702	408 754	385 847	545 897	1 021 295	1 472 367
Droits superficie annuels (mines)	..	..	..	25 464	20 689	13 970	10 199	11 730	19 308	22 782
Bonus de signature - Renouvellement (hydrocarbures)	..	..	..	4 566	624	736	1 041	1 652	29 869	37 224
Redevance annuelle sur l'exploitation et autres (télécommunications)	..	..	..	50 603	38 635	53 312	94 410	108 156	113 962	129 116
Autorisation de concessions,extraction et autres autorisations (télécommunications)	..	..	..	9 126	5 789	131 631	101 098	2 396	11 098	3 509
Permis ressources forestières et faune	..	..	..	3 541	387	771	2 171	3 484	4 942	12 068
Marge distribuable (recettes pétrolières)	..	..	..	84 491	52 694	83 408	127 330	65 303	170 435	271 556
Redevances superficiaires sur permis d'exploration et sur concession (hydrocarbures)	..	..	..	10	8 791	30	8 502	8 355	10 010	230
Autres loyers	..	..	..	207	58	202	558	1 338	291	142
Intérêts et dividendes	..	..	..	39 301	37 159	40 811	75 305	52 225	90 403	162 038
Dividendes on shore (recettes pétrolières)	..	..	..	8 068	14 665	10 994	20 246	15 852	9 690	7 229
Participations off shore (recettes pétrolières)	..	..	..	25 347	15 806	24 271	41 892	19 716	52 323	80 575
Autres dividendes et participations	..	..	..	5 886	6 688	5 546	13 167	16 657	28 390	74 233
Autres revenus de la propriété	..	..	..	345	1 152	20 965	1 029	829	92	688
Ventes de biens et de services	..	..	..	116 573	162 555	315 997	282 789	264 745	356 337	447 001
Vente des imprimés	..	..	..	1 106	690	219	75	158	453	779
Taxe de numérotation	..	..	..	16 464	26 110	51 014	45 573	44 887	54 984	56 697
Taxe de régulation et taxe de modification des titres obtenus / télécommunications	..	..	..	13 180	36 198	20 191	18 050	19 019	16 889	13 339
Passeport, visa et carte de travail	..	..	..	20 859	31 053	45 946	42 369	27 344	54 805	61 202
Taxes sur le gardiennage par la Police Nationale Congolaise	..	..	..	4 247	11 337	23 016	34 594	32 749	24 610	25 478
Contrôle des produits d'origine toxique, soporifique et stupéfiante	..	..	..	647	7 328	7 736	7 075	59 715	2 537	102 408
Redevance sur la désinfection et le contrôle sanitaire des friperies	..	..	..	3 828	3 111	14 156	53 800	17 897	90 135	6 715
Agréments	..	..	..	1 181	559	995	1 364	1 309	1 697	3 158
Autres	..	..	..	55 059	43 646	148 256	75 130	57 626	106 189	170 736
Loyers, Institut National de Sécurité Sociale (INSS)	..	..	..	0	2 524	4 468	4 759	4 040	4 040	6 490
Amendes, pénalités et confiscations	..	..	..	35 378	50 772	101 256	150 692	80 604	400 076	394 422
Amendes et pénalités (DGI) - hors ressources naturelles (à partir de 2022)	..	..	..	15 455	15 160	65 525	90 865	43 701	196 201	195 047
Amendes et pénalités (DGI) - mines	..	..	..	..	..	..	..	..	..	42 431
Amendes et pénalités (DGI) - hydrocarbures	..	..	..	..	..	..	..	..	..	8 366
Amendes et pénalités (DGI) - forêts	..	..	..	..	..	..	..	..	..	223
Amendes et pénalités (DGDA)	..	..	..	1 561	4 093	1 910	1 633	1 246	116 781	11 044
Amendes et pénalités (DGRAD)	..	..	..	18 363	31 518	33 821	58 194	35 657	87 095	137 310
Recettes diverses et non identifiées	..	..	..	625	1 129	1 222	1 289	11 821	55 889	7 792
Total des recettes fiscales et non fiscales	*..*	*..*	*..*	*2 890 521*	*5 138 807*	*7 995 292*	*8 295 943*	*8 729 842*	*15 539 402*	*21 713 622*

.. Non disponible

Note : Année civile se terminant le 31 décembre.

Les données sont sur la base des encaissements.

Les chiffres n'incluent pas les données des recettes non fiscales collectées par les collectivités locales car elles ne sont pas disponibles.

Les données des dons pour l'année 2021 et 2022 sont des projections issues des rapports respectifs no. 22/210 et t no. 23/434 du FMI. Les recettes provenant de la vente des imprimés sont incluses dans les recettes non fiscales comme le préconise la classification OCDE (voir le *Guide d'interprétation* en Annexe B). La classification nationale en République Démocratique du Congo classifie les recettes de la vente des imprimés comme des recettes fiscales.

Certaines recettes – considérées comme des taxes en République Démocratique du Congo – sont considérées comme des frais administratifs et sont classifiées comme des recettes non fiscales comme le préconise la classification OCDE (voir le *Guide d'interprétation* en Annexe B).

Source : Ministère des Finances de la République Démocratique du Congo ; FMI.

Tableau 6.11. Côte d'Ivoire – Recettes non fiscales détaillées

Million CDF

	1995	2000	2005	2010	2015	2018	2019	2020	2021	2022
Total des recettes non fiscales	**54 156**	**86 004**	**203 671**	**205 073**	**654 836**	**488 004**	**533 356**	**467 932**	**530 266**	**543 080**
Dons	35 000	33 500	94 628	106 540	282 200	246 158	274 912	193 269	184 600	233 700
Revenus de la propriété	1 356	4 204	5 555	76 308	285 955	145 071	135 074	98 988	106 200	115 780
Loyers et redevances	1 356	4 204	5 555	44 902	255 515	121 350	107 057	58 889	72 049	86 708
Revenus du domaine	0	0	0	283	2 111	2 160	3 578	4 104	6 280	7 048
Taxe d'exploitation pétrolière	0	0	0	27 275	30 851	36 888	44 522	28 012	32 286	39 020
Bonus de signature pétrolière	0	0	0	0	0	6 039	8 088	0	1 949	3 555
Taxes domaniales (hors taxe ad-valorem 2012-2021)	1 356	4 204	5 555	7 696	37 224	31 812	23 425	26 632	31 534	37 085
Autres loyers et redevances	0	0	0	9 647	185 329	44 451	27 444	142	0	0
Intérêts et dividendes	0	0	0	27 981	30 440	23 721	28 017	40 099	34 151	29 072
Autres revenus de la propriété	0	0	0	3 426	0	0	0	0	0	0
Ventes de biens et de services	0	0	13 200	21 700	35 414	47 111	57 937	76 599	87 681	103 358
Redevance Radiodiffusion Télévision Ivoirienne (RTI)	..	..	0	4 107	6 244	8 587	10 342	9 493	11 411	12 067
Taxe audiovisuelle	..	..	0	0	0	0	0	0	0	0
Péages routiers	..	..	0	0	0	0	0	16 461	21 680	25 676
Autres ventes de biens et de services	..	..	13 200	17 592	29 170	38 524	47 595	50 645	54 590	65 615
Amendes, pénalités et confiscations	0	0	0	173	0	0	0	0	0	0
Recettes diverses et non identifiées	17 800	48 300	90 288	353	51 267	49 664	65 433	99 076	151 785	90 242
Total des recettes fiscales et non fiscales	*978 628*	*1 255 611*	*1 610 948*	*2 240 542*	*4 069 254*	*4 682 693*	*5 061 198*	*5 202 418*	*6 072 398*	*6 315 657*

.. Non disponible

Note : Année civile se terminant le 31 décembre.

Les données sont sur la base des encaissements.

Les chiffres n'incluent pas les données des recettes non fiscales collectées par les collectivités locales car elles ne sont pas disponibles.

Les recettes des taxes domaniales, la taxe ad valorem et la taxe d'exploitation sont considérées comme des recettes non fiscales selon la classification OCDE (voir le Guide d'interprétation en Annexe B). La classification nationale de la Côte d'Ivoire les compte comme des recettes fiscales.

Les recettes des taxes domaniales sont hors taxe ad-valorem pour la période 2012 à 2022, période pour laquelle il a été possible de distinguer ces recettes.

La taxe audiovisuelle et la redevance radiodiffusion télévision ivoirienne (RTI) sont considérées comme des recettes non fiscales selon la classification OCDE (voir le Guide d'interprétation en Annexe B). La classification nationale de la Côte d'Ivoire les compte comme des recettes fiscales.

Les recettes diverses et non identifiées comprennent les transferts de capitaux non compris ailleurs et transferts volontaires autres que les dons.

Source : Ministère de l'Économie et des Finances.

Tableau 6.12. Égypte – Recettes non fiscales détaillées

Million EGP

	1995	2000	2005	2010	2015	2018	2019	2020	2021	2022
Total des recettes non fiscales	**..**	**..**	**37 270**	**102 149**	**166 134**	**205 853**	**225 222**	**250 335**	**294 307**	**382 314**
Dons	..	..	2 114	3 830	25 243	1 914	1 848	1 806	1 642	2 554
Dons de gouvernements étrangers	..	..	2 114	3 497	24 942	1 006	1 100	1 007	819	348
Dons d'organisations internationales	..	..	0	332	302	908	747	798	824	2 205
Revenus de la propriété	..	..	18 672	55 533	83 283	74 150	75 222	68 950	83 213	98 723
Loyers et redevances	..	..	1 114	7 216	8 252	18 262	20 964	17 488	20 414	27 889
Redevances sur le pétrole	..	..	0	2 750	5 964	11 610	14 148	11 178	14 680	20 714
Redevances sur le canal de Suez	..	..	1 068	1 354	1 945	5 163	5 157	4 600	4 500	5 750
Redevances minières	..	..	17	46	230	1 205	1 208	1 420	920	1 015
Autres redevances	..	..	30	3 066	113	284	451	291	313	410
Intérêts et dividendes	..	..	17 233	48 315	74 894	55 616	53 812	50 952	62 569	69 638
Suez Canal Authority (SCA)	..	..	9 651	12 729	19 214	23 718	30 308	18 354	28 082	27 734
Banque centrale d'Egypte (CBE)	..	..	4 999	205	13 417	5 233	0	0	0	0
Autorités économiques	..	..	402	1 431	10 093	8 297	10 817	12 045	11 861	11 108
Entreprises publiques et privées et entreprises	..	..	245	3 272	3 295	6 867	5 408	8 631	11 185	12 336
Egyptian General Petroleum Corporation (EGPC)	..	..	154	25 546	25 414	8 144	1 278	2 093	3 596	10 335
Autres dividendes et intérêts	..	..	1 782	5 130	3 460	3 358	6 001	9 830	7 846	8 124
Autres revenus de la propriété	..	..	324	2	137	272	447	509	230	1 196
Ventes de biens et de services	..	..	8 979	25 661	27 583	62 243	73 342	77 956	117 721	177 351
Taxes administratives	..	..	1 505	2 681	4 482	10 437	12 520	10 463	7 457	10 319
Frais de développement	..	..	294	841	931	403	1 991	2 352	9 929	11 178
Frais de service	..	..	3 170	3 572	8 352	15 343	17 147	15 757	17 915	26 063
Revenus en capital	..	..	3 986	16 962	13 610	35 803	41 252	48 099	81 363	129 602
Licences	..	..	0	1 557	128	125	276	1 136	917	0
Autres ventes de biens et services	..	..	24	49	80	134	156	149	141	188
Amendes, pénalités et confiscations	..	..	343	653	1 193	1 732	2 379	2 871	2 658	3 159
Recettes diverses et non identifiées	..	..	7 163	16 472	28 831	65 814	72 431	98 753	89 073	100 528
Recettes actuelles provenant des comptes et des fonds spéciaux	..	..	4 842	12 268	17 797	35 732	36 128	42 787	39 497	51 509
Transferts volontaires autres que des dons	..	..	1 084	684	901	2 143	2 316	2 262	5 958	7 882
Revenus actuels	..	..	1 114	3 312	9 827	27 576	33 685	53 405	43 258	40 747
Autres recettes	..	..	123	208	306	363	303	300	360	390
Total des recettes fiscales et non fiscales	*..*	*..*	*126 239*	*299 115*	*524 792*	*929 958*	*1 075 264*	*1 085 400*	*1 234 017*	*1 495 045*

.. Non disponible

Note : Les données sont basées sur l'année fiscale se terminant le 30 juin. Par exemple, les données pour 2022 représentent la période allant de juillet 2021 à juin 2022.

Les données sont sur la base des encaissements.

Les chiffres n'incluent pas les données des recettes non fiscales collectées par les collectivités locales car elles ne sont pas disponibles. L'Égypte estime que ces données sont insignifiantes.

Les redevances sur le canal de Suez ainsi que d'autres redevances et frais administratifs sont considérés comme des recettes fiscales en Égypte. Ces recettes sont considérées comme des recettes non fiscales selon la classification de l'OCDE, décrite dans le guide d'Interprétation de l'annexe B.

Source : Ministère des finances.

Tableau 6.13. Eswatini – Recettes non fiscales détaillées

Million SZL

	1995	2000	2005	2010	2015	2018	2019	2020	2021	2022
Total des recettes non fiscales	**789**	**1 549**	**3 285**	**2 679**	**7 685**	**7 466**	**8 539**	**9 904**	**8 024**	**7 836**
Dons	1	3	7	11	144	169	238	154	221	185
Revenus de la propriété	26	95	67	553	494	1 069	1 784	1 200	1 101	1 580
Loyers et redevances	0	0	0	3	72	81	143	83	33	120
Concessions foncières, loyers et recettes de la poste	0	0	0	0	0	0	0	0	0	0
Loyers alloués aux Fonds de sécurité sociale	0	0	0	3	72	81	143	83	33	120
Intérêts et dividendes	19	91	65	548	391	919	1 546	1 006	966	1 427
Intérêts des collectivités locales recouvrés par le gouvernement central	7	21	25	538	60	28	16	20	6	9
Bénéfices de la Banque Centrale	6	0	0	0	245	0	430	43	55	173
Intérêts externes et intérêts en capital	5	69	13	0	0	3	2	4	4	4
Dividendes	1	1	27	8	11	106	207	108	146	197
Intérêts et dividendes recouvrés par les Fonds de sécurité sociale	0	0	0	1	75	783	891	831	755	1 044
Autres revenus de la propriété	7	4	1	1	31	69	95	110	102	33
Quitrent (taxe foncière)	0	0	0	0	0	0	0	0	0	0
Revenu de la propriété des administrations locales	7	4	1	1	31	69	95	110	102	33
Ventes de biens et de services	16	40	63	115	73	325	137	139	271	202
Frais divers	7	13	40	38	6	246	39	67	175	99
Passeports, citoyenneté et permis de résidence	3	5	5	25	25	33	40	22	33	36
Location de biens immobiliers de l'administration publique	2	3	6	7	11	13	13	12	12	12
Permis de conduire, certification des véhicules à moteur	0	1	3	8	11	15	16	16	18	16
Services médicaux et hospitaliers	0	5	4	6	6	8	8	6	6	7
Location d'usines et de véhicules de l'administration publique	0	0	0	21	0	0	0	0	0	1
Frais d'aviation	0	12	1	0	0	0	0	0	0	0
Ventes de fournitures et véhicules de l'administration publique	0	0	0	6	7	2	2	5	11	15
Ventes de produits et services agricoles	1	2	1	1	2	3	3	3	3	3
Frais des transports publics	1	0	1	1	1	1	1	1	1	0
Ventes de publications gouvernementales	0	0	0	1	1	1	1	2	2	2
Ventes industrielles des prisons	0	0	0	0	0	0	0	0	0	0
Ventes de biens et services par les administrations locales	0	0	1	1	2	5	14	8	13	11
Amendes, pénalités et confiscations	2	4	11	28	33	46	49	46	39	38
Amendes pour infraction routière	1	2	5	15	13	15	16	21	16	11
Amendes judiciaires et autres pénalités	0	1	4	10	18	24	25	19	14	12
Intérêts et pénalités pour paiements d'impôts en retard	0	0	1	1	2	4	5	6	10	13
Pénalités des retenues à la source sur les salaires (PAYE)	0	1	1	1	0	0	0	0	0	0
Amendes, pénalités et confiscations (administrations locales)	0	0	0	0	0	3	2	0	0	2
Recettes diverses et non identifiées	744	1 407	3 138	1 972	6 942	5 856	6 332	8 365	6 390	5 831
Revenu de l'union douanière d'Afrique australe (SACU)	744	1 406	3 136	1 969	6 931	5 844	6 318	8 349	6 375	5 818
Pénalités de l'union douanière d'Afrique australe (SACU)	0	0	1	2	9	9	7	10	11	5
Recettes diverses et non identifiées (recettes non fiscales des administrations locales)	0	0	0	2	3	3	7	6	4	9
Total des recettes fiscales et non fiscales	*1 534*	*2 876*	*5 692*	*7 267*	*15 592*	*18 357*	*20 432*	*21 821*	*20 808*	*22 140*

.. Non disponible

Note : Les données sont basées sur l'année fiscale commençant le 1er avril. Par exemple, les données pour 2022 représentent la période d'avril 2022 à mars 2023. Les données sont sur la base des encaissements.

Les recettes provenant des licences de véhicules à moteur, des frais de changement de propriété et de l'enregistrement de nouveaux véhicules à moteur sont considérés comme des recettes fiscales selon la classification de l'OCDE, telle que définie dans le *Guide d'interprétation* de l'annexe A, et sont classés sous la rubrique 5211 (Impôts périodiques payés par les ménages : véhicules à moteur). La classification nationale de l'Eswatini classe ces recettes comme des recettes non fiscales.

Les recettes provenant des licences commerciales et diverses sont considérées comme des recettes fiscales selon la classification de l'OCDE, telle que définie dans le *Guide d'interprétation* de l'annexe A, et sont classés sous la rubrique 5213 (Impôts périodiques payés sur l'utilisation de biens et l'exercice d'activités autres que sur les véhicules à moteur). La classification nationale de l'Eswatini classe ces recettes comme des recettes non fiscales.

Les recettes provenant des enregistrements de biens spécifiques (par exemple, les armes à feu) sont considérées comme des recettes fiscales selon la classification de l'OCDE, telle que définie dans le *Guide d'interprétation* de l'annexe A, et sont classées sous la rubrique 5220 (Impôts non périodiques sur l'utilisation de biens et l'exercice d'activités). La classification nationale de l'Eswatini classe ces recettes comme des recettes non fiscales.

Les recettes provenant des remboursements de prêts étudiants ne représentent pas une augmentation de la valeur nette résultant d'une transaction et ne sont donc pas considérés comme des recettes selon la classification de l'OCDE, telle que définie dans le *Guide d'interprétation* de l'annexe B.

Les recettes provenant des pénalités PAYE, des intérêts fiscaux et des pénalités sur les taxes sont considérés comme des recettes non fiscales selon le *Guide d'interprétation* de l'OCDE dans l'annexe A. La classification nationale de l'Eswatini les classe comme des recettes fiscales.

Source : Eswatini Revenue Service ; Gouvernement Local ; Eswatini National Provident Fund et Public Service Pension Fund ; Ministère de la planification économique et du développement ; Gouvernement central.

Tableau 6.14. Gabon – Recettes non fiscales détaillées

Million XAF

	1995	2000	2005	2010	2015	2018	2019	2020	2021	2022
Total des recettes non fiscales	..	..	..	**10 231**	**54 147**	**497 870**	**564 628**	**397 568**	**639 633**	**1 017 598**
Dons	..	..	..	0	0	0	0	0	0	0
Revenus de la propriété	..	..	..	6 717	25 905	455 275	556 692	387 314	628 252	1 004 561
Loyers et redevances	..	..	..	6 527	10 438	431 784	539 900	335 343	588 874	938 878
Redevance superficiaire (secteur minier)	..	..	..	864	830	2 454	2 278	1 612	2 369	2 045
Domaines miniers (manganèse)	..	..	..	0	0	0	0	0	1 615	13
Autres produits miniers	..	..	..	2	6 607	1 008	77	268	1 089	6 658
Autres redevances minières	..	..	..	529	564	242	481	194	275	365
Redevance pétrolière	..	..	..	0	0	0	0	0	0	1 271
Taxe de superficie (forêt)	..	..	..	3 423	2 437	2 891	3 691	3 438	7 408	9 247
Redevance d'attribution forêt	..	..	..	1 409	0	1 961	2 366	1 733	0	40
Autres redevances forestières	..	..	..	300	0	3	0	0	0	0
Recettes pétrolières de la Direction Générale des Hydrocarbures	..	..	..	0	0	423 225	531 007	328 097	576 117	919 238
Intérêts et dividendes	..	..	..	191	15 467	23 491	16 792	51 971	39 378	65 683
Produits des participations	..	..	..	191	15 467	23 491	16 792	16 771	25 740	18 521
Dividendes pétrole de la Direction Générale des Hydrocarbures	..	..	..	0	0	0	0	35 200	13 638	47 162
Autres revenus de la propriété	..	..	..	0	0	0	0	0	0	0
Ventes de biens et de services	..	..	..	649	4 032	24 748	2 149	3 742	6 218	3 653
Droits d'enregistrements sur actes	..	..	..	357	3 014	24 693	2 107	3 674	6 066	3 632
Droits et frais administratifs	..	..	..	292	1 018	55	42	68	152	22
Amendes, pénalités et confiscations	..	..	..	2 865	24 210	17 847	5 787	6 512	5 162	9 361
Pénalités de recouvrement	..	..	..	704	16 485	12 323	4 466	4 431	3 556	5 043
Pénalités taxe sur la valeur ajoutée	..	..	..	909	6 640	4 455	920	1 067	841	1 456
Autres amendes et pénalités	..	..	..	1 252	1 084	1 068	400	1 014	766	2 862
Recettes diverses et non identifiées	..	..	..	0	0	0	0	0	0	22
Total des recettes fiscales et non fiscales	..	..	..	*914 078*	*1 356 351*	*1 466 979*	*1 756 326*	*1 529 184*	*1 796 747*	*2 515 533*

.. Non disponible

Note : Année civile se terminant le 31 décembre.

Les données sont sur la base des encaissements.

Les chiffres n'incluent pas les données des recettes non fiscales collectées par les collectivités locales car elles ne sont pas disponibles.

Les recettes non fiscales incluent les recettes provenant des amendes et pénalités relatives aux impôts et taxes (dans la rubrique « Amendes, pénalités et confiscations ») et certains droits d'enregistrements (dans la rubrique « Vente de biens et services »). Elles sont comptabilisées comme des recettes fiscales au Gabon.

Les recettes non fiscales pour les années antérieures à 2014 n'incluent pas les recettes pétrolières de la Direction Générale des Hydrocarbures car elles ne sont pas disponibles.

Les ventes d'actifs ne sont pas considérées comme des recettes car elles ne représentent pas une augmentation de la valeur nette résultant d'une transaction, comme le préconise la classification OCDE (voir le *Guide d'interprétation* en Annexes A et B). Elles sont comptabilisées comme des recettes non fiscales au Gabon.

Source : Ministère de l'économie et des participations.

Tableau 6.15. Ghana – Recettes non fiscales détaillées

Million GHS

	1995	2000	2005	2010	2015	2018	2019	2020	2021	2022
Total des recettes non fiscales	**..**	**97**	**661**	**2 306**	**8 978**	**10 071**	**11 272**	**10 922**	**12 259**	**19 931**
Dons	..	57	535	1 080	2 689	1 135	986	1 229	1 182	1 119
Subvention de projet	..	24	284	591	1 744	1 121	986	1 229	1 182	1 119
Programme de dons	..	34	135	288	945	14	0	0	0	0
Initiative d'allégement de la dette	..	0	116	201	0	0	0	0	0	0
Revenus de la propriété	..	7	18	347	3 003	5 075	5 517	4 916	5 404	10 833
Loyers et redevances	..	0	0	0	908	1 969	2 328	2 476	2 638	4 277
Recettes minières (hors redevances pétrolières)	..	..	..	..	518	744	1 057	1 376	1 309	1 796
Recettes pétrolières	..	..	..	..	384	1 213	1 252	1 092	1 323	2 456
Dépôts faits auprès des assemblées municipales et nationales : loyers de terrains (pétrole) et intérêts du Fonds pétrolier de participation (PHF)	..	..	..	..	6	12	19	7	6	25
Dépôts faits auprès des assemblées municipales et nationales : frais pour nouveaux pactes de stabilité	..	..	..	..	0	0	0	0	0	0
Recettes des compagnies pétrolières (y compris impôts sur les sociétés)	..	..	..	..	0	0	0	0	0	0
Intérêts et dividendes	..	7	18	347	2 095	3 106	3 189	2 441	2 765	6 556
Dépôts faits auprès des assemblées municipales et nationales : Dividendes, interêts et bénéfices des compagnies pétrolières	..	0	0	0	995	2 531	2 691	1 696	1 817	6 082
Dépôts faits auprès des assemblées municipales et nationales : Dividendes, interêts et bénéfices (hors compagnies pétrolières)	..	7	18	347	726	139	106	275	475	474
Recettes SSNIT - Revenus de placement	..	0	0	0	375	436	392	469	474	0
Autres revenus de la propriété	..	0	0	0	0	0	0	0	0	0
Ventes de biens et de services	..	32	108	879	3 195	3 719	4 576	4 568	5 477	7 793
Rétentions par les assemblées municipales et nationales	..	23	78	685	2 531	3 165	3 953	4 003	4 708	7 018
Dépôts faits auprès des assemblées municipales et nationales : frais et charges	..	10	30	194	663	555	623	565	769	774
Dépôts faits auprès des assemblées municipales et nationales : recettes de gaz naturel	..	0	0	0	2	0	0	0	0	0
Amendes, pénalités et confiscations	..	0	0	0	0	0	0	0	0	0
Recettes diverses et non identifiées	..	0	0	0	91	142	194	209	197	187
Rendement de la politique de plafonnement du budget	..	..	..	..	0	101	115	120	135	187
Recettes SSNIT - Recettes diverses	..	..	..	..	91	41	79	89	62	0
Total des recettes fiscales et non fiscales	..	*584*	*3 004*	*9 001*	*32 570*	*52 256*	*58 311*	*62 390*	*77 117*	*105 127*

.. Non disponible

Note : Année civile se terminant le 31 décembre.

Les données sont sur la base des encaissements.

Les chiffres n'incluent pas les données des recettes non fiscales collectées par les collectivités locales car elles ne sont pas disponibles.

Les recettes des MDA (municipalités, départements et agences) et des MMDA (assemblées métropolitaines, municipales et de district) contiennent un mélange de recettes perçues au niveau local et de recettes perçues au niveau fédéral. Ces dernières sont déclarées en tant que recettes pour le gouvernement central.

Les recettes provenant de la politique de plafonnement budgétaire ont été ajoutées à la classification dans cette édition. Le Earmarked Funds and Capping Realignment Bill (projet de loi sur les fonds affectés et le réalignement du plafonnement) est entré en vigueur en 2017.

Source : Ghana Statistical Service.

Tableau 6.16. Guinée – Recettes non fiscales détaillées

Million GNF

	1995	2000	2005	2010	2015	2018	2019	2020	2021	2022
Total des recettes non fiscales	..	**165 427**	**286 519**	**313 794**	**699 211**	**3 115 465**	**2 754 357**	**3 029 609**	**3 313 603**	**4 505 926**
Dons	..	125 270	91 941	108 159	337 842	1 510 193	574 549	1 538 913	970 660	831 444
Dons affectés	..	123 889	27 500	102 824	249 273	1 061 327	358 321	547 360	930 169	831 444
Dons non affectés	..	1 381	3 777	0	88 569	448 867	216 229	991 553	40 491	0
Autres dons	..	0	60 664	5 334	0	0	0	0	0	0
Revenus de la propriété	..	18 673	110 746	137 445	163 344	1 024 036	1 041 805	1 353 083	1 977 009	2 637 273
Loyers et redevances	..	14 611	101 400	54 880	130 515	922 930	977 636	1 005 291	1 588 925	1 840 229
Taxe Minière à l'Extraction (TME)	..	0	0	0	0	615 851	650 148	729 661	1 165 958	1 476 115
Redevances radio et téléphone mobile GSM	..	0	81 366	13 118	82 800	20 000	128 750	116 543	162 592	186 351
Redevances sociétés de pêche	..	9 543	17 621	5 226	18 409	61 142	70 585	74 497	89 185	88 607
Redevances exploitation minières	..	38	441	29 697	18 380	205 686	105 683	61 025	143 043	57 246
Redevances comptoirs, acheteurs et collecteurs (diamant)	..	455	609	2 814	3 982	5 797	3 651	4 853	7 013	6 160
Autres redevances	..	4 575	1 364	4 025	6 945	14 454	18 818	18 712	21 134	25 750
Intérêts et dividendes	..	4 062	9 346	82 565	32 829	101 106	64 169	347 792	388 084	797 044
Autres revenus de la propriété	..	0	0	0	0	0	0	0	0	0
Ventes de biens et de services	..	5 142	49 013	40 493	109 183	93 113	91 246	99 927	263 529	327 784
Droits et frais administratifs	..	3 699	2 394	6 149	75 275	90 274	87 488	90 375	248 523	310 747
Location d'infrastructures	..	0	40 418	33 177	31 871	0	269	0	0	0
Recettes locatives	..	1 384	5 875	759	785	603	556	513	1 210	223
Location bâtiments	..	59	326	410	1 252	2 236	2 933	9 038	13 796	16 814
Autres recettes administratives	..	0	0	0	0	0	0	0	0	0
Amendes, pénalités et confiscations	..	705	5 010	7 672	26 711	26 198	45 334	37 185	29 482	16 944
Recettes diverses et non identifiées	..	15 637	29 809	20 025	62 131	461 925	1 001 423	500	72 922	692 480
Recettes accidentelles	..	7 993	29 734	16 422	28 000	400 250	784 281	162	57 214	661 172
Autres recettes de produits divers	..	7 645	76	3 603	34 131	61 675	217 142	339	15 708	31 308
Total des recettes fiscales et non fiscales	..	*692 549*	*1 663 263*	*4 246 059*	*9 275 617*	*15 912 126*	*17 834 661*	*18 803 505*	*20 988 455*	*22 841 117*

.. Non disponible

Note : Année civile se terminant le 31 décembre.

Les données sont sur la base des encaissements.

Les chiffres n'incluent pas les recettes non fiscales collectées par les collectivités locales car elles ne sont pas disponibles.

Les recettes des taxes minières sur l'extraction, des redevances de prestations administratives, des produits de vente aux enchères et des amendes et pénalités relatives aux impôts et taxes, sont incluses dans les recettes non fiscales comme le préconise la classification OCDE (voir le Guide d'interprétation en Annexes A et B). Elles sont comptabilisées comme des recettes fiscales en Guinée. Ces recettes sont classifiées respectivement dans les rubriques « Amendes, pénalités et confiscations », « Loyers et redevances » et « Ventes de biens et services ».

Source : Ministère du Budget.

Tableau 6.17.Guinée équatoriale – Recettes non fiscales détaillées

Million XAF

	1995	2000	2005	2010	2015	2018	2019	2020	2021	2022
Total des recettes non fiscales	**..**	**..**	**1 051 820**	**1 515 259**	**1 169 328**	**991 642**	**619 121**	**360 207**	**664 693**	**1 692 234**
Dons	..	..	17 533	0	0	0	1 648	576	1 031	518
Revenus de la propriété	..	..	1 012 089	1 489 017	1 087 688	962 877	595 780	337 859	627 290	1 666 263
Loyers et redevances	..	..	518 258	957 200	688 968	604 305	373 890	227 588	468 162	704 068
Redevances pétrolières	..	..	462 289	951 507	680 217	590 596	355 668	211 397	454 405	690 983
Redevances de surface	..	..	51 284	844	1 842	1 794	400	84	190	27
Pêche et redevances concessionnelles	..	..	2 021	4 850	6 909	11 915	17 822	16 107	13 567	13 059
Ventes de gaz GEOGAM	..	..	2 664	0	0	0	0	0	0	0
Intérêts et dividendes	..	..	491 560	437 662	380 575	328 453	206 847	97 177	149 761	952 525
Participation des actionnaires aux revenus pétroliers	..	..	476 917	257 392	237 800	134 422	108 655	63 718	113 129	147 246
Dividendes pétroliers	..	..	0	146 345	134 965	185 706	93 018	26 545	32 565	234 008
Dividendes non pétroliers	..	..	1 622	17 314	7 538	7 794	1 454	3 762	707	118
Intérêts sur fonds de réserve	..	..	12 554	6 977	43	498	3 561	2 997	3 194	3 686
Autres intérêts (opérations bancaires, reports)	..	..	467	9 635	52	1	0	0	0	0
INSESO : Intérêts et dividendes	..	..	..	..	178	32	160	155	166	202
Monétisation du gaz	..	..	0	0	0	0	0	0	0	567 264
Autres revenus de la propriété	..	..	2 271	94 155	18 145	30 119	15 043	13 094	9 367	9 671
Contributions d'entreprises publiques et d'entités indépendantes	..	..	0	1 624	4 149	26 104	15 037	13 090	9 367	9 671
Bonus fermes	..	..	2 271	92 531	13 997	4 015	6	5	0	0
Ventes de biens et de services	..	..	4 912	15 935	24 901	17 470	17 345	18 095	20 236	22 869
Frais administratifs et services gouvernementaux	..	..	4 344	13 975	19 669	14 234	13 929	13 890	15 706	18 457
Frais consulaires	..	..	294	1 357	973	1 694	123	106	639	846
Péages	..	..	184	458	2 714	383	2 249	2 356	2 404	2 457
Location d'immeubles publiques	..	..	90	145	132	139	42	10	0	0
INSESO : Produits et services médicaux	..	..	..	..	1 355	875	850	1 619	1 396	1 019
INSESO : Autres biens et services	..	..	..	..	59	144	151	113	90	89
INSESO : Frais médicaux provinciaux	..	..	..	..	0	0	0	0	0	0
Amendes, pénalités et confiscations	..	..	0	0	258	451	319	85	1 608	513
INSESO : Sanctions, arrears and penalties	..	..	..	..	258	451	319	85	71	50
Autres amendes et pénalités, hors INSESO	..	..	..	..	0	0	0	0	1 537	463
Recettes diverses et non identifiées	..	..	17 286	10 307	56 481	10 843	4 029	3 591	14 528	2 071
INSESO : Autres recettes	..	..	..	..	0	256	4	0	4	1
Transferts d'autres institutions	..	..	17 286	10 307	56 481	10 587	4 025	3 193	8 798	500
Autres revenus, hors INSESO et transferts	..	..	0	0	0	0	0	399	5 726	1 570
Total des recettes fiscales et non fiscales	..	..	*1 407 860*	*2 127 636*	*2 105 235*	*1 471 741*	*1 270 542*	*850 596*	*1 068 748*	*2 289 405*

.. Non disponible

Note : Année civile se terminant le 31 décembre.

Les données sont sur la base des encaissements.

La Guinée équatoriale a lancé un nouveau projet de monétisation du gaz en mai 2018, mais le gouvernement n'a commencé à percevoir les recettes de ce projet qu'en 2022. Ces recettes résultent d'un accord de partage des recettes entre le gouvernement de la Guinée équatoriale et les sociétés qui développent ce projet.

Source : Ministère des finances, de l'économie et de la planification ; Instituto Nacional de Seguridad Social de Guinea Ecuatorial (INSESO).

Tableau 6.18. Kenya – Recettes non fiscales détaillées

Million KES

	1995	2000	2005	2010	2015	2018	2019	2020	2021	2022
Total des recettes non fiscales	**..**	**..**	**32 767**	**40 293**	**96 277**	**186 130**	**204 133**	**397 233**	**265 805**	**255 320**
Dons	..	..	14 905	20 710	12 020	26 484	19 692	19 820	31 816	42 568
Dons d'administrations publiques étrangères	..	..	14 905	9 215	2 644	2 696	2 289	4 151	2 932	7 947
Dons d'organisations internationales	..	..	0	11 495	9 376	23 788	17 402	15 669	28 884	34 621
Revenus de la propriété	..	..	5 255	9 921	16 216	43 670	49 280	165 386	96 686	76 262
Loyers et redevances	..	..	727	1 184	695	1 606	1 576	1 398	1 599	1 421
Redevance des terrains	..	..	674	1 108	8	753	610	472	520	542
Droit de concession pour le Kenya Airports Authority (KAA)	..	..	53	77	113	131	134	120	145	149
Redevance matériau à base de titane	..	..	0	0	338	491	520	509	536	451
Redevances minières	..	..	0	0	136	95	117	193	164	125
Redevances de Soda Ash	..	..	0	0	100	135	195	105	235	155
Intérêts et dividendes	..	..	2 027	8 736	10 781	34 137	39 704	93 887	92 309	72 064
Bénéfices et dividendes	..	..	1 185	8 354	9 002	32 023	37 526	92 090	90 214	69 864
Interêts	..	..	843	382	1 779	2 114	2 178	1 797	2 095	2 200
Autres revenus de la propriété	..	..	2 500	0	4 740	7 927	8 000	70 101	2 777	2 777
Fonds excédentaires de l'autorité de régulation	..	..	2 500	..	4 740	7 927	8 000	70 101	2 777	2 777
Ventes de biens et de services	..	..	1 548	2 302	45 302	48 576	63 521	54 981	50 118	53 303
Permis de travail	..	..	0	0	4 098	2	8 333	3 694	5 728	5 125
Impôt de transit et péage	..	..	293	457	562	766	840	912	1 185	1 405
Frais des visas d'immigration et autres frais consulaires	..	..	0	0	2 822	8 980	5 083	6 058	1 359	3 623
Frais sous la Loi sur la circulation	..	..	304	1 188	0	1 326	1 647	1 574	2 201	2 263
Frais administratifs (terrains)	..	..	55	0	1 826	722	959	1 095	501	897
Permis de conduire	..	..	376	656	0	0	0	0	0	0
Frais de passeports	..	..	0	0	570	1 116	2 461	1 333	1 218	1 667
Location de logements et immeubles publics	..	..	520	0	135	157	459	437	482	0
Autres frais pour services administratifs	..	..	0	0	556	1 756	2 436	2 139	1 993	1 658
Frais pour la location de services de sécurité	..	..	0	0	372	854	566	893	740	635
Enregistrements d'organisations, de professionnels et d'accords	..	..	0	0	296	36	121	864	7	6
Enregistrements des naissances, décès et mariages	..	..	0	0	214	370	313	211	259	118
Autres recettes non fiscales perçues par les collectivités locales	..	..	..	..	33 849	32 492	40 305	35 773	34 444	35 908
Amendes, pénalités et confiscations	..	..	200	229	1 459	1 124	1 567	1 283	1 271	1 422
Recettes diverses et non identifiées	..	..	10 859	7 131	21 281	66 276	70 072	155 762	85 914	81 765
Cotisations des employés publics aux régimes de sécurité sociale et de prévoyance sociale gouvernementaux	..	..	558	341	871	203	213	193	245	154
Caisse nationale de sécurité sociale	..	..	4 097	6 790	9 210	9 988	14 036	14 771	14 322	16 438
Autres divers	..	..	6 204	0	11 200	56 085	55 823	140 799	71 347	65 173
Total des recettes fiscales et non fiscales	*..*	*..*	*311 480*	*585 812*	*1 192 903*	*1 680 490*	*1 818 990*	*2 073 311*	*2 019 066*	*2 387 029*

.. Non disponible

Note : Les données sont basées sur l'année fiscale commençant le 1er juillet. Par exemple, les données pour 2022 représentent la période allant de juillet 2021 à juin 2022.

Les données sont sur la base des encaissements.

Des données détaillées sur les recettes non fiscales ne sont pas disponibles pour 2001, 2002, 2003, 2004, 2006, 2011 et 2012.

Les chiffres n'incluent pas les recettes non fiscales collectées par les administrations infranationales car elles ne sont pas disponibles.

La classification nationale du Kenya classe les recettes provenant des aéroports, de l'aviation, du développement pétrolier, des véhicules motorisés étrangers (FMV), de l'entretien des routes, du sucre, de la réglementation pétrolière, de la marine marchande, du développement ferroviaire, des timbres fiscaux, de la taxe du Kenya Bureau of Standards (KEBS) et des taxes foncières comme des recettes non fiscales. Elles sont considérées dans cette publication comme des recettes fiscales selon la classification de l'OCDE, comme indiqué dans le guide d'interprétation à l'annexe A.

Source : Kenya Revenue Authority (KRA).

Tableau 6.19. Lesotho – Recettes non fiscales détaillées

Million LSL

	1995	2000	2005	2010	2015	2018	2019	2020	2021	2022
Total des recettes non fiscales	**..**	**..**	**2 980**	**5 668**	**8 978**	**8 691**	**8 929**	**11 850**	**11 305**	**8 740**
Dons	..	..	222	1 306	966	1 373	1 256	1 049	1 757	1 155
Revenus de la propriété	..	..	274	1 583	1 394	1 613	1 330	1 677	1 948	2 171
Loyers et redevances	..	..	270	897	993	1 294	1 154	1 559	1 869	1 969
Redevances sur l'eau	..	..	236	432	740	937	793	1 074	1 303	1 423
Redevances minières et autres redevances	..	..	34	465	252	357	361	485	566	546
Intérêts et dividendes	..	..	5	686	401	319	176	118	79	202
Dividendes miniers	..	..	..	126	254	319	16	118	0	0
Dividendes non miniers	..	..	..	560	147	- 0	160	0	79	202
Autres revenus de la propriété	..	..	0	0	0	0	0	0	0	0
Ventes de biens et de services	..	..	170	149	216	166	115	143	63	14
Amendes, pénalités et confiscations	..	..	7	2	4	0	1	1	0	0
Amendes pour infractions routières	..	..	7	2	4	0	1	1	0	0
Recettes diverses et non identifiées	..	..	2 306	2 628	6 398	5 538	6 226	8 981	7 537	5 400
Recettes de la SACU	..	..	2 306	2 628	6 398	5 538	6 226	8 981	7 537	5 400
Total des recettes fiscales et non fiscales	*..*	*..*	*4 560*	*8 945*	*14 850*	*15 980*	*16 177*	*18 621*	*19 131*	*17 162*

.. Non disponible

Note : Les données sont basées sur l'année fiscale commençant le 1er avril. Par exemple, les données pour 2022 représentent la période d'avril 2022 à mars 2023.

Les données sont sur la base des encaissements.

Les chiffres n'incluent pas les recettes non fiscales collectées par les administrations infranationales car elles ne sont pas disponibles.

Source : Revenue Services Lesotho pour toutes les recettes à l'exception des transferts de l'Union douanière d'Afrique australe (SACU) Common Revenue Pool. Rapports budgétaires du ministère des finances du Lesotho pour les recettes de la SACU.

Tableau 6.20. Madagascar – Recettes non fiscales détaillées

Million MGA

	1995	2000	2005	2010	2015	2018	2019	2020	2021	2022
Total des recettes non fiscales	..	**172 677**	**630 632**	**619 717**	**506 489**	**1 383 116**	**1 754 983**	**1 411 620**	**543 066**	**982 868**
Dons	..	153 554	547 855	351 388	423 925	1 231 133	1 586 813	1 242 700	370 900	793 497
Dons - Programmes des gouvernements étrangers	..	0	49 571	0	39 869	414 183	365 104	434 700	1 100	2 511
Dons - Projets des institutions internationales	..	153 554	438 520	336 704	384 056	816 950	1 221 709	808 000	369 800	790 986
Ressources de l'Initiative pays pauvres très endettés (PPTE)	..	0	59 764	14 684	0	0	0	0	0	0
Revenus de la propriété	..	17 649	26 100	266 340	59 980	109 916	119 659	131 755	150 224	166 091
Loyers et redevances	..	5 649	17 092	241 311	14 064	14 663	12 931	28 131	33 847	59 342
Intérêts et dividendes	..	12 000	9 008	25 029	45 916	95 253	106 728	103 624	116 377	106 749
Autres revenus de la propriété	..	0	0	0	0	0	0	0	0	0
Ventes de biens et de services	..	1 474	5 204	1 989	6 483	22 655	27 486	16 432	6 775	12 734
Amendes, pénalités et confiscations	..	0	0	0	519	581	1 139	862	1 078	1 009
Recettes diverses et non identifiées	..	0	51 473	0	15 581	18 832	19 886	19 871	14 089	9 537
Total des recettes fiscales et non fiscales	..	*764 577*	*1 647 034*	*2 395 900*	*3 611 756*	*6 389 641*	*7 400 464*	*6 422 910*	*6 492 930*	*8 165 868*

.. Non disponible

Note : Année civile se terminant le 31 décembre.

Les données sont sur la base des encaissements.

Les chiffres n'incluent pas les recettes non fiscales collectées par les collectivités locales car elles ne sont pas disponibles.

Rubrique « Ventes de biens et services » : inclut les recettes provenant des timbres sur visa à partir de 2015 comme le préconise la classification OCDE (voir le *Guide d'interprétation* en Annexes A et B). Jusqu'en 2014 ces recettes sont incluses dans les recettes fiscales car il n'a pas été possible de les séparer des autres recettes.

Rubrique « Amendes, pénalités et confiscations » : inclut les recettes des pénalités d'impôts à partir de 2015 comme le préconise la classification OCDE (voir le *Guide d'interprétation* en Annexes A et B). Jusqu'en 2014 ces recettes sont incluses dans les recettes fiscales car il n'a pas été possible de les séparer des autres recettes.

Source : Ministère de l'Économie et des Finances de Madagascar.

Tableau 6.21. Malawi – Recettes non fiscales détaillées

Million MWK

	1995	2000	2005	2010	2015	2018	2019	2020	2021	2022
Total des recettes non fiscales	**..**	**..**	**29 851**	**105 601**	**124 112**	**126 362**	**158 345**	**131 497**	**435 826**	**220 662**
Dons	..	..	24 227	78 448	79 392	70 155	115 136	127 113	364 204	138 961
Revenus de la propriété	..	..	760	3 466	32 815	20 083	7 571	1 787	36 867	10 082
Loyers et redevances	..	..	0	0	0	0	0	0	0	0
Intérêts et dividendes	..	..	760	3 466	32 815	20 083	7 571	1 787	36 867	10 082
Dividendes paraétatiques	..	..	760	3 466	32 815	20 083	7 571	1 787	36 867	10 082
Autres revenus de la propriété	..	..	0	0	0	0	0	0	0	0
Ventes de biens et de services	..	..	3 108	13 724	11 397	34 639	27 064	2 349	26 181	67 103
Revenus de vente d'engrais	..	..	0	736	0	0	0	0	0	0
Recettes de l'option d'engrais	..	..	0	0	0	0	0	0	0	0
Ventes de maïs	..	..	468	0	0	0	0	0	0	0
Reçus ministériels	..	..	2 640	12 988	11 397	34 639	27 064	2 333	23 175	61 912
Fonds du Trésor	..	..	0	0	0	0	0	17	3 006	5 191
Amendes, pénalités et confiscations	..	..	15	205	509	1 485	8 574	247	8 574	4 515
Sanctions	..	..	15	205	509	1 485	8 574	247	8 574	4 515
Recettes diverses et non identifiées	..	..	1 742	9 758	0	0	0	0	0	0
Autres transferts courants non classés ailleurs	..	..	1 742	9 758	..	..	..	..	..	..
Total des recettes fiscales et non fiscales	..	..	*81 034*	*258 346*	*609 438*	*1 007 257*	*1 127 275*	*1 202 414*	*1 596 308*	*1 583 144*

.. Non disponible

Note : Les données sont basées sur l'année fiscale commençant le 1er juillet. Par exemple, les données pour 2022 représentent la période du 1er juillet 2021 au 30 juin 2022.

Les données sont sur la base des encaissements.

Le chiffre pour les dons en 2022 est provisoire et est basé sur les documents budgétaires du Malawi qui sont rapportés sur une année fiscale raccourcie de neuf mois, de juillet 2021 à mars 2022.

Les chiffres ne tiennent pas compte des recettes provenant des licences et permis d'exploitation perçus par les conseils municipaux et de district auprès des entreprises relevant de leur juridiction.

Source : Ministère des finances, de la planification économique et du développement du Malawi.

Tableau 6.22. Mali – Recettes non fiscales détaillées

Million XOF

	1995	2000	2005	2010	2015	2018	2019	2020	2021	2022
Total des recettes non fiscales	**97 332**	**122 795**	**173 446**	**256 632**	**198 795**	**226 436**	**323 146**	**237 832**	**205 722**	**181 581**
Dons	86 170	102 481	138 317	190 540	112 124	136 049	208 841	133 452	75 181	52 353
Dons - gouvernements étrangers	0	0	0	22 263	20 665	6 129	8 056	6 563	600	941
Dons - institutions internationales	86 170	102 481	115 684	160 368	79 066	110 927	183 184	100 243	65 792	42 156
Ressources de l'Initiative pays pauvres très endettés (PPTE)	0	0	22 633	7 909	12 393	18 993	17 601	26 646	8 789	9 257
Ressources exceptionnelles : Reconversion dette monétaire fonds de concours	0	0	0	0	0	0	0	0	0	0
Revenus de la propriété	1 753	9 669	12 421	34 564	48 278	50 229	62 544	64 984	90 143	84 808
Loyers et redevances	1 168	358	507	650	1 735	21 023	15 972	1 249	1 727	2 662
Concessions ordinaires	143	336	257	262	1 315	20 425	15 049	618	756	1 856
Redevances superficiaires	7	22	241	388	262	371	465	353	516	650
Taxe d'extraction	1 018	0	9	0	158	107	364	219	439	141
Autres loyers et redevances - extrabudgétaires	0	0	0	0	0	121	95	59	16	15
Intérêts et dividendes	585	9 311	11 914	32 873	46 122	26 960	45 429	62 676	86 547	78 460
Revenus des valeurs mobilières, des titres et des dividendes	585	9 296	11 908	30 500	41 261	7 201	24 624	35 052	64 214	54 124
Autres intérêts et dividendes (budget d'état)	0	15	6	0	0	15 726	17 093	23 297	19 532	22 555
Interêts des comptes bancaires (INPS)	0	0	0	2 373	3 549	2 230	2 029	2 857	956	0
CANAM - Intérêt des placements bancaires	0	0	0	0	1 312	1 802	1 684	1 470	1 846	1 781
Autres revenus de la propriété	0	0	0	1 041	420	2 246	1 142	1 059	1 869	3 686
Autres revenus de la propriété (CMSS)	..	..	..	0	140	47	101	73	164	196
Autres revenus de la propriété (INPS)	..	..	..	1 041	281	2 199	1 041	986	1 705	3 489
Ventes de biens et de services	4 027	3 924	7 488	13 208	22 860	21 957	26 640	20 028	18 153	19 302
Prestations, évacuations, importations, exportations - extrabudgétaires	0	0	0	0	0	3 351	2 828	2 759	3 722	2 828
Droits de chancellerie	834	886	1 949	2 152	4 310	4 255	9 033	2 983	3 029	2 185
Passeports et cartes d'identités, visas	288	473	1 466	2 609	2 680	3 251	5 345	1 415	1 472	1 543
Recettes sur rôles (Trésor - BN)	1 503	981	154	91	0	0	0	0	0	0
Frais d'administration, voitures	440	497	591	813	1 200	1 137	1 163	1 543	1 458	1 542
Ventes en douanes	5	15	24	117	26	19	87	20	67	80
Location des immeubles de l'état	27	393	36	0	0	0	0	36	14	13
Autres ventes de biens et de services (budget d'état)	930	679	197	6 460	12 598	6 584	3 107	1 845	3 356	6 189
Recettes de la Caisse Malienne de Sécurité Sociale (CMSS) - hors cotisations	0	0	403	699	995	779	1 225	1 629	1 288	2 208
Recettes de l'Institut National de Prévoyance Sociale (INPS) - hors cotisations	0	0	2 668	267	1 040	1 436	2 872	6 717	3 032	1 730
Location des immeubles de l'état - extrabudgétaires	..	..	0	0	0	517	322	429	50	398
Autres ventes de biens et de services - extrabudgétaires	..	..	0	0	0	540	632	544	460	462
CANAM - Divers produits	..	..	..	..	12	89	26	107	207	123
Amendes, pénalités et confiscations	2 159	2 786	4 656	8 010	12 764	8 753	16 288	12 867	14 815	12 714
Pénalités sur Impôts directs	160	352	1 154	3 939	4 753	2 983	4 481	3 473	6 458	5 611
Pénalités sur impôts indirects	1 130	1 528	2 602	1 418	3 101	1 800	5 197	4 024	1 355	1 818
Amendes et confiscations	717	710	592	1 268	2 738	1 487	2 007	2 156	2 830	4 597
Transactions forestières, pêche et chasse	18	98	45	153	0	0	0	0	0	0
Frais et amendes judiciaires	134	98	243	249	397	296	0	329	562	567
Autres pénalités (budget d'état)	0	0	20	77	624	50	96	138	90	121
Pénalités et frais contentieux (INPS)	0	0	0	906	1 151	2 137	4 507	2 747	3 521	0
Recettes diverses et non identifiées	3 223	3 935	10 564	10 309	2 769	9 448	8 834	6 501	7 430	12 403
Compensations des moins values de recettes	0	0	5 260	0	0	0	0	0	0	0
Amendes arbitrées	117	268	41	66	41	60	89	160	105	139
Autres recettes diverses	3 106	3 667	5 263	10 243	2 728	8 099	6 756	4 590	5 325	10 454
Autres recettes diverses - extrabudgétaires	..	..	..	..	..	1 289	1 988	1 743	1 981	1 796

Tableau 6.22. Mali (suite) – Recettes non fiscales détaillées

Million XOF

	1995	2000	2005	2010	2015	2018	2019	2020	2021	2022
CANAM - Produits contentieux	..	..	..	..	..	0	0	8	19	14
Total des recettes fiscales et non fiscales	*221 535*	*362 157*	*650 221*	*1 004 877*	*1 406 036*	*1 537 139*	*2 156 360*	*2 124 767*	*2 381 307*	*2 269 741*

.. Non disponible

Note : Année civile se terminant le 31 décembre.

Les données sont sur la base des encaissements.

Les chiffres n'incluent pas les recettes non fiscales collectées par les collectivités locales car elles ne sont pas disponibles.

Les rubriques « Intérêts et dividendes », « Ventes de biens et de services », et « Recettes diverses et non identifiées » comprennent les données de la CANAM.

Source : Ministère de l'Économie et des Finances et Direction Nationale du Trésor et de la Comptabilité Publique du Mali.

Tableau 6.23. Maroc – Recettes non fiscales détaillées

Million MAD

	1995	2000	2005	2010	2015	2018	2019	2020	2021	2022
Total des recettes non fiscales	..	**9 278**	**16 745**	**27 970**	**38 673**	**40 466**	**49 088**	**37 043**	**35 981**	**38 982**
Dons	..	2	1 163	199	0	0	0	276	0	0
Revenus de la propriété	..	3 125	4 878	9 786	8 934	9 836	10 401	8 687	10 411	12 396
Loyers et redevances	..	1 507	2 892	3 868	5 192	4 738	4 865	2 901	4 498	3 920
Redevance gazoduc	..	298	1 369	1 442	1 765	1 538	1 011	455	763	7
Redevances et Contributions pour licence de pêche en haute mer	..	94	38	329	520	235	773	93	936	412
Redevances pour l'occupation du domaine public	..	132	214	331	281	273	260	98	182	244
Autres redevances	..	7	8	63	6	6	10	4	8	10
Loyers et redevances reçues par les collectivités locales	..	977	1 262	1 703	2 620	2 686	2 809	2 251	2 608	3 248
Intérêts et dividendes	..	1 618	1 986	5 918	3 742	5 098	5 537	5 786	5 912	8 475
Dividendes des monopoles	..	1 008	1 540	5 584	3 236	4 650	5 197	5 354	5 349	7 955
Intérêts sur placements et avances	..	419	198	96	195	119	4	7	98	91
Interêts et dividendes reçus par collectivités locales	..	191	248	239	311	329	336	425	465	429
Autres revenus de la propriété	..	0	0	0	0	0	0	0	0	0
Ventes de biens et de services	..	4 573	7 315	10 286	16 009	17 990	20 791	13 182	13 389	14 275
Cartes d'identités, passeports et documents divers	..	453	511	567	498	950	1 111	746	989	1 362
Produits de certains établissements publics	..	1 544	3 038	2 990	5 462	4 425	7 487	4 194	5 255	5 037
Revenus des immeubles domaniaux (loyers, charges locatives, etc.)	..	137	172	250	265	335	327	275	374	385
Autres produits et divers	..	175	824	646	965	1 661	825	777	706	580
Ventes de biens et de services par collectivités locales	..	2 265	2 770	5 832	8 819	10 619	11 040	7 190	6 066	6 911
Amendes, pénalités et confiscations	..	398	851	2 802	2 994	3 963	5 872	1 496	1 946	2 340
Amendes et condamnations pécuniaires	..	17	42	21	61	66	63	45	59	66
Amendes transactionnelles	..	36	90	130	706	481	425	124	162	190
Autres (produits des confiscations, pénalités et amendes autres que fiscales)	..	6	9	1	0	0	0	0	0	54
Majorations et pénalités	..	339	709	2 650	2 226	3 416	5 385	1 328	1 725	2 030
Recettes diverses et non identifiées	..	1 180	2 539	4 897	10 736	8 678	12 024	13 402	10 235	9 971
Fonds de concours	..	147	968	3 597	3 453	1 944	1 973	6 922	1 514	2 628
Recettes en atténuation des dépenses de la dette	..	801	879	480	4 386	963	3 164	1 526	1 726	384
Reversements sur traitements et salaires	..	55	157	99	62	957	919	829	966	951
Créances sur le trésor prescrites	..	30	224	39	97	305	866	67	102	118
Autres (divers remboursement à l'État)	..	7	29	6	254	11	12	11	72	5
Recettes diverses et non identifiées des collectivités locales	..	139	281	677	2 484	4 498	5 089	4 048	5 855	5 886
Total des recettes fiscales et non fiscales	..	*100 178*	*154 185*	*244 738*	*303 742*	*353 683*	*376 426*	*351 377*	*383 382*	*436 924*

.. Non disponible

Note : Année civile se terminant le 31 décembre.

Les données sont sur la base des encaissements.

Majorations et pénalités (DGI) : Les recettes des majorations et pénalités relatives aux impôts sont considérées comme des recettes non fiscales comme le préconise la classification OCDE (voir le Guide d'interprétation en Annexes A et B). La classification nationale du Maroc les compte comme des recettes fiscales.

Source : Ministère de l'Économie et des Finances.

Tableau 6.24. Maurice – Recettes non fiscales détaillées

Million MUR

	1995	2000	2005	2010	2015	2018	2019	2020	2021	2022
Total des recettes non fiscales	**2 467**	**3 293**	**4 590**	**11 458**	**11 320**	**20 279**	**14 070**	**15 348**	**10 894**	**20 697**
Dons	262	161	444	1 991	1 202	2 635	1 998	4 386	345	1 850
Dons d'administrations publiques étrangères	..	..	..	2	183	2 248	1 580	4 140	122	1 740
Dons d'organisations internationales	..	..	..	1 989	1 019	387	418	246	223	111
Revenus de la propriété	1 671	2 370	2 395	5 020	3 604	5 060	4 151	5 655	5 048	12 475
Loyers et redevances	0	0	0	1 284	752	1 171	1 192	982	478	1 127
Intérêts et dividendes	0	0	0	979	873	1 051	430	784	309	808
Intérêts	..	..	..	392	382	271	244	232	198	183
Dividendes	..	..	..	587	492	780	186	552	111	626
Autres revenus de la propriété	1 671	2 370	2 395	2 756	1 979	2 838	2 529	3 889	4 261	10 540
Autres revenus de la propriété - Budget	1 196	1 692	1 235	1 549	1 392	1 039	1 138	2 152	992	8 445
Autres revenus de la propriété - Extrabudgétaire	26	58	136	349	33	235	235	414	165	762
Autres revenus de la propriété - Fonds de sécurité sociale	424	544	973	777	529	1 531	1 103	1 278	3 074	1 309
Autres revenus de la propriété - Administrations régionales	0	0	6	11	5	12	19	13	20	14
Autres revenus de la propriété - Administrations locales	25	76	45	71	20	20	34	32	11	11
Ventes de biens et de services	442	626	1 385	2 028	3 633	4 056	4 358	3 913	3 720	5 030
Permis de travail / permis professionnels	0	0	47	95	194	266	277	221	148	284
Frais, charges et ventes non industrielles (extrabudgétaires)	140	177	397	543	1 219	1 671	1 362	1 405	1 417	1 782
Frais, charges et ventes non industrielles par les Fonds de sécurité sociale	17	20	40	51	78	0	271	106	101	566
Ventes de biens et services des administrations régionales	0	0	6	5	4	11	7	13	12	12
Ventes de biens et de services par les administrations locales	22	60	96	113	353	445	619	553	583	683
Autres ventes de biens et de services	264	370	799	1 222	1 786	1 663	1 821	1 615	1 457	1 703
Amendes, pénalités et confiscations	27	65	152	272	292	284	359	320	247	465
Amendes budgétaires, pénalités et les pertes	27	65	151	269	290	238	339	302	327	439
Les amendes extra-budgétaires, les pénalités et confiscations	0	0	0	0	0	34	0	0	0	0
Amendes, pénalités et confiscations des administrations régionales	0	0	1	3	2	5	5	5	- 80	7
Amendes, pénalités et confiscations des administrations locales	0	0	0	0	0	8	15	13	0	19
Recettes diverses et non identifiées	65	70	214	2 147	2 588	8 244	3 204	1 074	1 536	876
Recettes diverses et non identifiées budgétaires	26	10	13	1 803	157	242	229	156	126	159
Recettes diverses et non identifiées extrabudgétaires	36	44	185	293	1 092	3 085	1 209	524	1 158	703
Recettes diverses et non identifiées pour les Fonds de sécurité sociale	0	4	0	3	0	0	0	0	0	0
Recettes diverses et non identifiées des administrations régionales	0	0	0	1	0	1	0	4	4	14
Recettes diverses et non identifiées des administrations locales	4	13	16	47	0	3	11	18	98	1
Transferts des fonds spéciaux	0	0	0	0	1 339	4 914	1 755	372	150	0
Total des recettes fiscales et non fiscales	*14 729*	*25 439*	*39 417*	*69 862*	*90 544*	*116 031*	*117 456*	*112 623*	*103 569*	*137 725*

.. Non disponible

Note : Les données sont basées sur l'année fiscale commençant le 1er juillet pour les années antérieures à 2010 (par exemple, les données pour 2009 représentent la période de juillet 2008 à juin 2009) et sont basées sur l'année civile de 2010 à 2015. Maurice est revenue à une année fiscale juillet-juin en 2015. Les chiffres pour 2016 correspondent à l'année fiscale juillet-juin 2015/16, tandis que les chiffres pour 2015 correspondent à l'année civile janvier-décembre. L'année civile 2015 n'est pas utilisée dans les rapports budgétaires nationaux de Maurice, ce qui signifie que les chiffres officiels ne sont pas disponibles pour toutes les catégories de recettes pour cette période.

Lorsque les données manquaient pour 2015, les chiffres trimestriels des recettes au niveau agrégé ont été utilisés avec les données des recettes de l'année fiscale pour produire des estimations.

Les données sont sur la base des encaissements.

Les chiffres tirés du Digest of Public Finance Statistics ont été ajustés afin de s'assurer que la somme des recettes pour les différents niveaux de gouvernement soit égale aux recettes totales consolidées déclarées pour le gouvernement général de Maurice.

Pour les années 1989/90-2005/06, les loyers et redevances budgétaires, les intérêts et les dividendes sont tous déclarés sous la rubrique « Autres revenus de la propriété - Budgétaires ». Pour les années 2006/07 et suivantes, les loyers et redevances budgétaires, les intérêts et les dividendes sont présentés sous des rubriques distinctes.

Les recettes de dons pour les années à partir de 2017/18 reflètent les recettes consolidées de l'administration publique générale plutôt que les recettes consolidées de l'administration centrale.

Les ventes de biens et de services correspondent à la catégorie « 122 Redevances, charges et ventes non industrielles » dans le Recueil des statistiques du secteur public pour les années allant jusqu'à 2006/07. Pour les années suivantes, cette catégorie exclut un certain nombre de sous-catégories, telles que les droits de licence et les permis de travail, qui sont classées dans d'autres catégories de recettes.

Les recettes déclarées comme « transferts des fonds spéciaux » représentent en fait des fonds provenant de diverses sources, y compris des recettes fiscales, des recettes non fiscales et des transferts intergouvernementaux qui ne sont pas correctement classés en tant que recettes. Les fonds spéciaux sont des véhicules spéciaux créés par voie législative dans un but précis, c'est-à-dire pour financer un programme ou des projets spécifiques. Les fonds sont transférés du Fonds consolidé au Fonds par le biais d'un poste de dépense approprié dans le budget. Ces fonds génèrent également leurs propres recettes, par exemple sous la forme d'un prélèvement sur les produits pétroliers ou de contributions d'institutions internationales et de pays amis. Ainsi, une fois que le programme ou les projets spécifiques sont achevés, le solde disponible dans les fonds spéciaux est transféré au Fonds consolidé et présenté comme une recette dans les documents budgétaires de Maurice.

Source : Mauritius Revenue Authority pour les données fiscales budgétaires du gouvernement central de 2007 à 2014. Statistics Mauritius pour les recettes extrabudgétaires, des administrations locales, des administrations régionales et de la sécurité sociale de 1990 à 2022, ainsi que pour les recettes fiscales budgétaires de l'administration centrale jusqu'en 2006 ; les estimations budgétaires du ministère des Finances pour les chiffres détaillés des recettes pour les périodes juillet 2005-juin 2008, pour 2016-22, et pour les chiffres utilisés pour estimer les recettes de l'année calendaire 2015.

Tableau 6.25. Mauritanie – Recettes non fiscales détaillées

Million MRU

	1995	2000	2005	2010	2015	2018	2019	2020	2021	2022
Total des recettes non fiscales	**..**	**..**	**..**	**9 833**	**12 868**	**18 008**	**15 862**	**13 986**	**15 597**	**14 306**
Dons	..	..	..	830	1 988	201	2 211	0	106	0
Dons courants états étrangers	..	..	..	0	1 988	0	0	..	..	..
Dons courants organismes	..	..	..	830	0	201	2 211	..	106	..
Revenus de la propriété	..	..	..	8 172	9 551	15 189	11 789	11 972	11 877	12 933
Loyers et redevances	..	..	..	6 843	8 112	13 880	10 617	10 262	9 695	11 182
Accords de pêche	..	..	..	3 945	4 068	5 859	6 665	6 971	4 755	5 448
Droits d'accès pêche	..	..	..	208	318	1 643	869	364	770	1 079
Licences télécom et sanctions	..	..	..	3	1 906	452	347	993	1 826	1 586
Mine : permis d'exploitation et de recherche	..	..	..	1 562	635	615	902	1 389	2 010	1 948
Pétrole : bonus de signature	..	..	..	73	0	5 141	1 637	0	0	0
Pétrole : redevances et autres	..	..	..	1 035	1 150	126	128	535	306	1 105
Redevances et concessions domaniales	..	..	..	16	35	45	69	11	27	17
Intérêts et dividendes	..	..	..	1 329	1 439	1 308	1 171	1 710	2 182	1 750
Autres revenus de la propriété	..	..	..	0	0	0	0	0	0	0
Ventes de biens et de services	..	..	..	127	486	508	458	393	547	742
Visas	..	..	..	0	150	179	178	92	154	193
Passeports	..	..	..	0	102	167	93	67	144	219
Cartes grises et permis de conduire	..	..	..	0	54	40	59	51	84	91
Frais administratifs	..	..	..	106	181	98	106	100	130	208
Frais universités, instituts et centres nationaux	..	..	..	21	0	24	21	84	34	32
Amendes, pénalités et confiscations	..	..	..	206	393	519	476	705	2 035	495
Amendes de pêche	..	..	..	75	57	80	139	160	156	124
Autres amendes	..	..	..	131	336	439	336	544	1 879	371
Recettes diverses et non identifiées	..	..	..	498	450	1 591	929	916	1 033	137
Total des recettes fiscales et non fiscales	..	..	..	*25 015*	*41 961*	*58 374*	*55 795*	*52 587*	*63 481*	*67 377*

Note : Année civile se terminant le 31 décembre.

Les données sont sur la base des encaissements.

Les chiffres n'incluent pas les recettes des droits de conservation foncière. Elles sont incluses dans les recettes fiscales comme le préconise la classification OCDE (voir le Guide d'interprétation en Annexe A) mais considérées comme des recettes non fiscales en Mauritanie.

Source : Ministère des Finances de la Mauritanie

Tableau 6.26. Mozambique – Recettes non fiscales détaillées

Million MZN

	1995	2000	2005	2010	2015	2018	2019	2020	2021	2022
Total des recettes non fiscales	**..**	**..**	**..**	**32 035**	**31 566**	**48 060**	**41 656**	**67 529**	**61 581**	**87 253**
Dons	..	..	..	27 318	18 677	17 672	11 106	38 364	25 250	47 776
Revenus de la propriété	..	..	..	399	1 164	13 621	11 800	10 058	15 974	21 476
Loyers et redevances	..	..	..	260	137	9 102	8 857	5 031	9 590	13 454
Taxe sur la production minière	..	..	..	0	0	3 077	1 946	1 252	2 374	7 274
Taxe sur la production pétrolière	..	..	..	0	0	564	608	338	484	644
Concession d'exploitation du potentiel énergétique	..	..	..	0	0	2 395	3 019	2 566	3 714	2 932
Zone maritime	..	..	..	0	0	397	407	487	1 324	1 623
Zone de protection de la nature	..	..	..	0	0	94	129	24	94	465
Redevances et taxes de surface	..	..	..	60	59	263	356	364	394	515
Redevance d'exploitation des ressources forestières	..	..	..	0	0	247	160	0	323	0
Redevance pour l'exploitation des ressources fauniques	..	..	..	0	0	1	5	0	30	0
Concession pour l'exploitation d'autres biens du domaine public	..	..	..	0	0	2 065	2 227	0	852	0
Revenus des biens de l'État	..	..	..	200	78	0	0	0	0	0
Intérêts et dividendes	..	..	..	139	1 027	4 519	2 943	5 028	6 385	8 022
Dividendes	..	..	..	139	1 027	4 519	2 943	5 028	6 309	7 852
Bénéfices des entreprises publiques	..	..	..	0	0	0	0	0	76	170
Autres revenus de la propriété	..	..	..	0	0	0	0	0	0	0
Ventes de biens et de services	..	..	..	453	2 052	14 981	14 855	13 089	16 000	16 644
Frais de service	..	..	..	453	2 052	9 560	9 782	8 639	10 282	10 372
Enseignement	..	..	..	0	0	2 028	1 984	0	1 904	0
Hôpitaux	..	..	..	0	0	990	908	0	987	0
Documents d'identification, déclarations et certificats	..	..	..	0	0	1 179	1 232	0	1 515	0
Publications et documentation techniques et scientifiques	..	..	..	0	0	8	1	0	0	0
Manifestations culturelles et sportives	..	..	..	0	0	19	25	0	9	0
Fournitures	..	..	..	0	0	113	133	0	153	0
Enquêtes et inspections d'activités	..	..	..	0	0	195	41	0	18	0
Audiences publiques	..	..	..	0	0	67	9	0	14	0
Frais immobiliers et cessions de biens	..	..	..	0	0	235	238	271	457	233
Frais locaux	..	..	..	0	0	0	0	0	0	1
Activités diverses et ventes de biens et services non identifiés	..	..	..	0	0	587	503	4 179	660	6 038
Amendes, pénalités et confiscations	..	..	..	0	0	849	1 191	554	926	1 248
Recettes diverses et non identifiées	..	..	..	3 864	9 673	937	2 704	5 463	3 430	109
Total des recettes non fiscales hors dons	..	..	..	*4 716*	*12 888*	*30 388*	*30 550*	*29 165*	*36 331*	*39 477*

.. Non disponible

Note : Année civile se terminant le 31 décembre.

Les données sont sur la base des encaissements.

Les chiffres n'incluent pas les recettes non fiscales collectées par les collectivités locales car elles ne sont pas disponibles.

Les ventes de biens immobiliers, d'entreprises et d'autres actifs de l'État ainsi que les remboursements de prêts internes ne représentent pas une augmentation de la valeur nette résultant d'une transaction et ne sont donc pas considérés comme des recettes selon la classification de l'OCDE, comme indiqué dans le guide d'interprétation à l'annexe B. La classification nationale du Mozambique les comptabilise comme des recettes.

Les recettes provenant de la « taxe sur la production minière », de la « taxe sur la production pétrolière » et de la « taxe de surface » sont considérées comme des recettes non fiscales selon la classification de l'OCDE, telle qu'elle figure dans le *Guide d'interprétation* de l'annexe B. La classification nationale du Mozambique les classe dans les recettes fiscales.

Source : Mozambique Revenue Authority, Statistiques des finances publiques du FMI pour les dons.

Tableau 6.27. Namibie – Recettes non fiscales détaillées

Million NAD

	1995	2000	2005	2010	2015	2018	2019	2020	2021	2022
Total des recettes non fiscales	**..**	**..**	**..**	**7 948**	**20 781**	**21 336**	**22 799**	**25 728**	**19 674**	**23 265**
Dons	..	..	..	24	152	72	98	266	18	0
Revenus de la propriété	..	..	..	1 373	2 568	2 571	2 653	2 331	4 243	7 201
Loyers et redevances	..	..	..	1 015	1 482	1 869	1 520	1 713	2 195	2 512
Diamond royalties	..	..	..	602	1 060	1 255	707	881	679	1 559
Other mineral royalties	..	..	..	280	309	347	546	619	711	599
Fishing quota levies and auction	..	..	..	133	113	267	267	213	805	354
Intérêts et dividendes	..	..	..	358	1 086	702	1 133	618	2 048	4 689
Autres revenus de la propriété	..	..	..	0	0	0	0	0	0	0
Ventes de biens et de services	..	..	..	534	628	1 228	1 027	780	97	1 777
Amendes, pénalités et confiscations	..	..	..	43	78	90	99	99	567	97
Recettes diverses et non identifiées	..	..	..	5 975	17 355	17 375	18 922	22 252	14 750	14 190
SACU Revenue Pool Share	..	..	..	5 975	17 355	17 375	18 922	22 252	14 750	14 190
Total des recettes fiscales et non fiscales	**..**	**..**	**..**	**23 682**	**52 754**	**56 504**	**59 046**	**58 490**	**56 538**	**64 945**

.. Non disponible

Note : Les données sont basées sur l'année fiscale commençant le 1er avril. Par exemple, les données pour 2022 représentent la période d'avril 2022 à mars 2023.

Les données sont sur la base des encaissements.

Les chiffres n'incluent pas les recettes fiscales collectées par les administrations infranationales car elles ne sont pas disponibles.

Source : Namibia Revenue Agency.

Tableau 6.28. Niger – Recettes non fiscales détaillées

Million XOF

	1995	2000	2005	2010	2015	2018	2019	2020	2021	2022
Total des recettes non fiscales	..	**65 672**	**145 022**	**180 746**	**331 067**	**518 451**	**587 486**	**653 819**	**667 993**	**531 833**
Dons	..	59 240	134 000	130 144	232 611	428 900	514 000	535 990	605 144	452 280
Revenus de la propriété	..	4 751	5 998	28 436	40 249	47 496	30 975	33 590	29 823	38 546
Loyers et redevances	..	4 673	5 156	14 977	32 963	38 235	16 258	19 506	18 147	23 729
Bonus de Signature	..	0	0	0	17 044	22 974	0	0	0	0
Redevance minière (RM)	..	4 519	4 732	14 381	11 323	7 214	6 877	9 801	7 707	4 416
Redevance superficaire Pétrole	..	0	0	0	2 776	3 046	4 443	4 516	4 460	4 510
Publicité foncière	..	50	281	429	950	2 650	1 801	3 704	3 329	3 350
Redevance superficaire Mine	..	0	0	0	449	1 463	2 191	1 060	1 761	8 586
Retenue pour logements	..	6	3	25	173	139	182	43	33	11
Concessions provisoires	..	0	73	86	164	288	286	69	224	1 963
Permis de coupe de bois	..	65	18	42	52	191	277	203	88	490
Bornage de terrains	..	4	13	9	20	190	124	109	192	192
Concessions définitives	..	29	35	5	12	82	76	1	355	210
Intérêts et dividendes	..	0	653	13 166	6 996	8 864	14 333	13 648	11 194	14 364
Dividendes	..	..	653	12 081	2 990	5 263	10 558	9 369	7 291	8 365
Profit Oil	..	..	0	0	3 577	3 430	3 651	3 553	3 523	4 837
Intérêts créditeurs	..	..	0	1 084	430	170	124	726	380	1 162
Autres revenus de la propriété	..	78	189	293	290	398	384	436	481	453
Droits d'occupation du domaine public	..	78	189	293	290	398	384	436	481	453
Ventes de biens et de services	..	85	281	289	36 492	15 429	7 503	8 270	9 387	9 432
Vente de Licence de Téléphonie Cellulaire	..	0	0	0	34 000	10 000	2 000	0	89	0
Commission sur transferts Banque centrale (BCEAO)	..	0	0	42	1 090	3 905	3 826	5 255	5 459	5 283
Vente passeports / visa interpol	..	0	0	0	469	731	1 076	913	1 011	1 196
Vaccination internationale	..	0	0	0	239	179	154	172	29	179
Emission cartes grises / transport	..	0	0	0	143	3	51	143	442	427
Recettes des régies forestières	..	30	110	159	127	20	13	13	0	0
Ventes imprimés DGI / DGD	..	0	0	0	104	43	13	215	22	19
Droit de chancellerie	..	0	4	3	76	17	10	11	15	29
Location d'immeubles	..	9	135	63	9	29	22	447	286	192
Autres ventes de biens et services	..	46	32	21	235	503	337	320	715	859
Diverses prestations exceptionnelles	..	0	0	0	0	0	0	781	1 319	1 248
Amendes, pénalités et confiscations	..	1 348	1 702	4 849	14 080	17 457	22 269	13 825	13 566	13 495
Amendes et Pénalités de LA DGI	..	1 188	1 064	3 329	11 370	15 572	19 523	10 773	11 251	9 671
Amendes et frais de police	..	0	76	482	1 230	909	1 553	1 739	1 100	2 090
Amendes et confiscations	..	159	122	214	842	561	471	628	782	602
Amendes, frais et pénalités (gendarmerie et police)	..	0	402	769	595	266	431	491	266	525
Amendes et saisies forêts et chasse	..	1	27	45	26	32	212	68	48	322
Amendes et frais de justice	..	0	4	8	9	85	52	112	119	266
Amendes et saisies sur contrôle des prix-poids-mesure	..	0	6	1	8	32	26	14	0	19
Recettes diverses et non identifiées	..	249	3 040	17 029	7 635	9 168	12 739	62 144	10 074	18 080
Autres recettes diverses - Trésor National	..	0	0	16 494	4 921	8 539	12 386	61 751	9 953	17 945
Autres recettes diverses	..	249	250	420	779	251	188	307	65	82
Revers.UEMOA et produits divers ARC	..	0	2 790	114	1 935	0	0	0	0	0
Commissariat à l'Organisation du Hadj et de la Oumra (COHO)	..	0	0	0	0	378	166	86	55	54
Total des recettes fiscales et non fiscales	..	*177 044*	*330 024*	*546 177*	*1 035 483*	*1 315 122*	*1 373 837*	*1 427 795*	*1 532 504*	*1 453 329*

.. Non disponible

Note : Année civile se terminant le 31 décembre.

Les données sont sur la base des encaissements.

Les chiffres n'incluent pas les données des recettes non fiscales collectées par les collectivités locales car elles ne sont pas disponibles.

Les données pour la période 2000-04 doivent être interprétées avec prudence car les données non fiscales collectées par la Direction Générale du Trésor et de la Comptabilité Publique (DGTCP) ne sont pas disponibles pour cette période. Selon la classification OCDE (voir le *Guide d'interprétation* en Annexe B), le produit de la vente d'immeuble bâtis n'est pas considéré comme une recette (fiscale ou non fiscale) car il ne représente pas une augmentation de la valeur nette résultant d'une transaction. La classification du Niger compte ces recettes comme des recettes non fiscales.

Source : Direction Générale des Impôts.

Tableau 6.29. Nigéria – Recettes non fiscales détaillées

Million NGN

	1995	2000	2005	2010	2015	2018	2019	2020	2021	2022
Total des recettes non fiscales	**..**	**..**	**..**	**4 393 536**	**2 921 280**	**4 199 152**	**5 722 647**	**5 209 338**	**7 085 813**	**9 232 332**
Dons	..	..	..	335	49 288	88 292	591 157	1 672 193	1 158 057	1 086 481
Revenus de la propriété	..	..	..	4 266 330	2 622 660	2 636 270	3 127 320	3 065 216	5 349 530	5 868 371
Loyers et redevances	..	..	..	4 266 330	2 622 660	2 636 270	3 127 320	3 065 216	5 349 530	5 868 371
Recettes pétrolières	..	..	..	3 574 420	2 059 110	1 395 650	1 734 790	873 135	2 287 330	2 401 700
Revenus de redevances	..	..	..	691 910	563 550	1 235 200	1 387 220	1 273 232	1 787 870	2 447 201
Recettes provenant des redevances et des licences	..	..	..	0	0	5 420	5 310	918 849	1 274 330	1 019 470
Intérêts et dividendes	..	..	..	0	0	0	0	0	0	0
Autres revenus de la propriété	..	..	..	0	0	0	0	0	0	0
Ventes de biens et de services	..	..	..	0	0	0	0	0	0	0
Amendes, pénalités et confiscations	..	..	..	0	0	0	0	0	0	0
Recettes diverses et non identifiées	..	..	..	126 870	249 332	1 474 590	2 004 170	471 929	578 226	2 277 480
Autres recettes non fiscales (fédéral)	..	..	..	6 440	44 530	1 123 910	1 513 430	3 999	9 490	1 699 800
Recettes perçues par les zones de gouvernement local (LGA)	..	..	..	120 430	204 802	350 680	490 740	467 930	568 736	577 680
Total des recettes fiscales et non fiscales	*..*	*..*	*..*	*8 439 863*	*8 705 015*	*12 398 249*	*14 437 444*	*13 770 334*	*18 861 505*	*25 237 440*

.. Non disponible

Note : Année civile se terminant le 31 décembre.

Les données sont sur la base des encaissements.

Les « recettes pétrolières » correspondent à la part du gouvernement dans les recettes provenant des accords de partage des recettes avec les compagnies pétrolières et de prospection.

Les « recettes provenant des redevances et des licences » correspondent aux redevances perçues par le gouvernement en échange de l'octroi de licences de prospection pétrolière (OPL) et de baux miniers pétroliers (OML).

Les « recettes provenant des redevances » comprennent les redevances facturées aux sociétés d'exploration pétrolière et minière.

Les recettes diverses et non identifiées comprennent certaines recettes provenant des dividendes et des bénéfices émis par les entreprises publiques.

Les recettes des collectivités locales (Local Government Area - LGA) sont un mélange de recettes fiscales et non fiscales

Source : Federal Inland Revenue Service.

Tableau 6.30. Ouganda – Recettes non fiscales détaillées

Million UGX

	1995	2000	2005	2010	2015	2018	2019	2020	2021	2022
Total des recettes non fiscales	**234 550**	**568 523**	**1 194 038**	**921 459**	**1 109 070**	**1 161 102**	**1 688 568**	**1 888 149**	**2 757 554**	**2 261 507**
Dons	234 000	566 605	1 177 119	863 608	930 810	774 198	1 201 553	1 156 386	1 953 774	1 161 964
Soutien budgétaire	89 300	255 205	817 409	467 338	258 152	154 513	594 860	455 205	628 576	108 312
Subventions de projets	144 700	311 400	359 710	396 270	672 658	619 684	606 693	701 181	1 325 198	1 053 653
Revenus de la propriété	0	0	2 355	4 061	8 684	17 766	16 893	13 340	12 870	11 260
Loyers et redevances	..	..	2 355	4 061	8 684	17 766	16 893	13 340	12 870	11 260
Redevances minières	..	..	2 355	4 061	8 684	17 766	16 893	13 340	12 870	11 260
Intérêts et dividendes	..	..	0	0	0	0	0	0	0	0
Autres revenus de la propriété	..	..	0	0	0	0	0	0	0	0
Ventes de biens et de services	550	1 919	14 564	53 790	169 575	369 138	470 122	718 423	790 910	1 088 282
Permis de conduire	550	1 919	3 877	12 373	15 921	37 335	39 425	39 110	48 540	70 053
Frais de migration	..	..	3 822	23 317	90 913	140 196	139 778	122 840	154 010	189 870
Frais de passeport	..	..	2 523	4 614	12 800	25 950	37 338	40 140	53 780	116 150
Bureau des services d'inscription en Ouganda	..	..	0	0	23 470	21 461	56 259	37 490	40 590	57 050
Autres frais administratifs	..	..	4 342	13 486	26 472	144 196	197 322	478 843	493 990	655 159
Amendes, pénalités et confiscations	0	0	0	0	0	0	0	0	0	0
Recettes diverses et non identifiées	0	0	0	0	0	0	0	0	0	0
Total des recettes fiscales et non fiscales	*756 229*	*1 568 183*	*3 129 509*	*5 173 480*	*10 871 500*	*15 228 692*	*17 819 204*	*17 908 014*	*21 216 754*	*22 819 973*

.. Non disponible

Note : Les données sont basées sur l'année fiscale commençant le 1er juillet. Par exemple, les données pour 2022 représentent la période de juillet 2021 à juin 2022.

Les données sont sur la base des encaissements.

Les chiffres excluent les recettes non fiscales collectées par les gouvernements infranationaux car les données ne sont pas disponibles.

En raison d'une directive gouvernementale, les recettes non fiscales perçues par les ministères ont dû être déclarées à l' Uganda Revenue Authority (URA) à partir de 2019/20. Pour les années précédentes, les chiffres relatifs à ces recettes ne sont pas disponibles. Ces recettes ministérielles ont été déclarées en tant que « recettes non fiscales perçues par les ministères autres que l'URA » dans les éditions précédentes. Dans cette édition, ces recettes sont incluses dans les autres recettes non fiscales et ne sont plus déclarées comme une catégorie distincte.

Les recettes provenant des permis de conduire sont considérées comme des recettes non fiscales selon la classification de l'OCDE décrite dans le *Guide d'interprétation* de l'OCDE. La classification nationale de l'Ouganda les classe comme des recettes fiscales.

Source : Uganda Revenue Authority.

Tableau 6.31. Rwanda – Recettes non fiscales détaillées

Million RWF

	1995	2000	2005	2010	2015	2018	2019	2020	2021	2022
Total des recettes non fiscales	**..**	**79 888**	**182 339**	**415 465**	**529 400**	**650 724**	**669 370**	**747 401**	**934 621**	**1 187 906**
Dons	..	76 710	164 477	397 352	374 600	398 686	427 498	475 830	601 296	798 120
Revenus de la propriété	..	..	..	..	..	..	..	..	..	..
Loyers et redevances	..	..	..	..	..	..	..	..	..	..
Intérêts et dividendes	..	..	..	..	..	..	..	..	..	..
Autres revenus de la propriété	..	..	..	..	..	..	..	..	..	..
Ventes de biens et de services	..	..	..	..	..	..	..	..	..	..
Amendes, pénalités et confiscations	..	..	..	..	..	..	..	..	..	..
Recettes diverses et non identifiées	..	3 178	17 862	18 113	154 800	252 038	241 872	271 571	333 326	389 786
Total des recettes fiscales et non fiscales	..	*148 797*	*356 945*	*856 189*	*1 526 632*	*2 052 226*	*2 281 100*	*2 390 379*	*2 794 783*	*3 454 387*

.. Non disponible

Note : Année civile se terminant le 31 décembre.

Les données sont sur la base des encaissements.

Les chiffres excluent les recettes non fiscales perçues par les administrations infranationales car les données ne sont pas disponibles.

Les chiffres excluent les amendes liées aux recettes fiscales car il n'est pas possible de les séparer des recettes fiscales. Les recettes provenant des amendes liées aux impôts sont classées comme recettes non fiscales selon la classification de l'OCDE, comme indiqué dans le *Guide d'interprétation* à l'Annexe B. Le Rwanda considère ces recettes comme des recettes fiscales.

Recettes diverses et non identifiées : cette catégorie comprend les amendes non fiscales, les frais administratifs et les recettes provenant des biens et avoirs publics pour le Rwanda. Ces données n'ont pas pu être désagrégées pour affecter les recettes aux catégories de recettes non fiscales pertinentes.

Source : Rwanda Revenue Authority

Tableau 6.32. Sénégal – Recettes non fiscales détaillées

Million XOF

	1995	2000	2005	2010	2015	2018	2019	2020	2021	2022
Total des recettes non fiscales	..	**68 000**	**105 200**	**203 550**	**366 943**	**435 068**	**378 817**	**474 534**	**520 314**	**410 208**
Dons	..	64 000	75 600	161 850	232 034	256 444	224 326	324 523	150 509	155 316
Revenus de la propriété	..	0	26 500	39 600	84 990	76 831	100 798	108 435	222 131	124 579
Loyers et redevances	..	..	14 600	20 300	35 790	43 880	64 854	61 187	87 085	68 057
Intérêts et dividendes	..	..	11 900	19 300	49 200	32 952	35 944	47 248	133 046	56 522
Autres revenus de la propriété	..	..	0	0	0	0	0	0	2 000	..
Ventes de biens et de services	..	0	0	0	0	10 310	10 997	11 135	110 760	11 731
Amendes, pénalités et confiscations	..	0	0	0	28 220	45	0	0	2 915	0
Recettes diverses et non identifiées	..	4 000	3 100	2 100	21 700	91 438	42 697	30 442	34 000	118 582
Recettes exceptionelles (Swapp et Sonatel)	..	0	0	0	0	..	..	..	34 000	118 582
Divers reversements	..	4 000	3 100	2 100	21 700	..	..	..	0	0
Total des recettes fiscales et non fiscales	..	*627 295*	*992 448*	*1 471 349*	*2 090 075*	*2 654 884*	*2 944 985*	*3 086 526*	*3 384 744*	*3 826 723*

.. Non disponible

Note : Année civile se terminant le 31 décembre.

Les données sont sur la base des encaissements.

Les chiffres n'incluent pas les données des recettes fiscales collectées par les collectivités locales car elles ne sont pas disponibles.

Les recettes des amendes et les pénalités sur impôts et taxes sont considérées comme des recettes non fiscales comme le préconise la classification OCDE (voir le Guide d'interprétation en Annexes A et B). Cependant, il n'a pas été possible de séparer le versement des amendes et pénalités des recettes correspondant aux impôts auxquels ces amendes et pénalités se rattachent et sont donc exclues de cette rubrique. La classification nationale du Sénégal les compte comme des recettes fiscales. Les montants des années 2017 à 2022 concernent uniquement les recouvrements de la DGID.

Source : Ministère de l'Économie, des Finances et du Plan.

Tableau 6.33. Seychelles – Recettes non fiscales détaillées

Million XOF

	1995	2000	2005	2010	2015	2018	2019	2020	2021	2022
Total des recettes non fiscales	**..**	**..**	**..**	**725**	**1 237**	**1 511**	**1 408**	**1 684**	**2 031**	**1 838**
Dons	..	..	..	101	144	281	94	438	685	403
Dons	..	..	..	101	144	281	94	438	685	403
Revenus de la propriété	..	..	..	357	519	731	798	766	720	845
Loyers et redevances	..	..	..	115	215	267	252	313	285	231
Frais de licence de pêche	..	..	..	93	0	0	0	98	111	0
Droits de licence de pêche annuels de l'UE pour accéder à la ZEE des Seychelles	..	..	..	0	43	42	1	23	33	31
Licence de pêche de l'UE : frais de navire	..	..	..	0	37	35	79	3	3	4
Licences de pêche non-UE	..	..	..	0	60	72	1	74	43	98
Frais de permis de pêche locaux	..	..	..	0	1	2	54	1	1	0
Fonds de pension des Seychelles (SPF) - Revenus locatifs	..	..	..	22	74	115	118	114	94	98
Intérêts et dividendes	..	..	..	241	304	465	546	436	435	614
Produits des intérêts et dividendes (budget principal)	..	..	..	206	228	377	442	338	336	472
Autorité des services financiers (FSA) Revenus locatifs (dividendes)	..	..	..	0	11	29	33	30	30	48
Fonds de pension des Seychelles (SPF) - Revenus d'intérêts	..	..	..	22	51	44	51	45	47	39
Fonds de pension des Seychelles (SPF) - Revenus d'investissement / dividendes	..	..	..	12	14	14	21	22	21	55
Autres revenus de la propriété	..	..	..	0	0	0	0	18	0	0
Fonds de pension des Seychelles (SPF) – Bénéfice sur vente de placements	..	..	..	..	0	0	..	..	0	0
Ventes de biens et de services	..	..	..	191	462	466	465	432	560	542
Frais et charges	..	..	..	191	322	336	340	262	366	392
Autorité des services financiers (FSA) – frais	..	..	..	0	140	129	124	170	194	149
Fonds de pension des Seychelles (SPF) - Suppléments	..	..	..	0	0	1	1	1	0	0
Amendes, pénalités et confiscations	..	..	..	0	0	0	0	0	0	0
Recettes diverses et non identifiées	..	..	..	77	111	33	50	48	67	49
Autres non fiscales (pas de SSF)	..	..	..	77	110	33	50	48	66	48
Fonds de pension des Seychelles (SPF) - Autres revenus	..	..	..	0	2	0	0	0	1	1
Total des recettes fiscales et non fiscales	*..*	*..*	*..*	*4 321*	*6 711*	*8 988*	*9 025*	*8 456*	*9 184*	*9 838*

.. Non disponible

Note : Année se terminant le 31 décembre.

Les données sont sur une base de caisse.

Les chiffres excluent les recettes non fiscales collectées par les gouvernements infranationaux car les données ne sont pas disponibles.

En plus des recettes étiquetées « SPF » sous « Loyers et redevances » et « Intérêts et dividendes », certaines recettes SPF, généralement négligeables, sont comptées sous « Autres revenus de la propriété », « Ventes de biens et services » et « Recettes diverses et non identifiées ». Les recettes SPF ne sont pas rapportées comme des recettes gouvernementales dans les documents du gouvernement des Seychelles.

La rubrique « Loyers et redevances » inclut les frais de licences de pêche considérés comme des recettes non fiscales conformément à la classification de l'OCDE, comme indiqué dans le Guide d'interprétation en Annexe B. Les Seychelles classent ces recettes comme des recettes fiscales.

La rubrique « Intérêts et dividendes » inclut les recettes de l'Autorité des services financiers (FSA). Les recettes de la FSA ne sont pas rapportées comme des recettes gouvernementales dans les documents du gouvernement des Seychelles.

À partir de 2022, les recettes des licences de pêche sont rapportées sous « Licences de pêche non-UE ».

Source : Seychelles Revenue Commission ; Ministère des Finances, de la Planification économique et du Commerce des Seychelles ; Rapports annuels de Financial Services Authority des Seychelles ; et Rapports annuels du Fonds de pension des Seychelles.

Tableau 6.34. Sierra Leone – Recettes non fiscales détaillées

Million SLL

	1995	2000	2005	2010	2015	2018	2019	2020	2021	2022
Total des recettes non fiscales	**..**	**..**	**393 496**	**581 304**	**1 359 374**	**1 516 270**	**2 338 842**	**3 444 342**	**3 376 594**	**5 268 051**
Dons	..	..	351 870	497 848	1 164 553	632 856	1 248 642	2 320 695	1 652 865	3 820 728
Programme	..	..	250 568	265 435	656 091	238 856	751 432	1 723 912	1 084 831	2 341 819
Fonds pour le panier des élections	..	..	0	0	0	8 000	0	0	0	0
Projet	..	..	101 302	232 413	508 462	386 000	497 210	596 783	568 034	1 478 909
Revenus de la propriété	..	..	15 869	34 475	126 649	317 691	341 425	354 134	603 804	515 054
Loyers et redevances	..	..	15 869	34 475	126 649	317 691	341 425	354 134	603 804	515 054
Redevance sur le rutile	..	..	318	883	7 836	54 374	70 076	80 193	52 727	7 657
Redevance sur la bauxite et le zircon	..	..	1 683	4 098	6 476	15 664	10 805	13 242	17 124	0
Redevance sur les diamants et l'or	..	..	0	6 360	28 485	71 619	77 638	89 875	71 915	157 883
Redevance sur le minerai de fer	..	..	0	0	6 119	3 468	3 453	0	221 971	86 089
Autres licences et redevances minières	..	..	8 243	12 848	37 613	77 648	71 437	74 612	159 011	162 663
Redevance sur la pêche	..	..	5 625	10 285	40 121	94 919	108 016	96 212	81 056	100 762
Intérêts et dividendes	..	..	0	0	0	0	0	0	0	0
Autres revenus de la propriété	..	..	0	0	0	0	0	0	0	0
Ventes de biens et de services	..	..	0	0	0	227 005	354 581	353 517	445 528	613 272
Compte Unique du Trésor	..	..	..	..	..	227 005	354 581	353 517	445 528	613 272
Amendes, pénalités et confiscations	..	..	0	0	0	0	0	0	0	0
Recettes diverses et non identifiées	..	..	25 756	48 981	68 172	338 718	394 194	415 997	674 397	318 997
Organismes parapublics et autres ministères, départements et agences	..	..	7 348	2 313	17 809	0	87 801	78 636	110 159	260 167
Autres recettes	..	..	18 409	46 668	50 363	338 718	306 393	337 361	564 238	58 830
Total des recettes fiscales et non fiscales	*..*	*..*	*767 852*	*1 510 810*	*3 494 635*	*5 554 108*	*7 213 000*	*8 434 903*	*9 272 073*	*11 837 436*

.. Non disponible

Note : Année civile se terminant le 31 décembre.

Les données sont sur la base des encaissements.

Les autres recettes de la rubrique « Recettes diverses et non identifiées » comprennent la taxe sur le fret jusqu'en 2017. La taxe sur le fret fait partie de la collecte du compte unique du Trésor à partir de 2018.

La rubrique « Ventes de biens et services » comprend les recettes des principales agences gouvernementales provenant de diverses sources, principalement liées aux frais de réglementation, qui sont centralisées sur le compte unique du Trésor.

Source : Sierra Leone National Revenue Authority

Tableau 6.35. Somalie – Recettes non fiscales détaillées

Million USD

	1995	2000	2005	2010	2015	2018	2019	2020	2021	2022
Total des recettes non fiscales	**..**	**..**	**..**	**..**	**57**	**140**	**192**	**373**	**236**	**546**
Dons	..	..	..	..	27	96	108	286	147	436
Revenus de la propriété	..	..	..	..	0	0	10	4	4	11
Loyers et redevances	..	..	..	..	0	0	10	4	4	11
Droits de licence de pêche	..	..	..	..	0	0	1	2	3	0
Prime de signature pour les compagnies pétrolières	..	..	..	..	0	0	0	0	0	7
Redevances sur le spectre des télécommunications	..	..	..	..	0	0	9	2	1	4
Intérêts et dividendes	..	..	..	..	0	0	0	0	0	0
Autres revenus de la propriété	..	..	..	..	0	0	0	0	0	0
Ventes de biens et de services	..	..	..	..	30	44	68	71	82	96
Licences et redevances	..	..	..	..	7	12	21	18	21	28
Droits de port - Albayrak	..	..	..	..	23	29	27	31	26	29
Redevances de survol (IATA)	..	..	..	..	0	0	12	16	11	15
Frais administratifs et autres	..	..	..	..	1	4	7	6	25	24
Amendes, pénalités et confiscations	..	..	..	..	0	0	0	0	0	0
Recettes diverses et non identifiées					0	0	6	12	2	2
Total des recettes fiscales et non fiscales	*..*	*..*	*..*	*..*	*141*	*277*	*383*	*591*	*483*	*815*

.. Non disponible

Note : Année civile se terminant le 31 décembre.

Les données sont sur la base des encaissements.

Les données excluent les recettes perçues au niveau local, car les données ne sont pas disponibles.

Les données comprennent les recettes perçues directement par le gouvernement fédéral de Somalie et les États membres fédéraux (Puntland, Jubaland, Sud-Ouest, Galmudug, Hirshabelle et l'Autorité régionale du Benadir). Les données des États membres fédéraux ne sont disponibles qu'à partir de 2019.

Les données ne sont pas consolidées, mais elles n'incluent pas les transferts reçus du gouvernement fédéral et représentent uniquement le recouvrement des recettes des États membres fédéraux.

Source : Ministère des finances de la Somalie.

Tableau 6.36. Tchad – Recettes non fiscales détaillées

Million XAF

	1995	2000	2005	2010	2015	2018	2019	2020	2021	2022
Total des recettes non fiscales	**..**	**..**	**..**	**277 273**	**337 904**	**380 063**	**332 670**	**349 717**	**165 366**	**275 886**
Dons	..	..	..	68 799	221 884	199 244	106 891	248 109	16 088	92 125
Revenus de la propriété	..	..	..	190 753	86 094	146 899	198 643	69 282	129 983	142 427
Loyers et redevances	..	..	..	190 753	86 094	146 899	198 643	69 282	129 983	142 427
Redevances et dividendes pétroliers	..	..	..	185 445	86 094	58 653	88 201	65 252	114 422	117 993
Autres recettes pétrolières	..	..	..	5 308	0	88 246	110 442	4 030	15 561	21 305
Redevance minière	..	..	..	..	..	..	..	..	..	3 129
Intérêts et dividendes	..	..	..	0	0	0	0	0	0	0
Autres revenus de la propriété	..	..	..	0	0	0	0	0	0	0
Ventes de biens et de services	..	..	..	6 539	12 230	4 594	18 172	7 565	6 946	3 352
Amendes, pénalités et confiscations	..	..	..	6 474	1 528	5 678	4 419	4 757	3 533	14 393
Recettes diverses et non identifiées	..	..	..	4 708	16 168	23 648	4 545	20 004	8 816	23 588
Total des recettes fiscales et non fiscales	*..*	*..*	*..*	*1 050 537*	*712 083*	*862 846*	*852 044*	*1 251 633*	*817 654*	*1 364 160*

.. Non disponible

Note : Année civile se terminant le 31 décembre.

Les données sont sur la base des encaissements.

Les chiffres n'incluent pas les recettes fiscales collectées par les collectivités locales car elles ne sont pas disponibles.

Le Tchad a adopté une nouvelle nomenclature budgétaire à partir de 2022 résultant à une nouvelle présentation des données dans cette édition.

Les recettes de la redevance minière sont reportées séparément dans la nouvelle nomenclature budgétaire du Tchad.

Les recettes des « revenus de la propriété » des années antérieures à 2022 ont été reclassifiées dans la ligne « redevance minière » puisque cette dernière représente la plus grande proportion de ces recettes.

Les recettes provenant des amendes fiscales, des valeurs mobilières de l'État et de la redevance audiovisuelle sont incluses dans les recettes non fiscales comme le préconise la classification OCDE (voir le *Guide d'interprétation* en Annexe A). La classification nationale du Tchad les comptabilise comme des recettes fiscales.

La rubrique amendes, pénalités et confiscations pour 2022 inclut les recettes non détaillées des « contributions diverses » qui regroupent les recettes des pénalités d'assiette et amendes fiscales, taxes civiques, taxe sur la valeur locative et les pénalités d'assiette et amendes fiscales représentent la majorité de ces recettes. Le Tchad comptabilise les recettes des « contributions diverses » comme des impôts sur les revenu et bénéfices.

Les recettes provenant des amendes fiscales sont comptabilisées dans la rubrique amendes, pénalités et confiscations. Les recettes provenant des valeurs mobilières de l'État et de la redevance audiovisuelle sont comptabilisées dans la rubrique dans la rubrique « Ventes de biens et de services ».

Source : Ministère des Finances et du Budget du Tchad.

Tableau 6.37. Togo – Recettes non fiscales détaillées

Million XOF

	1995	2000	2005	2010	2015	2018	2019	2020	2021	2022
Total des recettes non fiscales	**..**	**18 987**	**31 939**	**189 745**	**102 957**	**216 888**	**200 351**	**165 057**	**140 867**	**183 268**
Dons	..	4 292	13 110	80 357	57 238	105 895	122 423	99 203	83 973	127 406
Dons projets	..	4 292	13 110	62 257	47 539	72 712	60 355	62 008	82 973	97 444
Dons programmes	..	0	0	18 100	9 699	33 183	62 068	37 195	1 000	29 961
Revenus de la propriété	..	10 040	11 942	92 473	25 555	41 010	37 962	32 940	30 097	32 765
Loyers et redevances	..	5 548	3 221	42 400	3 837	3 426	6 843	7 016	5 292	3 240
Redevances minières	..	0	0	0	1 270	2 322	1 777	1 872	1 660	2 237
Redevances de réhabilitation de l'Aéroport International Gnassingbé Eyadéma (AIGE)	..	5 548	3 221	0	2 240	665	3 543	4 714	2 755	0
Redevance Contour Global	..	0	0	0	0	332	330	431	320	227
Autres recettes domaniales	..	0	0	42 400	327	106	1 194	0	556	776
Intérêts et dividendes	..	4 492	8 721	50 073	21 718	37 584	31 119	25 924	24 805	29 524
Dividendes	..	2 416	2 696	6 745	16 179	31 592	25 366	18 975	14 803	15 502
Intérêts de placement	..	771	1 838	985	4 307	1	5	89	585	2 742
Produits divers (commissions, transferts BCEAO et intérêts)	..	0	0	0	201	5 234	5 181	6 152	8 599	10 858
Autres produits financiers	..	1 304	4 187	42 344	1 032	758	567	708	819	422
Autres revenues de la propriété	..	0	0	0	0	0	0	0	0	0
Ventes de biens et de services	..	1 365	850	140	7 692	57 099	25 308	24 926	13 478	12 115
Loyers d'immeuble	..	0	0	0	201	386	228	253	59	46
Redevances téléphoniques	..	0	0	0	2 000	50 440	15 500	15 500	0	0
Recettes de services	..	1 365	850	140	4 752	6 064	9 349	9 174	13 419	11 523
Recettes consulaires	..	0	0	0	739	210	230	0	0	545
Amendes, pénalités et confiscations	..	1 222	633	495	1 359	1 148	1 679	636	3 214	390
Amendes et pénalités (recettes fiscales)	..	955	495	262	989	821	1 132	320	3 027	175
Amendes et pénalités (recettes douanières)	..	267	138	232	369	326	547	316	187	215
Recettes diverses et non identifiées	..	2 069	5 403	16 280	11 114	11 737	12 978	7 351	10 105	10 592
Confiscations et ventes en douane	..	0	0	0	954	9 616	6 488	2 013	1 033	1 666
Ordre de recettes (gestion antérieure)	..	0	0	0	6	43	0	0	75	322
Ordre de recettes (gestion courante)	..	0	0	0	95	175	27	321	0	56
Divers reversements	..	785	1 216	0	9 754	1 114	6 368	2 941	8 996	7 213
Autres recettes non fiscales	..	1 284	4 187	16 280	305	789	96	2 076	1	1 335
Total des recettes fiscales et non fiscales	*..*	*118 981*	*191 782*	*440 185*	*636 513*	*793 416*	*834 865*	*834 894*	*933 784*	*1 066 965*

.. Non disponible

Note : Année civile se terminant le 31 décembre.

Les données sont sur la base des encaissements.

Les recettes non fiscales incluent les recettes des autres ministères ou directions, autres que le Ministère de l'économie et des finances. Les chiffres n'incluent pas d'autres recettes collectées par les collectivités locales pour leur propre compte, car elles ne sont pas disponibles. La classification nationale du Togo considère le Prélèvement pour apurement de la dette du secteur pétrolier (PADSP) comme une recette non fiscale. Cette recette est considérée comme une recette fiscale dans cette publication comme le préconise la classification OCDE (voir le *Guide d'interprétation* en Annexe A).

Les amendes et pénalités sur les impôts et les droits de douanes sont classifiées comme des recettes non fiscales dans cette publication comme le préconise la classification OCDE (voir le *Guide d'interprétation* en Annexe B). La classification nationale du Togo comptabilise ces recettes comme des recettes fiscales et des recettes douanières, respectivement.

Les confiscations et ventes en douane comprennent les reversements du prélèvement communautaire de solidarité qui sont classifiés comme des recettes non fiscales dans cette publication comme le préconise la classification OCDE (voir le *Guide d'interprétation* en Annexe B. La classification nationale du Togo considère ces recettes comme des recettes fiscales douanières. Avant 2014, ces recettes étaient comptabilisées dans la rubrique « Amendes et pénalités (recettes douanières) ».

Source : Office Togolais des Recettes.

Tableau 6.38. Tunisie – Recettes non fiscales détaillées

Million TND

	1995	2000	2005	2010	2015	2018	2019	2020	2021	2022
Total des recettes non fiscales	..	**725**	**1 078**	**1 799**	**1 749**	**3 254**	**3 828**	**3 584**	**3 609**	**6 130**
Dons	..	7	70	54	292	236	249	779	44	1 378
Revenus de la propriété	..	525	703	1 299	863	2 105	2 237	1 762	2 374	3 749
Loyers et redevances	..	185	295	435	350	1 353	1 043	698	1 364	2 972
Redevances pétrolières et du gaz	..	177	284	415	328	1 324	1 017	675	1 337	2 945
Loyers	..	8	11	19	22	29	26	23	27	28
Intérêts et dividendes	..	341	408	864	513	752	1 194	1 065	1 009	777
Intérêts	..	56	87	56	41	72	72	64	91	80
Transferts des Entreprises publiques et bénéfices de la banque centrale	..	274	311	796	430	631	1 068	933	807	625
Remises sur crédit	..	3	3	2	3	4	3	3	3	4
Autres intérêts et dividendes non compris ailleurs	..	9	8	10	39	44	50	65	108	68
Autres revenus de la propriété	..	0	0	0	0	0	0	0	0	0
Ventes de biens et de services	..	22	38	40	28	72	53	34	44	58
Ventes de produits divers	..	21	37	38	26	70	50	31	42	54
Frais administratifs	..	1	1	2	2	2	2	3	2	4
Amendes, pénalités et confiscations	..	87	127	186	378	532	998	473	707	669
Recettes diverses et non identifiées	..	85	139	220	189	309	292	537	440	277
Total des recettes fiscales et non fiscales	..	*7 922*	*11 223*	*18 942*	*27 362*	*37 078*	*43 278*	*42 413*	*46 058*	*54 241*

.. Non disponible

Note : Année civile se terminant le 31 décembre.

Les données sont sur la base des encaissements.

Les chiffres n'incluent pas les données des recettes non fiscales collectées par les collectivités locales car elles ne sont pas disponibles.

Les dons affectés pour les Fonds spéciaux du Trésor et les Fonds de concours sont compris dans les données des dons des gouvernements et institutions étrangers.

Recettes diverses et non identifiées : incluent entre autres des recettes accidentelles à divers titres et des recettes non fiscales des Fonds spéciaux du Trésor et des Fonds de concours (hors dons affectés).

Source : Ministère des Finances.

Tableau 6.39. Zambie – Recettes non fiscales détaillées

Million ZMK

	1995	2000	2005	2010	2015	2018	2019	2020	2021	2022
Total des recettes non fiscales	**..**	**..**	**..**	**..**	**4 121**	**4 622**	**5 088**	**7 116**	**14 960**	**12 510**
Dons	..	..	..	..	369	647	839	1 715	2 481	1 981
Revenus de la propriété	..	..	..	..	3 749	3 937	4 185	5 348	12 417	10 445
Loyers et redevances	..	..	..	..	3 749	3 937	4 185	5 348	12 417	10 445
Intérêts et dividendes	..	..	..	..	0	0	0	0	0	0
Autres revenus de la propriété	..	..	..	..	0	0	0	0	0	0
Ventes de biens et de services	..	..	..	..	0	11	11	10	7	8
Amendes, pénalités et confiscations	..	..	..	..	2	27	53	43	55	76
Recettes diverses et non identifiées	..	..	..	..	0	0	0	0	0	0
Total des recettes fiscales et non fiscales	..	..	..	..	*30 323*	*49 106*	*53 808*	*59 380*	*86 396*	*92 327*

.. Non disponible
Note : Année civile se terminant le 31 décembre.
Les données sont sur la base des encaissements.
Source : Zambia Revenue Authority, Les données relatives aux recettes des dons sont tirées des rapports du FMI au titre de l'article IV.

Annexe A. Classification de l'OCDE des recettes fiscales et guide d'interprétation

Table des matières

A1. Classification des impôts de l'OCDE

1000 Impôts sur le revenu, les bénéfices et les gains en capital			
	1100 Impôts sur le revenu, les bénéfices et les gains en capital des personnes physiques		
		1110 Sur le revenu et les bénéfices	
		1120 Sur les gains en capital	
	1200 Impôts sur le revenu, les bénéfices et les gains en capital des sociétés		
		1210 Sur le revenu et les bénéfices	
		1220 Sur les gains en capital	
	1300 Non ventilables entres les rubriques 1100 et 1200		
2000 Cotisations de sécurité sociale			
	2100 A la charge des salariés		
		2110 Sur la base du salaire	
		2120 Sur la base de l'impôt sur le revenu	
	2200 A la charge des employeurs		
		2210 Sur la base du salaire	
		2220 Sur la base de l'impôt sur le revenu	
	2300 A la charge des travailleurs indépendants ou des personnes n'occupant pas d'emploi		
		2310 Sur la base du salaire	
		2320 Sur la base de l'impôt sur le revenu	
	2400 Non ventilables entre les rubriques 2100, 2200 et 2300		
		2410 Sur la base du salaire	
		2420 Sur la base de l'impôt sur le revenu	
3000 Impôts sur les salaires et la main-d'œuvre			
4000 Impôts sur le patrimoine			
	4100 Impôts périodiques sur la propriété immobilière		
		4110 Ménages	
		4120 Autres agents	
	4200 Impôts périodiques sur l'actif net		
		4210 Personnes physiques	
		4220 Sociétés	
	4300 Impôts sur les mutations par décès, les successions et les donations		
		4310 Impôts sur les mutations par décès et les successions	
		4320 Impôts sur les donations	
	4400 Impôts sur les transactions mobilières et immobilières		
	4500 Autres impôts non périodiques sur le patrimoine		
		4510 Impôts sur l'actif net	
		4520 Autres impôts non périodiques	
	4600 Autres impôts périodiques sur le patrimoine		
5000 Impôts sur les biens et services			
	5100 Impôts sur la production, la vente, le transfert, la location et la livraison des biens et la prestation de services		
		5110 Impôts généraux	
			5111 Taxes sur la valeur ajoutée
			5112 Impôts sur les ventes
			5113 Impôts sur le chiffre d'affaires et autres impôts généraux sur les biens et services
		5120 Impôts sur des biens et des services déterminés	
			5121 Accises
			5122 Bénéfices des monopoles fiscaux
			5123 Droits de douane et autres droits à l'importation
			5124 Taxes à l'exportation
			5125 Impôts sur les biens d'équipement

			5126 Impôts sur des services déterminés
			5127 Autres impôts sur les transactions et les échanges internationaux
			5128 Autres impôts sur des biens et services déterminés
		5130 Non ventilables entre les rubriques 5110 et 5120	
	5200 Impôts sur l'utilisation des biens ou l'autorisation d'utiliser des biens ou d'exercer des activités		
		5210 Impôts périodiques	
			5211 A la charge des ménages au titre de véhicules à moteur
			5212 A la charge d'autres agents au titre de véhicules à moteur
			5213 Autres impôts périodiques
		5220 Impôts non périodiques	
	5300 Non ventilables entre les rubriques 5100 et 5200		
6000 Autres impôts			
	6100 A la charge exclusive des entreprises		
	6200 A la charge d'autre agents que les entreprises ou non identifiables		

A2. Champ couvert

Principes généraux

1. Dans la classification de l'OCDE, le terme « impôts » désigne uniquement les versements obligatoires effectués sans contrepartie au profit des administrations publiques ou à une autorité supranationale. Les impôts n'ont pas de contrepartie en ce sens que, normalement, les prestations fournies par les administrations au contribuable ne sont pas proportionnelles à ses versements.

2. Le terme « impôts » ne couvre pas les amendes, les pénalités, ni les prêts obligatoires aux administrations. Les cas dans lesquels la délimitation entre recettes fiscales et non fiscales est délicate à tracer, pour certains droits et taxes d'utilisation, sont examinés dans les § 12 à 15.

3. Les administrations publiques comprennent l'administration centrale et les organismes dont les opérations sont sous son contrôle effectif, les administrations régionales et locales et leurs services, les organismes de sécurité sociale et les entités publiques autonomes, à l'exception des entreprises publiques. Cette définition des administrations est calquée sur celle du Système de comptabilité nationale 2008 (SCN)[1]. Dans cette publication, les administrations publiques et leurs sous-secteurs sont décrits dans le chapitre 4, paragraphes 4.117 à 4.165.

4. Les unités extrabudgétaires sont des composantes du système des administrations publiques. Il s'agit d'entités d'administration publique dotées de budgets distincts, qui ne sont pas intégralement financés par le budget central ou général. Ces organismes fonctionnent sous l'autorité ou le contrôle d'une administration centrale, d'un État fédéré ou d'une collectivité locale. Les entités extrabudgétaires peuvent disposer de leurs propres sources de recettes, qui peuvent être complétées par des dotations (transferts) provenant du budget général ou d'autres sources. Même si leurs budgets peuvent être soumis à l'approbation du corps législatif, comme les comptes budgétaires, elles disposent d'une certaine latitude quant au volume et à la composition de leurs dépenses. Ces entités peuvent être mises en place pour exercer des fonctions spécifiques des administrations publiques, telles que la construction de routes ou la production non marchande de services de santé ou d'éducation. Les dispositions budgétaires peuvent varier grandement suivant les pays, et différents termes sont utilisés pour décrire ces entités, mais elles sont souvent qualifiées de « fonds extrabudgétaires » ou d'« organismes autonomes ».

5. Les paiements obligatoires, sans contrepartie, perçus par les gouvernements nationaux et versés aux autorités supranationales sont également traitées comme des impôts au titre de la définition du paragraphe § 1. Les recettes fiscales qui sont perçues par les gouvernements nationaux et payées à une autorité supranationale sont attribuées en tant que recettes fiscales à l'autorité supranationale dans le SCN

2008 (voir paragraphes 22.60-61, 22.88 et 22.99) et le SEC 2010 (voir paragraphe 20.165). Dans les Statistiques des recettes publiques, ces recettes fiscales comprennent les droits de douane, les contributions au Fonds de résolution unique de l'UE et toute autre taxe perçue par les États membres de l'UE au nom de l'Union européenne. Elles sont incluses dans les montants des recettes fiscales dans les tableaux par pays (chapitre 5) du pays dans lequel elles sont perçues et sont attribuées à l'autorité supranationale (voir § 102).

6. Dans les pays où les églises font partie des administrations publiques, les impôts sur les cultes sont inclus dans ces paiements, à condition qu'ils répondent aux critères énoncés au § 1 ci-dessus. Comme les données se réfèrent aux montants encaissés par les administrations publiques et les autorités supranationales, les contributions versées à des organismes privés, aux organismes sociaux ou régimes de sécurité sociale extérieurs aux administrations publiques, aux syndicats ou aux associations professionnelles sont exclues, même si elles sont obligatoires. Sont toutefois inclus les versements obligatoires aux administrations publiques dont le montant est affecté à ces organismes, à condition que l'administration ne fasse pas simplement office d'agent collecteur[2]. On a distingué les bénéfices des monopoles fiscaux de ceux d'autres entreprises publiques et on les a considérés comme des impôts parce qu'ils reflètent l'exercice du pouvoir d'imposition de l'État par l'intermédiaire du monopole (voir § 66 à 68), comme le sont les bénéfices de l'État provenant de l'achat et de la vente de monnaies étrangères à des taux différents (voir § 76).

7. Les impôts payés par les administrations elles-mêmes (tels que les cotisations de sécurité sociale et les impôts sur les salaires payés par les administrations en tant qu'employeurs (2200 et 3000), les impôts sur la consommation qu'elles acquittent à l'occasion de leurs achats ou les impôts sur leur patrimoine) sont inclus dans les données présentées. Toutefois, lorsqu'il est possible de les isoler, les montants provenant de ces impôts[3] sont indiqués dans le Tableau 5.40 de ce Rapport.

8. Les rapports entre cette classification et celle du Système de comptabilité nationale (SCN) sont indiqués dans les sections A.9 et A.11. À cause des différences qui existent entre les deux classifications, les statistiques de la comptabilité nationale ne sont pas toujours établies ou classées suivant la pratique adoptée dans le présent guide. Ces différences et d'autres encore sont mentionnées dans les cas appropriés (voir par exemple § 31), mais il est impossible de toutes les signaler. Il peut y avoir aussi certaines différences entre cette classification et celle utilisée par certaines administrations nationales (voir par exemple § 13), aussi les statistiques nationales et celles de l'OCDE ne peuvent pas toujours être compatibles ; ces différences, cependant, sont vraisemblablement très insignifiantes dans les montants des recettes en cause.

Cotisations de sécurité sociale

9. Les cotisations obligatoires de sécurité sociale, définies au § 40, qui sont versées aux administrations publiques, font partie des recettes fiscales. Mais elles peuvent différer toutefois des autres impôts du fait que le paiement des prestations de sécurité sociale dépend dans la plupart des pays du versement des cotisations appropriées, encore qu'il n'y ait pas forcément un lien entre l'importance des prestations et le montant des cotisations. La comparabilité entre les pays sera meilleure si on considère les cotisations de sécurité sociale comme des impôts ; elles figurent cependant sous une rubrique distincte de façon à permettre un traitement séparé pour n'importe quelle analyse.

10. La distinction stricte entre les recettes fiscales (qui sont des paiements obligatoires sans contrepartie aux administrations publiques ou à une autorité supranationale) et les prélèvements obligatoires non fiscaux (PONF) (qui sont soit des paiements avec contrepartie aux administrations publiques, soit des paiements destinés à d'autres organismes) est clairement définie. Néanmoins, dans la palette des divers prélèvements obligatoires destinés aux administrations publiques qui existent dans les différents pays, il n'est pas toujours évident de déterminer en pratique si tel ou tel prélèvement est un impôt ou un PONF. Ainsi, l'épargne-retraite obligatoire qui est placée sous le contrôle des administrations

publiques et qui s'accumule sur un compte individuel rémunéré à un taux correspondant au rendement du marché ou destiné à compenser l'inflation semble, à première vue, constituer une forme de PONF, et non d'impôt. Toutefois, ces paiements peuvent encore être considérés comme « sans contrepartie » et, par conséquent, être classés dans les impôts et non dans les PONF (par exemple si cette épargne-retraite n'est pas remboursée au cas où le contribuable décède avant d'atteindre l'âge de la retraite, et si les fonds en question sont utilisés ensuite pour verser une pension minimale à tous les contribuables qui sont assurés). En conséquence, les chiffres relatifs aux recettes de sécurité sociale indiqués pour la plupart des pays reposent sur l'hypothèse que l'on considère que tous les types de prélèvements obligatoires destinés aux administrations publiques comportent, dans une certaine mesure, un élément redistributif. Il convient de noter que cette conclusion découle d'une interprétation généralement large du terme « sans contrepartie » dans la définition de l'impôt.

11. Les cotisations de sécurité sociale qui sont facultatives ou qui ne sont pas versées à des administrations publiques (voir § 1) ne sont pas considérées comme des impôts, bien que dans certains pays (comme il est indiqué dans les notes correspondantes), il soit difficile d'éliminer complètement les cotisations facultatives et certains versements obligatoires au secteur privé des statistiques relatives aux recettes publiques. Les cotisations de sécurité sociale imputées ne sont pas considérées comme des impôts.

Droits, taxes d'utilisation et droits de licence

12. Si l'on excepte les droits perçus sur les permis de circulation des véhicules à moteur, qui sont universellement considérés comme des impôts, il n'est pas facile de distinguer les droits et taxes d'utilisation qui doivent être traitées comme des impôts de celles qui ne doivent pas l'être. Si, en effet, un droit ou une taxe est perçu au titre d'un service ou d'une activité déterminée, le lien entre ce prélèvement et la prestation fournie peut être plus ou moins important, de même que la relation entre le montant du prélèvement et le coût de la prestation. Lorsque le bénéficiaire d'une prestation acquitte un droit dont le montant est clairement lié au coût de la prestation fournie, on peut considérer que le prélèvement comporte une contrepartie, et d'après la définition donnée au § 1, il ne sera pas traité comme un impôt. Toutefois, dans les cas suivants, les prélèvements seraient 'sans contrepartie':

- *a)* lorsque le prélèvement est très supérieur au coût de la prestation fournie ;
- *b)* lorsque le redevable de la contribution n'est pas le bénéficiaire de la prestation correspondante (par exemple, un droit perçu sur l'abattage du bétail pour financer un service qui est fourni aux agriculteurs) ;
- *c)* lorsque l'État ne fournit pas un service déterminé en contrepartie du droit qu'il perçoit, même si un permis est délivré à celui qui acquitte le droit (par exemple, lorsque l'État délivre des permis de chasse, de pêche ou de port d'armes qui ne sont pas assortis du droit d'utiliser une parcelle déterminée de terres appartenant à l'État) ;
- *d)* lorsque les bénéficiaires de la prestation sont les personnes qui ont acquitté le droit, mais que la prestation dont chacun bénéficie n'est pas nécessairement en rapport avec le montant de ses propres versements (par exemple, le droit de commercialisation du lait acquitté par les fermiers qui sert à promouvoir la consommation de lait).
- *e)* lorsque le payeur de l'impôt ne peut pas s'abstenir de payer lorsqu'il n'utilise pas le service (par exemple, les redevances de radiodiffusion publique où le payeur est obligé de payer la redevance même s'il n'utilise pas les services de radiodiffusion publique).

13. Dans des cas limites, cependant, l'application des critères énoncés au § 1 peut être particulièrement difficile. La solution adoptée, dans un souci d'uniformité entre les pays et eu égard aux montants relativement faibles des recettes en cause, consiste à s'en tenir à la pratique prépondérante des

administrations fiscales plutôt que de laisser chaque pays décider si ces prélèvements sont des impôts ou des recettes non fiscales[4].

14. On trouvera ci-après la liste des principaux droits et taxes en question et leur traitement normal[5] dans la présente publication :

Recettes non fiscales :	frais de justice ; droits de délivrance de permis de conduire ; droits portuaires ; redevances de passeport.
Impôts du sous-groupe 5200:	autorisation d'exercer certaines activités telles que : distribution de films ; chasse, pêche et utilisation d'armes à feu ; organisation de spectacles ou de jeux et paris ; vente de boissons alcoolisées ou de tabacs ; autorisation de posséder des chiens et d'utiliser ou posséder des véhicules à moteur ou des armes à feu ; taxes d'extraction.

15. Dans la pratique, il se peut qu'il ne soit pas toujours possible d'isoler les recettes fiscales des recettes non fiscales quand elles sont enregistrées ensemble. Si l'on estime qu'il s'agit surtout de recettes non fiscales, l'ensemble sera traité comme tel ; dans le cas contraire, les recettes seront comptabilisées et classées conformément aux règles énoncées au § 33.

Redevances

16. La propriété des gisements prenant la forme de minéraux ou de combustibles fossiles (charbon, pétrole ou gaz naturel) dépend de la façon dont les droits de propriété sont définis par la loi, et aussi par les conventions internationales quand les gisements sont situés sous les eaux internationales. Dans certains cas, soit le terrain sous lequel les gisements sont situés, soit les gisements eux-mêmes, soit les deux peuvent appartenir à une administration publique centrale ou locale.

17. Ces unités des administrations publiques peuvent alors consentir un bail à d'autres unités institutionnelles en les autorisant à exploiter ces gisements pendant une période déterminée, en contrepartie d'un paiement ou d'une série de paiements. Ces paiements sont souvent qualifiés de redevances (« royalties »), mais ils n'en constituent pas moins essentiellement des loyers, qui reviennent aux propriétaires des ressources naturelles considérées parce qu'ils mettent ces actifs à la disposition d'autres unités institutionnelles pour des durées déterminées. Ces loyers peuvent prendre la forme de versements périodiques d'un montant fixe, indépendant du rythme d'extraction ; plus vraisemblablement, ils peuvent être fonction de la quantité, du volume ou de la valeur des actifs extraits. Les entreprises engagées dans des activités de prospection sur des terrains publics peuvent effectuer des paiements aux unités de l'administration publique concernées, en contrepartie de l'autorisation de procéder à des forages d'essai ou de réaliser par d'autres moyens des recherches concernant l'existence et la localisation de gisements. Ces paiements sont également considérés comme des loyers, même en l'absence d'extraction. Ils sont donc classés dans les recettes non fiscales.

18. Les mêmes principes s'appliquent lorsque d'autres unités institutionnelles se voient consentir un bail leur permettant de couper du bois dans des forêts naturelles sur des terrains appartenant à des unités des administrations publiques. Ces paiements sont également classés dans les recettes non fiscales.

19. Ces loyers ou redevances versés aux administrations publiques ne doivent pas être confondus avec les impôts sur le revenu et les bénéfices, les taxes d'extraction, les taxes professionnelles ou d'autres impôts. Si ces paiements sont prélevés sur les bénéfices tirés des activités d'extraction, ils doivent être classés dans les impôts sur le revenu, les bénéfices et les gains en capital (1000). En outre, toute taxe d'extraction relative à des minéraux ou des combustibles fossiles extraits de réserves privées ou appartenant à d'autres administrations publiques doit être classée dans les impôts. Les paiements liés à la valeur brute de la production doivent être classés dans les autres impôts sur des biens et services déterminés (5128). Les paiements effectués en contrepartie d'une autorisation ou d'un permis d'extraction doivent être classés dans les impôts sur l'utilisation des biens ou l'autorisation d'utiliser des biens ou d'exercer des activités (5200).

Amendes et pénalités

20. En principe, les amendes et pénalités portant sur les impôts impayés ou les pénalités appliquées en cas de tentative d'évasion fiscale ne doivent pas être enregistrées comme des recettes fiscales. Cependant, il se peut qu'il ne soit pas possible de séparer le versement des amendes et pénalités des recettes correspondant aux impôts auxquels ces amendes et pénalités se rattachent. Dans ce cas, les amendes et pénalités associés à un impôt particulier sont enregistrées avec les recettes correspondant à cet impôt alors que les amendes et pénalités liées à des recettes correspondant à des impôts non-identifiés sont classées comme autres impôts dans la catégorie 6000. Les amendes qui ne concernent pas des infractions fiscales (comme les infractions au stationnement), ou qui ne sont pas identifiables en tant que telles, ne sont pas non plus considérées comme des recettes fiscales.

A3. Bases de comptabilisation

Droits constatés ou encaissements

21. Les données enregistrées dans les publications des *Statistiques des recettes publiques* pour les années récentes sont essentiellement indiquées en droits constatés pour les pays de l'OCDE, c'est-à-dire qu'elles sont enregistrées au moment du fait générateur de l'impôt. D'autres informations sont fournies dans les notes des tableaux par pays au chapitre 5 de ce Rapport.

22. Toutefois, les données des années antérieures et qui concernent les pays non OCDE sont encore principalement comptabilisées sur la base des encaissements, c'est-à-dire au moment où l'administration reçoit le versement. Ainsi, les impôts retenus à la source par les employeurs au cours d'un exercice, mais versés à l'administration au cours de l'exercice suivant, et les impôts dus au titre d'une année mais effectivement versés l'année suivante, figurent les uns et les autres dans les recettes du second exercice. Les restitutions, remboursements et retraits résultant d'opérations rectificatives sont déduits des recettes brutes de la période au cours de laquelle ces opérations sont effectuées.

23. Les données relatives aux recettes fiscales sont comptabilisées, sans déduction compensatoire des dépenses administratives liées au recouvrement de l'impôt. De même, lorsque le produit d'un impôt sert à subventionner certains membres de la collectivité, la subvention n'est pas déduite du rendement de l'impôt, encore que certains pays fassent figurer dans leurs données l'impôt après déduction des subventions.

24. Pour les monopoles fiscaux (sous-groupe 5122), seul le montant effectivement transféré à l'État est inclus dans les recettes publiques. Toutefois, les dépenses des monopoles fiscaux qui sont considérées comme des dépenses publiques (par exemple, des dépenses de caractère social engagées par les monopoles fiscaux à l'instigation de l'État) sont ajoutées après coup pour calculer le montant des recettes fiscales (voir § 66).

La distinction entre dispositions fiscales et dépenses directes[6]

25. Étant donné que la présente publication ne vise que les recettes publiques en faisant abstraction des dépenses, il convient de distinguer entre les dispositions fiscales et les dépenses directes. Normalement, cette distinction ne soulève aucune difficulté, car les dépenses directes sont effectuées en dehors du système fiscal et des comptes fiscaux et en vertu de dispositions législatives distinctes. Dans les cas limites, on recourt, pour établir la distinction, au principe de la comptabilisation sur la base des paiements. Dans la mesure où une disposition affecte le montant des paiements du contribuable à l'État, elle est considérée comme une disposition fiscale dont il est tenu compte dans les données figurant dans cette publication. Une disposition qui n'affecte pas ce montant est considérée comme une dépense directe dont il n'est pas tenu compte dans les données reproduites dans cette publication.

26. Il est clair que les abattements fiscaux, exonérations et déductions de l'assiette de l'impôt modifient le montant de l'impôt acquitté à l'État ; il s'agit donc de dispositions fiscales. Inversement, les formes d'aides qui ne sont pas imputables sur l'impôt et n'ont donc aucun lien avec le processus d'imposition, ne réduisent pas les recettes publiques qui sont consignées dans ce volume. Les crédits d'impôt sont des montants déductibles de l'impôt à acquitter (par opposition aux déductions, qui sont opérées sur l'assiette de l'impôt). On distingue deux catégories de crédits d'impôt : ceux (que l'on qualifiera ici de 'non récupérables') qui sont limités au montant de l'impôt à acquitter et ne peuvent donc donner lieu à un versement de l'administration au contribuable, et ceux (qualifiés ici de 'récupérables') qui n'ont pas cette limite, de sorte que l'excédent du crédit sur l'impôt peut être versé au contribuable[7]. Le crédit d'impôt non récupérable, comme un abattement fiscal, affecte évidemment le montant de l'impôt acquitté à l'État ; aussi est-il considéré comme une disposition fiscale. La solution adoptée pour les crédits d'impôts récupérables[8] consiste à distinguer l'élément de « dépense fiscale »[9], qui est la part du crédit utilisée pour réduire ou supprimer l'impôt dû par le contribuable, et l'« élément de transfert », qui correspond à la part excédant l'impôt dû par le contribuable et qui lui est reversée. Les recettes fiscales rapportées doivent être diminuées du montant de l'élément de dépense, mais non de l'élément de transfert. En outre, les montants de l'élément de dépense fiscale et de l'élément de transfert doivent être indiqués pour mémoire dans les tableaux par pays. Les pays qui ne sont pas en mesure de faire la distinction entre l'élément de dépense fiscale et l'élément de transfert doivent indiquer si leurs recettes fiscales ont été ou non diminuées du montant total de ces éléments, et fournir toutes les estimations dont ils disposent concernant les montants de ces deux éléments. Des informations complémentaires figurent dans le chapitre 1 de ce Rapport, qui fait apparaître les effets des différents traitements possibles des crédits d'impôts récupérables sur les ratios impôt rapportant les impôts au PIB.

Année civile et année fiscale (exercice budgétaire)

27. Les autorités nationales dont l'exercice budgétaire ne correspond pas à l'année civile fournissent, autant que possible, leurs données sur la base de l'année civile afin de faciliter au maximum la comparaison avec les données des autres pays. Les données d'un petit nombre de pays se réfèrent à l'exercice budgétaire. Pour ceux-ci, les statistiques de PIB utilisées dans les tableaux comparatifs portent aussi sur les exercices budgétaires.

A4. Principes généraux de classification

Les fondements essentiels de la classification

28. Les recettes sont classées par groupes principaux (1000, 2000, 3000, 4000, 5000, 6000) suivant l'assiette de l'impôt : 1000 revenus, bénéfices et gains en capital ; 2000 et 3000 salaires et nombre d'employés ; 4000 patrimoine ; 5000 biens et services ; 6000 assiettes diverses, autres ou non identifiables. Lorsqu'un impôt est calculé en fonction de plusieurs assiettes, les recettes sont, chaque fois que c'est possible, réparties entre les divers groupes (voir § 33 et § 84). Les groupes 4000 et 5000 ne comprennent pas seulement les impôts ayant pour assiette le patrimoine, les biens ou les services eux-mêmes, mais aussi certains impôts connexes. Ainsi, les impôts sur les mutations du patrimoine sont classés dans le groupe 4400[10] et les impôts sur l'utilisation des biens, ou l'autorisation d'exercer une activité, dans le groupe 5200. Dans les groupes 4000 et 5000, une distinction est faite dans certains sous-groupes entre impôts périodiques et impôts non périodiques : on entend par impôts périodiques ceux qui sont perçus à intervalles réguliers (ordinairement tous les ans) et par impôts non périodiques ceux qui ne sont perçus qu'une seule fois (voir aussi les § 48 à 51, § 54, § 55, et § 81 pour une application particulière de cette distinction).

29. L'affectation spéciale de certaines recettes fiscales n'influe pas sur leur classification. Toutefois comme explicité au § 40 sur la classification des cotisations de sécurité sociale, l'octroi d'un droit aux prestations sociales est crucial dans la définition de la rubrique principale 2000.

30. La manière selon laquelle un impôt est perçu ou recouvré (par exemple, au moyen de timbres) n'affecte pas sa classification.

Classification des contribuables

31. Dans certains sous-groupes, des distinctions sont faites entre les différentes catégories de contribuables. Ces distinctions varient d'un impôt à l'autre :

a) *Ventilation des impôts sur le revenu et sur l'actif net entre personnes physiques et sociétés*

La distinction fondamentale entre les impôts sur le revenu des sociétés et les impôts sur le revenu des personnes physiques est que les premiers sont perçus sur la société en tant qu'entité et non sur les personnes physiques qui en sont propriétaires, donc sans tenir compte de la situation personnelle de celles-ci. La même distinction est applicable aux impôts sur l'actif net des sociétés et des personnes physiques. Les impôts perçus sur les bénéfices des sociétés de personnes et sur le revenu de certaines institutions comme les caisses d'assurance-vie ou de retraite, sont classés selon le même principe. Ils sont compris dans les impôts sur les sociétés (1200) lorsqu'ils sont perçus sur la société de personnes ou l'institution en tant qu'entité sans que la situation personnelle des propriétaires entre en ligne de compte ; dans les autres cas, ils sont considérés comme des impôts sur les personnes physiques (1100). Ordinairement, les impôts sur les sociétés et les impôts sur les personnes physiques sont régis par des dispositions législatives différentes[11]. La distinction qui est faite ici entre personnes physiques et sociétés ne reprend pas la classification par secteur (ménages, entreprises, etc.) adoptée dans les comptes de revenus et de dépenses du SCN. Cette dernière classification exclut du secteur des ménages certaines entreprises non constituées en sociétés[12] et les fait figurer parmi les entreprises non financières et les institutions financières. Toutefois, l'impôt sur les bénéfices de ces entreprises ne peut pas toujours être isolé de l'impôt sur les autres revenus des propriétaires de ces entreprises, ou ne peut l'être que d'une façon arbitraire. On n'a pas cherché ici à faire la distinction et l'impôt sur le revenu des personnes physiques figure globalement, quelle que soit la nature du revenu imposable.

b) *Ventilation des impôts sur les biens immobiliers entre ménages et autres agents*

En l'occurrence, la distinction est celle qui a été adoptée par le SCN dans les comptes de production et de consommation. On distingue, en effet, les ménages en tant que consommateurs d'une part (c'est-à-dire à l'exclusion des entreprises individuelles), et les producteurs d'autre part. Cependant, les impôts sur les logements occupés par les ménages, qu'ils soient à la charge des propriétaires qui les occupent, du locataire ou du propriétaire, sont classés comme étant à la charge des ménages. C'est la distinction faite habituellement entre les impôts sur les biens des personnes et les impôts sur les biens des entreprises. Toutefois, certains pays ne sont pas en mesure d'établir cette distinction.

c) *Ventilation des permis de circuler des véhicules à moteur entre taxes à la charge des ménages et à la charge d'autres agents*

On distingue ici les ménages en tant que consommateurs d'une part, et producteurs d'autre part, comme dans les comptes de production et de consommation du SCN.

d) *Ventilation des autres impôts (6000) entre les entreprises et les autres agents*

Il est fait la même distinction qu'au point (*c*) ci-dessus entre les producteurs, d'une part, et les ménages consommateurs d'autre part. Les impôts qui figurent dans le groupe 6000 parce qu'ils ne comportent pas une assiette unique ou parce que leur assiette ne relève d'aucune des catégories précédentes, mais qui ne sont manifestement perçus que sur les producteurs et non sur les ménages, sont classés comme étant 'à la charge des entreprises'. Les autres impôts du groupe 6000 figurent sous la rubrique 'à la charge d'autres agents' ou 'non identifiés'.

Surtaxes

32. Les recettes des surtaxes relatives à des impôts particuliers sont classées ordinairement avec les recettes de l'impôt correspondant, que la surtaxe ait ou non un caractère temporaire. Toutefois, si l'une des caractéristiques de la surtaxe permet de la classer sous une rubrique différente de la classification de l'OCDE, les recettes de cette surtaxe sont classées sous cette rubrique et non pas avec les recettes de l'impôt correspondant

Recettes fiscales non identifiables et sous-groupes résiduels

33. Il arrive parfois qu'on ne puisse déterminer si des impôts relèvent entièrement d'un groupe ou d'un sous-groupe de la classification de l'OCDE ; dans ces cas on applique les méthodes suivantes :

a) le groupe est connu, mais on ne sait pas comment répartir les recettes entre les sous-groupes ; les recettes sont alors classées dans le sous-groupe résiduel approprié (1300, 2400, 4520, 4600, 5128, 5130, 5300 ou 6200) ;

b) on sait que l'ensemble des recettes d'un groupe d'impôts (ordinairement des impôts locaux) provient d'impôts relevant d'un groupe ou sous-groupe particulier, mais certains impôts du groupe, dont le montant ne peut être déterminé avec précision, peuvent être classés dans d'autres groupes ou sous-groupes ; dans ce cas les recettes sont comptabilisées dans le groupe ou sous-groupe dont relève l'essentiel des recettes ;

c) il est impossible d'identifier le groupe ou le sous-groupe d'un impôt (ordinairement un impôt local) ; l'impôt est alors classé dans le groupe 6200, à moins qu'il ne s'agisse d'un impôt manifestement à la charge des entreprises, auquel cas il est classé dans le sous-groupe 6100.

A5. Commentaires sur les postes de la liste

1000 — Impôts sur le revenu, les bénéfices et les gains en capital

34. Ce groupe couvre les impôts prélevés sur le revenu ou le bénéfice net (c'est-à-dire le revenu brut déduction faite des abattements autorisés) des personnes physiques et des entreprises. Sont aussi couverts les impôts prélevés sur les gains en capital des personnes physiques et des entreprises et sur les gains provenant de jeux.

35. Ce groupe comprend :

a) les impôts perçus principalement sur les revenus ou les bénéfices, bien qu'ils puissent l'être partiellement sur d'autres bases. Les impôts qui ont une autre assiette principale que le revenu ou les bénéfices sont classés selon les principes énoncés aux § 33 et § 84 ;

b) les impôts sur la propriété immobilière, qui sont perçus sur la base d'un revenu présumé ou estimé faisant partie de l'assiette de l'impôt sur le revenu (voir aussi § 48 (a), (c) et (d)) ;

c) les versements obligatoires aux caisses de sécurité sociale qui sont prélevés sur les revenus mais ne donnent pas droit à des prestations sociales. Lorsque ces contributions donnent droit à des prestations sociales, elles figurent à la rubrique 2000 (voir § 40) ;

d) les recettes provenant d'impôts cédulaires sur le revenu intégrés dans le régime général qui sont globalement classés dans ce groupe, bien que certains de ces impôts soient sur le revenu brut et ne tiennent pas toujours compte de la situation personnelle du contribuable.

36. Les impôts figurant dans ce groupe sont subdivisés en deux grands sous-groupes, les impôts sur le revenu des personnes physiques (1100) et les impôts sur le revenu des sociétés (1200), une ventilation étant faite dans chacun d'eux entre les impôts sur le revenu et les bénéfices (1110 et 1210) et les impôts sur les gains en capital (1120 et 1220). Si certaines recettes ne peuvent être identifiées comme relevant soit du sous-groupe 1100, soit du sous-groupe 1200, ou si cette distinction ne peut être faite dans la pratique (parce qu'il n'y a pas de données fiables sur les bénéficiaires des paiements sur lesquels la retenue à la source est faite), elles sont classées dans le sous-groupe 1300 (non ventilables).

Traitement des crédits d'impôt dans les systèmes d'imputation

37. Dans les régimes d'imputation de l'impôt sur les bénéfices des sociétés, les actionnaires bénéficient d'une compensation totale ou partielle d'imposition sur les dividendes que la société leur a versés et pour lesquels elle a acquitté l'impôt sur le revenu des sociétés. Dans les pays qui appliquent un tel régime,[13] une fraction de l'impôt sur les bénéfices des sociétés sert à alléger l'impôt dû par l'actionnaire. Cet allégement prend la forme d'un crédit d'impôt, dont le montant peut être inférieur, égal ou supérieur au montant total de l'impôt dont il est redevable. Si le crédit d'impôt dépasse ce montant, l'excédent peut être versé à l'actionnaire. Comme ce type de crédit d'impôt fait partie intégrante des systèmes d'imputation de l'impôt sur le revenu des sociétés, tout paiement à l'actionnaire est considéré comme un remboursement d'impôt et non comme une dépense (se référer au traitement des autres crédits d'impôt exposé au § 26).

38. Puisque, dans les systèmes d'imputation, le crédit d'impôt (même lorsqu'il dépasse l'impôt dû) est censé être une disposition fiscale, on peut se demander s'il doit être déduit des recettes de l'impôt sur le revenu des personnes physiques (1110) ou de celles de l'impôt sur les bénéfices de sociétés (1210). Dans ce Rapport le montant intégral de l'impôt acquitté sur les bénéfices des sociétés figure sous le poste 1210 et aucun impôt imputé n'est inclus dans le poste 1110. Le montant total du crédit d'impôt réduit donc le montant des recettes du poste 1110, que ce crédit se traduise par une réduction de l'impôt dû sur le revenu des personnes physiques ou par un remboursement réel du fait que le crédit dépasse le montant de l'impôt. (Cependant, lorsque ces crédits sont déduits de l'impôt sur les sociétés au titre de dividendes versés à des sociétés, le montant est déduit des recettes du poste 1210).

1120 et 1220 — Impôts sur les gains en capital

39. Ces postes comprennent les impôts perçus sur les gains en capital, le sous-groupe 1120 comptabilisant les impôts prélevés sur les gains des personnes physiques et le sous-groupe 1220 ceux qui sont perçus sur les gains des entreprises constituées sous forme de sociétés, lorsque ces recettes peuvent être ventilées. Ce n'est pas le cas dans de nombreux pays et les recettes de ces impôts sont alors classées avec celles de l'impôt sur le revenu. Les impôts sur les gains provenant de jeux sont aussi classés sous le poste 1120.

2000 — Cotisations de sécurité sociale

40. Figurent dans ce groupe tous les versements obligatoires aux administrations publiques qui donnent le droit de bénéficier d'une prestation sociale future (éventuelle). Ces versements sont généralement affectés au financement de prestations sociales et souvent effectués au profit d'institutions ou d'administrations publiques qui fournissent de telles prestations. Cependant, cette affectation n'entre pas dans la définition des cotisations de sécurité sociale et n'est pas nécessaire pour qu'un impôt soit classé dans cette rubrique. Cependant, il faut qu'un impôt confère un droit pour être classé dans cette rubrique. Par conséquent, les prélèvements sur les revenus ou la masse salariale qui sont affectés aux

caisses de sécurité sociale mais ne donnent aucun droit à des prestations sont exclus de cette rubrique et figurent à celle des impôts sur le revenu des personnes physiques (1100) ou des impôts sur les salaires et la main-d'œuvre (3000). Les impôts assis sur d'autres bases, telles que les biens et services, qui sont affectés à des prestations de sécurité sociale, ne sont pas indiqués ici, mais sont classés en fonction de leurs bases respectives parce qu'en général ils ne donnent pas droit à des prestations de sécurité sociale.

41. Seraient entre autres incluses les cotisations au titre des catégories suivantes de prestations de sécurité sociale : les allocations d'assurance-chômage et les compléments, les allocations pour accidents, blessures et maladie, les pensions de retraite, d'invalidité et de survivant, les allocations familiales, les remboursements de dépenses médicales et d'hospitalisation ou la fourniture de services médicaux ou hospitaliers. Les cotisations peuvent être collectées à la fois auprès des employés et des employeurs.

42. Les cotisations peuvent être assises sur les gains ou la masse salariale (« sur la base du salaire ») ou sur le revenu net après déductions et exemptions en fonction de la situation personnelle (« sur la base de l'impôt sur le revenu ») et les recettes correspondant à ces deux bases doivent être identifiées séparément si possible. Cependant, lorsque les cotisations à un régime général de sécurité sociale sont assises sur la masse salariale, mais que les cotisations de groupes particuliers (tels que les travailleurs indépendants) ne peuvent être évaluées sur cette base et que le revenu net est utilisé comme valeur rapprochée des gains bruts, les recettes peuvent encore être considérées comme assises sur la masse salariale. En principe, cette rubrique exclut les cotisations facultatives à des régimes de sécurité sociale. Lorsqu'elles peuvent être identifiées séparément, elles figurent pour mémoire dans le tableau indiquant le financement des prestations de sécurité sociale. Toutefois, en pratique, elles ne peuvent pas toujours être distinguées des cotisations facultatives, et dans ce cas elles figurent à cette rubrique.

43. Les cotisations à des régimes d'assurance sociale qui ne relèvent pas des pouvoirs publics et à d'autres régimes d'assurance ou de prévoyance, aux caisses de retraite, sociétés de secours mutuel ou autres systèmes d'épargne, ne sont pas considérées comme des cotisations de sécurité sociale. Les caisses de prévoyance résultant d'arrangements aux termes desquels les cotisations de chaque salarié et celles que l'employeur verse en son nom sont comptabilisées séparément dans un compte productif d'intérêts d'où elles peuvent être retirées dans des conditions biens déterminées. Les caisses de retraite sont des régimes autonomes organisés par négociations entre salariés et employeurs, qui comportent diverses contributions et prestations, parfois liées plus directement au salaire et à la durée d'activité que dans les régimes de sécurité sociale. Lorsque les cotisations à ces régimes sont obligatoires ou quasi obligatoires (par exemple en vertu d'un accord entre organisations professionnelles et syndicales), elles sont comptabilisées dans le poste pour mémoire (voir le Tableau 5.39 du Rapport).

44. Les cotisations versées par les agents des administrations et par les administrations au titre de leurs agents à des régimes de sécurité sociale relevant des pouvoirs publics sont incluses dans ce groupe. Sont aussi assimilées à des impôts les cotisations à des régimes particuliers réservés aux agents des administrations qui sont censés remplacer un régime général de la sécurité sociale[14]. Par contre, lorsqu'un régime distinct n'est pas censé remplacer un régime général et résulte de négociations entre l'administration, agissant en qualité d'employeur, et ses agents, il n'est pas considéré comme un régime de sécurité sociale et les cotisations à ce titre ne sont pas assimilées à des impôts, même si le régime a été institué par des dispositions législatives.

45. Cette rubrique ne comprend pas les cotisations 'imputées', qui correspondent aux prestations sociales versées directement par les employeurs à leurs salariés, ou anciens salariés, ou à leurs représentants (par exemple, lorsque des employeurs sont légalement tenus de verser des prestations maladies pendant une certaine période).

46. Le groupe comprend les cotisations à la charge des salariés (2100), à la charge des employeurs (2200), et à la charge des travailleurs indépendants ou des personnes n'occupant pas d'emploi (2300). À cet effet, on entend par salariés toutes les personnes qui exercent une activité dans des entreprises, des administrations, des institutions privées sans but lucratif, ou qui occupent d'autres emplois rémunérés,

à l'exception des propriétaires et des membres de leur famille non rémunérés dans le cas d'entreprises individuelles. Sont également compris les membres des forces armées, quelle que soit la durée et la nature de leurs services, s'ils cotisent à un régime de sécurité sociale. Par cotisations à la charge des employeurs, on entend les versements qu'ils effectuent au régime de sécurité sociale pour le compte de leurs salariés. Si, en cas de chômage, les salariés ou employeurs sont tenus de continuer à effectuer ces versements, ces derniers doivent figurer respectivement dans les sous-groupes 2100 et 2200. En conséquence, le sous-groupe 2300 est réservé aux cotisations versées par les travailleurs indépendants et par ceux qui n'appartiennent pas à la population active (comme les handicapés ou les retraités).

3000 — Impôts sur les salaires et la main-d'œuvre

47. Il s'agit d'impôts que doivent acquitter les entreprises, déterminés en proportion des salaires et des traitements payés, ou d'après un montant fixe par personne employée. Ils ne comprennent pas les cotisations obligatoires de sécurité sociale payées par les employeurs, ni les impôts payés par les salariés sur leurs traitements et leurs salaires.

4000 — Impôts sur le patrimoine

48. Ce groupe couvre les impôts périodiques et non périodiques sur l'utilisation, la propriété ou la mutation des biens. Sont comptabilisés ici les impôts sur la propriété immobilière et sur l'actif net, les impôts sur les mutations par décès, les successions et les donations, et les impôts sur les transactions mobilières et immobilières. Sont exclus de ce groupe :

a) les impôts sur les gains en capital provenant de la vente d'un bien (1120 ou 1220) ;

b) les impôts sur l'utilisation des biens ou l'autorisation d'utiliser des biens ou d'exercer des activités (5200) [voir § 78] ;

c) les impôts immobiliers perçus sur la base d'un revenu net présumé qui tiennent compte de la situation personnelle du contribuable. Ces impôts sont classés dans le groupe 1100 en tant qu'impôts sur le revenu, avec les impôts sur le revenu et les gains en capital provenant des biens immobiliers ;

d) les impôts sur l'utilisation de biens immobiliers aux fins d'habitation qui sont à la charge du propriétaire ou du locataire et dont le montant est fonction de la situation personnelle de l'utilisateur (salaire, personnes à charge, etc.). Ils sont classés dans le groupe 1100 en tant qu'impôts sur le revenu ;

e) les impôts sur les constructions dépassant la densité autorisée, les impôts sur l'extension, la construction ou la modification de certains immeubles au-delà d'une valeur autorisée et les impôts sur la construction d'immeubles. Ces impôts sont classés dans le poste 5200 en tant qu'impôts sur l'autorisation d'exercer certaines activités ;

f) les impôts sur l'utilisation de biens immobiliers par le propriétaire à des fins commerciales particulières, comme la vente de boissons alcoolisées, de tabac, de viande, ou pour l'exploitation de sols ou terrains (par exemple aux États-Unis, les taxes d'extraction). Ils sont classés dans le poste 5200 en tant qu'impôts sur l'autorisation d'exercer certaines activités.

4100 — Impôts périodiques sur la propriété immobilière

49. Ce sous-groupe comprend les impôts prélevés régulièrement au titre de l'utilisation ou de la propriété de biens immobiliers.

- ces impôts sont prélevés sur les terrains et les bâtiments ;

- ces impôts sont calculés en pourcentage de la valeur du bien évalué d'après un revenu locatif fictif, le prix de vente ou le rendement capitalisé, ou en fonction d'autres caractéristiques du bien, comme sa dimension ou son emplacement, d'où l'on peut déduire une valeur locative présumée ou la valeur du capital.
- ces impôts sont à la charge du propriétaire, du locataire ou des deux. Ils peuvent également être payés par une administration à une autre administration au titre d'un bien relevant de la compétence de cette dernière.
- il n'est pas tenu compte des dettes pour la détermination de l'assiette de ces impôts, contrairement aux impôts sur l'actif net.

50. Les impôts sur la propriété immobilière sont en outre subdivisés en impôts acquittés par les ménages (4110) et impôts acquittés par d'autres agents (4120), suivant les critères exposés au § 31(*b*) ci-dessus.

4200 — Impôts périodiques sur l'actif net

51. Ce sous-groupe comprend les impôts prélevés régulièrement (dans la plupart des cas annuellement) sur l'actif net, c'est-à-dire les impôts perçus sur un large éventail de biens mobiliers et immobiliers, endettement déduit. Il est subdivisé en impôts acquittés par des personnes physiques (4210), et en impôts acquittés par des sociétés (4220) selon les critères exposés plus haut au § 31(a). Si les recettes provenant des institutions sont comptabilisées à part, les paiements concernés doivent être ajoutées aux impôts des entreprises.

4300 — Impôts sur les mutations par décès, les successions et les donations

52. Ce sous-groupe comprend les impôts sur les mutations par décès et les successions (4310) et les impôts sur les donations (4320).[15] Les impôts sur les mutations par décès sont calculés soit sur l'ensemble de la masse successorale, soit en fonction de la part de chacun des bénéficiaires (« part héréditaire ») ; en outre, ces derniers impôts peuvent tenir compte du degré de parenté entre chacun des bénéficiaires et le défunt.

4400 — Impôts sur les transactions mobilières et immobilières

53. Sont compris, entre autres, dans ce sous-groupe les impôts sur l'émission, le transfert, l'achat et la vente d'actifs financiers et non financiers (y compris de devises étrangères ou de valeurs mobilières), les impôts sur les chèques et d'autres formes de paiement, ainsi que les droits perçus à l'occasion d'actes juridiques déterminés, comme la validation de contrats et la vente de biens immobiliers. Sont exclus :

a) les impôts sur l'utilisation de biens, mobiliers ou immobiliers, ou l'autorisation d'exercer certaines activités (5200) ;

b) les droits acquittés au titre de frais de justice, ou pour la délivrance de certificats de naissance, de mariage ou de décès, car ces droits sont considérés comme des recettes non fiscales (voir § 12) ;

c) les impôts sur les gains en capital (1000) ;

d) les impôts périodiques sur la propriété immobilière (4100) ;

e) les impôts périodiques sur l'actif net (4200) ;

f) les prélèvements sur le patrimoine ou sur l'actif net effectués une fois pour toutes (4500) ;

g) les droits de timbre non liés à des transactions financières et immobilières

i. Droits de timbre sur la vente de produits spécifiques, comme les boissons alcoolisées ou le tabac (5121) ;

ii. Droits de timbre limités par la loi aux produits importés (5123) ou aux produits exportés (5124) ; ou

iii. Droits de timbre qui ne grèvent pas exclusivement une seule catégorie de transaction (6000).

4500 — Autres impôts non périodiques sur le patrimoine

54. Ce sous-groupe comprend les prélèvements sur le patrimoine effectués une fois pour toutes (par opposition aux prélèvements périodiques). Il est subdivisé en impôts sur l'actif net (4510) et en autres impôts non périodiques sur le patrimoine (4520). Le poste 4510 inclurait les impôts perçus pour couvrir des dépenses exceptionnelles ou à des fins de redistribution. Le poste 4520 comprendrait les impôts prélevés pour tenir compte d'une plus-value prise par les terrains du fait que les administrations publiques ont autorisé l'extension ou l'aménagement d'installations locales, ainsi que les impôts sur la réévaluation du capital ou les impôts perçus une seule fois sur certains biens déterminés.

4600 — Autres impôts périodiques sur le patrimoine

55. Ils sont rares dans des pays Membres de l'OCDE ; ce sous-groupe comprendrait les impôts sur des biens tels que le cheptel, les bijoux, les fenêtres et les signes extérieurs de richesse.

5000 — Impôts sur les biens et services

56. Ce poste couvre tous les impôts et droits perçus sur la production, l'extraction, la vente, le transfert, la location ou la livraison de biens et la prestation de services (5100), ou sur l'utilisation ou l'autorisation d'utiliser des biens ou d'exercer des activités (5200). Ce groupe comprend donc :

a) les taxes cumulatives en cascade ;

b) les taxes générales sur les ventes — perçues au stade de la production ou de la fabrication, du gros ou du détail ;

c) les taxes sur la valeur ajoutée ;

d) les accises ;

e) les taxes perçues à l'importation et à l'exportation de biens ;

f) les impôts perçus sur l'utilisation de biens et sur l'autorisation d'utiliser des biens ou d'exercer certaines activités ;

g) les impôts sur l'extraction, le traitement ou la production de minéraux et autres produits.

57. Les cas douteux de délimitation entre ce groupe et le groupe 4000 (impôts sur le patrimoine) et le sous-groupe 6100 (autres impôts à la charge des entreprises) sont examinés aux § 48, § 53 et § 80. Des postes résiduels (5300 et 5130) ont été prévus pour comptabiliser les recettes fiscales qui ne peuvent être ventilées respectivement entre les postes 5100 et 5200 et entre les postes 5110 et 5120 (voir § 33).

5100 — Impôts sur la production, la vente, le transfert, la location et la livraison de biens et la prestation de services

58. Ce sous-groupe comprend tous les impôts perçus sur les transactions afférentes à des biens ou services, en fonction de leurs caractéristiques propres (comme la valeur, le poids du tabac, le degré d'alcool, etc.), à la différence des impôts perçus au titre de l'utilisation ou de l'autorisation d'utiliser des biens ou d'exercer des activités, qui entrent dans le sous-groupe 5200.

5110 — Impôts généraux sur les biens et services

59. Ce sous-groupe comprend tous les impôts, autres que les droits à l'importation et à l'exportation (5123 et 5124), perçus sur la production, la location, le transfert, la livraison ou la vente d'une gamme de biens ou la prestation d'une gamme de services, qu'ils soient produits dans le pays ou importés, et quel que soit le stade de la production ou de la distribution aux quel ils sont perçus. Il couvre ainsi les taxes sur la valeur ajoutée, les taxes sur les ventes et les taxes de caractère cumulatif en cascade. On a ajouté aux recettes brutes de cette catégorie les recettes provenant de la compensation à la frontière de ces impôts lorsque les biens sont importés, et déduit les remboursements d'impôts effectués lorsque les marchandises sont exportées. Ces impôts sont ventilés en : taxes sur la valeur ajoutée (5111), impôts sur les ventes (5112), impôts sur le chiffre d'affaires et autres impôts généraux sur les biens et services (5113).

60. Certains cas se trouvent à la limite entre ce sous-groupe et celui des impôts sur des biens et services déterminés (5120) lorsque ces impôts sont perçus sur un grand nombre de biens, comme dans le cas de la « *purchase tax* » au Royaume-Uni (abrogée en 1973) et l'impôt japonais sur les biens marchands (abrogé en 1988). Conformément aux options nationales, la « *purchase tax* » britannique est classée impôt général (5112) et l'impôt japonais dans les accises (5121).

5111 — Taxes sur la valeur ajoutée

61. Sont classés dans ce sous-groupe tous les impôts généraux sur la consommation prélevée sur la valeur ajoutée, quels que soient le mode de déduction et les stades auxquels ils sont perçus. En pratique, tous les pays de l'OCDE où existe une taxe sur la valeur ajoutée autorisent normalement la déduction immédiate des taxes sur les achats par tous les redevables, à l'exception du consommateur final, et imposent la taxe à tous les stades. Dans certains pays, le poste peut inclure aussi certains impôts, comme les taxes sur les activités financières et les assurances, soit parce que les recettes correspondantes ne peuvent être dissociées de celles de la taxe sur la valeur ajoutée, soit parce qu'elles sont considérées comme faisant partie intégrante de la taxe sur la valeur ajoutée, même si les taxes similaires qui existent dans d'autres pays peuvent être classées autrement (par exemple, sous le poste 5126 comme impôts sur les services ou sous le poste 4400 comme impôts sur les transactions mobilières et immobilières).

5112 — Impôts sur les ventes

62. Sont classés ici tous les impôts perçus à un stade unique, que ce soit celui de la fabrication, de la production, du gros ou du détail.

5113 — Impôts sur le chiffre d'affaires et autres impôts généraux sur les biens et services

63. Il s'agit des taxes cumulatives en cascade et des taxes qui combinent des éléments de taxe sur la consommation et des taxes en cascade. Ces impôts sont prélevés sur chaque transaction sans déduction des taxes acquittées en amont. Les taxes en cascade peuvent être combinées avec des éléments de taxe sur la valeur ajoutée ou d'impôts sur les ventes.

5120 — Impôts sur des biens et des services déterminés

64. Ce sous-groupe couvre les accises, les bénéfices engendrés et transférés par les monopoles fiscaux, et les droits de douane et à l'importation, ainsi que les taxes à l'exportation, les opérations de change, les biens d'équipement et les paris, et aussi les impôts spéciaux sur les services qui ne font pas partie d'un impôt général du sous-groupe 5110.

5121 — Accises

65. Les accises sont des impôts spécifiques perçus par unité produite sur une gamme limitée de biens prédéfinie. Les accises sont généralement prélevées à des taux différenciés sur des biens non essentiels ou de luxe, les boissons alcoolisées, les produits à base de tabac et l'énergie. Les accises peuvent être perçues à un stade quelconque de la production ou de la distribution et sont calculées généralement sur la base d'un prélèvement spécifique par unité correspondant aux caractéristiques du produit considéré, par référence à sa valeur, son poids, son degré ou son volume. Cette subdivision couvre ainsi les impôts spéciaux sur certains produits tels que le sucre, la betterave, les allumettes et le chocolat ; les impôts prélevés à des taux variables sur une gamme déterminée de produits ; ainsi que les impôts perçus sur les produits à base de tabac, les boissons alcoolisées, les combustibles et les hydrocarbures. Si un impôt frappant principalement des produits importés doit ou devrait également être perçu sur des produits nationaux comparables, suivant la même législation, les recettes de cet impôt doivent alors être classées dans la catégorie des accises et non dans celle des droits à l'importation. Ce principe vaut également même s'il n'existe pas, ou ne peut exister, de production nationale comparable. Les impôts prélevés sur la consommation de services d'utilité publique (eau, électricité, gaz et autres formes d'énergie) sont considérés comme des accises, et non comme des impôts sur des services déterminés (5126). Ne sont pas inclus dans les accises les prélèvements entrant dans les catégories des impôts généraux sur les biens et services (5110), des bénéfices des monopoles fiscaux (5122), des droits de douane et autres droits à l'importation (5123) ou des taxes à l'exportation (5124).

5122 — Bénéfices des monopoles fiscaux

66. Ce sous-groupe couvre la fraction des bénéfices des monopoles fiscaux qui est transférée aux administrations publiques ou qui sert à financer des dépenses considérées comme dépenses publiques (voir § 24). Les montants sont comptabilisés lorsqu'ils sont transférés aux administrations publiques ou utilisés pour effectuer des dépenses considérées comme des dépenses publiques.

67. Les monopoles fiscaux reflètent l'exercice du pouvoir d'imposition de l'État par l'intermédiaire du monopole. Les monopoles fiscaux sont des entreprises publiques non financières, qui exercent dans la plupart des cas un monopole sur la production ou la distribution du tabac, des boissons alcoolisées, du sel, des allumettes, des cartes à jouer et des produits pétroliers ou agricoles (c'est-à-dire, sur le genre de produits qui peuvent être soumis, principalement ou accessoirement, aux accises du poste 5121), pour procurer des recettes publiques qui, dans d'autres pays, sont obtenues par le biais d'impôts frappant les transactions sur ces produits d'entreprises privées. Le monopole d'État peut être exercé au stade de la production, ou au stade de la distribution comme dans le cas des magasins de vente de boissons alcoolisées qui appartiennent à l'État et sont contrôlés par lui.

68. Les monopoles fiscaux sont différents des services publics, comme les chemins de fer, l'électricité, les postes et autres moyens de communication, qui peuvent avoir une position de monopole ou de quasi-monopole, mais dont l'objet principal est, normalement, de fournir des services essentiels et non pas de procurer des recettes à l'État. Les transferts à l'administration de ces autres entreprises publiques sont considérés comme des recettes non fiscales. La notion traditionnelle de monopole fiscal n'a généralement pas été élargie pour inclure les loteries nationales, dont les bénéfices sont habituellement considérés comme des recettes non fiscales. Cependant, ces bénéfices peuvent être considérés comme des recettes fiscales quand la raison principale de la mise en œuvre de ces loteries est l'augmentation des recettes pour financer les dépenses publiques. On distingue les bénéfices des monopoles fiscaux des bénéfices des monopoles d'exportation et d'importation (5127), qui sont transférés des offices de commercialisation ou d'autres entreprises s'occupant du commerce international.

5123 — Droits de douane et autres droits à l'importation

69. Figurent ici les taxes, droits de timbre et surtaxes qui, selon la loi sont perçus exclusivement sur des produits importés. Sont aussi inclus dans ce poste les droits perçus sur l'importation de denrées agricoles dans les pays Membres de l'Union Européenne et les montants acquittés par certains de ces pays en vertu du Système de Montants Compensatoires[16]. Les droits de douane collectés par les États membres de l'Union européenne pour le compte de l'Union européenne sont reportés sous cette rubrique au niveau de l'autorité supranationale dans les tableaux par pays (chapitre 5 de ce Rapport). Sont exclues ici les taxes perçues sur les importations au titre d'un impôt général sur les biens et les services ou d'une accise applicable aussi bien aux produits importés qu'aux produits fabriqués dans le pays.

5124 — Taxes à l'exportation

70. Pendant les années 70, les droits à l'exportation étaient perçus normalement en Australie, au Canada et au Portugal, et ils étaient utilisés en Finlande à des fins conjoncturelles. Certains pays Membres de l'Union Européenne acquittent, dans le cadre du système des montants compensatoires, une taxe sur les exportations (voir la note 16 du § 69). Lorsque ces montants sont identifiables, ils sont inclus dans ce poste. Ce dernier ne comprend pas les remboursements effectués au titre d'impôts généraux sur la consommation d'accises ou de droits de douane sur des biens exportés, qui doivent être déduits des recettes brutes comptabilisées, selon le cas, sous le poste 5110, 5121 ou 5123.

5125 — Impôts sur les biens d'équipement

71. Ce sous-groupe comprend les impôts perçus sur les biens d'équipement, comme les machines. Ils peuvent exister depuis un certain nombre d'années ou avoir un caractère temporaire et être prélevés à des fins conjoncturelles. Ne sont pas inclus les impôts sur les 'inputs' industriels qui frappent aussi les consommateurs (comme l'impôt suédois sur l'énergie qui est classé sous le poste 5121).

5126 — Impôts sur des services déterminés

72. Sous ce poste figurent tous les impôts calculés sur la rémunération de services spécifiques, comme les taxes sur les primes d'assurance, les taxes sur les services bancaires, sur les jeux et paris (par exemple : courses de chevaux, pronostics de football, billets de loterie nationale), les transports, les spectacles, les restaurants et la publicité. Les impôts prélevés à l'entrée dans un casino, sur un champ de courses ou lors d'événements ou dans des lieux similaires, ainsi que les droits de timbre sur des services déterminés sont également classés sous ce poste. Les impôts prélevés sur le revenu brut des sociétés prestataires d'un service déterminé (exemple : transports [y compris les taxes d'aéroport et autres taxes d'embarquement], assurance, banque, spectacles, restaurants et publicité) sont eux aussi classés sous ce poste.

73. Les recettes fiscales provenant des prélèvements sur les banques et des contributions aux mécanismes de garantie des dépôts et de stabilité financière sont également classés ici :

- Les redevances de stabilité, les prélèvements sur les banques et les contributions à la garantie des dépôts, qu'il est obligatoire d'acquitter, doivent généralement être traitées comme des recettes fiscales lorsque les versements sont effectués au profit de l'administration publique ou d'une autorité supranationale et affectés au budget consolidé ou général des administrations de sorte que les pouvoirs publics soient libres d'utiliser les fonds sans délai aux fins qu'ils jugent opportunes. Ce principe s'appliquerait indépendamment du fait que l'administration promette ou non d'effectuer des versements pour garantir les dépôts des clients des établissements bancaires si la situation l'exigeait à l'avenir.

- Si les paiements obligatoires sont effectués au profit de l'administration publique et imputés à des budgets dont les ressources doivent être entièrement réaffectées au secteur de l'économie qui englobe les entreprises assujetties à ces paiements, ceux-ci seront toujours traités, en règle générale, comme des recettes fiscales étant donné que les fonds seraient disponibles pour l'administration et réduiraient son déficit budgétaire, que la redevance est sans contrepartie pour les entités individuelles et que les montants collectés pourraient être dissociés de tout versement en faveur des déposants ou de toute dépense visant à soutenir plus largement le secteur financier.
- Les contributions aux mécanismes traditionnels de moindre envergure destinés à garantir les dépôts de détail, contributions dont le montant est aligné sur le coût de la garantie, doivent être classées en tant que redevances pour services rendus.
- Tout versement au titre de la réalisation par une administration des actifs d'un établissement en faillite ou du recouvrement par cette administration d'une créance prioritaire sur les actifs de l'établissement en cours de liquidation, effectué en vue de financer l'indemnisation des clients ayant perdu leurs dépôts, serait traité comme une redevance par opposition aux recettes fiscales.
- Les versements obligatoires effectués à des fonds gérés en dehors du secteur public et à des institutions non étatiques soutenues par les déposants, ainsi que tous les versements à des régimes volontaires, ne doivent pas être traités comme des recettes fiscales.
- Les contributions au Fonds de résolution unique de l'UE sont également incluses ici et attribuées à l'autorité supranationale dans les tableaux par pays.

74. Ne figurent pas sous ce poste :

a) les impôts sur les services qui font partie d'un impôt général sur les biens et services et sont classés sous le poste 5110 ;

b) les taxes sur l'électricité, le gaz et l'énergie (classées sous le poste 5121 en tant qu'accises) ;

c) les taxes sur les gains personnels tirés de jeux et paris (qui sont classées sous le poste 1120, en tant qu'impôts sur les gains en capital des personnes physiques et entreprises individuelles) et les montants forfaitaires perçus sur le transfert de loteries privées ou sur l'autorisation de créer des loteries (5200)[17] ;

d) les impôts sur les chèques et sur l'émission, le transfert ou le remboursement de valeurs mobilières, (qui sont classés sous le poste 4400, en tant qu'impôts sur les transactions mobilières et immobilières) ;

e) les impôts généraux sur le chiffre d'affaires (5113).

5127 — Autres impôts sur les transactions et les échanges internationaux

75. Ce sous-groupe couvre les recettes perçues par l'État sur l'achat et la vente de monnaies étrangères à des taux différents. Lorsque l'État exerce le privilège exclusif dont il dispose pour s'assurer une marge entre le prix d'achat et le prix de vente de devises qui ne se réduit pas à la simple couverture des frais administratifs, ce bénéfice représente un prélèvement obligatoire imposé dans des proportions indéterminées à l'acheteur et au vendeur des monnaies étrangères. Il équivaut normalement au droit à l'importation et au droit à l'exportation perçus dans un système de taux de change unique, ou à une taxe sur la vente ou l'achat de monnaies étrangères. Comme les bénéfices des monopoles fiscaux et des monopoles d'importation ou d'exportation transférés à l'État, il représente l'exercice d'un monopole aux fins d'imposition et est inclus dans les recettes fiscales.

76. Ce sous-groupe comprend aussi les bénéfices des monopoles d'exportation ou d'importation, bien qu'il n'en existe pas dans les pays de l'OCDE, les impôts sur l'achat ou la vente de devises et tous les autres impôts perçus spécifiquement sur les opérations ou les échanges internationaux.

5128 — Autres impôts sur des biens et services déterminés

77. Cette rubrique comprend les impôts sur l'extraction de minéraux, combustibles fossiles et autres ressources non renouvelables provenant de gisements privés ou détenus par une autre administration, ainsi que toute autre recette non ventilable provenant des impôts sur des biens et services déterminés. Les impôts sur l'extraction de ressources non renouvelables correspondent généralement à un montant forfaitaire par unité de qualité ou de poids, mais peuvent être calculés ad valorem. Les impôts sont comptabilisés à la date d'extraction des ressources. Les versements tirés de l'extraction de ressources non renouvelables issues de gisements appartenant à l'administration publique qui perçoit ces versements sont classés en tant que loyers.

5200 — Impôts sur l'utilisation des biens ou l'autorisation d'utiliser des biens ou d'exercer des activités

78. Ce sous-groupe comprend les taxes prélevées en raison de l'utilisation de biens, indépendamment des impôts frappant les biens eux-mêmes. Contrairement à ceux-ci (5100), les impôts du sous-groupe 5200 ne sont pas calculés d'après la valeur des biens, mais ordinairement d'après un montant forfaitaire. Sont aussi couverts les impôts perçus au titre du droit d'utiliser des biens ou d'exercer des activités, comme les taxes sur la pollution qui ne reposent pas sur la valeur de biens déterminés. Il est parfois difficile de distinguer les taxes d'utilisation et droits de licence obligatoires, qui sont considérés comme des impôts, de ceux qui ne le sont pas parce qu'ils sont assimilés à des recettes non fiscales ; les critères appliqués sont ceux indiqués aux § 12 et 13.

79. Bien que le sous-groupe se réfère à l'utilisation des biens, le fait générateur de l'impôt peut être aussi bien l'enregistrement de la propriété, de sorte que les impôts relevant de ce sous-groupe peuvent viser la possession d'animaux ou de biens plutôt que leur utilisation (par exemple, les chevaux de course, les chiens, les véhicules à moteur) et même s'appliquer à des biens inutilisables (comme les véhicules à moteur ou les fusils inutilisables).

80. Les cas limites concernent :

a) les impôts sur l'autorisation d'exercer des activités commerciales, qui sont classés selon les règles exposées au § 84 lorsqu'ils ont une assiette mixte associant le revenu, les salaires versés ou le chiffre d'affaires ;

b) les impôts sur la propriété ou l'utilisation de la propriété de biens visés par les postes 4100, 4200 et 4600. Le poste 4100 ne vise que les impôts sur la propriété ou la location de biens immobiliers et, contrairement aux impôts du sous-groupe 5200, ils sont fonction de la valeur du bien. Les impôts sur l'actif net et les impôts sur les biens meubles des sous-groupes 4200 et 4600 visent la propriété et non pas l'utilisation des biens, couvrent un groupe d'actifs et non pas de biens particuliers et sont aussi fonction de la valeur du bien.

5210 — Impôts périodiques sur l'utilisation de biens ou sur l'autorisation d'utiliser des biens ou d'exercer certaines activités

81. Ces impôts ont pour principale caractéristique d'être perçus à intervalles réguliers et de représenter ordinairement des montants forfaitaires. Le poste le plus important, du point de vue du volume des recettes, est constitué par les permis de circulation des véhicules. Ce sous-groupe inclut aussi les taxes perçues lors de la délivrance de permis de chasse, de tir ou de pêche, ou l'autorisation de vendre certains produits, ainsi que les taxes sur la possession de chiens, les redevances de radiodiffusion et les impôts sur la prestation de certains services à condition qu'elles répondent aux critères définis aux § 12 et 13. Les subdivisions du poste 5210 comprennent :

- les taxes d'utilisation de véhicules à moteur à la charge des ménages (5211) ;

- les taxes d'utilisation de véhicules à moteur à la charge d'autres agents (5212) ; et
- les autres impôts périodiques (5213). Ce poste couvre les licences commerciales et professionnelles achetées par des entreprises pour obtenir le droit d'exercer un type déterminé d'activité ou de profession lorsque ces droits sont perçus sur une base périodique. Il englobe aussi les licences de taxi et de casino. Enfin, ce poste inclut les plaques de chiens et permis généraux de chasse, de port d'armes et de pêche, lorsque le droit d'exercer ces activités n'est pas accordé au titre d'une opération commerciale normale. Les redevances de radiodiffusion sont incluses lorsque le payeur de la redevance ne peut pas s'abstenir de payer pour les services de radiodiffusion publique s'il ne souhaite pas les regarder ou les (par exemple, en déclarant qu'il n'utilise pas de services de radiodiffusion publique). Les exonérations spécifiques (par exemple, pour les personnes âgées) ne changent pas le caractère obligatoire du paiement.

82. Le poste 5213 exclut :

a) les permis lorsque le droit d'exercer ces activités est accordé au titre d'une opération commerciale normale (par exemple, la délivrance du permis s'accompagne du droit d'utiliser une parcelle déterminée de terrain appartenant à l'État) ;

b) les paiements liés aux contrôles effectués par l'État pour vérifier l'adéquation et/ou la sécurité des locaux ou des équipements professionnels, ou la qualité ou la norme de biens ou de services produits en contrepartie de l'octroi de ce permis. Ces paiements ne sont pas sans contrepartie et doivent être considérés comme des paiements au titre de services rendus, sauf si les montants facturés pour les permis sont disproportionnés par rapport aux coûts des contrôles effectués par l'État.

c) les redevances de radiodiffusion publique si les utilisateurs peuvent choisir de ne pas payer ces redevances lorsqu'ils ne souhaitent pas utiliser ces services, sans que cela n'affecte leur capacité à consommer des services de radiodiffusion privés.

5220 — Impôts non périodiques sur l'utilisation de biens ou sur l'autorisation d'utiliser des biens ou d'exercer certaines activités

83. Cette rubrique recouvre les taxes non périodiques perçues sur l'utilisation de biens ou sur l'autorisation d'utiliser des biens ou d'exercer certaines activités et celles qui sont prélevées chaque fois que des biens sont utilisés. Les impôts prélevés sur l'émission ou le rejet dans l'environnement de gaz toxiques, liquides nocifs ou autres substances dangereuses figurent ici.

- Les paiements au titre des permis d'émission négociables délivrés par les administrations publiques dans le cadre des dispositifs de plafonnement et d'échange doivent également être comptabilisés sous cette rubrique au moment où les émissions sont produites. Les permis délivrés gratuitement par les administrations ne donnent lieu à aucun enregistrement comptable de recettes. La comptabilisation en droits constatés implique un éventuel délai entre la date à laquelle l'administration perçoit le règlement des permis et la date à laquelle les émissions sont produites. Dans les comptes nationaux, ce délai se traduit pour l'administration par un engagement financier sur la période.
- Il convient d'exclure les paiements effectués au titre de la collecte et de l'élimination de déchets ou de substances nocives par les autorités publiques, étant donné qu'il s'agit là de vente de services aux entreprises.

84. D'autres impôts non périodiques qui relèvent du poste 5200 sont aussi classés dans cette rubrique. Ainsi figurent les paiements uniques effectués au titre de l'autorisation de vendre des boissons alcoolisées ou des tabacs ou d'ouvrir des guichets de « paris mutuels », à condition qu'ils répondent aux critères définis aux § 12 et 13.

6000 — Autres impôts

85. Ce groupe couvre les impôts prélevés sur une ou plusieurs assiettes différentes de celles qui sont indiquées pour les groupes 1000, 3000, 4000 et 5000, ou sur des assiettes qui ne peuvent être considérées comme liées à l'une de celles afférentes à ces groupes. Lorsque des impôts sont perçus sur plusieurs assiettes différentes, et qu'il est possible d'évaluer les recettes liées à chaque assiette, les montants correspondants sont inclus dans le groupe approprié. S'il est impossible d'évaluer le montant correspondant à chaque assiette, et si l'on sait que l'essentiel des recettes provient des impôts perçus sur une assiette donnée, la totalité des recettes est classée en fonction de cette assiette. Sinon, les impôts sont classés dans le présent groupe. Sont également inclus dans ce groupe les impôts forfaitaires non inclus ailleurs dans le système de classification, les impôts prélevés sur les personnes physiques sous la forme de taxe civique ou d'impôt de capitation, les droits de timbre qui ne sont pas liés à des transactions mobilières ou immobilières et qui n'entrent pas exclusivement dans une catégorie de transactions, les impôts sur les dépenses dès lors qu'ils s'accompagnent d'abattements et d'exonérations individuels, ainsi que les recettes fiscales non identifiables. Ce poste est divisé en impôts exclusivement ou principalement à la charge des entreprises (6100) et en impôts à la charge d'autres contribuables (6200).

A6. Conciliation avec les comptes nationaux

86. Cette section des tableaux permet de concilier les calculs des recettes fiscales totales de l'OCDE et l'ensemble des impôts et cotisations sociales versés aux administrations publiques qui sont enregistrés dans les comptes nationaux par pays. Lorsque le pays en question est membre de l'Union européenne (UE), la comparaison est effectuée entre les calculs des recettes fiscales totales des pays de l'OCDE et la somme des recettes fiscales et cotisations de sécurité sociale perçues par les administrations publiques et les institutions des secteurs de l'Union européenne des comptes nationaux.

A7. Poste pour mémoire relatif au financement des prestations de sécurité sociale

87. Le rapport entre les impôts et les cotisations de sécurité sociale étant variable, et en raison des problèmes évoqués aux § 40 à 46, on a réuni dans un poste pour mémoire l'ensemble des versements affectés à des prestations du type sécurité sociale, en dehors des versements facultatifs au secteur privé. Les données sont présentées de la façon suivante (voir le Tableau 5.39 du Rapport) :

- *a)* impôts du groupe 2000 ;
- *b)* impôts affectés aux prestations de sécurité sociale ;
- *c)* cotisations facultatives à l'administration ;
- *d)* cotisations obligatoires au secteur privé.

Les § 40 à 46 ci-dessus contiennent des directives pour la ventilation entre ces quatre catégories.

A8. Poste pour mémoire relatif aux impôts identifiables payés par les administrations

88. Les impôts effectivement payés par les administrations elles-mêmes et que l'on peut identifier sont indiqués dans un poste pour mémoire et classés suivant les grandes rubriques de la classification des impôts de l'OCDE. Dans la très grande majorité des pays, seuls peuvent être identifiées en l'occurrence les cotisations de sécurité sociale et les impôts sur les salaires, mais il s'agit là en général des impôts les plus importants acquittés par les administrations (voir le Tableau 5.40 du Rapport).

A9. Rapport de la classification des impôts de l'OCDE avec les systèmes nationaux de comptabilité nationale

89. Un système de comptabilité nationale (SCN) tend à fournir un cadre cohérent pour enregistrer et présenter les principaux flux relatifs à la production, à la consommation, à l'accumulation et aux transactions extérieures d'une zone économique donnée, d'ordinaire un pays ou une grande région d'un pays. Les recettes publiques sont une partie importante des transactions enregistrées dans le SCN. La version finale du SCN 2008 a été diffusée conjointement par cinq organisations internationales : les Nations Unies, le Fonds Monétaire International, l'Union européenne, l'Organisation de Coopération et de Développement Économiques et la Banque Mondiale, en août 2009. Le *Système* est un ensemble complet, cohérent et souple de comptes macro-économiques. Il est élaboré pour être utilisé dans les pays à économie de marché quel que soit leur niveau de développement économique ainsi que dans les pays en transition vers l'économie de marché. De larges extraits du cadre théorique ainsi que les définitions des divers secteurs de l'économie du SCN figurent dans la classification des impôts de l'OCDE.

90. Il existe cependant un certain nombre de différences entre la classification des impôts de l'OCDE et les concepts du SCN qui sont indiqués ci-dessous. Ils proviennent du fait que l'objectif de cette classification est de permettre une ventilation aussi large que possible des données statistiques pour ce que les administrations fiscales conviennent de considérer de manière générale comme des impôts.

a) l'OCDE inclut les cotisations obligatoires de sécurité sociale payées aux administrations publiques dans les recettes fiscales totales. Les cotisations sociales facultatives et imputées ainsi que celles versées aux caisses privées ne sont pas considérées comme des impôts (§ 9 et 11 ci-dessus) ;

b) les avis diffèrent sur la question de savoir s'il y a lieu de classer certains prélèvements et redevances dans les impôts (§ 12 et 13 ci-dessus) ;

c) l'OCDE exclut les impôts imputés ou les subventions résultant d'opérations de taux de change officiels multiples et ceux résultant du fait que la banque centrale paye un taux d'intérêt sur les réserves obligatoires différent des autres taux du marché ;

d) il existe des différences dans le traitement des crédits d'impôt récupérables.

91. Comme on l'a noté aux § 1 et 2, les groupes 1000 à 6000 de la classification de l'OCDE comprennent tous les versements sans contrepartie aux administrations publiques ou à une autorité supranationale, à l'exclusion des prêts obligatoires et des amendes. On peut obtenir le total de ces versements sans contrepartie, amendes incluses, mais prêts obligatoires exclus, en additionnant les postes suivants du SCN 2008 :

- impôts du type valeur ajoutée (D.211) ;
- droits et taxes sur les importations à l'exclusion de la TVA (D.212) ;
- droits sur les exportations (D.213) ;
- taxes sur les produits, à l'exclusion de la TVA, des droits sur les importations et les exportations (D.214) ;
- autres impôts sur la production (D.29) ;
- impôts sur le revenu (D.51) ;
- autres impôts périodiques (D.59) ;
- cotisations de sécurité sociale effectives (D.611 et D613), à l'exclusion des cotisations volontaires et des versements à des régimes d'assurance sociale liés à l'emploi qui ne sont pas des régimes de sécurité sociale ;
- impôts sur le capital (D.91).

A10. La classification des impôts de l'OCDE et le système du Fonds monétaire international (SFP)

92. Le périmètre et l'évaluation des recettes fiscales dans le système de statistiques de finances publiques (SFP) et dans le système de comptabilité nationale de 2008 (SCN 2008) sont très proches. Par conséquent, les différences entre la classification de l'OCDE et celle du SCN 2008 (voir § 90 ci-dessus) sont également valables pour les SFP. En outre, le Fonds monétaire international subdivise le groupe 5000 de la classification de l'OCDE en une section iv (Taxes intérieures sur les biens et services) et une section v (Taxes sur les transactions et les échanges internationaux). Cela tient à ce que le rendement de ces dernières taxes représente généralement des sommes infimes dans les pays de l'OCDE ce qui n'est pas le cas dans beaucoup de pays non membres.

A11. Comparaison de la classification des impôts de l'OCDE et des autres classifications internationales des recettes publiques

93. Le tableau ci-dessous décrit point par point la comparaison entre la classification des impôts de l'OCDE et les classifications suivantes :

- *a)* Système des comptes nationaux (SCN 2008) ;
- *b)* Système européen des comptes (SEC 2010) ;
- *c)* Manuel de statistiques des finances publiques du Fonds monétaire international (MSFP 2014).

94. Ces comparaisons correspondent à celles qui devraient s'appliquer dans la majorité des cas. Toutefois, en pratique il faut faire preuve d'une certaine souplesse dans leur application. En effet, dans certains cas, les pays peuvent adopter des méthodes diverses de classification des recettes dans les comptes nationaux.

			Classification de l'OCDE	SCN 2008	SEC 2010	MSFP 2014
1000			Impôts sur le revenu, les bénéfices et les gains en capital			
	1100		Personnes physiques			
		1110	Sur le revenu et les bénéfices	D51-8.61a	D51A	1111
		1120	Sur les gains en capital	D51-8.61c, d	D51C, D	1111
	1200		Sociétés			
		1210	Sur le revenu et les bénéfices	D51-8.61b	D51B	1112
		1220	Sur les gains en capital	D51-8.61c	D51C	1112
	1300		Non ventilables entre les rubriques 1100 et 1200			1113
2000			Cotisations de sécurité sociale			
	2100		Salariés	D613-8.85	D613	1211
	2200		Employeurs	D611-8.83	D611	1212
	2300		A la charge des travailleurs indépendants ou des personnes sans occupation	D613-8.85	D613	1213
	2400		Non ventilables entre les rubriques 2100, 2200 et 2300			1214
3000			Impôts sur les salaires et la main-d'œuvre	D29-7.97a	D29C	112
4000			Impôts sur le patrimoine			
	4100		Impôts périodiques sur la propriété immobilière			
		4110	Ménages	D59-8.63a	D59A	1131
		4120	Autres agents	D29-7.97b	D29A	1131
	4200		Impôts périodiques sur l'actif net			
		4210	Personnes physiques	D59-8.63b	D59A	1132
		4220	Sociétés	D59-8.63b	D59A	1132
	4300		Impôts sur les mutations par décès, les successions et les donations			
		4310	Impôts sur les mutations par décès et les successions	D91-10.207b	D91A	1133

		4320		Impôts sur les donations	D91-10.207b	D91A	1133
	4400			Impôts sur les transactions mobilières et immobilières	D59-7.96d; D29-7.97e	D214B, C	11414; 1161
	4500			Autres impôts non périodiques sur le patrimoine	D91-10.207a	D91B	1135
	4600			Autres impôts périodiques sur le patrimoine	D59-8.63c	D59A	1136
5000				Impôts sur les biens et services			
	5100			Impôts sur les biens et services			
		5110		Impôts généraux sur les biens et services			
			5111	Taxes sur la valeur ajoutée	D211-7.89	D211; D29G	11411
			5112	Impôts sur les ventes	D2122-7.94a; D214-7.96a	D21224; D214I	11412
			5113	Impôts sur le chiffre d'affaires et autres impôts généraux sur les biens et services	D214-7.96a	D214I	11413
		5120		Impôts sur des biens et services déterminés			
			5121	Accises	D2122-7.94b; D214-7.96b	D21223; D214A, B, D	1142
			5122	Bénéfices des monopoles fiscaux	D214-7.96e	D214J	1143
			5123	Droits de douane et autres droits à l'importation	D2121-7.93	D2121; D21221, 2	1151
			5124	Taxes à l'exportation	D213-7.95a	D214K	1152-4
			5125	Impôts sur les biens d'équipements			
			5126	Impôts sur les services déterminés	D2122-7.94c; D214-7.96c	D21225; D214E, F, G, H; D29F	1144; 1156
			5127	Autres impôts sur les transactions et les échanges internationaux	D2122-7.94d D29-7.95b D29-7.97g D59-8.64d	D21226; D29D; D59E	1153; 1155-6
			5128	Autres impôts sur des et services déterminés			1146
		5130		Non ventilable entre les rubriques 5110 et 5120			
	5200			Impôts sur l'utilisation des biens ou l'autorisation d'utiliser des biens ou d'exercer des activités			
		5210		Impôts périodiques sur l'utilisation des biens ou l'autorisation d'utiliser des biens ou d'exercer des activités			
			5211	A la charge des ménages au titre de véhicules à moteurs	D59-8.64c	D59D	11451
			5212	A la charge d'autres agents au titre de véhicules à moteurs	D29-7.97d	D214D; D29B	11451
			5213	Autres impôts périodiques sur l'utilisation des biens u l'autorisation d'utiliser des biens ou d'exercer des activités	D29-7.97c, d, f D59-8.64c	D29B, E, F; D59D	11452
		5220		Impôts non périodiques			11452
	5300			Non ventilable entre les rubriques 5100 et 5200			
6000				Autres impôts			
	6100			A la charge exclusive des entreprises			1161
	6200			A la charge d'autres agents que les entreprises ou non identifiables	D59-8.64a, b	D59B, C	1162

A12. Répartition des recettes fiscales par sous-secteurs d'administration publique

95. La classification de l'OCDE appelle une ventilation des recettes fiscales par sous-secteurs d'administration. On trouvera ci-après la définition de chaque sous-secteur et les critères à utiliser pour répartir entre eux les recettes fiscales. Ces définitions et critères suivent les orientations qui figurent dans le SCN 2008 et le MSFP 2014.

Sous-secteurs des administrations publiques à identifier

Administration centrale

96. Le sous-secteur des administrations centrales groupe tous les ministères, bureaux, établissements et autres organismes qui sont des services ou des moyens d'action du pouvoir central et dont la compétence s'étend à la totalité du territoire, à l'exception de l'administration des caisses de sécurité sociale. L'administration centrale a donc le pouvoir de prélever des impôts sur toutes les unités résidentes et non résidentes exerçant des activités économiques à l'intérieur du pays.

Administration d'un État fédéré, d'une province ou d'une région

97. Ce sous-secteur comprend les unités administratives intermédiaires et inclut toutes les unités administratives dont la compétence s'exerce indépendamment de l'Administration centrale sur une partie du territoire englobant un certain nombre de petites localités, à l'exception des caisses de sécurité sociale. Dans les pays unitaires, les administrations régionales peuvent être considérées comme dotées d'une existence distincte lorsqu'elles disposent d'une autonomie substantielle pour percevoir une part importante de leurs recettes de sources placées sous leur contrôle et lorsque leurs agents ne sont pas soumis à un contrôle administratif externe dans l'exercice des activités de l'unité.

98. Actuellement, les pays à structure fédérale représentent la majorité des cas dans lesquels les recettes attribuées aux unités administratives intermédiaires sont identifiées séparément. La Colombie et l'Espagne sont les deux seuls pays à structure unitaire qui se trouvent dans cette situation. Dans les autres pays unitaires, les recettes des administrations régionales sont incluses dans celles des administrations locales.

Collectivités locales

99. Ce sous-secteur comprend toutes les autres unités administratives exerçant une compétence indépendante sur une partie du territoire d'un pays, à l'exception des administrations des caisses de sécurité sociale. Il englobe les diverses circonscriptions urbaines et/ou rurales (par exemple les collectivités locales, les municipalités, les villes, les bourgs ou les districts).

Caisses de sécurité sociale

100. Les caisses de sécurité sociale constituent un sous-secteur distinct des administrations publiques. Le sous-secteur de la sécurité sociale est défini dans le SCN de 2008 par les extraits suivants des paragraphes 4.124 à 4.126 et 4.147 :

> « Les systèmes de sécurité sociale sont des systèmes d'assurance sociale qui couvrent l'ensemble de la collectivité ou d'importants sous-ensembles de la collectivité : ces systèmes sont imposés et contrôlés par les administrations publiques. Ces systèmes couvrent une grande variété de programmes qui consistent à fournir des prestations, en espèces ou en nature, au titre des circonstances suivantes : vieillesse, invalidité ou décès, survie, maladie et maternité, accident du travail, chômage, allocations familiales, soins de santé etc. Il n'existe pas nécessairement de lien direct entre le montant de la cotisation versée par un particulier et les prestations qu'il est susceptible de recevoir » (paragraphe 4.124).

> « Lorsque les systèmes de sécurité sociale ont une organisation distincte des autres activités des administrations publiques et détiennent des actifs et des engagements indépendamment de ces dernières et effectuent des opérations financières pour leur propre compte, ils peuvent être considérés comme des unités institutionnelles désignées sous le nom de caisses de sécurité sociale » (paragraphe 4.125).

« Il est possible de faire varier de façon discrétionnaire les montants prélevés et versés sous forme de cotisations de sécurité sociale et de prestations afin d'atteindre des objectifs de politique publique qui n'ont pas de lien direct avec la notion de sécurité sociale en tant que système visant à fournir des prestations à des membres de la collectivité. Ainsi, ces cotisations ou prestations peuvent être augmentées ou diminuées afin d'influer sur le niveau de la demande globale au sein de l'économie. Néanmoins, tant que ces caisses restent indépendantes, elles doivent être traitées comme des unités institutionnelles distinctes dans le SCN ». (paragraphe 4.126).

« Le sous-secteur des administrations de sécurité sociale comprend les administrations de sécurité sociale opérant à tous les niveaux des administrations publiques. Les administrations de sécurité sociale sont des systèmes couvrant l'ensemble de la collectivité ou d'importants sous-ensembles de la collectivité qui sont rendus obligatoires et contrôlés par des administrations publiques » (paragraphe 4.147).

101. Cette définition des administrations de sécurité sociale est suivie dans la classification de l'OCDE à l'exception des régimes suivants :

- Les régimes imposés par l'administration et exploités par des organismes extérieurs au secteur des administrations publiques, tel qu'il est défini au § 3 de ce manuel et
- Les régimes qui perçoivent des cotisations facultatives.

Autorités supranationales

102. Ce sous-secteur s'applique aux activités de collecte de recettes publiques des autorités supranationales sur le territoire d'un pays. En pratique, le seul cas d'autorité supranationale dans les pays de l'OCDE est celui des institutions de l'Union européenne (UE). Les recettes fiscales collectées par les pays membres et versées à l'UE sont incluses dans les statistiques des recettes publiques au niveau de l'autorité supranationale. Les impôts sur le revenu et les cotisations de sécurité sociale perçus par les institutions européennes et payés par les fonctionnaires européens qui résident dans les pays membres de l'UE ne doivent pas être inclus.

Critères à utiliser pour l'attribution des recettes fiscales

103. Lorsqu'une administration collecte l'impôt et le reverse, en totalité ou en partie, à d'autres administrations, il est nécessaire de déterminer si ces recettes doivent être considérées comme étant celles de l'administration qui les perçoit et les répartit entre d'autres administrations ou celles des administrations bénéficiaires auxquelles l'administration qui les a perçues les a transférées en simple qualité d'agent. Les critères à utiliser dans l'attribution des recettes sont indiqués aux § 104 à 107, qui reprennent les paragraphes 3.70 à 3.73 du SCN 2008.

104. En général, un impôt est attribué à l'Unité administrative qui :

a) exerce le pouvoir de percevoir l'impôt (soit en tant que détenteur de ce pouvoir soit par délégation de l'autorité qui le détient),

b) dispose du pouvoir discrétionnaire final de fixer et de faire varier le taux de l'impôt.

105. Lorsqu'une somme est collectée par une administration au profit d'une autre administration et en son nom, et que cette dernière a le pouvoir de percevoir l'impôt et de fixer et de faire varier son taux, la première intervient comme agent pour le compte de la dernière et l'impôt est réaffecté. Toute somme retenue par l'administration collectrice au titre des frais de recouvrement doit être considérée comme la rémunération d'un service rendu. Toute autre somme conservée par l'administration collectrice, notamment dans le cadre d'un accord de partage d'impôt, doit être considérée comme une subvention courante. Si l'administration collectrice s'est vu déléguer le pouvoir de fixer et de faire varier le taux, le montant recouvré doit être considéré comme une recette fiscale de cette administration.

106. Lorsque des administrations différentes fixent conjointement et sur un pied d'égalité la répartition du produit de cet impôt, aucune administration ne disposant d'un pouvoir prépondérant en dernier ressort, les recettes fiscales sont attribuées à chaque administration en fonction de sa part respective du produit de l'impôt. Si un accord permet à une unité administrative d'exercer un pouvoir prépondérant en dernier ressort, la totalité des recettes fiscales est attribuée à cette unité.

107. Dans certains cas aussi, un impôt est perçu dans le cadre des compétences d'une administration qui résulte de la constitution ou d'autres dispositions mais d'autres administrations fixent individuellement le taux d'imposition sur leurs territoires. Le produit de l'impôt généré sur les territoires respectifs de chaque administration est attribué à l'administration en question comme constituant ses recettes fiscales.

108. Les versements effectués par les États membres de l'Union européenne prennent la forme de prélèvements spécifiques qui comprennent :

a) les droits de douane et les prélèvements agricoles (5123),

b) les montants compensatoires monétaires bruts (5123 si relatifs aux importations et 5124 si relatifs aux exportations),

c) les contributions au Fonds de résolution unique (5126), et

d) les prélèvements de la CECA, les cotisations sucre et les taxes de coresponsabilité sur le lait (5128).

109. Les droits de douane collectés par les États membres pour le compte de l'Union européenne sont comptabilisés :

- sur une base qui ne tient pas compte des droits d'encaissement,
- en utilisant des chiffres corrigés de manière à exprimer les droits sur la base de la « destination finale » et non du « pays de première entrée » lorsque de telles corrections sont possibles. Ces corrections concernent en particulier les droits prélevés dans des ports (maritimes) importants. Bien que les droits de l'UE soient prélevés par les autorités du pays de première entrée, ces droits doivent être dans la mesure du possible déduits des recettes du pays qui les recouvre et inclus dans les recettes du pays de destination finale.

110. Ce sont les prélèvements spécifiques de l'UE qui se conforment le plus clairement au critère d'attribution décrit au § 102 ci-dessus. Par conséquent, ces montants sont indiqués en note de bas de page dans les tableaux par pays des États membres de l'UE (au chapitre 5) et figurent en tant que recettes supranationales dans chacune des rubriques fiscales identifiées au § 108.

Notes

1. Toutes les références au SCN concernent l'édition de 2008.

2. Se reporter à la section A.12 de ce manuel pour l'examen de cette notion.

3. Il est en général possible d'identifier les montants des cotisations de sécurité sociale et les impôts sur les salaires, mais pas les autres impôts payés par les administrations.

4. En revanche, si un ou plusieurs pays considèrent comme un impôt un droit que la plupart des pays font entrer dans les recettes non fiscales ou qui procure des recettes substantielles, les montants

ainsi perçus figureront dans une note de renvoi à la fin des tableaux par pays correspondants, même s'ils ne sont pas inclus dans le total des recettes fiscales.

5. Les appellations peuvent cependant être souvent trompeuses. Ainsi, une redevance de passeport sera normalement considérée comme une recette non fiscale, alors qu'un prélèvement additionnel sur les passeports (comme c'est le cas au Portugal), qui a pour but de procurer un montant substantiel de recettes eu égard au coût de délivrance du passeport, sera considéré comme un impôt du sous-groupe 5200.

6. On trouvera des précisions sur cette distinction dans l'étude spéciale intitulée « L'information sur les recettes fiscales : problèmes actuels », de l'édition de 2001 des *Statistiques des recettes publiques*.

7. On utilise parfois les expressions « non remboursable » et « remboursable » mais il peut paraître illogique de parler de « remboursement » lorsque rien n'a été versé.

8. Toutefois, dans les systèmes d'imputation de l'impôt sur les sociétés, les crédits d'impôts récupérables sont traités différemment (§ 37 à 39).

9. Il ne s'agit pas d'une véritable dépense fiscale au sens strict. De telles dépenses fiscales supposent que l'on identifie un système fiscal de référence pour chaque pays ou, de préférence, une norme internationale commune. En pratique, il n'a pas été possible de parvenir à un accord sur une norme internationale commune.

10. Sauf s'ils sont calculés sur le bénéfice résultant de la vente, auquel cas ils seraient classés parmi les impôts sur les gains en capital dans le sous-groupe 1120 ou 1220.

11. Dans certains pays, la même législation est applicable aux personnes physiques et aux entreprises dans le cas d'impôts sur le revenu particulier. Cependant, les recettes procurées par ces impôts peuvent, en général, être ventilées et figurent donc dans les deux sous-groupes appropriés.

12. Ainsi, « celles qui sont suffisamment autonomes et indépendantes pour que leur fonctionnement soit comparable à celui d'une société... (y compris) la tenue de comptes complets » (2008 SCN section 4.44).

13 Au Canada - un pays également désigné comme ayant un système d'imputation - le crédit d'impôt (récupérable) pour l'actionnaire concerne l'impôt sur les sociétés national considéré comme payé, qu'un impôt sur les sociétés ait été créé ou non. Comme il n'existe pas de lien essentiel entre l'impôt sur les sociétés à payer et le crédit imputé sur l'impôt sur le revenu selon ces systèmes, ces crédits pour dividendes sont traités, avec d'autres crédits d'impôt, selon les lignes décrites au § 26.

14. Il peut en être ainsi lorsqu'un régime en faveur des administrations existait avant l'instauration d'un régime général de sécurité sociale.

15 Dans le SCN 2008, ces transferts sont considérés comme des transferts de capital et non comme des impôts (voir section A.8).

16. Système selon lequel l'Union Européenne ajuste les effets des différences entre les taux de change utilisés pour fixer les prix des produits agricoles dans le cadre de la politique agricole commune, et le taux de change réel. Les paiements effectués selon ce système portent sur les importations ou les exportations; lorsqu'ils sont identifiables, ces montants figurent dans la rubrique appropriée

(5123 ou 5124). Dans ce guide, sont inclus les montants bruts, c'est-à-dire sans déduction d'aucune prime payée dans le cadre du système des montants compensatoires.

[17] Les transferts de bénéfices de loteries d'État sont considérés comme des recettes non fiscales (voir aussi § 68).

Annexe B. Guide d'interprétation des recettes non fiscales

Table des matières

1. Champ couvert

La définition des recettes non fiscales et des principales sous-catégories décrites dans la présente publication coïncident en grande partie avec les notions retenues dans le manuel des statistiques de finances publiques du FMI de 2014 (manuel SFP 2014). Les recettes non fiscales désignent des augmentations de la valeur nette résultant d'une transaction et qui ne sont pas des recettes fiscales. Elles excluent les fonds relatifs au remboursement de prêts consentis antérieurement par les administrations ou liés à des emprunts, ainsi que le produit de la cession d'actifs immobilisés, d'éléments de stocks, de terrains, d'actifs immatériels et les dons à titre privé.

Les recettes non fiscales se composent des éléments suivants

2. Dons

Selon le manuel SFP 2014, les dons sont des transferts qu'une administration publique reçoit d'une autre administration publique étrangère ou d'une organisation internationale, sans recevoir de cette dernière un bien, un service ou un actif en contrepartie directe. Les dons sont habituellement reçus en espèces, mais peuvent aussi prendre la forme de biens ou de services (en nature). Ces transferts sont non remboursables et sans contrepartie. Les dons recouvrent les réparations et dons assignés à des projets ou programmes particuliers. Le terme de « dons » n'est pas employé pour désigner les transferts réalisés par des entités autres que des administrations publiques ou effectués en leur faveur et exclut les transferts entre administrations. Le versement de fonds collectés par une administration qui agit en qualité de mandataire ne devrait pas entrer dans la catégorie des dons perçus par l'administration bénéficiaire, mais bien s'ajouter aux recettes directement perçues par cette dernière.

3. Revenus de la propriété

Cette catégorie regroupe les recettes publiques découlant de la détention de biens fonciers, de parts de sociétés, d'actifs financiers ou d'actifs immatériels que certaines unités administratives ont mis à la disposition d'autres unités administratives. Les cessions d'actifs non financiers comme la vente de terrains ne sont pas enregistrées en tant que recettes parce que la cession de tels actifs n'a pas d'effet sur la valeur nette. De même, les remboursements de prêts et les prêts octroyés ne sont pas des recettes. Les revenus de la propriété peuvent prendre la forme de dividendes, d'intérêts, de revenus fonciers, de redevances, ou de prélèvements sur des revenus d'entreprises. Les principales composantes en sont les suivantes :

- Intérêts et dividendes : Les intérêts sont les revenus perçus par une unité administrative au titre d'un actif financier qu'elle met à la disposition d'une autre unité institutionnelle. Les dividendes sont les recettes perçues par une unité qui met des capitaux à la disposition d'une société (qu'elle soit ou non un résident du pays concerné). Cette catégorie recouvre également les bénéfices d'entreprises détenues par une administration, en excluant les monopoles fiscaux (voir paragraphes 62 à 64 du Guide d'interprétation de l'OCDE en Annexe A), les monopoles d'exportation et d'importation (voir paragraphes 70 et 71 du même document) ainsi que les entreprises qui fournissent des services publics comme les chemins de fer, l'électricité, les postes et autres moyens de communication. Sont regroupés dans cette catégorie les revenus provenant d'institutions financières publiques comme les bénéfices de la banque centrale, les bénéfices transférés ou distribués au titre de fonctions de l'autorité monétaire exercées en dehors de la banque centrale et les bénéfices liés aux loteries nationales qui sont transférés à l'administration. Les transferts émanant d'entreprises qui assurent des services publics sont comptabilisés dans la rubrique « ventes de biens et de services » alors que les bénéfices des monopoles fiscaux, d'exportation ou d'importation constituent des recettes fiscales.
- Loyers et redevances : Les loyers sont des revenus générés lorsqu'une unité administrative met à la disposition d'autres entités privées ou étrangères des ressources naturelles, comme des terrains ou des gisements de minéraux ou de pétrole. Les loyers perçus sont liés à des accords de concession relatifs à l'exploitation et à l'extraction d'une ressource naturelle par un concessionnaire en contrepartie d'un paiement. Les paiements en échange de droits de prospection doivent également être traités comme des loyers. Les loyers sont à distinguer des autres paiements qu'une administration publique peut recevoir pour l'exploitation d'actifs du sous-sol et d'autres actifs du même type, par exemple les paiements de taxes d'extraction, patentes ou autres impôts (taxes sur la valeur ajoutée, accises, taxes à l'exportation, etc.). Il ne faut pas non plus confondre loyers et revenus de la location de bâtiments et d'équipements, par exemple, qui sont classés dans les ventes de biens et de services. Les revenus liés aux loyers et redevances sont parfois difficiles à déterminer car ils dépendent de la nature de l'accord conclu entre l'unité administration et le concessionnaire. À titre d'exemple, un versement unique effectué en faveur des administrations publiques peut regrouper le paiement de loyers, de redevances et d'autres obligations fiscales comme l'impôt sur les bénéfices des sociétés ou la TVA. Dans un tel cas, le paiement est classé dans la catégorie qui correspond à la majeure partie du versement considéré (voir paragraphe 71 en Annexe A pour plus de précisions).
- Autres revenus de la propriété : Cette catégorie inclut les recettes perçues par une unité administrative qui met des capitaux à la disposition de quasi-sociétés[1]. Cette source de recettes est en substance équivalente à des dividendes versés par une société mais, par définition, les quasi-sociétés ne distribuent pas de bénéfices sous forme de dividendes. Cette catégorie englobe

de plus les bénéfices non distribués ou réinvestis, à savoir la fraction du bénéfice distribuable qui n'a pas été versée sous forme de dividendes, mais conservée par la société ou quasi-société sur des investissements étrangers ; les revenus de la propriété provenant de versements de revenus d'investissements et revenus de la propriété non identifiés.

4. Ventes de biens et de services

Les recettes qui entrent dans cette catégorie sont enregistrées en valeur brute, sans déduction de coûts. Dans la mesure où les coûts peuvent représenter une part importante des recettes, le montant total des ventes biens et de services ne peut pas être considéré comme un montant dont l'administration dispose dans son intégralité pour financer ses activités générales. C'est une différence notable avec les recettes fiscales, auxquelles sont associés des coûts de recouvrement qui ne représentent le plus souvent qu'une faible part des recettes. De ce fait, le montant obtenu par addition des recettes fiscales et non fiscales ne fournit pas forcément une bonne évaluation des fonds généralement disponibles.

Le produit généré par la cession d'actifs non financiers tels que des bâtiments ou des terrains n'est pas enregistré en tant que recettes étant donné que la cession de tels actifs n'a pas d'effet sur la valeur nette.

Les ventes de biens et de services se composent des éléments suivants :

- les ventes des établissements marchands2.
- les droits administratifs pour services fournis (droits sur les permis de conduire, sur les passeports, sur les visas ; droits de procédure ; droits portuaires ; droits pour l'établissement d'actes de naissance, de mariage, de décès ; frais de dépôt de brevet ; licences de radio et télévision lorsque les autorités publiques fournissent des services généraux de radiodiffusion).
- Les droits administratifs qui sont des ventes de biens et de services associés à une fonction régulatrice des administrations publiques (comme les droits perçus au titre d'une inspection d'installations menée en vue de la délivrance d'un permis d'exploitation) sont inclus lorsqu'ils sont considérés comme étant proportionnels au coût de production du service en question. Lorsque les droits perçus en contrepartie d'un service fourni par l'administration sont disproportionnés par rapport aux coûts, ils sont considérés comme des impôts. Parmi les droits ainsi classés dans la catégorie des recettes fiscales figurent notamment les droits perçus pour l'octroi de permis d'exercer des activités telles que la chasse, la pêche et l'utilisation d'armes à feu ; et les droits d'enregistrement d'une société dès lors que les entreprises sont tenues par la loi de procéder à un tel enregistrement pour pouvoir exercer leur activité.
- les ventes par les établissements non marchands, comme les droits prélevés par les hôpitaux publics, les droits de scolarité des écoles publiques et les droits d'entrée aux musées et parcs.
- la location de bâtiments et d'équipements.

5. Amendes, pénalités et confiscations

Le manuel des statistiques de finances publiques du FMI de 2014 définit les amendes et pénalités comme des transferts obligatoires imposés aux unités par des tribunaux ou des organismes pour infraction à la loi ou aux règlements administratifs. Les accords extra-judiciaires sont également inclus. Les confiscations sont les montants déposés auprès d'une unité d'administration publique pendant le déroulement d'une procédure judiciaire ou administrative puis transférés à cette unité au moment du règlement de celle-ci. À titre d'exemple, les amendes sanctionnant les contraventions au code de la route entrent dans cette catégorie. Les amendes et pénalités appliquées au titre d'arriérés d'impôts ou les pénalités pour fraude fiscale devraient également être comptabilisées ici et non comme des recettes fiscales. Toutefois, s'il est impossible de distinguer les montants qui correspondent respectivement à l'impôt et aux pénalités, la somme totale est rattachée aux recettes générées par l'impôt qui a motivé l'application des pénalités (voir paragraphe 14 en Annexe A pour plus de précisions).

6. Autres cotisations sociales

Cette catégorie englobe les cotisations sociales effectives et imputées aux régimes d'assurance sociale gérés par des administrations publiques en qualité d'employeurs pour le compte de leurs employés qui ne génèrent pas de passif défini dans des périodes futures. Cette catégorie inclut également la somme des contributions volontaires totales[3]. Toutefois, sont exclues les cotisations à des fonds dans lesquels les cotisations de chaque salarié et celles que l'employeur verse en son nom sont comptabilisées séparément dans un compte productif d'intérêts d'où elles peuvent être retirées dans des conditions biens déterminées, ainsi que les cotisations à des fonds de pension autonomes vis-à-vis des administrations publiques. Cette catégorie n'est pas incluse aux fins de la présente publication.

7. Recettes diverses et non identifiées

Cette catégorie regroupe toutes les recettes non fiscales qui ne peuvent être identifiées ou qui n'entrent dans aucune des catégories décrites précédemment. Elle englobe des dons et transferts provenant de personnes physiques, d'institutions privées sans but lucratif, de fondations non gouvernementales, de sociétés ou de sources autres que les administrations publiques et les organisations internationales. Les paiements non récurrents d'un montant élevé reçus par les administrations publiques en compensation de dommages importants non couverts par des polices d'assurance sont également inclus, ainsi que des paiements d'indemnités en compensation de dommages causés par des explosions de grande ampleur, le déversement d'hydrocarbures, ou des paiements exigibles en cas de dommages matériels autres que les paiements au titre d'une indemnisation par une assurance.

Notes

1 Les quasi-sociétés sont des entreprises non constituées en sociétés qui exercent certaines de leurs activités comme des sociétés, mais n'ont pas reçu de personnalité juridique distincte en vertu de la loi.

2 Un établissement marchand est une entité qui pratique des prix économiquement significatifs.

3 Le FMI comptabilise ces cotisations dans le total des cotisations de sécurité sociale.

www.ingramcontent.com/pod-product-compliance
Lightning Source LLC
LaVergne TN
LVHW082029051026
849532LV00011B/3309